MANUAL DE DOGMÁTICA

MANUAL DE DOGMÁTICA

Volume I

Jürgen Werbick	A. Prolegômenos
Dorothea Sattler/Theodor Schneider	B. Doutrina sobre Deus
Dorothea Sattler/Theodor Schneider	C. Doutrina da criação
Hans Kessler	D. Cristologia
Bernd Jochen Hilberath	E. Pneumatologia

Volume II

Bernd Jochen Hilberath	F. Doutrina da graça
Siegfried Wiedenhofer	G. Eclesiologia
† Alois Müller/Dorothea Sattler	H. Mariologia
Franz-Josef Nocke	I. Doutrina geral dos sacramentos
Franz-Josef Nocke	K. Doutrina específica dos sacramentos
Franz-Josef Nocke	L. Escatologia
Jürgen Werbick	M. Doutrina da Trindade

Dados Internacionais de Catalogação na Publicação (CIP)
(Câmara Brasileira do Livro, SP, Brasil)

Manual de Dogmática / editado por Theodor Schneider ; elaborado por Bernd Jochen Hilberath ... [et al.] ; tradutores Ilson Kayser, Luís Marcos Sander, Walter Schlupp. 4. ed. – Petrópolis, RJ : Vozes, 2012.

Título original: Handbuch der Dogmatik.

Vários autores.

Bibliografia.

11ª reimpressão, 2024.

ISBN 978-85-326-2294-5

1. Igreja Católica – Doutrinas 2. Teologia dogmática I. Schneider, Theodor, 1930 –. II. Hilberath, Bernd Jochen, 1948 – .

98-4324　　　　　　　　　　　　　　　　　　　　　　　　　　　CDD-230.203

Índices para catálogo sistemático:
1. Igreja Católica : Doutrinas : Teologia dogmática　　　230.203

MANUAL DE DOGMÁTICA

Org. por Theodor Schneider

Autores
Bernd Jochen Hilberath, Hans Kessler, †Alois Müller,
Franz-Josef Nocke, Dorothea Sattler, Theodor Schneider,
Jürgen Werbick e Siegfried Wiedenhofer

Vol. I
Prolegômenos
Doutrina sobre Deus
Doutrina da criação
Cristologia
Pneumatologia

Petrópolis

© 1992 Patmos Verlag Düsseldorf

Tradução do original em alemão intitulado *Handbuch der Dogmatik*

Direitos de publicação em língua portuguesa – Brasil:
2000, Editora Vozes Ltda.
Rua Frei Luís, 100
25689-900 Petrópolis, RJ
www.vozes.com.br
Brasil

Todos os direitos reservados. Nenhuma parte desta obra poderá ser reproduzida ou transmitida por qualquer forma e/ou quaisquer meios (eletrônico ou mecânico, incluindo fotocópia e gravação) ou arquivada em qualquer sistema ou banco de dados sem permissão escrita da editora.

CONSELHO EDITORIAL

Diretor
Volney J. Berkenbrock

Editores
Aline dos Santos Carneiro
Edrian Josué Pasini
Marilac Loraine Oleniki
Welder Lancieri Marchini

Conselheiros
Elói Dionísio Piva
Francisco Morás
Gilberto Gonçalves Garcia
Ludovico Garmus
Teobaldo Heidemann

Secretário executivo
Leonardo A.R.T. dos Santos

PRODUÇÃO EDITORIAL

Aline L.R. de Barros
Marcelo Telles
Mirela de Oliveira
Otaviano M. Cunha
Rafael de Oliveira
Samuel Rezende
Vanessa Luz
Verônica M. Guedes

Conselho de projetos editoriais
Luísa Ramos M. Lorenzi
Natália França
Priscilla A.F. Alves

Tradutores: Walter O. Schlupp, Ilson Kayser, Luís M. Sander
Editoração e org. literária: Orlando dos Reis
Capa: Omar Santos

ISBN 978-85-326-2294-5 (Brasil)
ISBN 3-491-77042-4 (Alemanha)

Este livro foi composto e impresso pela Editora Vozes Ltda.

SUMÁRIO

Prefácio, 7

A. PROLEGÔMENOS, 9
Jürgen Werbick

    1. Dogmática para quê?, 9

    2. Abordagem metódica e estrutura deste manual, 11

    3. As premissas da dogmática, 16

    4. As formas de linguagem do testemunho, 28

    5. Autocompreensão da dogmática, 41

    Bibliografia importante, 49

PARTE I – O DEUS DA VIDA

B. DOUTRINA SOBRE DEUS, 53
Dorothea Sattler/Theodor Schneider

    1. Introdução, 53

    2. Fundamentos bíblicos, 56

    3. Abordagem histórico-dogmática, 80

    4. Reflexão sistemática, 97

    Bibliografia importante, 112

C. DOUTRINA DA CRIAÇÃO, 114
Dorothea Sattler/Theodor Schneider

    1. Introdução, 114

    2. Fundamentos bíblicos, 118

    3. Abordagem histórico-dogmática, 157

    4. Reflexão sistemática, 187

    Bibliografia importante, 213

PARTE II – JESUS CRISTO – CAMINHO DA VIDA

D. CRISTOLOGIA, 219
   Hans Kessler

    1. Introdução, 219

    2. Fundamentos bíblicos, 222

    3. Abordagem histórico-dogmática, 294

    4. Reflexão sistemática, 347

    Bibliografia importante, 397

PARTE III – VIDA A PARTIR DO ESPÍRITO

E. PNEUMATOLOGIA, 403
   Bernd Jochen Hilberath

    1. Introdução, 403

    2. Fundamentos bíblicos, 409

    3. Abordagem histórico-dogmática, 442

    4. Reflexão sistemática, 474

    Bibliografia importante, 495

APÊNDICE

    Abreviaturas e bibliografia citada, 501

    Índice analítico, 514

    Índice onomástico, 528

    Índice geral, 535

    Autora e autores deste volume, 557

PREFÁCIO

O *Manual de dogmática*, em dois volumes, foi concebido como um instrumento de ensino e aprendizagem da dogmática católica repensada a fundo, na trilha do Vaticano II. Oferece um compêndio dos conteúdos da fé cristã que são abordados, refletidos e descritos no contexto do trabalho atual da teologia sistemática.

A organização da obra corresponde amplamente à sequência dos vários tratados comprovada ao longo de muitos anos no ensino e no estudo: Prolegômenos, Doutrina sobre Deus, Cristologia, Doutrina da criação, Eclesiologia, Mariologia, Doutrina dos sacramentos, Escatologia, Doutrina da Trindade. Esta série de temas teológicos básicos, resultante da combinação dos aspectos da história da salvação e da teologia sistemática e abrangendo essencialmente o conjunto e a estrutura trinitária do Credo, dificilmente poderá ser superada em sua lógica interna. A doutrina sobre Deus com que se inicia a obra fortemente marcada pela história da salvação aponta para o discurso sobre o Pai, o Filho e o Espírito Santo, portanto, para a fé no Deus trino e uno, como um pressuposto necessário nos tratados aqui expostos e se expressa com a máxima precisão possível, concretamente, em suas fundamentações. Justamente por isso a exposição destes temas deságua na Doutrina da Trindade formalmente elaborada, que enfeixa a totalidade de nossas crenças como a suma da fé e desta forma ao mesmo tempo tematiza o objetivo final de nossa esperança, que é a comunidade da plenitude de vida incomensurável de Deus. A fé como vida nascida da inclinação e na inclinação para Deus foi o que nos moveu desde o princípio dentro da concepção da exposição global no pensamento da verdadeira vida em plenitude. Esse fio condutor da obra aparece claramente nos títulos das três grandes partes: O Deus da Vida; Jesus Cristo, Caminho da Vida; Vida nascida do Espírito.

Todos os tratados se enquadram num esquema de quatro partes: a "Introdução" (1) inicia sempre abordando as dificuldades, as chances e as questões relativas. Os "Fundamentos bíblicos" (2) são referidos minuciosamente e têm um acento particular. Depois de apresentada a "Evolução histórica dos dogmas" (3), a "Reflexão sistemática" (4) procura conciliar a Escritura e a Tradição com as colocações hodiernas e aprofundar a Doutrina da graça de modo especulativo.

Este manual visa oferecer todas as informações necessárias a cada esfera dos temas da dogmática, apresentar as questões levantadas e suas soluções, para assim colocar as leitoras e os leitores – estudantes de teologia, professores e professoras de religião, pessoas encarregadas da pregação, e sobretudo todos os crentes interessados nestas questões – em condições de assimilar objetivamente os conteúdos centrais da fé cristã. Para isso ajuda a disposição gráfica do texto: a apresentação constante em caracteres normais é complementada com informações detalhadas e básicas, em corpo menor, e quando necessário o itálico ressalta os termos mais importantes.

Cada um dos tratados é abordado por diversos autores na perspectiva católica com sensibilidade ecumênica. Os manuscritos foram intensamente discutidos em grupo pelos autores. A concepção global como também o esboço de cada tratado foram elaborados em comum e assumidos por todos. O trabalho conjunto conduzido ao longo de vários anos nos tem enriquecido a todos por seu conteúdo e nos mantém ligados pessoalmente. Sentimo-nos sempre unidos ao nosso colega de Luzerna, Alois Müller, que em 1991 faleceu tão repentinamente. Ao Dr. Michael Lauble, revisor da Editora Patmos, que organizou e dirigiu nossos encontros numerosos e de vários dias, cabe o mérito de ter mantido o grupo de trabalho "de bom humor" e ativo, e de haver levado o projeto a um fim desejável.

Uma palavra cordial de gratidão deve o editor desta obra ao seu colega Rudolf Mosis pela contribuição exegética valiosa, bem como às suas auxiliares de Mainz e aos colaboradores e colaboradoras Gundelinde Stoltenberg, Michael Berges, Bernard Fresacher, Michael Grimm, Claudia Hesping, Judith Mager e Hans-Peter Matthes, que de maneiras diversas ajudaram sobretudo no estágio final e preparação técnica da obra empenhando-se na penosa execução de mínimos detalhes.

Desejamos enfim que o *Manual de dogmática*, no desafio da passagem para o terceiro milênio cristão, ajude a todos os seus usuários na transmissão do Evangelho de Deus a manter a própria confiança da fé e nos outros despertar a esperança de que a paciência e a misericórdia do Deus vivo são maiores do que a nossa estreita visão humana e nosso desalento.

Mainz, Quaresma de 1992.

Em nome dos autores
Theodor Schneider

A. PROLEGÔMENOS

Jürgen Werbick*

1. Dogmática para quê?

1.1. A pergunta da qual parte a dogmática

Muitas publicações sobre a situação da fé no mundo moderno têm exigido que não se enfatize em demasia os *conteúdos* da fé, ou que ao menos não sejam isolados da *função* que a fé tem, no sentido de resolver as questões vitais e de sobrevivência da humanidade, de enfrentar o medo existencial humano, superar a agressividade violenta e destruidora dos seres humanos e responder a questão do sentido, de solução aparentemente cada vez mais difícil. Será que a teologia não deveria, antes de mais nada, buscar o "valor" da verdade da fé, o qual daria sustentação à relevância da fé cristã? Não seria o caso de sair da redoma da autopersuasão dogmático-teológica para o colorido "mercado das possibilidades" do mundo hodierno, para aí fazer ouvir a proposta das tradições cristãs para a solução dos atuais problemas mundiais e humanos? A julgar pelas aparências, o cristianismo somente tem chance ainda de ser levado a sério se convencer com esse tipo de "contribuições para a solução".

Mas será mesmo que nelas a verdade cristã efetivamente se faria ouvir? E será que essa verdade consistiria em fornecer as "contribuições" desejadas? Será descabida a suspeita de que a verdade perderia sua capacidade salvífica e curativa, sua "autoridade" de libertar as pessoas (Jo 8,32), caso só se considerem contribuições "aproveitáveis"? Se não quisermos correr o risco de reduzir a verdade da fé àquilo que é aproveitável e útil, então não vamos impedi-la de ajudar e curar ao se fazer ouvir também como irritante desafio. É preciso evitar alternativas falsas sobretudo neste ponto: não devemos buscar a "relevância" daquilo que é cristão às custas de sua "identidade", nem procurar a capacidade terapêutica da fé, sacrificando seu conteúdo, por mais estranho e irritante que seja. A dogmática enquanto reflexão sistemática da fé tem aqui a

---

* Tradução de Walter O. Schlupp.

A. PROLEGÔMENOS

função especial, e que continua atual, de ajudar no sentido de que a verdade salvífica e curativa de Deus seja conhecida pelas pessoas, não só de acordo com aquilo que elas julguem mais útil e aproveitável; mas que a verdade de Deus possa continuar sendo um desafio benéfico daquilo que em cada caso é considerado plausível, prioritário e urgente. Neste sentido, Eberhard Jüngel fala provocadoramente da "verdade sem valor" de Deus (JÜNGEL, E. *Wahrheit*, XI-XIV): ela somente pode ser verdade da salvação se for verdade de Deus e, enquanto verdade de Deus, questione a disposição das pessoas de lhes dar mérito apenas enquanto "contribuições valiosas".

Entretanto, isto não significa que ela deveria fazer-se ouvir na dogmática de forma totalmente destituída de relação, distante da realidade da vida humana e da prática humana. O fato de a verdade de Deus – e apenas ela – realmente tornar livres as pessoas humanas indica uma correlação, uma ligação, um relacionamento que não precisa ser primeiro realizado com muito esforço e fantasia, mas na verdade sempre são percebidos e experienciados na fé: os que creem sempre vivem, em grau maior ou menor, em, com e a partir da verdade da fé; a ela é que devem sua identidade; a ela é que devem sua orientação em sua caminhada de vida, bem como a confiança de que sua vida possa tornar-se verdadeira – pela verdade salvífica de Deus. Não se pode isolar dessa correlação a verdade da fé, para depois tratá-la a bem-dizer "em si", ignorando aquela riqueza de relações que justamente a distingue como verdade de Deus.

Portanto, a dogmática deve representar a verdade cristã não "em si e como tal", mas precisamente como verdade de Deus. E enquanto tal é que essa verdade é "para nós", verdade que nos quer tornar verdadeiros e livres. Mesmo assim a dogmática enfatiza que as pessoas têm por incumbência entender a verdade *de Deus*; que os que creem desta forma aprendam a entender de forma tão fundamentalmente nova a si mesmos e o mundo, na verdade de Deus, de modo que possam chegar à sua verdade e ser libertos para a liberdade (cf. Gl 5,1). Deus dá o primeiro passo – a concessão de sua verdade salvífica e curativa, sua "autoconcessão"; esta é que a dogmática deve refletir e expor à compreensão dos que creem na medida do que o entendimento humano possa alcançar.

1.2. Os prolegômenos: o "programa" da dogmática

Os prolegômenos, aquilo que na dogmática deve ser "dito primeiro" ou "de antemão", têm, em certos aspectos, significado programático. Trata-se de "antecipar" como a dogmática atual entende sua tarefa e como a aborda para cumpri-la. Por isso esboçaremos primeiramente a disposição e a estrutura do manual. Mas aqui também vêm à tona as premissas da dogmática, onde se manifesta concretamente o fato de a verdade curativa e benéfica de Deus estar previamente dada, premissas que a dogmática deve considerar a cada passo dado. O modo como essas premissas estão inter-relacionadas e como se precondicionam mutuamente é que perfaz a problemática da teologia dogmática sob aspecto da teoria da ciência. Esta "autorreflexão" da dogmática deve ser apresentada nos prolegômenos, ao menos em seus primeiros passos.

Desta forma as reflexões introdutórias devem cumprir tarefas distintas, quase que opostas sob o ponto de vista didático. Elas devem oferecer uma espécie de propedêutica dogmática; ao mesmo tempo devem garantir o procedimento da dogmática por meio de uma "metarreflexão" dogmática. Quem quiser deixar-se introduzir no manual de dogmática, por intermédio dos prolegômenos, fará bem em concentrar sua atenção inicial sobre as informações propedêuticas. Depois, como pessoa já experiente em trabalho dogmático, poderá ter maior proveito das reflexões teórico-científicas, lendo-as mais uma vez a título de epilegômenos.

2. Abordagem metódica e estrutura deste manual

2.1. Diversidade de métodos e compreensão na fé

A maneira de a dogmática formular e concretizar a norma do discurso adequado a respeito de Deus é procurando entender Deus em sua autocomunicação. A hermenêutica da autocomunicação de Deus não pode prescindir da diversidade de métodos históricos e da ciência literária, com ajuda dos quais se lê um texto da Sagrada Escritura (ou da Tradição de fé) como documento da sua época, que ele nunca deixa de ser também. O fato de o texto ser lido ao mesmo tempo e principalmente como documento que atesta que o homem foi atingido pelo Logos de Deus, como "contribuição" no discurso testemunhal da Igreja, não tira a validade do método histórico. Antes pelo contrário, a convicção fundamental de judeus e cristãos, de que Deus se dá a reconhecer e experimentar na história, na qual ele aposta, a qual ele arrisca com seu povo, dá o direito teológico de se fazer essa abordagem histórica retrospectiva. A compreensão dogmática de Deus (*ao contrário* do sentido muito difundido de "dogmático", de manutenção preconceituosa e incorrigível daquilo que uma vez foi adotado) é a consequência metodicamente refletida do compromisso com determinada "leitura" dos respectivos textos: estes são lidos como depoimentos, como testemunhos de fé de nossos pais e mães atingidos na fé pela Palavra de Deus; é verdade que são lidos como depoimentos *humanos*, porém, como depoimentos nos quais o Espírito de Deus se testifica como o mais "íntimo" de Deus revelado em Jesus Cristo. A compreensão dogmática busca perceber o contexto eclesial no qual nos foram dados os depoimentos. Ela procura mostrar que "normativo" é o que une, que nos insere no todo do processo de compreensão na fé, no qual nós próprios estamos vivendo. Este contexto cognitivo implica ao mesmo tempo um contexto objetivo; trata-se de uma estrutura relacional não só de conclusões e interpretações, mas de contexto histórico e ambiente concreto de vida.

Os testemunhos da Tradição na fé respondem à Palavra de Deus, eles a fazem ouvir num processo de resposta. Só que na resposta também se faz ouvir a pessoa que está respondendo. Essa pessoa verbaliza como a Palavra de Deus a atinge e transforma, como lhe dá o que pensar, esperar e fazer; ela verbaliza como se lhe revela pela Palavra de Deus o seu desígnio; testemunhos são realizações concretas de "correlações" –

A. PROLEGÔMENOS

a pessoa crente se entende a si mesma e a seu mundo na Palavra de Deus. E como tais eles devem ser lidos pela dogmática. Neste processo ela não há de repelir os auxílios para a leitura colocados à disposição pela antropologia, etnologia, sociologia e psicologia. Esses auxílios de leitura talvez lhe darão condições de distinguir sempre entre o inevitável antropomorfismo do discurso sobre Deus, desejado por este mesmo, e aquelas projeções nas quais pessoas humanas com demasiada naturalidade transferem seus preconceitos e mentalidades para dentro de Deus.

A norma do discurso adequado sobre Deus entra em função principalmente ao se levar a cabo a distinção, a percepção concretamente discernidora daquilo que é conforme e contrário a Deus. O "discernimento dos espíritos" naturalmente pressupõe a paciente decifragem isenta de preconceitos, daquilo que o Concílio Vaticano II chama de "sinais dos tempos": a consideração das experiências e dos desafios, das aporias e esperanças, dos anseios e temores compartilhados pelas pessoas que vivem num mesmo tempo e que as tornam contemporâneas.

Esses sinais dos tempos, nos quais se manifesta a invocação de Deus e nos quais esta passa a ser um desafio, não podem ser ignorados, para que barreiras elementares de compreensão não sejam pura e simplesmente aceitas, mas sejam, enquanto contexto da cognição da fé, propulsoras do processo cognitivo teológico. Aqui todos os métodos científicos que possam auxiliar no esclarecimento da situação histórica são relevantes para a dogmática. Obviamente é preciso verificar a relevância desses métodos, existente em princípio, a cada vez em que forem concretamente aplicados, sendo que certamente se poderia chegar à conclusão de que certas abordagens metódicas têm fôlego demasiadamente curto, usando "os sinais dos tempos" mais para comprovar seus preconceitos, em vez de ensinar a lê-los como resultado da atual experiência do mundo e de si.

2.2. A estrutura de cada tratado e sua fundamentação metódica

A estruturação interna de cada capítulo desse manual está orientada segundo as mencionadas dimensões da compreensão de Deus. Os "sinais dos tempos", ou seja, a situação atual de fé com suas dificuldades e chances sempre são abordados na primeira seção sob a epígrafe "Acesso" (1.). Seguem-se, diante deste pano de fundo, a descrição do testemunho Escritural, dos "Fundamentos Bíblicos" (2.), bem como o acompanhamento ao longo da história do testemunho, a "Abordagem Histórico-Dogmática" (3.). No processamento intelectual de cada tópico, na "Reflexão Sistemática" (4.), empreende-se finalmente a tentativa de tematizar e compreender dentro do possível, aqui, e segundo o que cada autor pode ou julga necessário oferecer, a verdade da fé como verdade de Deus em sua riqueza de relações, isto é, como verdade para nós e para nossa situação de vida. Este procedimento se orienta segundo a orientação do Vaticano II e, neste aspecto, distingue-se da estrutura e do método de compêndios anteriores.

O método dogmático tradicional, praticado com muita naturalidade até nos manuais mais recentes, baseava-se na conhecida sequência de três passos seguintes: 1º) descrição da doutrina eclesial com definições conciliares ou com outros textos magisteriais; 2º) fundamentação dessa doutrina na Escritura e na Tradição, ou seja, a comprovação de que a doutrina apresentada tem sustentação na Revelação; e 3º) esclarecimento e aprofundamento especulativo de cada sentença e sua vinculação sistemática com o todo da Revelação. Este método, que se impusera de forma geral até o século XVIII, nem era tão ruim assim. Ele exprimia, por exemplo, muito bem o importante fato de que o que deve ser refletido e explicado não são os esboços dos teólogos nem quaisquer dados ou fatos meramente históricos, mas sim a fé viva historicamente evoluída, da Igreja atual. A evidente desvantagem desses três passos era, porém, como salta aos olhos em muitas passagens dos antigos compêndios, principalmente o fato de a Sagrada Escritura não ter mais autoridade realmente como expressão normativa e fundadora da fé, reduzindo-se muitas vezes a breves "passagens comprovantes", isoladas do contexto. Considerável perigo estava também no fato de fórmulas dogmáticas de uma época, muitas vezes condicionadas historicamente, serem interpretadas na explicação sistemática e na proclamação como se fossem o próprio essencial, ou ao menos como se fossem o reflexo mais claro, atemporalmente válido, do essencial referido. No último concílio fez-se, neste ponto, uma correção, ínfima à primeira vista, mas decisiva. O decreto sobre a formação sacerdotal formula diretrizes para a estruturação e realização dos estudos teológicos. No tocante à dogmática, consta ali, na seção 16, que ela deve estruturar-se de tal maneira que *primeiro* se apresentem os próprios temas bíblicos, para *depois* abordar a Tradição e o desenvolvimento das verdades da fé ao longo da história, *antes* de se tentar, "tendo por mestre Santo Tomás", entendê-los em seu todo e em seu contexto. *Tudo isso* deve ser reconhecido como atuante na vida atual da Igreja, sendo relacionado e voltado para as questões de hoje. Primeiro, portanto, os temas da Sagrada Escritura, depois as interpretações normativas ao longo da história, e finalmente a tentativa de entender as relações internas, e tudo isso num enfoque consciente voltado para a atual situação de fé e de proclamação. As três primeiras noções são verdadeiros passos metódicos, a quarta é, a bem-dizer, o horizonte diante do qual esses passos são dados. Os passos recomendados se configuram de tal maneira que efetivamente repassam o trajeto histórico da Igreja e do seu desenvolvimento da fé.

Da dogmática espera-se, portanto, um procedimento que faça justiça à historialidade do evento salvífico e de sua articulação verbal. Por trás dessa concepção está a nova relação entre Escritura e Tradição, a tentativa de, por um lado, restaurar a importância original da Sagrada Escritura e, por outro, enxergar e valorizar também os documentos da Tradição dogmática eclesial como parte daquele processo constante de interpretação no qual manifestações do magistério pretendem interpretar normativamente, com auxílio de sentenças dogmáticas, a Revelação de Deus na Sagrada Escritura, diante de situações bem específicas na história da fé.

Os autores deste manual sabem-se comprometidos com esta diretriz metódica e desejam fazer-lhe justiça dentro do possível. Por isso tentaram enfrentar a tarefa especulativa da dogmática – injustamente desacreditada, embora não tão imerecidamente, consi-

A. PROLEGÔMENOS

derando-se certos manuais neoescolásticos – como convite para transmitir a verdade salvífica da autocomunicação de Deus como o "projeto" de Deus para o ser humano tornar-se verdadeiro na comunhão de vida com Deus e no convívio com as cocriaturas.

2.3. A sequência dos tratados neste manual

A sequência escolhida dos diversos tópicos de doutrina procura fazer justiça à intuição fundamental de que a dogmática como um todo tem a função de, pela sua compreensão de Deus, apresentar a norma do discurso sobre Deus que faça justiça a seu objeto. Segundo Tomás de Aquino a teologia deve tratar tudo *sub ratione Dei* (sob a ideia motora que é Deus), seja tendo por tema o próprio Deus, seja trazendo à baila tudo mais como estando em relação com ele (TOMÁS DE AQUINO, *Sth* II q. 1 a. 1). Esta noção não deve ser revisada, mas deve ser levada a sério; na história da dogmática ela conduziu ao conceito de teologia sistemática, de uma apresentação sistemática da verdade da fé cristã e da doutrina cristã da fé: "Ao se apresentar a doutrina cristã sistematicamente, relacionando cada um dos seus temas com a realidade de Deus, ao se apresentá-la como teologia sistemática, portanto, também a verdade da doutrina cristã passa a ser tematizada. Pois todos os enunciados da doutrina cristã têm sua verdade somente em Deus" (PANNENBERG, W. *Theologie* 1, 70). Essa verdade de todos os seus temas em Deus a dogmática sempre deve buscar. Por isso ela, como um todo, é doutrina de Deus.

A subdivisão deste manual leva em consideração esta percepção, ao procurar desdobrar a doutrina de Deus ao longo de cada um dos tratados e, finalizando, resumi-la na doutrina da trindade como reflexão sobre a autocomunicação do ser divino. A doutrina da trindade conclui a dogmática não só exteriormente, como que num resumo, mas pretende entender a doutrina da salvação, a economia da salvação a partir do Deus que nela se comunica e assim perceber ao mesmo tempo Deus como a realidade que a tudo determina e se impõe na economia da salvação.

Iniciar com um tratado *De Deo uno*, prática frequente desde Tomás de Aquino, significava, em geral, que a natureza una de Deus fosse tratada numa reflexão mais filosófica e metafísica, sem levar em consideração a economia da salvação e a triunidade de Deus que nela está fundamentada. Em vez disso, a dogmática deveria deixar-se conduzir pela percepção de que o discurso cristão e teológico a respeito de Deus sempre é (ao menos implicitamente) discurso a respeito daquele que se manifestou como triúno, sendo teologia da trindade, portanto. O caminho da dogmática ao longo de cada um dos tratados é a explicitação daquilo que primeiro se pretende e descreve apenas implicitamente. Desta forma, no presente manual, a primeira seção, explicitamente denominada "Doutrina de Deus", não é um tratado *De Deo uno*, e sim, em conjunto com a subsequente "Doutrina da Criação", é a introdução de uma doutrina cristã de Deus, em que Deus é tratado como o interlocutor (o face a face) pessoal do ser humano. Deus estabelece a pessoa humana como seu livre interlocutor. Ele a interpela e com ela embarca numa história na qual ele quer ser percebido como o diferente do mundo e da pessoa humana, mas infinitamente interessado na pessoa humana e em seu mundo, na criação. Na experiência e na reflexão da diferença e do relacionamento entre Deus e pessoa humana, entre Deus e criação como um todo, articulou-se para Israel e para os cristãos (como por exemplo também para a filosofia antiga) uma concepção elementar daquilo que significa falar de "Deus". A introdução da *Doutrina de Deus* e da *Doutrina da Criação* reflete, por isso, a experiência que Israel faz de Deus como o fundador, como o que está face a face e como o que está junto. Para Israel, Deus é o transcendente por excelência que habita em meio a seu povo, que com este se compromete. Ele é o interlocutor do povo eleito Israel, que reclama sua vontade como diretriz da verdadeira vida, e a faz valer. A experiência de Deus e o discurso sobre Deus da parte de Jesus encontra-se dentro da Tradição de Israel. Deus é seu interlocutor, com ele profundamente ligado, seu Pai. Esta ligação somente pode ser entendida por estar um dentro do outro, como "Filho" que está no Pai e como habitação do Pai no Filho, pelo Espírito Santo. Desta forma a interpelação de Jesus a Deus, seu dirigir-se ao Pai que lhe está face a face, evidencia-se como relacionamento divino que precisa ser interpretado mais detalhadamente.

A articulação teológica do estar face a face e do estar com Deus tinha seu correlato na articulação filosófica do estar face a face com Deus, por exemplo na Tradição da filosofia grega. Esta correlação sem dúvida não está isenta de tensão. E a tranquilidade com que a teologia medieval adotou da filosofia um "conceito referencial" de Deus, o conceito da sua essência e de suas qualidades, talvez tenha afrouxado demasiadamente aquela tensão. Mesmo assim a dogmática não pode deixar de elaborar, num processamento crítico de argumentos filosóficos, uma concepção prévia, do maior consenso possível, a respeito daquilo que se deva chamar de "Deus".

A doutrina de Deus como um todo mostrará, em sua explicitação do trinitário na sequência dos diversos tratados, como se formou a concepção cristã de Deus no referencial de sua concepção prévia, como ela verificou esse referencial, como a reinterpreta e redefine profundamente. Desta forma os temas na doutrina inicial de Deus que se insinuam oriundas da Tradição da concepção bíblica, bem como filosófica de Deus, como por exemplo a absolutidade de Deus e sua vontade "onipotente" de relacionamento, ainda não são tratados aí de forma definitiva, mas entregues à dogmática para concretização e conformação posterior.

O Deus absoluto e que está face a face será tratado na *Cristologia* como aquele profunda e irrevogavelmente ligado às pessoas humanas em Jesus Cristo, como Deus conosco e entre nós, portanto. Ele se verbalizará como aquele que abarca o face a face, como aquele que está presente no outro de si mesmo – no ser humano – enquanto ele próprio: na qualidade de Espírito Santo. E o Espírito Santo se verbalizará como a dádiva na qual Deus se dá a si mesmo como o "vivificador" para a nova vida, que faz dos crentes uma "nova criatura". Assim a *Pneumatologia* se concretiza na *Doutrina da Graça e da Justificação*, bem como na *Doutrina da Igreja e dos Sacramentos*. A *Escatologia* tem por tema o Espírito Santo de Deus como aquele que salva e restaura em definitivo, como a protorrealidade escatológica da atuação salvífica divina. Deus salva os seres humanos uma vez que os arrebata em seu Espírito e os faz participar dele na realidade "interpessoal" de sua vida divina. Assim sendo a *Doutrina da Trindade*, vol-

A. PROLEGÔMENOS

tada em termos de economia da salvação para o *Mysterium finis* (mistério da consumação), tem por que se encontrar no fim deste manual.

3. As premissas da dogmática

3.1. A verdade una de Deus e a multiplicidade das verdades normativas de fé

Premissa fundamental da dogmática, bem como da fé por ela refletida é a dádiva da verdade, autoconcessão e autocomunicação divinas a conduzirem o ser humano para sua verdade, nas quais Deus é, para os seres humanos, a verdade que os liberta (cf. Jo 8,32). Mas de que forma está dada à dogmática a verdade de Deus como norma, à qual se deve equiparar todo discurso a respeito de Deus, e segundo a qual se pode distinguir compreensão autêntica de Deus da compreensão errônea de Deus, do seu ser e de sua vontade?

A *concepção neoescolástica* de uma resposta se caracterizava pelo fato de as verdades divinas comunicadas por Deus por meio do seu revelador eram entendidas como *conteúdos de doutrina* (*fides quae creditur* = verdade crida pela fé), a qual, por conta da confiança (*fides qua creditur* = boa-fé com a qual se crê) na veracidade de Deus, aceita-se de bom grado do mestre divino, mais concretamente do magistério da Igreja, que participa da autoridade doutrinal daquele, como conteúdos a serem acreditados. A norma de toda doutrina teológica é, por conseguinte, o chamado *Depositum fidei* (material de fé depositado, fixado), transmitido por Jesus Cristo, por meio dos apóstolos, à Igreja e por esta formulado em enunciados doutrinais (Pio XII, Encíclica "Humani generis", 1950: DH 3884). Ao interpretar o *Depositum fidei* concedido por Deus, o magistério da Igreja explica aquelas verdades que, enquanto verdades reveladas por Deus e apresentadas como tais pela Igreja, devem ser cridas com boa-fé divina e católica (*fide divina et catholica*), isto é, com o assentimento de fé voltado para a Revelação divina e proclamação eclesial (cf. Vaticano I, Constituição Dogmática "Dei filius": DH 3011).

A visão neoescolástica das verdades normativas de fé acentuava, portanto, com grande ênfase um aspecto da tradição de fé que muito cedo (cf. por exemplo 1Cor 15,2; Ap 22,18s.) foi estabelecido para preservar o legado original de fé: a formulação textual da mensagem ou doutrina sagrada é essencial para quem queira alcançar a salvação. Por isso o famoso credo "Quicumque" (Pseudo-Atanasiano), surgido provavelmente ao final do século V na Gália, formula, antes de apresentar detalhada enumeração de verdades de fé em forma de confissão doutrinal: "Quem quer que deseje ser salvo, precisa antes de mais nada manter a fé católica: quem não guardá-la incólume e ilesa, indubitavelmente se perderá eternamente" (DH 75). Enunciado semelhante encontra-se na fórmula de conclusão do Credo Tridentino de 1564 (DH 1870). Essas verdades naturalmente são consideradas verdadeiras pelo fato de remontarem ao Deus veraz por excelência, que nunca ilude os seres humanos. Mas elas adquirem validade a bem-dizer "legal" – segundo a teoria do conhecimento neoescolástica – pela sua transmissão dentro da Igreja, isto é, com sua promulgação expressa pelo magistério da Igreja: "A autoridade universal e

3. As premissas da dogmática

suprema do papa... é que, a rigor, concede à lei da fé existente na Igreja sua existência legal e sua vigência legal" (SCHEEBEN, M.J. [† 1888], *Handbuch*, 72).

As definições do magistério, particularmente os enunciados conciliares na Tradição da fé, valiam para a dogmática como *norma proxima*, que por sua vez é sustentada e fundamentada pela *norma remota* (norma distante, que está por detrás daquela), que é a Sagrada Escritura. Enunciados dogmáticos da Tradição, entretanto, não valiam simplesmente como "leis" a serem aceitas e aplicadas como direito positivo pela dogmática. Além da tarefa da "dogmática positiva", isto é, além da demonstração da convicção de fé segundo os textos da Sagrada Escritura e da Tradição (ou, formulado ao estilo dos manuais neoescolásticos: além da constatação dos "preceitos legais" em vigor no âmbito da doutrina eclesial de fé), havia ainda, mesmo na visão neoescolástica, a "dogmática especulativa". Dentro de toda a doutrina eclesial de fé positivamente válida, ela tinha a função de esclarecer o *intellectus fidei* (intuição da fé = elucidação do objeto da fé) e procurava reconhecer a verdade una de Deus em seus "reflexos", nas *veritates* (verdades) e *articuli fidei* (artigos de fé). A manifestação da verdade de Deus na Revelação, portanto, também aí não é pensada meramente como comunicação de verdades e de objetos de fé, que então seriam formalmente colocadas em vigor pelo magistério, mas como comunicação daquele que, em suas informações aos seres humanos, deseja tornar conhecidas as suas intenções, sim, os traços da essência do seu ser Deus.

Desta forma a dogmática deve entender seu material normativo (*norma proxima*) nas definições de fé e nas disposições do magistério a partir de um evento ou processo que deve ser estabelecido e testemunhado ele próprio como norma intrínseca de todo discurso da fé. Desde o século XIX na teologia evangélica, e desde meados do século XX também na teologia católica, este processo é entendido como *autorrevelação e autocomunicação* de Deus. A dogmática tem a função de, nos enunciados de fé da Tradição eclesial normativa (*norma normata*, norma normatizada), entender Deus como aquele que se revela e se comunica na medida em que ele se dá a entender aos que creem. A doutrina eclesial de fé (*norma proxima, norma normata*) deve ser entendida e interpretada em sua normatização a partir da Sagrada Escritura (*norma normans non normata*, norma normatizante, não normatizada ela própria), sendo que esta deve ser entendida e interpretada como o testemunho multivocal da autorrevelação e autocomunicação de Deus.

A Palavra de Deus é a primeira norma que a dogmática deve estabelecer como critério de validade de todo discurso sobre Deus. As normas da dogmática – primordialmente a Sagrada Escritura como norma normans non normata, mas também as "verdades da Revelação" interpretadas na doutrina de fé da Igreja como normae normatae – são testemunho situacional normativo de como a Palavra de Deus encontrou fé e atuou na comunidade dos que creem, e de como ela foi expressa pelos fiéis crentes e estabelecida como norma. A dogmática deve orientar-se por essas normas "mais próximas". Mas o que elas expressam é a Palavra de Deus. Por isso a

A. PROLEGÔMENOS

dogmática precisa tentar entender, com base nessas normas, como é que Deus se manifesta verbalmente – em sua autorrevelação, no testemunho das comunidades.

3.2. A autocomunicação de Deus como norma de todas as normas

Deus se faz norma da nossa compreensão de Deus pelo fato de ele se nos comunicar e ao mesmo tempo nos conceder a possibilidade de entender a sua autocomunicação como sendo a sua. Sua autodoação é a sua palavra, na qual "ela se nos dá e se nos dá a entender" (BARTH, K. *Dogmatik* 1/1, 164); isto é, sua autodoação é sua palavra, na qual ele se expressa verbalmente, bem como, inseparavelmente disso, seu Espírito, no qual vida e discurso crentes testemunham, entendem e fazem coro à sua palavra, "concordam" com ela. "Deus se manifesta verbalmente" significa, portanto, duas coisas. Primeiro: ele se abre, se comunica, seu íntimo se exprime no Logos, sua palavra da essência, no Logos *tornado pessoa humana*; ele se exprime verbalmente de forma insuperável em Jesus Cristo, na sua vida, morte, consumação. Segundo: Deus se exprime verbalmente no testemunho de vida e no testemunho verbal dos crentes – por meio do seu Espírito, que aparece na vida e no discurso dos crentes por ele arrebatados e impregnados.

Os prolegômenos pretendem esboçar um entendimento prévio da autocomunicação de Deus, pretendem ao menos delinear como é que Deus se exprime verbalmente e se dá a entender. Trata-se aqui apenas de um entendimento prévio, e não mais do que isto, uma vez que esta é a tarefa da dogmática inteira: entender a expressão verbal de Deus e estabelecê-la como norma de todo discurso a seu respeito. A tentativa teológica de entender a autocomunicação de Deus *enquanto autocomunicação* é a doutrina da trindade de Deus. Com boas razões, por isso, por exemplo Karl Barth († 1968) a tratou nos prolegômenos. No presente manual ela se encontra ao final, como síntese teológica e como quintessência do que foi exposto anteriormente. Mesmo assim também os prolegômenos já precisam abordar a doutrina da trindade de Deus, antecipando seu desenvolvimento, que se estende por toda a dogmática. Isto porque é aqui que se estabelece o rumo no qual o desenvolvimento da dogmática deve avançar, se ela acolher o rumo do próprio Deus. Naturalmente é só ao final do desenvolvimento que se poderá avaliar se o caminho foi trilhado de forma consequente, se ele efetivamente conduz para aquele alvo que lhe foi traçado previamente pelos prolegômenos: o alvo da compreensão autêntica de Deus em sua autocomunicação.

Esta antecipação do conceito de autocomunicação a ser demonstrado na *oikonomia* (ordem salvífica) da autocomunicação de Deus na história pode orientar-se inicialmente segundo as balizas da Igreja Antiga. A função destas era de impedir que a confissão eclesial entendesse o Logos, tornado pessoa humana, e o Espírito de Deus, no qual ou por meio do qual Deus se exprime, erroneamente como figura mediadora extradivina ou como força santificadora que apenas partisse de Deus e não o comunicasse em si. Segundo a doutrina dos primeiros quatro concílios é "o próprio Deus, é o mesmo Deus em unidade íntegra que, segundo a compreensão bíblica de Revelação, é

3. As premissas da dogmática

o Deus revelador, bem como o evento da Revelação e seu efeito sobre a pessoa humana" (BARTH, K. *Dogmatik* 1/1, 315). "Deus se revela", isto só pode significar, segundo o testemunho da Escritura e dos concílios da Igreja Antiga: ele é aquele que livremente concede acesso a si – o Pai. Ele se revela irrestritamente como si-mesmo – pelo Filho de natureza igual ao Pai. E Ele não revela simplesmente algo, mas si-mesmo, si-mesmo como aquele que santifica e leva à consumação a pessoa humana – o Espírito Santo. Mas para que se pense que Deus se comunica a si mesmo – no Filho e por meio do Espírito Santo – é preciso entender como o Filho comunica o Espírito Deus e como o pneuma faz Jesus Cristo tomar forma na comunidade dos crentes, como Ele faz os irmãos e irmãs de fé serem companheiros de sina e de caminhada do Filho; assim também é preciso entender como Deus se pronuncia no Filho e faz com que sua palavra da essência, por meio do Espírito, faça surgir junto aos crentes a resposta que lhe cabe: a fé.

3.3. O Filho comunica a palavra da essência de Deus

Quem deseja entender Deus, depende de Jesus Cristo, o Filho. Ele é para os cristãos a visibilização de Deus; nele Deus tornou-se palavra da essência, o Logos, "carne". Jesus é a pessoa humana que se deixou tomar por completo pelo Espírito de Deus, que viveu totalmente desse Espírito e por isso, com sua vida, o comunicou – com sua vida, com sua morte, com a consumação, pelo Espírito, da vida levada à morte por pessoas humanas: quem vê o Filho, vê o Pai (cf. Jo 14,9). Ele é "o caminho e a verdade e a vida" (Jo 14,6), uma vez que se deixa determinar totalmente pelo Espírito de Deus, para servir ao processo da vontade (salvífica) divina. A pessoa humana Jesus, tomada do Espírito de Deus, é o Logos encarnado, no qual Deus se expressa, ele é "auto-interpretação" de Deus (cf. BARTH, K. *Dogmatik* 1/1, 329). Mas como ele é? Será a existência humana de Jesus apenas o lugar, a ocasião para Deus poder falar aos seres humanos? Ou será a existência humana de Jesus intermediação, veículo, forma da palavra, em sentido pleno, em que se exprime o Logos – a palavra da essência de Deus? Com Hans Urs von Balthasar († 1988) a dogmática deve sustentar que: a pessoa humana Jesus – o Logos tornado humano – é, "como tal, expressão, tradução válida e autêntica do mistério divino. ... Quanto mais profundamente Deus se desvela, tanto mais profundamente Ele se reveste da pessoa [Jesus]" (BALTHASAR, H.U. von *Gott*, 74 respectivamente 96); não como se a humanidade de Jesus fosse um traje que ocultasse aquilo que reveste; mas, ao contrário, o mistério divino se dá a entender aos seres humanos pelo fato de se "revestir" e exprimir no Filho, na pessoa que é Jesus. Ele é reflexo da glória de Deus e "cópia da sua essência" (Hb 1,1-3a); ele é a "imagem do Deus invisível" (Cl 1,15; cf. 2Cor 4,4). Ele é a automediação de Deus em pessoa. *Deus se comunica e se dá a entender na pessoa humana – em supremo compromisso e nitidez na pessoa de Jesus Cristo, no qual o Logos se tornou pessoa humana. A mensagem da sua vida, da sua morte e da consumação da sua vida, seu testemunho de vida e de palavra são o veículo no qual Deus se transmite às pessoas, e o veículo é em si mesmo a mensagem na qual Deus se expressa verbalmente.*

A. PROLEGÔMENOS

Se Jesus Cristo, se a mensagem que Ele é, a mensagem da sua vida e da sua sina forem tomados como veículo, também se levam a sério as veiculações humanas históricas nas quais o Logos se expressa verbalmente, nas quais Deus se faz expressar verbalmente. O aspecto histórico da figura de Jesus Cristo nunca é "meramente histórico", não é simplesmente irrelevante para o evento da Revelação (contra BARTH, K. *Dogmatik* 1/1, 343); o "conteúdo" do Logos não pode ser levantado à margem da história, dos dados histórico-críticos. Desta forma fica legitimada teologicamente a pesquisa histórico-crítica. A dogmática confia em que tal pesquisa possa participar da verificação do que é que veio a se expressar em e por meio de Jesus Cristo, o que o testemunho de Jesus queria dizer, confia em que ela extraia como é que Ele testemunhou e viveu a vontade de Deus, como é que as primeiras comunidades acolheram e entenderam seu testemunho. Assim sendo, a dogmática não pode preterir a pesquisa histórica sobre Jesus ao tentar entender o que diz o Deus-Logos.

Em Jesus Cristo, Deus (o Pai) se dá a entender aos seres humanos; a mensagem da sua vida é o *evangelho* – a boa mensagem na qual Deus concede acesso aos seres humanos; nela se apresenta a auto"expressão" de Deus, a qual os crentes podem entender como "caráter" da sua realidade (cf. Hb 1,3), e não apenas como texto doutrinal entregue pelo mestre divino. Jesus Cristo expressa o Pai naquilo que Ele é, donde Ele provém e vive, para o qual vive e morre; naquilo em que Ele embarca e confia; naquilo que desafia, determina e suporta sua vida; naquilo que sua vida pretende responder. Nessa resposta provocada pelo Espírito, e dentro dela, dela inseparável, porque com ela unida hipostaticamente, ouve-se a Palavra de Deus. "A Palavra de Deus é o Filho de Deus", esta equação torna (no que se deve concordar com Karl Barth) "radicalmente impossível todo doutrinarismo na compreensão da Palavra de Deus." Deus não se pronuncia em sentenças doutrinais, numa "suma estável de sentenças sistematizáveis como parágrafos de uma fonte jurídica" (BARTH, K. *Dogmatik* 1/1, 142), mas em, com e sob aquilo que, na vida de Jesus Cristo enquanto seu testemunho de vida e de palavra, por meio do Espírito de Deus se torna boa mensagem para os seres humanos. A compreensão crente (teológica) ouve de dentro da resposta a Palavra; ela entende naquilo e a partir daquilo que se exprime na vida e na morte da testemunha Jesus Cristo o próprio Deus, sua auto"expressão".

A palavra da essência de Deus é compreensível porque o próprio Deus – no Espírito Santo – também concede às pessoas humanas a compreensão do Logos. O Logos, porém, é compreensível em princípio uma vez que ele se pronuncia *na criação*, utilizando os "recursos de articulação" da criação para tornar-se audível. Isto porque a própria criação é autoexpressão de Deus, "externação" do Deus invisível, é onde se torna palpável seu desejo de ter "coamantes" (cf. DUNS SCOTUS, João. *Op. Oxon.* III d. 32 q. 1 n. 6). A autoexpressão de Deus na criação pode ter sofrido perversão extrema nas mãos do ser humano – como objeto de exploração. Porém mesmo no sofrimento da criação por causa do ser humano torna-se perceptível, para quem tem olhos para ver e ouvidos para ouvir, o desejo de Deus. Mesmo no abuso da criação transparece como ela está intencionada: como dádiva de Deus a toda criatura, para alegrar-se da própria existência e da existência do outro, numa alegria pela existência que pode ser compartilhada em amor e percebida pela pessoa amada. Pela razão de a criação estar definitivamente marcada pela intenção de Deus, ela pode ser usada pelo Espírito de Deus como veículo, na pessoa de Jesus Cristo; por isso pode expressar-se nela a palavra da essência de Deus. Disso a dogmática trata sob o título *Veiculação do Logos pela criação*.

Isto não quer dizer que a palavra da essência de Deus poderia ser derivada, como que extrapolada, da criação, por meio de uma "teologia natural". Aqui se justifica a rejeição que Karl Barth faz de toda e qualquer teologia natural. Mesmo assim se deve manter que ser criatura significa poder ser usado pelo Espírito de Deus para o autopronunciamento de Deus. Criação e ser humano são *capax infiniti* (abertos para o infinito), na medida em que Deus, por meio do seu Espírito, neles pode expressar-se e definitivamente se expressou no Filho do homem que foi Jesus. É isto que a clássica *doutrina da analogia entis* (analogia do ser) procura captar; hoje em dia certamente será preferível apresentar este aspecto por meio de uma *metaforologia* do discurso da fé (→ 4.3.).

A doutrina da veiculação do Logos pela criação permite ainda uma *apreciação teológica das religiões*. A verdade da fé cristã não lhes tira, de saída, a razão; suas pretensões de verdade não podem ser sem mais nem menos rejeitadas em função da verdade que é o Logos. Ambrosiáster (séc. IV) já argumentava ao contrário: "Quidquid enim verum a quocumque dicitur, a Sancto dicitur Spiritu" ("Toda verdade, dita por quem quer que seja, é dita pelo Espírito Santo": Ambrosiáster = *Commentaria in epist. ad Corinth. primam* XII 150, atribuídos a Ambrósio); e – há que se acrescentar – se é do Espírito Santo, trata-se da sua abertura do Logos na criação. A pretensão do cristianismo de que em Jesus Cristo a palavra da essência de Deus tenha sido expressa como critério de todo discurso "adequado" sobre Deus por meio do Espírito de Deus, não exclui que também em outras regiões ocorra discurso adequado a respeito de Deus. Inclusive não exclui que, no diálogo com outras religiões – como que por meio de "profetismo alheio" – certas formas de discurso cristão sobre Deus sejam demonstradas como efetivamente inadequadas.

3.4. O Espírito de Deus dá expressão verbal ao Logos no testemunho da comunidade

3.4.1. O prototestemunho inspirado

Deus se expressa no testemunho daqueles que em, com e sob a mensagem de vida de Jesus de Nazaré ouvem a palavra da essência de Deus e deixam o Logos ser critério do verdadeiro e confiável para sua fé, sua vida, ação e pensamento. *Deus se dá expressão verbal por meio do Espírito que abre as pessoas para a verdade do Logos e quer torná-las representação dessa verdade – torná-las corpo de Cristo, presença visível do Cristo exaltado na comunidade dos que nele creem. O testemunho da comunidade é resposta inspirada pelo Espírito, à palavra da essência de Deus em Jesus Cristo, resposta em todas as dimensões espirituais e humanas da vida: testemunho de palavra e vida.* Só que essa resposta muitas vezes exprime e representa o Logos de forma distorcida e inadequada. Afinal, a comunidade – o corpo de Cristo – não está unida pessoalmente ao Logos, mas ligada a ele no Espírito Santo, *na medida em que*

A. PROLEGÔMENOS

ela se abra ao Espírito de Deus e por ele se deixe determinar. Desta forma, não se pode afirmar de modo irrestrito, a respeito da comunidade, que o Logos se exprimiria em, com e sob a mensagem que ela é para o mundo, bem como para seus membros. Antes vale para ela que o Logos se exprime nela e por meio dela na medida em que for testemunha autêntica, na medida em que seus membros testemunhem autenticamente a palavra da essência de Deus como a verdade determinante de sua vida.

Testemunho autêntico, para a Igreja Cristã de todos os tempos, tem sido seu "documento de fundação", a Sagrada Escritura do Antigo e Novo Testamento. Para ela, esta é inspirada, uma vez que da Bíblia como resposta "obediente", provocada pelo Espírito, sempre se voltava a ouvir a palavra – a palavra da essência de Deus. É o próprio Deus "que falou, outrora, aos Pais pelos profetas; agora, nestes dias que são os últimos, falou-nos por meio do Filho" (Hb 1,1s.; cf. 3,7; 9,8; 10,15); e as Escrituras "inspiradas por Deus" (2Tm 3,16) reproduzem fielmente a Palavra de Deus falada pelos profetas e no Filho. É verdade que somente o Filho é que veio a ser a palavra da essência de Deus em pessoa; mas a Igreja sempre sustentou que também a história de Israel faz parte da *oikonomia da salvação*, de modo que também os profetas que falam dessa *oikonomia* (plano de salvação, ação salvífica, história da salvação), respectivamente as Escrituras que reproduzem a proclamação daqueles, são considerados inspirados – enquanto proclamação da Palavra de Deus. Contra Marcião († ca. de 160) e o gnosticismo, a Igreja dos primeiros tempos sustenta que o Espírito Santo "inspirou a cada um dos santos, profetas e apóstolos; e nos Antigos não foi outro Espírito que naqueles que foram inspirados por ocasião da chegada de Cristo" (ORÍGENES, *De Princ.* I Praef. 4; cf. II 7).

A inspiração da Escritura, em passado mais recente, foi em grande parte entendida no sentido da isenção de erro naquilo que enunciam as Sagradas Escrituras – atribuindo a inspiração ou ao seu texto (inspiração verbal), ou ao conteúdo nelas transmitido (inspiração real). Essa concepção levou a conflitos com descobertas da ciência (natural) que não se coadunam com a Escritura, suscitando a pergunta em que sentido se poderia dizer que os escritos bíblicos estariam livres de inverdades e comunicariam a verdade de Deus sem distorções. Antes de se dar início ao Vaticano II (cf. RAHNER, K. *Schriftinspiration*), e com sua Constituição *"Dei Verbum"*, chegou-se a um consenso no sentido de que a Bíblia deve ser considerada inspirada por exprimir autenticamente a verdade divina *da salvação*. *"Dei Verbum"* 11 formula: "Como, portanto, tudo que os autores inspirados, ou hagiógrafos, dizem, deve ser considerado dito pelo Espírito Santo, há que se professar a respeito dos livros da Escritura que eles ensinam de forma segura, fiel e sem erro a verdade que Deus quis ter registrada nas Sagradas Escrituras em função da nossa salvação." *"Dei Verbum"* dá a entender expressamente que os autores dos escritos bíblicos devem ser considerados "autores legítimos" (cf. RAHNER, K. *Schriftinspiration*) que, inspirados pelo Espírito de Deus, mas também "usando suas próprias capacidades e recursos", deram expressão verbal à verdade divina da salvação naquilo que escreveram. Neste sentido Deus é autor (*auctor*) das Sagradas Escrituras, mas não o é no sentido de seu texto ter sido fixado por Ele próprio; antes é assim que Ele se pronuncia no Logos e suscita para seu Logos, por meio do Espírito, uma resposta autêntica nos escritos da Bíblia, a resposta dos escritos recebidos pela Igreja como testemunho autêntico e original da Palavra de Deus.

3. As premissas da dogmática

A doutrina da inspiração da Escritura procura assegurar que a Escritura Sagrada, como norma de todo discurso adequado sobre Deus, não mais possa ser relativizada. O que for contrário à Escritura não pode ser considerado discurso adequado sobre Deus, testemunho autêntico, mesmo que se refira a uma conscientização direta da Palavra de Deus ou a intelecções racionais. Só que isto não significa que os escritos da Bíblia *são* diretamente Palavra de Deus. A equação entre escrito e Palavra de Deus não é igualdade de duas dimensões completamente idênticas. Embora a Escritura seja expressão verbal da Palavra de Deus como tal, do Logos, ela o faz em testemunho das várias vezes que falam de situações específicas e profundamente marcadas pelas testemunhas. A crença segundo a qual a Bíblia é a Palavra de Deus confia em que a Bíblia toque as pessoas como Palavra de Deus (BARTH, K. *Dogmatik* 1/1, 112s.), que ela lembre as pessoas de forma confiável e eficaz da Revelação ocorrida. Mas vale também: "A Bíblia [...] não é em si mesma e como tal a Revelação ocorrida de Deus [...], mas a Bíblia que nos fala como Palavra de Deus e como tal é por nós ouvida *testifica* a Revelação ocorrida" (BARTH, K. *Dogmatik* 1/1, 114). E ela atesta a Revelação ocorrida – o fato de o Logos ter sido pronunciado – por ser a resposta provocada pelo Espírito e ao mesmo tempo a resposta humana ao pronunciamento de Deus no Logos. Os crentes ouvem a palavra na resposta. Isto também tem a ver com o pronunciamento do Logos em Jesus Cristo. "Deus envia seu Filho para que ele interprete o Pai em gestos humanos; nós ouvimos o Pai em seu eco humano; [...] na resposta temos a palavra" (BALTHASAR, H.U. von *Gott*, 98). Os autores dos escritos bíblicos atestam o Logos pronunciado em Jesus Cristo não unificados ao Logos hipostaticamente (como pessoas), mas embutidos pelo Espírito de Deus nas comunidades – corpo de Cristo – e a ele respondendo em pregação transformada em Escritura. Assim sendo, na resposta deles as comunidades cristãs têm a palavra como norma do discurso adequado sobre o Deus de Jesus Cristo, como critério de testemunho autêntico de vida e de palavra. Em sua resposta o Logos nos é verbalizado/prometido, na medida em que fazemos coro a seu testemunho e assim entramos no "papel" daqueles que no-lo deixam ser verbalizado/prometido.

O testemunho não é, em si mesmo, a palavra de revelação de Deus, por aquele testemunhado. Ele justamente se distingue do testemunhado. Quem quer entendê-lo na fé, para lhe fazer coro, procura ouvir o Logos partindo do testemunho diversificado e de variadas vozes; procura entender aquele que as pregações transformadas em Escritura no Novo Testamento anunciam como palavra da essência de Deus, transformada em pessoa humana. Desta forma a compreensão da Bíblia, praticada na Igreja – a hermenêutica bíblica feita na fé –, procura compreender a palavra da essência de Deus, pronunciada em Jesus Cristo, a partir dos escritos que a testemunham; procura compreender o que ela nos verbaliza/promete, para que nos chama e desafia. Baseada neste dado, a dogmática é levada a refletir quem e como é Deus ao se comunicar e se verbalizar/prometer aos seres humanos; e é levada a refletir quem é o ser humano que deve encontrar o seu desígnio por meio da autocomunicação de Deus.

A. PROLEGÔMENOS

O testemunho dos escritos bíblicos expresso em variadas vozes não deixa de apresentar cheia de tensões e eivada de contradições a palavra da Revelação ouvida na fé. Afinal de contas, as testemunhas são convocadas para seu testemunho com todos os seus talentos e limitações humanas, com seu horizonte específico de linguagem, pensamento e esperança. Elas precisam testemunhar a palavra ouvida da Revelação em situações bem diferentes e muitas vezes bastante críticas. Assim sendo, pode acontecer que os intérpretes não mais consigam entender bem como é que as diversas formas de testemunho poderiam ser compatibilizadas em nível conceitual da doutrina e da informação. São forçados então a distinguir personagens de testemunho teológico mais relevante daqueles que se encontram mais à margem da história testemunhal bíblica. Este embaraço dos teólogos bíblicos, bem como dos dogmáticos foi discutido na exegese sob o título de "Cânon no Cânon". Ligada a esta discussão esteve, então, a séria e difícil questão se e até que ponto seria lícito fazer uma espécie de "crítica teológica objetiva" também em relação aos testemunhos bíblicos. Considerando as razões apresentadas, essa possibilidade não deve ser descartada em princípio. Afinal, a teologia sempre teve consciência, expressa em grau maior ou menor, de que também os escritos bíblicos devem ser interpretados segundo a *analogia da fé (analogia fidei)*, o que significa: eles devem ser "mantidos juntos" na fé e mutuamente correlacionados segundo seu significado para a fé vivida pela comunidade. Nisto podem ser de utilidade critérios modernos da filologia, principalmente a consideração da dimensão "pragmática" de um texto, isto é, do seu objetivo e intenção de enunciado. Em cada escrito bíblico, e até mesmo para trechos que formam unidades lógicas no mesmo, deve-se levar em consideração seu respectivo caráter de testemunho, deve-se perguntar, portanto, *como* é que querem testemunhar a palavra ouvida da Revelação, e em que nível linguístico, por isso, devem ser lidos como testemunho. Nesta base pode-se verificar, por exemplo, que certas contradições, em termos de afirmações históricas ou de padrões interpretativos teológicos, são perfeitamente toleráveis. Além disso pode evidenciar-se que grande número de textos bíblicos, justamente por causa de sua "pragmática de testemunho", não podem ser abordados como fontes de informação histórica ou mesmo científica.

3.4.2. Escritura e Tradição

No testemunho original e autêntico dos escritos bíblicos a Igreja sempre volta a se certificar da mensagem que lhe é dita no Logos. Nos escritos bíblicos ela procura auscultar e entender o que lhe diz a palavra da essência de Deus. O compromisso que a Igreja se autoimpôs em relação à Sagrada Escritura como veículo dessa certificação, como *norma normans non normata*, como norma normativa, não normatizada, aconteceu inicialmente na história da formação do cânon; ela sempre volta a acontecer naquele *discurso do testemunho* no qual a Igreja indaga e, dado o caso, decide para cada situação específica de testemunho, como é que a mensagem tornada escrita na Bíblia pode expressar-se aqui e agora, e onde ela é testemunhada de forma adulterada ou distorcida. Esse discurso de testemunho é veículo de verificação da verdade para a Igreja; nele se atualiza a mensagem do Logos; nele a Igreja sempre volta a se comprometer com a premissa que a constitui; nele ela se deixa determinar pelo Espírito de Deus que a quer introduzir em toda a verdade (Jo 16,13); nele ela se orienta em termos de seu desígnio e vocação de ser corpo de Cristo e comunhão discipular dos que nele estão batizados.

3. As premissas da dogmática

Mas valendo aquilo que resulta diretamente da convicção cristã fundamental da autocomunicação de Deus em Jesus Cristo, ou seja, que o Logos está pronunciado definitivamente em Jesus Cristo e sempre volta a se abrir ao crente por meio do Espírito de Deus, pode-se supor também que o Espírito de Deus preserva o discurso do testemunho de perder totalmente de vista a verdade do Logos. Deus se expressa por meio do seu Espírito no testemunho dos crentes. Os mal-entendidos, a dureza de coração e a superficialidade que muitas vezes caracterizam o testemunho da palavra e mais ainda o testemunho de vida dos crentes, e que, em grande parte, mais traem a mensagem do Logos do que a passam adiante de forma autêntica, não podem impedir Deus de se comunicar à Igreja e conceder-lhe imperdivelmente a compreensão da sua palavra da essência. A verbalização/promessa que Deus faz de si no Logos permanece válida, mesmo que as pessoas lhe deem pouca ou nenhuma atenção, e o Espírito de Deus lhe cria a "ressonância" junto aos crentes, pela qual ela se expressa autenticamente entre as pessoas, mesmo quando pareça abafada e adulterada pelo eco de outras mensagens. Essa confiança em que não a obra humana, mas a autocomunicação de Deus mantenha presente sua verdade no discurso testemunhal da Igreja, articula-se na convicção de fé de que o redentor divino quis dotar com *"infallibilitas"* (infalibilidade, inerrância) a "sua Igreja no caso de decisões definitivas sobre doutrinas da fé e da moral" (DH 3074), quis portanto resguardá-la de engano nesse tipo de decisões. Essa infalibilidade "tem o alcance exigido pelo depósito *(depositum)* da Revelação divina, o qual precisa ser preservado puro e fielmente interpretado" (LG 25). Portanto o "carisma da infalibilidade" não é prometido à Igreja para anunciar novas "verdades" de fé (o Vaticano I já se referia ao magistério do papa: DH 3070), mas para "interpretar fielmente" o Logos pronunciado de uma vez por todas em Jesus Cristo.

Permaneceu controvertida na discussão pós-Vaticano I e na fase que antecedeu o Vaticano II a questão se a Revelação de Deus estaria escrita exclusivamente nas Sagradas Escrituras ou se ela também deveria ser haurida das tradições apostólicas (não escritas). O Vaticano I ainda fala em termos indefinidos que as decisões doutrinárias infalíveis pressuporiam que a Igreja (respectivamente o papa) teria reconhecido, com a ajuda de Deus, a coincidência da doutrina a ser definida "com os escritos sagrados e as tradições apostólicas" (DH 3070). Isto não exclui e talvez até insinue que as "tradições apostólicas", no tocante aos "conteúdos de Revelação", complementariam as Sagradas Escrituras. No Vaticano II parece ter predominado a opinião de que a Tradição eclesial autêntica (apostólica na origem) deveria ser considerada *norma normata* (norma normalizada) – já que não entrou nos escritos do Novo Testamento – como história interpretativa normativa dos escritos sagrados, isto é, da mensagem do Logos nele testemunhada. Segundo a Constituição da Revelação *"Dei Verbum"*, a Sagrada Escritura é "discurso divino", do qual a fé e a proclamação se devem nutrir e pelo qual devem deixar-se conduzir (DV 9 respectivamente 21). A Tradição, entretanto, "passa adiante a Palavra de Deus, confiada aos apóstolos por Cristo, o Senhor, e pelo Espírito Santo, de forma íntegra a seus sucessores, para que fielmente a guardem, expliquem e disseminem em sua proclamação, sob a iluminadora condução do Espírito da verdade" (DV 9).

A Igreja transmite de geração em geração a palavra da essência de Deus que lhe é verbalizada/prometida no Logos e lhe é acessada pelo pneuma; este processo de

A. PROLEGÔMENOS

Tradição é confiável, naquilo que importa, porque o próprio Deus lhe transmite seu Logos no Espírito Santo, atualizando com essa Tradição, na comunidade dos crentes e para o "mundo", a verdade da sua verbalização/promessa de si. Tradição eclesial, neste sentido, é "a continuidade da autotradição da palavra de Deus no Espírito Santo por meio do ministério da Igreja para a salvação de todas as pessoas" (POTTMEYER, H.J. *Normen*, 137). A "continuidade da autotradição da Palavra de Deus no Espírito Santo" tem sua realidade eclesial na história da interpretação da Bíblia, na qual a Igreja sempre volta a se certificar, de caso a caso, da norma do seu testemunho e do seu discurso referente a Deus. O fato de o ministério eclesial de testemunho que interpreta a Escritura estar sustentado na verdade não exclui que formações eclesiais de Tradição se afastem em grau maior ou menor do legado apostólico a ser interpretado. Portanto, há que se ressaltar, com ênfase maior do que ocorre de um modo geral na doutrina eclesial, a função da Sagrada Escritura como fator crítico da Tradição. A implementação da norma suprema da Palavra de Deus (*norma normans non normata*) pela Teologia Bíblica e pela Dogmática, portanto, também sempre deve chamar a Igreja de volta para aquilo que é sua incumbência: o testemunho de palavra e vida sobre a divina verbalização/promessa de si em Jesus Cristo.

3.4.3. *Consensus fidelium* (consenso dos crentes) e magistério da Igreja

No discurso eclesial do testemunho do evangelho todos os batizados têm o direito de voz e participação ativa. É ao povo inteiro de Deus que se destina em primeiro lugar a promessa da sustentação na verdade; neste sentido o Vaticano II declara: "O conjunto dos fiéis, ungidos que são pela unção do Santo (cf. 1Jo 2,20.27), não pode enganar-se no ato de fé. E manifesta esta sua peculiar propriedade mediante o senso sobrenatural da fé de todo o povo, quando, 'desde os bispos até os últimos fiéis leigos', apresenta um consenso universal sobre questões de fé e costumes". Não obstante, o discurso de testemunho da Igreja conhece diversos lugares, funções e papéis; isto se evidencia na continuação do texto citado há pouco: "Por este senso da fé, excitado e sustentado pelo Espírito da verdade, o Povo de Deus – sob a direção do sagrado magistério, a quem fielmente respeita – não já recebe a palavra de homens, mas verdadeiramente a Palavra de Deus (cf. 1Ts 2,13); apega-se indefectivelmente à fé uma vez para sempre transmitida aos santos (cf. Jd 3); e, com reto juízo, penetra-a mais profundamente e mais plenamente a aplica na vida" (LG 12).

Tarefa do magistério da Igreja é emitir de forma válida e normativa o *consensus universalis* (o consenso abrangente e geral) em questões de fé e do comportamento moral, atentando particularmente para que no consenso "horizontal" da Igreja atual também entre o consenso "vertical" – isto é, a coincidência com as fontes da fé, bem como com as gerações anteriores dos crentes. Isto implica também que cabe ao magistério, no caso de abandono desse consenso vertical, questionando a identidade da fé tradicional, implementar o *consensus fidelium* contra doutrinas divergentes, verifi-

3. As premissas da dogmática

cando oficialmente em que ponto foi abandonado esse consenso. Em tais situações de decisão, onde a identidade está ameaçada, o magistério deve implementar a norma de todo discurso adequado sobre Deus. Ele também precisa, naturalmente, assumir o ônus da prova, se no caso concreto constate o abandono do *consensus fidelium*.

O levantamento desse consenso pelo magistério orienta-se em primeiro lugar pelas Sagradas Escrituras interpretadas na Igreja, assim como pela prática eclesial litúrgica, de fé e de moral, por autoridades teológicas reconhecidas (principalmente da época dos Padres da Igreja), bem como pela doutrina da Igreja conforme ela se cristalizou particularmente em sínodos e concílios: ele pressupõe uma comunidade interpretativa viva, que respeita o variado testemunho das diversas tradições e contextos, e um discurso testemunhal engajado em prol da encarnação de Jesus Cristo na Igreja. *O papa e os bispos são chamados a promover o consenso dos crentes e implementá-lo como testemunho normativo (norma normata) contra distorções e adulterações daquilo que é cristão. Eles têm a obrigação de preparar o caminho para a autêntica formação de consenso intraeclesial e efetuar exclusões somente em casos necessários.* Sem dúvida o bispo de Roma, sob determinadas circunstâncias, tem o direito e a obrigação, mercê do carisma da infalibilidade, "com a qual o redentor divino quis ver provida sua Igreja em decisões definitivas nas doutrinas de fé e moral", de pronunciar, em última instância, a palavra que decide e então também exclui. E suas decisões definitivas são "imutáveis de si próprias, e não em função da anuência da Igreja" (DH 3074). Entretanto, essa definição do Vaticano I – sua negativa de tornar a validade das decisões papais, assim chamadas *ex cathedra*, dependentes da ratificação posterior por órgãos coletivos da Igreja (sínodos, concílios ou similares) – refere-se exclusivamente à entrada em vigor de tais decisões, e não à sua tomada. Para a sua tomada naturalmente vale que decisões de última instância do magistério, uma vez que pretendem expressar validamente o consenso da Igreja, precisam satisfazer essa sua pretensão e somente podem ter fundamento objetivo quando surgirem de consenso intraeclesial, embora não entrem em vigor mercê dessa formação de consenso. Igualmente natural é que precisam ser interpretadas no discurso testemunhal intraeclesial e que a hermenêutica de semelhantes decisões doutrinais não difere dos princípios metódicos da hermenêutica da Sagrada Escritura. Resta a considerar naturalmente o peculiar gênero literário das decisões doutrinais da Igreja.

Decisões doutrinais definitivas levam hoje o nome de *dogma*. No linguajar habitual, dogma é "uma verdade revelada diretamente por Deus, proclamada pelo magistério da Igreja de forma clara e definitiva para todos os cristãos, como objeto da fé católica e divina obrigatória" (DIEKAMP, F. *Dogmatik*, 12; cf. DH 3011). Quando o Vaticano I fala, neste contexto, de *"fides divina et catholica"*, isto dá a entender, no mínimo, que a *fides divina* (a fé divina), superior à *fides catholica* (a fé eclesial), dirige-se à verdade divina válida por si, antes de qualquer definição eclesial, ou seja, à autorrevelação de Deus pelo seu pneuma em Jesus Cristo. Cada um dos dogmas aos quais se refere a fé eclesial – a *fides catholica* – precisa "ser entendido como desdobramento e ga-

A. PROLEGÔMENOS

rantia daquele conteúdo de fé uno e basicamente único, porque todo-abrangente: a salvação de Deus em Jesus Cristo. Este é *o* dogma nos muitos dogmas, *a* palavra nas muitas palavras da Tradição dogmática (*KATH. Erwachsenenkathechismus*, 57). Os dogmas naturalmente são apenas *uma* das formas na qual a fé, no sentido de *fides quae creditur* (objeto da fé que é crido), expressa-se verbalmente, na qual Deus se dá expressão verbal pelo seu Espírito no testemunho dos crentes. Por isso a dogmática não se baseará exclusivamente nessa forma de linguagem, mas antes procurará entendê-la a partir do contexto de outras formas de linguagem do testemunho, tendo que indagar de forma ainda mais fundamental como é que a verdade da salvação de Deus em e por meio de Jesus Cristo e a partir dele no Espírito Santo se exprime originalmente em linguagem humana.

4. As formas de linguagem do testemunho

4.1. Falar de Deus no limite do silêncio

Para a teologia cristã nunca foi natural que pensamento e fala humanos podem ser *"capax infiniti"*, isto é, "capazes do infinitamente divino", que lhe podem corresponder. Para a "teologia mística" de Dionísio Areopagita (fim do século V) o divino é inefável, não pode ser apreendido em pensamento. De João Damasceno († 749) não ouvimos outra coisa: "Inefável é o divino, e incompreensível" (João Damasceno, *De Fide orth.* I 1). Não obstante, a teologia, como discurso sobre Deus, lhe atribui "nomes"; ela evoca seu nome no louvor hínico, assim como também as Escrituras Sagradas lhe deram nomes. Mas que dizem esses nomes a respeito de Deus? Não seriam antes equiparáveis a nomes que o amor encontra para o amado, os que adoram e louvam, para o adorado; a saudade, para o que a sente; e nome que naturalmente também o medo encontra para o que é temido? Não seriam nomes nos quais se exprime mais o arrebatamento, o entusiasmo e a comoção dos que denominam do que a "essência" do que é denominado? Será que se pode submeter esse ato de chamar a uma norma de discurso sobre Deus que seja "adequado ao objeto"? Aliás, será que, no caso do discurso referente a Deus, pode-se aplicar "objetividade" orientada por critérios? Ou não será aqui a "mais profunda" subjetividade ao mesmo tempo a objetividade "suprema", e vice-versa? Poderia um ser humano expressar Deus de forma outra que não na linguagem da mais profunda comoção e do mais ardoroso entusiasmo? Poderia Deus expressar-se de outra maneira senão como aquele que afasta a dificuldade da pessoa, que toma conta da pessoa e da sua vontade?

O Iluminismo europeu tornou ainda mais candente essas questões. Ele pretendia permitir apenas o discurso racional sobre Deus, expondo-se, porém, com isto à suspeita de transformar o ser humano definitivamente na "medida de todas as coisas" (Protágoras) e, portanto, também na medida de Deus.

O princípio epistemológico da Escolástica: "Quidquid recipitur, secundum modum recipientis recipitur" ("O que quer que seja reconhecido/percebido é reconhecido/percebido segun-

4. As formas de linguagem do testemunho

do o modo daquele que reconhece/percebe"), leva, na filosofia transcendental de Immanuel Kant († 1804), à concentração sobre os modos do conhecimento; aí Deus entra em pauta no contexto dos problemas das premissas da razão teórica, ou melhor – no caso do próprio Kant –, principalmente da razão prática. O ser humano somente pode falar de Deus, falando de si próprio, falando em termos "antropomórficos". Friedrich Heinrich Jacobi († 1819) defende o antropomorfismo de todo discurso sobre Deus como legítimo e "adequado ao objeto"; segundo Ludwig Feuerbach († 1872) o antropomorfismo do discurso sobre Deus exige que ele seja decifrado como discurso (não esclarecido sobre sua própria natureza) sobre o gênero humano e seu desígnio: no discurso sobre Deus se refletiriam profundos anseios e desejos humanos, enquanto as pessoas ainda não conseguissem entender seus anseios e desejos como anúncio, como "Revelação" da essência do gênero humano. Embora essa tese da projeção tenha fracassado ao simplesmente identificar teologia com antropologia, ela levanta para o teólogo a questão de como é possível ao testemunho de fé e ao discurso teológico expressar verbalmente Deus mesmo, para além das necessidades e desejos humanos.

Mas não será a fala humana inevitavelmente a deformação e distorção de Deus pela linguagem humana orientada por interesses e necessidades, pelo pensamento humano mais propenso a dispor e ordenar do que a apreender e aceitar? Não será mesmo mais adequado calar a respeito de Deus do que forçá-lo com nossa linguagem?

A Tradição da *teologia negativa* (→ Doutrina de Deus 3.2.) entende-se neste sentido como caminho para o silêncio, embora como caminho no qual o pensar e falar dão conta de si e se dispõem a calar. No caso de Dionísio Areopagita a teologia negativa encontra-se na tradição do (neo)platonismo, na qual o protofundamento da realidade se apresenta cada vez mais como o uno "supraessencial" que tudo abarca, inacessível ao pensamento classificador e definidor, ao discurso que distingue e delimita. A adequação do pensamento e do discurso àquilo que deve ser pensado e dito precisa, por assim dizer, ser superada pela "união mística" do pensante e falante com o próprio Uno, por aquela *henosis* (unificação) para a qual nos preparamos, "quando nós, mediante pureza e santidade agradáveis a Deus, nos conformamos ao brilho superior" (DIONÍSIO AREOPAGITA, *Div. Nom.* I 1), para nos deixar envolver pelo bem-aventurado silêncio. Desse silêncio os crentes (a teologia) se aproximam "o mais perfeitamente pela negação (*apóphasis*) de todos os modos de ser, uma vez que, pela venturosa união com Ele, eles são verdadeira e abundantemente iluminados sobre o fato de que Ele (o Uno divino) é causa de todo ente, não sendo, porém, nenhum (dos seres entes), uma vez que está elevado acima de tudo (que é), acima do ser" (DIONÍSIO AREOPAGITA, *Div. Nom.* I 5). A apófase libera o pensar e falar de sua fixação no que é, impregna-o de silêncio e desconhecimento, não obstante liberando o falar para glorificar o inominado com os nomes que lhe cabem. A glorificação denomina Deus com diversos nomes como protofundamento de todo ente, mas não como causa definível, e sim como a *arché* (origem, princípio), a ser tudo em tudo, que também ainda é uma com o *telos* (alvo, fim).

O "destacar-se" da linguagem e do pensamento daquilo que está aí ocorre, segundo Dionísio Areopagita, por "três vias". De Deus só se pode falar corretamente em se

A. PROLEGÔMENOS

trilhando simultaneamente esses três caminhos, a *via negationis* (via da negação), a *via eminentiae* (via da intensificação) e a *via causalitatis* (via da fundamentação): Deus é "reconhecido em tudo e mesmo assim à parte de tudo", Ele é "reconhecido por conhecimento e por não conhecimento"; afinal, Ele é "tudo em tudo, e nada em nenhum, e é reconhecível a cada um em todas as coisas, e a ninguém em coisa alguma. Pois tudo isso é com razão afirmado a respeito de Deus, sendo Ele exaltado no tocante a todos os modos de ser como seu autor comum, e mesmo assim o mais divino conhecimento de Deus é aquele que reconhece em desconhecimento, na união supraespiritual" (DIONÍSIO AREOPAGITA, *Div. Nom.* VII 3). As três vias, portanto, não são procedimentos independentes um do outro. Ao invés, a negação no tocante ao que é concretamente pode expressar Deus como *arché* e *telos* (*via causalitatis*), mas apenas quando o retorno à *arché* significa autotranscendência do pensar e falar, em relação ao uno que tudo abarca, inefável e supraessencial (*via eminentiae*), cuja unidade, porém, pode ser expressa como Uno que estabelece e une os muitos: como "a causa que tudo cria, tudo interliga, tudo ordena e harmoniza indissoluvelmente, que junta o fim de uma coisa com os inícios da outra e configura a unanimidade e concórdia do Universo com perfeição" (DIONÍSIO AREOPAGITA, *Di. Nom.* VII 3).

Somente o louvor que chama pelo nome reúne adequadamente as três vias: ele expressa Deus como *arché* que se encontra acima de tudo, como aquele que é tudo em tudo e mesmo assim infinitamente distinto daquilo que meramente é, que justamente não se confunde com este, exprimindo-o nos diversos nomes de Deus. Estes são a linguagem dos amantes, dos entusiasmados; mas não só exprimem seu amor e entusiasmo, mas, com estes, também aquilo que é amado e entusiasma; e conseguem-no porque nominam o ser-arché supraessencial de Deus e, com isto, sua relação com o que é. O ser-arché supraessencial de Deus como base da possibilidade para seu correlato discurso humano a seu respeito – esta intuição determinou a doutrina escolástica da analogia; e a dotou da "ambiguidade" de uma teologia no limite do dizível, numa teologia que deve exercitar o silêncio e mesmo assim não pode silenciar.

4.2. Discurso analógico a respeito de Deus

Dentro da Tradição da teologia negativa, também para *Tomás de Aquino* († 1274) não podemos saber a respeito de Deus *o que* Ele é, mas o que Ele *não* é. O ser humano pode saber *que* Deus é, porque a razão humana não consegue deixar de supô-lo como causa de uma realidade contingente. Como, portanto, os argumentos em favor da existência de Deus se baseiam em Deus como *prima causa* (primeira causa) de toda realidade, seu uso pressupõe certo conhecimento de "o que Deus é" – a possibilidade de nomear Deus (como *causa prima*).

Desta forma Tomás chega a formular o seguinte princípio da teologia em termos de teoria da ciência e lógica linguística: "É bem verdade que não podemos saber, a respeito de Deus, o que Ele é. Mas em lugar de definir a sua essência, tomamos nesta ciência os efeitos (*effectus*) de

4. As formas de linguagem do testemunho

Deus a partir da ordem da natureza e da graça e chegamos assim àquilo que esta doutrina afirma a respeito de Deus. Da mesma forma é preciso usar esse expediente em certas ciências filosóficas, tomando-se, ao invés da definição essencial de uma causa, o seu efeito, para poder fazer uma afirmação científica a respeito da causa em si" (TOMÁS DE AQUINO, *Sth* I q. 1 a. 7 ad 1). O nomear a Deus ainda não é determinação de sua essência; a prova de Deus a partir de suas obras como aquele que nelas atua, parte simplesmente daquilo que o nome "Deus" designa, pressupondo-o portanto como natural.

Mas o que é que designa esse nome (aqui justamente no sentido de "nomeação"), e *como* é que ele o designa? O que designam os outros nomes atribuídos a Deus pela razão, e *como* é que o designam? Será que não exprimem de fato e de alguma maneira, conceitualmente, a essência de Deus? Segundo *Aristóteles* († 322 aC), a nomeação pressupõe a apreensão conceitual do nomeado. Para Deus, porém, não há para o ser humano *nesta* vida nenhum reconhecimento conceitual da sua essência, "mas nós o reconhecemos a partir das criaturas na medida em que é sua origem, quando intensificamos ao mesmo tempo até o infinito todos os enunciados a seu respeito, excluindo dele, porém, toda imperfeição. Portanto, podemos nomear a Deus a partir das criaturas; porém o nome que o nomeia então não exprime a entidade divina tal qual ela é, ao passo que o nome 'ser humano', por seu significado, exprime a essência do ser humano tal qual ela é" (TOMÁS DE AQUINO, *Sth* I q. 13 a. 1). No caso de Deus, e somente em seu caso, isto não confere, nem pode ser como Aristóteles exige – que o nome correto exprima o teor essencial do nomeado. Não obstante, também não pode ser que os nomes de Deus *nada* digam a respeito da essência de Deus. Eles caracterizam sua essência, mas não reproduzem toda a sua essência. Os nomes de Deus o designam por meio de realidades criaturais que justamente o representam apenas imperfeitamente. Entretanto "Deus, enquanto ente universalmente perfeito por excelência, tem dentro de si todas as perfeições das criaturas, muito próprias dele e antes delas. Por isso toda criatura é imagem dele e semelhante a Ele na medida em que tem alguma perfeição". Nós reconhecemos a essência de Deus somente "na medida em que as perfeições das criaturas a representem" (TOMÁS DE AQUINO, *Sth* I q. 13 a. 2). Desta forma Deus também não pode ser percebido nas criaturas propriamente como Ele mesmo – em sua plenitude divina de ser – mas justamente apenas como seu "princípio" (origem concessora do ser).

Até que ponto a descendência do criado em relação ao Criador permite um discurso autêntico e adequado sobre Deus? A própria filosofia já pode expressar Deus autenticamente, apesar de estar presa à realidade criatural, contanto que não o entenda apenas como causa exterior da criatura, mas como seu protofundamento que transmite da sua perfeição de ser à criatura, chamando-a assim à existência. A teologia pode recorrer, portanto, a designações "semanticamente" confiáveis de Deus; os nomes atribuídos a Deus o exprimem corretamente como protorrealidade de tudo que é, que lhe deve existência e perfeições do ser. Os nomes que designam Deus valem – na medida em que exprimem perfeições do ser – "quanto ao seu conteúdo, em primeiro lugar para Deus, e depois, para as criaturas, porque essas perfeições advêm de Deus para as criaturas" (TOMÁS DE AQUINO, *Sth* I q. 13 a. 6). Portanto, é preciso dizer: por um lado os nomes querem dizer inicialmente realidades criaturais, uma vez que delas são tirados; mas segundo seu teor, eles têm sua realidade intrínseca primeiro em Deus. Eles designam a imagem, mas remetem o designante, com base na imagem, ao original.

A. PROLEGÔMENOS

Os (mesmos) nomes designam, portanto, a realidade criatural e a divina de diferentes maneiras: "Ao [...] chamarmos uma pessoa de 'sábia', aquilo que assim é designado está definido e captado de forma mais ou menos completa; no que tange a Deus, é diferente; ali o designado permanece incompreendido e vai além do significado do nome" (TOMÁS DE AQUINO, *Sth* I q. 13 a. 5). Essa nomeação de maneiras diferentes exclui que os nomes [*nomina*] sejam utilizados *univocamente*, que, ao nomearem o divino, refiram-se à mesma coisa que ao nomearem realidades criadas. Mas o nomeado em cada caso também não pode diferir de maneira completa, como se a igualdade do nome consistisse apenas na igualdade literal da palavra e o nome fosse usado *equivocamente* para ambas as realidades. Pelo contrário, esses nomes são usados com referência a Deus e às criaturas no sentido da *analogia*.

Conforme a abordagem de Tomás acima descrita, ele passa para o primeiro plano a proporção simples da analogia original-imagem, a chamada *analogia de atribuição*: o nome é atribuído a um nomeado em função do seu ser princípio em sentido de fonte ou original, e é atribuído ao causado em sentido derivado, de imagem, no que o nome pode muito bem ser tomado dentre designações cotidianas do ser finito e criatural: "Desta forma aquilo que é enunciado a respeito de Deus e das criaturas de uma forma comum, é enunciado no sentido de haver uma relação com Deus como que com seu princípio e sua causa, em que já se encontram todas as perfeições das coisas, antes delas, e isto de forma extraordinária" (TOMÁS DE AQUINO, *Sth* I q. 13 a. 5). A analogia mantém assim o meio entre a equivocação e a simples univocação.

O modelo clássico, aristotélico, da analogia de dupla proporcionalidade (*analogia de proporcionalidade*) baseia-se, segundo Tomás, num fato diretamente utilizado pela analogia de atribuição: a analogia de proporcionalidade apresenta a semelhança de duas relações (a : b semelhante a c : d), sem que por isso os termos da proporção a e c, respectivamente b e d, sejam colocados em relação. A aplicação da analogia de proporcionalidade no discurso sobre Deus, porém, pressupõe que não só as relações (por exemplo, paternidade divina e humana) sejam semelhantes entre si, mas que elas o sejam mercê da função de original inerente à relação entre os primeiros dois termos da relação (entre Pai divino e seres humanos como filhos de Deus), relação esta que é meramente retratada na segunda relação (entre pai humano e seus filhos legítimos).

A analogia expressa Deus com auxílio dos nomes que, no uso diário, são aplicados ao finito e criatural, nomeando-o, porém, ao mesmo tempo como realidade *criada*, nomeando assim também seu princípio como protorrealidade originalmente visada pelo nome, podendo justamente por isso interpelá-la corretamente, mesmo que não conceitualmente.

Já antes de Tomás de Aquino o *IV Concílio de Latrão* (1215) havia formulado que "não [se pode] afirmar semelhança alguma" entre Criador e criatura, "sem que ela inclua uma dessemelhança maior entre os dois" (DH 806). Será que o discurso humano, analógico, então ainda tem alguma chance de alcançar a realidade divina? Considerando a "distância" do mistério divino supraessencial, será que ainda se pode falar de uma "semelhança" que se aproxime do divino, será que ainda se pode falar de uma verdadeira "nomeação de Deus"? Será que falar de Deus realmente ainda é discurso a seu respeito, quando por um lado é preciso falar da dessemelhança ainda maior, mas por ou-

4. As formas de linguagem do testemunho

tro lado se acaba efetivamente nomeando, na prática, a realidade "supraessencial" de Deus com conceitos e noções finitos e alheios?

A tradição teológica entendeu essa única forma possível de discurso humano sobre Deus – afirmação que enfatiza ao mesmo tempo sua total inadequação – como forma especial de Deus se expressar efetivamente como mistério do mundo, de modo que precisamente isto, a certeza de Deus como mistério absoluto em sua maneira radicalmente diferente de ser, como possível solução do enigma da nossa vida. Pouco antes da sua morte, Karl Rahner alertou que justamente a teologia teria que aceitar essa situação e levá-la a sério: precisamos aguentar "a terrível indefinição entre sim e não como o verdadeiro e único ponto firme da nossa cognição, deixando assim as nossas afirmações cair sempre na silenciosa incompreensibilidade do próprio Deus" (RAHNER, K. *Erfahrungen*, 107).

A ilação retrógrada do efeito para o princípio somente pode expressar a este no limiar do silêncio ou – aquém desse limite – em conceitos humanos inadequados, em última análise. Dessa forma o discurso analógico sobre Deus acaba ambíguo no tocante ao seu teor de verdade.

O posicionamento ambivalente de Karl Barth sobre a *analogia entis* (analogia do ser) reflete essa situação: no início de sua *Kirchliche Dogmatik*, ele vê na doutrina escolástica da analogia a tentativa híbrida da teologia de chegar a Deus – uma tentativa falha, uma vez que a majestade de Deus deixa a tentativa humana cair no vazio. O que o Barth tardio critica na doutrina clássica da analogia é, antes, o fato de ela ignorar a *proximidade* de Deus para com o ser humano, quando ela dá o passo em direção ao limite do dizível. Ela se dirige – este o resumo de Eberhard Jüngel – "principalmente à indisponibilidade de Deus, e isto ela faz até demais" (JÜNGEL, E. *Gott*, 386). Mas a crítica se volta, em todos os casos, contra a tentativa de o ser humano, *por si mesmo*, expressar Deus, a bem-dizer embuti-lo em linguagem e lógica humanas. Essa tentativa só pode estar fadada ao fracasso, por conduzir para a projeção de Deus e ao mesmo tempo, na melhor das hipóteses, desmascarar essa projeção enquanto tal, por não corresponder de forma alguma a Deus. O *Proslogion* de Anselmo de Cantuária († 1109) poderia ser lido como testemunho desse fracasso. O capítulo XV contrapõe à designação de Deus como *"id quo maius cogitari nequit"* (aquilo acima do qual nada de maior pode ser pensado), da qual parte a argumentação, a constatação de que Deus seria *"id quod maior sit quam cogitari possit"* (aquilo que é maior do que pode ser pensado). Inicialmente Deus é expresso como a possibilidade última e suprema do pensamento e linguagem humanos; mas em seguida Ele volta a ser retirado da linguagem enquanto aquele que transcende infinitamente a linguagem e o pensamento humanos.

Segundo Karl Barth, a questão não é inserir, forçar Deus para dentro da linguagem humana. Antes a teologia deve procurar repetir e refletir sobre a Palavra de Deus, corresponder àquilo que Deus expressou a respeito de si mesmo e expressa em seu Espírito. O ponto de partida não devem ser as possibilidades da linguagem humana, mas a realidade do Logos encarnado, no qual Deus se pronunciou *inteligivelmente* para o ser humano que se deixa tomar pelo Espírito de Deus. *Deus se dá a entender*; e a teologia deve reconstruir como é que isto ocorreu e ocorre, como é que a palavra da essência de Deus se comunica em linguagem humana. Ela deve procurar entender como Deus *vem a se expressar verbalmente*.

A. PROLEGÔMENOS

A doutrina da analogia fundamenta o discurso adequado de Deus em cima de uma *correspondência*: a correspondência do criado para com seu Criador. Mercê dessa correspondência, a linguagem humana consegue expressar Deus verbalmente não só de forma inadequada e distorcida, mas correta.

A teologia evangélica do nosso século, por sua vez, afirma que a correspondência essencial entre Criador e criatura estaria tão corrompida pelo pecado que o ser humano, de si mesmo, não poderia corresponder a Deus nem em sua vida, nem em sua linguagem. Antes seria preciso dizer: baseado na dedicação de Deus ao gênero humano pecaminoso na obra redentora de Deus, o ser humano estaria novamente chamado a corresponder a Deus por sua fé e a expressá-lo verbalmente mercê *dessa* correspondência (*analogia fidei*, analogia da fé).

Tentativas atuais, baseadas principalmente em Paul Ricoeur (* 1913), de uma teoria da linguagem religiosa como *linguagem de metáforas* procuram atender a ambas as preocupações. Quando a pessoa humana, "bafejada" pelo Espírito de Deus, procura corresponder linguisticamente a Deus e à sua autocomunicação, suas palavras e sentenças muitas vezes entram em estranha tensão com o linguajar habitual; trata-se de uma tensão que manifesta linguisticamente a necessidade de inversão da fala humana, bem como a metanoia linguística a ocorrer no sopro pelo Espírito de Deus. Essa teoria das metáforas se distingue fundamentalmente da teoria da metáfora que remonta a Aristóteles e que é de caráter meramente retórico; isto deverá ser observado no que segue.

4.3. Metáforas como discurso correspondente a Deus

Discurso metafórico é, em termos etimológicos, linguagem transposta, que ultrapassa (a si própria); linguagem que ultrapassa a si mesma ao entrar em tensão com as associações semânticas usuais, introduzindo, por alusão de imagem, novas associações de sentido. Será que a realização básica do *metaphérein* ("transpor") estaria na ilustração imagética do conceitual, como ocorre na retórica? A metáfora seria então um "linguajar meramente figurado, indireto, portanto" (SÖHNGEN, G. *Weisheit*, 929), que fica pouco claro a nível ontológico e conceitual e em última análise precisa ser substituído por um conceito. Segundo esta acepção, a metáfora apenas insinua figuradamente aquilo que o conceito acerta e formula: o objeto em si. Mas será que a linguagem ultrapassante da metáfora não teria seu sentido justamente no fato de poder expressar *mais* do que os conceitos definidos, de acertar infinitamente em cheio por meio do figurado, da tensão por ela criada? Acertar mais do que o conceito, com "mais propriedade" que o conceito análogo, que omite aspectos decisivos? Nesta ótica a dimensão estética da metáfora não seria uma concessão retórica à capacidade de imaginação humana, mas sim o apelo à mesma no sentido de abrir-se para uma nova *evidência*, de ultrapassar as fronteiras de sua percepção habitual para perceber novas associações. A metáfora "Deus-Pai", por exemplo, então não pode ser imediatamente reduzida a um conceito, por exemplo pelo atributo de "gerador". Antes, o recurso à diversifica-

4. As formas de linguagem do testemunho

da e até contraditória experiência do "Pai" pretende insinuar e sugerir à imaginação que ela "associe" Deus e Pai dentro de uma tensão. A evidência de que Deus seria (como) um pai praticamente não surpreende na Tradição cristã, a não ser que seja levada a sério como discurso metafórico propriamente dito. Então ela desafia a *entender Deus como Pai*, a entender o que significa, para a concepção habitual de Deus, chamar Deus de Pai; desafia a compreender onde é que a metáfora engana, onde é que ela pede outras metáforas que, em nível conceitual, possivelmente até entrariam em diametral contradição com ela (por exemplo: Deus como Mãe, como Irmão, como Companheiro); a compreender *como* Deus é Pai (e Mãe, Irmão...)

Somente se faz justiça à criatividade linguística da metáfora quando se vê que ela dá o que pensar e permanece material de base do conceito posterior, que só consegue acompanhar apenas em termos aproximados as associações sugeridas por aquela. Na metáfora a linguagem se aproxima do que se quer dizer, fazendo-lhe alusão por meio de vivências históricas (biográficas); na metáfora religiosa inovadora, seu criador lembra em sua imaginação e descobre no veículo da imagem uma nova visão de Deus que, inclusive em conflito com visões habituais, ou ao menos em tensão com elas, também quer ser formulada e entendida, "explorada" conceitualmente. Na metáfora ocorre uma aproximação entre linguagem e "objeto"; ela *é* esta aproximação, como história de descoberta linguística, história esta que sempre está a caminho. A aproximação ocorre aqui no veículo da imagem que, na metáfora acertada, abre as pessoas para o "objeto", fá-las indagar e investigar o que ali estaria se expressando verbalmente sobre o "objeto". Mas que quer dizer: o objeto "se expressa verbalmente"? Não é assim que ele *é expresso* pela pessoa que fala? O objeto é expresso adequadamente depois de ter arrebatado a pessoa, fazendo com que ela fale de modo que lhe corresponda. Em experiências revolucionárias e transformadoras, como por exemplo em encontros de grande significado, isto é percebido bem desta maneira. Aquilo que *eu* estou expressando verbalmente, está antes – caso seja bem dito – expressando verbalmente a *si mesmo*, exprimindo-se na minha fala.

Por isso o ser humano também não pode expressar Deus adequadamente a partir de si mesmo, com "soberania" e autodeterminação linguísticas. Ele só pode acertar o discurso sobre Deus quando este se expressa a si mesmo, quando toca as pessoas de tal maneira que elas lhe respondam com sua fala, sua vida, assim podendo expressá-lo nesta resposta. Para os cristãos Jesus Cristo é a expressão verbal de Deus, o Logos, a palavra da essência de Deus que permite às pessoas humanas dar expressão verbal acertada a Deus na resposta ao Logos. O ser humano Jesus Cristo, nosso irmão, é resposta ele próprio, resposta totalmente permeada e arrebatada pelo Espírito de Deus, a resposta na qual, com a qual e sob a qual podemos ouvir e entender o Logos. Ele é a descoberta de Deus, na qual Deus se nos descobre. Ele encontra a linguagem que corresponde a Deus; ele exprime Deus de forma válida – em seu falar de Deus, em suas parábolas, seu anúncio do Reino de Deus, sua promessa/verbalização de salvação, em toda a sua vida e sina. Ele "vive" Deus em surpreendente evidência. Com a mensagem

A. PROLEGÔMENOS

de sua vida ele se torna, por assim dizer, "predicado" da oração metafórica: Deus é (como) este Jesus Cristo. O "como" metafórico que justamente é silenciado na metáfora, aponta aqui para aquela correspondência perfeita professada definitivamente por Deus – Pai de Jesus Cristo – correspondência esta que ele estabeleceu com a ressurreição do crucificado: de que no Logos encarnado o próprio Deus veio a se expressar linguisticamente, de que na mensagem da vida de Jesus Cristo nada deixou de ser dito que possa ser verbalizado/prometido ao ser humano para entender a Deus. Por isso somente à primeira vista causa estranheza o fato de Eberhard Jüngel chamar o "Filho" Jesus Cristo de "a parábola pessoal do Pai" (JÜNGEL, E. *Gott*, 394s.). Afinal, para o Novo Testamento, ele é a nova imagem de Deus Pai (cf. 2Cor 4,4), o "resplendor" da glória de Deus e a expressão do seu ser (cf. Hb 1,3). Quem o vê, vê o Pai (cf. Jo 14,9s.). O que se pode ver, ouvir, sentir, experienciar, perceber de Deus, abre-se à pessoa humana nele (e, partindo dele, no corpo de Cristo, que é a Igreja, a *Creatura Spiritus Sancti*). Deus é (como) Jesus Cristo – essa metáfora central é base da fé cristã; ela encontra sua interpretação na proclamação que procura interpretar Jesus Cristo como parábola pessoal de Deus e verbalizar/prometer às pessoas o Deus que se expressa linguisticamente no Logos Jesus Cristo. Essa metáfora central encontra sua correspondência exaltadora, de anuência pronunciada com o maior prazer, na doxologia, no credo da comunidade em culto.

Mas será que a própria metáfora também não está falando de forma *demasiadamente humana* sobre Deus? E será que ela fala de modo suficientemente claro e unívoco a respeito de Deus? A teologia negativa pretendia superar o antropomorfismo "natural" do discurso humano sobre Deus. Esta sua preocupação também hoje não pode ser levada a sério o suficiente, uma vez que a fé e a teologia, em seu discurso sobre Deus, sobre sua vontade e sua atuação, sempre voltam a se enredar em projeções humanas, muito humanas, do divino. Mas critério da sua crítica sempre só pode ser a forma como o próprio Deus se verbaliza na pessoa humana Jesus Cristo, o que o Logos tornado pessoa humana – a mensagem que é o Filho do homem – dá o que pensar aos crentes. O Logos tornado pessoa humana é imagem de Deus não abstraindo do seu ser pessoa humana, mas justamente na concretização da resposta profundamente humana em, com e sob a qual os crentes tomam conhecimento do Logos. Jesus Cristo é a pessoa humana que corresponde perfeitamente a Deus, que representa Deus perfeitamente, seu retrato no sentido pleno da palavra: seu retrato *humano*. Bem por isso nem se pode falar de Deus de maneira suficientemente humana. O famoso axioma de Friedrich Heinrich Jacobi: "Ao criar o ser humano, Deus teomorfizou. Necessariamente o ser humano, por isso, antropomorfiza" (JACOBI, F.H. *Von den Göttlichen Dingen*, 418), se deveria ler em sentido cristológico-soteriológico. Em Jesus Cristo o ser humano aparece em forma do divino, e Deus em forma de ser humano. A pessoa humana corresponde à "teomorfização de Deus em Jesus Cristo", operada pelo Espírito, ao falar de Deus em termos humanos e ao dar tratamento humano às irmãs e aos irmãos humanos de Jesus Cristo; ao deixar acontecer a vontade de Deus: de deixar toda a criação participar da imagem de Deus inerente às criaturas a louvarem seu Criador.

As pessoas falam "acertadamente" a respeito de Deus na medida em que se deixam determinar pelo próprio Deus em sua vida e até em sua linguagem – na medida em que co-"respondem" a Deus. A Tradição escolástica fundamentou essa capa-

cidade de correspondência no fato de o ser humano ter sido criado, no fato de ele ser retrato de Deus. A teologia moderna e principalmente contemporânea propõe, além disso, que o ser humano sempre precisa ser desafiado novamente pelo Espírito de Deus, no sentido de buscar a correspondência de sua vida e linguajar com a autocomunicação de Deus; que em função dessa correspondência também seu linguajar sempre precisa de nova conversão. As tentativas atuais de descrever a linguagem da fé como processo metafórico procuram ir ao encontro desta preocupação.

4.4. Metáfora e conceito

Em comparação com o conceito, que é bem definido, unívoco, metodicamente delimitado, a metáfora é "multívoca". Ela justamente não designa um objeto ou uma classe de objetos num sentido preciso; ela apresenta *riqueza de associações*; em interpretações sempre novas ela pode ser atualizada, potenciada, relativizada, associada a outras metáforas; no testemunho e na proclamação ela sempre deve e pode vir a expressar-se de nova maneira em termos situacionais e históricos. Só que *riqueza de associações não significa arbitrariedade*. A comunidade de testemunho e de interpretação da Igreja está, por isso, ciente do desafio que lhe é colocado, de defender a compreensão unívoca, "pré-conceitual" do Deus-Logos contra utilizações exageradas e unilaterais desta ou daquela metáfora de Deus. Neste processo é preciso reconhecer e excluir, por exemplo, associações ambíguas da metáfora, corrigindo conotações errôneas. Aí entra em função o conceito.

A função do conceito não está em anular a metáfora, substituindo-a pelo conceito; trata-se de, com ele, trabalhar nas metáforas. O conceito procura inter-relacionar as metáforas centrais de forma coerente e, nesta compreensão do seu nexo recíproco, destacar a clareza unívoca do Deus-Logos. Esse trabalho procura "controlar" as associações evocadas pela metáfora de modo que não levem ao descaminho –, mas também somente ao ponto de não sacrificar a riqueza de associações das metáforas, substituindo-a pela clareza simplória do clichê conceitual.

Gottlieb Söhngen († 1971) adverte com razão: "Uma vez embotado o caráter figurado das metáforas bíblicas, embota-se também a realidade; e em vez de a linguagem teológica da analogia ser liberada para o sentido intrínseco do discurso, ela baixa para o nível de uma conceitualidade que se aliena da linguagem do mistério, de sua figuratividade e realidade imagética, levando ao linguajar vazio e ineficiente da proclamação. [...] o seu método da analogia *conceitual* o teólogo precisa medir segundo as metáforas e analogias *visualizáveis* da Bíblia e da sua linguagem" (SÖHNGEN, G. *Weisheit*, 929s. e 938).

O fato de a teologia, em seu trabalho conceitual, recorrer novamente a metáforas (por exemplo, a metáfora da "geração" do Filho eterno), de inclusive criar metáforas teológicas (por exemplo, o discurso teológico trinitário da "pericórese", compenetração), comprova o quanto a teologia entende mal a si própria ao se comprometer exclusivamente com a univocidade conceitual e com uma compreensão teológica da lingua-

A. PROLEGÔMENOS

gem segundo a qual o conceito teológico, ao superar o "meramente" figurado, conseguiria fazer um enunciado unívoco e definitivo sobre o objeto. Os conceitos – não só teológicos – de qualquer forma derivaram de metáforas; Dionísio Areopagita ainda está ciente disso, ao entender *arché* como "fonte". E a derivação da metáfora proporciona ao conceito seu "teor de realidade", como se pode aprender com Söhngen.

A *forma linguística do discurso teológico conceitual* é, como vimos, indispensável mesmo assim. Seu lugar não está mais na comunicação do ofício divino ou da oração, mas da doutrina, na qual é preciso transmitir adiante e assumir a responsabilidade por aquilo que o Deus-Logos a se pronunciar nas metáforas dá a pensar (e fazer) aqui e agora. A teologia se desincumbe dessa responsabilidade ao verbalizar, no tocante aos desafios concretos da situação histórica contemporânea, aquilo que o Deus-Logos, testemunhado na Escritura de múltiplas vozes e rica de associações, e sempre novamente verbalizado e representado dentro da Igreja, diz hoje, para o que Ele inspira e desafia, como Ele pode ser entendido e testemunhado.

Os conceitos da teologia muitas vezes se orientam por conceitos centrais do dogma. *A forma linguística do dogma eclesial tem seu lugar na responsabilidade oficial (doutrinal) pela identidade do que é cristão, identificando o que é interpretação normativa da Escritura e de tradições interpretativas normativas, rejeitando alternativas enganosas, redutoras do Logos.* Essa forma linguística do testemunho eclesial nem sempre foi designada pelo conceito "dogma", na história da Igreja, mesmo que nos primeiros séculos já se encontre um discurso não bem especificado sobre "dogmas de Deus" (a contrastar com as doutrinas humanas), bem como sobre dogmas da Igreja (em sentido de doutrina cristã, mas também de decretos eclesiais ou conciliares). Desde cedo, portanto, associa-se a este conceito a noção de normatividade que parte da verdade – das verdades – da fé e que deve ser reconhecida pela comunhão dos crentes, também por meio de decisões, de validade jurídica, dos órgãos eclesiais competentes. Outros conceitos como o da *regula fidei* (regra de fé), do cânon da verdade, da *veritas catholica* (verdade católica) ou *fides catholica* (fé católica) igualmente caracterizam a existência e emissão normativa de uma fórmula para aquilo que deve ser crido e não mais pode ser contestado na comunhão dos crentes. Entretanto, até a Escolástica medieval, impôs-se o reconhecimento de que era preciso distinguir entre diversas gradações dessa normatividade e, portanto, também gradações da condição de não revisável. Isto se reflete na doutrina dos *graus de certeza teológica* desenvolvida a partir do século XIII. Como normativos por excelência, uma vez que formulavam de forma válida a verdade salvífica da fé, eram considerados por toda a teologia de inícios até meados da Idade Média, os *articuli fidei* (artigos de fé). Deles fazem parte apenas verdades de Revelação direta e formal, de importância fundamental para a fé e a vida cristã e que fazem parte dos símbolos normativos. O conceito formal do dogma, formado a partir do final do século XVI, é mais abrangente. Embora ele também se refira a verdades de Revelação, também inclui verdades que não pertencem aos símbolos normativos, mas cuja formulação pareceu necessária à Igreja para garantir a verdade de salvação ali expressa e cuja definição tem a necessária sustentação na Tradição eclesial. O testemunho da verdade de Revelação em forma de doutrina abrange outras doutrinas (com grau de normatividade teológica menor, menos qualificação teológica) nas quais a fé eclesial procurou certificar-se de si mesma e da resposta a desafios cada vez mais urgentes e questionamentos sempre mais insistentes (dogmas no sentido mais amplo). A Igreja, mais precisamente o magistério eclesial, fala e falava, aqui, com pretensão de autenticidade. Entretanto, ela não associava nem associa a esses enunciados doutrinais a cláusula juridicamente disciplinar de que sua contestação teria que ser punida como heresia, aplicando-se-lhe o anátema.

A *interpretação dos dogmas* deve orientar-se segundo sua forma linguística específica, bem como segundo suas funções eclesiais. Enquanto expressões doutrinais normativas, eles protegem a memória dos atos e dons salvíficos de Deus, implementando-a na Igreja em cada situação. Neste sentido devem ser interpretados como *verba rememorativa* (palavras rememoradoras). Na qualidade de quintessência daquilo que atualmente é experienciado na comunidade, eles expressam as verdades da fé como verdades da salvação, como possibilitação e como características de uma vida em salvação na "comunhão dos santos". Nesta qualidade eles devem ser interpretados como *verba demonstrativa* (palavras demonstrativas). Como reflexão normativa sobre a definição do ser humano na história da salvação operada por Deus, os dogmas testificam aquilo que os crentes podem esperar do seu Deus e sobre o que se baseia sua esperança. Neste sentido devem ser interpretados como *verba prognostica* (palavras antecipadoras: cf. Internationale Theologenkomission, *Interpretation*, 256s.).

A hermenêutica dos dogmas sempre se orientou segundo o *nexo* entre os diversos dogmas, e entre estes e o alvo último dos seres humanos, tomando os dogmas como testemunhos da Tradição de uma interpretação eclesial da Escritura, com intenção de sistematização da fé. Ela procura entender cada dogma em sentido integrador sob vários aspectos. Em primeiro lugar, colocando os dogmas no contexto geral da doutrina e vida eclesiais, interpretando-os a partir dali; em segundo lugar, mantendo sempre na mira como alvo da interpretação o *nexus mysteriorum* (ligação entre os mistérios) e a intenção salvífica de cada dogma; e finalmente relacionando e vinculando cada uma das verdades, enquanto "aspectos" da verdade divina una e enquanto interpretação situacional doutrinal do Deus-Logos uno, com aquilo que deve ser interpretado. Dessa dinâmica interpretativa integradora o Concílio Vaticano II fala sob o tópico "Hierarquia das verdades". Essa "hierarquia" não permite que as verdades relativamente subalternas sejam insignificantes a ponto de se poder negligenciá-las na interpretação da doutrina de fé eclesial. Sua "subalternidade" tem a ver mais com sua função na sistemática da fé, que lhe é atribuída pela lógica interna da fé e que deve ser sustentada em sua interpretação. A consideração da função que criações doutrinais eclesiais ocupam na sistemática da fé (por exemplo, na área da mariologia ou da eclesiologia) pode amenizar muitos embates em controvérsias teológicas.

A. PROLEGÔMENOS

O dogma sempre deve ser entendido a partir da lógica da controvérsia a ser por ele resolvida; ele deve ser entendido no contexto da "situação de confronto" que possivelmente nem permitiu a formulação adequada das alternativas, de modo que a alternativa condenada talvez nem tenha sido defendida pelos condenados (cf. a problemática de algumas definições antirreformadoras). O dogma deve ser entendido como um "enunciado para dentro do mistério" (RAHNER, K. *Aussage*, 72), sempre superado infinitamente pelo autoenunciado desse mistério no Deus-Logos Jesus Cristo. Aquilo que o visado "sempre tem a mais" ainda é perceptível na riqueza de associações das metáforas das quais o dogma partiu e as quais, já por isso, não podem ser consideradas substituídas uma vez formulado o dogma. Finalmente o dogma deve ser entendido como formulação historicamente contingente, a qual perfeitamente poderia ter resultado diferente, uma vez dadas outras premissas histórico-conceituais. Ele deve ser entendido como uma "regulamentação terminológica comunitária que por um lado pode ser normativa, por outro deve ser levada em consideração na interpretação das declarações eclesiais, não podendo ser confundida com o objeto em si ou com um enunciado possível feito exclusivamente a partir deste" (RAHNER, K. *Aussage*, 68). O dogma está restrito aos esquemas de articulação conceituais disponíveis em cada caso; ele participa da capacidade conceitual de diferenciação alcançável em cada caso, mas participa também de alternativas possivelmente equívocas e de plausibilidades provisórias que em cada ato de definição certamente não são estabelecidas como irrevisáveis. "Com esse material muito finito de conceitos utilizáveis comunitariamente deve-se manter aberta a visão da infinita quantidade daquilo a que se refere a fé, é preciso enunciar a infinita quantidade e diferenciação do objeto. Uma terminologia finita dessas jamais poderá adequar-se ao objeto referido" (RAHNER, K. *Aussage*, 68). Acrescenta-se a isso o fato de a fórmula dogmática em alguns casos ter sido imposta de forma precipitada antes que o conflito a ser decidido estivesse maduro para uma decisão, de modo que não se pôde alcançar de fato o esclarecimento e a diferenciação em si alcançáveis. "Mesmo um dogma não está pura e simplesmente infenso à perdição e ambiguidade pecaminosa do discurso humano. Ele porta sua verdade em vasos de barro (cf. 2Cor 4,7)" (KASPER, W. *Dogma*, 187).

Por um lado, não se pode distinguir em termos teológicos definitivos o que numa fórmula dogmática é vaso e conteúdo, casca e cerne, o que é enunciado historicamente limitado, possivelmente unilateral, e o que é verdade de fé. Essa impossibilidade está necessariamente ligada à historicidade não só do dogma, mas da própria interpretação dos dogmas. Mesmo assim o desenvolvimento da teologia e da consciência de fé, mediante retorno às fontes e novas abordagens metódicas às mesmas, bem como a conversão da Igreja, a superação de funestas distorções eclesiais e de estreitamentos de visão teológica podem levar a uma apreensão mais exata do que se quer dizer, "à especificação mais precisa do modo de falar da Igreja e ao aprofundamento da intuição de fé". "Nenhuma sentença isolada, nem mesmo dogma algum pode esgotar a plenitude do evangelho. Cada um enuncia a verdade infinita, o mistério de Deus e sua salvação em Jesus Cristo de forma finita e portanto imperfeita, suscetível de melhoria, ampliação e aprofundamento" (*Kath. Ervachsenen-Kathechismus*, 57). Com isto tocamos no inegável desenvolvimento da doutrina eclesial, isto é, em termos mais estritos, no *desenvolvimento dos dogmas*.

O conceito revelacional da autocomunicação de Deus exclui uma Revelação que supere o Logos pronunciado em Jesus Cristo; a atuação do Espírito Santo na comunidade não serve para a "atualização" daquilo que ocorreu em Jesus Cristo de uma vez por todas, mas para a introdução em toda a verdade daquele Deus-Logos que Ele é (cf. Jo 16,13; 17,3; 14,6). Por outro lado, a concessão do Espírito à comunidade dos crentes também impede que a distância temporal cada vez maior em relação ao evento histórico de Cristo necessariamente afaste a comunidade dos crentes cada vez mais da verdade do Logos "então" pronunciado. A história do testemunho eclesial de fé e da doutrina eclesial inclui Tradição viva e aprofundada do recebido tanto quanto sua traição em palavras e ações. A confiança de fé de que a Igreja, em manifestações doutrinais de última instância, ou seja, em dogmas, não tenha contradito por mentira ou engano a verdade que lhe foi confiada, não exclui que em muitas outras manifestações de vida eclesial ela efetivamente o tenha feito; nem tampouco exclui que dogmas uma vez formulados possam ser melhor entendidos do que por exemplo na época de sua redação. O fato de os dogmas serem *irreformabiles* (irreformáveis) (DH 3074), significa que não se pode mais voltar "atrás" deles, mas não nega que o Espírito Santo leve a maior aprofundamento nas verdades de fé neles formuladas e que a formulação do dogma se evidencie como "estação intermediária" no caminho do encontro teológico e eclesial com a verdade.

Continuam insuficientes as teorias e os modos de encarar o desenvolvimento dos dogmas que neste enxergam apenas uma progressiva ampliação do conhecimento de fé, a caminho da conclusão. Muito mais significativos são para este processo os desafios históricos que dão nova importância ao material de fé recebido e que desafiam a Igreja (crentes, magistério, teologia) a se certificarem, com nova seriedade e com esmero aprofundado (e também metódico), daquilo que receberam. Possivelmente a "progressão" do desenvolvimento dogmático e doutrinal consiste, então, justamente não no aumento quantitativo das sentenças dogmáticas, mas numa nova evidenciação do centro da fé e sua ligação com o alvo definitivo e com as questões candentes na vida das pessoas; trata-se de um "avanço gradativo" ao longo da história da humanidade, o qual também pode perfeitamente voltar a criar ênfases unilaterais e estreitamentos da perspectiva. Isto não deve excluir que também por meio da explicação situacional conceitual do *depositum fidei*, do "depósito da fé", obtenham-se doutrinas normativas para trás de cuja explicitação a comunidade dos crentes não deve mais retroceder. O magistério hierárquico naturalmente deve cuidar, neste ponto, que a constatação de que tais doutrinas estão implicitamente contidas no *depositum fidei* não se limite a uma mera afirmação, mas possa ser entendida por toda pessoa disposta a compreender a lógica da fé. Em todos os casos não se deveria falar aqui de um "desdobramento da Revelação", como o faz a Congregação da Doutrina da Fé em sua instrução sobre a vocação eclesial do teólogo, de 24 de maio de 1990 (n. 38). A Revelação não é "desdobrada"; o próprio Jesus Cristo é o "desdobramento" do Logos, da palavra da essência divina, a "autointerpretação" de Deus. A Revelação é interpretada segundo a situação; no curso dessa interpretação pode ocorrer que traços não claramente percebidos da "autoexplicação de Deus" em Jesus Cristo fiquem mais ressaltados pela atuação do Espírito de Deus na comunidade dos crentes.

5. Autocompreensão da dogmática

5.1. Dogmática – uma ciência?

A dogmática está relacionada com a fé da Igreja e a pressupõe. A fé é sua norma que ela deve sustentar com esmero metódico. Dado este condicionamento, poderá ela ser considerada uma ciência? Dogmática como ciência da fé – parece uma contradição em si. A história e o surgimento, bem como o uso dos termos "dogmática, dogmático"

A. PROLEGÔMENOS

e similares, permitem ver claramente essa tensão. O nome "dogmática" está entre as criações terminológicas relativamente recentes da linguagem científica teológica. Somente no século XVII é que vem a ser usado por teólogos evangélicos como nome de uma disciplina teológica, para distinguir da teologia histórica (conforme Johann Alting [† 1644]) ou da teologia moral (conforme Georg Calixt [† 1656]). Mas o próprio Felipe Melanchthon († 1560) já havia chamado de dogmático o teor doutrinal da Sagrada Escritura, para distingui-lo do material histórico. No âmbito católico essa designação se instalou a partir do final do século XVII, substituindo o conceito usado na Idade Média, de "*sacra doctrina*", mais ou menos em paralelo com o estabelecimento terminológico do conceito "dogma", o qual, por sua vez, deixou em segundo plano a formulação "*articuli fidei*". Dessa forma, a "dogmática" muito cedo adquiriu, no meio católico, o significado de ciência dos dogmas, como descrição da doutrina eclesial positiva (dada).

No século XVIII e mais ainda no século XIX os termos "dogmático", "dogmática" e principalmente "dogmatismo" recebem uma apreciação cada vez mais negativa. O dogmatismo é, por exemplo, para Immanuel Kant, "o preconceito de avançar" na metafísica "sem a crítica da razão pura" (KANT, I. *KrV*, B XXX). A crítica da razão pura quer pôr a descoberto como toda a cognição é intermediada pela subjetividade do seu sujeito. O modo de pensar "dogmático" aborda, conforme Kant, seu objeto de maneira ingenuamente objetivista. Ela acredita ter o objeto como que *em si*, da maneira como ele é de si mesmo, sem sua veiculação pelos sujeitos da cognição. Esta crítica voltada inicialmente contra colegas da área filosófica atingiu igualmente os teólogos. Afinal de contas, não é assim que justamente a dogmática teológica acreditava ter a "verdade em si", encontrando-se por isso dispensada do caminho da certificação científica crítica da verdade? Não era justamente nela que ocorria a recusa de admitir a veiculação subjetiva do objetivo – dos dogmas?

A dogmática teológica parecia indisposta à crítica ainda em outro aspecto. Em grande parte ela se negava a refletir criticamente sobre a *veiculação histórica* do seu objeto, a doutrina eclesial da fé. Tanto que, ainda para Ernst Troeltsch († 1923), "método dogmático" era praticamente o mesmo que aquela ingenuidade histórica e também filosófico-antropológica "que toma um ponto de partida fixo, elevado totalmente acima da história em sua relatividade, obtendo a partir dele sentenças incondicionalmente certas, as quais, na melhor das hipóteses, só podem ser associadas *a posteriori* com cognições e opiniões da vida humana no mais" (TROELTSCH, E. *Methode*, 115).

Mas não será também peculiarmente ingênua a consideração meramente histórica (historicista) da doutrina da fé? Georg Wilhelm Friedrich Hegel († 1831) já levantara esta questão. Ele atribuía à consideração dogmática do conteúdo da fé um significado autônomo, irrenunciável. O interesse daquela pessoa que encara os dogmas apenas em termos históricos "é sobre a situação de outros, como as coisas se deram no caso de outros – esse surgimento e fenômeno acidental. [...] A história ocupa-se com verdades que *foram* verdades, isto é, para *outros*, não com verdades que fossem posse daqueles que com elas se ocupam. Com o teor verdadeiro, com a cognição de Deus, aqueles teólogos nada têm a ver" (HEGEL, G.W.F. *Philosophie der Religion* I, 47s.). A consideração dogmática leva a sério, segundo Hegel, a pretensão de verdade da Tradição de fé; ela leva a sério suas sentenças como "a verdade em si e para si", a qual vale e deve ser tornada válida aqui e agora, tornada válida, claro, segundo Hegel, na compreensão filosófica que apreende em sua contextura intelectual as meras imagens da dogmática teológica.

5. Autocompreensão da dogmática

O termo "dogmática" parecia representar no século XIX, e ainda no século XX, a a-historicidade e o esquecimento do sujeito, ingênuo objetivismo da doutrina eclesial de fé. Até o presente os temas "história" e "subjetividade" permaneceram irritantes para a dogmática. Em esboços sempre novos ela procurou posicionar-se ante essa irritação, procurando demonstrar que a visão dogmática pode reclamar seu direito próprio e de forma alguma precisa ser acrítica.

5.2. A dogmática como prestação de contas sobre a verdade da fé cristã

Continua útil a defesa que Hegel faz da razão de ser do enfoque dogmático. Ao contrário das ciências históricas, e numa correlação com as mesmas, a dogmática procura justificar as pretensões de validade que se cristalizaram em contextos históricos. Neste sentido também na área do direito, por exemplo, pode-se falar de dogmática. Com sua pergunta pela validade a ser justificada aqui e agora, a dogmática forma o contrapeso contra a visão das ciências históricas que insere em contextos históricos e, portanto, também relativiza.

A dogmática teológica, como reflexão científica sobre o testemunho de fé a respeito do Deus *uno* e Senhor da história, tem compromisso com a unidade da verdade. Por isso ela não pode considerar a história em termos historicistas como sequência de formas da verdade de igual validade, que valem na situação específica, e somente para esta. A verdade de Deus é histórica; nem por isso ela é relativa no sentido de sua validade ser limitada situacionalmente e como se ela pudesse ser superada por outras enquanto forma historicamente relativa da verdade. Ela se mostra como verdade divina, uma vez que ela "toca incondicionalmente" o ser humano (TILLICH, P. *Wesen*, 9), e não só o ser humano de uma época determinada, interpelando-o sobre a verdade do mesmo. Desta forma a historicidade na teologia dogmática do século XX encontra seu correlato na relação da verdade de Deus com a existência (ou com o sujeito). A reflexão sobre a mesma por Paul Tillich († 1965) ocorreu segundo o método da correlação, e no âmbito da teologia católica mais no contexto de uma teologia transcendental, sobretudo, por Karl Rahner († 1984).

O método da correlação parte da premissa de que o "problema da verdade [...] na teologia não [pode] ser resolvido por demonstrações objetivas, mas apenas por critérios existenciais". Ele entende "o símbolo religioso como resposta adequada a uma pergunta [...], que está dada com a existência humana" e na qual se expressa o "interesse último do ser humano" (TILLICH, P. *Korrelationen*, 32s.).

A teologia transcendental não indaga primeiro pelo objeto da dogmática (os conteúdos e "verdades" da Revelação divina e da tradição eclesial de fé), mas pergunta pela "capacidade de apreensão" do ser humano para uma possível autorrevelação de Deus ocorrendo na história. Ela procura demonstrar que a pessoa humana está constituída de tal maneira que, pelo ouvir e aceitar a autorrevelação de Deus na história, ela chega à plenitude do seu ser. Ela parte da premissa de que o ser humano, por sua essência, sem-

A. PROLEGÔMENOS

pre, portanto, é "ouvinte da palavra". Numa reflexão transcendental (sobre as condições da possibilidade), Karl Rahner procura mostrar que, por exemplo, a pessoa que realmente embarca nas autorrealizações pessoais fundamentais – embarca no risco da fidelidade, da responsabilidade, do amor e da esperança – sempre está aberta para aquele mistério absoluto que se lhe depara em autoabertura pessoal na história da Antiga e da Nova Aliança. A autocomunicação histórica de Deus, portanto, não contém esta ou aquela informação de maior ou menor relevância; antes ela é a palavra na qual Deus se verbaliza às pessoas em sua história marcada pela alienação e pelo autoesquecimento.

Karl Rahner procura fazer frente ao esquecimento da história assim como do sujeito na área da dogmática católica de cunho neoescolástico, descrevendo o ser humano no seu ato de ser como resposta ao mistério da sua existência – em sua fidelidade, sua esperança, seu amor – interpretando a autorrevelação de Deus na Antiga e na Nova Aliança como aquela palavra na qual esse mistério resplandece diante do indagante ser humano como o mistério infinitamente promissor da autoverbalização de Deus. As verdades da fé (*articuli fidei*) são então apenas aspectos isolados desse mistério da salvação, numa forma verbal histórico-humana.

Contra a teologia de Rahner se objetou que nela, em última análise, continuaria não esclarecida a relação da autorreflexão transcendental do ser humano com a autoabertura histórica de Deus. Daí poderia surgir a impressão de que na autorreflexão transcendental de qualquer maneira já estariam disponíveis todos aqueles conteúdos que Deus apenas comunicou expressamente em sua autorrevelação histórica. Será que a história então ainda é necessária, se o ser humano sempre pode embarcar no mistério da sua existência de modo que se lhe torne promissão? Mesmo que esse questionamento se deva a um mal-entendido do método transcendental, ele mostra mais uma vez a necessidade de fundamentar, junto com a relação com o sujeito, também a historicidade da verdade de fé de forma coerentemente *teológica*, isto é, no processo da autoabertura de Deus.

Seguindo a sugestão de Karl Rahner, a dogmática deveria expressar a verdade da salvação de Deus como o mistério da autocomunicação de Deus a se realizar *na história*, na qual Deus se abre e se promete às pessoas humanas como o mistério da sua salvação. *A dogmática deve expressar o mistério da autocomunicação de Deus não como "verdade em si", mas justamente como verdade da salvação, como a verdade e confiabilidade do Deus que se promete às pessoas para a salvação delas. E ela o exprime a partir dos prototestemunhos bíblicos da fé, bem como a partir das formações eclesiais de credo, as quais deveriam proteger de falsificações a benéfica verdade de Deus na respectiva situação histórica. "Entre" o evento da salvífica autocomunicação de Deus e as respostas sentenciais humanas à mesma, as quais a querem testificar e exprimir de forma inequívoca, aí é que a dogmática tem seu "lugar", seu "campo de trabalho".*

A verdade da fé é a verdade do próprio Deus, a qual se manifesta como verdadeira aos que chegam à fé, uma vez que o próprio Deus lhes é o Immanuel – o Deus conosco – e por meio do seu estar-com-eles lhes abre a confiabilidade que é Ele próprio. A história da abertura e da comprovação da confiabilidade de Deus – a língua hebraica vê na confiabilidade a essência da verdade – é a história do próprio Deus, na qual Ele, como Deus conosco e Deus para nós, se comunica sem reservas como Ele mesmo é e quer ser nossa salvação. *Por isso a dogmática toma os textos da Bíblia e da história da fé cristã como "lugares" de abertura e de comprovação da verdade de Deus salvífica por excelência, como aquelas verbalizações da verdade de Deus a partir das quais e nas quais Deus se dá a entender. Naturalmente ela também não pode ignorar que a compreensão teológica de Deus, bem como a compreensão de Deus na proclamação sempre de novo se envolveu, praticamente de forma inevitável, com mal-entendidos. Assim sendo, sua tarefa é a sempre nova e arriscada tentativa de entender a doutrina eclesial de fé, recebida da Tradição, em sua pretensão de verdade e em seu caráter salvífico e conquistá-la para a práxis eclesial de proclamação e testemunho.*

5.3. Dogmática como ciência da fé

A dogmática é ciência da fé na medida em que cuida que o discurso eclesial sobre Deus e sobre o mistério de sua autocomunicação seja adequado ao seu "objeto". Esse discurso é adequado quando dá a Deus e à sua obra salvífica expressão verbal tal que corresponda à expressão verbal de Deus em sua autorrevelação, em sua palavra que expressa a essência – no Logos Jesus Cristo – e por meio do seu Espírito Santo na comunhão dos crentes. A doutrina teológica do conhecimento formula regras que – de forma adequada ao objeto e aplicadas no contexto – podem garantir essa correspondência e de cuja aplicação, portanto, depende a adequação ao objeto por parte do discurso eclesial sobre Deus e sobre o mistério de sua autocomunicação. Essas regras justificam o discurso eclesial ao demonstrar seu *fundamento bíblico,* ao assegurar sua *conformidade com a Tradição doutrinal normativa da Igreja,* bem como ao verificar essa Tradição doutrinal normativa. Mas elas se referem também – isto, no passado, tem sido menos observado – ao *direcionamento desse discurso para o bem salvífico das pessoas;* e referem-se à *coerência* de todos os enunciados doutrinais e de proclamação para com o teor da fé cristã, coerência esta exigida e possibilitada pela confissão cristã do Deus triúno. Os detalhes da aplicação metódica dessas regras podem ser verificados nos compêndios da Doutrina Teológica do Conhecimento. Em termos de prolegômenos da dogmática, basta declarar seu nexo sistemático e fundamental nos termos pronunciados pelo Concílio Vaticano II. Seguindo o preceito de que o estudo da Sagrada Escritura deve ser "a bem-dizer a alma de toda a teologia", o decreto sobre a formação dos sacerdotes determina especificamente no tocante ao estudo da dogmática:

"Disponha-se a teologia dogmática de tal modo que sejam propostos em primeiro lugar os próprios temas bíblicos. Levem-se então ao conhecimento dos estudantes as contribuições que os Padres da Igreja do Oriente e do Ocidente deram para a fiel transmissão e desenvolvimento de cada verdade da Revelação e também para a ulterior história do dogma, considerando-se outrossim sua relação com a história geral da

A. PROLEGÔMENOS

Igreja. Em seguida, para ilustrar quanto possível integralmente os mistérios da salvação, aprendam os estudantes a penetrá-los com mais profundeza e a perceber-lhes o nexo mediante a especulação, tendo Santo Tomás como mestre. Aprendam a reconhecê-los sempre presentes e operantes nos atos litúrgicos e em toda a vida da Igreja a procurar as soluções dos problemas humanos sob a luz da Revelação; a aplicar suas verdades eternas à mutável condição das realidades humanas; e a comunicá-las de modo adaptado aos homens de hoje" (OT 16).

5.4. Dogmática positiva e especulativa

A dogmática católica – particularmente a de cunho neoescolástico – por muito tempo procurou principalmente garantir e expor as "verdades de fé" indubitavelmente válidas. Ela se entendia como teologia *positiva*, na medida em que procurava localizar na Escritura, segundo as regras da doutrina teológica do conhecimento, as *verdades dadas* por Deus aos seres humanos, extraindo-as também da tradição apostólica viva na Igreja. A tarefa da dogmática era de primeiro localizar e sustentar as *veritates*: discurso de fé ou doutrina teológica são verdadeiros na medida em que estiverem em conformidade com as sentenças divinamente verdadeiras da Bíblia e particularmente do dogma, na medida em que coincidirem com a doutrina transmitida por Deus por meio do seu revelador Jesus Cristo à humanidade e por Ele entregue à Igreja. Dogmas passavam por quintessência, princípios, da doutrina divina: eles são as "verdades formalmente reveladas por Deus e definidas pela Igreja solenemente ou pelo caminho ordinário" (*"veritates a Deo formaliter revelatae et ab Ecclesia solemniter sive ordinarie definitae"*: DENEFFE, A. *Dogma*, 531). Naturalmente a Tradição da alta e média Escolástica não deixava de reconhecer a diferença entre as "numerosas" *veritates* e a verdade (una) de Deus a se manifestar na Revelação, diferença esta que exige entender o *Articulus fidei* a partir de sua orientação para a verdade una de Deus. Dessa forma, para Tomás de Aquino († 1274), assim como para Isidoro de Sevilha († 633), o artigo de fé isolado era uma *"perceptio divinae Veritatis tendens in ipsam"* ("percepção da verdade divina tendente para a mesma": TOMÁS DE AQUINO, *Sth* II-II q. 1 a. 6).

Será que por isso a dogmática deve garantir a verdade do discurso de fé e da doutrina teológica também pelo fato de entender os *articuli fidei* (os dogmas) a partir de sua orientação para a divina *Veritas ipsa*, "relativizando-os" em termos desta, implementando assim seu *"tendere in ipsam"*? Terá ela condições de apreender a verdade como tal, em si mesma, interpretada e validamente articulada nas *"veritates formaliter revelatae"*, para então qualificá-las em termos de sua participação na verdade? Filosofia e teologia iluministas, neste sentido, procuraram destilar por vias sempre novas uma essência do cristianismo. Representantes da escola de Tübingen no século XIX atribuíam à teologia científica a função de colocar os dados históricos do cristianismo "num sistema, através da construção científica" e de, garimpando uma "ideia fundamental" do cristianismo, a "consequência interior do sistema cristão", apresen-

5. Autocompreensão da dogmática

tar a "prova da verdade interior da religião cristã" (DREY, J.S. *Einleitung*, §§ 66. 230. 250). Incumbência da teologia sistemática seria "resgatar o cristianismo, assim como ele se apresenta atualmente, da forma acidental em que tudo que está dado aparece na visão histórica comum, e elevá-lo como todo a um ponto de observação [...], no qual seja entendido como fenômeno necessário" (DREY, J.S. *Einleitung*, § 312).

Será que a "transformação do material histórico em ideias" (DREY, J.S. *Einleitung*, § 71) busca e encontra o caminho de volta, das verdades *dadas* para a verdade *una*, interior da fé? E quem conduzirá a teologia sistemática neste caminho? Quiçá a razão – sem dúvida, iluminada pela graça de Deus? Pio IX († 1878) enxergou aqui o perigo de a razão humana se instalar contra o magistério eclesiástico como instância interpretativa autônoma, arrogando-se uma compreensão das *veritates*, apresentadas pelo magistério por incumbência de Cristo, em sua verdade interior e portanto de forma "mais perfeita" do que o magistério. Tanto assim que ele se opôs a que "a razão se apoderasse também das coisas reservadas à fé, pondo-as em desordem" (DH 2854). Ele condenou a noção de que todas as sentenças cristãs de fé seriam, "indistintamente, objeto do conhecimento natural ou da filosofia", a ponto de a razão poder, por força e princípios próprios, "chegar a uma verdadeira compreensão de todas as sentenças de fé, mesmo das misteriosas" (PIO IX, *Syllabus errorum* de 1864: DH 2909). O Vaticano I finalmente insistiu que a *doctrina fidei* revelada não foi "apresentada [ao espírito humano] como uma invenção filosófica a ser aperfeiçoada, mas entregue à noiva de Cristo como bem divino, para que o preserve fielmente e sem erros" (DH 3020). Aquilo que *está dado* – confiado à Igreja ou ao seu magistério para interpretação autoritativa – não pode, à revelia do magistério, ser transformado pela razão no conhecimento "mais perfeito" das ideias. Isto vale naturalmente para a chamada razão natural; mas vale também para a razão crente (iluminada por Deus), pois "os segredos divinos ultrapassam, por sua natureza, a razão criada a tal ponto de eles próprios, mesmo depois de sua entrega pela Revelação e mesmo após sua aceitação na fé, não deixarem de estar ocultos pelo véu da fé e por assim dizer encobertos pela escuridão, enquanto nesta vida mortal 'peregrinamos longe do Senhor, pois caminhamos pela fé e não pela visão'" (2Cor 5,6s.). (DH 3016).

Entretanto, isto não exclui uma "intuição nos segredos" concedida à razão (iluminada na fé), "tanto a partir da correspondência (analogia) com aquilo que ela conhece de modo natural quanto a partir do nexo (lógico) dos segredos (*nexus mysteriorum*) entre si e com o alvo final dos seres humanos" (DH 3016). A teologia deveria destilar não a verdade (ideia) una *por trás* das *veritates*, mas a verdade una *nas veritates*, o mistério *uno* a permear todos os segredos da fé, o qual não relativiza e anula os mistérios, mas neles se interpreta. Mesmo assim, a dogmática "tem" o mistério uno, a verdade una apenas *nas veritates, articuli fidei, mysteria*, nunca independentemente destes. A tarefa de destilar o "*nexus mysteriorum*" faz com que a dogmática se torne teologia *especulativa*. A intenção da especulação está em "colocar diversas verdades numa relação espelhada, intermediá-las entre si". Dessa forma a especulação teológica

A. PROLEGÔMENOS

há de "consistir na tentativa de integrar todos os enunciados individuais da fé para dentro do mistério uno escatológico de Deus, a se realizar na história" (KASPER, W. *Methoden*, 71s.), bem como ressaltar o fato de esse mistério estar direcionado para o bem dos seres humanos. A verdade *una* "interior" de Deus, na fé, reflete-se no nexo lógico teologicamente demonstrável dos segredos da fé; e ela é "refletida" pelas diversas verdades dos *articuli fidei*, os dogmas.

Entretanto, não se deve ocultar que aqui se formula uma tensão: deverá a dogmática ater-se mais às "verdades individuais" positivamente dadas, ou antes deve ela tomar cada um dos *articuli fidei* como espelho no qual se retrata a verdade *una* de Deus? Essa tensão não pode mais ser resolvida em termos argumentativos. Antes é necessário dar-lhe espaço no trabalho dogmático. Em última análise, a dogmática deve deixar que as *veritates* a levem a pensar nelas, e a partir de seu nexo tratar de detectar a intuição da fé e, mesmo apenas embrionariamente, entender ao próprio Deus, a verdade e confiabilidade em si, aquele no qual os crentes se fiam.

Procurar entender Deus e sua verdade nos enunciados da doutrina eclesial da fé e por meio dela significa em primeiro lugar: tomar todas as *veritates* e *articuli fidei* como indícios do sentido, da intenção da vontade salvífica de Deus, da atuação salvífica de Deus junto à e em sua criação, junto ao ser humano e com Ele. A vontade e atuação de Deus não seriam entendidas se o entendimento não acompanhasse *a sua intenção*: seu direcionamento para o bem (*Heil*) das pessoas e para a consumação da criação. Deus é verdade por criar a "adequação" *(adaequatio)*, por possibilitá-la e por isso também exigi-la; na *adaequatio* a Ele devem as criaturas encontrar o seu desígnio, e podem os seres humanos libertos para a diferença da liberdade em relação a Ele encontrar o seu destino. Assim sendo, somente se pode falar do ser humano e de seu mundo em termos amplamente verdadeiros e adequados, quando se exprime verbalmente seu desígnio para a consumação por meio da atuação de Deus neles, quando se exprime verbalmente Deus como a "realidade que tudo determina". A verdade de Deus quer evidenciar-se ao ser humano como verdade porque ela lhe abre seu desígnio, e lhe abre como boa dádiva de Deus o mundo, destinado a participar do processo em que o ser humano se torna verdadeiro – de sua *adaequatio* à verdade de Deus; mundo, porém, que também está destinado, *em sua própria qualidade*, a testificar em sua diversidade e riqueza a inesgotável "criatividade" de Deus. Dessa forma a dogmática abre espaço para a verdade de Deus ao tentar mostrar como o ser humano e seu mundo encontram sua verdade ao serem determinados por Ele.

A verdade é *una*; onde se sustentam "verdades" como dimensões sem relação ou concorrentes entre si, quem sabe até contraditórias entre si, ali elas justamente não são entendidas como verdade. A verdade é universal, é coerente. "O verdadeiro é o todo", nisto Hegel tinha razão (HEGEL, G.W.F. *Phänomenologie*, 24). Assim, já no âmbito das *veritates* e *articuli* da fé, a verdade se impunha como coerência destes – apreensível para a fé e teologia no *"nexus mysteriorum ipsorum inter se"* (nexo dos próprios segredos entre si). Mas também o *nexus mysteriorum "cum fine hominis ul-*

timo" (com o alvo último do ser humano) precisa ser considerado na dogmática: a coerência com o desígnio do ser humano e do seu mundo com tudo que no mais ainda apresenta pretensão de ser verdadeiro. A dogmática é a compreensão sistemática dessa coerência já postulada com o próprio conceito de verdade, coerência esta a ser fundamentada pela dogmática na própria noção de Deus. Segundo seu procedimento científico, ela é teologia *sistemática*: "Mediante a investigação e a apresentação da coerência da doutrina cristã no tocante à relação recíproca de suas partes, mas também no que se refere à sua relação com conhecimento outro, a teologia sistemática se certifica da verdade da doutrina cristã" (PANNENBERG, W. *Theologie* 1, 31).

A coerência afirmada com a pretensão de verdade da doutrina eclesial de fé permanece inevitavelmente controversa, por um lado porque o *"nexus mysteriorum ipsorum inter se"* não pode ser lavrado definitivamente numa "ideia do que é cristão", mas somente pode ser compreendido às apalpadelas, em vaga noção; mas por outro lado também pelo fato de que o "conhecimento outro" nunca pode ser fixado em definitivo, sempre precisando ser novamente entendido a partir da verdade de Deus e de sua luz; finalmente e principalmente, porque a coerência e a contraditoriedade são julgadas de diversas maneiras ao longo da história do pensamento: aquilo que para o pensamento medieval era a quintessência da coerência – a maravilhosa correspondência entre macrocosmo e microcosmo – a Era Moderna considerou falsa harmonização, que impedia a descoberta das leis próprias de cada uma das esferas da realidade; atualmente, porém, essa correspondência volta a ser afirmada sob o signo de uma teoria universal de sistemas. A dogmática deve procurar sempre por nova coerência na qual a unidade da verdade de Deus apareça, e ela tem consciência disso: "Todo esforço humano em prol da coerência pode [...] ser apenas uma compreensão sempre imperfeita e inconclusa, uma reflexão que procura acompanhar a unidade, fundada em Deus, de tudo que é verdadeiro – ou também o pré-projeto da mesma" (PANNENBERG, W. *Theologie* 1, 63). A verdade de Deus está por assim dizer a caminho de tornar-se a verdade de sua criação, de realizar a coerência desta com Deus, para que finalmente também nela aconteça a identidade escatológica de verdade e realidade.

Dogmática é teologia sistemática (ciência da fé) na medida em que ela procura entender nos e segundo os testemunhos autênticos da verdade salvífica de Deus, aberta na autocomunicação de Deus, a vontade salvífica de Deus e o caminho de sua realização, a "economia" da salvação. Como dogmática positiva ela verifica os testemunhos autênticos dessa verdade de Deus na Sagrada Escritura e na história da fé. Na qualidade de dogmática especulativa ela procura expor o nexo lógico entre cada uma das verdades de fé (articuli fidei) *sustentadas por esses testemunhos.*

Bibliografia importante

1 e 2

JÜNGEL, E. *Wertlose Wahrheit.* Zur Identität und Relevanz des christlichen Glaubens. Munique, 1990.

3

BALTHASAR, H.U. von. Gott redet als Mensch. In: ID.*Verbum caro.* Einsiedeln, 1960, p. 73-99.

A. PROLEGÔMENOS

BULTMANN, R. Welchen Sinn hat es, von Gott zu reden? In: ID. *Glauben und Verstehen* 1. 6. ed. Tübingen: [s.e.], 1966, p. 26-37.

KERN, W. *Die Kirche und das Lehramt.* Friburgo: [s.e.], 1982.

RAHNER, K. *Über die Schriftinspiration.* Friburgo: [s.e.], 1958.

RAHNER, K.; RATZINGER, J. *Offenbarung und Überlieferung.* Friburgo: [s.e.], 1965.

SCHILLEBEECKX, E. *Glaubensinterpretation.* Beiträge zu einer hermeneutischen und kritischen Theologie. Mainz: [s.e.], 1971.

STUHLMACHER, P. *Vom Verstehen des Neuen Testaments.* Eine Hermeneutik. Göttingen: [s.e.], 1979.

4

JÜNGEL, E. *Gott als Geheimnis der Welt.* Tübingen: [s.e.], 1977.

RAHNER, K. Was ist eine dogmatische Aussage? In: ID. *Schriften zur Theologie* 5. Einsiedeln: [s.e.], 1964, p. 54-81.

RICOEUR, P. *Die lebendige Metapher.* Munique: [s.e.], 1986.

SÖHNGEN, G. *Analogie und Metapher.* Kleine Philosophie und Theologie der Sprache. Friburgo: [s.e.], 1962.

5

DALFERTH, I.U. *Kombinatorische Theologie.* Probleme theologischer Rationalität. Friburgo: [s.e.], 1991.

KASPER, W. *Die Methoden der Dogmatik.* Einheit und Vielfalt. Munique: [s.e.], 1967.

KERN, W. & NIEMANN, F.-J. *Theologische Erkenntnislehre.* Düsseldorf: [s.e.], 1981.

KERN, W.; POTTMEYER, H.J. & SECKLER, M. (orgs.). *Handbuch der Fundamentaltheologie* 4: Traktat Theologische Erkenntnislehre. Friburgo: [s.e.], 1988.

PANNENBERG, W. *Wissenschaftstheorie und Theologie.* Frankfurt: [s.e.], 1973.

RAHNER, K. *Grundkurs des Glaubens.* Einführung in den Begriff des Christentums. Friburgo: [s.e.], 1976 [trad. bras. *Curso Fundamental da fé.* São Paulo: [s.e.], 1989].

RITO, H. *Introdução à Teologia.* Petrópolis: Vozes, 1998.

SCHILLEBEECKX, E. *Revelação e Teologia.* São Paulo: [s.e.], 1968.

TILLICH, P. *Die Antworten der Religion auf Fragen der Zeit* (Ergänzungs- und Nachlassbände zu den Gesammelten Werken 4). Stuttgart: [s.e.], 1975.

PARTE I

O DEUS DA VIDA

B. DOUTRINA SOBRE DEUS

*Dorothea Sattler/Theodor Schneider**

1. Introdução

A vida humana, estendida entre seu nascimento e morte e determinada pela lembrança e expectativa, tem uma constituição essencialmente temporal. A própria experiência de Deus e seu conhecimento são transmitidos a nós seres humanos em termos históricos, e somente nesses termos históricos é que podem ser transmitidos. Toda nova tentativa de descrever a fé cristã em Deus por isso se vê remetida ao testemunho da experiência da salvação e história da salvação do povo de Deus no qual Deus cumpre sua promessa.

Em cada época volta a se apresentar a tarefa de, por um lado, preservar a identidade da fé cristã em Deus, e por outro, mostrar sua relevância por meio de uma ligação viva entre experiência testificada de Deus e questionamento e indagações atuais.

1.1. As indagações das pessoas hoje e a questão referente a Deus

O período histórico às vésperas do terceiro milênio da Era Cristã poderia ser descrito, ao menos no tocante à área de abrangência da cultura europeia ocidental e norte-americana, como um secularismo que se questiona a si próprio.

As características do secularismo, cujas raízes na história do pensamento se encontram no fato de o ser humano se reconhecer, na Era Moderna, como sujeito autônomo (segundo René Descartes [† 1650]: "res cogitans") frente ao mundo ("res extensa") e frente a Deus, são as seguintes:

1) *A orientação básica totalmente antropológica de todos os objetos da cognição*: o ser humano faz de si próprio norma e medida e experimenta o mundo como ordenado em direção a ele, disponível para ele e por isso sob sua responsabilidade em cada caso concreto.

---

* Tradução: Walter O. Schlupp.

B. DOUTRINA SOBRE DEUS

2) *O conhecimento humano cada vez maior e mais diferenciado:* as conexões e regularidades reconhecidas e descritas pelas ciências empíricas, tendo à frente as ciências naturais, despertam a impressão de que todos os fenômenos seriam redutíveis aos encadeamentos causais imanentes. A "hipótese Deus" para explicar um efeito a partir de sua causa passa a ser supérflua; devido ao precipitado uso que dela se fez em outros tempos, o discurso referente a Deus perdeu, no todo, consideravelmente em credibilidade.

3) *A intervenção planejadora e reguladora do ser humano em todas as áreas de vida mercê de uma tecnologia cada vez mais refinada e, portanto, eficiente:* os instrumentos de confecção humana a funcionarem com precisão cada vez maior em termos do efeito visado fazem com que o mundo pareça dominável.

Entretanto, essas três características descrevem apenas em parte a sensação de vida das pessoas hoje. Olhando mais de perto, essa sensação se mostra bastante ambivalente: *embora nos saibamos radicalmente dependentes da utilização racional do nosso conhecimento de dominação para resolver as questões vitais a nos afligirem, experimentamos ao mesmo tempo os limites do nosso poder de dispor. A crença no progresso e o otimismo científico dos séculos XIX e XX entrementes estão sendo profundamente questionados.*

Essa mudança de espírito está basicamente condicionada pelas seguintes três experiências:

1) *Suscetibilidade a crises e catástrofes*: apesar da tecnologia avançada, até hoje não se conseguiu pôr um freio eficiente ao avanço da pobreza, da fome, doença, guerra, e da destruição dos fundamentos naturais da vida humana, ou mesmo eliminá-las.

2) *Pessimismo em relação ao futuro:* os recursos naturais estão cada vez mais escassos, os limites do crescimento econômico despontam no horizonte. As expectativas futuras de grande parte da humanidade ocidental secular são antes pessimistas.

3) *Discussão sobre os valores fundamentais*: nem tudo que é tecnicamente viável pode ser legitimado também em termos éticos. A sociedade pluralista hodierna se vê diante de responsabilidades com as quais somente se pode arcar recorrendo-se a valores fundamentais comuns. Encontrá-los e formulá-los de tal maneira que realmente se tornem objeto de consenso parece cada vez mais difícil.

Todas as três experiências mencionadas podem ser descritas como experiências-limite da sociedade. Se o *Zeitgeist* científico do século XIX tinha por correlato o surgimento do ateísmo moderno e da crítica à religião, motivada pelo humanismo, hoje em dia o questionamento da ênfase unilateral sobre racionalidade e tecnologia se reflete em novos e multiformes movimentos que levam a designação coletiva de *"New Age"*, cuja motivação central, por mais diversas que sejam as formas em que se apresenta, está aparentemente em proporcionar abrigo, segurança e sentido em meio à imperscrutável complexidade da sociedade moderna e de seu futuro incerto.

1. Introdução

Mescladas com as experiências-limite sociais, naturalmente ocorrem também hoje as experiências-limite individuais existentes em todas as épocas, dos indivíduos em seu respectivo espaço vivencial: finitude, efemeridade, culpa e morte fazem-nos perguntar pelo sentido e pelo alvo do nosso esforço, pela significação permanente de um ato de amor desprendido, pela origem da nossa confiança, pela motivação para a renúncia, em última análise: pelo fundamento da nossa vida.

O discurso humano sobre Deus tenta encontrar respostas a essas questões e outras similares. Neste sentido a fé e a teologia com razão adquirem funções essenciais no tocante ao equacionamento da vida individual e social. Ao se falar da função da fé em Deus deveríamos, entretanto, ficar alertas: caso a indagação por Deus já se esgotasse no esforço por esclarecer essa função de Deus para nossa vida, a verdadeira divindade de Deus já se teria perdido de vista. *Onde Deus (apenas) serve para alguma coisa, Ele já está desfigurado por aquilo para o que serve. Critério decisivo de credibilidade da fé em Deus se oculta na questão se Deus, por assim dizer, impõe-se a si mesmo, isto é, faz-se experienciar perante testemunhas, precedendo a todo e qualquer anseio e busca humanos, antes cumprindo os mesmos de maneira provocadora e ao mesmo tempo totalmente inesperada.*

1.2. Questões hermenêuticas preliminares referentes a uma doutrina cristã de Deus

O fato de o presente *Manual de dogmática* antecipar o tratado "Doutrina de Deus" antes da Doutrina da criação, Cristologia e Pneumatologia se deve a decisões hermenêuticas prévias que precisam ser esclarecidas particularmente tendo em vista o tratamento da Doutrina da Trindade ao final da obra.

Em livre autodeterminação para a autocomunicação, Deus se revelou na história como um Deus apaixonado pela existência e salvação e bem-estar dos seres humanos. Convicção fundamental da fé cristã em Deus é que a Revelação de Deus como Pai, Filho e Espírito não estaria suficientemente explicada, caso ela fosse atribuída exclusivamente a maneiras diferentes de a pessoa humana perceber Deus. Se a forma de se experienciar Deus na história não fosse ao mesmo tempo a maneira como o próprio Deus "vive", "fala" e "ama", se a autoabertura de Deus na história não estivesse fundamentada em seu ser-assim essencial, não haveria possibilidade de cognição humana de Deus.

Em sua atuação nós seres humanos experienciamos Deus em veiculação categorial historial; nela, porém, experienciamos o próprio Deus, sua propriíssima e mais íntima essência. O trino Deus se abre em nossa história como aquele que Ele é: Pai, Filho e Espírito. "O credo trinitário é, por isso, a fórmula da fé cristã por excelência e o enunciado crucial da compreensão cristã de Deus. Ele define o conceito de Deus via história da Revelação, e fundamenta essa história na essência de Deus" (KASPER, W. *Jesus*, 203). O processo em que se dá essa fundamentação é tematizado de modo reflexo como suma teológica no tratado "Doutrina da Trindade". Com isto

B. DOUTRINA SOBRE DEUS

não se pretende contradizer a convicção de que a doutrina da trindade é ao mesmo tempo a "gramática de todo o mistério da salvação cristã" (KASPER, W. *Gott*, 378), bem como a condição de sua possibilidade. Mesmo que esta dogmática não inicie por uma doutrina de Deus que já apresente configuração teológica trinitária, uma vez que neste caso seria necessário antecipar aquilo que os tratados subsequentes apenas ainda desenvolverão, não deixa de ser que: o Deus uno sempre já é o triúno, o mesmo que se revelou como Pai, Filho e Espírito (→ Doutrina da Trindade).

Para evitar de saída um mal-entendido muito plausível, deve-se ressaltar que este sequenciamento de doutrina de Deus e doutrina da trindade de forma alguma estejamos voltando ao feitio praticado desde o escolasticismo médio, onde o tratado *"De Deo uno"* antecede o tratado *"De Deo trino"*.

Ao contrário da divisão nas sentenças de Pedro Lombardo († 1160), nas quais a doutrina geral de Deus estava contida na doutrina da trindade, o esquema, que fez escola, da *"Suma theologiae"* de Tomás de Aquino († 1274) tratava inicialmente a essência divina (*Sth* I q. 2-26), antes de tratar a diferença entre as pessoas divinas (*Sth* I q. 27-43). Essa sequência de *"De Deo uno"* – *"De Deo trino"* em Tomás de Aquino se baseia na doutrina agostiniano-latina da trindade, a qual antecipa a doutrina da natureza de Deus comum às suas três pessoas. Além do isolamento cada vez maior dos tratados histórico-salvíficos *(oeconomia)* em relação à doutrina de Deus (de forte cunho metafísico – *theologia*), isto fez com que a doutrina da trindade perdesse, de forma cada vez mais evidente, sua função na economia da salvação.

A doutrina de Deus aqui presente não trata a metafísica da essência e das qualidades de Deus antes de sua Revelação histórico-salvífica, nem exclui, em restrição metódica, os testemunhos bíblicos da essência tripessoal de Deus. Em formulação positiva: o que ela procura é reproduzir o trajeto do conhecimento *(ratio cognoscendi)* da fé:

Deus se prometeu a seu povo de Israel como o "tu" sem origem e se deu a conhecer cada vez mais, em progressiva autorrevelação, como o Deus tripessoal que Ele sempre já tem sido.

2. Fundamentos bíblicos

"Muitas vezes e de modos diversos falou Deus, outrora, aos Pais pelos profetas; agora, nestes dias que são os últimos, falou-nos por meio do Filho, a quem constituiu herdeiro de todas as coisas, e pelo qual fez os séculos. É Ele o resplendor de sua glória e a expressão do seu ser" (Hb 1,1-3a).

A teo-logia, o discurso humano sobre Deus, está possibilitada, segundo a compreensão cristã, pelo próprio discurso de Deus, por sua palavra dirigida a nós seres humanos. As formas como Deus falou outrora ao povo de Israel, e a fé que dali surgiu neste povo, por este testificada nos escritos do Antigo Testamento, continuam sendo fontes também do nosso conhecimento de Deus; além disso elas constituem o pano de fundo que permitirá reconhecer como tais as ênfases colocadas pelo judeu Jesus de Nazaré. Enfim, os versículos citados da Epístola aos Hebreus assinalam que não só no falar e agir de Jesus acontece Revelação de Deus, mas que Ele próprio, em toda a sua sina, é o Logos, a Palavra de Deus dirigida a nós "nestes dias que são os últimos", nos quais (ainda) vivemos.

2.1. "Eu vos tomarei por meu povo, e serei o vosso Deus" (Ex 6,7)
O povo da aliança veterotestamentária e seu Deus Javé

Experiências com Deus que possam ser testificadas em palavras por pessoas sempre estão em veiculação histórica, estão ligadas a lugares bem concretos e épocas bem específicas. Uma descrição adequada da experiência de Deus por Israel por isso somente pode ser prestada se, nos pontos adequados, também se fizer referência ao contexto histórico. *A sequência de acontecimentos* sugerida pelos livros do Antigo Testamento após a redação final e a formação do cânon *obedece a princípios primordialmente teológicos, não histórico-cronológicos. Por isso a literatura exegética especializada hoje deixou, em grande parte, de descrever a evolução histórica da fé israelita em Deus partindo na cronologia bíblica; ao invés, ela se baseia em campos experienciais independentes, de portadores isolados da tradição, cuja experiência específica de Deus se reflete nos escritos veterotestamentários.*

Essas descobertas exegéticas reforçam a pergunta se a Revelação veterotestamentária de Deus, a qual, ao que tudo indica, consiste em experiências isoladas, divergentes em parte, teria um centro temático no qual se pudesse fazer convergir os testemunhos diversos.

2.1.1. A diversificada experiência de Deus no povo de Israel

Considerando-se o grande número de topos propostos na literatura como designação do procurado centro da mensagem veterotestamentária, e levando-se ainda em consideração as épocas totalmente diferentes em que surgiram os livros veterotestamentários e os gêneros literários ali reunidos, parece justa a avaliação cética de semelhante empreendimento, feita por exemplo por Gerhard von Rad († 1972; cf. RAD, G. von *Theologie* 1, 128). Não obstante há boas razões para a convicção de que haja semelhante centro na Revelação veterotestamentária, centro este, porém, não em forma de fórmula de fé, mas na forma do próprio Deus a se revelar a Israel. Essa tese se confirma pela interpretação do nome divino Yahweh ("Javé"), como se mostrará em seguida.

2.1.1.1. Javé se promete às pessoas
O testemunho da revelação do nome

Ao passo que o extrato javista do Pentateuco já insere o nome divino "Javé" na narrativa da criação (Gn 2,4b-24) e faz iniciar a adoração de Deus sob este nome nas primeiras gerações humanas (Gn 4,26), a tradição eloísta em Ex 3 e a tradição do código Sacerdotal em Ex 6,2s. associam a revelação do nome apenas com a vocação de Moi-

B. DOUTRINA SOBRE DEUS

sés como líder profético do povo israelita para a saída do cativeiro egípcio. Essas fontes menos antigas guardam um conhecimento histórico que veio a ser confirmado em pesquisas históricas e exegéticas mais recentes:

Fontes egípcias da época de Amenófis III (1408-1372 aC), os chamados textos de Soleb, fazem referência aos "beduínos shasu de Javé". Isto mostra que o grupo consonantal "yhw" originalmente designava, ao que parece, uma região na Palestina Meridional. É possível que o nome passasse mais tarde dessa região para a divindade cultuada pelos beduínos shasu. Um dos textos reconhecidamente mais antigos do Antigo Testamento, o cântico de Débora em Jz 5, deixa transparecer a origem do nome Javé na região desértica e montanhosa do Sinai. Javé é denominado "o do Sinai" (Jz 5,5; Sl 68,9), de lá Ele vem para se revelar a Israel (Jz 5,4s.; Dt 33,2s.; Hab 3,7).

Também a tradição de Javé de Moisés localiza suas origens na região do Sinai. Embora não se possa determinar com segurança por método histórico rigoroso a origem de Moisés, deve-se levar em consideração que em Ex 3,1 ele é apresentado como genro de um sacerdote de Madiã de nome Jetro. Possivelmente as montanhas do Sinai faziam parte das áreas de pastagem e migração dos madianitas (cf. Ex 18). Também os relatos sobre o encontro entre Moisés e Deus em Ex 33,18-23 e 34,5s., no qual Javé exclama seu nome e explica ele próprio a mensagem assim dada, localizam esse evento da renovação da aliança no Sinai-Horeb.

Existe ampla vertente de tradição nos livros veterotestamentários que associa firmemente a Revelação do nome Javé com a tradição do Sinai.

O testemunho da Revelação do nome (Ex 3,14) tem o esquema de uma vocação de profeta: Deus aparece diante de Moisés em forma de uma moita de espinhos em chamas, mas que não se consome, e o incumbe de tirar seus patrícios da escravidão egípcia para uma nova terra. Moisés objeta sob a forma de pergunta, indagando com que nome ele deveria apresentar seu incumbente aos israelitas – forma de hesitação esta que se apresenta também em outras vocações de profetas (cf. Is 6,5; Jr 1,6) –, ao que Deus responde: *"Ehyeh asher ehyeh"* (Ex 3,14). Essa resposta contém um trocadilho com o verbo hebraico *"hayah"* (ser) cuja dupla utilização na primeira pessoa do singular no imperfeito *(ehyeh)* recebe uma ligação meramente sintática *(asher)*. O que este verbo tem de especial é o seu teor relacional e dinâmico de significação. Ele designa "ser" como existir, estar junto, manifestar-se, ser experienciado como vivo.

Face a esta estrutura semântica e considerando a forma verbal no imperfeito (que indica processo não concluído) impõem-se as seguintes traduções de Ex 3,14: "Eu estarei aí (para vocês), como aquele que estarei aí", ou: "Eu me manifestarei (atuante, poderoso) como aquele que me manifesto".

O nome divino "Yahweh" deriva etimologicamente do mesmo radical verbal. Trata-se de um imperfeito usado na Cananeia antiga, do verbo "hayah", que se apresenta em "Yahweh" na terceira pessoa do singular e por isso precisa ser traduzido: "'Ele tanto se mostrou como atuante que não há dúvida de que ele também continuará se mostrando atuante'. Ele é tão vivo que ele o é não para si e junto a si, mas para outros e com outros – com seu povo... Além disso é também de crucial importância o fato de que o nome Javé, sob o ponto de vista sintático, é uma sentença verbal abreviada com sujeito oculto, implícito, e com atributo predicado predicativo aberto: 'ele se mostra como...' Exige, por um lado, a concretização pela experiência e ao mesmo tempo fica aberto para novas experiências isoladas, nas quais se renova e vitaliza a experiência básica: em toda parte, e somente onde liberdade e vida são concedidos, objeto de esperança e de luta, é que se experiencia a realidade 'Yahweh'" (ZENGER, E. *Mitte*, 6s.).

A escrita hebraica em sua forma original apresentava apenas grupos consonantais. O nome divino era transcrito pelas quatro consoantes YHWH, o chamado tetragrama. No presente manual transcrevemos normalmente o nome divino como "Javé".

Sob muitos aspectos o testemunho da Revelação do nome se evidencia ser a "fundamentação" propriamente dita da fé veterotestamentária em Deus:

1) Historicamente há boas razões para crer que a tradição de Javé está associada com a região desértica e montanhosa do Sinai na área limítrofe com o Egito.

2) O evento da Revelação de Deus atesta Javé como um Deus que abre e promete às pessoas o seu "ser", isto é, a força propulsora da sua ação, concedendo, ao revelar seu nome, a possibilidade de invocá-lo, isto é, de entrar em comunicação com Ele.

3) O teor da Revelação de Javé mantém a tensão entre presença atuante e real e distanciamento permanente. A experiência de Deus não pode ser objetificada de uma vez por todas, mas sempre precisa voltar a ser vivenciada.

2.1.1.2. Javé salva e liberta
A tradição do Êxodo

A história de Javé com seu povo principia com a experiência de êxodo do grupo de Moisés. O relato bíblico (Ex 1) leva todas as doze tribos do povo de Israel para a escravidão egípcia. O chamado "Conto de José" (Gn 37; 39-47; 50) cria uma ligação narrativa entre as histórias dos patriarcas e os eventos no Egito.

Ao que se sabe hoje, o pano de fundo histórico da tradição do êxodo é o seguinte: entre 1500 e 1200 aC grupos populacionais de origem asiática migraram em grande número para o Egito, ali se estabelecendo. Fontes extrabíblicas o comprovam. No caso do grupo mais tardio de Moisés, tratava-se possivelmente de um grupo de nômades semitas que já migraram no século XIV aC para o Egito, ali encontrando boas pastagens e trabalhando como pastores do faraó. Na época do Novo Reino, sob Ramsés II (1301-1234 aC), também grupos populacionais não egípcios foram usados para trabalho escravo em megaprojetos. Sob a condução de um líder (Moisés), um grupo nômade conseguiu fugir do Egito transpondo a guarda fronteiriça egípcia. Após a fuga, o "grupo de Moisés" procurou e encontrou apoio junto aos madianitas os nômades da região do Sinai.

Na tradição do Êxodo a experiência de Javé se adensa na narrativa do ato de salvamento por Deus no mar de Juncos, ato este que nos está transmitido numa forma textual altamente comprimida no "Cântico do Mar" (Ex 15). O estrato javista de Ex 13,17-14,31 ainda permite reconhecer que o ato de salvamento no mar de Juncos poderia ter sido um assim chamado "milagre constelacional": um vento forte do leste te-

B. DOUTRINA SOBRE DEUS

ria liberado um vau através do qual o grupo de Moisés pôde escapar, ao passo que os perseguidores egípcios foram surpreendidos pela água em refluxo. As pessoas que passaram por essa experiência interpretaram o raro fenômeno da natureza como prodigiosa intervenção de Deus para sua salvação, uma interpretação em nível de fé que mesmo assim rememora uma experiência histórica real.

O teor teológico central dessa narrativa de salvamento é: *Javé cumpriu a promissão por Ele dada a Moisés. Por meio do seu ato poderoso Ele conduziu para fora do Egito aqueles que nele confiavam. Javé livra da escravidão e salva na aflição. Disso faz parte a experiência essencial de que Javé acompanhava seu povo em seu caminho e o levava a lugares nos quais podia habitar em sua presença manifesta (cf. Ex 19; 2Sm 7,6s.).*

"No êxodo a experiência de Deus, que doravante é citada com o nome Javé, recebe as seguintes estruturas fundamentais: Javé é o Deus do êxodo, isto é, o Deus que concede vida e liberdade por ser Ele próprio vida e liberdade e quer dar participação nestas. Falar de Javé significa por isso, na tradição bíblica, contar experiências verdadeiramente libertadoras e redentoras, seja no tempo verbal do passado, do presente ou do futuro" (ZENGER, E. *Mitte*, 6). Em Israel a experiência do êxodo se associa tão intensamente com o Deus cultuado, que a lembrança dela passa a ser o seu sinal de reconhecimento. Em termos linguísticos isto se mostra em formulações como: "Eu sou Javé, teu Deus, que te fez sair da terra do Egito, da casa da escravidão" (Ex 20,2; Dt 5,6). A memória (hebraico: *zikkaron*) da saída do Egito na celebração da Páscoa permite a Israel viver em cada dia de hoje na presença daquele Deus que fora experienciado no então. A experiência do êxodo ainda aponta para outro traço fundamental do credo israelita de Javé: *Javé pode agir poderosamente na história por ser poderoso na natureza. O milagre do salvamento atesta ao mesmo tempo o Deus ao qual vento e mar obedecem. Também no período da migração no deserto Israel só consegue resistir com auxílio do Deus Javé que concede e preserva a vida.* A abordagem histórico-teológica na interpretação dos escritos veterotestamentários contém, neste sentido, um componente teológico criacional. A redação final do Pentateuco exprime isto ao colocar as narrativas da criação antes das narrativas dos atos históricos de Javé (→ 2.1.1.7.).

A riqueza de bênçãos com que Javé impera na natureza e na história também é tema das histórias dos patriarcas: Javé abençoa seu povo pela promessa de terra e descendência. Este povo deve tornar-se bênção para todos os povos (cf. Gn 12,1-3).

2.1.1.3 Javé promete terra e descendência
O testemunho das narrativas dos patriarcas

Ao que se sabe hoje, a época dos patriarcas não pode ser demarcada como período claramente delimitado. Mais importante é saber da característica do seu modo de vida como pacatos pastores de gado de pequeno porte na periferia da terra de cultura. Este modo de existência marcou a experiência de Deus característica para eles, a qual pode ser sintetizada nos seguintes aspectos: *Deus providencia o espaço vital necessário (promessa da terra) e a continuidade de existência do clã (promessa da descendência). A estrutura linguística "o Deus de Abraão, Isac e Jacó" ou "o Deus do meu/teu Pai" introduz um componente pessoal na experiência de Deus. O Deus cultuado dá proteção ao clã que o adora e acompanha os grupos migrantes. Deus não se prende a um lugar, mas a uma comunidade humana.*

A maioria dos exegetas parte hoje (novamente) da premissa de que os patriarcas foram personagens históricos – certamente os líderes ou patriarcas fundadores de clãs nômades –, ao redor dos quais se teceram inicialmente narrativas em tradição oral, nas quais também entraram experiências posteriores dos respectivos clãs. "O mais antigo material de tradição dos patriarcas a entrar na consciência israelita global foi provavelmente aquela a respeito de Jacó. Somente Jacó é pressuposto em Dt 26,5-9; somente ele foi associado a temas posteriores do Pentateuco, ao se tornar o pai dos patriarcas das Doze Tribos, inclusive emigrando com elas para o Egito. Somente por intermédio dele é que os outros patriarcas foram associados com aqueles temas, mercê da associação genealógica iniciada por Jacó e seus filhos" (FOHRER, G. *Geschichte*, 39).

No tocante à questão discutida na literatura exegética especializada do nosso século, de como a experiência dos patriarcas com Deus estava relacionada com o culto ao deus criador El ou Ilu na terra de cultura de Cananeia, para onde migraram os clãs nômades, esboça-se um consenso: parece certo que houve um processo de assimilação ao longo do qual os patriarcas e seus descendentes passaram a cultuar como seu Deus familiar a divindade criadora conhecida em toda Canaã. O tipo desse culto era monolátrico (→ 2.1.2.1): o politeísmo cananeu não foi refutado em termos teóricos argumentativos. Pelo contrário, ele fornecia um panteão de deuses liderado pelo deus criador El e assim oferecia uma moldura na qual a experiência divina dos patriarcas podia se inserir, permitindo-lhe assim encontrar o seu lugar. Estes dados bíblicos comprovam, portanto, uma atitude fundamentalmente aberta dos clãs dos patriarcas face a noções de Deus diferentes do seu meio.

Na tradição de fé israelita refletida no texto que hoje se nos apresenta, as experiências com Deus narradas nas histórias dos patriarcas (Gn 12–50) são associadas, tanto em termos terminológicos quanto genealógicos, com a fé em Javé do grupo de Moisés. Aparentemente o nome Javé desenvolveu tamanha força integradora pelas memórias históricas a ele associadas, que nele também se puderam inserir as experiências de alguns clãs familiares não sedentários.

2.1.1.4. Javé luta ao lado dos seus
A tradição da tomada da terra

Outro campo da experiência de Israel com Javé se inaugura no período da tomada da terra e nos confrontos bélicos com os povos vizinhos após a fundação do estado (período dos reis).

A formação das tribos israelitas ocorreu como processo multiforme, até hoje não esclarecido em todos os detalhes. Do quadro geral certamente também faz parte o fato de que as cidades-estado cananeias tinham uma ordem social feudal caracterizada por consideráveis diferen-

B. DOUTRINA SOBRE DEUS

ças sociais: a população urbana se dividia em segmentos populacionais ricos, politicamente privilegiados, e pobres, que cultivavam a terra no entorno das cidades. Possivelmente os clãs nômades a se infiltrarem cada vez mais pelas fronteiras país adentro, à busca de espaço para se estabelecerem e pastagens, solidarizaram-se inicialmente com a população pobre. O conflito intracananeu entre ricos e pobres associou-se desta forma com um confronto entre imigrantes e senhores feudais autóctones. Para se compreender a imigração, este componente social é de considerável importância. Importante, porém, é também a descoberta de que, sob ponto de vista histórico, não houve uma única tomada da terra israelita como um todo, tal como descrita no livro de Josué. Ao invés, cada grupo guardou sua memória alimentada de ficção e verdade. "Na tradição posterior, entretanto, não havia lugar para a diversidade de narrativas de tomada da terra – não só porque essas narrativas necessariamente se assemelhavam em muitos pontos, mas principalmente porque os livros narrativos do Antigo Testamento eram menos livros historiográficos do que o testemunho da poderosa atuação de Javé junto a Israel – como a retirada do Egito tanto quanto a entrada na terra de cultura. Também sob este aspecto a efetiva diversidade histórica teve que ceder a uma descrição unitária teologicamente fundada. Para tal, tomou-se uma única das numerosas descrições de tomada da terra, a qual foi relacionada com a totalidade das tribos e transmitida na tradição a bem-dizer como exemplo típico da tomada da terra. Trata-se da narrativa de tomada da terra transmitida entre tribos médio-palestinas. [...] Ainda se pode perceber por que se adotou justamente a narrativa de tomada da terra das tribos médio-palestinas. Estas tribos é que acolheram o grupo de Moisés com a fé em Javé, que passou a ser o vínculo unificador de todos os israelitas" (FOHRER, G. *Geschichte*, 45).

A experiência de Deus associada à tradição da tomada da terra precisa ser entendida no contexto do imaginário oriental como um todo: também Javé (como os deuses dos outros povos) está disposto a impor o seu direito e o direito dos seus por meio de confrontos não pacíficos: "Javé é um guerreiro, Javé é o seu nome" (Ex 15,3).

A tempestuosa trajetória política do reino do Norte, Israel, e do reino do Sul, Judá, purificou e purgou essa imagem de Deus pela des-ilusão, ao deixar claro que Javé impunha seu direito mesmo contra os seus.

2.1.1.5. Javé reina por todos os tempos
Um legado cananeu na tradição hierosolimitana

A noção de um rei divino ainda é desconhecida nas tradições mais antigas de Israel. Somente na época após a tomada da terra é que se acumulam abonações textuais nas quais se exalta a supremacia de Javé como rei (cf. Sl 29,10; 145,13; 146,10). A crença numa grande família de deuses chefiada por um Deus-rei, entretanto, é corrente nas religiões orientais antigas, particularmente na tradição cananeia. Por isso há boas razões para se supor que o discurso da supremacia de Javé como rei seja um legado de Canaã. A acolhida dessa noção ocorreu num processo multiestratificado, ao longo do qual se observam típicas reinterpretações do conteúdo da ideia original. A abonação de datação segura mais antiga, Is 6,1-5, a visão da vocação do profeta, ainda permanece totalmente no universo imaginário religioso do meio em que Israel se encontra: uma corte celestial presta honrarias ao Rei Javé Sabaot (cf. também Sl 29,1s.9; 97,7).

2. Fundamentos bíblicos

Também a noção de que o Deus-rei habita uma montanha sagrada é projetada sobre Javé. Esta é a origem da tradição segundo a qual o Monte Sião em Jerusalém é morada de Javé (cf. Sl 48,3; Is 14,13s.). A crença num senhorio universal do Deus-rei caracterizava também a religião cananeia, sendo que a experiência de Israel com Javé, com sua estrutura básica personal, aprofundou esta noção em direção a um relacionamento especial do povo de Israel (e dos indivíduos) com Ele: o "rei sobre todos os deuses" (Sl 95,3; cf. Sl 96,4; 97,7.9) e "rei de todos os povos e de todos os tempos" (cf. Sl 145,13) passou a ser "rei de Israel" (cf. Is 33,22). No período do exílio e durante as dominações estrangeiras pós-exílicas a proclamação da supremacia de Javé como rei passa a ser cada vez mais a promessa de uma realidade vindoura (cf. Is 52,7-9).

Por influência do imaginário das religiões vizinhas, Israel passou a cultuar Javé como rei. A crença, existente também em Canaã, no senhorio universal de um Deus-rei e na sua superioridade em relação a todos os outros deuses propiciou essa adoção. Israel ao mesmo tempo introduziu sua ligação pessoal com Javé na noção da supremacia régia de Deus, depositando sua esperança no seu Rei Javé também em épocas nas quais seu domínio parecia ameaçado por poderes externos.

2.1.1.6. Javé julga e perdoa
Catástrofes na história política e sua interpretação

Entre os eventos históricos que radicalmente puseram em dúvida a imagem de Deus predominante até ali em Israel, salientam-se particularmente dois: o fim do reino do Norte em 722 aC, após a derrota frente aos assírios, e o período do Exílio Babilônico 587-538 aC, após a vitória de Nabucodonosor sobre o reino meridional de Judá. Uma avaliação decididamente teológica desses eventos históricos ocorre nos livros proféticos do Antigo Testamento e nas grandes obras historiográficas, principalmente da tradição deuteronômico-deuteronomista.

Antes do desaparecimento do reino do Norte, Amós e Oseias interpretam o destino iminente do povo como juízo de Deus, e o mesmo faz Jeremias antes da queda do reino meridional: eles põem a descoberto situações culposas da atualidade que clamam diretamente por uma intervenção de Deus. Critério para tal são os compromissos assumidos pelo povo de Israel quando da aliança com Javé, em aspectos religiosos e sociais: negação do culto a deuses estranhos, confiança exclusivamente em Javé e não em sistemas de aliança política, vida e justiça para todos.

A catástrofe de mais profundas consequências, certamente, atinge Israel no ano de 587 aC: os babilônios conquistam Jerusalém, destroem o templo, apagam o reinado davídico ao qual estava destinada a promissão, matam a liderança sacerdotal e deportam grande parte da população da Palestina para a Babilônia. Aspecto crucial para a fé de Israel, colocada à prova, foi que esta experiência, a frustrar todas as expectativas depositadas em Deus, pudesse ser integrada na fé israelita em Javé. Essa integração, que já iniciara com a pregação de juízo por parte de Jeremias (cf. Jr 15,2-4), foi mérito

B. DOUTRINA SOBRE DEUS

teológico principalmente dos profetas exílicos Ezequiel e Dêutero-Isaías e da historiografia deuteronomista. A digestão teológica dessa "Sexta-feira da Paixão de Israel" deu-se em diversos níveis:

a. A historiografia deuteronomista é basicamente também uma *confissão de culpa*. Sua redação final encontrava-se sob a impressão dos acontecimentos de 587. Como fora possível as coisas chegarem a tal ponto? A resposta a esta indagação a escola deuteronomista via no surgimento e na forma como se concretizou o reino israelita, bem como na desobediência ao primeiro mandamento, exigência de exclusividade de Javé (→ 2.1.2.1).

b. O âmbito de atuação de Javé abrange também povos estrangeiros. Esta percepção já pode ser demonstrada na literatura profética pré-exílica (cf. Am 9; Is 10), sendo porém acolhida plenamente apenas durante o exílio babilônico: *Javé pode ter presença salvífica também no estrangeiro*, sendo que Ele utiliza potentados estrangeiros (o babilônio Nabucodonosor e o persa Ciro) para dar à história um curso por Ele determinado.

c. A situação do exílio babilônico é comparada, em sua estrutura, com a escravidão egípcia. O ato libertador de Javé experimentado no primeiro êxodo passa a ser sinal de *esperança de perdão e salvação*: "A situação à qual se dirige a mensagem do Dêutero-Isaías aproxima-se daquela relatada no livro do Êxodo a tal ponto, que o profeta chega a descrever a salvação por ele anunciada como novo êxodo. A integração da teologia veterotestamentária, ou seja, daquilo que o Antigo Testamento afirma a respeito de Deus, apresenta sua maior evidência nesses dois pontos angulares: Na hora da aflição e da opressão Israel encontrou, no início, Javé como seu salvador; no abismo após o colapso Javé lhe é anunciado como seu salvador. [...] Mas não se trata simplesmente de uma repetição; a longa história desde então, durante a qual se acumulou a grande carga de culpa de Israel, exige a vinculação do salvamento com o perdão" (WESTERMANN, C. *Theologie*, 127).

Deus mostra sua divindade na continuidade da sua atuação para além de catástrofes históricas: os lamentos de Deus sobre a sina do seu povo, a ser por Ele mesmo provocada, lamentos estes que já irrompem nos discursos proféticos de juízo (cf. Os 11,8s.; Jr 9,10-12.17-22) evidenciam sua vontade de salvação e sua compaixão como força propulsora última do seu agir.

2.1.1.7. Javé tudo cria e mantém existente
O tema da criação

Teologia da história e fé na criação mostram-se caracteristicamente ensamblados na história da fé israelita: Javé é poderoso na história e na natureza por ser a origem criadora do mundo e da sua ordem.

A pesquisa das etapas redacionais do Pentateuco, da datação e do contexto histórico contemporâneo dos textos teológicos criacionais no AT com auxílio dos métodos histórico-críticos da exegese mostrou que na época do reino a fé criacional está raramente documentada. Não há dúvida de que se podem citar textos pré-exílicos nos quais Javé é apresentado como Criador.

2. Fundamentos bíblicos

Mas a documentação literária da fé criacional israelita se torna mais numerosa e detalhada na época do exílio babilônico.

Na época do confronto forçado com culturas estranhas e da luta pela sobrevivência política e religiosa, a esperança de salvamento se firma justamente na confissão do poder criador de Deus. Não é por acaso que nesta época a narrativa criacional do Documento Sacerdotal passa para o início das Sagradas Escrituras. O Dêutero-Isaías conforta seu povo no desterro babilônico com a proclamação do Deus que tem nas mãos o mundo inteiro e todos os povos, desde os seus primórdios e na história até ali, e também agora e no futuro próspero. "Javé é um Deus eterno, criador das regiões mais remotas da terra. Ele não se cansa nem se fatiga, a sua inteligência é insondável. É Ele que dá forças ao cansado, que prodigaliza vigor ao enfraquecido" (Is 40,28s.). Professar o poderoso Criador Javé motiva para a (nova) confiança no Salvador Javé.

A combinação veterotestamentária de experiência histórico-salvífica de Javé com exaltação do Criador mostra-se com particular clareza na poesia dos salmos. O Sl 136, por exemplo, enaltece a graça de Javé a se mostrar em seus atos criadores e históricos, em forma de ladainha de agradecimento. Na literatura sapiencial, mais recente no Antigo Testamento, também sob a influência adicional do entorno de Israel, marcado cada vez mais pelo espírito helenístico, realiza-se uma guinada característica. Nos textos clássicos da fé criacional israelita o pensamento sempre ia de Deus para o ser humano. O fato de Javé também ser Criador de tudo era o contundente argumento para se depositar toda confiança nele, mesmo em face do abismo. No livro de Sabedoria (cf. Sb 13,1-9) mostra-se um caminho inverso: a beleza das coisas é o vestígio de Deus, a criação impressionante é que abre o acesso a Deus, o poderoso autor (→ Doutrina da criação 2.1.1.3.).

2.1.1.8. Javé garante um futuro ditoso
A visão apocalíptica da história

A experiência de profunda ameaça existencial e de ruína total não se limitou à deportação e ao cativeiro babilônico. Mesmo no período pós-exílico, o povo israelita esteve sujeito a hegemonias estrangeiras variáveis, cuja sede de poder se voltava inicialmente às condições políticas, estendendo-se, porém, também para o âmbito religioso a partir da supremacia dos gregos. Essa experiência suscitou nova crise da fé em Deus: uma vez que os novos donos do poder queriam impedir ou mesmo proibir a lei e o culto a Javé, o poder não podia ter-lhes sido dado por Javé. "Acrescenta-se a deprimente percepção de que o curso da história era determinado pelas potências, ao passo que Israel nada mais significava no jogo de forças. Essa percepção se impusera cada vez mais desde o exílio e agora parecia totalmente irrefutável. Onde estava o Deus da história? Onde ficava a demonstração do seu poder? Será que o curso da história lhe escapara das mãos? Será que potências seculares podiam levantar-se contra Ele e afirmar-se, poderiam elas tirar-lhe das mãos a lei do agir?" (SCHREINER, J. *Gott*, 126).

B. DOUTRINA SOBRE DEUS

A tribulação do povo de Israel chegou ao ponto de serem abertamente perseguidos os fiéis de Javé, principalmente sob Antíoco IV Epífanes (175-164 aC). Diante desse fundo histórico surgiu a interpretação apocalíptica da história, perceptível, no cânon do Antigo Testamento, principalmente no livro de Daniel. Por meio do recurso estilístico do *vaticinium ex eventu* (profecia a partir do já ocorrido) o curso da história até ali é descrito como tendo sido planejado e pré-anunciado por Deus. O poder de Deus na história, demonstrado desta forma, pretende despertar a confiança de que também a profecia de um salvamento futuro, pronunciada para dentro da aflição presente, há de se cumprir. O tempo final anunciado em Dn 7 apresenta traços de um "novo éon". Trata-se de um reino vindo do céu que há de substituir todos os antigos impérios (cf. Dn 9,26; 11,27; 12,13).

A tradição apocalíptica veterotestamentária professa: Javé tem nas mãos as rédeas da história, mesmo que a angustiante experiência histórica atual pareça contradizê-lo inicialmente. O povo de Israel é chamado a praticar a vontade de Deus justamente agora, e a viver confiando na sua atuação benfazeja e salvadora. Face à morte violenta dos justos, que sucumbem por causa de sua perseverança na fé, a consciência visionária percebe a luminosa imagem de um senhorio imperecível de Deus, que supera a morte terrena (→ Escatologia I.2.2.; II.2.5.).

2.1.1.9. Resumo

A Revelação veterotestamentária tem o seu centro em Javé, o Deus que, justamente na pluralidade das experiências históricas isoladas de Israel, mostrou ser o cumprimento das suas promessas. Característica da compreensão histórica do povo de Israel é, por isso, a conexão interior que a interpretação teológica faz entre cada um dos eventos: eles sempre são entendidos e aceitos como novos sinais de Deus, o qual, no êxodo do Egito, se fizera experienciar como doador de liberdade e vida. Os esquemas adotados nesse processo interpretativo são: promessa e cumprimento, juízo e perdão.

"Os chamados textos históricos da Bíblia, por isso, não são propriamente textos históricos, mas teológicos, nos quais a fé em Javé pratica surpreendente liberdade em relação ao curso superficial dos fatos. Como essa fé os desmascara enxergando-os em perspectiva, os eventos são resgatados de sua causalidade naturística, para se transformarem em sinais de Javé que representam conforto, felicidade, exortação e advertência. As experiências já feitas com Javé, particularmente a experiência fundamental do início, neste processo são, por assim dizer, 'material dado', com auxílio do qual Israel 'transforma' cada experiência nova em legítima experiência de Javé. Neste processo o passado continua duplamente vivo: por um lado, vivo em termos etiológicos, onde o passado lembrado fundamenta experiência presente segundo o esquema 'já que – por isso'; e, por outro, ele continua vivo em termos paradigmáticos, onde o passado lembrado funciona como paralelo, precedente ou norma da experiência presente, segundo o esquema 'como – assim'" (ZENGER, E. *Mitte*, 11).

2. Fundamentos bíblicos

Experiências passadas por Israel em seu passado com Javé são a base sustentadora e a protoimagem determinante da esperança presente do povo, depositada nele, bem como na sua atuação salvífica também no futuro.

A construção ideológica de um arco de eventos conexos, montado com as peças das experiências muito diferentes entre si, foi um mérito específico das grandes obras historiográficas veterotestamentárias. Importante exemplo de semelhante visão conjunta é o chamado "pequeno credo histórico-salvífico" (Dt 26,5b-10), que numa habilidosa técnica de composição literária sintetiza traduções históricas essenciais de Israel e as faz desembocar numa oração de agradecimento. Face à ameaça de Israel pelos assírios nos séculos VIII e VII aC, e lembrando a libertação dos Pais do Egito e sua radicação na Terra Prometida, esse credo procura reabrir aquele espaço vital que o próprio Javé preparou para o seu povo.

2.1.2. A fé veterotestamentária em Deus em perspectiva sistemática

Até aqui nossa descrição estacou em cada um dos pontos focais importantes da existência histórica do povo de Israel, colocando em evidência a experiência de Javé nela contida. Esses cortes transversais na tradição de fé israelita serão agora, numa segunda parte, interligados em corte longitudinal com intenção sistemática. Nisso pode-se reconhecer, por um lado, a provisoriedade de algumas descrições da experiência de Deus, e por outro vem à tona algumas constantes na atuação de Deus junto a seu povo, as quais permitem que Israel (e nós) fale de um Deus que se mostra como o fiel.

2.1.2.1. Javé, um Deus de amor "ciumento"
Da monolatria no meio politeísta para o monoteísmo

"Diz o insensato no seu coração: 'Deus não existe'" (Sl 14,1). Para a abordagem correta da questão como o discurso politeísta está relacionado com o discurso monoteísta no Antigo Testamento, é importante que não se entenda a citação acima erroneamente no sentido do ateísmo moderno. A continuação do versículo acima citado do salmo, "suas ações são corrompidas e abomináveis: não há um que faça o bem", deixa claro que o salmista está falando de gente que age como se Deus não enxergasse suas ações. O Sl 10,4 apoia essa interpretação (ética): "O blasfemo, soberbo, diz: Deus não pune. Não existe Deus". O Antigo Testamento conhece apenas o ateísmo prático que ignora a Deus e, visto da ótica oposta, o lamento diante do Deus a se ocultar.

Nos tempos bíblicos afirma-se ou lamenta-se em palavra e ação apenas a ineficiência de Deus, não sua inexistência. Essas constatações podem ser uma chave para responder a questão do surgimento e do significado do monoteísmo em Israel.

Primeiro algumas observações terminológicas:

Politeísmo significa a adoração simultânea de várias divindades, as quais podem estar inter-relacionadas numa hierarquia escalonada (panteão dos deuses). Por *henoteísmo* as ciên-

B. DOUTRINA SOBRE DEUS

cias da religião entendem a adoração de um só Deus que aparece por certo tempo em determinada cultura (por exemplo na religião paleoegípcia, segundo alguns pesquisadores). Sem negar explicitamente a existência de outros deuses, todos os atributos são concentrados nessa divindade. *Monolatria* designa a adoração constante de um Deus por um grupo específico (clã, tribo). No tocante a esse grupo, o Deus adorado reivindica exclusividade. A estrutura linguística típica da monolatria reza: "Nenhum deus é como o Deus por nós adorado". Ela, portanto, ainda se movimenta num meio politeísta. O que caracteriza o *monoteísmo* é a exclusão explícita da existência de outros deuses ao lado desse um Deus adorado (monoteísmo teórico) e uma orientação de toda a vida para a atuação almejada ou temida desse um Deus (monoteísmo prático).

A exegese veterotestamentária hoje em dia parte da premissa geral de que o monoteísmo em sentido estrito aparece pela primeira vez em Israel em textos da Escritura redigidos na época do exílio babilônico: na redação final da historiografia deuteronomista (cf. Dt 4,35) e sobretudo no profeta Dêutero-Isaías (cf. Is 44,6-8; 45,6.18). A evolução anterior pode ser resumida do seguinte modo:

Para a *época dos patriarcas* presume-se a adoração de um Deus do clã, a qual naturalmente está inserida no meio politeísta das religiões paleo-orientais. A adoração a Javé por parte do grupo de Moisés se sobrepôs às características específicas dos cultos cananeus, integrando-as (divindade criadora El/Ilu, divindade da fecundidade Baal). Traço característico do grupo dos adoradores de Javé era sua ligação pessoal com este Deus, o qual era adorado com exclusividade, sem entretanto colocar em questão a existência ou inexistência de outros deuses. Esta forma de *monolatria de Javé*, da qual é testemunha o estrato da fonte javista do Pentateuco, entrou em crise a partir do momento em que, com Davi e Salomão, o domínio estatal começou a abranger também não israelitas. A apostasia de Israel em direção a deuses estrangeiros e o sincretismo a se alastrarem no período subsequente enfrentaram a resistência de um movimento que exigia a exclusividade da adoração a Javé. A primeira fase desse movimento (século IX aC) está marcada pela atuação dos profetas Elias e Eliseu. A passagem referente à decisão entre os deuses no Monte Carmelo (1Rs 18,21), porém, documenta apenas a exigência de uma adoração exclusiva a Javé em Israel, e de forma alguma poderia qualificar Elias como primeira testemunha de um monoteísmo israelita. Em Amós de Técua, próximo a Belém (após 760), o mais antigo profeta de escrita, encontramos a noção de que Javé é o condutor da história também de outros povos (cf. Am 9,7). Mas também o seu pensamento não deixa de se movimentar num quadro politeísta. Oseias, o primeiro profeta de escrita oriundo do reino do Norte, que atuou entre 752 e 722, exige de forma programática a exclusividade da adoração a Javé (Os 13,4). Oseias foi fonte de inspiração do Deuteronômio e da escola deuteronomista, cujas origens estão ligadas às reformas do culto nos séculos VIII e IX. A reforma sob o Rei Josias (641-609 aC) centralizou o culto em Jerusalém e institucionalizou mediante leis estatais a adoração a Javé exclusivamente: um Deus – um culto. Também Isaías de Jerusalém (740-701 aC) e Jeremias de Anatot (escolhido como profeta c. 628) são considerados representantes de uma monolatria de Javé que ainda não abandonou o horizonte politeísta: os deuses estrangeiros são "vazios", porque na formação do mundo e da história eles se mostraram impotentes (cf. Is 6,1-5 e Jr 2,5s.).

O colapso do quadro politeísta da monolatria de Javé é claramente perceptível na obra do Dêutero-Isaías (cf. Is 40-45). Sob a forma literária de uma sessão do tribunal cósmico nega-se que os deuses estrangeiros teriam qualquer tipo de conhecimento ou intervenção na história (cf. Is 41,21-29). *O passo decisivo para o monoteísmo sucede na ilação da não eficiência para a não existência de outros deuses ao lado de Javé:* "Assim diz Javé, o rei de Israel, [...] o seu redentor: eu sou o primeiro e o último, fora de mim não há Deus. Quem é como eu? Que clame, que anuncie, que *mo comprove. Quem anunciou o futuro desde o começo?* [...] Não vos apavoreis, não temais; não vo-lo dei a conhecer há muito tempo e não o anunciei? Vós sois as minhas testemunhas. Porventura existe um Deus fora de mim? Não existe outra Rocha: eu não conheço nenhuma!" (Is 44,6-8).

Sem que haja dependência direta de Dêutero-Isaías, há abonações claramente monoteístas também na redação final do Deuteronômio, a qual igualmente remete para o período do exílio babilônico. O texto central é Dt 4, que foi inserido entre os capítulos mais antigos 1-3 e 5s., para que também estes sejam lidos em sentido estritamente monoteísta.

Material monoteísta, ou seja, a profissão da exclusividade de Javé em forma de negação explícita da existência de outros deuses, é claramente formulado no século VI aC. Nos escritos veterotestamentários pós-exílicos isto é considerado óbvio, sendo incluído nesta época também em escritos mais antigos, a título de complemento e correção.

No período veterotestamentário tardio a filosofia grega colocou à disposição os recursos intelectuais e linguísticos para mostrar a insuficiência lógica da argumentação politeísta (cf. Sb 13-15).

A reconstituição desse trajeto cognitivo nos coloca diante de duas questões de relevância teológica.

Primeiro: como se explica que Israel veio a formular uma confissão monoteísta justamente na época do exílio babilônico? Israel desembocou no monoteísmo justamente numa época em que também na Grécia (pré-socráticos) e na Pérsia (Zaratustra) se pode comprovar a crença em um só Deus. Sem querer afirmar quaisquer dependências neste ponto, precisamos constatar que a experiência bíblica de Deus se articula em formas de pensamento que, ao que tudo indica, correspondem às respectivas épocas da história das religiões. Sua história da fé deixa transparecer como Israel ampliou o senhorio de Javé face a novas experiências: na transição da forma de existência nômade para a sedentária na terra de cultura Canaã, todas as competências anterior e simultaneamente atribuídas às divindades dos povos estrangeiros foram transferidas para Javé. No contexto do confronto com os vizinhos políticos no período dos reis, o domínio de Javé se ampliou para a condução dos desígnios também desses povos. No exílio babilônico, finalmente, amadureceu a noção de que Javé está com seu povo em todos os lu-

B. DOUTRINA SOBRE DEUS

gares, tendo nas mãos as rédeas da história universal e conduzindo-a para um bom futuro. Diante da evidente catástrofe do exílio, essa mensagem só podia ser digna de crédito se ao mesmo tempo se impusesse a intuição de que o Deus de Israel, Javé, é o único Deus do Universo. Os teólogos do período exílico (particularmente Dêutero-Isaías e os círculos deuteronomistas) é que tiveram o formidável mérito de, justamente na experiência de desgraça, conseguirem perseverar na fé na atuação benfazeja de Javé: Seria Javé poderoso apenas na terra natal? Não, Ele é Criador do mundo inteiro! Teria sido Ele derrotado pelos deuses da Babilônia? Não, Ele é o único Senhor de todos os povos! Teria Ele abandonado seu povo no estrangeiro? Não, Ele o "pune" e "purga", assim justamente abrindo-lhe um futuro novo! Não há outro Deus fora dele.

A segunda questão é: como pôde Israel adorar Javé como seu Deus único por séculos a fio, sem excluir conscientemente a existência de outros deuses? Ao que tudo indica, já dentro de um contexto politeísta, Israel conseguiu professar e viver o conteúdo intrínseco da Revelação de Javé em forma de monolatria. O aspecto básico que tem continuidade na monolatria e no monoteísmo é a relação pessoal exclusiva entre Javé e Israel. A exclamação enfática "Javé é único!" não é, afinal de contas, uma sentença da lógica argumentativa, mas se origina na linguagem dos amantes (cf. Ct 6,8s.). Expressão dessa exclusividade é também o discurso deuteronomista do "ciúme" de Javé, o qual, ainda no jogo linguístico politeísta, prepara o monoteísmo de Israel e o fundamenta existencialmente de forma duradoura (cf. Dt 5,9; 6,15).

Os escritos veterotestamentários testemunham, justamente diante do fato de o monoteísmo ser atingido num ponto relativamente tardio, que mais importante que a questão teórica da existência de outros deuses é a vida com o Deus experienciado existencialmente na história e na natureza e por isso cultuado com exclusividade. A exclusividade total de Javé se baseia em sua singularidade, a qual somente podia ser formulada adequadamente num sistema pressuposto de comparação.

A exclusividade de Javé deve ser diariamente lembrada por Israel: "Ouve, Israel: Javé nosso Deus é o único Javé! Portanto, amarás a Javé teu Deus com todo o teu coração, com toda a tua alma e com toda a tua força" (Dt 6,4). Judeus crentes cumprem essa incumbência até hoje.

2.1.2.2. Javé, um Deus disposto à aliança
Autocompromisso de fidelidade

Somente na teologia deuteronomista (século VII aC) é que o termo "berit" (aliança) passa a ser um conceito teológico central para definir a relação entre Javé e Israel. O *profetismo mais antigo* utiliza, para tal, outras metáforas, mas que já pré-formaram o conteúdo teológico da ideia da aliança. Dentre eles, um é particularmente expressivo: o profetismo toma o amor entre homem e mulher para interpretá-lo com auxílio das imagens do noivado, do adultério e da nova corte (cf. Os 1,2-9; 2,4-17.18-25; 3,1-5; Jr 3,1-13; Ez 16,1-63; Is 54,1-8; 62,4-5).

2. Fundamentos bíblicos

O simbolismo conjugal aparece pela primeira vez no Profeta Oseias. Israel é comparado a uma adúltera que se entregou a seus amantes. Javé queixa-se da infidelidade de sua noiva Israel e pede que ela volte para Ele. Mas ainda antes do seu retorno Javé mais uma vez se volta para ela: "Enfeitava-se com o seu anel e o seu colar e corria atrás de seus amantes, mas de mim ela se esquecia! Oráculo de Javé. Por isso, eis que vou, eu mesmo, seduzi-la, conduzi-la ao deserto e falar-lhe ao coração" (Os 2,15b-16). Uma (nova) aliança sela a reconciliação entre os parceiros (cf. Os 2,18-25).

Javé dá liberdade à sua parceira conjugal (isto é, da aliança). E está disposto a pagar o preço do amor, isto é, espera que ela voluntariamente volte atrás. Ele, o fiel, não força a aceitação de felicidade e comunhão.

Também a promessa da "nova aliança" (Jr 31,31-34) sucede sobre o pano de fundo da queixa de Javé sobre a infidelidade do seu povo. A disposição de Javé para a aliança continua firme e abarca o reino do Norte Israel e o reino do Sul Judá, despertando abrangente esperança: "Eu porei minha lei no seu seio e a escreverei em seu coração. Então eu serei seu Deus e eles serão meu povo. Eles não terão mais que instruir o seu próximo ou seu irmão, dizendo: 'Conhecei a Javé!' Porque todos me conhecerão, dos menores aos maiores" (Jr 31,33b-34a).

Na perspectiva universal da *proto-história bíblica* (Gn 1-11) a versão do Documento Sacerdotal sobre a narrativa de Noé tematiza a disposição de Deus para a aliança na imagem do encerramento do dilúvio, desencadeado por Javé como punição da maldade dos seres humanos (cf. Gn 9,8-17). Como sinal da aliança Javé toma o arco-íris, numa alusão ao arco de guerra, agora baixado por Javé: "Quando eu reunir as nuvens sobre a terra e o arco aparecer na nuvem, eu me lembrarei da aliança que há entre mim e vós e todos os seres vivos, toda a carne; e as águas não mais se tornarão um dilúvio para destruir toda carne" (Gn 9,14s.).

O núcleo da *noção deuteronomista da aliança* consiste no autocompromisso de Javé para uma relação especial com Israel e no compromisso de Israel para uma adoração exclusiva a Javé e para um *ethos* em conformidade com a aliança. A carta veterotestamentária da aliança é o Decálogo (Ex 20; Dt 5), redigido pela Escola Teológica Deuteronomista: a autoapresentação de Javé que tirou Israel da escravidão egípcia e ali se mostrou poderoso e disposto à salvação é seguida dos seus preceitos (dez mandamentos). A relevância teológica da ideia da aliança está nos seguintes aspectos: *a oferta de aliança por Deus sucede por eleição, isto é, baseada em decisão soberana. Trata-se de um autocompromisso de Deus por amor* (cf. Os 11,1), *não baseado em méritos previamente granjeados pelo parceiro humano da aliança.*

A pedagogia de Deus coloca (ao lembrar a experiência do Êxodo) o indicativo da promessa de salvação antes do imperativo dos preceitos éticos. Somente numa síntese da dimensão vertical (relação com Deus) e da dimensão horizontal (solidariedade humana) é que a existência humana tem êxito. Pelo fato de Javé ser Deus para os seres humanos, a resposta à sua afeição implica amor a todas as pessoas: quem quer amar a Deus, também precisa amar aqueles que Ele ama.

B. DOUTRINA SOBRE DEUS

2.1.2.3. Javé, um Deus amigo dos homens
Eleição do seu povo e universalidade da salvação

A proto-história bíblica (Gn 1-11) narra a história da humanidade, antes da eleição de Abraão, como uma sucessão de ofertas de comunhão por parte de Deus, as quais fracassam porque as pessoas as rejeitam culposamente. Este horizonte universal fundamental da vontade salvífica de Javé também não é abandonado em Gn 11,27, início da narrativa de Abraão: a promessa feita a Abraão é o elo de ligação entre a proto-história e a história do povo de Israel eleito na pessoa do seu patriarca: "Por ti serão benditos todos os clãs da terra" (Gn 12,3).

A tradição profética retoma essa perspectiva universal da salvação. Isaías a descreve na imagem da peregrinação dos povos para Jerusalém (cf. Is 2,2s.), tema este também utilizado por Zacarias (cf. Zc 8,20s.). Em algumas passagens veterotestamentárias fica palpável a confiança profética de que Javé também se revelará a outros povos, para que se prostrem e o adorem (cf. Is 19,19.21; Sf 2,11; Ml 1,11).

Deus elege um povo para que seu nome se torne conhecido de todas as pessoas: esse povo deve contar sua história com Deus como testemunho da salvação experienciada e como exortação para que as pessoas se voltem para esse Deus. A Revelação de Deus tem uma dimensão sociocomunitária. O discurso sobre o povo de Deus sempre é um discurso a respeito da atuação de Deus junto a todos os povos. Eclesiologia é uma forma de soteriologia.

2.1.2.4. Javé, um Deus santo
Transcendência na imanência histórica

O radical hebraico "qdsh", do qual deriva o adjetivo "qadosh" (santo, sagrado), significa originalmente: estar separado, isolado. O chamado triságion da visão de vocação de Isaías em 6,1-5 quer dar a entender, primeiro, uma diferença *ôntica* de Javé em relação a tudo que possa, no mais, entrar no âmbito empírico humano: *Javé transcende espaço e tempo. Javé é poderoso no tempo e indelimitável* (cf. Sl 90,2; Is 44,6; 48,12). *Sendo aquele que se encontra acima do tempo, Ele pode estar simultaneamente presente em todo e qualquer tempo.* Isto fundamenta a diferença (também) ética de Javé, sua atuação inderivavelmente santa e benigna, formulada em termos clássicos por Oseias, em 11,1-11: o que evidencia Deus como Deus é que Ele pode, por soberano amor, inverter sua justificada ira em compaixão e disposição para o perdão.

Foi principalmente a exegese de motivação feminista que chamou a atenção para o fato de que na compaixão e na disposição para o perdão transparecem traços maternais em Javé. O termo hebraico para "compaixão" *(rahamim)* é o plural do termo hebraico para "colo materno": *somente a compaixão maternal de Javé é que possibilita nova vida – antes da resipiscência humana.*

O Dêutero-Isaías dá peculiar densidade à dedicação de Javé por Israel na imagem do perene amor da mãe para com o seu nenê: "Por acaso uma mulher se esquecerá da sua criancinha de peito? Não se compadecerá ela do filho do seu ventre? Ainda que as mulheres se esquecessem, eu não me esqueceria de ti" (Is 49,15; cf. 66,13).

Javé ama como uma mãe. Essa figura de linguagem bíblica de forma alguma pretende definir Javé como ser de gênero feminino – assim como Ele também não é definido como masculino em qualquer outro ponto da Bíblia; antes essa linguagem figurada tem caráter de proclamação referente à esperada atuação de Javé junto a seu povo.

A proibição de imagens no Decálogo (Ex 20,23; Dt 5,8) exprime, em primeiro lugar, a rejeição de práticas sincretistas (adoração de ídolos). Mas no próprio Antigo Testamento ela já é interpretada como contestação da possibilidade de representar o ser de Deus numa imagem. "Que haveis de comparar a Deus? Que semelhança podereis produzir dele? ...Pois não sabes? Não ouviste isto? Javé é um Deus eterno, criador das regiões mais remotas da terra. ... A sua inteligência é insondável" (Is 40,18.28).

A intuição da insondabilidade do ser divino prepara o terreno para a posterior problematização do nexo entre o agir e passar bem ou mal, palpável pela primeira vez em textos exílicos (cf. Sl 44; 77) e que depois é expressamente desdobrada no livro de Jó: nem de longe é possível atribuir o sofrimento sempre a alguma culpa. A teodiceia (demonstração da legitimidade da atuação divina que inicialmente parece não ter razão de ser) não é possível recorrendo-se ao argumento da culpa humana. A vida humana, insondável como ela é, nega-se a ser explicada por um encadeamento puramente racional de causas. Deus, em sua santidade, também permite a queixa humana, inclusive a acusação face ao sofrimento de indivíduos ou de todo o seu povo (cf. Sl 10,1; 22,2; 43,2; 74,1).

2.1.2.5. Javé, um Deus vivo e pessoal
Sentido e limite do discurso antropomórfico sobre Deus

O Deus do Antigo Testamento "não [é] uma energia a imperar às cegas, um 'algo' omniabrangente; mas sim esse Deus manifesta sua vontade, está soberanamente 'em si mesmo' e ao mesmo tempo 'interessado' em suas criaturas, de modo que estas com razão podem dizer 'tu' para Ele. Essa natureza 'pessoal' de Deus expressa-se não só em perífrases humanizantes (antropomorfismos), por exemplo quando se fala do 'semblante' de Deus e do seu 'coração', mas é manifestada de modo particular na Revelação do nome de Deus 'Javé'" (VORGRIMLER, H. *Gotteslehre*, 57).

Israel experienciou Javé como face a face vivo, "exigente": como um Tu que interfere soberanamente na história e na natureza e ao mesmo tempo inclui na responsabilidade pelo mundo aquelas pessoas a quem Ele se promete. Por isso o discurso referente ao caráter personal de Deus não projeta sobre Deus um atributo antropomórfico, obtido do ser humano. Ao contrário: somente a experiência da eleição e da incumbência por um autor soberano da ação, a se defrontar com o povo e com indivíduos, é

B. DOUTRINA SOBRE DEUS

que veio possibilitar que os assim exigidos se entendessem (teomorficamente) como pessoas igualmente livres e responsáveis.

A capacitação para a linguagem, a faculdade da fala e a obrigação de falar são consideradas, no pensamento semita, uma característica do ser humano, a qual o distingue do animal (hebraico: *behemah* = aquilo que é mudo). A essa imagem do ser humano corresponde a convicção de Israel de que o caráter pessoal de Deus se evidencia na forma em que se dá a Revelação: Deus se dá a conhecer expressando-se verbalmente.

Os textos veterotestamentários que, em formulações antropomórficas, descrevem hesitação, reflexão, ponderação de Deus em suas decisões, devem ser entendidos como símbolos do engajamento vivo de Javé junto ao ser humano. Se os audaciosos antropomorfismos veterotestamentários (ira, ódio, dor, remorso de Deus) forem resguardados de mal-entendidos por meio da consideração simultânea da sua transcendência, por meio deles também pode transparecer aquilo na vitalidade de Deus que hoje chamamos de caráter pessoal.

Naturalmente também os antropomorfismos só podem e pretendem insinuar a vitalidade de Deus, não esgotar a base insondável de toda a vida. Javé é o Deus que comprovou confiabilidade a toda prova e que sempre volta a se evidenciar como o que salva, orienta, conforta, como o compassivo que ao mesmo tempo, em soberana indisponibilidade, é e permanece Criador do mundo e Senhor da história.

2.2. "Manifestei o teu nome aos homens" (Jo 17,6)
Teologia no discipulado de Jesus de Nazaré

Nosso esforço de repetir com a maior fidelidade possível a mensagem de Deus proclamada pelo Jesus terreno necessariamente tem como ponto de partida a fé em Deus dos seus pais e mães: Jesus era judeu. A fé do povo israelita aqui esboçada em linhas gerais constitui o critério que permite distinguir entre tradição e inovação na teologia de Jesus. Por um lado a pregação de Jesus espelha o quanto Ele haure, em seu pensamento e discurso, da viva tradição de fé do seu povo; por outro lado, a mensagem de Deus em Jesus faz referência crítica a certas tendências, na fé judaica em Deus, que se haviam intensificado na época do judaísmo emergente (→ Cristologia 2.2.1).

2.2.1. Tendências na fé em Deus no judaísmo contemporâneo de Jesus

2.2.1.1. Apocalipsismo

Contrariando a independência política cada vez menor do povo judeu, crescia a esperança por uma intervenção de Deus no sentido de instaurar o seu reino, evento este esperado de formas diversas, dependendo de cada partido religioso judaico: ou de forma imanente, ou transcendente, violenta ou pacífica, em todos os casos irrompendo no futuro próximo.

2.2.1.2. Religiosidade da Torá

Desde Esdras (século V aC) a Torá se encontrava no centro do pensamento e da fé judaicos. A abrangência e interpretação da Torá variavam entre os diversos grupos judaicos. Com a normatização legalista do cotidiano, a fé em Deus assumiu traços muito individualizantes e moralizantes.

2.2.2. A radicalização da fé judaica em Deus na proclamação e atuação de Jesus

"Radicalização" (do latim *radix* = raiz) significa, no sentido etimológico do termo: retorno à raiz, à origem de uma ideia ou de uma experiência, portanto: concentração sobre o que é essencial. Segundo a compreensão cristã, Jesus reconduziu a fé do seu povo à sua raiz, assim justamente reinterpretando-a.

2.2.2.1. Anulação da expectativa apocalíptica pela integração no hoje
A proximidade do senhorio indisponível de Deus

Pode-se resumir em três aspectos a ênfase mais importante dada por Jesus na expectativa judaica geral do senhorio de Deus:

Proximidade: o senhorio transcendente de Deus já irrompeu e é experienciável na imanência.

Salvação: a proclamação do senhorio de Deus é anúncio de salvação e mensagem de alegria (ευαγγελιον).

Iniciativa de Deus: a consumação do seu senhorio somente o próprio Deus pode produzir. Ela tem caráter de presente dado.

A tensão da proximidade e indisponibilidade do senhorio de Deus está anulada na sempre presente confiança de Jesus na atuação de Deus, a qual também hoje sempre já cria salvação.

A pesquisa exegética está discutindo em quais vertentes da tradição está enraizada a associação, típica da pregação de Jesus, entre proximidade e simultânea distância do senhorio de Deus: "Os enunciados escatológicos e, por outro lado, sapienciais/teológico-criacionais aparecem, em Jesus, em peculiar paralelismo (aparentemente não interligado); mas esses enunciados têm íntima relação recíproca. Isto porque precisamente a experiência da restituição escatológica da criação permite a livre reatualização da fé israelita no Criador. Empreende-se, assim, em termos *teológico-criacionais*, a noção do 'senhorio de Deus'. Nesse processo Jesus pôde recorrer à tradição veterotestamentária, do judaísmo emergente, do Reino de Deus a se manifestar na criação. O conceito do senhorio de Deus assim torna possível, graças ao seu teor semântico

B. DOUTRINA SOBRE DEUS

tradicional, expressar tanto o aspecto presente quanto o aspecto futuro da atuação salvífica divina. A combinação de ambos os aspectos no discurso da presença do senhorio (escatológico) de Deus leva a uma peculiar interpenetração recíproca entre fé criacional sapiencial e esperança futura apocalíptica. O futuro distante é buscado para dentro do presente; numa superação da resignação apocalíptica e do ceticismo sapiencial tardio, o mundo entregue ao mal é descoberto como lugar onde Deus, em sua atuação salvífica escatológica, gera novidade já agora. Mercê da conotação tradicional do conceito de senhorio de Deus, salienta-se de propósito o *aspecto salvífico*, neste processo. Por isso Jesus, ao acolher tradição sapiencial, também acentua os traços que ela apresenta de *salvação universal*. Ele é o Deus que concede sol e chuva para justos e injustos, bons e maus (Mt 5,45). Ele é o Pai providencial que conhece as necessidades e dificuldades das suas criaturas (Mt 6,7s.32b). Num teocentrismo radicalizado, Deus, enquanto Senhor da história e Criador do mundo, que deseja o bem do ser humano, passa a ser fundamento e teor da atuação de Jesus" (HOFFMANN, P. *Zukunftserwartungen*, 377).

A riqueza da mensagem divina veterotestamentária da atuação múltipla do Salvador e Criador está preservada no anúncio de Jesus sobre a Basileia. A novidade na pregação de Jesus está em que ela anuncia que o senhorio de Deus já irrompeu no mundo existente. Ela inclui as pessoas nos acontecimentos do senhorio de Deus e acredita que elas possam viver já agora dentro do tempo e do mundo marcados pela desgraça, na experiência direta de culpa e perdição e contra as aparências das condições reinantes, porém, a partir da certeza da promessa da salvação divina e da proximidade da salvação.

2.2.2.2. Síntese da Torá no mandamento principal do amor a Deus e ao próximo como critério de interpretação da mesma

Na tradição neotestamentária Jesus responde à pergunta pelo principal mandamento, recorrendo a Dt 6,5 e Lv 19,18: o duplo mandamento do amor a Deus e ao próximo (com o amor a si próprio como critério do mesmo) é o fundamento que baseia a lei e o *ethos* profético (cf. Mc 12,28-31 par). Marcos cita Dt 6,4: O duplo mandamento se origina da unicidade e peculiaridade de Deus. Não quer ser entendido em termos aditivos, mas espera o reconhecimento da divindade de Deus na realização da solidariedade humana. Todos os preceitos da Torá precisam ser entendidos, antes de mais nada, como orientação para a vida. Em conformidade com a intenção divina, eles devem ser interpretados em termos de bem-estar do ser humano. Esta redução dos preceitos legais possivelmente leva a maior insegurança na questão como a vontade de Deus deve ser cumprida em cada caso concreto; essa insegurança Jesus enfrenta com sua postura básica de confiança irrestrita na bondade e misericórdia de Deus: Deus se volta justamente para aqueles que fracassaram segundo o entendimento habitual: pecadores e cobradores de impostos.

2.2.2.3. Proclamação do amor compassivo de Deus

Inicialmente Jesus tinha contato e certa afinidade com o grupo em torno de João Batista, com cuja pregação de juízo Ele concordava no tocante à sua premissa antro-

2. Fundamentos bíblicos

pológica: todos em Israel, sem exceção, são pecadores e estão sujeitos à condenação divina (cf. Lc 13,1-5). Também Jesus apresentou, com toda a seriedade, seu chamado para a mudança de atitude e renovação de Israel (cf. Mc 1,14s.). Diante do pano de fundo dessa pregação de juízo de Jesus, e em constante tensão com a mesma, está seu insistente anúncio do amor compassivo de Deus (cf. por exemplo as parábolas do filho pródigo em Lc 15): o amor de Deus toma conta da pessoa antes da mudança de atitude desta, ele a abarca também em períodos nos quais a pessoa dele se afasta conscientemente.

2.2.2.4. A pretensão de autoridade para a proclamação autêntica de Deus implicada a palavra e ação de Jesus

Na atuação de Jesus e em sua proclamação deparamo-nos com uma pretensão de autoridade que lança uma luz esclarecedora sobre a sua relação com Deus. A proclamação da palavra de Jesus em suas parábolas de forma alguma é mera orientação de procedimento (ético) para seus ouvintes, mas igualmente esclarecimento (cristológico) e justificação de sua proclamação por atos: sua comensalidade com pecadores e cobradores de impostos, bem como sua busca por filhos e filhas perdidas de Israel estão fundamentadas no amor de Deus disposto ao perdão, amor este que Jesus representa em seu agir, em última análise em sua pessoa.

O teor e a forma do *anúncio* de Deus por parte de Jesus necessariamente condicionam uma reflexão sobre a *relação* de Jesus com Deus, a qual Ele próprio revelou como sendo uma relação de profunda familiaridade.

2.2.3. O entrosamento neotestamentário entre teologia e cristologia

Com sua mensagem de Deus Jesus atingiu e convenceu apenas segmentos do povo judeu. Sua missão de reunir todos os israelitas no seu tempo fracassou. O que passa a ser o centro da mensagem neotestamentária pós-pascal é a tentativa de diversos autores, cada um à sua maneira, de pensar num conjunto a vida, mensagem e sangrenta sina de Jesus, refletindo sobre a relevância teológica das mesmas:

O Novo Testamento anuncia o "Deus que ressuscitou Jesus dentre os mortos". Esta fórmula de fé, por seu uso frequente (cf. Rm 4,24; 8,11; 10,9; 2Cor 14; Gl 1,1; Ef 1,20; Cl 2,12; 1Pd 1,21) *efetivamente se transforma em novo nome de Deus, numa definição do nome de Javé concretizada na sina do Filho e ao mesmo tempo escatologicamente universalizada.*

A reflexão neotestamentária sobre as implicações soteriológicas do evento de Cristo ousa a paradoxal ideia de que a vergonhosa morte de Jesus na cruz deve ser entendida como mensagem do amor de Deus: "Deus demonstra seu amor para conosco pelo fato de Cristo ter morrido por nós quando éramos ainda pecadores" (Rm 5,8; cf. Jo 3,16). *A teologia do Novo Testamento é a mensagem de Javé, o qual, na sina de Jesus, mostrou-se também para nós como o fiel Deus da vida, no qual se pode deposi-*

B. DOUTRINA SOBRE DEUS

tar incondicional confiança justamente quando as possibilidades humanas desmoronam. A partir dessa perspectiva pós-pascal os escritos neotestamentários, principalmente os evangelhos, relatam também o discurso e a atuação pré-pascais de Jesus. Eles o fazem por terem experienciado que o próprio Deus confirmou como verdade o que Deus anunciara a seu respeito antes da Páscoa: *a atuação de Deus "justificou" a teologia de Jesus* (cf. 1Tm 3,16).

A abordagem histórica da mensagem divina pré-pascal de Jesus, portanto, está fundamentada na própria tradição pós-pascal dos evangelhos.

2.2.4. Deus, Criador e Redentor de todas as pessoas
Enunciados centrais das teologias neotestamentárias

2.2.4.1. Deus, uno para judeus e gentios
A tradição paulina

Também a teologia paulina é, em seu centro, discurso a respeito de Deus em sua atuação em e por intermédio de Jesus Cristo. Paulo anuncia o "Evangelho de Deus" como o "Evangelho sobre seu Filho" (Rm 1,1-3; cf. também Rm 15,16; Gl 1,15). Somente em poucas passagens é que Paulo situa o discurso sobre Deus num contexto não diretamente cristológico. Só que elas são bem interessantes sob o aspecto da questão "Deus". Principalmente os trechos 1Cor 8,1-6 e Rm 1,18-32 comprovam que Paulo adota a linguagem e os argumentos da missão judaica na diáspora de língua grega.

O argumento central com o qual Paulo legitima sua missão entre os pagãos é a lembrança da unicidade de Deus, recorrendo ao credo monoteísta formulado em Dt 6,4: "Ou acaso Ele é Deus só dos judeus? Não é também dos gentios? É certo que também dos gentios, pois há um só Deus que justificará os circuncisos pela fé e também os incircuncisos através da fé" (Rm 3,29s.; cf. também 1Cor 8,6). Paulo nem sequer aborda a questão se a existência de Deus poderia ser contestada numa argumentação filosófica. O testemunho da Revelação de Javé em Ex 3,14 é a inquestionada premissa do seu pensamento teológico. Naturalmente ele conhece a possibilidade de um ateísmo prático, já atestada no Antigo Testamento, e ele faz referência precisamente a este: injustiça e imoralidade são ateísmo, idolatria e imoralidade se correspondem (cf. Rm 1,18-32). A associação dessas noções bem caracteriza a pregação missionária helenístico-judaica, a qual também transparece em Rm 3,29s.; Gl 4,8s.; 1Ts 1,9s., na descrição da missão de Paulo entre os gentios por Lucas em At 14,15-17 e 17,22-31, bem como em 1Clem 19,2-21,1; 33,2-6.

Mas a pregação paulina de missão não só expressa distanciamento, mas ainda busca apoiar-se externamente. Os escritos de Paulo e outros escritos afins apresentam atributos de Deus que, ao que tudo indica, aludem diretamente à experiência de Deus por parte dos destinatários gentios. O Deus anunciado é "invisível" (Rm 1,20; Cl 1,15;

Hb 11,27; 1Tm 1,17; 6,15s.), "imperecível" (Rm 1,23; 1Tm 1,17), "de nada precisa" (At 17,25; 1Clem 52,1) e é "imutável" (Tg 1,17).

A razão propriamente dita do conhecimento do Deus uno, possível para cada ser humano, é, para a missão judaica, bem como paulina entre os gentios, a atuação criadora de Deus no mundo: "Sua realidade invisível – seu eterno poder e sua divindade – tornou-se inteligível, desde a criação do mundo, através das criaturas" (Rm 1,20). Portanto também os gentios são "indesculpáveis" em sua injustiça, "porque o que se pode conhecer de Deus é manifesto entre eles" (Rm 1,19).

Também em Atos dos Apóstolos, Paulo argumenta em termos teológicos criacionais perante o Areópago (cf. At 17,24-28). Fazendo alusão a uma epígrafe de altar em Atenas ("Ao Deus desconhecido") ele anuncia justamente este Deus como o cristão: "O que adorais sem conhecer, isto venho eu anunciar-vos. O Deus que fez o mundo e tudo o que nele existe" (At 17,23s.).

Embora a forma no singular, da epígrafe do altar, tenha sua origem na concepção teológica de Lucas (comprovados arqueologicamente estão apenas achados de tabuletas em que um altar é dedicado – por precaução – a *deuses desconhecidos*), em seu sentido trata-se demonstravelmente de uma alusão a ideias filosóficas estoicas. Principalmente a isenção de necessidade por parte de Deus é noção comum do pensamento helenístico e judaico (cf. At 17,25a). Igualmente evidente é o recurso às exposições de Is 45,15.18-25: em ambas as situações o Deus anunciado é um Deus que os gentios não conheciam até então, mas o qual poderiam ter conhecido com base em seus atos criadores. Em ambos os casos a reflexão conclui com um convite para a mudança de atitude. A argumentação de Paulo no famoso discurso do Areópago utiliza, portanto, padrões de pensamento judaicos veterotestamentários, bem como filosóficos pagãos.

A teologia lucana em At 17, porém, faz questão de salientar que a razão propriamente dita pela qual Paulo, com seu discurso, só colhe risadas de gozação, está no fato de ele professar a vitalidade criadora de Deus na ressurreição de Jesus dentre os mortos (cf. At 17,32). A mensagem da atuação redentora de Deus em Jesus Cristo é o divisor de águas entre crentes e descrentes: "Nós, porém, anunciamos Cristo crucificado, que para os judeus é escândalo, para os gentios é loucura, mas para aqueles que são chamados, tanto judeus como gregos, é Cristo, poder de Deus e sabedoria de Deus" (1Cor 1,23s.).

2.2.4.2. "Deus é amor"
A tradição joanina

Na teologia joanina salta aos olhos o grande número de depoimentos com discurso que define Deus: "Deus é Espírito" (Jo 4,24), "Deus é luz" (1Jo 1,5), "Deus é amor" (1Jo 4,8.16). Esses enunciados, entretanto, não são especulações metafísicas sobre a natureza e as qualidades de Deus; antes essas teses supremas provêm da teologia da escola joanina a argumentar em termos de história da salvação.

Jo 4,24 trata principalmente da maneira como Deus está presente no mundo e na história. *O amor de Deus para com o mundo consiste na doação do seu único filho:*

B. DOUTRINA SOBRE DEUS

"Pois Deus amou tanto o mundo, que entregou o seu Filho único, para que todo o que nele crê não pereça, mas tenha vida eterna" (Jo 3,16; cf. 1Jo 3,16). O Filho identificou-se totalmente com a obra salvífica do Pai (cf. Jo 4,34 e o.), de modo que ocorre uma inter-relação de glorificação recíproca. Pai e Filho são "unos" na comunhão do amor dentro da qual as pessoas podem ser incluídas (cf. Jo 17,21). *Na vinda do Espírito, Pai e Filho permanecem presentes no mundo.* A sua vinda, o ato de amor do Pai e do Filho (Jo 14,16-21) nos transforma também em amorosos. Segundo o depoimento da Primeira Carta de João, o amor fraterno é o veículo decisivo da cognição de Deus: "Amemo-nos uns aos outros, pois o amor é de Deus e todo aquele que ama nasceu de Deus e conhece a Deus. Aquele que não ama não conheceu a Deus, porque Deus é Amor [...] nisto consiste o amor: não fomos nós que amamos a Deus, mas foi Ele quem nos amou e enviou-nos o seu Filho como vítima de expiação pelos nossos pecados. Caríssimos, se Deus assim nos amou, devemos, nós também, amar-nos uns aos outros. Ninguém jamais contemplou a Deus. Se nos amarmos uns aos outros, Deus permanece em nós, e o seu Amor em nós é levado à perfeição" (1Jo 4,7s.10-12).

O desenvolvimento pós-neotestamentário do credo trinitário tem seguro fundamento nas teologias neotestamentárias, a começar pela de João, aquele teólogo que faz Jesus professar: "Eu sou a ressurreição. Quem crê em mim, ainda que morra, viverá" (Jo 11,25).

3. Abordagem histórico-dogmática

Quem procura descrever a trajetória da fé em Deus e de sua assimilação intelectual desde o período pós-apostólico até o presente, em poucas páginas, terá que trabalhar em termos fragmentários, à mão de exemplos. Apresentamos em seguida (apenas) um arcabouço de ideias, portanto, que sustenta e estrutura o multiforme e colorido panorama da doutrina cristã sobre Deus. Princípio de descrição será o interessante fato de haver peculiar interação entre a maneira *como* teólogos refletem sobre a mensagem de Deus, e *aquilo que* afirmam, em termos de conteúdo, como aspecto essencial de sua fé em Deus. Ao observarmos essa correlação entre método e conteúdo em épocas importantes, pode ficar evidente como é que cada período se empenhou por compreender sua fé em Deus, mas também quão multifacetada se apresenta, por isso, a reflexão sobre o discurso referente a Deus, a doutrina sobre Deus.

3.1. Deus, a origem imutavelmente una do cosmo
Os teólogos do cristianismo emergente em diálogo com a filosofia da sua época

Os pensadores do cristianismo emergente dos séculos II a IV que buscaram e encontraram na filosofia (neo)platônica pontos de ligação para sua teologia estavam motivados para tal sobretudo pela situação de missão. Os *"apologetas"* cristãos – como por exemplo Justino de Nablus/Samaria († c. 165, como mártir em Roma), o Bispo

3. Abordagem histórico-dogmática

Teófilo de Antioquia († c. 186), Melitão, o carismático bispo de Sardes, nas proximidades de Éfeso († c. 180), o "teólogo leigo" Clemente, nascido em Atenas, renomado professor de teologia em Alexandria († antes de 215), o influente Ireneu de Lião († 202), oriundo da Ásia Menor, mas atuante sobretudo na Gália, o grande e controverso Orígenes de Alexandria († c. 254), Luciano († 312), fundador da Escola Teológica de Antioquia – tentaram despertar em seus contemporâneos de formação filosófica a disposição para se tornarem cristãos. Foram induzidos a isso por sua profunda convicção de base bíblica (cf. Sb 13; Rm 1,18-32), de que a teologia cristã tem validade universal e pode ser reconhecida como verdadeira por todas as pessoas.

A apologética, no sentido mais estrito de defesa contra ataques injustificados, era praticada principalmente pelos escritores cristãos do século II e inícios do século III. Seu argumento principal baseava-se no caráter contraditório das doutrinas filosóficas na cultura greco-helenística. Mas a partir de meados do século III o (neo)platonismo galgou a posição de filosofia de validade quase geral, o que alterou a situação de diálogo: doravante os teólogos cristãos tiveram que fazer esforço maior no sentido de garimpar possibilidades positivas de conexão com esse sistema filosófico predominante.

O platonismo dos séculos III e IV dC pode ser esboçado da seguinte maneira:

a. A *fundação (e razão) divina de toda a realidade* era considerada *premissa* inconteste de todo ato de pensar: mesmo no menor fenômeno do mundo natural e espiritual, está oculto o Logos (sentido) divino. O objetivo do filosofar é elevar-se até a cognição suprema (de Deus).

b. A *questão central* a motivar o pensamento filosófico basicamente já desde o período da filosofia jônica da natureza girava em torno *da origem (arché) de tudo que surgiu*, daquele poder, portanto, que transformava o caos no cosmo, fundamentava e ordenava todas as experiências individuais.

c. Em termos de *método*, a busca pelo princípio último e unitário de toda a realidade era realizada por um *processo indutivo a partir dos dados do mundo* para a origem subjacente aos mesmos. A abordagem da filosofia platônica era de forte cunho cosmológico.

d. À *arché* última procurada, ao princípio, à origem de todos os fenômenos era necessário atribuírem-se certas qualidades. Ela tinha que ser *uma única*, pois ao se supor diversos princípios ficaria em aberto a questão da origem de sua diversidade; ela tinha que ser pensada como *imutável*, ou seja, *imóvel* e *incapaz de sofrimento*, isenta de todo dever e perecer, caso contrário permaneceria a questão da razão de tais mudanças.

e. Essa causa primeira divina, sendo radicalmente distinta das coisas do mundo, só podia ser entendida como inacessível à cognição humana, em última análise. *Incompreensibilidade* e *supramundanidade de Deus* eram, por isso, convicções fundamentais do platonismo.

Os primeiros intérpretes da Revelação judeu-cristã podiam tomar como pontos de ligação atributos de Deus essenciais da filosofia platônica. Também eles ensinavam a

B. DOUTRINA SOBRE DEUS

unicidade e transcendência do Deus Criador. Só que, ao mesmo tempo, eles estavam comprometidos com o testemunho bíblico de liberdade e indisponibilidade do Deus poderoso na história, testemunho este que de forma alguma se esgotava em considerar "o Pai, o Onipotente, o Criador do céu e da terra" como causa primeira de tudo que existe. Este testemunho de fé, entretanto, não poderia vir a ser mero complemento da imagem filosófica de Deus, uma vez que esta se entendia como definição do divino não suscetível de complementação. Os esforços dos apologetas cristãos com a filosofia contemporânea significavam, isto sim, adoção e também alteração, uma espécie de assimilação com profunda reelaboração do adotado. Particularmente a convicção da revelação escatológica definitiva do amor de Deus, da sua atuação pessoal inderivável, na humanificação da sua palavra, exigiu um rompimento do pensamento cosmológico histórico-natural da especulação greco-helenística em torno de Deus – uma formidável tarefa que teve reflexos inclusive sobre a proclamação até ali praticada, orientada pelo discurso bíblico.

Na pesquisa ainda continua a controvérsia até que ponto foi realmente bem-sucedida, nos primeiros séculos depois de Cristo, a reelaboração da ideia platônica de Deus segundo as exigências da revelação bíblica. Um conceito negativo, muito difundido, sobre o trabalho teológico dos apologetas do cristianismo emergente se originou e tomou forma exemplar na historiografia dogmática evangélica de inícios do século XX. A objeção, associada principalmente ao nome de Adolf von Harnack († 1930), é a seguinte: a adoção de ideias e sistemas conceituais filosóficos pela teologia cristã representou, particularmente no tocante ao discurso a respeito da essência e das qualidades de Deus, uma adequação adulterante a modos gregos de pensar, sendo, portanto, uma helenização impermissível do cristianismo, a qual, além disso, ainda acabou entrando nos dogmas da Igreja antiga. Hoje em dia há também autores evangélicos que apresentam uma conceituação mais diferenciada neste tocante; mesmo assim parece que continua havendo uma reserva de índole denominacional contra uma doutrina filosófica de Deus.

De um modo geral, pode-se mostrar que os teólogos da Igreja antiga de forma alguma adotaram, sem correção alguma, a doutrina filosófica de Deus do seu tempo. O impacto marcante da revelação bíblica deu nova forma aos predicados divinos tomados de empréstimo. Os teólogos dos séculos III e IV descreveram o Deus Criador da Bíblia não apenas como o necessário protofundamento de tudo que existe, mas continuaram a considerá-lo a origem livre de tudo que é novo e imprevisto. Mesmo assim esse encontro resultou numa inegável tendência global da doutrina de Deus no cristianismo emergente: a imponente concepção de uma transcendência afastada do mundo se sobrepôs sensivelmente à fé no poderio histórico do Deus vivo voltado para o mundo. A adoção dos atributos divinos "imutável" e "incapaz de sofrer" (cf. os textos do Concílio de Niceia: DH 126), resultantes, no pensamento greco-helenístico, do fato de Deus ser uno e causa última, além de levar à temporária propagação da apatia na ética cristã, teve seus efeitos também em certas vertentes da teologia da trindade (por exemplo nas discussões em torno do chamado modalismo) e da teologia da graça (por exemplo no pelagianismo), uma vez que a dramaticidade da luta histórico-salvífica entre a sempre nova dedicação de Deus e a inconstância de suas criaturas ficou ameaçada de ser reduzida a uma renovação exclusivamente do lado das pessoas humanas.

3. Abordagem histórico-dogmática

Embora o exame detalhado das primeiras concepções teológicas mostre que o pensamento bíblico matizou justamente também a noção da imutabilidade de Deus, por exemplo quando Fílon de Alexandria a descreve como imutabilidade da sua fidelidade, é preciso registrar também aqui como tendência geral: "ocasionais irrupções da imagem bíblica histórico-salvífica de Deus (de um Deus vivo, que reage, mutável, que pode sofrer junto e mudar junto) na patrística são relegados para o segundo plano em termos de conteúdo, ou pelo menos sobrepostos em termos categoriais pelo princípio da imutabilidade que continua predominante" (MAAS, W. *Unveränderlichkeit*, 165).

Também em outras qualidades atribuídas a Deus se poderia mostrar a problemática resultante da adoção da ontologia e teologia platônicas. Na noção bíblica da eternidade de Deus como presença poderosa e fiel em todos os tempos insinuou-se um conceito filosófico de eternidade no sentido de separação de todo e qualquer tempo. Uma ideia atemporal de ordem pôs em perigo a proclamação da justiça concreta e da misericórdia de Deus.

Tudo isso mostra que no cristianismo emergente a impregnação crítica e transformação fecunda do conceito filosófico de Deus, mediante o recurso à liberdade pessoal de Deus do testemunho bíblico, não passou da forma embrionária. Muitas vezes elementos heterogêneos simplesmente ficaram lado a lado sem nexo algum. Principalmente a ênfase sobre a imutabilidade e atemporalidade, a simplicidade, a ausência de qualidades e de nome em Deus afastou-o para uma distância quase que inalcançável da realidade histórica de vida das pessoas.

Essa tendência no teor do seu pensamento constituiu um ônus permanente para a teologia cristã; mesmo assim o encontro com a filosofia antiga lhe trouxe, por outro lado, um modo de pensar e um discurso irrenunciáveis para a doutrina de Deus, e de grande atualidade: a chamada "teologia negativa".

3.2. Deus, o totalmente outro
Teologia negativa, misticismo e doutrina da analogia

Uma confissão de Deus em forma linguística negadora, de discurso apofático, nos está legada em forma clássica na obra de um grande neoplatônico cristão ainda não identificado, de fins do século V, lido e citado até hoje sob o pseudônimo de *Dionísio Areopagita* (cf. At 17,34). O ponto de partida do seu pensamento é a concepção, acima exposta como tradição greco-helenística, de Deus como origem de tudo que existe. A questão que desafia o Pseudo-Dionísio é como pode Deus ser a causa de tudo e ao mesmo tempo transcender a tudo que é, elevando-se a distâncias inalcançáveis. O Areopagita responde essa pergunta distinguindo entre a regência de Deus no mundo e a essência de Deus, a qual permanece irreconhecível, imperceptível, inefável. Mesmo assim ele fala de Deus: em forma de uma teologia negativa, negadora.

Deus está afastado, inatingível. No discurso humano sobre o permanente afastamento de Deus, porém, não deixa de haver, em última análise, uma afirmação po-

B. DOUTRINA SOBRE DEUS

sitiva e decisiva: o ser-totalmente-diferente de Deus repousa em sua oposição ao finito. Na elevação e transposição pela negação a compreensibilidade de Deus é negada, mas Deus mesmo assim é afirmado como o totalmente outro.

As múltiplas consequências históricas dessas ideias aglomeram-se em duas vertentes da tradição. Por um lado elas fecundaram o surgimento e a forma do misticismo cristão (por exemplo na escola do Mestre Eckhart, † 1328), o qual buscava, pela via da *negatio* (renúncia), a "unificação", por fim, com Deus. Por outro lado pode-se acompanhar o componente especulativo da teologia negativa até a doutrina da analogia do *IV Concílio do Latrão* (1215).

Analogia como caminho entre univocidade e equivocidade significa uma simultaneidade de identidade e diferença na relação entre dois objetos comparados e um terceiro (analogia de atribuição), ou no tocante à comparação entre duas proporções (analogia da proporcionalidade). De relevância teológica é particularmente o discurso da *"analogia entis"*, segundo o qual, de tudo que "é", é preciso enunciar, no tocante ao ser, ao mesmo tempo coincidência e diferença. A coincidência está no fato de que todo ente tem "ser", sendo a diferença dada na maneira do "ser ente" em cada caso. Na relação entre Deus e criatura a diferença está no modo de ser do ser-a-partir-de-si e ser-de-si do Criador (Deus "é" por essência, *a se*) e do ser-por-outro e ser-no-outro no caso das criaturas (o ser humano "é" por participação, *in alio e ab alio*). Esta situação foi resumida pelo IV Concílio do Latrão no clássico enunciado: *"Inter creatorem et creaturam non potest similitudo notari, quin inter eos maior sit dissimilitudo notanda"* (DH 806: "Não se pode afirmar semelhança alguma entre Criador e criatura sem que ela inclua dessemelhança ainda maior entre eles"). Esta definição tira da teologia negativa tanto o tema básico do questionamento da adequação de um enunciado sobre Deus como também a manutenção do momento negativo: a negação indica que o enunciado substancial ultrapassa toda e qualquer possibilidade humana de enunciado. A doutrina da analogia de 1215 radicaliza, de certo modo, a teologia negativa ao enfatizar a *"maior dissimilitudo"* (maior dessemelhança), assim mantendo o fracasso de toda e qualquer comparação, face à transcendência do Criador.

O pensador da Idade Média tardia Nicolau Cusano († 1464) praticava teologia negativa sob a ideia motora da *"docta ignorantia"* (ignorância douta). Ele retomou a ideia de Deus da Antiguidade, da *"coincidentia oppositorum"* (coincidência dos opostos). No discurso sobre Deus, enunciados opostos perdem a sua exclusividade. Deus enquanto identidade intuída do máximo e do ínfimo, como *"idem"* (a mesma coisa), como diz Cusano, justamente por isso é o *"non-aliud"* (não outro). Nessa designação especulativa se manifesta sua trajetória negativa de pensamento na cognição de Deus. A negação aparece como forma de afirmação suprema: Deus não é um elemento deste mundo, e portanto não um *"aliud"* (outro) como toda realidade criacional. Na qualidade de *"non-aliud"* (não outro) transcendente, Deus possibilita, isto sim, todo *"aliud"* (outro) criatural e o mantém existindo.

Devido à alteridade do ser de Deus, o discurso negador a respeito de Deus é uma forma valiosa, em termos de conteúdo, e, em última análise, necessária da teologia.

Somente quando se sabe que não se sabe, o momento agnóstico em toda cognição de fé, é que fica preservado o discurso teológico de que é ilusão poder definir Deus.

3.3. Deus, aquilo acima do qual nada de maior pode ser pensado
O argumento ontológico de Anselmo de Cantuária

Os teólogos filósofos da Idade Média já são pessoas de fé. Seu esforço intelectual pela fundamentação da fé em Deus, recorrendo à argumentação filosófica, tem por base essa decisão fundamental crente. Anselmo de Cantuária († 1109) formulou em termos programáticos essa premissa intelectiva da teologia medieval: "Não quero entender para crer, mas creio para entender" (*Proslogion*, cap. 1).

Em sua obra *"Proslogion"*, Anselmo se propõe a refletir e falar sobre Deus de modo adequado ao mesmo. Pareceu adequado a Anselmo um argumento que, por si só, bastasse para fundamentar a racionalidade da fé em Deus. Esse *"unum argumentum"* é sua ideia do *"id quo maius cogitari non potest"* (*Proslogion*, cap. 2: "Aquilo acima do qual nada de maior pode ser pensado"). Ali se reúnem a evidenciação da existência daquele a respeito do qual é feito o enunciado, e a descrição de sua essência. Anselmo argumenta da seguinte maneira: a ideia de um *"id quo maius cogitari non potest"* tem existência indubitável, uma vez que é uma realidade *"in intellectu"*, no espírito humano, capaz desse pensamento. Mas caso esse pensamento se limitasse a uma existência *"in intellectu"*, poder-se-ia pensar algo maior, qual seja, a existência também *"in re"*, na realidade. Consequentemente Deus, enquanto ser maior acima do qual nada pode ser pensado, também precisa existir na realidade.

Este *"unum argumentum"*, que na terminologia de Kant é denominado "argumento ontológico", já era controvertido quando Anselmo vivia. A crítica se concentra sobre a relação entre pensar e ser, entre existência pensada e existência real: de um conceito apenas se pode derivar uma existência pensada, mas não a existência real do que está dentro do conceito. Em última análise, porém, esta objeção não atinge a argumentação de Anselmo, uma vez que Anselmo não fala da existência a ser evidenciada de toda e qualquer ideia, mas observa a existência daquela ideia suprema na consciência intelectiva do ser humano e indaga pela condição possibilitadora desse fenômeno.

A construção intelectual de Anselmo repousa sobre fundamento platônico, segundo o qual também o pensamento é participação no ser e interpretação do ser. De uma intuição encontrada no próprio ser humano, no seu pensamento – intuição esta que, segundo ele, pressupõe iluminação da parte de Deus –, Anselmo infere, num passo transcendente, a existência de um ser supremo, que só pode ser pensado, se for real.

Importante para uma avaliação correta do esforço teológico de Anselmo é também que se tome conhecimento do fato que ele não deixou de adotar e reforçar as concepções da teologia negativa, ao escrever: "Deus, tu não és apenas algo maior acima

B. DOUTRINA SOBRE DEUS

do qual nada pode ser pensado, mas também és maior do que tudo o que pode ser pensado (*quiddam maius quam cogitari possit*). Isto porque é possível pensar algo assim, mas se tu mesmo não o fores, poder-se-ia pensar algo maior que tu; mas isto não pode ser" (*Proslogion*, cap. 15).

3.4. Deus, o ser como tal, não contingente, que torna possível toda a realidade
Recepção e renovação da ideia de Deus em Tomás de Aquino

Tomás de Aquino percorreu os caminhos da sua cognição de Deus distanciando-se de noções que lhe eram conhecidas e adotando outras.

O "*unum argumentum*" de Anselmo foi rejeitado por Tomás de Aquino porque via nele pensamento e ser identificados de forma inadmissível. Tomás distinguiu rigorosamente entre sentenças intuíveis "em si e para si" (*propositio per se nota quoad se*), e sentenças aceitáveis "em si e para nós" (*propositio per se nota et quoad nos*), classificando na primeira categoria o argumento de Anselmo: embora o argumento ontológico seja concludente em si, devido à falta de uma visão direta do ser de Deus, a pessoa humana poderia tomar uma atitude de fé ou de descrença neste tocante. Com esta convicção Tomás se distancia ao mesmo tempo do seu contemporâneo Boaventura († 1274), o qual entendia a ideia de Deus como congênita ao ser humano, como verdade compreensível diretamente, desta forma relativizando as tentativas de uma demonstração racional da existência de Deus. Em contraposição, Tomás fundamentou sua alta conceituação do caminho intelectual para Deus com a necessidade de oferecer ao ato humano de fé um ponto de referência na realidade empírica, para que Deus não fique limitado a uma hipótese abstrata.

Característica de Tomás é sua abordagem a principiar pela ordem mundial acessível à nossa experiência, indagando pela condição não contingente da possibilidade dessa ordem. Ponto de partida da sua caminhada intelectual rumo à existência de Deus não é a teologia negativa da escola platônica, mas a teologia afirmativa da tradição aristotélica. Mesmo assim negatio (negação) e eminentia (superlativo) são um modo próprio e importante da cognição de Deus em Tomás. Entretanto, elas só entram em jogo depois de respondida a questão da existência de Deus.

Em *Sth* I q. 2 a. 3 Tomás trata primeiramente a questão "*utrum Deus sit*" ("se Deus existe"), mostrando em "cinco vias" (*quinque viae*) a racionalidade da fé cristã na existência de Deus. A doutrina de Deus propriamente dita, em sentido estrito, em Tomás, *Sth* I q. 3-43, já pressupõe a demonstração positiva da existência de Deus e passa a perguntar pelo modo de existência de Deus, por sua essência. *Sth* I q. 3-11 tematiza as qualidades de Deus (simplicidade, perfeição, infinitude, imutabilidade e unidade), *Sth* I q. 12 trata da cognoscibilidade de Deus, *Sth* I q. 13 indaga os nomes de Deus, *Sth* I q. 14-26 descreve a cognição e o querer de Deus, *Sth* I q. 27-43 constitui a doutrina trinitária de Tomás.

A introdução de sua doutrina de Deus propriamente dita é digna de nota, mostrando quão importante continuou sendo o discurso apofático, negador, também para ele, que em Colônia estudara Dionísio Areopagita por vários semestres com seu professor Alberto: "*Cognito de aliquo an sit, inquirendum restat quomodo sit, ut sciatur de eo quid sit. Sed*

3. Abordagem histórico-dogmática

quia de Deo scire non possumus quid sit, sed quid non sit, non possumus considerare de Deo quomodo sit, sed potius quomodo non sit" (*Sth* I q. 3: "Uma vez reconhecido o fato de que algo é, resta perguntar como é que é, para que se saiba o que seja. Mas como de Deus não podemos saber o que Ele é, mas o que Ele não é, não podemos considerar, no tocante a Deus, como Ele é, mas, quando muito, como Ele não é").

Os primeiros três caminhos ou vias que levam Tomás a responder positivamente à questão "*utrum Deus sit*" ("se Deus existe") desdobram o "argumento cosmológico" da Antiguidade Clássica.

O *primeiro caminho* (*ex parte motus* – do movimento) principia pela experiência da mobilidade de todo ente, inferindo por indução a necessária existência de um primeiro movedor não movido. O *segundo caminho* (*ex ratione causae efficientis* – da ideia da causa atuante) infere dos efeitos e da sua causa para a necessária existência de uma causa primeira não causada.

O *terceiro caminho* (*ex possibili et necessario* – do ser apenas possível e do ser necessário) é considerado o centro das reflexões. Este caminho parte da observação de que todas as coisas, tais como se apresentam, a julgar pela possibilidade, nem poderiam ser. Elas estão sujeitas ao devir e perecer, são contingentes, isto é, não necessárias. Por isso tudo outrora poderia não ter sido, isto é, ter sido nada. Esta possibilidade, porém, deve ser excluída, pois se alguma vez nada houvesse, também agora nada seria. Alvo da argumentação é a demonstração de um ente cuja forma de ser é pura necessidade, pura realidade (*actus purus*), e o qual pode tornar realidade tudo que é meramente possível, e, no caso do contingente existente, também tornou realidade.

O caráter concludente da argumentação nos primeiros três caminhos repousa em dois princípios: no *princípio da contradição excluída*, segundo o qual, algo, no mesmo tocante, não pode (ser e ao mesmo tempo não ser ou quiçá) ser possível (*in potentia*) e ao mesmo tempo ser real (*in actu*) (isto é, neste caso: algo que é meramente possível só pode ter o seu ser de algo que é real); e no *princípio de regressus in infinitum excluído*, isto é, de exclusão da regressão ao infinito (isto é, neste caso: mesmo que se constate que a causa perceptível de um ente contingente seja causada por outro ente igualmente contingente, e assim por diante, *ad infinitum*, sempre restaria a pergunta pelo fundamento proporcionador de realidade. Mesmo a retroindagação *ad infinitum* sempre só poderia deparar-se com algo contingente).

Neste ponto é preciso ressaltar aquela diferença ontológica aludida ao menos indiretamente por Tomás: a diferença de ser, o abismo entre o que é em termos meramente factuais e aquilo que é necessariamente, abismo este "transponível" somente num pensamento analógico. "*Deus non est in aliquo genere*" ("Deus não pertence a um gênero determinado": *Sth* I q. 3 a. 5). Não é uma corrente de causas imanente, mas exclusivamente uma corrente de causas que transcende tudo que é pode conduzir enfim à última causa, descrita por Tomás ao fim das cinco vias: "... *et hoc omnes nominant Deum*" (e isto todos chamam de Deus). Para Tomás "*omnes*" são os crentes (em Cristo). Aqui se

B. DOUTRINA SOBRE DEUS

mostra claramente que Deus tenta a aproximação mais racional possível ao Deus sempre já conhecido dos crentes, e não quer primeiro "provar" a existência de Deus.

O *quarto caminho* (*ex gradibus perfectionum* – das gradações do ser) infere de tudo que é perfeito em grau maior ou menor para um perfeito em grau supremo, o qual permite, na qualidade de critério pressuposto, a distinção entre "em grau maior" e "em grau menor". O *quinto caminho* (*ex gubernatione mundi* – da ordem mundial), a chamada "prova teológica de Deus", explica a ordem percebida no mundo, bem como o desenvolvimento das coisas num certo sentido pela atuação de uma inteligência suprema.

A demonstração metafísica da existência de Deus empreendida nos "cinco caminhos" é reduzida em Sth I q. 3 a uma única definição. Deus é o "ipsum esse subsistens", "o próprio ser, o ser para si", e como tal: primeira causa, necessidade pura, suprema perfeição e condutor da ordem criacional.

A vinculação intrínseca entre método e conteúdo na doutrina de Deus de um teólogo ou de uma época, a qual já nos chamou a atenção no início, mostra-se em caráter exemplar em Tomás: o fato de ele principiar pela experiência de ordem no ser, por ele questionada em termos da condição possibilitadora de ela ser tal como é, leva à definição de Deus como causa última, única e suprema, como causa não causada de todo contingente. Categorias pessoais, como de uma relação viva e recíproca entre Criador e criatura, são difíceis de se articular com esse pensamento de causalidade. Apesar dessa constatação crítica, de forma alguma se deve esquecer que Tomás coloca enfaticamente no centro o aspecto da relação, ao descrever a riqueza de vida desse *"ipsum esse subsistens"*, ao definir o divino ser-pessoa como relação substancial, dizendo que a relação é a essência propriamente dita de Deus (*"Relatio ... est ipsa essentia divina"*: Sth I q. 29 a. 4).

3.5. Deus, o oculto e manifesto
Intuições teológicas na era da Reforma e suas premissas medievais tardias

A doutrina de Deus da Idade Média tardia forma o pano de fundo que permite destacar os traços principais da teologia dos reformadores.

O teólogo franciscano *Duns Scotus* († 1308) entrou em confronto com o princípio da causalidade implicado no pensamento aristotélico-tomasiano, refutando principalmente a noção de uma ordem mundial oriunda da razão divina e por esta determinada. Para ele o curso efetivo do mundo não é compreensível. Embora este sempre esteja sujeito à vontade de Deus, Deus sempre pode realizar toda sorte de possibilidades, porque Ele está livre para aceitar e configurar as leis que regem o mundo, mesmo que seu poder absoluto sempre atue em sabedoria e amor. Isto exclui um procedimento de conclusão indutiva da realidade empírica da natureza para a condição divina de sua possibilidade. Assim sendo, o ser humano, como pessoa, aparece em Duns Scotus como estando diante de Deus de uma forma mais direta – uma característica da concepção medieval tardia de Deus.

3. Abordagem histórico-dogmática

A síntese de razão e fé já questionada no personalismo escotista desmorona definitivamente no chamado pensamento nominalista de *Guilherme de Ockham* († após 1347). Atributos como unicidade e onipotência de Deus, para ele, não podem ser demonstrados em termos filosóficos. Ao ser humano só resta confessar e crer em Deus, a cujo livre-arbítrio ele está entregue em obediência. Deus é irrestritamente transcendente, seu poder paira absoluto acima da ordem do mundo, podendo alterá-la a qualquer momento.

A doutrina de Deus da Reforma, que pode ser exemplificada com o pensamento de Martinho Lutero († 1546), situa-se na recém-esboçada tradição medieval tardia. A doutrina de Lutero sobre a inacessibilidade de Deus, fundamentada na grandeza e majestade de Deus, tem afinidade com as experiências do misticismo e com o occamismo. O ser humano está entregue de forma direta ao poder oculto de Deus. Deus pode dispor livremente sobre suas criaturas e conduzir seus caminhos. Ele não está preso a lei alguma e suas decisões são insondáveis. O pecado aprofunda e alarga o fosso entre Deus e ser humano. Dessa dificuldade somente a iniciativa salvífica de Deus é que pode salvar. A autorrevelação de Deus como amor e sua autopromessa em Jesus Cristo são promessas que o ser humano só precisa acolher em confiança e fé. Mesmo assim também o Deus revelado em Cristo permanece oculto para a razão humana. Sua glória transparece no escândalo da cruz somente para aquele que crê. Somente a fé na fidelidade de Deus para com suas promessas é que pode ter uma vaga intuição da identidade última do Deus oculto em sua Revelação, sua contemplação permanece reservada ao *éschaton*. A imagem de Deus em Lutero está, portanto, fundamentalmente marcada pela persistente tensão entre o Deus revelado (*Deus revelatus*) e o Deus oculto (*Deus absconditus*).

O próprio Lutero não descreveu sua doutrina de Deus em termos conceituais e sistemáticos – por exemplo para se distanciar de concepções escolásticas. Esta tarefa foi assumida por teólogos "luteranos" ainda quando ele era vivo, sem que conseguissem exprimir de forma convincente a visão total de Lutero, rica de tensões. O retorno para modelos escolásticos certamente já começou com Felipe Melanchton († 1560), tornando-se patente, então, na ortodoxia luterana. Ulrico Zwínglio († 1531) e João Calvino († 1564) acolheram da tradição o princípio determinista da causalidade, desenvolvendo-o na forma da ideia da predestinação. Mais do que essa crença na providência, salienta-se em Calvino principalmente a concepção pessoal de Deus, tangível principalmente na ideia da aliança.

O ceticismo medieval tardio frente à fundamentação racional da fé em Deus ligava-se em Martinho Lutero com o radical retorno à Revelação divina testificada nos escritos bíblicos. A obra de Lutero evidencia profunda comoção existencial pela grandeza da misericórdia de Deus na qual, exclusivamente, os seres humanos pecaminosos precisam fiar-se na fé, a fim de estar salvos e ser justos; isto corresponde à concepção pessoal de Deus proclamada no testemunho bíblico. Lutero via a justiça de Deus como estando dada na fidelidade de Deus para com suas promessas. O lugar de doutrinas metafísicas sobre as qualidades de Deus era tomado pela fé no poderio histórico do Deus sempre também oculto em sua Revelação.

B. DOUTRINA SOBRE DEUS

3.6. Deus, condição que torna possível ou impede a realização humana da libertação?
A guinada para o sujeito humano na Era Moderna e suas consequências para a questão sobre Deus

Em muitos aspectos o século XVI foi uma época de transformações radicais. Ligada ao início da Era Moderna, vem a "Revolução Copernicana", a nova autolocalização num sistema cósmico heliocêntrico. Os pensadores modernos reagem ao colapso das concepções até então vigentes sobre as estruturas cósmicas (causado inclusive também pelo nominalismo) concentrando-se decididamente sobre a própria consciência. *A revolução antropológica da Era Moderna transforma o ser humano no ponto de partida e de referência da cognição do mundo e de Deus.*

Pode-se exemplificá-lo com o pensamento do filósofo francês *René Descartes* († 1650). Na questão de Deus, Descartes retomou o argumento de Anselmo e, partindo do fato de que o ser humano é capaz da ideia de Deus como ente perfeito, ele inferiu a única causa adequada de semelhante ideia: a existência real do espírito perfeito. Ponto de partida para essa ideia é para ele a certeza pessoal do *"cogito ergo sum"* (*Disc.* IV/3: "Penso, logo sou"). Na formulação *"sum ergo Deus est"*, que também remonta a Descartes (*Regulae* XII 17: "Sou, logo Deus é") pode-se constatar que a consciência moderna passou a se caracterizar por um movimento transcendental do pensamento, isto é, pela reflexão que parte das experiências humanas do pensamento para a condição suficiente de sua possibilidade, método este que mais tarde se ligou sobretudo ao nome de *Immanuel Kant* († 1804).

A filosofia teórica de Kant não está voltada diretamente para a cognição de objetos, mas pergunta pelas condições existentes no ser humano para a possibilidade de sua cognição. Para a consciência humana finita a cognição de Deus, na medida em que Ele é Deus, fica excluída, uma vez que ela está limitada à realidade empírica categorial. Mesmo assim a ideia de Deus continua importante como postulado da razão prática, uma vez que somente um poder elevado acima de toda a imperfeição terrena é que pode, em última análise, produzir a correspondência entre moral e felicidade, a qual permanece negada durante a vida terrena. Deus assegura a normatividade da ordem moral e garante o cumprimento final do anseio humano.

Kant criticou violentamente as provas medievais de Deus. Particularmente contra a prova da contingência, a terceira via em Tomás de Aquino, ele objetou que o princípio da causalidade somente pode reivindicar validade para o âmbito do empirismo, e portanto nem chega a alcançar Deus. Justamente pelo fato de o conceito de Deus ser um conceito supremo e necessário, segundo Kant, em última análise ele fica, em sua concreção substancial, inacessível à razão humana: a razão humana somente pode movimentar-se dinamicamente em direção ao conceito de Deus, sem conseguir alcançá-lo argumentativamente. Em Kant, Deus é uma "ideia" com função reguladora para o direcionamento e ordenação da cognição, mas que não tem função constitutiva no sentido de eventual definição do teor dessa cognição. Deus em si não pode tornar-se objeto da cognição humana, porque um Deus demonstrado não seria Deus.

3. Abordagem histórico-dogmática

A revolução antropológica da Era Moderna favoreceu, portanto, um caminho da cognição de Deus que não era totalmente estranho nem à tradição antiga, nem à medieval: o argumento antropológico que, dependendo da abordagem via cognição intelectual ou via vontade moral do ser humano, concretiza-se como "prova" noética ou moral de Deus. Este caminho para Deus naturalmente não é uma prova em sentido matemático, físico; ele representa, isto sim, uma reflexão metódica crítica sobre a condição para a possibilidade de experiências humanas fundamentais (→ 3.8.).

A busca da moralidade em Kant é, por essência, experiência de liberdade. Em seu agir o ser humano transcende a condicionalidade desse agir, experimentando-se em sua consciência como pessoa livre. Sua consciência estabelece o compromisso de que seu agir se oriente segundo a liberdade de todos. Assim sendo, a consciência moral se encontra sob o imperativo categórico: "Aja de tal forma que a máxima de tua vontade em todo e qualquer momento possa valer ao mesmo tempo como princípio de uma legislação geral" (KANT, I. *KpV*, A54).

Os filósofos do idealismo alemão, particularmente *Georg Wilhelm Friedrich Hegel* († 1831), falam de Deus não mais apenas visando a autorrealização moral, mas partindo da autorrealização do ser humano como espírito: pensar o pensamento é profundamente e antes de mais nada autorrealização do espírito absoluto; fiar-se nele, compreendendo, significa para o ser humano (o espírito subjetivo) autocertificação sobre mundo e história. O ser humano se entende como estando no absoluto – na autorrealização trinitária intelectual de Deus; mas Deus se conhece a si mesmo em sua autocomunicação histórica, a qual leva o ser humano a si mesmo e a seu desígnio. A autorrevelação de Deus é o ser humano revelando-se em Deus e Deus revelando-se no ser humano e na história deste. Mas neste caso não seria a "autorrevelação" de Deus apenas a desnecessária e até alienante duplicação teológica do processo do gênero humano a se revelar para si mesmo, numa reflexão filosófica antropológica?

Nova era do discurso sobre Deus começou em meados do século XIX com a formação do pensamento positivista, favorecido pela revolução industrial e pelo progresso científico e tecnológico. O termo "Deus" apresenta-se destituído de significado e sentido para os filósofos positivistas, incompreensível na medida em que não designaria uma realidade intersubjetivamente compreensível, garantida pela experiência real, não podendo, portanto, satisfazer o ideal de métodos científicos exatos, orientados para aquilo que está "dado".

No solo intelectual das convicções positivistas, e motivadas pela tendência moderna de autonomia, surgiram diversas formas de ateísmo e de crítica da religião. Pode-se distinguir dois tipos básicos. A afirmação categórica da autonomia de todos os âmbitos da natureza e das áreas do saber no mundo (ciências, política, economia, cultura etc.), cuja administração dispensaria a "hipótese Deus", produziu uma forma de ateísmo que prescindia, ao menos em termos de método, da questão da existência de Deus, porém, muitas vezes também negando essa existência explicitamente em nome da orientação para o mundo. Uma segunda forma de ateísmo surgiu do anseio por autono-

B. DOUTRINA SOBRE DEUS

mia do próprio ser humano, cuja dignidade e realização terrena pareciam ameaçadas pela suposição da existência de Deus.

Ao passo que no pensamento de Kant, Deus era a condição possibilitadora da realização de liberdade no ser humano, na crítica moderna da religião Ele passou a ser combatido como ameaça da autonomia humana.

Segundo *Ludwig Feuerbach* († 1872), figura-chave do ateísmo moderno, a autoilusão religiosa consiste em as pessoas elevarem a infinita plenitude do ser do gênero humano para um ente infinito distinto do ser humano, assim considerando algo que lhes é próprio como sendo algo estranho. No entanto, esse ser divino não seria outra coisa senão a projeção do próprio ser humano sobre um céu autossugerido. O mecanismo da "projeção" se explicaria da ótica limitada do ser humano individual, que somente enxergaria sua própria imperfeição e por isso não se daria conta da infinitude do gênero humano.

A crítica marxista da religião radicalizou a explicação de Feuerbach em termos de projeção religiosa, ao atribuir a autoalienação religiosa do ser humano a causas socieconômicas. Como "ópio do povo", a religião receitada pela classe dominante teria função de contemporização, impedindo assim a luta do proletariado por uma sociedade terrena sem classes.

Também o discurso da "morte de Deus" em *Friedrich Nietzsche* († 1900) apoia-se na tese da projeção de Feuerbach. Um Deus que pode morrer nunca foi verdadeiramente Deus. O discurso da morte de Deus revela a ilusão religiosa e pressupõe que a ideia de Deus é apenas um reflexo de desejos humanos. O conceito cristão de Deus é, para Nietzsche, o conceito oposto à vida humana: a noção "Deus" desvalorizaria a vida neste mundo como algo inautêntico e provisório. Assim sendo, o próprio teísmo levaria ao niilismo como consequência última: para a negação do mundo aquém que, afinal de contas, é o único que importa. O "super-homem" de Nietzsche, nascido na morte de Deus, deixa para trás todas as determinações; ele afirma a realidade exclusiva deste mundo em seu eterno ciclo, assumindo ele próprio o lugar do Deus "matado". Nietzsche descreve de forma marcante o colapso da ordem moral do mundo, que no fundo é niilista, como consequência do reconhecimento da morte de Deus.

3.7. Deus, objeto da cognição da razão natural
A réplica magisterial do Concílio Vaticano I ao ateísmo

Nas resoluções do *Concílio Vaticano I* (1869/1870) encontra-se, pela primeira vez na história da proclamação magisterial cristã, um posicionamento explícito relativo à questão da existência de Deus. O primeiro cânon da constituição dogmática sobre a fé, "*Dei Filius*", formula: "*Si quis unum verum Deum visibilium et invisibilium creatorem negaverit: anathema sit*" (DH 3021: "Quem negar o uno e verdadeiro Deus, Criador e Senhor das coisas visíveis e invisíveis, seja anátema").

3. Abordagem histórico-dogmática

O procedimento inusitado, em si, de exclusão formal de quem não crê em Deus da comunhão eclesial explica-se pela análise da origem do ateísmo, empreendida pelo Concílio. O prefácio da constituição *"Dei Filius"* (não normativo em termos de definição, e indiretamente corrigido pelo Concílio Vaticano II) descrevia o princípio subjetivista protestante, que estaria substituindo a autoridade doutrinal oficial da Igreja pelo juízo de fé particular, como sendo causa coadjuvante do surgimento de ideias ateístas, panteístas e materialistas. O ateísmo assim se aproximaria de uma heresia cristã, sendo tratado formalmente pelo Concílio de modo semelhante a outras heresias, ao se pronunciar o anátema. Em contraste, o Concílio Vaticano II confessa expressamente que também a Igreja Católica tem parte na culpa do surgimento da negação moderna de Deus. A análise da raiz do ateísmo exposta pelo Vaticano II, em *"Gaudium et spes"* 19, é muito detalhada, dando a entender, de um modo geral, preocupação sincera e grande disposição para o diálogo.

A primeira seção do capítulo 2 *"De revelatione"* da constituição dogmática *"Dei Filius"* de 1870 declara, referindo-se a Rm 1,20, a possibilidade de uma cognição natural de Deus a partir das coisas criadas: *"Sancta mater Ecclesia tenet et docet, Deum, rerum omnium principium et finem, naturali humanae rationis lumine e rebus creatis certo cognosci posse"* (DH 3004: "A santa mãe Igreja sustenta e ensina: Deus, fundamento e alvo de todas as coisas, pode ser conhecido com certeza pela luz natural da razão humana a partir das coisas criadas"; cf. o cânon correspondente: DH 3006).

Este enunciado poderia ser aquilatado como proposta indireta de diálogo com os ateus, uma vez que ela dá grande ênfase à capacidade da razão humana, levando portanto muito a sério uma premissa dos parceiros de diálogo ateístas. A seção sobre a possibilidade da cognição de Deus com os recursos da razão a partir das obras da criação volta-se, porém, também contra os chamados "fideístas" ou "tradicionalistas" e contra os "ontologistas" nas próprias fileiras eclesiásticas.

Os ontologistas (como Vincenzo Gioberti [† 1852] e Antonio Rosmini [† 1855]) defendiam a concepção de que Deus, enquanto ontologicamente primeiro (*primum ontologicum*), seria também o primeiro a ser conhecido (*primum intellectum*). Deus como protoimagem de todas as ideias seria conhecido mediante a intuição da razão. Os fideístas ou tradicionalistas (Hugo-Félicité-Robert de Lamennais [† 1854] e Louis-Gabriel-Ambroise de Bonald [† 1840]) voltaram-se contra essas tendências racionalistas. Segundo eles, cognição de Deus só é possível na fé ou mediante a tradição religiosa.

Carente de maior reflexão e interpretação nessa formulação concreta da convicção sobre a cognoscibilidade de Deus, confiada desde o começo à fé cristã, é particularmente o provocante *"certo"* ("com certeza"), que pode ser mal-entendido.

O Concílio Vaticano I manifestou-se não só sobre a questão da existência e cognoscibilidade de Deus; ele também se propôs uma espécie de descrição da essência de Deus pela enumeração de suas qualidades: "O Deus verdadeiro e vivo é uno, o Criador e Senhor do céu e da terra, onipotente, eterno, incomensurável, incompreensível, infinito de entendimento, vontade e de toda a perfeição. Sendo um ente único, existente para si, totalmente simples e imutavelmente espiritual, é preciso proclamá-lo como efe-

B. DOUTRINA SOBRE DEUS

tiva e essencialmente distinto do mundo, como em si e de si totalmente feliz e inefavelmente excelso acima de tudo que esteja e possa ser pensado fora dele" (DH 3001). Este texto, ao que tudo indica, procura reunir os atributos essenciais de Deus da tradição de fé, contra tendências panteístas e agnósticas.

3.8. Deus, resposta à não resolvida questão do ser humano
O argumento antropológico na proclamação doutrinal e na reflexão teológica do século XX

O esforço teológico pela fundamentação da fé em Deus no período pós-neoescolástico caracteriza-se por nítida "guinada antropológica". O *Concílio Vaticano II* tematizou a questão Deus em dois documentos, ambos os quais procuram posicionar-se conscientemente ante os desafios da atualidade. Os capítulos 19-21 da constituição pastoral *"Gaudium et spes"* procuram dar continuidade ao diálogo doutrinal oficial com a convicção ateísta. A tese central da argumentação é que a "dignidade do ser humano" consistiria justamente "em sua vocação para a comunhão com Deus" (GS 19). Deus aparece não como empecilho da realização da liberdade humana, mas como garante último e propriamente dito do cumprimento do mais profundo anseio humano por felicidade, bondade e vida. Sem a esperança de sua definitiva afirmação positiva, o ser humano permanece preso na dolorosa experiência das múltiplas ameaças à sua vida. "Faltando ao contrário o fundamento divino e a esperança da vida eterna, a dignidade do ser humano é prejudicada de modo gravíssimo, como se vê hoje com frequência; e os enigmas da vida e da morte, da culpa e da dor, continuam sem solução: assim os homens muitas vezes são lançados ao desespero. Todo ser humano, entretanto, permanece para si mesmo um problema insolúvel, obscuramente percebido. Em algumas ocasiões, com efeito, sobretudo nos mais importantes acontecimentos da vida, ninguém consegue fugir de todo a esta pergunta. Só Deus dá uma resposta plena e totalmente certa a esta questão e chama o ser humano a mais alto conhecimento e pesquisa mais humilde" (GS 21).

A evidenciação da relevância da fé em Deus para a realização bem-sucedida e responsável da existência humana é hoje critério decisivo para a credibilidade de uma proclamação cristã de Deus.

Ao passo que no diálogo com o ateísmo o importante era mostrar a importância da esperança que o ser humano deposita em Deus, o diálogo com as religiões universais exige uma reflexão sobre os pontos em comum e as particularidades da respectiva proclamação de Deus. A declaração sobre a relação da Igreja com as religiões não cristãs, *"Nostra aetate"*, descreve inicialmente a experiência possibilitada pelos modernos meios de comunicação, de que a humanidade hoje está se aproximando cada vez mais numa grande comunhão: "Todos os povos, com efeito, constituem uma só comunidade. Têm uma origem comum, uma vez que Deus faz todo o gênero humano habitar a face da terra. Têm igualmente um único fim comum, Deus" (NA 1). O ponto de aborda-

3. Abordagem histórico-dogmática

gem para o reconhecimento bem-intencionado e disposto ao diálogo, do que é verdadeiro e sagrado nas doutrinas das religiões não cristãs (cf. NA 2), é a percepção de que as pessoas esperam respostas de todas as religiões: "Por meio de religiões diversas procuram os homens uma resposta aos profundos enigmas para a condição humana, que tanto ontem como hoje afligem intimamente os espíritos dos homens, quais sejam: que é o homem, qual o sentido e o fim de nossa vida, que é bem e que é pecado, qual a origem dos sofrimentos e qual a sua finalidade, qual o caminho para obter a verdadeira felicidade, que é a morte e, finalmente, que é aquele supremo e inevitável mistério que envolve nossa existência, donde nos originamos e para o qual caminhamos?" (NA 1).

Continuando, "Nostra Aetate" entra na forma e na intenção de algumas religiões, sendo que a trajetória de reflexão leva das religiões mais distantes da confissão cristã para as mais próximas: muitas religiões naturais cultuam uma divindade oculta inerente às leis da natureza, o hinduísmo exprime o mistério divino em mitos e busca refúgio em Deus por meio de formas ascéticas de vida, o budismo aponta caminhos como as pessoas podem atingir o estado de libertação perfeita (cf. NA 2). O islamismo, juntamente com o judaísmo e o cristianismo, professa o Deus uno, Criador do céu e da terra (cf. NA 3). Para o judaísmo vale até hoje a inquebrantável promessa da aliança por parte de Deus (cf. NA 4).

O documento finaliza com um apelo para o amor fraterno entre os fiéis de todas as religiões universais e para a eliminação de toda a forma de discriminação da pessoa humana em função de sua origem ou de sua religião (cf. NA 5). Esses apelos recebem fundamentação teológica: "A relação do homem com Deus Pai e a relação do homem com os homens irmãos, de tal modo se interligam, que a Escritura chega a afirmar: 'quem não ama, não conhece a Deus' (1Jo 4,8)" (NA 5).

Em sua fundamentação antropológica da relevância da fé em Deus, a proclamação doutrinal do Concílio Vaticano II recorreu a ideias desenvolvidas e sistematizadas na reflexão teológica do nosso século. A abordagem da questão de Deus aqui empreendida procura mostrar que as pessoas, sabendo ou não, sempre fazem e respondem, em sua existência concreta, a pergunta pela fundamentação de sua existência num ente absoluto, divino. Deus se evidencia como condição possibilitadora da realização de liberdade e cognição humanas.

A elaboração do argumento transcendental antropológico para mostrar a credibilidade da proclamação cristã de Deus está associada ao nome do jesuíta Joseph Maréchal († 1944), que buscou uma integração da guinada antropológica moderna com o pensamento teológico. Maréchal fez escola principalmente na teologia católica: Karl Rahner, Johann Baptist Lotz, Bernhard Welte, Max Müller, Hermann Krings, Emerich Coreth, Jörg Splett, Karl-Heinz Weger e outros adotaram a abordagem metódica de Maréchal na questão Deus e a concretizaram, cada qual à sua maneira.

Apesar das diversas maneiras em que foi desenvolvido o argumento transcendental antropológico, pode-se perceber pontos em comum na opção básica, na autocompreensão e no desenvolvimento das ideias. Base e premissa desse caminho intelectual para Deus é a fé de que Deus existe. Quando o argumento transcendental antropológico

B. DOUTRINA SOBRE DEUS

fala de uma "prova" de Deus, apenas se pretende indicar que as reflexões querem fazer justiça à exigência da intersubjetividade científica; de forma alguma isto quer dizer, entretanto, que nela a concordância pessoal da fé seria substituída pela argumentação racional. A "experiência" de Deus visada é "em pensamento", não direta, mas mediada pela reflexão sobre a condição possibilitadora da realização da existência humana.

A *realização especificamente humana de vida* se caracteriza por ilimitada abertura e liberdade na cognição e na busca. Ao mesmo tempo o ser humano se experiencia como quem está compromissado. Esse compromisso provém da *reivindicação incondicional também da outra pessoa* à sua existência e maneira de ser. Esse *compromisso moral* se realiza no *amor humano*, que pressupõe um *sentido* abrangente justamente ali onde ele protesta contra toda forma de injustiça, de limitação e efemeridade. Esse protesto, por sua vez, somente é compreensível, em última análise, partindo-se da confiante suposição de que *a realidade, em última análise, é boa e ordenada*.

A "solidariedade como prova de Deus" (Jörg Splett) concretiza o ato de liberdade humana no tocante ao seu compromisso de respeitar incondicionalmente a maneira própria de ser do semelhante. A aceitação da outra pessoa em função dela mesma, não em função de sua serventia e utilidade para outros, constitui o cerne do amor solidário. Essa reivindicação, em última análise, não pode ter de si mesma seu caráter incondicional. "No seio da reivindicação mostra-se o bem, e na afável benignidade deste, finalmente, *o bom* [...]. Um sim incondicional a uma pessoa reconhecidamente condicionada somente é defensável responsavelmente mediante recurso a um sim (incondicional) a ela, sim este pronunciado não por um eu carente ou caprichoso, ou por uma comunidade de tais sujeitos, mas por uma realidade absoluta de liberdade e de pessoa. Isto significa que, para se dizer sim a uma pessoa não segundo a medida desta, mas de forma incondicionalmente responsável – o que vem a ser a exigência do imperativo categórico –, então a medida desse sim tem que ser a afirmação positiva incondicional do Criador, a partir da qual aquela pessoa é e deve ser quem ela é. – O sim para uma pessoa é, sendo incondicional, fazer coro ao sim de Deus para ela" (SPLETT, J. *Gottesbeweis*, 58s.).

Afirmação de sentido apesar da radical questionabilidade da realidade e do amor, apesar das múltiplas formas de antecipação da morte em meio à vida, pressupõe como condição possibilitadora a existência de um fundamento último de sentido, no qual as pessoas sempre já confiam em seu ato de existir.

O ser humano se experiencia como quem sempre está esperando e buscando. Todos os alvos do mundo somente podem saciar a fome humana de existência por períodos limitados. Isto somente se explica supondo-se que a vontade está condicionada por um esboço de alvo em função do qual o provisório não a satisfaz. Em última análise, a vontade não está voltada para algo individual, mas para um alvo final, que é o bem por excelência. Esse princípio-alvo não pode ser finito em si, caso contrário não poderia cumprir a vontade infinitamente aberta. O alvo, sempre pressuposto, da nossa busca por isso precisa ser pensado como transcendendo o mundo.

O argumento transcendental antropológico tem como ponto de partida a realidade do que existe indubitavelmente, o ser humano em sua humanidade. Ele *chama a atenção para uma direcionalidade última, sempre experienciada junto com nossa busca, direcionalidade esta que sempre precisa existir necessariamente como condição possibilitadora.*

Deus se evidencia como a condição possibilitadora da liberdade humana, do compromisso moral, do amor solidário e da confiança em que a realidade tenha sentido, particularmente que a própria existência, apesar de toda a ameaça de morte, tenha sentido. Aquilo que chamamos "Deus" desta forma se dá a conhecer como incondicional liberdade, amor, dedicação pessoal, como sentido em si: como o fundamento da realidade vivo e possibilitador de vida.

A combinação de abordagem metódica e conteúdo, mencionada no início, pode, portanto, ser rastreada até os dias de hoje ao longo da história da doutrina cristã sobre Deus.

4. Reflexão sistemática

Em todas as línguas que conhecemos existe uma palavra para aquele que em nossa língua chamamos de "Deus". Toda pessoa que usar esse conceito num processo de comunicação já tem certa (pré-)concepção do significado desse conceito, do teor por ele transmitido. Essa pré-concepção é agregada ao termo "Deus" e não pode ser deduzida deste, uma vez que na fase hodierna da história das línguas não mais se consegue verificar qual o seu teor semântico original. Mas justamente por isso ele adquire nova e inesperada serventia: assim "a forma atual da palavra reflete aquilo que se quer dizer com a palavra: aquele que é 'inefável', o 'sem-nome', que não se insere no mundo designado como um aspecto seu; aquilo que 'silencia', que sempre está aí e mesmo assim sempre passa desapercebido e – pelo fato de dizer tudo no uno e no todo – pode ser preterido como destituído de sentido, aquilo que a rigor não tem mais palavra, porque somente dentro de um campo de palavras é que toda palavra adquire limite, sonoridade própria e, portanto, sentido compreensível. Assim a palavra que perdeu o semblante, isto é, que de si mesma não mais apela para experiências específicas determinadas, 'Deus', justamente apresenta a constituição certa de modo a nos poder falar de Deus, ao ser a última palavra antes de silenciarmos, na qual, pelo desaparecimento de todo individual nominável, temos a ver com o todo fundador como tal" (RAHNER, K. *Grundkurs*, 56).

Os escritos bíblicos de forma alguma testificam Deus como destituído de nome. Falam de "Javé", que cumpre a promessa que é este nome. Falam do "Logos" de Deus, que se tornou pessoa humana e entre nós viveu como nosso semelhante. O discurso bíblico a respeito de Deus é testemunho humano sobre Revelação ocorrida e experienciada, que, como percepção crente, sempre também é a tentativa de reflexão intelectiva sobre a atuação de Deus junto a seu povo, em seu Filho e por meio de seu Espírito.

A pessoa humana que se torna sua própria pergunta, ao tomar consciência de sua efemeridade e pecaminosidade, mas ao mesmo tempo também de sua busca do bem,

B. DOUTRINA SOBRE DEUS

do verdadeiro e do eterno, justamente então indaga por Deus. O espanto ante a beleza e a ordem do mundo pode estimular o pensamento humano para a busca do autor e formador do cosmo. Em todas as épocas as pessoas procuraram caminhos de chegar a Deus via pensamento. O discurso filosófico sobre Deus continua tendo significado permanente também para uma doutrina teológica revelacional sobre Deus, não só a título de pensamento exemplar da possibilidade da existência de Deus, mas também na transmissão da fé bíblica em Deus ao ser humano indagante e pensante.

O objetivo desta visão conjunta sistemática é reunir os aspectos essenciais da mensagem cristã sobre Deus e de sua tradição histórica, no discurso sobre Deus como mistério revelado.

4.1. Deus

4.1.1. A doutrina de inspiração filosófica sobre a essência e as qualidades de Deus

Aquela forma da doutrina ocidental/latina sobre Deus, que do lado católico teve sua última configuração nos chamados manuais e compêndios neoescolásticos da primeira metade do século XX, é o ponto final provisório de uma evolução que iniciou com a separação dos tratados *"De deo uno"* e *"De deo trino"* na *"Summa theologiae"* de Tomás de Aquino. Tomás trata a doutrina sobre a natureza comum a todas as três pessoas divinas na seção *"De deo uno"*, antes da sua doutrina da trindade e antes da descrição da revelação histórico-salvífica de Deus. Nas épocas posteriores isto levou a uma definição da natureza de Deus com forte caráter metafísico especulativo. Caracteristicamente vinculadas estão em Tomás, além disso, as questões *"an sit Deus"* e *"quid sit Deus"* (se Deus é e o que Deus é). Ele deriva as qualidades de Deus do conceito de Deus obtido no seu segundo caminho *"ex ratione causae efficientis"* (da ideia de causa eficiente). Enquanto *causa prima* (primeira causa), Deus tem as qualidades de simplicidade, perfeição, infinitude, eternidade, unidade (cf. *Sth* I q. 3-11).

Esta constatação permite lembrar, aqui, que a indagação pela existência de Deus sempre já implica uma compreensão prévia da essência, do ser-assim, da natureza de Deus. João Duns Scotus (*Ord.* I 3) apresentou a formulação clássica dessa intuição: *"Numquam enim cognosco de aliquo 'si est', nisi habeam aliquem conceptum illius extremi de quo cognosco 'esse'"* ("Nunca sei a respeito de algo 'se é', se eu não tiver alguma noção daquele extremo do qual eu perceba 'ser'"). Inversamente todos os argumentos para evidenciar a existência de Deus chegam a um conceito específico de Deus. Assim o argumento ontológico define Deus como *"ens quo maius cogitari non potest"* (ser acima do qual é impossível pensar outro maior), o argumento cosmológico chama Deus de *"actus purus"*, *"causa prima"*, *"ens necessarium"* (realidade pura, primeira causa, ente necessário), o argumento teleológico entende Deus como *"aliquid intelligens, a quo omnes res naturales ordinantur ad finem"* (um ser cognoscente, pelo qual todas as coisas naturais são ordenadas para o seu alvo). Também o moderno argumento transcendental antropológico para evidenciar a existência de Deus faz um enunciado sobre a sua natureza: Deus é liberdade absoluta, amor e sentido.

4. Reflexão sistemática

As questões se Deus é e o que Deus é somente podem ser discernidas em termos de método, em última análise. A indagação pela existência de Deus implica uma concepção prévia do seu ser-assim. As tentativas de evidenciar a existência de Deus são também caminhos para apreender seu ser-assim.

A doutrina clássica de Deus reflete sobre o ser-assim de Deus em distinção à sua natureza e suas qualidades. Mas já na antessala da tentativa de uma definição substancial da natureza e das qualidades de Deus, essa distinção, entretanto, já cria dificuldades de método ao ser aplicada a Deus: o discurso sobre a natureza de um objeto (ou de uma pessoa) pode referir-se tanto à natureza individual de um objeto específico (*substantia prima*) quanto a uma definição coletiva, um conceito da classe (*substantia secunda*). A aplicação de ambos os significados à natureza de Deus é problemática. A natureza única e singular de Deus não pode ser entendida como individual, se o individual sempre só é concebível mediante diferenciação e comparação com outros. Da mesma forma o discurso sobre a natureza de Deus no sentido de um conceito da classe não exclui com segurança a possibilidade de outras divindades. Mas também com relação à criação, ao se tentar descrever a natureza de Deus como individualidade, o aspecto subentendido do "para si" entra em contradição com o fato de a unicidade de Deus a ser descrita consistir justamente e principalmente em sua abrangente relação concessora de ser com todas as suas criaturas. Por outro lado, tendo em vista os entes criados, o conceito genérico "ente divino" não pode aparecer como (mero) superlativo de ente como tal. Esta aporia constitui o pano de fundo da disputa em torno da natureza e da qualidade das características atribuídas a Deus, disputa esta que na Idade Média ocorreu no Ocidente e no Oriente. A questão em debate era se a *multiplicidade* das qualidades de Deus deveria ser considerada como *realmente* distinta da sua essência *una*, como ensinava Gregório Palamas († 1359) *no Oriente*, para poder sustentar a convicção da inacessibilidade da essência divina. *No Ocidente*, anteriormente o Sínodo de Reims (1148) já rejeitara uma concepção atribuída a Gilbert de la Porrée († 1154) e que igualmente parecia implicar uma diferença real entre as qualidades e a unidade da essência divina.

A suposição de uma diferença real entre as qualidades e a essência de Deus não é intelectualmente compatível com o discurso da unidade e da simplicidade de Deus. Além disso, tal suposição admitiria uma independência das qualidades, a qual necessariamente levaria à suposição de outras hipóstases além do Pai, Filho e Espírito.

O Concílio de Florença (1442) reforçou a rejeição de uma diferença real entre essência e qualidades de Deus, numa declaração sobre as pessoas da trindade: "*Hae tres personae sunt unus Deus, et non tres dii: quia trium est una substantia, una essentia, una natura, una divinitas, una immensitas, una aeternitas, omniaque sunt unum ubi non obviat relationis oppositio*" (DH 1330: "Essas três pessoas são um Deus, não três deuses. Pois essas três possuem uma substância, uma essência, uma natureza, uma divindade, uma imensidão, uma eternidade, e tudo [nelas] é um, onde não se contrapõe uma oposição da relação"; → Doutrina da Trindade 3.3.2.).

B. DOUTRINA SOBRE DEUS

Uma segunda tentativa de compatibilizar a multiplicidade das qualidades de Deus com a unidade da sua essência, isto é, a suposição de que as qualidades divinas sejam distintas apenas em termos *intelectuais*, diferentes apenas na percepção humana em função das multiformes relações de Deus com o mundo criado, igualmente levou à aporia. Se a doutrina da diferença real entre as qualidades e a essência de Deus pretendia preservar a convicção da sua inacessibilidade, esta segunda tentativa, nominalista, estava motivada pelo interesse de salvaguardar a afirmação da unidade da essência divina. Só que uma distinção meramente pensada das qualidades divinas implicaria que a essência de Deus, em última análise, seria uma unidade e totalidade indefiníveis, cuja atuação no mundo permitiria a suposição de certas qualidades, mas que, enquanto puramente intelectuais, jamais acertariam a essência de Deus. Em se supondo que as qualidades divinas estariam dadas apenas nos pensamentos humanos, o discurso sobre a essência de Deus se reduziria a um pensamento vazio, que além disso ainda cai sob a suspeita de projeção: "Aqui, como no mais, a constatação de contradições internas na noção da essência divina se transformou no ponto de partida da hipótese da projeção: aquela constatação se explicaria pelo fato de que as qualidades atribuídas a Deus seriam uma projeção das limitações do ser humano e da sua experiência do mundo dentro da noção da essência divina" (PANNENBERG, W. *Theologie 1*, 393).

Para escapar da alternativa, que sempre leva à aporia, entre a distinção real ou meramente intelectual entre as muitas qualidades de Deus e sua essência, foi necessário abandonar a noção fornecida pela tabela aristotélica de categorias, segundo a qual a relação somente pode ser pensada como caracterização adicional (acidental) de uma entidade (substância) já dada. Somente quando a relação foi considerada como caracterização superior da substância, mediante a qual, somente, essa substância pode vir a ser distinta de outras, foi possível entender como enunciados essenciais e ao mesmo tempo como qualidades a realidade relacional intradivina e as relações de Deus com o mundo criado (→ Doutrina da Trindade 3.3.2).

Uma saída conceitual da alternativa aporética apontada entre a distinção real e a meramente intelectual entre as muitas qualidades de Deus e sua essência una, oferece-se quando se entende essa distinção como virtual (*distinctio virtualis*), isto é, como distinção constatada pelo ser humano, mas que tem base na realidade. "A distinção entre muitos atributos em Deus tem base objetiva na infinita plenitude do ser divino. Mesmo que esta em si seja absolutamente simples, somente podemos abordá-la numa pluralidade de conceitos" (OTT, L. *Grundriss*, 34; cf. a respeito *Sth* I q. 13 a. 4: "*nomina Deo attributa, licet significent unam rem, tamen, quia significant eam sub rationibus multis et diversis, non sunt synonyma*"; "Os nomes dados a Deus, mesmo que designem a mesma coisa, não são sinônimos, porque o designam segundo aspectos múltiplos e diferentes").

A dificuldade terminológica e conceitual de falar da essência de Deus e de suas qualidades sem logo se enredar em aporias insolúveis evidencia-se, olhando mais de perto, como problema inerente ao assunto: a noção de Deus, devido à sua própria característica de conteúdo, sempre volta a fugir da possibilidade de ser articulada adequadamente em linguagem e pensamento humanos.

4. Reflexão sistemática

Ao considerarmos as dificuldades de uma definição mais aproximada da essência e das qualidades de Deus, é preciso lembrar que muitos teólogos ressaltam a incognoscibilidade e inefabilidade da essência divina, mesmo assim enchendo muitas páginas com afirmações concretas sobre este tema. Tomás de Aquino, por exemplo, introduz sua volumosa exposição sobre as qualidades de Deus com uma formulação que chega a ser clássica, de teologia negativa (*Sth* I q. 3; → 3.4.). O IV Concílio de Latrão (1215) diz a respeito de Deus que ele seria "*incomprehensibilis*" (incompreensível) e "*ineffabilis*" (inefável) (DH 800). Essas declarações são repetidas também pelo Concílio Vaticano I (cf. DH 3001). Ambos os concílios, entretanto, acrescentam no contexto imediato dessas teses máximas de teologia negativa uma série de afirmações positivas: Deus é "*aeternus*" (eterno), "*immensus*" (imenso), "*incommutabilis*" (imutável), "*omnipotens*" (onipotente), "*intellectu ac voluntate omnique perfectione infinitus*" (infinito de intelecto, vontade e toda perfeição), "*re et essentia a mundo distinctus*" (real e essencialmente distinto do mundo), "*in se et ex se beatissimus*" (em si e de si totalmente feliz) (cf. DH 800/3001).

A formulação dessa enumeração permite reconhecer que ela não foi extraída dos escritos bíblicos, mas amplia intelectualmente o conceito filosófico metafísico de Deus como "*ipsum esse subsistens*" (o próprio ser, o ser para si) e "*actus purus*" (realidade pura) com as qualidades, necessariamente dadas, por isso, da sua essência assim determinada. Também nos correspondentes compêndios e manuais teológicos as qualidades de Deus geralmente são legitimadas biblicamente *a posteriori*, sendo porém derivadas inicialmente em pensamento a partir de um conceito filosófico de Deus.

No ensino teológico acadêmico desenvolveram-se diversos sistemas para a classificação das qualidades de Deus. Distinguiam-se: as de formulação negativa e positiva (infinitude – onipotência), direta/absoluta e veiculada/relativa (não tornado/santidade – bondade/misericórdia), repousantes e ativas (simplicidade – onisciência) (cf. OTT, L. *Grundriss*, 34).

Chamou muita atenção uma nova abordagem da doutrina da essência e das qualidades de Deus, do teólogo protestante Hermann Cremer († 1903), em seu livro, publicado em 1897, *Die christliche Lehre von den Eigenschaften Gottes* (A doutrina cristã das qualidades de Deus). Tese central de Cremer é que (essência e) qualidades de Deus somente podem ser reconhecidas (*a posteriori*) a partir da sua *atuação* para nós e em nós, sendo, porém, que esta não pode ser derivada (*a priori*) de uma definição metafísica da essência de Deus: "Um Deus que não pode agir, que não pode atuar junto ao mundo, não é vivo, não é Deus. O Deus que age, que estabelece propósitos e os realiza, não pode ser destituído de qualidades, assim como sua atuação não pode ser destituída de qualidades. Mas se faz parte de Deus o fato de Ele atuar, se sua atuação na redenção é aquela pela qual Ele se mostra como Deus, isto é, como aquele a cuja vontade, capacidade e conduta o mundo está preso, então as qualidades da sua vontade e capacidade a se manifestarem em sua atuação são também qualidades da sua essência" (CREMER, H. *Lehre*, 16s.).

B. DOUTRINA SOBRE DEUS

A nova abordagem de Cremer considera o fato de só conhecermos (essência e) qualidades de Deus baseados em sua autorrevelação histórica. Ao concretizar o conteúdo, ele por isso se baseia nos documentos bíblicos da Revelação.

Apesar de algumas ressalvas contra a forma da concretização dessa ideia em Cremer, Wolfhart Pannenberg adota sua abordagem, de iniciar pela atuação divina, para sua própria caracterização da essência e das qualidades de Deus, e nessa tentativa de embasamento bíblico ele é coerente ao descrever o sujeito atuante em termos trinitários de fora a fora. "A atuação de Deus junto ao mundo [é], a rigor, sua vinda ao mundo nos sinais do senhorio incipiente de Deus" (PANNENBERG, W. *Theologie 1*, 422).

De Cremer, Pannenberg também adota a distinção de dois tipos de qualidades de Deus segundo a *lógica do enunciado*: existem qualidades afirmadas a seu respeito com base em sua *atuação* (bondade, misericórdia, fidelidade, justiça, paciência), e aquelas que caracterizam e definem o portador ao qual se atribuem essas qualidades: "A respeito de 'Deus', ao contrário de tudo mais, diz-se que Ele seria bondoso, misericordioso e fiel. Mas o que se está dizendo ao se afirmar tudo isso a respeito de 'Deus'? Isto fica estabelecido pelos termos que explicam 'Deus' como tal, termos como infinito, onipresente, onisciente, eterno, onipotente. Essas caracterizações de Deus já estão pressupostas para que a Revelação de Deus em sua atuação possa vir a ser entendida como Revelação de Deus. A respeito do Deus assim descrito se diz, pois, que Ele é compassivo, misericordioso, paciente e de grande bondade" (PANNENBERG, W. *Theologie 1*, 424). Pannenberg empreende aqui uma tentativa muito útil de relacionar o pré-conceito filosófico de Deus em termos de lógica do enunciado com as qualidades divinas reconhecíveis ao se refletir sobre a atuação reveladora de Deus.

Como se pode sintetizar, então, a problemática, e, por outro lado, a importância permanente da doutrina de inspiração filosófica sobre a essência e as qualidades de Deus?

Essa especulação é *problemática*, sempre que desperte a impressão de poder conhecer e descrever essência e qualidades de Deus antes e independentemente de sua autorrevelação bíblica. A Revelação bíblica do Deus uno tripessoal ultrapassa radicalmente as capacidades intelectuais da cognição humana de Deus. O que se exige, então, é um discurso sobre essência e qualidades de Deus que tenha embasamento bíblico, seja coerentemente trinitário e se encontre sob o signo da incontornável incompreensibilidade de Deus.

O esforço de falar sobre a essência e as qualidades de Deus tem *importância duradoura* para que a pessoa ela mesma e no diálogo com outros se conscientize da compreensão prévia (geralmente de cunho latentemente filosófico metafísico) daquilo que chamamos "Deus". Somente então é que o testemunho bíblico pode encontrar-se com o conceito filosófico de Deus de forma crítica e corretora.

No conceito filosófico de Deus, o esforço da razão humana em descrever quais as implicações de conteúdo que a ideia de Deus necessariamente tem, por sua vez pode fazer frente criticamente também a imagens de Deus esboçadas de forma precipitada, pretensamente legitimadas em termos de teologia da revelação, desmascarando assim o que na verdade são descaminhos. Assim, por exemplo, a indagação filosófica pelo

4. Reflexão sistemática

sentido do ser, pelo sentido de toda a realidade experienciada, pode manter a consciência desperta e atilada para o fato de que somente se fala adequadamente sobre Deus quando esse discurso também permite uma resposta à pergunta pelo sentido da realidade como um todo. Como porta-voz da questionabilidade da existência humana e da realidade experienciada, a busca filosófica por Deus pode abrir ouvidos e corações para a automanifestação do mistério divino.

Na teologia cristã dos dias de hoje, o questionamento crítico certamente mais radical das implicações do teísmo metafísico encontra-se na chamada *teologia do processo*, que desde meados do século XX vem ganhando importância cada vez maior na América.

O impulso direto para esta forma de teologia cristã foi dado pelo matemático e filósofo da religião, o anglo-americano Alfred North Whitehead e seu discípulo Charles Hartshorne. Adotando as ideias cosmológicas e da filosofia natural destes pensadores, alguns teólogos americanos do processo tornaram-se conhecidos também no âmbito linguístico alemão, entre os quais principalmente John B. Cobb e David R. Griffin, que reformularam a mensagem cristã de Deus num *confronto crítico* principalmente com o axioma da filosofia platônica adotado na teologia cristã, segundo o qual *Deus* seria *imutável* e (portanto) *incapaz de sofrer*. O interesse central dos teólogos do processo parece estar em descrever a atuação de Deus em sua criação como *amor correspondido, participante, que sofre com os sofredores e frui com os fruidores*. Em sua constante relação com o mundo, Deus *depende* deste. Embora Ele tenha um plano de como os eventos mundiais devem desenrolar-se para que tudo fique bem, Ele implementa este plano de forma *não onipotente*, mas *persuade* e *alicia* para o bem em seu amor criador. Deus assume riscos, Ele é *audacioso* em seu amor aliciante, que age nem de forma diretiva nem controladora.

A intenção da teologia do processo coaduna-se com a crítica de motivação feminista contra o teísmo filosófico. "Em contraposição a essa imagem predominantemente masculina de Deus, a teologia do processo ressalta os 'traços femininos' de Deus, quais sejam a mansidão de Deus, o amor de Deus que corresponde, e a participação de Deus no sofrimento humano, e isto no sentido de que sua atuação criadora é pensada como sua reação solidária, e sua reação, como receptividade ativa" (KOCH, K. *Lockruf*, 56).

Também a teologia do processo pode ser entendida como expressão do necessário esforço pelo resgate da dinâmica e da misteriosa vitalidade da imagem bíblica de Deus. Até que ponto essa tentativa teve êxito? Os testemunhos bíblicos da revelação certamente falam de um Deus capaz de sofrer, manso, que alicia para o bem, que respeita a liberdade humana como preço do seu amor. Entretanto, esse discurso passa a ser problemático se Deus por isso caísse na dependência das decisões das suas criaturas, e se seu plano mundial, sua vontade de salvação universal, pudesse fracassar definitivamente por causa do ser humano. Justamente em seu amor, que não recorre ao poder, Deus permanece todo-poderoso e leva a cabo – assim cremos e esperamos – sua obra de criação e redenção.

4.1.2. Deus, o mistério manifesto

Em sua coletânea de narrativas do hassidismo, movimento do judaísmo europeu oriental principalmente nos séculos XVIII e XIX, Martin Buber acolheu um texto que leva o título *O ocultamento*. O rabi responde à queixa do seu aluno de que jus-

B. DOUTRINA SOBRE DEUS

tamente em situações sofridas parece que Deus esconde das pessoas o seu semblante: "Quando se sabe que é um ocultamento, então não é mais um ocultamento" (cf. BUBER, M. *Erzählungen*, 224).

Esse conto verbaliza uma intuição que tange profundíssimo conhecimento teológico: Deus se revela como o sempre oculto, Deus é o mistério revelado: "Na Bíblia, o mistério de Deus não é, como na filosofia grega, o último horizonte ainda alcançável, fugidio, da nossa cognição, mas o teor fundamental da Revelação de Deus. Não é uma sentença da teoria do conhecimento, mas sentença teológica, não a última palavra do autoconhecimento humano, mas a primeira palavra da cognição de fé a nós concedida por Deus. Esta não é uma afirmação negativa, mas eminentemente positiva, a qual quer dizer que em sua Revelação Deus revela ao ser humano justamente o seu ocultamento. A sentença do mistério e ocultamento de Deus por isso também não significa a essência de Deus subtraída ao ser humano, mas sua essência voltada para o ser humano, ou em termos concretos: ela revela Deus como mistério da liberdade no amor" (KASPER, W. *Offenbarung*, 142s.).

Justamente enquanto oculto Deus é o revelado. Nesta sentença se resume a mensagem bíblica de Deus; ela está pressuposta na compreensão correta da revelação histórico-salvífica de Deus em sua atuação junto ao seu povo e em seu Filho, que é o "mysterion tou theou" (Cl 2,2). Esta ideia tem a sua consumação e concretização última no discurso do mistério da vida intratrinitária divina.

Na compreensão cristã da Revelação, o sentido (Logos) da realidade, o mistério do divino, não é acessível por si mesmo à razão humana. O discurso sobre a historicidade da Revelação justamente pretende dizer que Deus se volta para as pessoas em amor inderivavelmente livre, gracioso e compassivo e lhes revela o mistério do seu amor. Assim como a dedicação de uma pessoa em amor para a outra pessoa humana sempre é radicalmente inderivável, nova, não reivindicável e portanto sempre é uma dádiva livre, e a outra pessoa em última análise sempre fica inatingível em sua decisão, constituindo um mistério, isto também vale de forma análoga, semelhante, embora ainda mais radical e por isso antes dessemelhante, do amor autorrevelador e autocomunicativo de Deus. O discurso da historicidade da Revelação não o contradiz. Ele não pretende dizer que o mistério é anulado e transferido para a cognição racional, ao contrário, quer vincular o evento revelador ao ato livre do amor, da graça e da misericórdia do mistério inacessível (por capacidade puramente humana) que é Deus. "Entendida dessa maneira, a Revelação do mistério e do ocultamento de Deus é tudo, menos uma especulação teórica. Ela é palavra de juízo tanto quanto palavra da graça. Ela é palavra de juízo porque declara definitivamente que o ser humano nem em conhecimento nem em ação tem poder sobre o mistério de Deus [...]. Ao julgar e assim lembrar o ser humano dos seus limites, a Revelação do mistério de Deus lhe proporciona ao mesmo tempo um benefício, pronunciando uma palavra de graça. Ela faz caducar a lei do mérito, dizendo-nos que em última análise não conseguimos conquistar nossa vida, e em

4. Reflexão sistemática

última análise também não precisamos conquistá-la, porque somos aceitos e afirmados positivamente por Deus com nossos limites, em caráter definitivo e absoluto. Assim sendo, a Revelação do mistério de Deus é a Revelação do segredo da nossa salvação; ela é a verdade fundamental e central da fé cristã, cujo teor central reza que Deus Pai nos foi prometido e comunicado definitivamente por meio de Jesus Cristo, seu Filho, no Espírito Santo" (KASPER, W. *Offenbarung*, 143).

Segundo a compreensão cristã, "Revelação de Deus" significa autocomunicação pessoal de Deus à pessoa humana. Os escritos bíblicos fazem Deus falar como um eu ao tu que é o povo ou o indivíduo. Deus revela seu nome. A mensagem de salvação que é esse nome "Javé" não define, não delimita a essência de Deus, mas a exprime para o ser humano e insere o estado de salvação do ser humano na autodefinição da essência divina. O discurso sobre o caráter pessoal do mistério divino por isso não representa uma individualidade delimitada, mas dedicação ilimitada, infinita, plenitude da vida e do amor que abrange a realidade que transcende sempre o ser criado, amor transbordante a se doar ao outro.

"Deus é o amor" (1Jo 4,8.16), este o resumo do testemunho da revelação bíblica. O desdobramento e a reflexão intelectiva dessa verdade de fé somente têm êxito, em última análise, na interpretação trinitária do mistério Deus.

4.2. O discurso sobre Deus, e Deus

O discurso bíblico sobre Deus, sua transmissão na teologia da época pós-bíblica e nossa repetição da mensagem de Deus têm a pretensão de dar testemunho da verdade e de ser um discurso que faz sentido, é benéfico, confortante, dá esperança e reclama resposta humana. Justamente esta autocompreensão da teologia é que foi questionada recentemente por novas tendências filosóficas, as quais contestavam não mais só a veracidade de certo discurso teológico, mas se sentenças onde aparece o termo "Deus" têm sentido em princípio. O tratamento desse questionamento fundamental dirigido à teologia permite melhor compreensão das geralmente desconsideradas premissas de pensamento e consequências práticas (relacionadas à atuação humana) do discurso sobre Deus.

4.2.1. O discurso sobre Deus sob a suspeita de não ter sentido

"Toda filosofia é 'crítica da linguagem'" (WITTGENSTEIN, L. *Tractatus*, n. 4.0031). Com estas palavras da fase inicial de Wittgenstein pode-se caracterizar aquela transformação no método filosófico realizada em inícios do século XX e geralmente descrita como "guinada linguística" da filosofia. Isto se refere àquela observação histórico-filosófica de que desde essa época a forma linguística concreta em que se formula uma questão filosófica passou a ser questionada em termos de suas premissas intelectuais, a fim de garantir que a resposta à indagação feita não fracassasse

B. DOUTRINA SOBRE DEUS

devido a problemas linguísticos. Tratava-se de uma precaução contra a possível sedução do pensamento pela linguagem.

Como iniciadores dessa "guinada linguística" na filosofia são considerados principalmente os filósofos Bertrand Russell († 1970), na fase inicial de sua atuação Ludwig Wittgenstein († 1951) e Rudolf Carnap († 1970), os quais, sob a direção de Moritz Schlick († 1936), formavam o chamado "Círculo de Viena". Sua teoria da linguagem entrou na história da filosofia sob a designação de "positivismo lógico". Dentro desta tradição encontra-se também o filósofo da linguagem Alfred Jules Ayer (* 1910), que providenciou a difusão das teses do positivismo lógico no meio linguístico anglo-saxônico e aplicou essas teses a sentenças sobre Deus, sendo por isso de particular importância no nosso contexto.

No tocante ao discurso sobre Deus, é a seguinte a tese principal dos filósofos do positivismo lógico, apresentada principalmente por Alfred Jules Ayer, em seu livro publicado em 1936, *Language, Truth and Logic: Sentenças em que aparece o termo "Deus" não têm sentido, porque elas não são proposições nem analíticas nem sintéticas; entretanto, somente sentenças atribuíveis a uma dessas duas classes fazem enunciado que tenha sentido*. Por proposições analíticas entendem-se sentenças nas quais um termo utilizado, definido em sua significação, é explicitado sem que dessa forma se chegue a um acréscimo de conhecimento (exemplo: "O ser humano é um ente dotado de razão"). Proposições sintéticas fazem enunciados que ainda não estão contidos implicitamente no conceito do sujeito (exemplo: "Esta rosa é vermelha"). Elas são consideradas hipótese até serem verificadas pela experiência.

Segundo Ayer, dessa distinção resulta necessariamente que sentenças nas quais aparece o termo "Deus" não têm sentido. Isto porque todas essas sentenças pressupõem que o enunciado "Deus é" faça sentido. Entretanto, enunciados de existência seriam proposições sintéticas, uma vez que não se pode inferir de um conceito a sua realidade. E a existência de Deus não pode ser nem verificada nem falsificada pela experiência. Por isso, no tocante a Deus não há possibilidade de enunciado que faça sentido.

Mais tarde, o próprio Ayer, considerando objeções críticas, formulou o princípio de verificação de maneira modificada. Suas reflexões sobre a ausência de sentido no discurso sobre Deus, entretanto, tiveram continuação de grande repercussão nos escritos do filósofo da religião Anthony Flew. "Flew apresenta a seguinte história: Dois homens se acham numa expedição e chegam a uma clareira na floresta. Nessa clareira crescem numerosas flores. Um dos dois afirma: 'Esta clareira está sob os cuidados de um jardineiro'. O outro nega essa afirmação. Para decidir quem dos dois está com a razão, montam sua barraca do lado da clareira e a observam dia e noite. Nunca chegam a ver um jardineiro. Então um deles afirma que se trata de um jardineiro invisível. Montam então uma cerca eletrificada de arame farpado ao redor da clareira. Mesmo assim não se consegue constatar um jardineiro. Não percebem nem movimento da cerca, que indicasse alguém invisível tentando transpô-la, nem ouvem grito que permita concluir que alguém tenha tocado a cerca eletrificada. Ainda assim, aquele continua com sua afirmação, agora modificada da seguinte maneira: existe um jardineiro que, além de invisível, também é inacessível a todos os outros sentidos. O outro então pergunta como é que um jardineiro desses se distinguiria de um jardineiro imaginário ou de qualquer jardineiro [...]. Essa história quer mostrar como um enunciado é reduzido passo a passo por qualificações até que o enunciado original seja abandonado, restando apenas uma sentença sem sentido. A hipótese morre, escreve Flew, por causa de milhares de qualificações [...]. Eles [os teólogos] afirmam que sentenças sobre Deus não podem ser refutadas por nenhum evento intramundano. Essas sentenças, porém, segundo Flew, são destituídas de sentido e vazias" (RICKEN, F. *Sätze*, 438s.).

Na discussão sobre a legitimidade dessa suspeita de ausência de sentido, sob a qual se colocou o discurso teológico, podem-se distinguir os seguintes argumentos contrários de peso:

a. A tese de que apenas enunciados verificáveis ou falsificáveis seriam enunciados dotados de sentido não pode ser nem verificada nem falsificada empiricamente. Por isso ela própria precisa ser considerada um enunciado sem sentido.

b. O conceito de experiência pressuposto está reduzido àquilo que é experienciável sensorialmente, acessível e comunicável da mesma maneira a todos que experienciam. A suposição, por exemplo, de que poderia haver uma experiência transcendental fica excluída de antemão.

c. A classificação de todas as sentenças em proposições ou analíticas ou sintéticas de forma alguma abrange todos os tipos de sentenças linguisticamente possíveis. Assim, por exemplo, todos os imperativos teriam que ser considerados sem sentido, uma vez que a questão se são verdadeiros ou falsos não pode ser respondida, e a rigor não pode nem ser colocada.

Principalmente esta terceira objeção permitiu reconhecer a insuficiência das premissas feitas pelo positivismo lógico na determinação do que são manifestações linguísticas dotadas de sentido: ele reduziu sua visão a sentenças afirmativas, portanto à função informativa da linguagem humana. Justamente esta fixação logo foi abandonada nas fileiras dos próprios filósofos da língua.

4.2.2. O discurso sobre Deus enquanto ação

A mudança de maiores consequências, certamente, na filosofia da linguagem mais recente, foi a de deixar de lado os problemas sintáticos e semânticos para voltar sua atenção sistematicamente para problemas pragmáticos. Principal objeto de interesse da pesquisa tornou-se cada vez mais a linguagem concreta e multiforme do cotidiano, cujo funcionamento passou a ser analisado.

A sua abordagem metódica conferiu a este ramo da filosofia da linguagem o nome de "corrente da linguagem normal" (ou também "Escola de Oxford"). Em sua teoria da ação linguística a Escola de Oxford pôde reportar-se a teses correspondentes nos escritos tardios de Ludwig Wittgenstein, bem como a reflexões de Georg Edward Moore († 1958). Seus principais representantes são John L. Austin († 1960) e John R. Searle (* 1932).

Mostrou-se que é possível distinguir essencialmente três níveis numa manifestação linguística:

B. DOUTRINA SOBRE DEUS

a. Considera-se ato *locucionário* a produção de uma forma sonora específica, que na escrita é reproduzido por palavras-imagem.

b. Por ato *ilocucionário* se designa a ação linguística intencionada e realizada pelo locutor por meio da produção de uma forma sonora específica.

c. O ato *perlocucionário* assim ocorrido é o efeito alcançado efetivamente junto ao ouvinte pela forma sonora específica.

Esta diferenciação de níveis de ação dentro de uma manifestação linguística tem aplicação na teoria do ato locucionário, cuja intuição central reza: falar é uma forma de agir, falar altera a realidade. Essa alteração, entretanto, nem sempre ocorre da maneira intencionada pelo locutor. Acontece que os representantes da teoria do ato locucionário reconheceram quão importante para a formação de determinado ato ilocucionário é o contexto situacional (não linguístico) de uma manifestação linguística, assim como a moldura institucional, sem a qual determinada ação linguística não pode ser realizada.

4.2.2.1. O discurso sobre Deus enquanto ação proclamadora

As considerações acima deveriam conscientizar-nos de que sentenças nas quais aparece o termo "Deus" não devem ser entendidas em primeiro lugar ou mesmo exclusivamente como meros comunicados sobre Deus. Justamente a caracterização do discurso sobre Deus como ação proclamadora (caracterização esta correta do ponto de vista da ciência da linguagem e da teologia) deixa claro que ele (embora verbalize conteúdos) é, antes de mais nada, importante ato de locução, um evento dirigido ao ouvinte, ou, em termos teológicos, uma "palavra atuante": ação de Deus voltada para nós, no veículo da palavra proclamada.

Estreitamente ligadas à compreensão do discurso sobre Deus como ação proclamadora e seu efeito perlocucionário estão as reflexões do bispo Ian T. Ramsey, versado em ciências naturais e filosofia da linguagem, apresentadas em seu livro *Religious Language*. Segundo Ramsey, o discurso sobre Deus tem seu lugar em "situações reveladoras" (*disclosure situations*), nas quais repentinamente as pessoas "se dão conta", sem que as "intuições" então obtidas (*discernment*, experiência de si e consciência de si, segundo Ramsey) e a "decisão" tomada (*commitment*, compromisso, resolução, engajamento pessoais, segundo Ramsey) fossem suscetíveis de fundamentação e verificação empíricas.

4.2.2.2. O discurso sobre Deus enquanto confissão e testemunho (como expressão da convicção de uma pessoa que fala)

Da perspectiva da pessoa que fala, o discurso da fé sobre Deus tem caráter de confissão. Uma sentença como "Deus ressuscitou Jesus dentre os mortos", sendo confissão de uma pessoa que crê, é testemunho pessoal que a pessoa pronuncia junto com a comunidade cristã de fé. Enunciados sobre Deus em forma de confissão e de testemunho não podem, em última análise, ser feitos "vicariamente" por, ou em nome de outra pessoa: somente a pessoa que crê pessoalmente e toda a comunidade dos que creem é que podem realizar as ações linguísticas de confessar e testemunhar.

4.2.2.3. O discurso sobre Deus enquanto promessa existencial (de agir em conformidade com a confissão)

A par da proclamação e da confissão, também a promessa pode ser reconhecida como outro ato ilocucionário muitas vezes associado ao discurso sobre Deus. Ao pronunciar a sentença "Deus é o amor", por exemplo, o locutor convicto da verdade desse enunciado está fazendo a promessa de querer levar uma vida de amor. Neste sentido, uma função do discurso sobre Deus pode ser a declaração de intenção ética.

Importante, neste ponto, é naturalmente a percepção de que o compromisso sério com o amor, resultante da sentença "Deus é o amor", somente existe se a questão se esse Deus é e atua não ficar em aberto, ou mesmo for negada expressamente.

Segundo o filósofo R.D. Braithwaite, a função do discurso sobre Deus estaria exclusivamente numa motivação mais forte do locutor e ouvinte para a atuação ética. Ela introduziria "elementos fictícios", como por exemplo enunciados sobre a vontade de Deus, sobre sua bondade e misericórdia, para assim facilitar psicologicamente às pessoas viverem em conformidade com determinada orientação moral. Embora essa tese pretendesse salvar o sentido das sentenças referentes a Deus, caracterizando-as como "não cognitivas", como "não afirmadoras do que é o caso", ela não se deu conta de que uma ficção literária jamais poderá fundamentar realmente o compromisso categórico com o bem e a verdade.

A análise dos atos ilocucionários realizados por um locutor crente em seu discurso sobre Deus evidencia que uma teologia entendida desta maneira também é antropologia. Ao falar de Deus, ela afirma ao mesmo tempo coisas fundamentais sobre a pessoa humana: revela a visão da existência e esperança do locutor, ela é confissão de sua fé no Deus que é amor, e expressão de compromisso com o amor.

Além da percepção das dimensões existenciais de toda manifestação humana, a teoria do ato locucionário pode contribuir em dois aspectos para a melhor compreensão do discurso religioso: por um lado ela facilita compreender a fala de Deus *(genitivus subjectivus)* como palavra atuante, ao eliminar a separação entre falar e agir, e, por outro, ela permite dar novo peso à moldura institucional dentro da qual, exclusivamente, o discurso sobre Deus é válido e compreensível: ela remete para a comunhão dos crentes que experimentou Deus e pode contar a respeito dessa experiência. A moldura institucional, neste caso, está assegurada não só pelas atuais estruturas da comunhão eclesial, mas também, e principalmente, pela Revelação e tradição enquanto grandezas históricas, que transmitem o teor do discurso sobre Deus, a ser traduzido para cada hoje específico.

A teoria do discurso sobre Deus como ato locucionário (multiforme), aqui concebida com base em reflexões da filosofia da linguagem, considera principalmente um locutor (individual). No meio linguístico alemão, a chamada "Escola de Erlangen" (P. Lorenzen, F.

B. DOUTRINA SOBRE DEUS

Kambartel, J. Mittelstrass) lançou as bases para a compreensão mais ampla da linguagem como prática comunicativa numa comunidade de locutores. Partindo de J. Habermas e de K.O. Apel, H. Peukert adotou essa abordagem para a pesquisa teológica. A ideia central é que, tendo em vista a comunicação maciçamente perturbada hoje em dia, em todo ato linguístico que tencione a verdade ocorre uma antecipação de uma situação (ideal) de comunicação bem-sucedida, "livre de dominação". (Também) o discurso sobre Deus vive da esperança de que ele venha a ocorrer, no futuro, como comunicação universal, sendo portanto ato de esperança antecipadora do reino vindouro de Deus.

4.2.3. Oração, argumento, especulação: "jogos linguísticos" do discurso a Deus e sobre Deus

O discurso humano a Deus e sobre Deus ocorre de diversos modos: na oração (discurso religioso), no argumento (discurso teológico) e na especulação (discurso filosófico).

Partindo de reflexões da fase tardia de Wittgenstein, a filosofia da linguagem mais recente chama de "jogo linguístico" uma forma de falar que tem seu lugar no contexto vivencial situacional específico, segue determinadas regras intersubjetivamente válidas e que têm uma intenção claramente designável. No falar a Deus e sobre Deus podemos distinguir três jogos linguísticos característicos, cada um dos quais tem significação por si só, mas que, como se mostrará, também estão estreitamente interligados.

Segundo a fé judeu-cristã em Deus, o próprio falar de Deus a seu povo é a condição que possibilita o discurso humano sobre Deus. Somente sua interpelação é que possibilita a resposta. O discurso humano crente sobre Deus é, em sua origem, uma réplica verbalizada, um falar precedido de ouvir.

O protótipo do discurso sobre Deus é, por isso, o falar a Deus em oração, o discurso doxológico nas formas de ação que são invocação, louvor, agradecimento, lamento, súplica ou admissão de culpa.

Uma forma central do discurso doxológico é a invocação do nome de Deus (aclamação do nome). Como Richard Schaeffler (* 1926) mostrou de forma marcante, reúne-se a história comum (também entre pessoas), ao se mencionar um nome, experiências são lembradas e revividas: "Invocar um nome significa encontrar-se com aquela pessoa que, possivelmente depois de fases de separação, identificamos com quem já nos encontramos outrora. Naquela pessoa assim encontrada, por isso, também o passado de quem invoca não está totalmente perdido; e quando este tenta lembrar a pessoa, por ele saudada pelo nome, sobre o passado vivenciado em comum, ele testa se pode confiar à memória do saudado seu próprio passado em parte esquecido, em parte reprimido, em parte adulterado, ou simplesmente quase perdido" (SCHAEFFLER, R. *Gebet*, 216s.). Ao invocar o nome de Deus, a pessoa que ora experimenta sua história e portanto a si própria como imperecivelmente abrigada na fiel memória de Deus. "E por ser Deus aquele que rememora, e somente por isso, o ser humano que o encontra pode rememorar, por sua vez, os díspares fragmentos de memória e de vivências numa

4. Reflexão sistemática

continuidade de uma história vivida, trazendo à lembrança para si e para seus irmãos a história comum de um povo" (SCHAEFFLER, R. *Gebet,* 217).

Assim a invocação do nome de Deus desemboca na memória exaltadora dos seus grandes feitos. O discurso doxológico enquanto oração não ocorre apenas na forma interpelativa da segunda pessoa. Também a narração da demonstração de vontade e poder de Deus é ação linguística de louvor, exaltação e agradecimento. A verbalização de sofrimento, de preocupações e temores pode ser lamento e súplica.

Esta forma da oração narrativa deve ser diferenciada de outro jogo linguístico no discurso sobre Deus que, em geral, também se realiza em sentenças enunciativas: o da *argumentação teológica*. A necessidade e irrenunciabilidade do discurso teológico e científico sobre Deus estão baseadas na tarefa de preservar o discurso doxológico de uma comunidade de fé e de tradição, mantê-lo na verdade. Três considerações apoiam esta tese:

a. Uma comunidade de crentes que queira passar para outros a sua história com Deus experimenta neste empenho que os conteúdos da tradição são ambíguos.

b. Existem possibilidades de interpretação alternativas de conteúdo da tradição as quais têm importância tão fundamental a ponto de precisarem de decisão e definição.

c. O argumento teológico pondera as razões a favor e contra uma possibilidade dada de interpretação, permitindo assim uma decisão.

O discurso magisterial sobre Deus pode, daí, ser entendido como forma especial de argumentação teológica que, na situação de divergências existentes em questões de peso, toma uma decisão em favor de uma alternativa de interpretação, a fim de pôr um fim à situação de divisão e, portanto, de insegurança da comunidade de fé.

A função do discurso teológico argumentativo sobre Deus para possibilitar o falar para e sobre Deus em termos pessoais existenciais e comunitários litúrgicos se evidencia nos credos dos primeiros concílios em Niceia (325) e Constantinopla (381). Sua exposição teológica da igualdade de essência *(homousia)* do Filho e da divindade *(homotimia)* do Espírito é inserida no texto litúrgico do credo batismal.

A teologia, discurso argumentativo sobre Deus, está a serviço do discurso religioso e, como este, também é resposta à Palavra de Deus. Mesmo que utilize outro jogo linguístico, ela é, à semelhança da doxologia, um modo do diálogo entre Deus e os seres humanos.

O *discurso filosófico* sobre Deus distingue-se do teológico não tanto por sua terminologia; a adoção de conceitos de origem filosófica, por exemplo, nos credos da Igreja antiga, não transforma estes em discurso filosófico; a característica do discurso filosófico está antes em ser um esforço do pensamento que parte do ser humano e pergunta por Deus. Enquanto jogo linguístico específico, o discurso filosófico toma o termo "Deus" do discurso religioso. "Filósofos que utilizam o vocábulo 'Deus' referem-se então a um uso linguístico religioso; afirmam inicialmente a identidade de uma referência: aquilo ou aquele ao qual o locutor religioso se refere ao usar o vocábulo 'Deus' é idêntico em termos reais com aquilo ou aquele a que o locutor filosófico se refere ao usar determinados conceitos filosóficos (por exemplo, 'primeira causa', 'movedor não movido', 'pensamento que se pensa a si mesmo', ou também 'o ser', 'o espírito', 'o sujeito absoluto'). A isto se liga a segunda afirmação: o vocábulo religioso 'Deus' e o conceito religioso usado em cada caso não só têm a mesma referência, mas, ao menos parcialmente, o mesmo teor de significado, eles falam não só do mesmo, mas significam, ao menos em parte, a mesma coisa. E isto tem por consequência que enunciados filosóficos nos quais aparece o conceito filosófico usado no caso (por exemplo, o enunciado filosófico de que todo encadeamento de causas e efeitos no mundo remonta, em última análise, a uma causa primeira, que não é mais efeito de outra causa), podem ser considerados como interpretação do discurso religioso sobre Deus (por exemplo, interpretação da sentença religiosa: 'No princípio criou Deus o céu e a terra')" (SCHAEFFLER, R. *Gebet*, 292).

Enquanto esforço intelectual do ser humano, o discurso filosófico não é réplica e interpretação crentes de uma interpelação, mas sim pergunta especulativa pelo fundamento de todo ser e que reflete a experiência existencial humana; ele é, em última análise, a pergunta por que, de preferência, existe algo, e não o nada. Ele é ao mesmo tempo hermenêutica e crítica do discurso teológico argumentativo sobre Deus.

Os escritos bíblicos testificam que essa indagação pelo fundamento, feita desde os primórdios da humanidade, encontra uma resposta no próprio ser de Deus: o mundo deve sua existência e seu ser-assim à liberdade criadora de Deus.

Bibliografia importante

1. Introdução

ALFARO, J. Die Frage nach dem Menschen und die Gottesfrage. In: KLINGER, E./ WITTSTADT, K. (orgs.). *Glauben im Prozess. Christsein nach dem II. Vatikanum.* 2. ed. Friburgo, 1984, p. 456-470.

FRIES, H. Die Gottesfrage im Horizont des Säkularismus. In: ID. (org.). *Gott – die Frage unserer Zeit.* Munique: [s.e.], 1973, p. 9-17.

KEHL, M. *New Age oder Neuer Bund.* Christen im Gespräch mit Wendezeit, Esoterik und Okkultismus. Mainz: [s.e.], 1988.

RAHNER, K. Bemerkungen zur Gotteslehre in der katholischen Dogmatik. In: ID. *Schriften zur Theologie* 8. Einsiedeln: [s.e.], 1967, p. 165-186.

2. Fundamentos bíblicos

DEISSLER, A. Der Gott des Alten Testaments. In: RATZINGER, J. (org.). *Die Frage nach Gott.* Friburgo: [s.e.], 1972, p. 45-58.

GESE, H. Der Name Gottes im Alten Testament. In: STIETENCRON, H. von (org.). *Der Name Gottes.* Düsseldorf, 1975, p. 75-89.

HAAG, E. (org.). *Gott der einzige.* Zur Entstehung des Monotheismus in Israel. Friburgo, 1985.

LOHFINK, G. Gott in der Verkündigung Jesu. In: HENGEL, M. & REINHARDT, R. (orgs.). *Heute von Gott reden.* Munique-Mainz: [s.e.], 1977, p. 50-65.

LOHFINK, N. et al. *"Ich will euer Gott werden".* Beispiele biblischen Redens von Gott. Stuttgart, 1981.

SCHNEIDER, G. Anknüpfung, Kontinuität und Widerspruch in der Aeropagrede Apg 17, 22-31. In: MÜLLER, P.-G. & STENGER, W. (orgs.). *Kontinuität und Einheit.* Friburgo, 1981: [s.e.], p. 173-178.

WELTEN, P. Gott Israels – Gott vom Sinai. Zur Gottesfrage in der heutigen alttestamentlichen Wissenschaft. In: *Berliner Theologische Zeitschrift* 1 (1984), p. 225-239.

ZENGER, E. Wie spricht das Alte Testament von Gott? In: FRIES, H. et al. *Möglichkeiten des Redens über Gott.* Düsseldorf: [s.e.], 1978, p. 57-79.

3. Abordagem histórico-dogmática

LOTZ, J.B. Zur Struktur des Gottesbeweises. In: *Theologie und Philosophie* 56 (1981), p. 481-506.

MAAS, W. *Unveränderlichkeit Gottes.* Zum Verhältnis von griechisch-philosophischer und christlicher Gotteslehre. Munique-Paderborn: [s.e.], 1974.

MÖLLER, J. Die Gottesfrage in der europäischen Geistesgeschichte. In: *Handbuch der Fundamentaltheologie* 1. Friburgo: [s.e.], 1985, p. 73-94.

MÖLLER, J. (org.). *Der Streit um den Gott der Philosophen.* Düsseldorf: [s.e.], 1985.

4. Reflexão sistemática

KASPER, W. Offenbarung und Geheimnis. Vom christlichen Gottesverständnis. In: ID. *Theologie und Kirche.* Mainz: [s.e.], 1987, p. 137-148.

_____. *Der Gott Jesu Christi.* 2. ed. Mainz: [s.e.], 1983.

LIBÂNIO, J.B. *Deus e os homens: seus caminhos.* Petrópolis: Vozes, 1990.

MUÑOZ, R. *O Deus dos cristãos.* Petrópolis: Vozes, 1986.

PANNENBERG, W. *Systematische Theologie* 1. Götttingen: [s.e.], 1988.

QUEIRUGA, A.T. *A Revelação de Deus na realização humana.* São Paulo: [s.e.], 1995.

RICKEN, F. Sind Sätze über Gott sinnlos? Theologische und religiöse Sprache in der analytischen Philosophie. In: *Stimmen der Zeit* 193 (1975), p. 435-452.

SCHÄFFLER, R. *Das Gebet und das Argument. Zwei Weisen des Sprechens von Gott. Eine Einführung in die Theorie der religiösen Sprache.* Düsseldorf: [s.e.], 1989.

SCHILLEBEECKX, E. *História humana: Revelação de Deus.* São Paulo: [s.e.], 1995.

VORGRIMLER, H. *Theologische Gotteslehre.* 2. ed. Düsseldorf: [s.e.], 1990.

C. DOUTRINA DA CRIAÇÃO

*Dorothea Sattler/Theodor Schneider**

1. Introdução

"O místico não consiste no *como* o mundo é, e, sim, *no fato de que* ele é" (WITTGENSTEIN, L. *Tractatus*, 6.44). Nesta conhecida passagem da obra filosófica do Ludwig Wittgenstein jovem († 1951), o autor remete a pergunta humana pela origem da existência do mundo empírico à esfera do "místico", do "inenarrável", na qual já não existe mais a possibilidade de qualquer enunciado verificável, a respeito da qual, portanto, o discurso filosófico deve silenciar: "Todavia, existem coisas inenarráveis. Estas se *revelam*, é o místico. A rigor, o método correto da filosofia seria o seguinte: Não dizer nada além do que pode ser dito, portanto, nada além de enunciados das ciências naturais" (WITTGENSTEIN, L. *Tractatus*, 6.522 e 6.53). Inenarrável, irrespondível é, na linguagem das ciências naturais, a antiga pergunta filosófica na qual se expressa o assombro perante o fato da existência do mundo: "Por que afinal existe algo, e não, muito antes, nada?" Alegre e grata admiração pelo fato de, afinal, existir algo e sofrimento desesperador pelo fato preestabelecido de ter que existir são experiências humanas que mantêm viva a pergunta pela razão de ser e a falta de razão de ser da existência como, possivelmente, a primeira pergunta filosófica.

Do ponto de vista biográfico, os seres humanos enfrentam, inicialmente, o mundo que os acompanha e os cerca do modo como ele é. Aprendem a admirar a multiformidade e ordem das coisas, o que estimula a perguntar por um possível "plano", por um "espírito" ordenador na confusão dos fenômenos. Quantas vezes, porém, o mundo experimentado tal qual é também causa sofrimento! Ele revela a ameaça a que as coisas e as relações humanas estão expostas por culpa, sofrimento e morte. O múltiplo sofrimento dos justos sempre desperta dúvidas a respeito do sentido de todas as coisas, em última análise, põe em dúvida que a realidade seja boa ou possa vir a ser boa.

---

* Tradução de Ilson Kayser.

1. Introdução

Na história da fé de muitos povos encontram-se, como resposta a essa pergunta, desde tempos remotos, testemunhos sobre a origem divina da existência e o fato de as coisas e os seres humanos serem como são. Aqui se enquadra também a fé judeu-cristã na criação, testemunhada no Antigo e no Novo Testamento, mas que, não obstante, tem forma própria. De acordo com a fé judeu-cristã, a doutrina da criação é, no sentido verdadeiro, doutrina de Deus, uma forma de confissão de Deus, origem de todas as coisas, que, ao mesmo tempo, quer ser destino, do Criador que, ao mesmo tempo, quer ser salvador e consumador. O assombro ante a existência pode chegar ao louvor da origem e do conservador de toda realidade; a admiração sobre o fato de as coisas serem como são possibilita a experiência de Deus por meio da experiência do mundo.

1.1. Nova atualidade do tema "criação"

Até tempos recentes, a doutrina cristã da criação ainda estava exposta a múltiplas suspeitas por parte da pesquisa das ciências naturais e histórico-culturais. O surgimento de uma compreensão evolutiva do ser humano e do mundo a partir do século XIX apresentou-se como contraposição a uma doutrina e teologia difundida naquele tempo e que entendia incorretamente as narrativas bíblicas da criação como relatos históricos. A falsa alternativa "criação ou evolução" deixou muitos crentes em dúvida, visto que a exatidão da ideia da evolução na pesquisa das ciências naturais se revelava praticamente incontestável. Até hoje encontramos esporadicamente em debates (não especializados) a desconfiança de que a teologia da criação e a moderna cosmovisão seriam irreconciliáveis. Por outro lado, pouca consciência se tem de que o Papa Pio XII recomendou, em sua encíclica *Humani generis* (1950), esforços conjuntos das ciências profanas e da teologia no sentido de submeterem o evolucionismo a uma investigação mais avançada, e que, entrementes, estabeleceu-se um fecundo diálogo sobre conteúdos e limites da reflexão científica e teológica (→ 3.3.5.).

Pontos de vista teológico-criacionistas sofreram um segundo abalo, no passado recente, quando numerosos historiadores da cultura e a mídia levantaram a acusação de que a ordem bíblica dada aos seres humanos de dominarem a terra e de explorá-la em seu proveito teria contribuído decisivamente para a atual ameaça do meio ambiente natural.

Esta tese foi apresentada, de modo pioneiro, na área de fala alemã, por Carl Amery, em seu livro *Das Ende der Vorsehung. Die gnadenlosen Folgen des Christentums*, publicado em 1972. Mas grande repercussão teve também o primeiro relatório do "Clube de Roma" sobre os "limites do crescimento", cujo autor principal, Denis L. Meadows, via o "apelo" à exploração da terra firmemente ancorado na tradição judeu-cristã.

Crise ambiental – consequência do cristianismo? – era o teor resumido da temática que, sobretudo nos anos de 1970, desencadeou um debate teológico, do qual participaram tanto autores evangélicos quanto católicos. O resultado desses estudos foi um juízo diferenciado: muitos admitiram que a compreensão da realidade dos escritos bíblicos (verbete: "desdivinização") possibilitava lidar com destemor com as coisas do

C. DOUTRINA DA CRIAÇÃO

mundo, propiciando, portanto, o progresso tecnológico. Ao mesmo tempo, porém, evidenciou-se que, segundo a visão bíblica, a chamada "ordem de dominação" dada ao ser humano é um apelo no sentido de colocar os espaços de vida à disposição e de preservá-los, e que, portanto, haverá que se opor decididamente a toda ameaça e destruição das condições de vida (→ 2.3.3.1.).

A solução positiva dos questionamentos de teses teológico-criacionistas aqui esboçados contribuiu decisivamente para que, no debate atual, a contribuição das igrejas para a solução ou, ao menos, para o bloqueio da crise ecológica, é literalmente cobrada por parte de muitos grupos sociais. De modo totalmente surpreendente, a teologia da criação adquiriu nova atualidade (→ 4.1.).

A consciência dos prejuízos causados à natureza, que ameaçam gravemente a vida, e de suas causas (poluição do ar, desmatamentos, crise energética, ameaça nuclear, buraco na camada de ozônio, deslocamentos climáticos, catástrofes de secas etc.) está presente em toda parte, em nossos dias, e provoca angústias, resignação e sentimentos de impotência, mas também esforços múltiplos de luta conjunta contra as evidentes consequências de desenlaces desastrosos. Com esses esforços se sabem comprometidas também as disciplinas teológicas. Neste sentido podemos mencionar, hoje, numerosas publicações em que se dá à crise atual uma interpretação teológica, mas que também apontam caminhos para sua superação. Essas contribuições para o debate podem ser resumidas sob o título "Teologia Ecológica". Cresce o número de documentos oficiais das igrejas, nos quais se faz referência ao problema ambiental.

Em 1980, p. ex., foi publicada, neste contexto, uma declaração da Conferência Alemã dos Bispos sobre a questão do meio ambiente e do abastecimento de energia, sob o título *Zukunft der Schöpfung – Zukunft der Menschheit* (Futuro da criação – Futuro da humanidade). Na década de 1980 evidenciou-se com clareza crescente que esse questionamento representa um desafio que une todas as confissões cristãs. A esse desafio responderam o Conselho da Igreja Evangélica da Alemanha e a Conferência Alemã dos Bispos na declaração conjunta *Verantwortung wahrnehmen für die Schöpfung* (Assumir a responsabilidade pela criação), publicada em 1985.

Neste contexto, é de importância muito especial o "processo conciliar do comprometimento mútuo em favor da justiça, da paz e da preservação da criação", que remonta determinantemente a uma iniciativa do Conselho Ecumênico de Igrejas tomada em sua assembleia geral de Vancouver, em 1983. As igrejas-membros e também a Igreja Católica atenderam ao apelo então lançado no sentido de se preocuparem com os temas inicialmente mencionados em nível regional. Os documentos *Gottes Gaben – Unsere Aufgabe* (Dádivas de Deus – Nossa tarefa) na República Federal da Alemanha (Stuttgart, 1988) e *Frieden in Gerechtigkeit* (Paz com justiça) a nível europeu (Basiléia, 1989) atestam a fecundidade de iniciativas ecumênicas, mas também demonstram a necessidade de dar continuidade à temática em encontros regionais menores, visto que a consciência do problema e a disposição para reais mudanças não estão presentes em toda parte de igual modo. Esta dificuldade se revelou claramente por ocasião da conferência mundial sobre a temática do processo conciliar, em Seul, em 1990. Apesar do resultado talvez decepcionante dos debates, também esse esforço pode ser considerado um passo importante na caminhada no sentido de assumir responsabilidades comuns pela preservação da criação.

# 1. Introdução

1.2. À procura do princípio correto

Nas numerosas publicações recentes sobre teologia e criação reflete-se um debate que, sem dúvida, foi provocado, em parte, pela atual ameaça aos espaços naturais da vida, mas que, além disso, deverá ter raízes mais profundas. Refiro-me à pergunta se é possível uma "teologia da natureza" que, conscientemente, não contemple as coisas do mundo a partir do ser humano, mas que considere seu valor próprio. Nos tempos mais recentes, o princípio "antropocêntrico" da doutrina da criação perdeu paulatinamente sua plausibilidade. As razões desta perda são múltiplas: o atual prejuízo causado ao ambiente, provocado em grande parte pela própria humanidade, motiva a exigência de proteger a natureza contra a influência de maquinações humanas que a ameaçam. Ao lado dessa fundamentação negativa coloca-se, positivamente, o quadro do maravilhoso ordenamento de inúmeros processos no reino mineral, vegetal e animal, que se torna cada vez mais diferenciado por meio das técnicas modernas e para o qual o ser humano não contribuiu de forma alguma. As descobertas de regiões do globo até agora inacessíveis, que nunca foram e jamais serão de utilidade direta para o ser humano, reencorajam a evocação do pensamento bíblico do louvor ao Criador no louvor mudo das obras de sua criação. No entanto, o questionamento certamente mais significativo da perspectiva antropocêntrica na contemplação de nosso mundo está associado aos conhecimentos possibilitados pela técnica moderna e a pesquisa na área das ciências naturais sobre a amplitude aparentemente ilimitada do universo, no qual a terra e a humanidade terrena aparecem como imensamente pequenas, e sobre os tempos inimaginavelmente longos da história da terra antes do surgimento da vida humana, em face da qual os milênios da existência humana se afiguram insignificantemente pequenos. O espaço habitado pelo homem e o tempo por ele configurado parecem insignificantes em face dos espaços e tempos, sobre os quais a consciência pensante e a atividade formadora do homem não exerceram nenhuma influência. Nesse contexto irrita sobretudo a ideia de que o estágio do desenvolvimento da humanidade hoje atingido poderia ser um estágio apenas preliminar em face de todas as possibilidades abertas para um desenvolvimento de formas de vida superiores futuras. Acaso a "coroa da criação" é (tão somente) um "ser da transição" (DITFURTH, H. von. *Innenansichten*, 417)? Essas reflexões constituem um desafio maciço para a imagem bíblica de Deus e do homem, sobretudo, porém, para a ideia cristã da encarnação e do conceito de redenção (→ 4.3.1.).

Ainda que, consequentemente, hoje o princípio antropocêntrico da doutrina da criação se apresente problemático por muitas razões, uma coisa é certa: também uma negação ou complementação desse princípio pode ser feita somente por seres humanos, acontece na consciência humana, e, por conseguinte, é novamente, em certo sentido, "antropocêntrica". É o ser humano que admite o valor próprio da natureza. Por isso, em última análise, sequer é possível abstrair da perspectiva humana na contemplação do mundo. Ao menos um "antropocentrismo gnoseológico" parece inevitável. Por outro lado, porém, os questionamentos modernos dirigidos a essa concepção cor-

C. DOUTRINA DA CRIAÇÃO

roboram justamente o esforço no sentido de evitar um "antropocentrismo" da exploração e do mero aproveitamento da natureza exclusivamente para o bem do ser humano. Não por último, a consciência da inserção da história da humanidade no devir e na transformação das múltiplas formas de vida terrena exige reverência pela vida não humana, pela vida vegetal e animal.

1.3. Doutrina cristã da criação no conjunto da dogmática

A fé de que o mundo em sua forma concreta seria a obra de um Deus criador une as religiões monoteístas. Ideias criacionais condensadas em mitos, porém, já existiam entre povos naturais e culturas avançadas antes do surgimento das religiões históricas de revelação. As perguntas: de onde, por que e para onde a respeito do mundo e do ser humano, são comuns a todos os sistemas religiosos. Por isso, doutrina da criação é uma temática "ecumênica" de princípio. Para as religiões que associam sua identidade a uma revelação ocorrida na história é característica a afirmação de uma estreita relação entre criação e salvação, entre a ação criadora de Deus e sua ação redentora. A comunidade dos crentes em Cristo adotou esses elementos de revelação da tradição judaica também para si. Nos escritos neotestamentários não está testemunhada e interpretada, a partir da fé, somente a obra redentora de Cristo, mas também sua função mediadora na obra criadora de Deus (→ 2.1.2.2. Cristologia 2.4.3.). Protologia e escatologia cristã encontram-se na pessoa e na obra de Jesus Cristo.

No conjunto da dogmática católica, a doutrina da criação ocupa um lugar mais consolidado do que na sistemática evangélica, cujo princípio baseado na doutrina da justificação concentrou a atenção mais na pecaminosidade do ser humano e que via na contemplação unilateral da condição do ser humano como criatura o perigo de uma visão demasiadamente positiva das possibilidades humanas para o bem. Hoje a temática da criação abandonou o estágio de uma discussão em nível de teologia de controvérsia por sua razão de ser – além dos progressos na formulação de uma antropologia capaz de obter consenso, contribuiu para isso, não por último, a necessidade cada vez mais evidente de uma preocupação comum com a preservação da criação – e entrou numa fase de fecundação ecumênica mútua.

2. Fundamentos bíblicos

A exemplo de toda a grande literatura dos povos conhecida até o momento, seja do tempo pré-bíblico ou bíblico, também os documentos de fé do povo de Israel e da comunidade de Jesus Cristo falam a respeito dos começos e das origens primitivas da realidade experimentada. A chamada proto-história (Gn 1-11) que, no período pós-exílico, por ocasião da redação final do Pentateuco, foi anteposta à história dos patriarcas (Gn 12-50), retoma eventos e modelos interpretativos presentes em todo o mundo do Oriente Antigo de forma semelhante, numa profusão de mitos da criação.

2. Fundamentos bíblicos

Desde as primeiras páginas da Bíblia judeu-cristã reluz um horizonte cósmico-universal: Javé, o Deus de Israel, é o criador e salvador de todos os homens. Em hinos de lamentação, Israel lembra a este Deus sua ação criadora no ser humano, e manifesta, desse modo, sua esperança no breve fim da desgraça experimentada atualmente. A Ele Israel enaltece em hinos e cânticos. O mundo em sua beleza se torna para Israel um sinal de reconhecimento da presença de Deus Jesus, o judeu, anuncia, em palavra e ação, o sim criacional à vida. Em sua vida e seu destino os primeiros cristãos viam cumprida sua esperança do começo de um novo céu e de uma nova terra.

2.1. Figuras literárias da fé judeu-cristã na criação

2.1.1. Criação e salvação segundo os escritos do Antigo Testamento

A tentativa de apresentar os testemunhos bíblicos a respeito da ação criadora de Deus no mundo e no ser humano em sua sequência cronológica se depara com dificuldades consideráveis: até hoje se discute na pesquisa do Pentateuco, em determinados casos, a que tradição literária (Obra Historiográfica Javista, Documento Sacerdotal) devem ser atribuídas determinadas porções da proto-história. Igualmente nem sempre é possível datar exatamente os textos do Pentateuco, muitos versículos nos textos dos mais antigos profetas literários e de certos salmos. Além do mais, uma exposição cronológica dos textos, baseada na presumível data de redação da atual versão canônica final dos textos, perde importância pelo fato de se ter que contar, ao menos no caso das narrativas da proto-história, com uma longa história da tradição oral e literária.

Apesar de todas essas restrições, uma tentativa nesse sentido não deixa de apresentar resultados esclarecedores, não tanto no sentido histórico, e, sim, mais no sentido teológico.

2.1.1.1. Testemunhos do período pré-exílico

A pesquisa exegética revela amplo consenso de que nos livros do Antigo Testamento se encontram somente bem poucos enunciados sobre a criação redigidos no período anterior ao exílio babilônico, portanto, antes do século VI aC. Nesta categoria enquadram-se, em princípio, os seguintes: a versão javista da proto-história no Livro do Gênese, algumas passagens nos livros dos primeiros profetas literários e alguns poucos salmos.

a) *A proto-história javista* – A segunda narrativa da criação (Gn 2,4b–3,24) na forma canônica atual da Bíblia, assim denominada porque se encontra depois da primeira (a do Documento Sacerdotal), é considerada, em geral, como sendo o começo da Obra Historiográfica Javista, surgida, provavelmente, na época davídico-salomônica dos reis (século X/IX aC).

É verdade que, até há pouco, alguns exegetas questionaram a redação antiga da proto-história javista. No entanto, a maior parte dos pesquisadores ainda considera como fato abonado que em Gn 2–3 se encontram os mais antigos enunciados bíblicos sobre a criação.

C. DOUTRINA DA CRIAÇÃO

Há consenso entre os exegetas de que a narrativa javista da criação não deve ser interpretada independentemente das demais passagens da proto-história javista, porque esta constitui uma composição harmônica e quer ser entendida como tal. Atribuem-se ao Javista sobretudo os textos de Gn 2,4b-4, partes da história do dilúvio de Gn 6–8 (esp. 6,1-4 e 8,21-22) e a narrativa da construção da torre de Babel em Gn 11,1-9. Característica mais evidente da proto-história javista é o fato de ela conter várias narrativas de diversas "quedas dos homens no pecado" e da intervenção punitiva e comiseradora de Deus. Só essa constatação já proíbe uma interpretação teológica isolada da "queda" narrada em Gn 2–3, embora a essa narrativa coubesse especial importância em virtude de sua larga repercussão já dentro da própria Bíblia e mais ainda da teologia como um todo.

O interesse central da proto-história javista é mostrar a determinação, originalmente intencionada por Deus, da relação de "homem" (adam) e "terra cultivável, terra, mundo" (adamah) e sua efetiva perturbação pelo pecado humano.

Por isso a narrativa começa com uma descrição das condições existentes antes da criação do homem (Gn 2,4b-6), quando ainda não havia plantas nem chuva, pois "ainda não havia um homem para cultivar a terra" (Gn 2,5). Depois se concebe a criação do homem de maneira concreta como um ser formado por Deus "de terra do solo cultivável" (Gn 2,7). Por meio da insuflação de seu fôlego da vida (*nefesh*), Deus fez do homem um ser vivente. A exemplo dos homens, também os animais "são formados do solo cultivável" (cf. Gn 2,19).

Segundo a opinião de muitos exegetas, reuniram-se na narrativa javista da criação duas narrativas originalmente independentes (a narrativa da criação do homem e a da primeira queda no pecado), de maneira que a criação do homem deve ser concebida como tendo sua continuidade em Gn 2,18-24. Essa passagem fala de duas tentativas de Deus de colocar ao lado do homem (ainda) solitário uma "ajuda" (*ezer*) que lhe correspondesse, pois: "Não é bom que o homem fique só" (Gn 2,18). A narrativa da criação dos animais (Gn 2,19s.) que, todavia, como fica evidente, não são verdadeiros parceiros para o homem, é, em geral, entendida hoje como testemunho, presente em quase todos os mitos da criação, de uma proximidade original no convívio de homem e animais, à qual se estaria fazendo referência aqui. A tradição da criação do homem que foi acolhida no estrato da fonte javista poderia ter encerrado, originalmente, com a criação da mulher a partir da *sela* do homem (termo traduzido em geral por "costela", mas que, na verdade, em termos mais gerais, significa "elemento de construção", "tábua", "viga"), "da mesma carne e osso" (Gn 2,21-23), com a qual a intenção de Deus de superar a solidão do homem finalmente foi bem-sucedida, e com a fórmula etiológica final (Gn 2,24).

Estamos diante de uma "etiologia" quando o autor teve a intenção de explicar uma realidade experimentada atualmente como uma realidade "surgida". Nos escritos bíblicos encontram-se muitos desses enunciados etiológicos, o que acontece também em Gn 2,24: "Por isso o homem abandona pai e mãe e se une à sua mulher, e eles se tornarão uma só carne". Exegetas que revelam uma sensibilidade especial para a interpretação bíblica no que diz respeito à dife-

2. Fundamentos bíblicos

rença dos sexos destacam principalmente as seguintes particularidades da narrativa javista da criação do homem:

1) Gn 2,18-23 não tem modelo ou paralelo em outras tradições da criação no Oriente. Em parte alguma se relata de forma semelhante *a criação da mulher como ato de criação divina próprio*.

2) Antes da criação da mulher, o texto fala em termos gerais do *homem (adam)* formado da terra agricultável; somente depois da formação da mulher o texto distingue terminologicamente entre "varão" (*ish*) e "varoa" (*ishah*) (Gn 2,23). Ocorre a transição da designação sexualmente neutra do homem como *adam* para a denominação do varão Adão mais tarde na tradição do Documento Sacerdotal (cf. Gn 5,2s.).

3) A "ajuda diante dele" procurada por Deus para o homem não deve ser mal-interpretada como "prestação de serviço", e, sim, é vista inequivocamente em Gn 2,18 como *ajuda para sair da miséria da solidão*. É intenção do texto descrever o ser humano como destinado à comunhão inter-humana, entre dois sexos.

Intimamente entretecida com a narrativa javista da criação do homem em Gn 2-3 está a história da primeira queda do homem em pecado, que acontece num jardim no Oriente (*eden*), onde Deus colocara o homem depois de sua criação, "a fim de que o cultivasse e guardasse" (Gn 2,15). O jardim do Éden descrito inicialmente (2,9-14) serve de cenário para a tentação do homem e da mulher, descrita em Gn 3.

A composição complexa dessa narrativa se nos apresenta basicamente da seguinte maneira: 2,16s.: proibição, sob ameaça de morte, de comer dos frutos da árvore do conhecimento do bem e do mal; 3,1-7: sedução que consegue a serpente, primeiro da mulher, depois também do homem, e consequente reconhecimento de que estavam nus (um diante do outro); 3,8-13: confissão relutante do ato proibido perante Deus; 3,14-19: "sentença" de Deus sobre a serpente, a mulher e o homem (com vários enunciados etiológicos); 3,20-24: os homens vestidos de roupas e peles e expulsos do jardim. Chama a atenção o fato de que também nesses versículos é mantida, do começo ao fim, o estreito relacionamento do homem e de seu trabalho com a terra (cf. 3,17-19.23).

Entre os muitos detalhes interessantes dessa narrativa deveriam ser considerados especialmente os seguintes aspectos:

1) Discutem-se ainda, entre os pesquisadores, a origem e o significado da *figura da serpente*; possivelmente documenta-se aí uma alusão aos cultos cananeus da fecundidade.

2) O fato de sobretudo as *mulheres* israelitas terem contribuído para a divulgação do culto a Baal em Israel poderia ter influenciado a narrativa de Gn 3, visto que nela a serpente consegue seduzir primeiramente a mulher ao ato proibido. Em contrapartida, em Gn 3,6 estranhamente o homem não mostra nenhuma força de vontade para resistir à tentação, e se deixa levar.

3) A ameaça de *morte* dos seres humanos anunciada por Deus para o dia em que cometessem o delito não se cumpre.

Já dentro da própria Bíblia, Gn 2-3 sofreu uma interpretação reduzida, ao menos sujeita a mal-entendidos quanto a seu conteúdo, e, além disso, discriminadora da mulher, quan-

C. DOUTRINA DA CRIAÇÃO

do se lê no Eclesiástico: "Foi pela mulher que começou o pecado, por sua culpa todos morremos" (Eclo 25,24).

4) Os futuros sofrimentos dos três implicados no evento pecaminoso, anunciados em Gn 3,14-19 na forma de *sentenças de punição*, devem ser entendidos, de acordo com a opinião unânime dos exegetas, como experiências da atualidade dos autores do texto. Quer-se expressar que o próprio homem é culpado desses sofrimentos. Ao contrário do que ocorre em muitas cosmogonias e teogonias não bíblicas, o responsável pelo sofrimento experimentado agora não é um conflito de interesses dos deuses entre si; isso acontece como consequência punitiva do pecado humano. Isso significa, ao mesmo tempo, que o texto bíblico quer expressar que as condições atualmente existentes (dores de parto, dominação da mulher pelo homem, trabalho penoso do homem) não correspondem ao plano original de Deus com os seres humanos.

5) A sentença de castigo de Gn 3,15, que pode ser enquadrada facilmente nas sentenças punitivas precedentes e subsequentes, e que, a princípio, deve ser entendida como um enunciado etiológico, experimentou, na tradição cristã, como o chamado *protoevangelho*, uma interpretação cristológico-mariológica.

6) A pergunta pela origem, pela *procedência do mal*, não é respondida conceitual-doutrinariamente em Gn 2-3. O texto – para ser mais exato – sequer se propõe essa pergunta: "A pergunta verdadeira, a que determina a narrativa, é: Por que o ser humano criado por Deus é um ser limitado por morte, sofrimento, fadiga e pecado? Ela não é propriamente a pergunta objetiva pela causa, e, sim, a pergunta do homem atingido por essa discórdia, que recebe sua resposta na narrativa" (WESTERMANN, C. *Schöpfung*, 162). *Ao contrário de muitos mitos da criação do Oriente Antigo, a narrativa javista explica o sofrimento presente nem como consequência de uma guerra entre deuses, nem como efeito da luta entre um princípio bom e um princípio mau, mas responsabiliza o próprio ser humano pelas condições de desgraça surgidas contra as intenções originais de Deus.*

Em termos de história de motivos está intimamente relacionada com a narrativa da primeira queda em pecado, em Gn 2-3, a história do homicídio cometido por Caim contra seu irmão Abel (Gn 4,1-16), atribuída igualmente ao Javista. Esta segunda narrativa javista da queda em pecado explica a inimizade, muitas vezes mortal, reinante entre os homens como contrária à vontade de Deus. Após a expulsão do jardim do Éden, o ser humano não apenas sofre o doloroso distanciamento de Deus, mas também a discórdia no convívio. Igualmente na continuação da proto-história Javista, em Gn 6,5, fala-se do pendor do homem para o mal: em virtude de seu amargo conhecimento da maldade do ser humano, Javé "se arrepende" de tê-lo criado (cf. Gn 6,6s.).

O enunciado teológico central da proto-história javista é que Javé, apesar de todas as perturbações da ordem da criação provocadas pelo homem, sempre de novo mostra misericórdia, e não executa sua sentença pronunciada reiteradas vezes explicitamente. O final da história javista do dilúvio confirma essa tese teológica básica

2. Fundamentos bíblicos

de modo preciso: "Javé [...] disse consigo mesmo: Nunca mais tornarei a amaldiçoar a terra por causa dos homens, pois a tendência do coração humano é má desde a infância. Nunca mais tornarei a exterminar todos os seres vivos como acabei de fazer. Enquanto a terra existir, não deixará de haver semeadura e ceifa, frio e calor, verão e inverno, dia e noite" (Gn 8,21s.). Intimamente ligada com essa passagem está, na obra historiográfica do Javista, a promessa de bênção a Abraão em Gn 12,1-8, como mostra sobretudo o versículo 3, no qual Javé promete a Abraão: "Abençoarei os que te abençoarem e amaldiçoarei os que te amaldiçoarem. Através de ti todas as gerações da terra (*adamah*) serão abençoadas". Com isso fica preservado também nas histórias dos patriarcas o horizonte universal, humano-global da proto-história da Bíblia.

Para a compreensão global da proto-história javista é essencial reconhecer a verdadeira intenção dos enunciados que o Javista expressa numa forma literária adequada a seu tempo: "Quando se trata de comportamentos humanos fundamentais, portanto, de traços essenciais, preestabelecidos a todo ser humano, enquanto ser humano, o narrador do Oriente Antigo escolhe a forma das narrativas dos tempos primitivos: elas contam como o ser humano adquiriu esta natureza logo no início de sua história e em sua origem (quer dizer, na proto-história, além da história experimentável). Histórias dos tempos antigos não contam as coisas que aconteceram uma única vez, e, sim, as coisas que aconteceram pela primeira vez como coisas que sempre acontecerão. Contam 'o que nunca foi' e é 'sempre', põem a descoberto o que qualquer pessoa sabe, mas não sabe, e querem ajudar a vencer na vida com esse saber e essa natureza preestabelecida. Seus heróis e anti-heróis não são figuras que alguma vez existiram na história, mas são inteiramente históricas, porque toda pessoa tem parte nelas" (ZENGER, E. *Blut*, 11).

b) *Enunciados sobre a criação nos livros dos profetas literários pré-exílicos* – Nos livros de determinados profetas, cujos registros escritos datam do período pré-exílico, encontram-se alguns poucos enunciados sobre a criação (Am 4,13; 5,8; 9,6; Os 8,14; Is 1,2; Jr 1,5; 2,27), sendo que nem sempre há consenso se essas curtas passagens de textos não são interpolações pós-exílicas. Essas poucas abonações para a temática da criação na literatura profética pré-exílica ou são louvor hínico do Criador (sobretudo em Amós), ou lamento profético sobre o esquecimento de Deus (criador) em Israel (especialmente em Oseias e Jeremias).

c) *Salmos pré-exílicos da criação* – Ao lado dos salmos 19 e 104, cuja datação pré-exílica, no entanto, é controvertida, considera-se sobretudo o Sl 24 como abonação de louvor hínico pré-exílico ao Criador.

No Sl 24, cujo "lugar vivencial" provavelmente se encontra em seu uso por ocasião da entrada festiva dos peregrinos no templo salomônico, os versículos introdutórios enaltecem a Javé, o Criador do mundo: "A Javé pertence a terra e o que a preenche, o mundo e seus habitantes. Pois a fundou sobre mares, firmou-a sobre correntes de água" (Sl 24,1-2).

O fato estranho de somente poucos salmos bíblicos da criação terem sido compostos antes do exílio é, em si, ambíguo: em face das concepções da criação amplamente

C. DOUTRINA DA CRIAÇÃO

difundidas (inclusive entre os povos estranhos) no tempo anterior ao exílio, Israel poderia ter sentido pouca necessidade de refletir sobre a realidade da criação. A averiguação, porém, poderia igualmente corroborar a tese de que Israel reconheceu a ação de Javé sobretudo em seus feitos salvíficos históricos. As duas interpretações não são necessariamente contraditórias.

2.1.1.2. Testemunhos do período do exílio babilônico

Segundo opinião consensual dos exegetas, desde o período imediatamente anterior ao exílio babilônico (587-538 aC), não apenas aumenta o número de textos escriturísticos que tematizam a criação, mas esses alcançam, justamente no período do exílio, pela primeira vez também uma relevante importância teológica.

As transições da proclamação bíblica pré-exílica da ação criadora de Javé para a pós-exílica devem ser imaginadas fluentes. Imediatamente antes da catástrofe que sobreveio a Judá no século VI aC (extinção da dinastia davídica, destruição do templo, deportação de grandes parcelas do povo), o profeta Jeremias, p. ex., encorajava os amedrontados israelitas, conjurando a superioridade de Javé sobre todos os poderes estranhos e seus deuses (cf. Jr 10,6s.10-12).

A reflexão sobre a ação criadora exclusiva de Javé, revigorada no século VI, está intimamente relacionada com a transição, também ocorrida nesta época, para um monoteísmo (→ Doutrina sobre Deus 2.1.2.1.) (também) "teórico".

Como o grande teólogo da criação do tempo do exílio é considerado o profeta não conhecido pelo nome, que denominamos "Dêutero-Isaías" (Is 40-55), que viveu no período final do exílio e presenciou o retorno dos israelitas deportados. Também a fixação escrita de grandes porções da narrativa da criação do Documento Sacerdotal deve datar do tempo do exílio babilônico (Gn 1-2,4a), embora a redação final do Documento Sacerdotal tenha ocorrido somente no primeiro período da época pós-exílica.

a) *Dêutero-Isaías* – Na obra do Dêutero-Isaías podemos distinguir nitidamente dois tipos de enunciados sobre a criação: o louvor de Javé, Criador do mundo, e o lamento de suas criaturas sofredoras.

"A primeira tradição tem [...] por conteúdo especialmente a criação do céu e da terra, bem como o senhorio de Javé sobre sua criação. O lugar de sua tradição é o louvor descritivo, sua função é a de enaltecer o poder de Javé sobre o mundo, que, no caso do Dêutero-Isaías, é sempre dirigido contestadoramente contra toda sorte de objeções. A segunda tradição tem por conteúdo a criação do indivíduo que se dirige a Deus em lamentos. Seu lugar na história das formas é o lamento e o oráculo salvífico, nos quais cumpre a função de, em contraste com a relação rompida entre Deus e o homem, apontar para a comunhão íntima entre o Criador e sua criatura. No Dêutero-Isaías o motivo – na maioria das vezes aplicado à relação Javé-Israel – serve para criar confiança na nova dispensação de Deus a seu povo" (ALBERTZ, R. *Weltschöpfung*, 51).

1) Numa época em que Israel precisou passar pela experiência de ser vencido e dominado política e militarmente por estrangeiros que haviam conseguido inclusive destruir dois elementos centrais da identidade do povo de Javé (dinastia e templo), a pro-

clamação profética da fiel vontade salvífica de Javé para com Israel poderia mostrar-se fidedigna, somente se fosse dirimida a dúvida se Javé poderia ser "inferior" aos deuses dos povos estrangeiros. O Dêutero-Isaías nega aos outros deuses qualquer possibilidade de existência mesmo "teórica": "Pois assim diz Javé, que criou o céu, Ele é o Deus que formou e fez a terra – é Ele que a sustenta; não a criou como deserto, Ele a fez para morar: Eu sou Javé, e mais ninguém" (Is 45,18; cf., além disso, Is 44,6-8; 45,14.21s.). A introdução da temática da criação na argumentação do profeta lhe possibilitou confessar a Javé como criador de todos os povos e regiões. Consequentemente o povo podia crer na presença de Javé também no estrangeiro. Desse modo também se tornou crível que Javé "usava" os povos inimigos de Israel para executar seu juízo sobre Israel, e que podia escolher um soberano estranho (Ciro) para cumprir em Israel sua nova deliberação (cf. 45,1-8). Justamente também nesta situação histórica, Javé nunca deve ser reconhecido como "impotente".

A temática da criação do mundo se expressa no Dêutero-Isaías na forma literária do louvor descritivo que, no caso, na maioria das vezes, pressupõe implicitamente uma situação em que parece que alguém está contestando que Javé, o Deus criador, fosse digno de louvor (cf. Is 40,25-28; 42,5; 44,24; 45,6s.; 51,13).

2) Numa época de extrema aflição e desespero, Israel deve lembrar que Javé criou a cada um individualmente e o povo todo, e tirar da assim fortalecida consciência de ser povo eleito confiança também no futuro agir de Javé. Como forma literária para transmitir essa intenção, o Dêutero-Isaías escolhe elementos da liturgia de lamento, conhecida de Israel até agora no contexto da oração "particular" em família e no clã (portanto, não da liturgia do templo) e na qual a lembrança da ação criadora de Javé no indivíduo funcionava como "fórmula de contraste" introdutória, à qual se seguia então um lamento sobre a desgraça atualmente experimentada. Deve-se atribuir à especial habilidade do Dêutero-Isaías no uso dessas formas de discurso o fato de "pôr na boca" do próprio Javé os elementos que, originalmente, são parte integrante da lamentação, fortalecendo, desse modo, a certeza de que Javé tornará a mostrar ao povo sua clemência (cf. Is 43,1; 44,1-3; 49,5).

Desse modo o lamento ouvido por Javé se torna um "oráculo salvífico", uma promessa de futura salvação da dificuldade: "Alegra-te, tu estéril, que jamais deste à luz, tu que jamais estiveste em dores de parto, rompe em júbilo e regozija-te! [...] Não temas, não serás envergonhada; não te envergonhes, não serás confundida. Pois esquecerás a vergonha de tua mocidade, não mais te lembrarás do opróbrio de tua viuvez. Pois teu Criador é teu esposo, Senhor dos Exércitos é seu nome. O Santo de Israel é teu Redentor, Ele é chamado 'Deus de toda a terra'" (Is 54,1.4s.).

No exílio babilônico, numa época de provação extrema da fé em Javé, o Dêutero-Isaías despertou em Israel nova confiança em Javé, anunciando-o como Deus único, criador de todos os homens e povos, que dirige todos os destinos do mundo. Nesta época as expressões "Javé nos escolheu", "Javé nos criou" e "Javé nos salva-

C. DOUTRINA DA CRIAÇÃO

rá" se tornaram sinônimas. Nesta forma refletida, a temática da criação alcançou relevância teológica central em Israel.

b) *A proto-história do Documento Sacerdotal* – A proto-história do Documento Sacerdotal, surgida na época do fim do exílio, e toda a obra historiográfica do Pentateuco calcada no Documento Sacerdotal podem, em vários sentidos, ser consideradas francamente como contrapostas à proclamação dos profetas do exílio. *Enquanto o Dêutero-Isaías abria uma perspectiva escatológico-dinâmica para Israel, a tradição do Documento Sacerdotal proclama a estabilidade da história mundial, na qual, na verdade, ocorrem mudanças, mas cuja continuidade não está ameaçada.*

O enunciado básico do Documento Sacerdotal é o seguinte: "Por mais dinâmicos que tenham sido os começos – depois que o mundo e a humanidade atingiram sua grandeza e ordem, o mundo pode e deve ficar como está. E se os destinatários do Documento Sacerdotal, apesar de serem israelitas, de fato não se encontram mais em Canaã, então isso é uma perturbação passageira, que deve ser superada por Deus o mais breve possível, se não houver interferência perturbadora por parte do homem. No conjunto, nosso mundo é concebido como estável, e as eternas promessas da aliança de Deus expressam isso" (LOHFINK, N. *Schöpfergott*, 200).

A exemplo do Javista, também a narrativa da criação do Documento Sacerdotal (Gn 1–2,4a) não pode ser interpretada de modo isolado de outras partes da proto-história do Documento Sacerdotal (Gn 5,1-32; 6,9–9,29; 10,1-32; 11,10-26) e de todo seu projeto histórico.

Segundo a narrativa da criação do Documento Sacerdotal, Deus completou suas oito obras da criação (dia e noite, céu, terra, plantas, sol e lua, peixes e aves, animais terrestres, homens) em seis dias e Ele próprio descansou no sétimo dia. O poema didático da chamada obra-de-seis-dias tem uma estrutura como que esquemática e contém numerosas fórmulas que se repetem.

Depois do título introdutório (Gn 1,1) e da descrição do estado das coisas antes da intervenção de Deus (1,2), surgiram céu e terra por meio de obras separadoras de Deus. No primeiro dia da criação (1,3-5) são separadas luz (dia) e trevas (noite), no segundo dia, as águas abaixo e acima da abóbada (céu), no terceiro dia são criados o seco (terra) e o verde (plantas), no quarto dia surgem a grande e a pequena luminária (sol e lua), no quinto dia, peixes e aves, no sexto dia, os animais terrestres e os homens. Depois de completada toda a sua obra, Deus descansa no sétimo dia, abençoa e santifica-o. A narrativa termina em Gn 2,4a com uma formulação de resumo final.

1) A narrativa do Documento Sacerdotal está concebida basicamente nos moldes das *tradições* babilônico-mesopotâmicas *a respeito da criação do mundo*. As repetidas locuções, no estilo de fórmulas, "Deus disse: haja ...", "Assim se fez", "Viu Deus que era bom" também encontram-se, em forma semelhante, em textos não bíblicos. Essa nítida distinção entre a palavra criadora de Deus e a "execução" de sua ordem comprova uma percepção, surgida na época tardia, para a possível autonomia de processos intramundanos. Além disso, parece interessante que, em Gn 1,4a, Deus declara boa somente a luz (não as trevas).

2. Fundamentos bíblicos

2) Distinguindo-se do Javista, no Documento Sacerdotal surge primeiro o *espaço de vida* e o *alimento* para os seres humanos, antes de relatar a *criação dos homens* como última das oito obras de criação. Possivelmente Gn 1,26-31 se baseia numa tradição da criação do homem originalmente independente.

A criação dos seres humanos à "imagem de Deus", narrada em Gn 1,26s., quer anunciar, no estilo linguístico do mundo oriental antigo, como correspondente à vontade de Deus que o homem, como administrador de Deus, é responsável pelo bem de toda a criação (→ 2.3.3.1.).

A exemplo do Javista, também a narrativa do Documento Sacerdotal descreve a criação do ser humano como homem e mulher expressamente como vontade e obra de Deus: "Portanto, Deus criou o homem à sua imagem; à imagem de Deus o criou. Como homem e mulher os criou" (Gn 1,27; → 2.3.3.2.). A *promessa de bênção* expressa explicitamente para o animal e o homem (Gn 1,22.28) refere-se, no Documento Sacerdotal, à fecundidade e à multiplicação.

3) Corresponde à concepção rigorosamente esquematizada da narrativa da criação do Documento Sacerdotal o fato de nela se empregar, de modo consequente, o verbo *bara'* (criar: Gn 1,1.21; 2,2.4a; de modo concentrado na criação do homem: Gn 1,27 três vezes), que em toda a tradição bíblica é empregado somente quando se fala da obra criadora de Deus. O Documento Sacerdotal emprega esse vocábulo, também usado com frequência pelo Dêutero-Isaías, de modo consequente para definir a obra criadora de Deus como realidade sem analogia (em relação à atividade humana).

4) É essencial para a compreensão do conjunto da teologia da proto-história do Documento Sacerdotal que nela a história do dilúvio (partes de Gn 6-9) está, em termos da história dos motivos, intimamente relacionada com a narrativa da criação. Já a introdução à história do dilúvio constata: "A terra, porém, estava pervertida aos olhos de Deus, cheia de violência. Deus observou a terra: estava corrupta; pois todos os seres de carne sobre a terra viviam de modo perverso" (Gn 6,11s.). Esse texto está em nítida tensão com a assertiva de Deus, confirmada reiteradas vezes em Gn 1, de que a criação era boa. Portanto, também o Documento Sacerdotal tem consciência do fato de que, "já muito cedo", *o mal irrompeu no mundo.* No entanto, apesar da maldade dos seres humanos, Deus está disposto a fazer uma aliança com eles (cf. Gn 9,8-17). Como sinal de sua aliança com Noé, na qual Deus se compromete a nunca mais executar sua sentença de destruição, Deus define seu "arco nas nuvens". Como, mais tarde, a aliança com Abraão (cf. Gn 17) e a aliança sinaítica (cf. Ex 24), também a aliança com Noé concebida, segundo a tradição do Documento Sacerdotal, como aliança permanente, eterna.

Chama a atenção o fato de que na descrição da aliança do Documento Sacerdotal, firmada no Monte Sinai (Ex 24,15-18), retorna o esquema dos seis, respectivamente sete dias. No sétimo dia Moisés recebe a permissão de encontrar-se com Deus em seu ígneo resplendor celestial e recebe a missão de construir um santuário para Deus, no qual, no futuro, todos os seres humanos haveriam de ter a possibilidade de um encontro com Deus (cf. Ex 25).

C. DOUTRINA DA CRIAÇÃO

A proto-história do Documento Sacerdotal fala – como o Javista – da boa ordem da criação de Deus e da desordem que se instalou efetivamente. Também ele não oferece resposta à origem do mal. O Documento Sacerdotal espera salvação de uma vida correspondente à ordem original, pela qual o espaço de vida dos seres humanos fica preservado, há alimentos suficientes para todos e a promessa de bênção se cumpre numa sequência ordenada de gerações. Em última análise, porém, é o próprio Deus que mantém sua criação, cumprindo eternamente sua promessa de aliança.

2.1.1.3. Testemunhos do período pós-exílico

De longe a maioria das abonações para o enfeixamento da temática da criação na confissão de Deus e na prática da fé de Israel foi redigida no tempo pós-exílico. Além de em alguns livros de profetas pós-exílicos, elas se encontram sobretudo no Saltério, na literatura sapiencial e na literatura da apocalíptica judaica. No período depois do exílio, o motivo da criação experimentou vasto desdobramento e se tornou portador de enunciados de diferentes intenções teológicas.

a) *Salmos pós-exílicos da criação* – Somente em poucos salmos pós-exílicos falta uma referência à temática da criação (cf. Sl 98; 100; 113; 145; 149; 150). A maior parte dos salmos verbaliza a fé do autor na ação criadora de Deus, sendo que, essencialmente, podem ser estabelecidas as seguintes ênfases de conteúdo:

1) Muitos salmos enaltecem, na forma literária do louvor descritivo, *a grandeza e a majestade de Javé, Criador do mundo* (cf. Sl 33,6-9; 95,1-5; 96; 135,5-7; 136,4-9; 148). Frequentemente associada ao louvor do poder superior de Javé encontramos, nos salmos pós-exílicos, a *confissão da nulidade, efemeridade, limitação e pecaminosidade dos seres humanos.*

2) *Confiança na providência de Javé, Criador do mundo*, que se vê com frequência concretizada na alimentação providenciada para os animais e seres humanos, expressa-se, por exemplo, no Sl 145,15s.: "Os olhos de todos esperam em ti, e tu lhes dás alimento a seu tempo. Abres tua mão e satisfazes a todos os seres vivos segundo teu beneplácito". Também Sl 104,10-15; 121; 136,25; 146,5-9; 147,7-9 expressam a confiança de que Javé providenciará o sustento de sua criação.

3) *Confiança na estabilidade do mundo* com base nas *leis naturais* estabelecidas e vigiadas por Deus transparece no Sl 93: "O mundo está solidamente fundamentado, jamais vacilará. Teu trono está firme desde o início, tu és desde a eternidade" (Sl 93,1bs). Essa temática também foi retomada em Sl 96,10, ela se encontra igualmente em determinadas passagens de Jeremias, consideradas intercalações posteriores (cf. Jr 31,35s.; 33,25s.). Segundo o Livro de Jeremias, brota da noção de que Deus cuida da manutenção da ordem da natureza a esperança da sua renovada (histórica) ação salvífica em Israel (cf. tb. Eclo 12,1s.).

2. Fundamentos bíblicos

4) O mundo, sua beleza e ordem, tornam-se, com frequência crescente, objeto explícito da admiração do compositor de salmos. *Contemplação e interpretação da natureza* tornam-se elementos da oração de salmo (cf. esp. Sl 104).

5) Baseando-se nas narrações bíblicas, o Salmo 8, que, neste sentido, não encontra paralelos no Saltério, resume a *criação do mundo e do homem por Javé* em forma de *poema didático*.

6) Sobretudo em salmos de lamentação encontram-se *retrospectos à ação criadora e salvífica de Javé no mundo no passado*. Em geral usados como "contrastes" ao sofrimento ora experimentado, pretende-se que os que oram esses salmos adquiram, desse modo, nova esperança de que Javé não os deixará perecer (cf. esp. Sl 90).

7) Os salmos pós-exílicos falam muito menos *da ação criadora de Javé na pessoa individual em oração* do que da criação do mundo por Javé. A lembrança de uma pessoa de ter sido criada por Deus tinha seu lugar original no salmo de lamentação e servia de preparo para a prece pelo fim do sofrimento atual. Entendido como *manifestação de confiança*, esse motivo aparece somente em um dos salmos de lamentação pós-exílicos, no Salmo 22: "És tu quem me tiraste do ventre materno e me confiaste aos seios de minha mãe. Desde o nascimento estou aos teus cuidados, desde o ventre materno tu és meu Deus. Não te afastes de mim, pois a angústia está próxima, e não há ninguém que me ajude" (Sl 22,10-12).

Nos salmos pós-exílicos a temática da criação está presente como louvor de Javé Criador do mundo. A enaltecida grandeza e o poder de Javé levam as pessoas que oram esses salmos a confiar na constância do mundo, na riqueza inesgotável de sua bondade e na ação salvífica de seu Deus. Em contrapartida, cresce a disposição de tematizar na oração a limitação e transitoriedade da vida do indivíduo. O interesse pelas maravilhas da natureza, despertado no período posterior, também encontra sua expressão no Saltério, mas adquire verdadeira importância sobretudo na literatura sapiencial.

b) *Literatura sapiencial* – Na chamada literatura sapiencial do cânon bíblico encontra-se uma profusão de alusões à temática da criação, que revela uma grande riqueza de pensamentos nesses livros.

1) As partes provavelmente mais antigas da literatura sapiencial judaica encontram-se no Livro dos Provérbios. Vários ditos avulsos reunidos em Pr 10–29 e que preservam, em parte, sabedoria popular muito antiga, incluem expressamente em sua argumentação a crença de que Javé teria criado os homens. Em geral, os provérbios querem oferecer ajuda para enfrentar a vida do dia a dia. Novo é o aspecto de se recorrer à realidade criacional para fundamentar o comportamento ético-social. Pr 14,31, por exemplo, reza: "Quem oprime o humilde, despreza seu criador; honra-o quem tem misericórdia com o necessitado". Teor semelhante é o de Pr 17,5. A lembrança de que Javé criou todos os seres humanos torna-se um argumento a favor da igualdade de to-

C. DOUTRINA DA CRIAÇÃO

dos perante Deus: "Ricos e pobres se encontram, Javé, porém, criou a todos eles" (Pr 22,2; cf. de modo semelhante Pr 29,13).

Referências à mesma dignidade humana de todos em virtude de sua criaturidade encontram-se, além de no Livro dos Provérbios, também em Jó 31,15; 33,4.6; 34,19; Sb 6,7 e Ml 2,10.

O horizonte de experiência desses provérbios, que exigem um relacionamento amoroso entre os seres humanos, deve ser procurado em situações em que tensões sociais levam a conflitos.

Num contexto bem diferente, porém, parecem encontrar-se os textos no Livro dos Provérbios que falam da ação de Javé como Criador do mundo. Eles retomam o louvor hínico de Deus da literatura de oração. As partes mais recentes do Livro dos Provérbios em relação à coleção de provérbios (Pr 1-9) refletem sobretudo o papel da Sabedoria nos primitivos acontecimentos da criação. Enquanto em Pr 3,19s. a Sabedoria é descrita como atributo do Deus Criador, ela aparece em Pr 8,22-31 como a primeira obra da criação de Deus. De acordo com Pr 8,7 e Eclo 24,3-5, a Sabedoria estava presente quando Deus fez o céu e a terra.

Segundo Pr 8,22, a Sabedoria é a primeira obra da criação de Javé. Nos textos posteriores da literatura sapiencial judaica, a Sabedoria vai adquirindo uma paulatina autonomia. A Sabedoria é a "imagem" da perfeição de Deus, o "esplendor da luz eterna" (Sb 7,25s.). Ela livrou a Adão do pecado, salvou a terra do dilúvio, escolheu a Abraão e dirigiu a história do povo de Israel (Sb 10,1-11,4). Portanto, segundo o testemunho do Antigo Testamento, a Sabedoria de Deus atua tanto na criação quanto na história salvífica.

O caráter hínico da tradição da criação do mundo no Livro dos Provérbios se evidencia com clareza em Pr 3,19s.: "O Senhor fundou a terra com sabedoria, e firmou o céu com entendimento. Por seu saber, abriram-se os mananciais, e as nuvens destilam orvalho".

2) O *Livro de Jó*, compilado num processo mais longo nos séculos IV e III aC, desdobra, de modo narrativo, o questionamento das interpretações do sofrimento humano correntes até então. A dura sina de Jó não podia ser explicada nem como consequência do próprio pecado humano, nem como restabelecimento por parte de Deus que pune a ordem da justiça ofendida. Introdutoriamente, esse destino é apresentado literalmente como provação da firmeza de sua fé em Deus (cf. Jó 1,6-2,10). Não obstante, a insistente pergunta por um possível sentido do sofrimento de inocentes não acaba recebendo uma resposta real.

A temática da criação desempenha papel relevante em todas as partes do Livro de Jó, e é tratada em contextos bem distintos: a lembrança de o homem ter sido criado por Deus, na verdade, não perdeu sua verdadeira função no Livro de Jó, a saber, a de suscitar confiança também na futura ação salvífica de Deus; no entanto, abandonou seu lugar original na lamentação e se torna – num discurso do homem de Deus Eliú, por exemplo – uma conclamação admoestadora no sentido de esperar pacientemente pela sentença de Deus (cf. Jó 35,9-14). Depois, porém, o motivo da criação do homem é usado, no Livro de Jó, sobretudo para tematizar a finitude, limitação, nulidade e pecaminosidade de todas as criaturas (cf. esp. Jó 4,17-21).

A isso corresponde o fato de no Livro de Jó o poder de Deus sobre sua criação ser expresso reiteradas vezes de modo muito acentuado. Dessa noção nasce, por outro lado, confiança no governo provedor de Deus (cf. Jó 5,10s.; 38,39-41), ao mesmo tempo, porém, emudece o lamento do homem diante desse soberano do mundo, que parece ter-se retirado a uma distância inatingível e cujos conhecimentos permanecem insondáveis para o ser humano: "Não entendemos o Todo-Poderoso. Ele é sublime em poder e direito, é rico em justiça; Ele não torce o direito" (Jó 37,23; cf. tb. Jó 26,5-14).

Deus toma a sério os amargos lamentos e as perguntas desesperadas de Jó pelo sentido do sofrimento na medida em que, por fim, responde com uma autojustificação, que rejeita a torturante tentativa de Jó, expressa em contraperguntas de forte cunho irônico, de demandar com Deus: "Levanta-te, cinge teus lombos como um ser humano. Eu te perguntarei, e tu, instrui-me! Onde estavas quando fundei a terra? Dize-o, se é que o sabes" (Jó 38,3s.). Na forma literária do discurso de Deus passam a ser expostas aos olhos de Jó as maravilhas da natureza (cf. Jó 38s.; 40,15-41,26). Nesses versículos se reflete uma observação exata da natureza, desenvolvida em época tardia. A enorme força do hipopótamo, a invencibilidade do crocodilo encouraçado, a constância das leis da natureza como um todo tornam-se argumento para o governo poderoso de Deus no mundo. Nessa situação restam para Jó, perante Deus, somente o emudecer, a confissão da cegueira de sua vã revolta contra seu destino em ignorância da verdadeira grandeza de Deus, bem como o humilde pedido de instrução por Deus na escura noite do sofrimento.

3) A insondabilidade dos conselhos de Deus e a efemeridade da vida humana são os dois temas ligados igualmente à temática da criação no Eclesiastes (século III aC).

O Eclesiastes conclama o ser humano do seguinte modo: "Lembra-te de teu Criador em teus anos de mocidade, antes que venham os anos de enfermidade e te atinjam os anos dos quais dirás: Não os tolero!, [...] sim, antes que rasgue o cordão de prata, quebre a taça de ouro, o jarro seja espatifado na fonte, a roldana caia quebrada no poço, o pó torne a cair sobre a terra como o que era, e o fôlego retorne a Deus, que o deu" (Ecl 12,1.6s.).

Em vista do tempo que voa e da morte certa que sobrevém ao homem tão bem quanto ao animal (cf. Ecl 3,19s.), e em vista da convicção de que, na verdade, Deus determinou todos os eventos desde toda a eternidade (cf. Ecl 3,14s.), sendo, porém, inescrutáveis ao homem o eterno poder e a sabedoria de Deus, resta-lhe somente aceitar a felicidade do momento como presente de Deus, de experimentar a insondável ação de Deus pelo menos a cada momento.

"Deus fez tudo isso a seu tempo, de modo perfeito. Além disso, Ele dispôs que fossem permanentes, mas sem que o homem chegue a conhecer o princípio e o fim da ação que Deus realiza. E compreendi que não há outra felicidade para o homem senão alegrar-se e assim alcançar a felicidade durante a vida. Igualmente, o homem comer e beber e, mediante o seu trabalho, desfrutar da felicidade é também dom de Deus" (Ecl 3,11-13). Semelhante é o que diz também Ecl 3,22.

C. DOUTRINA DA CRIAÇÃO

4) No *Eclesiástico* (século II aC) novamente o olhar do observador se volta para a ação criadora de Deus. Neste caso, encontra-se no centro o louvor da poderosa Palavra de Deus, por meio da qual tudo surge. A beleza e a ordem da natureza tornam-se motivação para enaltecer a Deus.

"A beleza e a glória do céu são as estrelas, uma brilhante joia nas alturas de Deus. Por meio da Palavra de Deus elas estão ali ordenadas e não se cansam em sua vigília noturna. Observa o arco-íris e enaltece teu Criador, pois Ele é sobremaneira belo e maravilhoso" (Eclo 43,9-11).

Excessivamente numerosas parecem ser as obras de Deus, demasiadamente grande a variedade dos seres vivos que a inteligência humana fosse capaz de expressá-lo: "Se disséssemos mais um tanto, não chegaríamos a fim nenhum; por isso, seja esta a conclusão do discurso: Ele é tudo! Apenas podemos louvá-lo, mas jamais compreendê-lo, visto que é maior que todas as suas obras. Javé é sobremaneira temível, incompreensível é sua força. Vós, que louvais a Javé, cantai em alta voz o quanto puderdes; pois nunca será suficiente. Vós, que o enalteceis, cobrai novas forças, não vos canseis; pois jamais o podeis compreender" (Eclo 43,27-30).

5) Dando prosseguimento a esses princípios do Eclesiástico, que conclama os homens a louvarem o Criador por causa da beleza da criação, o Livro da Sabedoria, o mais novo no cânon veterotestamentário (século I aC), desenvolve a ideia de que todas as pessoas poderiam chegar ao conhecimento do Deus uno por meio da contemplação da realidade criacional (cf. Sb 13,1-7; → Doutrina sobre Deus 2.1.1.7.).

Mais e mais a criação em sua beleza se torna objeto de contemplação do observador crente. Acontece, porém, que sede de saber e admiração humana em face das maravilhas da natureza nos textos bíblicos permanecem a serviço de um interesse teológico: a contemplação do mundo possibilita o conhecimento e o louvor de Deus.

A literatura sapiencial judaica insere a temática da criação de maneira muito diversa em sua doutrina. Ao fazê-lo, põe ênfase, por um lado, no louvor ao Deus Criador, cada vez mais distante em sua majestade, e, por outro lado, no autoconhecimento humano de ser passivo de uma existência efêmera e limitada de muitas maneiras. Além disso há uma nova consciência da realidade própria do cosmos, que está desdivinizado e cuja beleza e ordem, descritas com frequência, são sinais da sabedoria e grandeza de Deus.

c) *Apocalíptica* – Nos últimos séculos pré-cristãos entraram em maior medida na teologia judaica da criação pensamentos que retomam a dimensão apocalíptico-escatológica da realidade criacional (→ Escatologia 1.2.2.).

1) Enquanto as narrativas bíblicas da criação descrevem a integridade da criação como intencionada por Deus, porém, como realidade frustrada pelo homem, a recente literatura profética fala da esperança de que, um dia, a criação seria restabelecida por Deus em sua forma originalmente intencionada por Deus. Assim o Trito-Isaías (Is 56–66) anuncia aos israelitas que haviam voltado do exílio a criação de um novo céu e de uma nova terra.

2. Fundamentos bíblicos

"As angústias de outrora estão esquecidas, desapareceram de diante dos meus olhos. Pois já crio um novo céu e uma nova terra. As coisas de outrora não serão mais lembradas, ninguém mais se recordará delas. Sim, quero que se alegrem e regozijem sem fim com aquilo que crio" (Is 65,16b-18; cf. tb. Is 66,22).

O Trito-Isaías certamente pensa, sobretudo, no restabelecimento da grandeza e dignidade do povo de Israel; no entanto, fica em aberto se ele o espera para o futuro histórico ou somente no "novo éon".

Da futura renovação de Israel a se efetivar pela iniciativa de Deus haviam falado também os profetas que presenciaram a derrocada de todas as esperanças do "antigo Israel", no tempo do exílio. Jeremias, por exemplo, anunciou o propósito de Deus de fazer uma "nova aliança" com Israel (Jr 31,31-34); Ezequiel profetizou que Javé daria a todos da "casa de Israel" um "coração novo" e um "espírito novo", e que os reconduziria a sua pátria (Ez 11,19; 36,22-28; cf. tb. Sl 51,12s.).

Já o primeiro Isaías elaborou uma visão do futuro, segundo a qual viria o tempo em que toda discórdia entre o animal e o ser humano terá um fim e se instaurará um reino universal da paz (cf. Is 11,1-10). Em proximidade literária íntima com essa visão, também o Trito-Isaías descreve o tempo final vindouro como um tempo em que deixará de existir a morte súbita, em que cada qual colherá os frutos de seu trabalho, reinará paz entre todos os seres vivos e ninguém praticará o mal (cf. Is 65,20-25).

2) O chamado *Apocalipse de Isaías*, surgido na época veterotestamentária tardia (cf. Is 24,1-27,13), ameaça com a decadência do céu e da terra, visto que Israel teria transgredido as leis e rompido a aliança. A descrição da subsistência da criação dependente da vontade de Deus oferece um cenário impressionante, no qual a pregação profética do juízo desenvolve sua atividade. "A terra treme e se fende, a terra estremece e balança. A terra cambaleia como um embriagado, balança como uma cabana. Seus pecados pesam sobre ela; ela cai e não consegue mais erguer-se" (Is 24,19s.). Por fim, também o Apocalipse de Isaías conta com uma vitória de Deus sobre todos os poderes inimigos da criação: Javé reverterá o sofrimento dos justos e ressuscitará os mortos para nova vida.

3) A fé do ser humano, originalmente testemunhada sobretudo na oração de lamento em situação de apuro, no fato de, afinal, ser criado e intencionado por Deus como homem, torna-se, na época tardia – apoiada na ciência da infinita plenipotência de Deus –, portadora da esperança de que Deus não deixará na morte os que foram mortos por causa de sua firmeza na fé. Assim, por exemplo, a mãe, cujos filhos mais velhos já haviam sido mortos, diz ao filho mais moço, no *Segundo Livro dos Macabeus*: "Eu te suplico, meu filho, contempla o céu e a terra e observa tudo o que neles existe. Reconhece: Deus criou tudo isso do nada, e assim surgem também os homens. Não temas este carrasco, sê digno de teus irmãos e aceita a morte! Então te receberei de volta com eles no tempo da misericórdia" (2Mc 7,28-29).

C. DOUTRINA DA CRIAÇÃO

Protologia e escatologia têm ideias afins nos livros pós-exílicos da Bíblia, tanto no que se refere à esperança de uma derradeira integridade de todo o mundo quanto no que diz respeito à esperança de vida humana imperdível. O Criador do céu e da terra e o Criador de cada indivíduo reverterá tudo e cada coisa para o bem – esta é a fé testemunhada pelos escritos veterotestamentários tardios.

2.1.1.4. Resumo

O complexo das relações Deus-homem-mundo tomou ênfases distintas nas diversas épocas da história de fé judaica: *no período pré-exílico*, as fontes expressam um nítido interesse antropológico na tematização da realidade criacional. No centro da proto-história javista, por exemplo, encontrava-se a interpretação da origem das condições da existência humana experimentadas. Durante o período do *exílio babilônico*, o peso teológico da temática da criação revelou sua força. Israel deveria perseverar na confiança no Deus anunciado como o único criador de todo o mundo, inclusive neste tempo de provação extrema. *No tempo pós-exílico* a comunhão de fé judaica descobriu sua alegria nas maravilhas da natureza. O mundo em sua grandiosidade e beleza tornou-se sinal próximo do Deus insondável, cada vez mais distante.

A antiga predicação de El, já em uso no período pré-estatal, como "Criador do céu e da terra", tornou-se, paulatinamente, um nome de Javé em Israel (cf. Gn 14,19; Sl 115,15; 124,8). A fé em Javé, o Deus do céu, que fez o mar e a terra firme, era o distintivo de identificação dos hebreus no estrangeiro (cf. Jn 1,9). A crença na atividade criadora de Javé antes de todo tempo passou a ocupar o início dos textos pós-exílicos que davam uma visão retrospectiva da fé dos israelitas (cf. Ne 9,6). Por isso a redação final do Pentateuco colocou no início do relato sobre a ação salvífica de Javé no mundo e na humanidade sua obra da criação.

2.1.2. Criação e redenção na pregação de Jesus e segundo os escritos do Novo Testamento

Os escritos neotestamentários anunciam o "Deus que vivifica os mortos e que chama à existência o que não existe" (Rm 4,17). O centro da mensagem neotestamentária, a proclamação dos feitos salvíficos de Deus ao homem por meio de sua obra salvífica em Jesus Cristo, é fundamentado e transmitido em passagens importantes no Novo Testamento em termos teológico-criacionais.

Assim como os escritos veterotestamentários, também os neotestamentários pressupõem a fé na ação criadora de Javé, sem demonstrar especialmente sua validade com argumentos. Em seus enunciados teológico-criacionais, o Novo Testamento liga a fé da comunhão cristã à fé dos patriarcas, e lhe dá uma interpretação própria, centrada no evento crístico.

2. Fundamentos bíblicos

2.1.2.1. A teologia judaica da criação na pregação de Jesus

Segundo testemunho unânime, sobretudo dos Evangelhos sinóticos, Jesus recorreu de forma múltipla, em suas palavras e seus atos, à crença dos patriarcas na ação criadora de Javé. Familiarizado com a doutrina da criação dos profetas e da literatura sapiencial e exercitado na oração sálmica, Jesus colocou ênfase em sua atuação, registrada na tradição dos Evangelhos.

Nos Evangelhos, Jesus se refere expressamente à criação do mundo somente em pouquíssimas passagens. Na maioria das vezes no contexto de uma palavra de juízo, a indicação da data "desde a criação do mundo" lembra, na boca de Jesus, por um lado, o quanto já dura a longa história de desgraça da humanidade (cf. Lc 11,50); por outro lado, ela tem a função de expressar que o mundo está destinado à integridade por parte de Deus "desde o início" (cf. Mt 25,34).

a) *Atenção para as obras da criação de Deus* – Sobretudo em suas parábolas se evidencia que Jesus observou, com carinho e no detalhe, os fenômenos da natureza, o convívio do homem e do animal e a atuação humana no meio ambiente. Assim, por exemplo, a coleção de parábolas de Mt 13 interpreta ocorrências no cultivo da terra (cf. as parábolas do semeador, do joio no trigo e do grão de mostarda) e acontecimentos da atividade pesqueira (cf. a parábola da rede). O árduo trabalho no vinhedo (cf. Mt 20,1-16), as preocupações dos pastores de ovelhas (cf. a parábola da ovelha perdida em Mt 18,12-14) e o preparo do pão, serviço de mulher (cf. a parábola do fermento em Mt 13,33), todas elas atividades conhecidas dos ouvintes de sua vida cotidiana, que Jesus aproveitou para sua proclamação do Reino de Deus.

b) *O cuidado de Deus com sua criação* – Baseando-se na tradição dos salmos, mas também em elementos sapienciais, Jesus proclamava o Deus de Israel como aquele que se preocupa com o bem-estar de sua criação. A lembrança do evidente cuidado de Deus com a criação não humana deveria encorajar seus discípulos a não fazerem da preocupação pelo pão de cada dia e pela roupa a tarefa essencial da vida, e, sim, que, ao invés, empenhassem-se pelo Reino de Deus e por justiça (cf. esp. Mt 6,25-33).

"Vosso Pai sabe do que necessitais" (Mt 6,8; cf. de modo semelhante Mt 6,32b) e Ele cuida de vosso bem-estar – este é o pensamento básico na proclamação de Jesus. Visto que na tradição judaica essa ideia tinha seu "lugar vivencial" no louvor hínico ao Criador por seu governo na criação, pode-se pressupor esse mesmo contexto também para o caso de Jesus, embora em Mt 6, por exemplo, ele pareça visar mais a admoestação ética no sentido de não permitir que reine a preocupação pelo próprio sustento, própria dos homens de pouca fé, e, sim, que reine justiça entre os homens.

c) *O amor de Deus a todas as criaturas* – Também na fundamentação do amor ao inimigo estamos diante de uma aplicação de um aspecto originalmente teológico-criacional a uma instrução ética, característica da proclamação de Jesus. Os dois conceitos de uma igualdade perante Deus, fundamentada na criacionalidade de todos os seres humanos, e do paciente cuidado de Deus também com os injustos estão interligados em Mt 5,43-48, e Jesus recorre a eles para conclamar seus ouvintes à misericórdia com

C. DOUTRINA DA CRIAÇÃO

todas as criaturas. Jesus segue essa linha de pensamentos quando, inclusive em sua dedicação justamente aos desprezados e marginalizados daqueles tempos, aos publicanos e às meretrizes, aos mendigos e doentes, honra seu Criador.

d) *Restituição da boa ordem da criação* – Muitos dos feitos milagrosos de Jesus podem ser entendidos como atos em que se torna simbolicamente realidade a boa ordem da criação originalmente intencionada por Deus. Jesus expulsa demônios e cura enfermos. Ele dá uma prova de como a vontade salvífica de Deus para com as criaturas se concretiza.

Sua interpretação da lei do sábado, ofensiva para muitos de seus contemporâneos (Mc 2,27s.; 3,1-6), explica-se com base no significado original de que, no sétimo dia, o homem deve descansar, para louvar a Deus e alegrar-se com as boas dádivas da criação.

Na questão, controvertida naqueles tempos entre os intérpretes da Lei, sob que condições seria permitido a um homem demitir sua mulher do matrimônio, Jesus argumenta, segundo informação dos Evangelhos (cf. Mc 10,2-12; Mt 19,3-9), com argumentos teológico-criacionais. O fato de os seres humanos existirem como homem e mulher segundo a vontade de Deus e de sua destinação para uma vida comum levou Jesus a votar pela igualdade no tratamento de ambos os sexos na questão sobre quando estaríamos diante de um divórcio legal.

A ênfase teológico-criacional na proclamação em palavra e ação do Jesus terreno está toda relacionada com uma mensagem central de que o Reino de Deus estaria próximo, sim, já se teria tornado realidade, se os homens vivessem em justiça, amor e cuidado mútuo. Distinguindo-se de muitas correntes apocalípticas judaico-primitivas e sapienciais helenistas, Jesus não pregou um Deus que reina num lugar distante inacessível, nem um Deus que interfere na história somente no tempo final, depois do fim deste mundo, e, sim, a Javé, seu Pai, como o Deus que, aqui e agora, supre as necessidades de todos os seres humanos. A mensagem de Jesus encerra, sem qualquer dúvida, elementos universalistas, que Ele pôde fundamentar com argumentos teológico-criacionais no recurso à tradição judaica.

2.1.2.2. Cristologia da criação nos documentos neotestamentários

A reflexão do evento crístico, ocorrida nas primeiras comunidades cristãs à luz da experiência pascal, usou concepções e formas linguísticas correspondentes ao horizonte de compreensão judaico. Serviram de pontos de referência para uma interpretação teológico-criacional do evento crístico (→ Cristologia 2.4.3.) especialmente as especulações originárias da tradição judeu-helenista sobre a importância da Sabedoria (*sophia*) e do Verbo (*Logos*) na atividade criadora de Deus.

São poucas as referências neotestamentárias à realidade da criação que não estivessem num contexto expressamente cristológico, mas lembram o pensamento já desenvolvido em Sb 13, de que a grandeza e glória de Deus poderiam ser deduzidas das

2. Fundamentos bíblicos

obras da criação (Rm 1,20). Esse argumento tem seu "lugar" na missão entre os gentios nos primórdios da cristandade. De acordo com Atos, Paulo tentou comover seus ouvintes não judeus a se converterem ao Deus vivo, que criou o céu, a terra e o mar, e tudo que faz parte deles (At 14,15).

Segundo At 14, ao contrário de Sb 13, não são tanto a beleza e a ordem do mundo que levam a admitir um Deus criador, e, sim, o uso providencial das obras de sua criação para o bem de suas criaturas: "Nos tempos passados Ele deixou que todos seguissem seus caminhos. Não obstante, não deixou de dar testemunho de si mesmo: fez o bem, dos céus vos deu a chuva e tempos fecundos; com alimento e alegria encheu os vossos corações" (At 14,16s.).

Também no discurso no Areópago, Paulo argumenta de modo teológico-criacional (cf. At 17,24-26).

Ao lado dessas poucas referências à possibilidade de chegar ao conhecimento de Deus por meio da contemplação do mundo, pode-se comprovar numerosas tentativas nos escritos neotestamentários no sentido de inserir o evento crístico no contexto da teologia da criação.

a) *Epístolas paulinas* – Nas epístolas de Paulo encontram-se as mais diversas associações de ideias entre a realidade da criação e a obra salvífica de Deus acontecida em Jesus Cristo.

1) Paulo descreve o *estado da criação atualmente experimentado* como necessitado de redenção e passageiro em muitos sentidos. A dolorosa realidade experimentada, porém, não obriga à desesperança (cf. esp. Rm 8,18-25). Paulo quer encorajar os cristãos atribulados por sofrimentos a aceitarem as múltiplas tribulações sofridas, conscientes da iminente redenção de toda a criação e de suportá-las pacientemente na esperança da glória futura.

2) A reconciliação conquistada no evento da cruz, da qual as pessoas recebem parte no batismo e pela qual são libertadas do pecado e da morte, inaugura, segundo Paulo, *o início de uma "nova criação"* (cf. 2Cor 5,17; Gl 6,15; cf. tb. Ef 4,22-24). O contexto, no qual Paulo fala da "nova criação" já ocorrida, permite reconhecer que o apóstolo quer com isso exortar sua comunidade sobretudo a um convívio novo, reconciliador e redimido. Portanto, o discurso da "nova criação" tem um sentido eclesiológico. A redenção dos homens, dos circuncidados e incircuncidados (cf. Gl 6,15) e de seu mundo experimentado historicamente é o conteúdo primário do discurso paulino da "nova criação" ocorrida no evento pascal e no batismo.

A concepção neotestamentária do "mundo" (*kosmos*), especialmente a concepção paulina, é antropocêntrica. Os documentos neotestamentários não falam, primariamente, do futuro da criação não humana, e, sim, da esperada redenção do gênero humano: "Este mundo, determinado por poderes opostos a Deus e pelo homem, o mundo do homem caído e a ser redimido, encontra-se, sem dúvida, no centro do interesse teológico da mensagem neotestamentária. Com essa conclusão, naturalmente, ainda não se disse a palavra final sobre os diversos conceitos e as diferentes externações que relacionam a revelação derradeira com o mundo extra-hu-

C. DOUTRINA DA CRIAÇÃO

mano, ou que devem ser tomadas em consideração como enunciados sobre os efeitos da parusia sobre o universo" (VÖGTLE, A. *Testament*, 27).

3) A proclamação da "nova criação" ocorrida em Jesus Cristo condensa-se, no caso de Paulo, na expressão "o primogênito dentre os mortos", *Cristo seria o "novo Adão"*: "Visto, pois, que a morte veio por meio de um homem, também a ressurreição dos mortos vem por meio de um homem. Pois como em Adão todos morrem, assim em Cristo todos serão vivificados" (1Cor 15,21s.; cf. tb. Rm 5,14). O paralelo Adão-Cristo lhe serve de figura para exemplificar sua doutrina da redenção. Além disso, a comparação tipológica do "primeiro homem" e do "último homem" ressalta a importância escatológico-definitiva do evento crístico: "Adão, o Primeiro Homem, tornou-se um ser vivente terreno. O último Adão tornou-se espírito vivificante" (1Cor 15,45).

4) A dignidade e majestade de Jesus Cristo são proclamadas nas epístolas paulinas com recurso a modelos de conceitos originários dos ensinamentos sapienciais judeu-helenistas. Paulo reconhece em Jesus Cristo a evidente *"Sabedoria de Deus"* (cf. 1Cor 1,24-30), da qual os escritos veterotestamentários relatam que ela teria estado presente como a primogênita da criação na atividade criadora de Deus. Nos escritos de Paulo, o enunciado sobre Jesus Cristo como mediador da criação já possui uma forma literária bem definida, que leva a suspeitar que, em relação a esse assunto, ele já pôde recorrer a fórmulas confessionais, nas quais as primeiras comunidades cristãs expressavam sua fé em Jesus Cristo: "Para nós não há mais que um Deus Pai, de quem tudo procede e para quem nós existimos; e um só Senhor Jesus Cristo, por quem existem todas as coisas e nós também" (1Cor 8,6). A ideia do *mediador da criação* é uma forma de proclamar a divindade do Filho Jesus Cristo. Em Rm 11,36, p. ex., Paulo fala do próprio Deus ao confessar: "Dele, por meio dele e para Ele é toda a criação".

5) Segundo Paulo, a *majestade e dignidade* de Jesus Cristo também se demonstram pelo fato de sair vitorioso *no fim do tempo* sobre todos os poderes e potestades (cf. 1Cor 15,24-28). O pensamento, expresso em Sl 2,7s., de que o filho (do rei) receberá das mãos de Deus os povos e os confins da terra por *herança*, já é aduzido por Paulo para interpretar o evento crístico (cf. Rm 8,17; Gl 4,7).

Os enunciados cristológico-criacionais das epístolas paulinas estão a serviço de um interesse soteriológico: em Jesus Cristo, o "primogênito dentre os mortos", começou a nova criação. No batismo, na incorporação no destino de Jesus Cristo, e por uma nova vida gerada pelo Espírito Santo, a nova criação já se torna experimentável no presente; o próprio Jesus Cristo a consumará no fim dos tempos, quando todos os sofrimentos deste mundo tiverem passado. Como Sabedoria de Deus, Primogênito e Mediador da criação, competem a Jesus Cristo majestade e dignidade divinas.

b) *Epístolas dêuteropaulinas* – A literatura epistolar dêutero-paulina dá continuidade à cristologia da criação já constatada nas epístolas paulinas.

2. Fundamentos bíblicos

1) No *hino da Epístola aos Colossenses* (Cl 1,15-20) aplicam-se máximas dos ensinamentos sapienciais judaicos a Jesus Cristo, para comprovar que Ele "tem a primazia em tudo" (Cl 1,18). Jesus Cristo é "imagem do Deus invisível" (Cl 1,15; cf. Sb 7,26), o "primogênito de toda a criação" (Cl 1,15; cf. Pr 8,22-31), "nele tudo foi criado" (Cl 1,16), "tudo foi criado por meio dele e para Ele" (Cl 1,16), "nele tudo subsiste" (Cl 1,17), "Ele é a cabeça do corpo" (Cl 1,18).

O complemento "o corpo, porém, é a Igreja" (Cl 1,18) deve ter faltado na versão original do hino. Com isso o termo "cosmo", na verdadeira acepção, toda a realidade historicamente experimentada, é interpretado em termos eclesiológicos.

A estrutura hínica, na qual estão enfeixados esses enunciados, sublinha que aqui não se quer relatar fatos históricos, nem fazer especulações cosmológicas, mas que se expressam, em forma de confissão, a dignidade e a majestade de Jesus Cristo acima de toda a realidade criada.

2) Na *Epístola aos Efésios* está expresso reiteradas vezes, na linha da cristologia da exaltação, o pensamento de que Deus irá reunir o universo no Cristo entronizado a sua direita e unificar nele tudo que existe no céu e na terra (cf. Ef 1,10.20-22). A humilhação e a exaltação de Jesus Cristo visam seu domínio sobre o universo: "O mesmo que desceu, também subiu até o mais alto céu, para dominar sobre o universo" (Ef 4,10).

c) *Epístola aos Hebreus* – Logo no início da Epístola aos Hebreus, Jesus Cristo é enaltecido com o título "Herdeiro do Universo" (cf. Hb 1,1-3). A dignidade da condição de Filho fundamenta o direito de ser herdeiro. Além de Hb 1,2, há referência expressa à condição do Filho como mediador da criação em Hb 1,10: "Tu, Senhor, lançaste no princípio os fundamentos da terra, os céus são obra de tuas mãos". O primeiro capítulo da Epístola aos Hebreus transfere, nesta passagem, o louvor ao Deus Criador do Sl 102,26-28 diretamente a Jesus Cristo, e desse modo confessa a divindade do Filho.

d) *Evangelho segundo João* – A cristologia joanina do Logos abrange também a ideia da mediação da criação pelo Logos. O prólogo joanino alude, logo nos primeiros versículos, a ação criadora de Deus no princípio (cf. Gn 1,1): "No princípio era o Verbo, e o Verbo estava com Deus, e o Verbo era Deus. Tudo se fez por meio do Verbo, e sem o Verbo nada do que foi feito se fez. A vida estava nele, e a vida era a luz dos homens" (Jo 1,1-4).

A tradição joanina recorre à doutrina do Logos, a Palavra de Deus como mediadora da criação, especialmente desenvolvida no teólogo judeu Fílon de Alexandria, para interpretar o evento crístico. A importância da palavra na atuação criadora de Deus também é enfatizada no Eclesiástico (cf. esp. Eclo 43).

O anúncio da atividade mediadora da criação de Jesus Cristo associa-se, no Evangelho segundo João, à doutrina da comunhão preexistente do Logos com Deus, antes da criação do mundo (cf. Jo 17,24). Também a denominação do Logos como "luz" e "vida" (que são atributos de Deus, conforme Sl 36,10, e da Sabedoria, conforme Sb 7,10.26) quer expressar a dignidade e majestade divina do Logos.

C. DOUTRINA DA CRIAÇÃO

e) *Documentos neotestamentários tardios* – 1) A visão de vocação no *Apocalipse de João* resume a importância protológica e escatológica de Jesus Cristo para o cosmo, o mundo e a humanidade na confissão de que Jesus Cristo é "o Primeiro e o Último" (Ap 1,17; cf. tb. Ap 3,14). No recurso às visões do Trito-Isaías (cf. Is 65,17; 66,22), o vidente do Apocalipse de João reconhece o "novo céu" e a "nova terra" consumados em Jesus Cristo, o Alfa e o Ômega (cf. Ap 21,1-6).

Como no Trito-Isaías, também essa visão deverá referir-se primariamente à renovação da comunhão de fé terrena por Deus. Na "Nova Jerusalém" os redimidos já podem ter parte na comunhão escatológica da criação no fim dos tempos.

2) A *Segunda Epístola de Pedro* pinta um quadro de horror de destruição do atual céu e da atual terra no fogo do juízo final (cf. 2Pd 3,10-12). No contexto se evidencia que também aqui não estamos diante de uma profecia didática sobre o destino reservado à realidade extra-humana. Em vista do fato de não se concretizar a volta de Jesus Cristo, a princípio esperada para futuro próximo, o autor da Segunda Epístola de Pedro se propôs a ressaltar nas comunidades cristãs a elevada importância de esforços éticos, por meio de uma descrição drástica do juízo. A descrição do futuro a ser esperado apoia essa interpretação: "Depois esperamos, segundo sua promessa, um novo céu e uma nova terra, nos quais habita a justiça" (2Pd 3,13).

Também aqui deverá ficar em aberto a pergunta, ainda hoje controvertida no debate exegético, se o Novo Testamento dá uma resposta inequívoca à pergunta como será a forma consumada do mundo não humano (→ Escatologia 1.4.3). A posição de um renomado exegeta nessa discussão é a seguinte: "Sob o aspecto propriamente cosmológico, o Novo Testamento se abstém de fazer um enunciado doutrinário. [...] No centro da mensagem salvífica neotestamentária encontra-se a ação salvífica de Deus no ser humano, voltado para o futuro, e, portanto, a comunidade salvífica escatológica. O Novo Testamento concebe o mundo em termos históricos. Esse uso linguístico já é característico para esse interesse central na redenção do ser humano. Na grande maioria dos casos, *ho kosmos* designa o mundo que adquiriu sua natureza a partir do ser humano, que, por meio do ser humano pecador, tornou-se uma grandeza que se encontra em oposição a Deus. [...] A esse mundo dos homens destina-se a ação redentora de Deus por meio de Jesus e em Jesus, que, por fim, haverá de concretizar-se como salvação e juízo" (VÖGTLE, A. *Testament*, 233).

2.1.2.3. Resumo

A inserção da cristologia na teologia veterotestamentário-judaica da criação que ocorreu no Novo Testamento persegue, essencialmente, três objetivos:

A proclamação paulina da redenção e da "nova criação" do homem ocorridas no evento pascal, da qual os cristãos recebem parte no batismo, quer encorajar as comunidades a viverem como redimidas e a suportarem na paciência os sofrimentos presentes, na esperança da consumação futura.

O uso dos títulos "Primogênito da Criação" e "Mediador da Criação", que, na literatura judaica contemporânea, estavam relacionados à Sabedoria e ao Verbo de Deus, para a interpretação do evento crístico, quer expressar a dignidade e a majestade de Jesus Cristo. A transferência da ação criadora, atribuída no Antigo Testamento a Deus, a Cristo, que se verifica nos escritos neotestamentários, quer – nos recursos linguísticos daquele tempo – confessar a divindade do Filho.

A cristologia da criação proporcionou às primeiras comunidades cristãs a possibilidade de tornarem compreensível, no contexto judaico e helenista, sua confissão de que, em Jesus Cristo, toda a humanidade foi libertada das amarras do pecado e da morte. Os documentos neotestamentários inserem-se, portanto, no horizonte salvífico universal dos documentos veterotestamentários e confessam a Jesus Cristo como o Filho de Deus, por meio do qual tudo se fez e que, como herdeiro do universo, reúne a tudo.

2.2. Observações básicas sobre os enunciados bíblicos a respeito da criação

2.2.1. Multiplicidade de conceitos bíblicos da criação em parte divergentes

Os livros bíblicos recepcionaram ideias muito divergentes sobre o surgimento do mundo e da humanidade, mas também sobre o futuro da criação. As narrativas concretas sobre a criação são tão disparatadas em vários sentidos, que é impossível harmonizá-las. Segundo o Documento Sacerdotal, p. ex., Deus cria primeiro o espaço humano de vida e por fim o ser humano; segundo o Javista, porém, criou primeiro o homem, e depois o meio ambiente. Como relato de "história natural", ambas as descrições seriam incompatíveis. Não obstante, a redação final do Pentateuco colocou essas narrativas conscientemente e com propósito definido uma atrás da outra. Esse fato (e constatações semelhantes) nos obrigam a concluir que a verdadeira intenção não deve ser procurada propriamente no desenrolar dos acontecimentos narrados em primeiro plano, mas que se quer expressar um enunciado teológico fundamental que se pode apresentar em descrições diferentes. Nesse plano teológico, porém, as duas narrativas da criação dão um testemunho perfeitamente congruente, como, por exemplo, a convicção comum, no entanto, transmitida narrativamente de modo diferente, da inserção e posição especial do homem na obra da criação de Deus

As narrativas bíblicas da criação não querem oferecer enunciados científicos da história natural. Por essa razão os conhecimentos da história natural também não podem contestar as narrativas bíblicas, tampouco podem, com referência à Bíblia, ser postos em dúvida os resultados das ciências naturais. Os enunciados bíblicos sobre a criação são um testemunho autêntico para a concepção e interpretação do mundo em fé. Os textos sagrados não informam fatos das ciências naturais, mas ajudam a vencer na vida, querem consolar, encorajar e convidar ao louvor comum do Criador.

As narrativas bíblicas da criação adotam, em muitas passagens, modelos de compreensão e figuras linguísticas correntes em Israel e circunvizinhança à época de sua redação e que se encontram tal qual ou de modo semelhante também em documentos

C. DOUTRINA DA CRIAÇÃO

não bíblicos. A comparação histórico-religiosa revela inesperadamente grandes afinidades justamente em vista da temática da criação – e isso não apenas na área do Antigo Oriente, mas no mundo inteiro. Surpreendente e teologicamente interessante é, todavia, perceber, sobre este pano de fundo, o que é exclusividade bíblica, como, por exemplo, a descrição da criação do ser humano como homem e mulher, fato bastante enfatizado nas narrativas bíblicas.

2.2.2. Criação do homem e criação do mundo

Melhor entendimento da verdadeira intenção da teologia bíblica da criação nos proporciona o reconhecimento histórico-religioso de que é preciso distinguir basicamente duas espécies de enunciados sobre a criação: a tradição da criação do *homem* e a tradição da criação do *mundo*. Para o tempo pré-bíblico pode-se verificar uma prioridade temporária da tradição da criação do homem. Também nos escritos bíblicos o motivo literário da criação do homem se apresenta em categorias significativamente distintas e com outra intenção do que a da criação do mundo.

A tese que Claus Westermann (* 1909) introduziu na discussão exegética no contexto de seus estudos do Livro do Gênese foi confirmada entrementes por estudos de Rainer Albertz e Peter Doll (cf. ALBERTZ, R. *Weltschöpfung*; DOLL, P. *Menschenschöpfung*).

"As narrativas da criação do mundo e do homem têm uma impressionante pré-história. Elas não surgiram primeiramente nas culturas avançadas do Oriente Próximo, da Ásia Oriental e América Central, e, sim, nas culturas primitivas de todos os continentes, e remontam à pré-história, até onde se conhecem testemunhos da tradição oral. Somente agora se descobriu que a criação do mundo e a criação do homem não formam uma unidade desde o princípio, mas que houve tempos em que formavam tradições independentes. Nisso se pode verificar que as narrativas da criação do homem são mais antigas do que as da criação do mundo. O quanto nos permite o avanço atual da pesquisa, as narrativas da criação do mundo foram elaboradas somente nas culturas avançadas, enquanto as da criação do homem remontam, em todos os recantos da terra, às culturas primitivas. [...] Portanto, o conceito de criação, de criar e surgir, está em conexão com a criação do homem: antes de o homem ver o mundo como unidade, podendo perguntar, distanciado dele, por seu surgimento, ele compreendeu o ser-homem como um todo de tal modo que perguntou pela procedência do homem, que passou a falar da origem do homem. Esse inquirir não nasceu de um interesse teórico, e, sim, da ameaça a que estava exposto, a ameaça da existência humana. Daí se entende que a pergunta pelo ser (existir) é mais antiga do que a pergunta pelo ente" (WESTERMANN, C. *Schöpfung*, 106s.).

Os enunciados bíblicos sobre a criação foram formulados numa época muito tardia, em termos histórico-culturais, isto é, numa época em que as duas espécies de tradições da criação já eram difundidas por toda parte. Por essa razão não se encontra nos testemunhos bíblicos uma confirmação precisa de uma primazia *cronológica* (e, associado a isso, também objetiva) da tradição da criação do ser humano.

Não obstante, chama a atenção o fato de a antiga narrativa javista da criação ser, na verdade, uma narrativa da criação do *homem*, enquanto a posterior tradição do Documento Sacer-

2. Fundamentos bíblicos

dotal fala da criação do *mundo*, e lhe integra, mais tarde, uma narrativa da criação do homem, com toda probabilidade independente já antes (Gn 1,26-31). Com vistas ao levantamento global dos enunciados bíblicos sobre a criação não se pode provar, porém, que os textos mais antigos tratam principalmente da criação do homem.

No entanto, pode-se comprovar o seguinte: também nos escritos bíblicos, o motivo da criação do homem aparece em categorias literárias diferentes do que o da criação do mundo, e somente nos escritos mais recentes se fala da criação do homem e do mundo no mesmo contexto literário.

A ideia da criação do homem tinha seu "lugar vivencial" original na oração de lamento, e nela tinha a função de motivo de contraste: o lamento sobre a contradição de sua primeira criação pelo Deus invocado pelas pessoas em oração e sua atual tribulação fortalecia a prece que seu Criador as livrasse também agora de suas dificuldades. A ideia da criação do mundo, tratada literariamente em todas as épocas bíblicas, manifestou-se originalmente sobretudo na oração descritiva de louvor. Aproveitada pelos teólogos do tempo do exílio como argumento para comprovar a singularidade e a incomparabilidade de Javé, a ideia se ligou, nos escritos bíblicos, mais e mais com motivos da polêmica contra os ídolos. Nos escritos posteriores há uma conscientização crescente da imensa grandeza de Deus, que realizou todas as maravilhas do mundo e suscitou nos observadores crentes a esperança de que esse Deus também cuidaria de sua salvação.

Neste ponto se aproximam de modo evidente as intenções no uso da temática da criação no lamento e na oração de louvor: em ambos os casos trata-se, em última análise, da superação das dificuldades da existência muitas vezes dolorosa.

2.2.3. Experiência salvífica histórica e fé na criação

A pergunta por um enquadramento adequado da teologia criacional veterotestamentária no todo da fé judeu-cristã em Deus tem uma história um tanto longa no debate teológico de nosso século, e está sendo respondida até hoje com colocações de acentos em parte diferentes.

Como estimulante em muitos sentidos para a pesquisa exegética e também sistemática revelou-se uma observação do professor de Antigo Testamento, de Heidelberg, Gerhard von Rad († 1972). Na metade da década de 1930, ele formulou, em um ensaio sobre *Das theologische Problem des alttestamentlichen Schöpfungsglaubens* (O problema teológico da fé veterotestamentária na criação), a constatação "de que, no âmbito da genuína fé em Javé, a fé na criação não chegou a uma autonomia e atualidade. Nós a encontramos geralmente em relacionalidade, ou até mesmo em dependência do círculo soteriológico de fé. Isso, porém, não significa um juízo sobre o fato de ser mais recente. Aparentemente, a fé na criação já existiu em Canaã em tempos muito antigos, e provavelmente já desempenhou, na forma de concepções míticas da luta dragão-caos, papel importante no culto da época pré-israelita. A crença em Javé absorveu esses elementos já muito cedo, no entanto, a associação exclusiva da fé israelita à história salvífica não permitiu que a fé na criação do mundo adquirisse uma atualidade independente" (cf. RAD, G. von. *Problem*, 146).

C. DOUTRINA DA CRIAÇÃO

Essa posição marcante é, sem dúvida, condicionada à época, visto que na década de 1930 era mister defender a fé na criação contra uma encampação pela ideologia nacional-socialista da natureza por meio da consequente recondução da doutrina bíblica da criação à ideia da redenção. No entanto, ela também foi discutida veementemente nos anos seguintes e, por fim, inclusive modificada pelo próprio von Rad.

Aceitação geral teve a tese de que a maior parte dos enunciados bíblicos sobre a criação se encontra numa relação direta com uma experiência de salvação ou de desgraça. O estreito entrelaçamento de esperança de salvação e fé na criação se evidencia especialmente em Dêutero-Isaías que, na situação de desgraça no exílio, buscava nova esperança em sua fé na intervenção salvífica de Javé que, como Criador, tem as rédeas da história nas mãos. No entanto, *discutiu-se* e ainda se discute *como controvertida* a pergunta como a experiência salvífica histórica feita por Israel influenciou o surgimento e a determinação do conteúdo da fé na criação. Parece amplamente aceito sem contestação que a fé em Javé nasceu da experiência salvífica histórica do povo no êxodo do Egito, e que está permanentemente associada a ela (→ Doutrina sobre Deus 2.1.1.2.). A força integrativa do nome de Deus "Javé" possibilitou que a fé na ação também criadora de Deus, que, nos tempos bíblicos, não foi questionada em parte alguma entre os povos orientais e que representa o indiscutível horizonte global de sua experiência de Deus, pôde associar-se à confissão de fé em Javé. Com vistas à tradição de toda a Bíblia, a ação histórica de Javé tem grande peso, enquanto os enunciados bíblicos sobre a criação pesam menos em número e quanto à idade. Importante, porém, é que, segundo a compreensão bíblica, também a ação criadora de Deus é experiência *salvífica. Deus age de modo salvífico-salvador no tempo historicamente experimentado e de modo preservador antes de todo tempo, em todo tempo e depois de todo tempo. A salvação historicamente experimentada justamente não exclui a experiência mundano-universal da salvação, mas primeiro possibilitou o conhecimento da ação salvífica de Deus em sua criação e através dela.*

Justamente as formas linguísticas dialogais do lamento e do louvor, nas quais a temática da criação tem seu verdadeiro lugar, mostram que os enunciados sobre a criação são, em última análise, uma forma de confessar a fé em Deus: em sua tribulação, os suplicantes põem sua esperança em Deus, que criou céu e terra, que é mais poderoso do que todos os poderes obscuros e cujo auxílio salvador experimentaram de muitas maneiras.

2.3. Conteúdos centrais da teologia bíblica da criação

O povo de Israel e a comunidade de Jesus Cristo confessam, em seus escritos bíblicos, sua fé em Deus, o Autor de tudo que é, consideram o mundo como realidade tornada e a ser preservada, interpretam a vida dos seres humanos em sua original destinação e de sua efetiva experimentabilidade.

2.3.1. Deus Criador

2.3.1.1. Deus em contraposição à sua criação

A ação criadora de Deus abrange, segundo o testemunho bíblico, sua ação criadora (original e nova a cada momento), sua preocupação ordenadora e preservadora por sua criação e também seu governo soberano em sua criação.

Em forma linguística diferenciada, os escritos bíblicos expressam que Deus chamou à existência o universo, céu e terra, enfim, tudo que existe, e o preserva em sua existência. A confissão crente de que toda a realidade se deve, como contingente, não necessária, à livre decisão de Deus de criá-la, se dá, nos textos mais antigos, através da constatação de que houve tempos em que tudo que agora é não era (cf. Gn 2,4bs). Em textos posteriores, a referência à ação criadora de Deus, "no princípio" de todos os tempos (cf. Gn 1,1), expressa que não houve um "antes". O verbo *bara'*, que ocorre com frequência na narrativa da criação do Documento Sacerdotal e também em Dêutero-Isaías, é usado em todos os escritos veterotestamentários somente quando se fala da ação criadora de Deus. Esse fato pode ser interpretado como testemunho da atividade sem analogia, que não pode ser comparada de qualquer forma a qualquer atividade humana. A formulação de que Deus criou tudo "do nada" (cf. 2Mc 7,28; Jó 26,7; Rm 4,17) quer expressar, de modo mais incisivo e mais abstrato, o que também os textos mais antigos queriam dizer: *Em sua divindade, Deus é o totalmente outro, cujo ser-diferente consiste, não por último, no fato de Ele – sem pressupor qualquer coisa além de si mesmo – produz o outro de si mesmo, o criado, como criação de sua livre vontade e como libertada para a realidade (neste sentido) própria.*

Segundo testemunho bíblico, Deus também age de modo criador no tempo: renova a forma da terra (cf. Sl 104,29s.), cria um "coração novo" e um "espírito novo" para o homem (cf. Ez 36,22-28), ressuscita a Jesus Cristo para nova vida imperdível, e, em seu espírito doador de vida, dá a todos os seres humanos parte em sua nova criação.

No Sl 104,29s. fala-se da ação criadora de Deus em todo momento: "Escondes a face, e estremecem; se retiras o seu alento, morrem e voltam ao pó. Envias o teu alento e são recriados, e renovas a face da terra".

Tudo que se fez e se faz pela vontade de Deus permanece sob seus cuidados que ordenam e preservam. Deus age de modo criador, separando a luz das trevas e a terra seca do mar (cf. Gn 1,4.9). Deus põe ordem em tudo e assim possibilita um convívio pacífico entre humanidade, mundo animal e a natureza (cf. esp. Sl 104). Deus preserva sua criação de sua própria ira (cf. Gn 8,21). A providência de Deus concede subsistência ao gênero humano: Deus dá alimento e descendência. Os feitos salvíficos numa hora histórica (libertação do Egito, retorno do exílio babilônico) são possíveis porque Deus tem poder sobre todos os poderes e potestades: o mar a bramir obedece à sua ordem (cf. Ex 15,8). Todas as pessoas, inclusive os governantes dos povos inimigos de

C. DOUTRINA DA CRIAÇÃO

Israel, podem ser tomadas a serviço por Deus para cumprimento de seus planos salvíficos (cf. Is 44,24-45,8; 46,8-13; 48,12-16). *Não apenas antes de todos os tempos, mas também em todo tempo e depois de todo tempo, Deus efetua criadoramente vida e salvação de suas criaturas.*

2.3.1.2. A ação criadora de Deus por meio de sua palavra, sua sabedoria e seu Espírito

Os livros veterotestamentários descrevem a ação criadora de Deus como um processo do qual participam a palavra, a sabedoria e o espírito de Deus (→ Doutrina da Trindade 2.1.3.; Pneumatologia 2.1.3.1.).

Segundo Gn 1, ocorre o vir a ser de toda a realidade em correspondência à vontade divina, que se manifesta na *Palavra de Deus*. A Palavra de Deus não retorna a Ele sem efeito, mas coloca novas realidades (cf. Is 55,10s.). A Palavra de Deus tem poder sobre as forças da natureza (cf. esp. Eclo 43).

Em Jesus Cristo a Palavra de Deus, sua vontade e seu poder, o próprio Deus se fez homem.

A *sabedoria de Deus*, "o resplendor da luz eterna, o espelho nítido do poder de Deus, a imagem de sua perfeição" (Sb 7,26), tem, segundo o testemunho bíblico, acesso à vontade criadora de Deus e parte em sua ação criadora (cf. Sb 8,4). Variedade, beleza e ordem da coisa criada são obra sua.

O *espírito de Deus* age como doador e preservador da vida. "No princípio", o espírito de Deus paira sobre as águas do mar primitivo. A renovação do ser humano e da terra acontece no poder do espírito (cf. Ez 36; Sl 104). O espírito de Deus ressuscitou a Cristo Jesus dentre os mortos (cf. Rm 8,11; 1Pd 3,18).

O transcendente Deus vivo defronta-se com sua criação em sua sabedoria, sua palavra e seu espírito, cria-a, intervém nela e, dessa maneira, está intimamente próximo, de modo permanente, de tudo que é criado.

2.3.2. O mundo como criação

2.3.2.1. Variedade dos seres vivos para louvor do Criador

Os escritos bíblicos falam da espantosa abundância e variedade das obras da criação de Deus (cf. Jó 40,15-41,26; Sl 104). Justamente as obras aparentemente "inúteis" da criação, as inúmeras espécies de animais e plantas, o exército de estrelas e as insondáveis profundezas dos mares testemunham, por sua riqueza pródiga, bondade, paciência e plenitude de vida de Deus. A variedade das coisas visíveis ao ser humano, acessíveis a seu entendimento, porém, é ínfima em face do que permanece oculto e inescrutável à compreensão humana (cf. Eclo 43,32).

Por meio da contemplação do mundo, o ser humano pode chegar a compreender a grandeza de Deus e exclamar com o salmista: "Tudo que respira louve ao Senhor" (Sl 150,6).

2.3.2.2. Adamah (terra) e kosmos (mundo)

Segundo a narrativa da criação do Documento Sacerdotal, Deus prepara primeiro o espaço de vida para o ser humano, antes de criar homem e mulher. Por sua vez, o Javista expressa a estreita ligação do homem com a terra, falando com surpreendente frequência e em passagens centrais da relação do *adam* com a *adamah* (cf., p. ex., Gn 2,5.7).

Com sua ordem de tornar a terra habitável e aproveitável, e de dominar sobre todas as criaturas não humanas (cf. Gn 1,28), *Deus concede ao homem participação em seu cuidado por sua criação. "Domínio" do homem sobre a terra, sobre plantas e animais não significa "exploração" e (consequente) destruição das bases de vida do ser humano:* "O Deus bíblico não quer nem efetua salvação em detrimento da criação. Não existe história salvífica ao lado da história da criação, ou até mesmo contra ela. [...] A noção de que o ser humano, como parte integrante da terra, sobrevive com ela, caso viver com ela, ou perece com ela, caso viver em oposição a ela, significa teologicamente: quem malbarata a salvação da criação que lhe foi confiada, malbarata sua própria salvação. A destruição da criação é uma negação do Deus Criador e uma negação da salvação pretendida por ele na criação. Não somente o ser humano está inserido no biótopo terra, mas a história da salvação como um todo está enfeixada na história da terra" (ZENGER, E. *Gottes*, 179s.).

2.3.3. O ser humano como criatura

Os documentos bíblicos falam da felicidade e pesar do ser humano, do pecado humano e da superação de suas consequências na misericórdia de Deus, da vida em comunhão humana e da destinação do ser humano para ser integralmente salvo. Esses temas antropológico-bíblicos são desdobrados em perspectiva teológica, conforme as circunstâncias.

2.3.3.1. "Imagem de Deus"

A narrativa da criação do Documento Sacerdotal faz uma afirmação antropológica que retoma ideias difundidas no mundo do Oriente Antigo, que, porém, em sua forma concreta, deve ser considerada única: Deus cria o homem como sua imagem (*selem*), semelhante a Ele (cf. Gn 1,26s.).

Na literatura do mundo mesopotâmico e egípcio em volta de Israel é conhecida a ideia de que determinados indivíduos – em especial o rei – reinariam e governariam no mundo como "imagem de Deus", como representantes terrenos de Deus. Mas o fato de o ser humano ser considerado "imagem de Deus", bem como a associação dessa imagem à criação do homem não têm paralelos no mundo do Antigo Oriente.

C. DOUTRINA DA CRIAÇÃO

Na narrativa do Documento Sacerdotal, o discurso da criação do homem como "imagem de Deus" está estreitamente relacionado com a ordem divina de "reinar" (*radah*) na criação, isto é, exercer nela um governo pastoril no sentido de rechaçar inimigos perigosos. Essa linguagem quer expressar sobretudo *a posição especial dos seres humanos* na obra da criação de Deus. Com seu *domínio sobre a criação* (no sentido de uma preocupação pela *preservação das bases de vida humana)* e por participação na ação criadora de Deus na *geração de descendência* (cf. Gn 5,3) os seres humanos cumprem sua destinação de serem "imagem de Deus". Nessa compreensão, essa linguagem também se encontra em outros livros bíblicos (cf. Sl 8,6s.; Eclo 17,2s.).

O inusitado plural no discurso de Deus no Documento Sacerdotal (cf. Gn 1,26: "Então disse Deus: Façamos seres humanos como nossa imagem, semelhantes a nós") e a especificação da ideia da imagem na menção dos seres humanos como homem e mulher (cf. Gn 1,27: "Assim Deus criou o ser humano como sua imagem, como imagem de Deus o criou. Como homem e mulher os criou") sugerem a interpretação de que o Documento Sacerdotal veria justamente na capacitação do ser humano de viver em comunhão com Deus e com o semelhante, na *personalidade* e *socialidade* humana uma forma especial da semelhança com Deus.

Gn 1,27 teve uma longa história de interpretação intrabíblica e teológico-global. A tradição adotada por Paulo, porém, de modo algum faz justiça à intenção desse texto: "O homem não deve cobrir sua cabeça, porque é imagem e espelho de Deus; a mulher, porém, é o espelho do homem" (1Cor 11,7).

A literatura sapiencial associa a semelhança do homem com Deus diretamente à destinação do homem para a incorruptibilidade (Sb 2,23).

Nos documentos paulinos se faz referência ao discurso dos homens como "imagem de Deus" como εικων θεου (*eikon theou*) (cf. 1Cor 11,7). Simultaneamente essa tradição doutrinária judaica é interpretada cristologicamente: Jesus Cristo é *a* imagem do Deus invisível (cf. 2Cor 4,4; Cl 1,15), por isso todos os eleitos devem ser transformados na imagem de Jesus Cristo (cf. 1Cor 15,49; 2Cor 3,18; Rm 8,29).

A missão do homem de reinar na realidade criada como imagem de Deus, que, a princípio, encontra-se numa perspectiva teológico-criacional, está ampliada eclesiológica e escatologicamente no Novo Testamento: os homens a cumprem confessando sua fé perante as nações e fazendo delas discípulos de Jesus Cristo (cf. Mt 28,18-20).

2.3.3.2. Homem e mulher

A existência do ser humano em dois sexos está refletida teologicamente em sentido múltiplo nos livros bíblicos. Comparada com os mitos criacionais do Antigo Oriente, a tradição javista e a do Documento Sacerdotal falam com ênfase inusitada da criação do ser humano como homem e mulher (cf. Gn 2,21-24; 1,27). A forma concreta do convívio de homem e mulher recebe uma interpretação minuciosa: somente a mulher

2. Fundamentos bíblicos

é uma verdadeira "ajuda" para o homem, que o liberta de sua solidão (cf. a expressão de júbilo do homem em Gn 2,23). O domínio do homem sobre a mulher, experimentado naquele tempo, é, segundo o Javista, uma consequência do pecado humano e, nesse sentido, não correspondente à vontade de Deus (cf. Gn 3,16).

Com base no costume daquele tempo, obrigando-se o homem a pagar certo preço ao pai da noiva, o homem era considerado o "proprietário" da mulher (cf. Ex 21,3.22; Dt 24,4; 2Sm 11,26). Enquanto também na tradição mais antiga do Decálogo a mulher ainda era incluída no patrimônio direto do homem (cf. Ex 20,17), se lhe concede um direito próprio mais amplo na versão mais recente do Decálogo (Dt 5,21).

A sexualidade humana, a conquista da noiva e o amor matrimonial são mencionados em numerosos contextos nos escritos veterotestamentários com toda franqueza e sem qualquer conotação negativa.

As histórias dos patriarcas contam, por exemplo, que Jacó estava disposto a trabalhar sete anos em paga da amada Raquel (cf. Gn 29,16-18.20). A literatura sapiencial judaica contém numerosas canções que decantam as vantagens da comunhão de parceria (cf. Pr 5,18-20) e o valor de uma boa esposa (cf. Pr 31,10-31). Sobretudo o Cântico dos Cânticos, quando canta o amor, enaltece a felicidade de um convívio humano bem-sucedido (cf., p. ex., Ct 8,1-4).

A fiel comunhão de homem e mulher, intencionada por Deus, é usada como símbolo teológico na literatura profética: Javé se mantém fiel à sua noiva Israel, Ele é criador e esposo de Israel (Is 54,4-7). A quebra da aliança por parte de Israel é simbolizada especialmente em Oseias com o divórcio de uma mulher infiel (cf. Os 1-3).

Nos Evangelhos do Novo Testamento encontram-se muitos indícios que apontam para a pressuposição de que o rabino judeu Jesus de Nazaré tratava as mulheres com grande desembaraço (cf. o diálogo de Jesus com a mulher samaritana no poço de Jacó, segundo Jo 4; o relacionamento de Jesus com Maria e Marta, segundo Lc 10,38-42, e a compaixão de Jesus com a mulher adúltera, segundo Jo 7,53-8,11). Havia mulheres no círculo mais restrito dos discípulos de Jesus (cf. Lc 8,2s.: Maria Madalena, Joana, Susana e muitas outras); mulheres ricas providenciavam o sustento de Jesus e dos discípulos (cf. Lc 8,3); segundo Mt 28 e Jo 20, o Ressurreto aparece primeiro a mulheres. Jesus não incluiu mulheres no círculo dos doze discípulos certamente por causa da intenção simbólica do fato (representação das doze tribos de Israel), enquanto entre as lideranças das comunidades paulinas se encontra uma série de mulheres citadas nominalmente (p. ex., Prisca, em Rm 16,3 e outras passagens; Evódia e Síntique, em Fl 4,2s.; a diácona Febe, em Rm 16,1; a apóstola Júnia, em Rm 16,7).

A interpretação do fato de o ser humano existir como homem e mulher na literatura epistolar paulina cria dificuldades exegéticas, porque nem sempre se pode estabelecer com segurança se determinadas passagens não devem ser consideradas intercalações do período das epístolas pastorais

Paulo expressa a igualdade de homem e mulher perante Deus numa frase importante: "Já não existem mais judeus e gregos, nem escravos e livres, nem homem e mulher; pois todos vós sois 'um' em Cristo" (Gl 3,28).

C. DOUTRINA DA CRIAÇÃO

De certa forma indecisa e insegura, porém, se apresenta a argumentação na Primeira Epístola aos Coríntios: "O homem não provém da mulher, e, sim, a mulher provém do homem. Igualmente o homem não foi criado para a mulher, e, sim, a mulher para o homem. [...] No Senhor, porém, não existe a mulher sem o homem, nem o homem sem a mulher. Pois como a mulher provém do homem, assim o homem é nascido da mulher; tudo, porém, vem de Deus" (1Cor 11,8s.11s.). A subordinação da mulher sob o domínio do homem é exigida por uma intercalação provavelmente posterior na Primeira Epístola aos Coríntios (cf. 1Cor 14,33b-36), pela Epístola aos Efésios (cf. Ef 5,22-24) e pela Primeira Epístola a Timóteo (cf. 1Tm 2,11s.). Com o correr do tempo, a intenção dos enunciados de Gn 3 foi falsificada na própria Bíblia por tendências ginecófobas. Em 1Tm 2,11-15 se lê: "A mulher deve instruir-se em silêncio, em toda submissão. Não admito que uma mulher ensine, como não admito que ela domine a seu marido; ela deve silenciar. Pois primeiro foi criado Adão, somente depois Eva. E não foi Adão que foi seduzido, e, sim, a mulher se deixou seduzir e transgrediu o mandamento. Ela será salva pelo fato de trazer filhos ao mundo, se ela levar uma vida prudente em fé, amor e santidade". Aqui se recorre à narrativa javista da criação de um modo objetivamente inadequado, para justificar as condições de dominação efetivamente existentes. As sentenças de juízo de Gn 3 são usadas de modo moralizante e se ignora sua verdadeira intenção: interpretar o doloroso presente como causado pela própria culpa do ser humano contra a vontade de Deus. Esses questionamentos levantam perguntas teológico-fundamentais básicas: até que ponto determinados enunciados bíblicos, que aqui apenas podem ser mencionados de passagem, sem análise detalhada, e certas interpretações são compromissivas? A hermenêutica bíblica desenvolveu regras para isso; não obstante, a interpretação concreta de determinados textos continua sendo uma tarefa exigente. Em todo caso, é preciso preservar o nexo com o todo. Somente o conjunto "Bíblia" preserva determinados enunciados dela de mal-entendido e de interpretações errôneas.

2.3.3.3. Termos importantes da antropologia bíblica

O período de formação dos livros bíblicos abrange, ao todo, mais de um milênio. Escritos em ambientes culturais diferentes, eles falam do homem e do mundo na respectiva linguagem de sua época. De linhas e matizes diversos resulta, não obstante, uma imagem bíblica do ser humano com traços característicos. Segundo o modo de pensar semita, o homem se torna homem especialmente por sua capacidade de falar, enquanto o animal permanece "o mudo" (*behemah*).

a) *Nefesh (fôlego da vida)* – A Bíblia fala da *nefesh* humana sobretudo quando se trata de expressar a vitalidade interior, a vontade de viver, o instinto de viver, a necessidade e desejo do homem. O significado primitivo da palavra (garganta) ainda denota que a respiração e a ingestão de alimentos eram consideradas as funções que garantem a vida humana. Segundo Gn 2,7, o homem formado de terra, segundo Gn 1,30, e também o animal se tornam *nefesh* vivente quando Javé lhes sopra nas narinas o fôlego da vida.

Na tradição grega do AT (LXX), *nefesh* é traduzido com frequência por "psique", em alemão, na maioria das vezes, por *Seele* (alma). No entanto, não se tem em mente um "princípio espiritual" em delimitação à realidade física do homem, e, sim, o homem todo como ser vivente.

2. Fundamentos bíblicos

b) *Basar (carne)* – Com *basar* o hebreu designa o homem com vistas sobretudo a sua *corporalidade, fraquezas e efemeridade*, também a sua corporalidade como meio de comunicação e sua condição de ser social. Na maioria das vezes traduzido por "carne", *basar* pode designar, por isso, uma relação de parentesco, a família, o povo, toda a humanidade (cf. Gn 2,23; 29,14; 37,27). "Tornar-se uma só carne" (cf. Gn 2,24), no entanto, não expressa, de forma alguma, um processo físico-sexual, mas quer enunciar algo a respeito de toda a humanidade: homem e mulher convivem em comunhão abrangente.

c) *Ruah (espírito)* – É surpreendente que o termo *ruah (ruah Yahweh)*, frequentemente usado em relação a Deus, também é empregado na Bíblia, como *nefesh* e *basar*, como conceito antropológico. Com o significado básico "vento", "fôlego", o termo serve sobretudo para designar as *emoções* do homem, seu *conhecer, compreender e julgar*. A tradução "espírito" evoca ideias intelectualistas, que antes são estranhas ao termo *ruah*; o que se tem em mente é a vontade dinâmica do homem, suas aspirações.

d) *Leb (coração)* – Segundo o pensamento semítico, o coração é a sede da razão. No *leb*, portanto, não se desencadeiam tanto as reações emocionais do homem, e, sim, muito mais, *intelecção, conhecimento e capacidade de discernimento*, mas também estados de espírito como alegria e tristeza.

Os *rins* eram sede da consciência para os hebreus, dores nos rins eram apelo de Deus para examinar o modo de vida (cf. Sl 7,10; 16,7; Jr 11,20; 12,2). Em *sangue e fôlego* viam a fonte da vida humana, cujo esgotamento significava a morte (cf. Lv 17,14; Jó 27,3; Sl 72,13s.).

Os significados desses termos centrais da antropologia hebraica não podem ser delimitados inequivocamente um em relação ao outro. A língua hebraica é rica de figuras e as emprega com frequência de modo surpreendentemente novo. Com uma dessas palavras designa-se sempre o homem todo, não uma parte "anatômica" de sua realidade de vida.

Por isso todos os conceitos mencionados podem substituir o pronome pessoal. Cf. os seguintes exemplos: "Minha alma se consome de saudade pelo templo do Senhor. Meu coração e meu corpo o saúdam com exclamações de júbilo, a Ele, o Deus vivo" (Sl 84,3). "Tomai e comei, isto é meu corpo" (Mt 26,26). "Entregai vossos corpos como sacrifício vivo, agradável a Deus" (Rm 12,1).

Na época tardia, depois do exílio, o pensamento helenista penetrou paulatinamente nos documentos judaicos de fé, e com ele também o traço básico do dualismo da antropologia grega, segundo a qual se distinguem nitidamente alma e corpo. O corpo era considerado cárcere, causa do engano, sede dos desejos e como prisão, da qual a alma podia libertar-se na morte. Pensamentos dessa espécie se encontram acolhidos especialmente no Livro da Sabedoria: "O corpo perecível pesa sobre a alma, e a tenda terrena oprime o espírito ocupado com muitas coisas" (Sb 9,15; cf. tb. Sb 3,1). Os textos paulinos, escritos em grego, encontram-se na tradição judaica influenciada pelo pensamento helenista. No entanto, de modo algum Paulo desconhecia o conceito hebraico do homem como um todo, de maneira que nele está expressa, em diferenciação de colorido helenista, a integralidade do ser humano uno.

C. DOUTRINA DA CRIAÇÃO

2.3.4. Anjos, demônios e diabo

A Bíblia fala das obras do diabo, de demônios e anjos. O testemunho bíblico é bastante diferenciado e revela, além disso, uma evolução do pensamento. Em contexto diferente, o discurso bíblico a respeito dessas realidades criaturais serve a uma intenção teológica, que é preciso elaborar.

1) *Anjos* – Os escritos bíblicos testemunham a realidade criatural de seres angelicais em dois contextos significativamente distintos: como *mensageiros* de Javé (cf., p. ex., Gn 16,7.9-11; 21,17; 22,11; Ex 14,19; Nm 22,22-35; Jz 13,3-21; 1Rs 19,7), transmitem às pessoas a que se dirigem uma notícia ou uma ordem de Deus. Por meio de seus anjos, Deus intervém, em determinado momento histórico, na realidade criada, salva de dificuldades (cf. Ex 14,19; Nm 20,16; 2Rs 19,35), demonstra sua grandeza e autoridade a Israel (cf. Ex 23,20-22a) e anuncia aos homens a boa-nova do nascimento e da vida nova, eterna de seu Filho (cf. Lc 1,26s.; 24,1-8).

Nos documentos mais tardios do AT, alguns anjos são chamados por seus nomes e recebem, como uma espécie de "anjo da guarda", um perfil mais marcante: *Rafael* (Deus sarou) cura a Tobit e Sara (cf. Tb 3,16s.), acompanha a Tobias em sua viagem, protegendo-o e tomando-o sob seus cuidados (cf. Tb 5,22) e se revela, por fim, como mensageiro de Deus, como um dos sete santos anjos que levam as orações dos homens à presença de Deus (cf. Tb 12,6-15). *Miguel* (Quem é como Deus?) é apresentado como anjo da guarda de Israel em Dn 12,1. Miguel, o príncipe dos anjos (cf. Dn 10,13.21), vence a luta contra o dragão, que se revela como satanás, como sedutor do mundo inteiro (cf. Ap 12,7-9). Segundo Dn 8,16 e 9,21, *Gabriel* (poder de Deus) interpreta as visões de Daniel e lhe concede conhecimento do decurso da história (cf. Dn 10–12). Em Lc 1,19.26, Gabriel anuncia o nascimento de João Batista e de Jesus.

A ideia plástica da existência de uma *corte celestial* formada de anjos quer expressar outra coisa (cf. Is 6,1-4). No contexto do culto cananeu ao rei, anjos eram considerados protetores do ocupante do trono. Javé, o "Rei sobre todos os deuses" (cf. Sl 95,3), também reúne todos os deuses perante seu trono e demonstra, dessa maneira, sua singularidade que está acima de tudo (cf. 1Rs 22,19-23). Os antigos concorrentes de Javé aparecem, portanto, como privados de sua divindade.

2) *Demônios* – Os livros bíblicos falam com muita frequência de demônios e "seres" criaturais "intermediários" na relação entre Deus e homem.

No Antigo Testamento a crença em demônios difundida nos séculos pré-cristãos se reflete, primeiramente, antes de modo reservado. O próprio Deus aparece, por vezes, como alguém que tortura pessoas por meio de maus espíritos, para, desse modo, comovê-las a determinadas reações (cf. 1Sm 16,14; Jz 9,23). O primeiro discurso nitidamente negativo sobre demônios é o que se refere ao mau demônio Asmodeu no Livro de Tobias (cf. Tb 3,8).

Os Evangelhos neotestamentários caracterizam os demônios, de princípio, como causadores de doenças humanas, das quais Jesus livra por meio de práticas de cura (→ Cristologia 2.2.2.4.).

2. Fundamentos bíblicos

As narrativas neotestamentárias sobre a atividade de Jesus como exorcista ocupam largo espaço (cf., p. ex., Mc 1,21-28.34; 5,1-20; 9,14-29). "Juntamente com as curas de enfermos, os exorcismos representam a parte principal da atividade milagrosa de Jesus. Nisso se manifesta um fato importante: curas de enfermos e exorcismos estão intimamente inter-relacionados, porque visam igualmente ao restabelecimento físico e espiritual do homem. O elemento 'milagroso' dessas demonstrações de poder de Jesus consiste no fato de efetuarem o restabelecimento e a salvação do ser humano pelo poder de Deus. Os exorcismos e curas de Jesus não devem ser denominados 'milagres' porque rompem as 'leis da natureza', e, sim, porque neles o próprio Deus se revela como o 'Maravilhoso' (Sl 86,10; Is 9,6) ao curar doentes e ressuscitar mortos. Os exorcismos de Jesus, portanto, devem ser explicados a partir do contexto global de sua proclamação da vinda de Deus" (KERTELGE, K. *Teufel*, 30s.).

Na discussão com contemporâneos judeus, que querem atribuir o poder de Jesus sobre os demônios a sua ligação com "belzebu" (cf. Mt 12,22-30; Lc 11,14-23), Jesus afirma que sua ação é obra do Espírito de Deus (cf. Mt 12,28) e pelo dedo de Deus (cf. Lc 11,20), pelo qual o Reino de Deus já está presente entre os homens (cf. Lc 11,20; → Eclesiologia 2.4.1.).

Também a comunhão dos discípulos recebe a missão de banir o mal no discipulado de Jesus. Ao lado da pregação, a missão de exorcizar dada aos discípulos é especialmente destacada (cf. esp. Mc 3,14).

3) *Diabo* – Nos escritos pré-exílicos e exílicos é surpreendentemente rara a referência a um poder diabólico, desagregador ($\delta\iota\alpha\beta o\lambda o\varsigma$ em grego [diabolos]) (cf. talvez Gn 26,21; 1Sm 29,4; Sl 71,13).

Satanás (cf. *satan* no hebraico = fazer oposição) não é, segundo a tradição veterotestamentária mais antiga, propriamente um adversário de Deus, e, sim, atua, a serviço de Deus, como acusador dos homens perante o tribunal de Deus (cf. Zc 3,1; 1Cr 21,1; Jó 1-2; Sl 109,6; no Novo Testamento, Ap 12,10 ainda atesta essa compreensão). Uma comparação dos textos em 2Sm 24,1 e 1Cr 21,1, ambos relatando como Davi fora seduzido a levantar um censo, mostra que a narrativa mais tardia na obra historiográfica do cronista atribui a satanás um papel que, segundo 2Sm, ainda era assumido pelo próprio Deus. Essa correção teológica desonera a imagem a princípio multifacetada de Deus no Antigo Testamento de traços aparentemente contraditórios. Os escritos bíblicos posteriores mostram Deus e, de modo progressivo, satanás em irreconciliável oposição. Nesse sentido o Novo Testamento relata que Deus derrubou a satanás (cf. Lc 10,18; Jo 12,31; Ap 12,9s.).

Enquanto o vocábulo *diabolos* ocorre uma única vez no Antigo Testamento (Sb 2,24, o livro mais tardio do Antigo Testamento, onde se responsabiliza a inveja do diabo pela entrada da morte no mundo), o Novo Testamento fala das obras do diabo ou de satanás em numerosos contextos. Os Evangelhos sinóticos falam da tentação de Jesus pelo diabo (cf. Mc 1,13; Mt 4,1-11; Lc 4,1-13).

Em Mc o cenário desse evento é o deserto, lembrando a permanência de Israel no deserto. Ao contrário do que aconteceu com o povo naqueles tempos, Jesus resiste à tentação e se com-

C. DOUTRINA DA CRIAÇÃO

prova em sua missão. Os "animais selvagens" introduzidos por Marcos na cena devem ser entendidos como alusões ao estado paradisíaco. Agora o "novo Adão" venceu o poder diabólico. Segundo as narrativas de Mateus e Lucas, Jesus pode resistir às tentações do diabo e demonstrar, simultaneamente, sua dignidade messiânica que, em muitos pontos, não corresponde às expectativas messiânicas correntes naquele tempo.

As narrativas neotestamentárias da tentação enquadram-se no contexto da múltipla contestação que Jesus sofreu de contemporâneos. Jesus resistiu a todas as contradições (cf. Lc 22,28), revelando-se, assim, como o verdadeiro advogado de Deus entre os homens, como advogado de defesa, não como acusador dos pecadores, dos fracos e necessitados (cf. Mc 2,17).

Jesus previa a derrubada de satanás, o fim do domínio satânico (cf. Lc 10,18), anuncia o tempo em que o dominador deste mundo será expulso (cf. Jo 12,31).

Nas epístolas paulinas, satanás aparece intimamente relacionado com a ideia da realidade do pecado (cf. 1Cor 7,5; 2Cor 11,3.13s.). Também segundo os escritos joaninos, os homens entram na área de domínio do diabo por suas obras pecaminosas (cf. 1Jo 3,8). Com senso sóbrio para a realidade, os escritos neotestamentários mais tardios advertem contra a permanente exposição às tentações do mal: "O diabo anda em derredor como um leão que ruge, procurando a quem possa devorar" (1Pd 5,8). Sobretudo os sofrimentos a serem suportados são interpretados como obras do poder diabólico, que quer tentar a comunidade a apostatar da fé (cf. Ap 2,10; 1Pd 4,12). Nessa situação os testemunhos bíblicos encorajam a suportar os sofrimentos como tentação e superar o medo do mal na confiança no poder maior de Deus (cf. 1Pd 4,13s.).

2.3.5. Desgraça e libertação

2.3.5.1. Pecado dos homens – pecado do mundo

A torturante realidade do pecado humano e suas dolorosas consequências para o próprio pecador, bem como seu ambiente é testemunhada e interpretada em reiteradas tentativas nos livros bíblicos.

Na reflexão bíblica muito diferenciada sobre o pecado humano e as possibilidades de sua superação pode-se divisar os seguintes enunciados centrais:

a) *Pecado como perversão da ordem da criação* – Segundo o testemunho bíblico, o pecado humano é sempre, simultaneamente, pecado contra Deus e pecado contra os semelhantes. As narrativas da queda, na proto-história javista, desdobram de modo exemplar o componente teológico e antropológico-social do ato pecaminoso. A natureza do pecado consiste numa perversão da boa ordem da criação segundo a vontade de Deus, e, desse modo, numa ruptura da comunhão entre Deus e o ser humano e entre os seres humanos e a criação não humana. A ruptura da comunhão e da aliança tem consequências dolorosas para toda a criação.

2. Fundamentos bíblicos

b) *Origem do pecado* – O interesse principal, inclusive da proto-história bíblica, não é o de explicar a origem do pecado. As narrativas do Documento Sacerdotal, por um lado, não dão nenhuma resposta a esta pergunta. A narrativa javista da queda, por outro lado, é a primeira de uma série de narrativas, nas quais o Javista revela um interesse especial nos começos de fatos humanos universais preestabelecidos (cf. Gn 4,2.17.20-22.26; 9,20; 10,8). A narrativa javista da queda não deve ser isolada das demais passagens da proto-história javista, nas quais se quer mostrar a discrepância entre o plano salvífico original de Deus e a dolorosa atualidade como consequência do procedimento do ser humano, contrário à vontade de Deus.

c) *Universalidade da pecaminosidade* – "Não há quem não peque" (1Rs 8,46) – eis a sentença resumida que os autores bíblicos proferem sempre de novo, em épocas distintas e em virtude de experiências diferentes. De acordo com a proto-história do Documento Sacerdotal, a mente e os desígnios do coração humano sempre foram somente maus (cf. Gn 6,5; cf. tb. Gn 8,21). Os profetas lamentam a tendência do povo, que se reconfirma constantemente, de voltar as costas a Javé. Jeremias considera a possibilidade da melhoria do povo acostumado ao mal tão improvável como a possibilidade de um negro trocar a cor de sua pele, ou como o leopardo trocar seu pelo (cf. Jr 13,23). Também segundo o Novo Testamento a pecaminosidade da humanidade é universal. Paulo acentua que todos, judeus como gregos, encontram-se sob o domínio do pecado (cf. Rm 3,9). "Todos pecaram e perderam a glória de Deus" (Rm 3,23). A pecaminosidade está tão integrada à realidade do homem, segundo Paulo, que ele acentua expressamente: Jesus era um ser humano "que não conheceu pecado" (2Cor 5,21; cf. Hb 4,15; 2,17). A literatura joanina fala do "pecado do mundo" (cf. Jo 1,29; 3,19), que está vencido em Jesus Cristo, ao qual ninguém pôde acusar de pecado (cf. Jo 8,46).

d) *Pecado pessoal e sucessão das gerações* – O Sl 51,7 descreve a pecaminosidade do homem como poder que o acompanha efetivamente desde o início de sua vida. No Sl 51,16 o suplicante ora por libertação da culpa de sangue, o que poderia referir-se, de acordo com informações exegéticas, a um enredamento no pecado socialmente preestabelecido, uma tendência geral à violência.

As narrativas javistas da queda em Gn 3 e 4 querem, por um lado, expressar a pecaminosidade de toda a família humana por meio da observação do comportamento exemplar dos ancestrais de todos os homens. Ao mesmo tempo, porém, pretende-se mostrar com isso que os atos de uns predeterminam dolorosamente a vida dos outros: a morte prematura anunciada a Adão e Eva em Gn 2,16s. se concretiza somente no fratricídio, entre os filhos dos primeiros pais. A tradição mais antiga do Antigo Testamento conhece a ideia de uma responsabilidade coletiva pelos pecados dos antepassados (cf. Ex 20,5s.). Mais tarde, na literatura profética, acentua-se com ênfase crescente a responsabilidade pessoal pelos próprios atos, que ninguém pode assumir em nosso lugar (cf. Jr 17,10; 31,19s.; 32,19; Ez 18,3s.; Pr 24,12; Jó 34,11; Eclo 16,12-14).

e) *Redenção do pecado pela ação de Deus em Cristo Jesus* – A obra de Jesus Cristo, que em sua obediência amorosa rompeu a corrente da violência, é contraposta por

C. DOUTRINA DA CRIAÇÃO

Paulo, numa argumentação tipológica, ao ato de Adão: a intenção de Rm 5,12-21 é contrapor ao ato de desgraça de Adão – e, com ele, de toda a humanidade, "porque todos pecaram" (Rm 5,12) – o ato salvífico de Jesus Cristo. A família humana não podia libertar-se a si mesma do enredamento universal no pecado. Segundo o testemunho do AT e do NT, redenção do poder do pecado acontece somente em virtude da clemente iniciativa de Deus, que alcançou seu alvo final em Jesus Cristo, de modo escatológico-definitivo, porque imperdível.

2.3.5.2. Sofrimento e morte

A proto-história javista associa o sofrimento humano e a morte violenta à inobservância da boa ordem original da criação segundo a vontade de Deus (Gn 3-4). Quer-se mostrar o sofrimento efetivamente suportado como uma realidade pela qual os próprios homens são responsáveis. Por meio desse enunciado na forma de um antes e depois narrativo não se quer afirmar que – do ponto de vista histórico – alguma vez tivesse existido vida humana sem sofrimento e morte.

a) *Morte e transitoriedade* – A destinação do ser humano à corruptibilidade terrena se prenuncia na narrativa javista já na criação do homem, quando Deus o formou de terra do solo agricultável, uma imagem retomada em Gn 3,19: "És pó, e ao pó haverás que retornar". A morte atinge o ser humano não como castigo, e, sim, marca, em Gn 3,19, como que o fim de seu trabalho penoso. A advertência em Gn 3,3 quer sublinhar a gravidade de uma possível transgressão do mandamento divino por meio da ameaça de morte prematura. Desta, porém, os ameaçados ficam preservados.

Nos salmos, a expectativa de vida humana, temporalmente limitada, é contraposta à plenitude de vida de Deus (cf. Sl 90,5s.). Por isso o homem é fortalecido na esperança somente com vistas a Deus (Sl 39,6-8).

A literatura sapiencial judaica reflete em pormenores o fato da mortalidade humana. Em Eclesiastes se medita sobre o valor da vida humana nas limitações do tempo (cf. Ecl 1,4). O Eclesiástico vê a temporalidade da existência humana fundamentada na vontade de Deus (cf. Eclo 17,1s.).

Os escritos neotestamentários anunciam a mensagem de Deus que ressuscitou a Jesus dentre os mortos, como o Deus de sua esperança da superação do limite terreno da vida na participação no destino de Jesus Cristo.

b) *Sofrimento* – Na literatura de oração do povo de Israel encontra-se um grande número de cantos de lamentação. Israel experimenta o sofrimento de indivíduos e o sofrimento de todo o povo como uma realidade que se encontra em tensão com a atividade criadora de Javé e com as promessas de salvação por ele feitas.

Nos escritos bíblicos se pode reconhecer diversas tentativas de superar o sofrimento interpretativamente. As pessoas que oram os salmos de lamentação clamam confiantemente a Javé, porque Ele pode mudar sua sorte. Muitas vezes, num só fôlego, acusam-no inquiridoramente e atribuem seu sofrimento à iniciativa dele (cf. esp. Sl 88). Por outro lado, em partes da literatura sapiencial judaica, a experiência do sofrimento do presente é interpretada como provocada por culpa própria (cf. Pr 15,6.15. 19; 26,27; Eclo 30,24), enquanto em muitos ditos sapienciais Deus é tido como garantia de uma ordem, na qual o justo é recompensado, e o mau, castigado (cf. Pr 15,25; 16,5.7; 25,21s.). No entanto, justamente essa interpretação da realidade também é questionada radicalmente nos próprios documentos bíblicos: o sofrimento do homem justo Jó – de início interpretado como teste da firmeza de sua fé em Deus – fica, em última análise, sem resposta (→ 2.1.1.3.b). A experiência de que também os justos sofrem, que sofrem inclusive por causa de sua fidelidade constante a seu Deus, também foi acolhida nos escritos veterotestamentários nos chamados hinos do servo de Deus (cf. Is 42,1-9; 49,1-9; 50,4-9; 52,13-53,12) e nas narrativas do sofrido destino dos macabeus tementes a Deus sob a dominação dos selêucidas (cf. 2Mc 7). As jovens comunidades cristãs recorreram sobretudo aos hinos do servo de Deus para interpretarem o sofrimento de Jesus (cf. Mt 12,18-21; 26,67; At 8,32s.). No discipulado de Jesus, já as primeiras comunidades cristãs sofrem hostilidade e sangrentas perseguições.

Os escritos bíblicos suportam a ambivalência da experiência humana da existência entre esperança e temor em crente expectativa, sem poderem ou quererem oferecer um entendimento racional do sentido de todos os sofrimentos experimentados.

3. Abordagem histórico-dogmática

O testemunho dos documentos bíblicos de revelação, analisados acima sob o título "Doutrina da criação", refere-se a questões teológicas importantes, cada qual com seu peso próprio: Deus e o surgimento do mundo, Deus em sua relação com a humanidade, o ser humano inserido no cosmo como seu espaço de vida, a criação e sua redenção. Os escritos bíblicos testemunham que o ser-homem foi criado bom e, não obstante, tentado para o pecado desde o início, e derrotado por essa tentação. Por isso também a pergunta pela compreensão teológica do mal, existente por culpa do homem, bem como o mal sofrido por fatalidade, faz parte dos temas que devem ser tratados na doutrina da criação.

Como o testemunho bíblico, também a história da tradição das áreas temáticas mencionadas é multiforme. A estrutura da exposição abaixo é, na verdade, basicamente cronológica, no entanto, a orientação em problemas centrais relacionados ao conteúdo oferece a oportunidade de traçar linhas de ligação entre as épocas e reconhecer, justamente desse modo, inter-relações entre as tradições. Visa-se exemplificar os diferentes temas nos "lugares" históricos (épocas e pensadores), que foram de importância especial para o referido questionamento, de maneira que conhecê-los é imprescindível para a compreensão da fé cristã na criação de nossos dias.

C. DOUTRINA DA CRIAÇÃO

3.1. Antiguidade

Como na descrição da natureza e da atuação de Deus, a teologia cristã também adquiriu seu perfil próprio na doutrina da criação, nos primeiros séculos, a partir da tradição filosófica daquele tempo e em oposição a ela (→ Doutrina sobre Deus 3.1). No primeiro plano dessa discussão figuravam, cada vez mais, especulações cosmológicas que, em sua forma concreta, sempre influenciaram também a relação do homem com o mundo e, consequentemente, seu modo de vida.

3.1.1. Nexo entre cosmologia e ética

A estruturação das primeiras comunidades cristãs e a pregação missionária cristã ocorreu num espaço cultural influenciado por ideias filosóficas de cunho helenista. Os escritores cristãos dos séculos I e II puderam recorrer, ao tematizarem a ideia da criação, àqueles testemunhos de uma fecundação recíproca do pensamento judaico e helenista, como os encontramos nos escritos tardios do Antigo Testamento. Como o faziam a sabedoria judaico-oriental antiga e os filósofos gregos, também os primeiros cristãos louvavam a beleza e a ordem do cosmo. O louvor da criação na Primeira Epístola de Clemente, por exemplo (c. 100 dC), mostra, por um lado, uma grande afinidade com o pensar e sentir filosófico-estoico, por outro lado, porém, no louvor do Deus Criador concebido em termos pessoais, e também por meio de enunciados cristológicos, recorre a pensamentos bíblicos centrais.

"As estações do ano, primavera, verão, outono e inverno, sucedem-se pacificamente. [...] Fontes inesgotáveis, criadas para gozo e saúde, oferecem aos homens ininterruptamente os seios mantenedores da vida; também os menores dentre os animais encontram-se em concórdia e paz. Tudo existe em paz e concórdia segundo a ordenação do grande Criador e Senhor do universo, que a tudo agracia com seus benefícios, no entanto, sem medida a nós que procuramos refúgio em suas misericórdias por meio de nosso Senhor Jesus Cristo; a Ele honra e glória para sempre. Amém" (1Clem 20,9-12).

Em consonância com textos bíblicos convincentes, que argumentam de modo semelhante, os enunciados da Igreja primitiva sobre a criação de Deus estavam, em geral, enfeixados na prática concreta de respeito a Deus e na admoestação e exortação a uma vida no espírito de Jesus Cristo, o Logos divino humanado. Desse modo tornou-se evidente um paralelismo estrutural entre a função da doutrina da criação dos primeiros teólogos cristãos e a cosmologia da filosofia contemporânea.

Pois nas principais correntes filosóficas dos primeiros séculos cristãos (estoicismo, epicurismo, ceticismo) encontrava-se em primeiro plano o esforço no sentido de fundamentar filosoficamente uma prática de vida, por meio da qual os homens pudessem alcançar a "bem-aventurança" (*eudaimonia*).

Os estoicos supunham que no cosmo predominava uma lei "racional" inacessível aos homens, e que por isso o homem somente poderia alcançar aquela liberdade interior que lhe oferece um espaço para sua própria atividade formadora, por meio de uma sujeição irrestrita a

3. Abordagem histórico-dogmática

essa lei. Epicuro († 270 aC), porém, tentou libertar os homens de seu tempo do medo das coisas preestabelecidas por meio de uma "desmitologização" dos fenômenos da natureza. O ceticismo queria abrir um caminho para a bem-aventurança, renunciando conscientemente a especulações filosófico-naturais. Também esta abstenção (*epoché*) em questões cosmológicas tinha, em última análise, objetivos para a vida prática, também ela se propunha a levar para o "descanso da alma".

Também nas obras dos teólogos cristãos primitivos, enunciados teológico-criacionais estão frequentemente ligados a instruções éticas. O verdadeiro conhecimento do Criador leva a um comportamento eticamente bom, e assim está a serviço da vida.

Logo no início da Primeira Epístola de Clemente constata-se que os autores querem considerar "o que é bom e aprazível, e o que é agradável aos olhos de nosso Criador" (1Clem 7,3). Desse propósito os autores voltam a falar então em conexão com um grande hino de louvor à obra do Criador (cf. 1Clem 20) e exortam: "Vede, amados, que seus muitos benefícios não se transformem em juízo para nós, se não vivermos dignos dele e não fizermos em concórdia o que é bom e agradável a seus olhos" (1Clem 21,1). De acordo com a Didaché, redigida no início do século II, e a Epístola de Barnabé, escrita provavelmente por volta do ano 130, o "caminho da luz ou da vida" (na doutrina dos dois caminhos rigorosamente distinto do "caminho das trevas ou da morte") começa quando a criatura se volta cheia de amor a seu Criador (cf. Did 1,1s.; 5,2; Barn 19,1s.).

Até a segunda metade do século II não ocorreu um confronto expresso por parte de teólogos cristãos com a convicção da filosofia grega da "eternidade" do cosmo e, em consequência, de a matéria "não ter sido criada". Isso se deve sobretudo ao fato de os doutores cristãos não terem feito teologia da criação em primeiro lugar por interesses especulativo-teóricos, mas por compartilharem com as correntes filosóficas a colocação de objetivos éticos para a vida prática.

3.1.2. A pergunta pela origem da matéria e a doutrina da *creatio ex nihilo*

No século II dC alguns teólogos patrísticos se conscientizaram sempre mais de uma contradição fundamental entre a teologia da criação judeu-cristã e a cosmologia platônico-grega: enquanto esta partia da eternidade das coisas materiais, da teoria de que a matéria não foi criada, os mestres cristãos se apegavam – em forma cada vez mais refletida – ao testemunho bíblico da origem inclusive da matéria na vontade criadora de Deus. O estranhamente demorado processo até o reconhecimento preciso da incompatibilidade de ambas as posições mostra que a doutrina cristã primitiva da criação se desenvolveu no diálogo com os desafios colocados pelos pensadores da época e que os enunciados cosmológicos da Igreja antiga devem sempre ser concebidos como enquadrados em contextos em última análise cosmológicos.

A cosmologia grega havia encontrado sua forma clássica no diálogo platônico *Timeu*. Nesse escrito de Platão († 347 aC), de ampla penetração, estão lançadas as bases da chamada ideia da formação do mundo, segundo a qual três princípios de igual nível, Deus, as ideias e a matéria, constituíram o mundo. Deus, concebido como o bondo-

C. DOUTRINA DA CRIAÇÃO

so demiurgo do *Timeu*, está restrito em sua obra criadora às possibilidades que a matéria existente lhe oferece. Em última análise, Platão visa uma explicação para a imperfeição do cosmo, que é interpretada não como imperfeição de Deus, e, sim, como imperfeição da matéria a sua disposição. Contrapondo-se a essa concepção cosmológica, a teologia cristão-primitiva apresentava, desde a segunda metade do século II, sua doutrina da *creatio ex nihilo* (criação a partir do nada), segundo a qual inclusive a matéria teria surgido pela obra de Deus, existindo, portanto, somente uma origem, um único princípio de todo o cosmo.

A história da doutrina da *creatio ex nihilo* comprova um uso dessa expressão em crescente consciência do problema. No judaísmo helenista não surgira um confronto refletido com a ideia platônica da formação do mundo. Alguns documentos da literatura veterotestamentária tardia revelam inclusive uma grande afinidade com o pensamento platônico. Sb 11,17, p. ex., fala da "poderosa mão de Deus que formou o mundo da matéria informe". Como primeira prova da *creatio ex nihilo* cita-se, em geral, 2Mc 7,28, onde consta expressamente que Deus teria "criado tudo que existe [...] do nada". No entanto, a interpretação dessa passagem deve tomar em consideração o contexto: a intenção primordial é um louvor da onipotência divina, à qual também a morte não põe limites. Na angústia do martírio iminente, o homem sofredor deve tomar ânimo na ciência das admiráveis possibilidades de Deus. Deus é grande, pois pode chamar do não ser ao ser (cf. tb. Rm 4,17). Nesse enunciado baseia-se a esperança dos ameaçados de morte.

Influenciados pelo discurso bíblico de que Deus havia criado tudo "do nada", também alguns doutores cristãos do início do século II falam expressamente de uma *creatio ex nihilo*. Assim admoesta o *Pastor de Hermas*: "Antes de mais nada: creia que existe um Deus que tudo criou e acabou, e o fez do nada, para que seja; é Ele que tudo compreende, enquanto somente Ele é incompreensível" (Herm[m] 1,1). Nas provas textuais mais antigas para o discurso da *creatio ex nihilo*, ainda havia um distanciamento consciente dos problemas em torno da ideia greco-platônica da formação do mundo. Essa situação, porém, modificou-se ao longo do século II, na medida em que a crescente propagação de ideias marcionitas e gnóstico-cristãs exigiam uma delimitação do pensamento bíblico em relação ao grego.

Marcião († c. 160 dC) pressupôs a existência de duas divindades, um deus redentor bom e um deus criador mau. Segundo Marcião, os escritos do Antigo Testamento falam dos feitos do demiurgo, a divindade má, do deus da criação e da lei. Marcião considerava a imperfeição da realidade experimentável prova da fraqueza do demiurgo, que teria formado o mundo a partir de uma matéria ruim, não criada. Negação do mundo, rejeição de todos os prazeres físicos, exigências exegéticas exageradas e, por consequência, uma cristologia docética caracterizavam a doutrina de Marcião. A gnose cristã compartilhava com a doutrina marcionita a convicção da negatividade do mundo. Em determinados pensadores gnósticos encontram-se especulações diversas, em geral bem diferenciadas, sobre as forças ativas no surgimento do cosmo. Comum a todos, porém, era a ideia de que o mundo surgido deveria ser entendido como uma queda, uma queda sob as condições da matéria má, de cujas coerções o ser humano poderia livrar-se somente por meio de um conhecimento e uma renúncia intermediados pelo Logos. Os mestres gnósticos entraram em conflito com a doutrina bíblica da criação, sobretudo com a ideia de que toda a realidade teria surgido por emanação progressiva, sendo que nesse processo as coi-

3. Abordagem histórico-dogmática

sas novas que surgiam se teriam distanciado cada vez mais da divindade de origem. Visto que os chamados éones, surgidos por emanação (p. ex., Nous = Razão, Sophia = Sabedoria), eram, em parte, imaginados personalizados e se lhes atribuía uma atuação própria, as especulações cosmológicas dos gnósticos assumiam formas cada vez mais complexas. Segundo Basílides, por exemplo, o "estranho" deus indizível somente produz a "semente do mundo", a partir da qual se teria desenvolvido tudo que existe por meio de certo "automatismo". A formação do cosmo seria a obra de dois arcontes, a obra salvífica seria da responsabilidade da primeira das três filiações. Nessa diferenciação, o complexo de pensamentos gnósticos punha em risco a ideia bíblica de Deus como única origem do mundo (monarquia de Deus). Ao mesmo tempo, a origem de tudo que existe desaparecia num lugar distante, fora do mundo. O surgimento do mundo alienou Deus e homem.

O distanciamento paulatino da doutrina cristã da platônica já é verificável na obra de *Justino Mártir* († c. 165 dC). Em princípio, Justino continua comprometido com o pensamento helenista, no entanto sua expressa ênfase no ilimitado poder criador de Deus e a ricamente desenvolvida ideia de que somente Deus seria o incriado, oposto a todo o criado, tinha que resultar necessariamente num expresso conflito com a ideia platônica de que a matéria não teria sido criada. Esse conflito se tornou mais evidente em *Taciano* († depois de 172 dC), discípulo de Justino. Taciano descreve sua concepção cosmológica de forma clássica em sua *Oratio ad græcos*: Deus, o único princípio de tudo, "produz" primeiramente um substrato material (προβαλλεσθαι [*probállesthai*]), que é ordenado no cosmo pelo Logos. Estranhamente Taciano não fala, como a Bíblia, da criação da matéria "do nada" por Deus; não obstante, verbaliza-se aqui uma nítida contraposição à concepção filosófica grega da formação do mundo. O motivo histórico para essa visão nova foi, certamente, sobretudo o fato de, em Roma, onde Justino e Taciano atuaram temporariamente, estarem muito difundidas heresias marcionitas, cuja compreensão do mundo radicalmente dualista partia da pressuposição de um princípio bom e de um princípio mau.

Distinguindo-se de Taciano, *Teófilo de Antioquia* († c. 186) tomou, pouco depois, por ponto de partida expressamente o discurso bíblico em sua discussão com a filosofia grega, ensinando: "Deus criou o universo do nada para a existência" (TEÓFILO, *Autol.* I 4; II 4.10.13). Também no caso de Teófilo, ideias dualistas de origem marcionita e gnóstica constituíram o pano de fundo e o motivo do esforço para estabelecer uma delimitação. Ele apresentou três argumentos essenciais contra a ideia platônica da formação do mundo: 1) A ideia de uma matéria incriada põe em risco a fé em Deus como o "Criador do universo". Somente se pode falar de uma "monarquia" de Deus, se também a matéria é considerada criada. 2) Se a matéria fosse incriada, ela também seria imutável e, portanto, igual a Deus. 3) A grandeza de Deus se revela somente como verdadeira grandeza, quando se supõe que Ele tem o poder de criar "do nada", de conceder a tudo vida e movimento.

A doutrina da *creatio ex nihilo* se impôs de fato na obra de *Ireneu de Lião* († c. 202 dC), que destacou, em sua produção literária antignóstica, de modo enfático, a

C. DOUTRINA DA CRIAÇÃO

condição de criador livre e incondicional do Deus uno. Ireneu ensinou que a única razão para o surgimento e a existência de tudo que é seria a soberana vontade criadora de Deus. Deus não formou uma eterna matéria incriada, mas tirou "de si mesmo a substância das criaturas e sua ideia" (IRENEU, *Adv. Haer.* IV 20,1). Nem a matéria, nem as ideias, os protótipos, são igualmente originárias como Deus. Ele é a origem de tudo que é. Na argumentação de Ireneu é exposta a rejeição consciente da ideia de uma matéria incriada de modo enfático como doutrina da *creatio ex nihilo*: "Atribuímos a criação da matéria do mundo ao poder e à vontade do Deus Altíssimo. [...] Seres humanos não são capazes de fazer algo do nada; eles precisam da matéria como base. Nisso, porém, Deus é primeiramente superior aos homens pelo fato de ter Ele mesmo inventado a matéria de sua criação, que antes não existia" (IRENEU, *Adv. Haer.* II 10.4; cf. tb. IV 20.2; 38.3).

No final do século II, atribuiu-se à doutrina judeu-cristã da creatio ex nihilo aquele sentido reflexivo, por meio do qual se pôde expressar, em consequência da ideia bíblica da criação, a incondicional, livre criação de toda a realidade por Deus. Somente na contradição à ideia de uma matéria eterna, incriada pôde ser preservada a monarquia (monoprimitividade) de Deus.

3.1.3. Teologia da criação e especulação em torno do Logos

Os esforços dos doutores cristãos primitivos no sentido de interpretar o evento criacional (também) cristologicamente puderam apoiar-se na cristologia da criação desenvolvida na literatura dêuteropaulina e joanina. No conjunto, porém, num primeiro momento o elemento cristológico sofreu um retrocesso no tratamento da temática da criação. Isso, todavia, mudou ainda no século II, visto que, no diálogo com pensadores (médio-)platônicos, a cristologia do Logos, sempre mais diferenciada por parte de autores cristãos, argumentava com frequência justamente em termos da teologia da criação.

Apoiada na linguagem (dêutero)paulina (cf. Ef 4,24; Cl 2,9), *Inácio de Antioquia* († c. 117 dC), p. ex., confessa expressamente, em sua Epístola aos Efésios, a Jesus Cristo como "o novo homem" (*Aos efésios*, 20,1) e destaca (a exemplo de Paulo) a importância soteriológica da nova criação em Jesus Cristo. Em estreita ligação com pensamentos da sabedoria veterotestamentária tardia, o *Pastor de Hermas* (cf. *Herm[s]* IX 12,2; IX 14,5) enfatiza a função mediadora do Filho de Deus na criação. Em Hermas está expressa também a atividade criadora do Espírito (cf. *Herm[s]* V 6,5).

Os padres apostólicos colocam uma ênfase própria ao fundamentarem o mistério eucarístico com a teologia da criação. Um trecho do hino de agradecimento da *Didaché*, p. ex., diz o seguinte: "Tu, Soberano, Todo-Poderoso, criaste tudo por amor de teu nome, deste comida e bebida aos seres humanos para deles usufruírem; a nós, porém, deste comida e bebida espiritual, e vida eterna por Jesus, teu Servo" (*Did* 10,3; cf. tb. *IgnEph* 20,2).

De acordo com a filosofia médio-platônica, bem como na gnose não cristã e cristã por ela influenciada, a essência de Deus aparecia, em grande parte, como idêntica com o eterno e imutável ser distante do mundo. *A inquietante pergunta como conciliar,*

3. Abordagem histórico-dogmática

em termos de raciocínio, a ação de Deus com o mundo e no mundo com a imutabilidade de Deus, favoreceu a concepção do Logos como um "ser intermediário" (divino-humano). Motivados por algumas passagens bíblicas do Antigo e do Novo Testamento, também doutores cristão-primitivos participaram dessas especulações em torno do Logos. Só penosamente a tradição teológica encontrou um caminho entre subordinacianismo e modalismo (→ Cristologia 3.1.4.; Doutrina Trinitária 3.1.3.).

Justino (como antes dele Fílon) e Teófilo de Antioquia descreveram a procedência do λογος προφορικος (*logos prophorikós*) do Pai como inseparavelmente ligada à atividade criadora do Logos. A preexistência do Logos (antes da criação na forma do λογος ενδιαθετος (*logos endiáthetos*]) é concebida por ambos os doutores como uma existência imanente "no Pai", sendo que, no caso, personalidade e consubstancialidade de Filho e Pai não se expressam de modo adequado. Como no estoicismo, também na teologia cristã o Logos é venerado como ordenador e regente do mundo.

Tanto em Justino quanto em Teófilo, mas também em Taciano, a expressa restrição da "função" do Logos a sua atividade cósmica estava ligada intimamente a uma tendência subordinaciana. Em contrapartida, a cristologia da criação de *Ireneu de Lião* pode ser considerada uma prova de que, também nos primórdios, a pergunta como conciliar, em termos do pensamento racional, a essência de Deus e a formação do mundo pôde ser respondida sem a pressuposição de um mediador da criação concebido em termos subordinacionistas.

Com grande ênfase Ireneu acentuou a unidade da ação criadora e salvífica de Deus e a fundamentou cristologicamente na forma de sua doutrina da recapitulação. Na defesa contra correntes gnósticas, que queriam apresentar o ser e o agir de Deus como intocado pelos acontecimentos mundiais, Ireneu imaginou a criação justamente como condição possibilitadora da humanação redentora. Via nela a primordial destinação de todo o agir de Deus. Deus quis redimir o mundo em Jesus Cristo, por isso também "teve que" criar o ser humano: "Visto, porém, que aquele que deveria redimir existiu antecipadamente, também aquele que deveria ser redimido teve que ser criado, para que o Redentor não fosse supérfluo" (IRENEU, *Adv. Haer.* III, 22.3.). A humanidade criada "no princípio" segundo a imagem do Redentor, e libertada por Jesus Cristo das máculas do pecado, é, "no fim", restaurada plenamente. Esse é o plano salvífico de Deus, cujo cumprimento pressupõe necessariamente um evento criacional.

Nessa imponente visão global de uma reconstrução dos acontecimentos mundiais de orientação econômico-salvífica e centrada cristologicamente quase não sobrou espaço para o enunciado da contingência histórica do fático. Já em *Tertuliano* († depois de 220) se pode constatar o esforço no sentido de atribuir maior peso aos eventos históricos concretos em sua sequência no tempo. Essa tendência de uma visão ampliada, ou mesmo linear da história, permaneceu predominantemente no Ocidente, enquanto no Oriente – sobretudo sob a influência do alexandrino *Orígenes* († c. 254) – se impôs uma concepção de tempo de caráter mais cíclico, uma visão da história mundial que partiu de Deus e para Ele há de retornar.

No Credo de Niceia (325) e Constantinopla (381) o magistério da Igreja Antiga conseguiu enunciar a função mediadora do Filho de Deus na criação sem, simulta-

C. DOUTRINA DA CRIAÇÃO

neamente, sucumbir à tentação, estreitamente relacionada a isso, de uma subordinação do Logos *ao Pai:* o Filho é "consubstancial como o Pai", "o Criador do céu e da terra". O Filho "nasceu antes de todo tempo". "Por meio dele tudo foi criado" (cf. DH 150). *Enquanto os primeiros símbolos batismais na Igreja Ocidental latina já renunciaram muito cedo a um enunciado cristológico-criacional, a cristologia da criação neotestamentária permaneceu, a princípio, viva na Igreja Oriental – e, pela recepção do Niceno-Constantinopolitano, finalmente em toda a Igreja.*

3.1.4. "Previdência" de Deus e a doutrina da *creatio ex nihilo*

Também com vistas à ideia de que a história do mundo estaria sendo "dirigida" por um poder ordenador, ocorreu uma alternância entre adoção e paulatina modificação de ideias filosóficas centrais no contexto da teologia cristã primitiva. Com o conceito da πρovoια (*prónoia*), o estoicismo associou a ideia de que uma razão divina (não pessoal) estaria conduzindo o mundo a um alvo que poderia permanecer oculto à compreensão de alguns indivíduos. Sobretudo as leis fixas nos fenômenos da natureza, bem como no surgimento e no desaparecimento da vida humana, eram consideradas fundamento da confiança humana de que há sentido no curso do mundo.

Em analogia com o pensamento da tradição estoica, a *Primeira Epístola de Clemente* enaltece a ação ordenadora de Deus na natureza (cf. 1Clem 20,8). A benevolência de Deus e sua provisão revelam-se, p. ex., no fato de fazer brotar a semente, de modo que venha a produzir fruto abundante (cf. 1Clem 24,5).

Também *Ireneu de Lião* coloca acentos próprios neste contexto, na medida em que também ele concebe a "manutenção" do mundo criado como obra do Logos. Enquanto ele próprio não tem necessidade de absolutamente nada, Deus concede às criaturas, de pura bondade, vida e incorruptibilidade (cf. IRENEU, *Adv. Haer.* IV 14). Centrada cristologicamente de modo semelhante é a doutrina da "previdência" de *Clemente de Alexandria* († antes de 215), que se dedicou intensivamente a essa temática em seu livro *Peri prónoias*. Clemente descreveu a atuação do Logos como a de um mestre, educador e redentor da humanidade em sua totalidade como também do indivíduo. O momento pedagógico em sua doutrina da previdência, bem como a designação expressa da atividade preservadora de Deus como *creatio continua* (cf. CLEMENTE DE ALEXANDRIA, *Strom.* VI 16) são características para seu pensamento. *Também no tempo posterior, a tradição oriental preservou em seu meio uma compreensão da previdência que não tinha em mente uma previsão divina de acontecimentos futuros, nem um planejamento teórico do curso do mundo, mas que expressava, primordialmente, a atividade criadora de Deus para preservação do mundo criado.* Assim, p. ex., ainda para *João Crisóstomo* († 407) a sujeição dos fenômenos da natureza a determinadas leis e a beleza do cosmo são as verdadeiras provas do cuidado divino com sua criação. *Em contrapartida, na Igreja ocidental fortaleceu-se progressivamente a tendência de interpretar a atuação divina no mundo com o emprego de categorias racionais como uma atuação planejadora*. Assim, p. ex., *Lactâncio* († depois de 317) já incluiu expressamente a estrutura tripartida do tempo em sua descrição da previdência divina, relacionando-a com a preservação do passado por parte de Deus, com seu conhecimento do presente e com sua previsão do futuro (cf. LACTÂNCIO, *De ira dei* 9). No contexto de sua controvérsia com os maniqueus, *Agostinho* († 430) se viu inclusive compelido a distinguir com rigor terminológico os conceitos criação e previdência, reservando o momento do governo (*gubernatio*) final para a atuação previdente de Deus. Característico para o pensamento de Agostinho também é sua associação da ideia da previdência com a de uma predestinação divina do destino humano. A vontade humana realiza livremente o que Deus quer e sabe antecipadamente (cf. AGOSTINHO, *Civ. Dei* V 9). Essa concepção da previdência do Criador na forma da ideia da predestinação leva ao centro da problemática da controvérsia da Igreja Antiga em torno da graça.

3.1.5. Desenvolvimento da doutrina cristã do pecado original e hereditário

Na questão da origem da matéria, os teólogos patrísticos dos séculos II/III se haviam colocado, por fim, em oposição nítida a um dualismo cosmológico, e haviam, desse modo, resistido à tentação de considerarem mau o mundo, a realidade empírica (material). No entanto, também no século IV/V existiram influentes correntes dualistas. Tornou-se determinante de modo trágico para a antropologia cristã e a relação com o mundo o fato de o pensamento dualista do maniqueísmo ter influenciado os escritos tardios de *Agostinho*, deixando para as gerações seguintes a herança de uma visão pessimista das possibilidades humanas para o bem, bem como um juízo cético a respeito das forças impulsoras do ser humano.

A motivação para a concepção do *maniqueísmo*, assim denominado por seu fundador Mani († c. 277), deverá ter sido a experiência (aparentemente inevitável) da inferioridade humana na luta contra as seduções do mal. O maniqueísmo partiu da existência de um princípio bom e um princípio mau. O tempo do mundo era entendido como fase de transição, na qual as realidades do bem e do mal (inicialmente separadas) ainda estão misturadas, e na qual essas duas forças existentes em cada ser humano podem ser separadas novamente por um comportamento humano correspondente. A redenção do homem pressupõe seu conhecimento desses nexos e dos procedimentos correspondentes a eles. Nesse sentido também o maniqueísmo pode ser considerado uma doutrina gnóstica de redenção. Especialmente a concupiscência do homem, seu desejo de satisfazer prazeres carnais, sobretudo sexuais, era considerada, no maniqueísmo, uma prova da existência do mal no homem, de sua propensão à mundanidade, a qual deverá ser combatida por um modo de vida rigorosamente ascético.

Inicialmente Agostinho combateu o dualismo maniqueu com veemência; na controvérsia com Pelágio, porém, ele se revelou irreversivelmente influenciado por essa interpretação da realidade.

O pessimismo ético de Agostinho assumiu forma concreta em sua doutrina do *peccatum originale* (do "pecado original"), que ele havia formulado no debate com Pelágio.

Pelágio († após 418), um monge leigo de origem britânica, combateu, a exemplo do Agostinho jovem, o dualismo maniqueu. *Firmado na tradição da ética grega anti-*

C. DOUTRINA DA CRIAÇÃO

ga, Pelágio se ateve à convicção de que uma pessoa com o desejo de fazer o bem também estaria, em princípio, capacitada para decidir-se pelo bem. Pelágio explicou de modo tradicional a experiência efetiva, que levou tanto a Paulo (cf. Rm 7,15-20) quanto a Agostinho a admitir que o ser humano quer o bem, mas não o pratica e faz o mal, que na verdade não quer, lembrando o mau exemplo de outros e os efeitos do costume de praticar o mal que a tentação reforça para cometer outros atos maus. Pelágio recorre à imagem otimista do homem de ética antiga, para, desse modo, incentivar seus contemporâneos ao esforço moral, pelo qual quis combater uma lassidão amplamente difundida também na Igreja.

O protesto de Agostinho contra o otimismo ético de Pelágio teve causas diversas. Agostinho já fora sensibilizado para a pergunta pela origem do mal na época de sua controvérsia com o maniqueísmo. *Agostinho tinha feito pessoalmente a dolorosa experiência de que por si mesmo o ser humano não é capaz de nenhum bem, que todo bem é obra da graça divina.* A tentativa de evidenciar as implicações teológicas do batismo de crianças, que se havia firmado desde a virada constantina, fortaleceu a ideia agostiniana, que no fim da Antiguidade proporcionou uma nova compreensão da existência. Pois Agostinho viu a causa da depravação radical da natureza humana, efetiva já na raiz, num caráter negativo (pré-pessoal) preestabelecido do ser humano.

Como prova da Escritura para sua compreensão desses nexos, Agostinho aduziu, sobretudo, Rm 5,12, cujo enunciado ele interpretou equivocadamente com graves consequências. A *Vulgata* traduz essa passagem assim: *"Per unum hominem peccatum intravit in mundum, et per peccatum mors et ita in omnes homines pertransiit,* in quo (grego: *eph ho) omnes peccaverunt"* ("Por um homem o pecado entrou no mundo, e, por meio do pecado, a morte, e este/esta passou para todos os homens, porque todos pecaram"). Agostinho tomou a palavra *peccatum* (pecado) por sujeito do verbo *pertransiit* (passou para) e considerou *in quo* (no qual) como relativo a *unum hominem* (um homem). Essas duas interpretações equivocadas do texto levaram Agostinho a crer que Rm 5,12 afirma que o pecado de Adão teria passado para todos os homens, visto que "em Adão" todos teriam pecado.

Uma compreensão condizente com o texto original de Rm 5,12 deveria considerar *mors* (morte), não *peccatum* (pecado) como sujeito de *pertransiit*. A expressão latina *in quo* deve ser lida no sentido da palavra grega εφ' ω (*eph ho* = επι τουτω οτι [*epí toutô hóti*]) e deve ser traduzida como conjunção causal: "Porque todos pecaram, todos têm que morrer".

Apesar de todas as restrições justificadas em relação à forma concreta da doutrina do pecado hereditário, porém, é importante perceber sua intenção principal e tomá-la em consideração: *Agostinho viu na transmissão do "pecado original"* (peccatum originale) *de Adão a todas as gerações subsequentes a chave para a compreensão da realidade por ele experimentada: de estar sem querer sujeito ao mal.* Não é a imitação de um mau exemplo dado por outros, mas a transmissão do mal na sequência das gerações é que lhe parecia, por isso, ser a razão da universalidade do pecado. Justamente na concupiscência (experimentada sobretudo no prazer sexual) Agostinho acreditava possuir a prova viva de sua tese de que o castigo pelo pecado original de Adão, a concupiscência, atingiria a todos os seres humanos e os seduziria ao mal.

Sobre o pano de fundo do discurso da corrupção total da vontade humana para o bem, Agostinho queria pôr em evidência sua convicção da atuação da graça de Deus.

A tradição teológico-eclesiástica no Ocidente latino adotou, nos séculos subsequentes, a concepção do pecado "original" de Adão (*do peccatum originale originans*), formulada por Agostinho, da pecaminosidade "hereditária" de todos os seres humanos (do *peccatum originale originatum*), da concupiscência e da graça redentora (graça batismal). Dessa maneira ela também assumiu, de princípio, a tendência de Agostinho de ver no prazer sexual do ser humano a causa e o sinal evidente da corrupção da natureza humana.

3.1.6. Teologia cristã da criação no final da Antiguidade

A obra teológica de Agostinho não influenciou apenas o subsequente desenvolvimento da doutrina do pecado e da graça; ela também lançou os fundamentos para uma teologia da criação mais e mais filosófico-especulativa e menos voltada para o aspecto da economia salvífica no mundo ocidental. Agostinho foi o primeiro teólogo cristão que se ocupou intensivamente com o fenômeno do tempo; suas reflexões a respeito estavam comprometidas tanto com o pensamento neoplatônico quanto com o pensamento bíblico. À pergunta como a eternidade de Deus deveria ser posta numa relação adequada à temporalidade da coisa criada, Agostinho respondeu afirmando que o próprio tempo é uma realidade criada. O tempo existe somente desde que existe algo criado. "Antes do princípio" não existiu tempo, "no fim" ele deixará de existir. Essa ligação de criação com temporalidade levou Agostinho a uma concepção linear (não circular) da história, mais próxima da visão bíblica do decurso do tempo do que, p. ex., do pensamento filosófico no esquema de um ciclo eterno. Sua concepção do tempo precipuamente "psicológica" (cf. AGOSTINHO, *Conf.* XI), seu sofrimento sob a mudança dos tempos e seu anseio por um descanso sem tempo na consumação, porém, impediram-no de incluir, neste ponto, o decurso concreto da história salvífica com maior nitidez em seu pensamento teológico-criacional. Também a orientação teológico-trinitária da teologia da criação de Agostinho, fascinada pela consubstancialidade das pessoas divinas, contribuiu para que o mundo ocidental negligenciasse, cada vez mais, a importância cósmica do Logos e, concomitantemente, para a acentuação da diferença entre a ação criadora e redentora de Deus, em evidência crescente na teologia da Igreja ocidental.

3.2. Idade Média

Todos os grandes teólogos medievais se ocuparam com a teologia da criação, muitas vezes com respeitável intensidade de raciocínio. À semelhança dos teólogos patrísticos, também os pensadores cristãos da Idade Média se mostraram fortemente impressionados pela tradição filosófica da Antiguidade em sua definição da relação entre o Deus eterno e a realidade criada. É verdade que a cosmologia (neo)platônica de cunho agostiniano foi eclipsada, na alta Idade Média, pelas influências da incipiente re-

C. DOUTRINA DA CRIAÇÃO

cepção de Aristóteles, mas jamais totalmente desbancada por ela no acervo argumentativo da teologia cristã da criação.

Na pergunta por uma definição adequada da relação entre Deus e o mundo criado por Ele, a teologia da criação magisterial da Idade Média se distanciou de várias maneiras da solução dualista ou panteísta desse problema oferecida na concepção dos filósofos da Antiguidade. Tanto o IV Concílio de Latrão de 1215 (cf. DH 800) quanto o Concílio de Florença de 1442 (cf. DH 1333) acentuaram que o mundo permanece diferenciado de Deus em virtude de sua contingência e temporalidade, sem, contudo, abandonar a doutrina bíblica de que, pelo fato de as ter criado, Deus vinculou a si todas as coisas visíveis e invisíveis de modo permanente. Expressão clássica dessa definição equilibrada de relação é a regra da analogia do IV Concílio de Latrão (cf. DH 800), segundo a qual, na verdade, existe uma "semelhança" entre Criador e criatura, mas essa sempre deve ser concebida como excedida por uma respectiva "dessemelhança" maior (→ Doutrina sobre Deus 3.2.).

Observando-se – acima de toda especulação teológica – o sentimento de vida do homem medieval, pode-se falar, em termos gerais, de uma grande familiaridade com a natureza e da consciência de uma natural integração nela. O espaço de vida imediato, observado no ritmo das estações do ano (o microcosmo), encontra-se numa relação análoga com a realidade global (o macrocosmo). Apesar das variadas experiências de ameaça por meio de fenômenos da natureza, o pequeno mundo oferece abrigo ao indivíduo e transmite segurança. Nessa experiência tem sua origem o "otimismo cosmológico", característico para grandes partes da teologia medieval da criação.

3.2.1. Influência permanente da cosmologia (neo)platônica

Pensamentos (neo)platônicos influenciaram a doutrina da criação das escolas teológicas medievais por intermédio de teólogos cristãos da Antiguidade tardia, entre os quais merece destaque sobretudo *Boécio* († 1524). A cosmovisão (neo)platônico-plotina se caracteriza pela pressuposição de que tudo que se fez seria uma emanação do divino, ao qual também retornaria. Empréstimo do estoicismo – no caso de Boécio, porém integrado no ideário platônico – era a ideia de que a razão divina providenciaria uma combinação ordenada das realidades. Essa visão otimista global de fenômenos cósmicos estava associada a uma relativização de eventos históricos concretos.

O pensamento (neo)platônico encontra sua expressão mais evidente na *Escola de Chartres*, que, nos séculos XI/XII, influenciou decisivamente a tradição doutrinária teológica. É verdade que cada um dos teólogos de Chartres apresentou sua formulação própria da doutrina da criação. Todos, porém, têm em comum seu interesse filosófico-natural cosmológico e a tendência de "sacralizar" a realidade empírica criada, a natureza, isto é, de interpretá-la como "sinais de Deus". Desse modo tentaram expressar e fixar o testemunho bíblico da ação criadora, preservadora e condutora de Deus no mundo e a convicção, também fundamentada biblicamente, de que o mundo é bom.

3. Abordagem histórico-dogmática

3.2.2. Unidade de criação e redenção

Alguns teólogos medievais do século XII, que se esforçaram enfaticamente para oferecer uma fundamentação racional das verdades de fé, também revelaram, em princípio, abertura para o reconhecimento de uma interligação interna entre a ação criadora e a ação redentora de Deus.

Anselmo de Cantuária († 1109), p. ex., definiu a redenção como "necessária" com vistas à restauração da ordem original da criação (cf. ANSELMO DE CANTUÁRIA, *CDh* I 19). Esse condicionamento recíproco fica menos evidente em *Abelardo* († 1142) e *Pedro Lombardo* († 1160), que consideravam a doutrina das origens do mundo antes de tudo um questionamento filosófico.

A perspectiva histórico-salvífica bíblica também se manteve na doutrina da criação de *Hugo de São Vítor* († 1141); sua expressão mais clara encontra ela, na Idade Média, na obra do abade beneditino *Ruperto von Deutz* († 1135), que integrou com maior representatividade a cristologia da criação em suas reflexões, sobretudo em sua obra *De Trinitate et operibus eius*. Ruperto entende a emanação intratrinitária do Filho do Pai como um evento visando a atuação do Logos como mediador da criação. Em sua opinião, todavia, também a encarnação do Filho já está contida no original plano de criação de Deus. A verdadeira razão para a "humanação" de Deus não é a queda dos homens no pecado, mas a criação para possibilitar a encarnação do Logos. Sem dúvida, o Filho (também) se fez homem por causa da humanidade "caída", como diz a Escritura, mas, além disso e desde a eternidade, Jesus Cristo é o protótipo, a origem (mediador da criação) e o alvo (redentor e consumador) de toda a realidade criada. Esse cristocentrismo se associa, na doutrina de Ruperto sobre a criação, a uma dimensão pneumatológica: como expressão do amor entre Pai e Filho, o Espírito vivifica a obra divina da criação e a leva à consumação.

A teologia medieval concretizou a presumida unidade de criação e redenção no evento da encarnação: a vida intradivina é condição e motivação para a criação do não divino. A criação do mundo já tem em vista a humanação do Logos. A pergunta pela contingência do histórico e, portanto, pela importância da queda passa para segundo plano nessa visão histórico-salvífica global.

Maior afinidade com a tradição platônico-agostiniana do que com a cristologia (embora também influenciada por esta) revela também a teologia da criação do teólogo franciscano *Boaventura* († 1274), que ele desenvolveu sobretudo em sua preleção sobre a "Obra dos seis dias" (*Hexaemeron*), uma síntese abrangente do surgimento gradual do mundo exterior (relatado em Gn 1) com o gradual caminho interior do homem a Deus. Sua concepção teológico-criacional se caracteriza pela ideia de que as coisas criadas deveriam ser entendidas e interpretadas como "vestígios de Deus" (*vestigia Dei*) no mundo, como indicadoras do caminho a Deus, como imagens, sinais, formas de expressão da divina vida intratrinitária. Boaventura descreve expressamente a atividade criadora de Deus em analogia com os processos intratrinitários. O mundo em sua forma concreta revela a natureza de sua origem.

C. DOUTRINA DA CRIAÇÃO

A oniforme sabedoria de Deus está "derramada em todas as coisas" (BOAVENTURA, *Coll. Hex.* II 21). Todas as coisas refletem, em seu ser-próprio resistente, o poder (*potentia*) de Deus, em sua ordem articulada, sabedoria (*sapientia*), em seu vir à luz empírico, a bondade (*bonitas*) de Deus. No entanto, pelo pecado essa realidade está oculta ao nosso olhar. Somente à "luz de Jesus Cristo" (i. é, por meio da ação salvífica de Deus) ela se torna novamente legível com vistas a Deus. Tomando em consideração a obra teológica completa de Boaventura, pode-se falar de uma centralização cristológica que concerne tanto à ação criadora de Deus em sua totalidade (a "expressão" do Pai no Filho é o "protótipo" de todas as coisas criadas) quanto à sua atuação redentora em especial (a encarnação do Logos para a redenção da humanidade é a obra mais sublime da criação e, consequentemente, também a causa-alvo da ação criadora de Deus). Dessa maneira a doutrina da criação do pensamento teológico de Boaventura está inserida numa visão histórico-salvífica global.

A adoção da designação (neo)platônica de Deus como "bonum diffusivum sui" (o bem que se difunde a si mesmo) na teologia cristã, deu à doutrina medieval da criação, por um lado, uma característica otimista: a realidade criada é boa, pois é emanação e imagem de Deus. Por outro lado, ela possibilitou uma "fundamentação" teológico trinitária da criação, realizando uma associação teológico-racional das emanações intradivinas de Palavra e Espírito (também como fonte de todo o ser não divino) com a aceitação redentora do mundo em humanação e inabitação do Espírito (como alvo de toda a ação de Deus para fora).

3.2.3. Recepção crítica da metafísica aristotélica

Por volta dos meados do século XII, a obra filosófica de Aristóteles se tornou conhecida a um círculo maior dos teólogos medievais graças especialmente a pensadores árabes e judeus. Mais do que o ensinamento platônico das ideias, com sua concentração na "causalidade exemplar" e que continuava atuante, a doutrina aristotélica diferenciada das causas ($\alpha\iota\tau\iota\alpha\iota$, em grego; *causae*, em latim) iriam influenciar, no período subsequente, a reflexão sobre a teologia da criação.

3.2.3.1. A pergunta sobre a eternidade do mundo

A uma primeira prova de resistência tiveram que submeter-se os teólogos cristãos que se empenhavam por recepcionar pensamentos aristotélicos ao perceberem que a ideia de um começo do mundo "no tempo", fundamentada, em última análise, biblicamente, não podia ser explicada com os ensinamentos aristotélicos da causalidade. Na procura pelas razões internas e externas de um ente, Aristóteles sempre oferece uma razão como resposta à pergunta pelo que, de que, para que e de onde. Por isso distinguia quatro "causas": a causa formal (*causa formalis*) responde à pergunta pelo que; a causa material (*causa materialis*) à pergunta pelo de que; a causa final (*causa finalis*), à pergunta para que; a causa eficiente (*causa efficiens*), à pergunta pelo de onde. A combinação dessas causas com vistas a uma mudança visada do ente pressupunha, no pensamento aristotélico, a existência de uma "matéria" a ser formada pela causa eficiente com vistas a um alvo, sendo que υλη ([*hyle*], *materia*, em latim) deve ser entendida, em Aristóteles, não primariamente no sentido de uma substância material, e, sim, sobretudo como condição fundamental da possibilidade do vir a ser. Portanto, na reflexão sobre a transição, causada pela *causa efficiens*, da possibilidade (*potentia*) para a realidade (*actus*), Aristóteles já pressupôs a existência da matéria como princípio da possibilitação. Por isso seu sistema de pensamentos era pouco apropriado para fundamentar filosoficamente a doutrina judeu-cristã da *creatio ex nihilo*.

Entre os teólogos medievais foi sobretudo *Tomás de Aquino* († 1274) que adotou o sistema aristotélico das causas. Tomás difundiu a tese de que uma refutação filosófica da doutrina da eternidade do mundo não é possível, mas também não é necessária. Bastaria mostrar que a interpretação do mundo pela fé não é incompatível com a filosofia. No mais, aduziu argumentos de conveniência para mostrar que a doutrina teológica da criação temporal é adequada. Portanto, Tomás concebe a criação de Deus como um evento livre, que não pode ser demonstrado filosoficamente como necessário, mas que pode ser estabelecido com conhecimentos filosóficos. Nesse assunto Tomás ensinou uma causalidade universal de Deus, que do nada chamou tudo que existe à existência (cf. *Sth* I q. 45 a. 1). A recepção da ideia aristotélica de que também a "relação" (*relatio*) seria uma "categoria", isto é, uma das dez determinações fundamentais do ente, proporcionou a Tomás a possibilidade de tornar a criação compreensível (não como transformação ou movimentação do já existente, e sim) como estabelecimento inicial de uma relação entre Criador e criatura. Deus (o *ens a se*, o ser por si), no qual não se pode discernir entre "essência" (*essentia*) e "existência" (*existentia*), porque, como ser de liberdade suprema, é o "ser necessario", e sem sua existência não existiria nenhum ser, mas apenas o nada, concede existência e subsistência a todo ser contingente (ao *ens ab alio*, ao ser a partir de outro). O ser contingente, não necessário, é constantemente mantido na existência por Deus. Portanto, a atividade criadora de Deus não é apenas uma *creatio ex nihilo*, mas também um governo (*gubernatio*) permanente de preservação do ser (cf. *Sth* I q. 103 a. 3).

Embora se possa constatar em Tomás uma evidente concentração da atenção na ação de Deus como causa eficiente, isso não significa que tivesse abandonado a ideia platônica de uma causalidade exemplar estabelecida na atividade criadora de Deus. Antes, a produção criadora (no sentido da *causa efficiens*) é concretizada por ele na ideia (platônica) da participação: Deus concede à criação participação em seu ser, em seu ser verdadeiro, em seu ser bom. A "semelhança" entre Criador e criatura, assim estabelecida, todavia, tem seus limites no discernimento rigorosamente ontológico entre o ser necessário de Deus e o ser não necessário das criaturas.

3.2.3.2. Previdência e causalidade final

A recepção crítica do sistema aristotélico das causas fez com que Tomás definisse os rumos decisivos para a reflexão teológica posterior também na pergunta pela rela-

C. DOUTRINA DA CRIAÇÃO

ção entre criação (*creatio*) e providência (*providentia*). Tomás ocupa-se da providência no contexto dos atributos essenciais de Deus e compreende a *providentia* como um "plano" (*ratio*) existente no espírito de Deus, no sentido de direcionar a realidade criada para o alvo, em última análise, para o próprio Deus. Tomás faz uso da causalidade final na atividade criadora de Deus para mostrar que Deus coloca a si mesmo como alvo de sua criação, pois seu "plano" na criação do mundo já previa que Ele o quer animar consigo mesmo. A "providência", portanto, descreve a ideia da finalidade da ordem da criação. Desse modo Tomás obtém, a princípio, um conceito de providência rigorosamente teológico: Deus criou o mundo de tal maneira que ele volta para ele mesmo, quando deixa que se cumpra em si a vontade de Deus. Por isso o movimento da criação, o curso do mundo, deve ser entendido, em primeiro lugar, como um "retorno" a Deus, como um movimento em direção à sua origem que é, ao mesmo tempo, seu alvo, em direção à consumação em Deus. Assim, na verdade, é um ato de Deus e corresponde à vontade de Deus quando a criatura experimenta a "beatitude" (*beatitudo*) e a "salvação" (*salus*). Nesse contexto é importante que Tomás distingue entre a providência de Deus, no sentido descrito de um direcionamento da realidade criatural para seu alvo (Deus), e a execução (*executio*) histórico-temporal e governo (*gubernatio*) desse plano da criação e da salvação. Somente nesse domínio do governo divino do mundo existe a possibilidade de uma ação própria da criatura, aqui Deus conduz as criaturas, por meio de sua atividade própria, para o alvo. Nesse processo, a atividade de Deus e a da criatura não se "complementam", antes, encontram-se em planos totalmente diferentes na medida em que a ação de Deus primeiramente possibilita a atividade própria da criatura.

3.2.3.3. Imagem do homem

De modo ainda mais consequente do que seu mestre Alberto Magno († 1280), Tomás se empenhou no sentido de aproveitar a descoberta fascinante da sabedoria filosófica de Aristóteles para todos os temas da teologia tradicional. Nesse sentido adotou pensamentos aristotélicos também em pontos decisivos de sua antropologia. Na descrição da unidade corpo-alma do ser humano, a terminologia aristotélica se revelou surpreendentemente útil para expressar de forma nova a imagem bíblica do ser humano em linguagem filosófica.

Tomás concebeu sua antropologia teológica a partir da compreensão do homem como *anima*, ou seja, da autorrealização espiritual do homem como criatura destinada e capacitada para o autoconhecimento e o conhecimento de Deus. Para a realização de si mesma (isto é, para o conhecer), a *anima* depende da percepção sensual, ela necessita dos sentidos corporais (cf. TOMÁS, *ScG* II 83). Sob o título *anima*, Tomás considera, assim, o ser humano como centro do cosmo espiritual-material, como uma espécie de síntese de tudo que é criado (*quodammodo omnia* = de certo modo o todo) em que a criatura alcança seu alvo: no homem o mundo criado vem "a si mesmo", ao ponto onde ele busca a Deus de modo consciente e voluntário, o conhecimento da verdade divina (cf. TOMÁS, *ScG* II 68; III 25; *Sth* I q. 91 a. 1 c; q. 96 a. 2c). Essa imagem

3. Abordagem histórico-dogmática

do homem desenvolvida a partir da autorrealização do espírito, Tomás expressou com os conceitos aristotélicos υλη ([*hyle*], *materia*, em latim) para o elemento físico, bem como μορφη ([*morphé*], *forma*, em latim) para a "alma". Em sua formulação rigorosamente metafísica do chamado hilemorfismo, a alma-espírito é o único princípio da realidade do homem existente fisicamente (*anima unica forma corporis*).

O Concílio de Viena (1312), na verdade, favoreceu, com sua definição antropológica (... *quod anima rationalis seu intellectiva* ... *sit forma corporis per se et essentialiter* [DH 902] – "que a alma racional e dotada de inteligência é, por si e essencialmente, a forma do corpo"), uma visão do homem que, apesar de toda a percepção da complexidade do ser humano, quis, não obstante, expressar a estreita relação de espiritualidade e corporalidade. Com vistas ao posterior desenvolvimento da antropologia teológica, porém, é preciso dizer que estava mais difundida e que se impôs amplamente a descrição dos "componentes" humanos corpo e alma como entidades constituídas, cada uma para si, de "matéria" e "forma", "autônomas", separáveis, da escola franciscana, especialmente interessada nas questões do devir e desaparecer (geração e morte) do homem e argumentando mais em termos de ciências naturais do que metafísicos (→ Escatologia II. 3.2.).

Na interpretação do fato de o ser humano existir como homem e mulher, todavia, o recurso à doutrina aristotélica da natureza perverteu enunciados centrais dos documentos de revelação judeu-cristãos. Tomás assumiu, como a maioria de seus contemporâneos, a tese aristotélica da geração, segundo a qual somente o homem teria uma *virtus activa* (força geradora ativa), enquanto a mulher estaria participando apenas de forma passiva na geração de uma vida humana, pondo-lhe à disposição um espaço para desenvolvimento e nutrição. A inferioridade da mulher aí expressa é reforçada uma vez mais pelo fato de Tomás, seguindo a Aristóteles, considerar a geração de uma criança do sexo feminino como "acidente infeliz", no qual influências exteriores estariam impedindo o nascimento de um ser completo, ou seja, um varão. A mulher seria um *mas occasionatus*, um homem impedido pelo "acaso" (pelo vento sul, p. ex.). Olhando a história do passado desde a perspectiva moderna, é preciso dizer que a aceitação demasiadamente acrítica de (aparentes) noções das ciências humanas da época levou a uma distorção e falsificação de importantes enunciados da antropologia bíblica, com consequências devastadoras até a atualidade.

No final do século XIII surgiram veementes debates sobretudo no âmbito da Universidade de Paris, mas também em Oxford, em torno da recepção da metafísica aristotélica e dos efeitos de sua conceitualidade específica na doutrina teológica. Isso teve por consequência, entre outras, que a ênfase na causalidade efetiva na cosmologia, que remonta a Aristóteles, não se impôs inteiramente na Idade Média tardia, enquanto a acentuação da causalidade exemplar de Platão teve maior penetração. O ceticismo oficial da Igreja em face de uma especulação demasiadamente diferenciada e de argumentação filosófica sobre as possibilidades de Deus tem por consequência (em contra-

C. DOUTRINA DA CRIAÇÃO

partida) que, em manifestações magisteriais sobre a temática da criação, como, por exemplo, nas condenações pronunciadas pelo bispo parisiense Tempier, em 1277, passou-se a enfatizar mais a onipotência de Deus nessa matéria. Com isso já se encaminhava a diferenciação metódica e objetiva, progressivamente característica para o tempo subsequente, entre uma cosmologia que argumenta em termos de filosofia natural e uma teologia da criação orientada biblicamente.

3.2.4. Dúvidas crescentes quanto a um acesso racional à temática da criação

Já na obra de *João Duns Scotus* († 1308) pode-se reconhecer uma tendência que se acentuou mais e mais na Idade Média tardia: a força de convencimento da argumentação filosófica perde importância na medida em que se descobre que a visão crente do mundo aceita verdades que não podem ser demonstradas racionalmente. Scotus ensinou que a causalidade onipotente de Deus não pode ser demonstrada por meros argumentos da filosofia natural. A vontade, tão característica do pensamento de Duns Scotus, também se faz sentir em sua doutrina da criação, quando a aceita como único motivo para a ação criadora de Deus. Tudo é possível para a *potentia Dei absoluta*; por princípio, a ação de Deus não está condicionada a nenhuma necessidade, que fosse reconhecível para nós, porque foi revelada por Deus somente a *potentia Dei ordinata*. Com isso Duns Scotus se pronuncia nitidamente a favor da contingência das coisas criadas. A extensiva ênfase na ilimitada plenipotência de Deus pode ser encontrada, na continuidade da teologia escotista, também em *Guilherme de Ockham* († após 1347). *A teologia medieval tardia quis destacar sobretudo a radical liberdade e imperscrutabilidade de Deus, sua transcendente diversidade de tudo que é criado. Por isso a reflexão teológica negou-se paulatinamente a aceitar um direcionamento interior de Deus para sua criação. Com isso, todavia, ela também abandonou os seres humanos da Idade Média tardia a suas angústias existenciais, que resultavam da crescente distância em relação ao Deus "capaz de tudo".*

Quase simultaneamente com o nominalismo medieval tardio começou a florescer o misticismo alemão. Na verdade, os dois movimentos eram muito diferentes, mas, ao mesmo tempo, estavam unidos pela convicção comum da "impossibilidade de se conhecer" a essência de Deus e pela nova consciência da individualidade (humana). Por um lado, Deus e mundo se distanciavam no pensamento e na fé. Por outro, o misticismo procurava justamente superar esse abismo.

Assim reapareceu, p. ex., na obra de *Mestre Eckhart* († 1328), a doutrina platônica das ideias. Sua visão mística da unidade entre Deus e mundo também o levou a formulações que poderiam sugerir que ele ensinava a eternidade do mundo. Esse desafio levou o Papa João XXII a concluir que a afirmação que o mundo existe *ab aeterno* (desde a eternidade) é um engano (cf. DH 952). Uma tentativa impressionante de recepcionar a tendência platônica de acentuar a "unidade" de Deus e do mundo na doutrina cristã da criação foi empreendida por Nicolau de Cusa († 1464). O esforço de Nicolau de Cusa, no sentido de relacionar a atividade de Deus em sua vivência interna com a abertura, o movimento e a dinâmica do mundo é coisa nova em seu pensamento, e é um progresso, comparado com os modernos conhecimentos das ciências naturais (p. ex., a infinitude do universo).

3.2.5. Recordação da doutrina da criação econômico-salvífica bíblica no tempo da Reforma

O reformador *Martinho Lutero* († 1546) viveu e pensou numa época em que despertava a consciência da individualidade humana. A angústia existencial do homem medieval tardio, muitas vezes descrita, porém não era causada exclusivamente por um sentimento maior de individualização; ela pode ser atribuída também aos traços característicos da imagem de Deus daquela época: Deus se apresentava como um soberano todo-poderoso distante, sendo que por esforço humano era quase impossível conquistar sua clemência. O artigo central da teologia luterana, o anúncio da misericordiosa, clemente dispensação de Deus ao ser humano, somente pode ser compreendido de modo correto e em sua dimensão libertadora sob o conhecimento desse pano de fundo.

Os enunciados teológico-criacionais nos escritos de Lutero estão apoiados estreitamente – como, aliás, toda a sua teologia – no discurso bíblico. Lutero se posicionou expressamente contra o tratamento sofístico de questões minuciosas da cronologia cósmica. Expressou sua fé – no *Catecismo Maior*, p. ex. – na atividade criadora de Deus, que ele entendia sobretudo como conservadora e vivificadora. Em conexão com a ênfase na plenipotência e inescrutabilidade da vontade divina, a doutrina da criação de Lutero pôde, por meio da acentuação da atividade criadora permanente, destacar o relacionamento da fé na criação com a atualidade. *Lutero estava menos interessado em fundamentações filosóficas da obra criadora de Deus revelada na Bíblia, mas refletia, sobretudo, sobre as consequências práticas do conhecimento crente da ação de Deus para a vida: as criaturas devem conscientizar-se de sua nulidade perante o Criador todo-poderoso. Devem responder-lhe com louvor e gratidão, mas também com uma vida de acordo com as exigências reveladas de Deus.*

Foi na doutrina do pecado original que se desencadeou uma controvérsia entre a doutrina da criação "ortodoxa" e a teologia de Lutero. A compreensão do pecado hereditário de Lutero estava, a exemplo da de Agostinho, determinada essencialmente pela experiência pessoal da incapacidade de o ser humano se decidir pelo bem. Assim também Lutero ensinou a oni e unieficiência da graça divina e viu no pelagianismo uma perigosa contradição, ainda viva em sua época, ao testemunho (paulino) das Escrituras. Segundo Lutero, a natureza humana e a vontade humana estão afetadas pelas consequências (castigos) do pecado original de Adão de maneira tal que, por sua vontade, o ser humano somente pode fazer o mal. Também a concupiscência remanescente depois do batismo, que livra do *reatus culpae* (da dimensão da culpa) do pecado original, é, segundo Lutero, realmente pecado, e não apenas algo como propensão ao pecado.

Desafiados pela doutrina luterana do pecado hereditário, os padres conciliares tridentinos reconsideraram as respostas dadas pela tradição às questões doutrinárias colocadas. Os enunciados tridentinos referentes à compreensão do pecado hereditário devem ser lidos, em primeiro lugar, como rejeição de interpretações equivocadas da tradição (agostiniana) corrente até agora; de modo algum tentam oferecer um trata-

C. DOUTRINA DA CRIAÇÃO

mento abrangente conclusivo dessa matéria. O Concílio Tridentino enfatizava (como Lutero) que é impossível ao livre-arbítrio humano viver de modo justo e merecer a vida eterna sem o auxílio da graça divina (cf. DH 1552). Não obstante, o Concílio Tridentino reconfirmou (contra Lutero) a convicção de que o livre-arbítrio do homem não se perdeu totalmente após o pecado original de Adão (cf. DH 1555). No entanto, o ser humano age sempre sob as condições da concupiscência, que o próprio Concílio (divergindo de Agostinho e Lutero) não quer chamar de pecado, visto que é (apenas) uma consequência do pecado e torna propenso a ele (cf. DH 1515). Mas o Concílio Tridentino também relaciona expressamente toda a pecaminosidade atual de cada pessoa humana ao pecado original de Adão. Para preservar a convicção bíblica da universalidade do pecado, o Concílio afirma que o pecado de Adão é transmitido "por descendência, não por imitação" (*propagatione, non imitatione*), que é inerente a todos e é próprio de toda pessoa (cf. DH 1513), de sorte que cada indivíduo ratifica o pecado original de Adão no próprio comportamento. Ao lado dessa universalidade do pecado, expressa-se (indiretamente), pela acentuação da inter-relação das gerações, que "pecado hereditário" significa uma realidade pré-pessoal, que se encontra numa relação meramente análoga com o conceito do pecado pessoal (próprio).

O tratamento acentuadamente orientado para a "vida prática" de questões teológicas na literatura reformatória também se revela na doutrina da providência do reformador de Genebra, *João Calvino* († 1564). A exemplo dos teólogos medievais tardios e também de Lutero, Calvino acentuava a onipotência de Deus, que a tudo governa segundo sua vontade, e dirige tudo por sua providência. Nessa consciência, os crentes devem encontrar o caminho para a alegria, gratidão, obediência e paciência no sofrimento. A ligação da doutrina da providência com a ideia da predestinação feita por Calvino – também isso é uma herança de Agostinho – de modo algum produziu, nos anos subsequentes, uma resignação "fatalista"; pelo contrário, essa maneira de pensar mobilizou de modo surpreendente a iniciativa humana, pois bem-estar e (também) sucesso (financeiro) eram considerados sinais evidentes do favor de Deus, de sua predestinação para a salvação.

3.2.6. Doutrina cristã da criação no final da Idade Média

A apresentação resumida da história em épocas simplifica a realidade histórica em vários sentidos: por um lado, ela abstrai de muitos fenômenos que não correspondem diretamente à característica de uma época, e, por outro, possibilita ganho de conhecimento pela descoberta de inter-relações. Tendo consciência dessa problemática, pode-se caracterizar a teologia cristã da criação da baixa e alta Idade Média de teocêntrica em seu conteúdo, e, quanto à metódica, como pré-crítica. O ceticismo que se manifestou, na Idade Média tardia, em relação à pressuposição de que as reflexões da filosofia natural seriam apropriadas para descobrir a natureza da ação criadora de Deus, estava associado, na época da Reforma, a uma remissão enfática aos escritos bíblicos como única fonte da revelação de Deus, bem como a uma nova valorização da dimensão ético-prática da fé na criação. A tradição antirreformatória católica, por sua vez, prendeu-se mais na convicção de que argumentação filosófica e doutrina teológica se apoiariam mutuamente. Ambas as posições dificultaram, nos anos subsequentes, um diálogo com as modernas ciências naturais, cujas descobertas questionavam progressivamente a cosmovisão aristotélico-ptolomaica, transmitida até então em grande parte acriticamente. Pois tanto a constante tentação de argumentar unicamente com o sentido verbal de enunciados bíblicos quanto a insistência na terminologia e na metódica de uma tradição filosófica considerada clássica retardaram o desenvolvimento de uma adequada diferenciação e coordenação de métodos das ciências naturais e da teologia.

3.3. Época Moderna

Somente sob grande dificuldade a reflexão teológica moderna encontrou um caminho para lidar de modo objetivamente adequado com descobertas das ciências naturais empíricas, que, aparentemente, conflitavam com o testemunho bíblico. A história da doutrina cristã da criação evidencia essa problemática de modo especialmente doloroso.

3.3.1. A controvérsia em torno da (nova) cosmovisão heliocêntrica

A virada para a noção, que por fim se impôs, de que não é a terra, como se pressupõe na cosmovisão geocêntrica de tradição aristotélico-ptolomaica, e, sim, o sol que se encontra no centro do sistema planetário observado a partir da terra, associa-se ao nome de *Nicolau Copérnico* († 1543).

Na cosmovisão geocêntrica de Cláudio Ptolomeu († c. 160 dC), a terra (imaginada em forma de globo) forma o centro de um cosmo de estrutura esférica. Ela é circundada anelarmente pelas esferas dos elementos água, ar e fogo, depois, mais distante da terra, "mora" Deus. Em sua tese de que não era a terra, e, sim, o sol que constitui o centro do cosmo, Copérnico pôde basear-se no filósofo natural da Antiguidade, Aristarco de Samos († 250 aC), no entanto, sua descoberta se apoiava sobretudo em observações próprias devidamente aproveitadas.

O fato de não ter ocorrido uma violenta controvérsia em torno da cosmovisão copernicana no século XVI se deve, por um lado, à circunstância de as teses, publicadas e discutidas primeiramente na área da Reforma (por Joaquim Rético), terem chegado ao conhecimento de um público mais amplo somente no ano de falecimento de Copérnico. O fator decisivo para a reação moderada de círculos teológicos deve ter sido o prefácio de André Osiander († 1552), encarregado da publicação da obra de Copérnico *De revolutionibus orbium coelestium*, destacando que se tratava de reflexões "hipotéticas", que não tinham a pretensão de expressar verdades. Dessa maneira as descobertas de Copérnico permaneceram, por enquanto, relegadas à área das especulações das ciências naturais. Filipe Melanchthon († 1560), porém, já as considerava perigosas para a fé, se tivessem pretensão de expressarem uma verdade.

As controvérsias eclesiásticas com os ensinamentos de *Giordano Bruno* († 1600) acabaram em tragédia. Ele foi condenado pela Inquisição e queimado na fogueira. Bruno assumiu a

C. DOUTRINA DA CRIAÇÃO

cosmovisão de Copérnico, mas foi além, pois tomou o sistema heliocêntrico por fundamentação de um enunciado teológico: a infinidade do espaço cósmico seria a necessária correspondência para o ser infinito de Deus; Deus não poderia ter criado outro mundo (melhor) do que o que corresponde a seu ser. Na concepção de Bruno (que argumentava puramente em termos de causalidade exemplar), portanto, não havia mais espaço para a doutrina da contingência da realidade empírica. Muito menos ainda o sistema de Bruno parecia admitir um evento salvífico mediado historicamente, a ação redentora de Deus em Cristo Jesus. Portanto, certamente foram divergências doutrinárias que levaram a uma condenação. A rejeição oficial por parte da Igreja foi uma questão de princípio, o procedimento concreto, porém, foi absolutamente inadequado.

A controvérsia em torno da cosmovisão heliocêntrica atingiu seu auge no processo promovido pela Inquisição Eclesiástica contra *Galileu Galilei* († 1642). Em seu *Diálogo sobre os dois sistemas do universo*, publicado em 1632, Galileu se havia pronunciado a favor da tese de Copérnico. O processo terminou numa retratação pública (feita sob coação) de Galilei, que, a partir de então, era mantido em "prisão domiciliar".

Quanto ao assunto, portanto, estava em discussão, no século XVII, a questão fundamental se as descobertas das ciências naturais, que entram em conflito claro com o sentido literal de enunciados bíblicos, podem ter a pretensão de veracidade. Em controvérsia semelhante com Paulo Antônio Foscarini († 1616), o *Cardeal Belarmino* († 1621) opinou que, se estivesse demonstrado conclusivamente que a terra gira em torno do sol, dever-se-ia proceder com cautela na explicação de passagens bíblicas que, aparentemente, afirmavam o contrário. Com isso pelo menos cogitou da possibilidade de interpretar os respectivos enunciados bíblicos de modo diferente do que no tradicional sentido literal. Ao mesmo tempo advertiu que não se atribuíssem precipitadamente a visão de fé e a visão científica do mundo a esferas diferentes, irreconciliáveis. Em contrapartida, as autoridades eclesiásticas argumentaram no sentido absolutamente tradicional no "caso Galilei": a inescrutável onipotência de Deus atuaria de um modo inacessível às possibilidades intelectuais do ser humano, visto que não estaria condicionada a qualquer sistema de leis. Consequentemente, as descobertas científicas feitas através da observação não teriam nenhuma força de expressão na área da verdade (fundamentada biblicamente). Os adversários eclesiásticos de Galilei acreditavam poder preservar a pretensão universal da verdade da doutrina bíblica pela simples rejeição das descobertas científicas que conflitavam com enunciados bíblicos, como falsas. Em contrapartida, Galilei defendia a opinião de que, em face da racionalidade do mundo empírico, conhecimentos científicos permitiriam, perfeitamente, concluir para a ação criadora de Deus, que, portanto, tangeriam a esfera de verdades teológicas. A causa para as contradições entre enunciados bíblicos e científicos deveria ser procurada na respectiva linguagem distinta do "livro da Bíblia" e do "livro da natureza". À semelhança de Belarmino, também Galilei apontou uma saída "hermenêutica". No século XVII, porém, não houve a possibilidade de uma conciliação com Galilei, porque os teólogos parceiros de diálogo liam, em grande parte, os enunciados teológico-criacionais dos livros bíblicos como informação sobre fatos da ordem da natureza, faltando-lhes, porém, por outro lado, a consciência de que a intenção dos enunciados bíblicos é, em primeiro lugar, soteriológica. Colocados mais e mais na defensiva, círculos eclesiásticos oficiais negaram, a princípio, aos representantes das ciências naturais qualquer competência na esfera teológica. Com isso estava bloqueado, por enquanto, o caminho proposto por Belarmino no sentido de tomar as descobertas das ciências naturais por ensejo para repensar o método e a prática da interpretação da Escritura.

3.3.2. Antropocentrismo e cosmovisão mecanicista

A grande confiança na capacidade humana, característica da Era Moderna, e o anseio das pessoas por liberdade e autodeterminação já se manifestaram no século XV (reconhecível, p. ex., no discurso *Sobre a dignidade do homem* de Giovanni Pico Della Mirandola [† 1494]), mas a nova consciência criou vulto somente depois da virada copernicana supramencionada. A descoberta do homem de não viver no centro local do sistema do universo, e, sim, em um lugar qualquer num sistema planetário incomensurável, fortaleceu a reflexão moderna do homem sobre si mesmo e sobre sua própria capacidade de percepção. No pensamento de *René Descartes* († 1650) pode-se mostrar de modo exemplar como o antropocentrismo moderno promoveu a tendência para uma cosmovisão mecanicista. Ao ser humano pensante (ao eu, ao espírito, à *res cogitans*), que percebe a si mesmo como meio de seu próprio mundo, contrapõe-se a natureza não humana (o objeto mensurável, a *res extensa*). A distinção cartesiana entre espírito pensante, "não estendido", e, assim, concebido em abstração de sua corporalidade, e a natureza não humana, "destituída de espírito", levou, por um lado, a uma coisificação, objetivação e utilitarização da natureza (o homem se torna seu "senhor e proprietário"), e, por outro, provocou a ideia de que os fenômenos da natureza obedeceriam a leis puramente mecânicas, ou seja, "destituídos de espírito".

Nos anos subsequentes, o pensamento mecanicista se impôs mais e mais na área das ciências naturais e revelou sua utilidade na fascinante riqueza de novas "descobertas". Em conexão com o interesse despertado num aproveitamento (também econômico) da natureza, esse pensamento fomentou, todavia, também o desenvolvimento da mentalidade de exploração e a crença no progresso do ser humano moderno. Essa tendência, radicada na consequência do antropocentrismo, cresceu na medida em que se começou a duvidar, em princípio, de uma origem metafísica da realidade, a qual Descartes ainda não questionava.

A opinião de que o curso do mundo como um todo poderia ser explicado como o respectivo efeito de causas reconhecíveis levou também, na época moderna, a tentativas de uma redefinição da ação de Deus no mundo. Estreitamente ligado à cosmovisão mecanicista de tradição cartesiana, *Baruch de Spinoza* († 1677) entendeu a ação de Deus não mais como interferência planejada (historicamente constatável) nos fenômenos da natureza, e, sim, identificou a ação de Deus com as leis da natureza. Segundo Spinoza, a ação de Deus não anula a ordem da natureza, ela mesma é a vontade de Deus. Deus é uma "causa imanente, e não uma causa [transcendente], visto que faz tudo nele mesmo e nada fora dele mesmo, porque fora dele não existe absolutamente nada" (SPINOZA, B. *Abhandlung* 40). Com seu princípio, Spinoza pôde evitar que

C. DOUTRINA DA CRIAÇÃO

Deus se tornasse um mero "substituto", que sempre se apresenta quando os fenômenos não podem ser explicados naturalmente; ao mesmo tempo, porém, surgiu o perigo de afirmar com isso a necessidade do que existe efetivamente. Essa interpretação determinista não convenceu sobretudo aqueles pensadores modernos que perguntavam pelas causas da evidente imperfeição da realidade empírica.

3.3.3. Teodiceia filosófica

A pergunta pela origem do mal e, concomitantemente, por um possível sentido, por uma razão do sofrimento experimentado certamente comoveu os homens de todos os tempos. Em sua variante especificamente moderna, essa questão se apresenta como a problemática da teodiceia: a teodiceia filosófica tenta uma justificação a ser produzida pela razão, uma defesa do Deus acusado, do Criador e Regente do mundo, cuja onipotência, sabedoria e bondade são postas em dúvida em vista da imperfeição do mundo dolorosamente sentida. A disposição de sentar a Deus no banco dos réus perante o tribunal da razão humana e a rejeição de qualquer tentativa dualista de atribuir a realidade do mal a um outro que não ao Deus uno, que age em liberdade, caracteriza a teodiceia moderna.

Essa recebeu sua primeira forma clássica nos escritos de *Gottfried Wilhelm Leibniz* († 1716), que em 1710 publicou seus *Essays de Théodicée*. A tese fundamental de sua teodiceia é que, entre as possibilidades imagináveis, Deus teria escolhido "o melhor de todos os mundos". Leibniz rejeitou, por um lado, a interpretação determinista do mundo, segundo a qual tudo é necessariamente como é, e, ao mesmo tempo, opôs-se também à ideia de que tudo aconteceria por mera "casualidade" (em linguagem teológica: por mera "arbitrariedade"). Em oposição a isso, Leibniz era defensor de uma causalidade final, de um finalismo, de uma teleologia dos eventos dada por Deus ao mundo.

Sob as condições colocadas por Leibniz, o mundo existente é o "melhor dos mundos *possíveis*", porque foi criado por Deus, o mundo do qual a maior variedade possível dos fenômenos se combina com a maior ordem possível. A diferencialidade do Criador de sua obra, na qual Leibniz insiste, revela-se num grau menor de perfeição por parte das criaturas contra o mais elevado grau de perfeição realizado em Deus. Portanto, também ele entendeu o mal, a exemplo de Tomás, como carência de perfeição, não como uma realidade de qualidade ontológica própria. A imperfeição das criaturas é possível porque Deus admite que elas rejeitem o bem. Deus não quer a existência do mal, mas permitiu a possibilidade de seu surgimento por causa de um valor mais elevado, a saber, para poder conceder liberdade e razão às criaturas. "Por amor ao melhor, Deus [...] também permitiu o mal. Enquanto, na verdade, não quer o mal físico positivamente como objetivo, pode querê-lo como meio — para teste ou comprovação; o mal moral, todavia, ele não quer nem como objetivo, nem como meio, e, sim, somente como *conditio sine qua non* do melhor" (JANSSEN, H.G. *Gott*, 29). *Leibniz defendeu a ideia de que Deus não ordena a história universal de modo determinista, porque*

3. Abordagem histórico-dogmática

quis conceder às suas criaturas a maior perfeição possível. Para isso, porém, teve que conceder-lhes liberdade. Em face da multiplicidade de sequências de acontecimentos possíveis, que Deus conhece também quanto aos males associados a elas, Ele escolheu um mundo que, entre os mundos possíveis, é o melhor.

A teodiceia de Leibniz (especialmente na forma documentada por Christian Wolff [† 1754]) foi aceita, em grande parte, com agrado e reconhecimento pelos filósofos do tempo do Iluminismo. No lema do "otimismo" de Leibniz, que se apoiava no discurso do mundo existente como o "melhor" (*optimum*) de todos os mundos possíveis, porém, em breve também concentrou-se veemente crítica a essa conceituação.

Em face de um violento terremoto, que abalou Lisboa em 1755 e que custou a vida de inúmeras pessoas, Voltaire († 1778) escreveu seu romance *Candide, ou l'optimisme*, no qual quis levar ao absurdo, na forma de sátira, a teodiceia de Leibniz, a demência de afirmar que tudo é bom, também quando se vai mal.

No plano racional-filosófico, a teodiceia de Leibniz pode, de fato, ser considerada uma tentativa impressionante no sentido de resolver, de forma concludente no plano racional, a tensão entre a bondade e plenipotência de Deus, de sua perfeição e a reconhecida imperfeição. No conceito do mal apenas admitido, porém, ela já aponta a direção para a nova forma teológica de tratar o problema; na experiência concreta de sofrimento, porém, ela não é capaz nem de consolar nem de transmitir esperança.

Também *Immanuel Kant* († 1804) considera a teodiceia de Leibniz um empreendimento fracassado — como todas as tentativas filosóficas feitas até agora nessa questão. Ele argumenta: Todas essas tentativas acreditam poderem atribuir o mundo, como ele é de fato, a um Deus responsável por este estado de coisas – a sua providência respectivamente a sua direção – quer dizer: acreditam poderem *reconhecê-lo* como intencionado por Deus *como ele é*. Com isso transcendem a capacidade do conhecimento (teórico) nos limites da esfera do perceptível pelos sentidos: esse conhecimento não pode inferir do mundo percebido pelos sentidos um criador como fundamentação desse mundo, nem pode descobrir no curso do mundo uma razão divina planejadora. A crítica filosófica da razão somente pode levar à conclusão de que "nossa razão é totalmente incapaz para reconhecer a relação em que se encontraria um mundo, como quer que o conheçamos pela experiência, com a suprema Sabedoria" (KANT, I. *Misslingen*, 211). Caso se quisesse perscrutar o mundo como "manifestação divina das intenções de sua vontade", ele, não obstante, sempre permaneceria — para o conhecimento teórico – um "livro fechado"(KANT, I. *Misslingen*, 212). Uma teodiceia "doutrinal" (conhecedora) é impossível; com essa noção, porém, apenas está criado o espaço para a "teodiceia autêntica". Ela atribui a realidade do mundo com intenção *prática* a um demiurgo moral e sábio, para, desse modo, poder usá-la como espaço de realização para a autodeterminação do homem que segue a razão prática. O homem que age moralmente subentende que a realidade do mundo remonta a um demiurgo divino moral e sábio, visto que somente assim ele pode crer na *realização* da razão

C. DOUTRINA DA CRIAÇÃO

prática — no "sentido" da moralidade (cf. KANT, I. *Misslingen*, 212s.). Portanto, a teodiceia autêntica exige — e coloca como postulado — a possibilidade da realização de moralidade apesar da imoralidade efetivamente reinante, apesar do "pendor para o mal", da "perversão dos corações", na qual os homens se sujeitam a máximas imorais (nascidas do mero "pendor", portanto do cálculo da vantagem).

Kant restringiu-se, em sua teodiceia, conscientemente a um tratamento filosófico do malum morale, *do mal existente por culpa do homem, enquanto um conhecimento abrangente da intenção final de Deus lhe parecia impossível; desse modo, em última análise, a compreensão do curso do universo permanece fora do alcance da razão humana.*

3.3.4. Unidade dialética de Deus e do mundo

Distinguindo-se totalmente dos filósofos do Iluminismo, que enfatizavam justamente a diferenciação entre Deus e mundo, *Georg Wilhelm Friedrich Hegel* († 1931), sem dúvida o filósofo mais importante do idealismo alemão, empreendeu a pretensiosa tentativa de fundamentar racionalmente a unidade dialética de Deus e mundo. O pressuposto básico para a compreensão da ideia hegeliana da criação é o conhecimento da base dialética e da orientação antes de tudo trinitária e filosófico-espiritual de seu pensamento (→ Doutrina da Trindade 3.5.2; Pneumatologia 3.4.5.3). Segundo Hegel, a existência da realidade criada, em sua concreção histórica, deve ser considerada um momento necessário no evento dialético da alienação e conciliação de Deus consigo mesmo. "O mundo é o destino necessário de Deus. Isso significa autoesvaziamento [...] para dentro do estar-fora-de-si da natureza e redenção dele no tornar-se-consciente da unidade do espírito humano com o espírito em si" (KERN, W. *Hegel*, 58).

Hegel também entendeu a reconciliação do espírito humano com o espírito divino absoluto como um processo dialético. Isso lhe permitiu compreender a possibilidade do mal como uma "necessidade"; por meio dessa compreensão Deus fica livre da acusação de impotência e arbitrariedade em vista da existência do mal. A teodiceia de Hegel parte da pressuposição de que uma reconciliação do eu individual, do espírito humano, com o Absoluto e Bom, com Deus, somente é possível, se antes reinar um estado de separação. Visto que Hegel concebe o processo de reconciliação como um acontecimento em liberdade, ele tem que pressupor que o homem está em condições ao menos potencialmente de deter o movimento de reconciliação, de permanecer no estado da separação. O mal necessário (apenas) potencialmente se torna atual, se o ser humano insiste em sua singularidade, se resiste ao movimento em direção de sua união com Deus.

A tentativa de Hegel de entender, a partir de seu conceito de Deus, tudo que é real como acontecendo necessariamente no pensamento contradizia à noção teológica da contingência fundamental, da necessidade do que existe efetivamente. Em última análise, não foi possível expressar inequivocamente no pensamento hegeliano nem a liberdade divina do Criador, nem a inderivável ação redentora de Deus na história. Por isso alguns dogmas da constituição dogmática *Dei Filius*, do Vaticano I, se dirigiram contra a compreensão hegeliana da realidade criada, sendo controvertido se nela a posição de Hegel foi interpretada corretamente. Nesse contexto, porém, é importante o enunciado: O Concílio enfatiza a diferenciação essencial de Deus e mundo, a livre atividade criadora de Deus sem qualquer necessidade, e a motivação para sua obra criadora caracterizada como "bondade". Rejeita-se a ideia de que Deus teria criado o mundo para aumentar sua bem-aventurança, ou conquistar perfeição para si mesmo (cf. esp. DH 3002.3023-3025; → Doutrina de Deus 3.7.).

3.3.5. Desafio à doutrina cristã da criação pela teoria da evolução

O surgimento e a crescente consolidação da teoria científica de uma evolução constatável em todas as áreas dos seres vivos (um desenvolvimento por meio de variação do existente) desafiou a doutrina cristã da criação a repensar radicalmente posições até então assumidas acriticamente. Foi com muita hesitação que a tradição doutrinária da Igreja encontrou um caminho para associar a teoria da evolução de modo profícuo com a herança teológico-criacional própria. *Somente após um período de desastrada controvérsia, que onerou profundamente o futuro diálogo, o debate entre cientistas e teólogos sobre as questões da evolução conduziu finalmente ao reconhecimento de que o pensamento evolucionista (das ciências naturais) não se encontra em contradição com a doutrina (teológica) da criação.* Tanto os defensores da teoria da evolução daquele tempo, que tinham, na maioria dos casos, uma visão de mundo mecanicista-materialista quanto os teólogos que, em virtude de uma interpretação historicizante das narrativas bíblicas da criação, não conseguiam subsistir nessa situação de conflito, consideravam a evolução e a criação como realidades alternativas. A apresentação do motivo e do transcurso da controvérsia em torno do pensamento evolucionista oferece uma noção preliminar da problemática que deve ser retomada mais a seguir (→ 4.3.1.).

O botânico e geólogo *Jean-Baptiste Lamarck* († 1829) é considerado o precursor da teoria da evolução, que – todavia ainda na base da já antiga ideia de uma ordem "escalonada" dos seres vivos – defende a tese de que os organismos se adaptariam ao novo ambiente e que transmitiriam as novas características adquiridas hereditariamente a seus descendentes.

O pensamento evolutivo-biológico alcançou sua forma de maior repercussão na obra do naturalista *Charles Darwin* († 1822), (de boa formação teológica) que em 1859 publicou seu livro: *Origem das espécies no reino animal e vegetal*. Segundo Darwin, existe um nexo evolutivo entre todos os seres vivos pelo fato de as novas espécies no reino dos seres vivos se desenvolverem a partir das respectivas espécies precedentes. Como princípios ativos nesse processo ele menciona seleção e mutação.

As duas condições básicas da teoria darwinista da seleção são, por um lado, a pressuposição de um excedente de descendentes reinante na natureza e, por outro, a constatação de uma amplitude de variação dada entre os indivíduos de uma espécie. Segundo Darwin, as varieda-

C. DOUTRINA DA CRIAÇÃO

des melhor adaptadas às condições ambientais têm maior chance de sobrevida e as melhores perspectivas de uma procriação promissora. Na "luta pela existência" se impõe uma seleção natural de criação. As qualidades resultantes da seleção são hereditárias, são transmitidas às gerações subsequentes, até que, por fim, toda uma população as adaptou.

Com base em reflexões já feitas no século XVIII, Darwin incluiu, posteriormente, também o desenvolvimento da vida humana em sua conceituação evolutiva global. Em 1871 foi publicado seu livro sobre a *Origem do homem*, no qual defende o desenvolvimento da vida humana a partir da vida animal. Acreditava que a lei da seleção natural atuou também na evolução do homem – na formação da capacidade de andar sobre dois pés e das capacidades espirituais, p. ex. O pensamento de Darwin encontrou rápida difusão e reconhecimento. Contribuíram para isso decisivamente Henry Huxley († 1895) na Inglaterra e, na Alemanha, Ernst Haeckel († 1919). Sua defesa apaixonada e antieclesiástica da ideia da evolução fez recrudescer o incipiente conflito sobre a cosmovisão, conflito esse que não estava no interesse do próprio Darwin. A teoria da evolução causou à maioria dos teólogos da virada do século problemas de princípio em vários sentidos. Esses podem ser atribuídos, em grande parte, à compreensão que se tinha naquele tempo dos enunciados bíblicos sobre a criação que, supostamente, ensinavam uma atividade direta de Deus no surgimento das multiformes formas de vida, bem como uma constância das espécies criadas por Deus. Naturalmente essa problemática se tornava mais aguda com vistas ao desenvolvimento da vida humana: com a adoção da ideia da evolução parecia ter-se tornado impossível falar da singularidade teológica do ser humano, de sua relação direta com Deus, de seu pecado, de sua salvação e responsabilidade e que se tivesse renunciado a tudo isso. Com efeito, os darwinistas radicais defendiam a opinião de que a tese da criação do homem por Deus se teria tornado supérflua. O monogenismo bíblico, a ideia de que todos os seres humanos são descendentes de um casal de pais, ficou abalado. Embora o pensamento evolucionista não postulasse necessariamente, a partir da perspectiva das ciências naturais, uma concepção poligenética, segundo a qual a vida humana teria surgido em épocas distintas e em lugares diferentes, ambas as perguntas estavam, nessa situação histórica, intimamente relacionadas. Sem o monogenismo, porém, i.e., sem a pressuposição de uma inter-relação das gerações entre toda a humanidade, o discurso teológico da necessidade universal da salvação dos homens parecia não ter mais fundamento. Sobre esse pano de fundo pode-se entender perfeitamente que a teologia se propôs inicialmente a defender a herança bíblica, mas, naturalmente, as decisões metódicas preliminares (a insistência obstinada num sentido verbal imediato, uma interpretação literal decorrente de uma compreensão equivocada do gênero literário, e na presumida historicidade das narrações bíblicas da criação) certamente não convencem mais hoje.

No ano de 1909 a Pontifícia Comissão Bíblica publicou uma declaração sobre o caráter histórico dos capítulos iniciais do Gênese, no qual o discurso bíblico da *unitas generis humani* (unidade do gênero humano) é designado expressamente como um discurso, cujo *sensus litteralis historicus* (sentido literal histórico) não pode ser posto

3. Abordagem histórico-dogmática

em dúvida sem prejuízo para os fundamentos da fé cristã (cf. DH 3514). O mesmo juízo foi emitido acerca da *peculiaris creatio hominis* (peculiar criação do homem) por Deus e da negação da *formatio primae mulieris ex primo homine* (formação da primeira mulher do primeiro homem).

A declaração da Pontifícia Comissão Bíblica de 1909, com sua afirmação, retrospectivamente um tanto constrangedora, da historicidade das narrativas do Gênese, recebeu, mais tarde, uma determinação interpretativa, na medida em que, em 1948, num texto da mesma Comissão, afirma-se que a declaração de 1909 não quis excluir outros estudos sobre o problema em questão (cf. DH 3862-3864). Essa tentativa de um cauteloso autodistanciamento da posição outrora assumida reflete, no mínimo, a virada na discussão do tema entrementes verificada.

A discussão teológica somente pôde entrar num debate objetivamente adequado com a teoria da evolução depois de se ter tornado possível – com base na exegese bíblica histórico-crítica – uma compreensão adequada da intenção das narrativas bíblicas da criação. Um grande passo nessa direção foi dado, em 1943, pelo papa Pio XII na encíclica *Divino afflante Spiritu*, na qual reconheceu a forma de expressão específica dos documentos bíblicos, conclamando a estabelecer a intenção dos textos por meio do estudo exato de seu *genus litterarium* (cf. esp. DH 3826-3830). Como primeira concessão nessa matéria são consideradas formulações da encíclica *Humani generis*, publicada por Pio XII em 1950, conquanto nela naturalistas crentes e teólogos recebem a permissão de examinar cientificamente a teoria da evolução com vistas à pergunta pela origem da vida humana. Com relação à criação da alma humana, porém, se declara expressamente (remetendo a tendências de uma imagem dualista do ser humano): *"animas enim a Deo immediate creari catholica fides nos retinere iubet"* (DH 3896: "Pois a fé católica ordena ater-se à crença de que as almas foram criadas diretamente por Deus"). A importante disposição para o diálogo em princípio ainda se manifestava, portanto, em forma muito preliminar e insuficiente. A pergunta pelo poligenismo foi relacionada por Pio XII à doutrina da universalidade do pecado hereditário, para cuja preservação considerava necessária a defesa do monogenismo. Desse modo, porém, ao menos deixou em aberto a possibilidade de também se argumentar em termos do poligenismo, desde que com isso não se impedisse uma compreensão correta da doutrina do pecado hereditário.

A primeira tentativa mais abrangente no sentido de uma recepção do pensamento evolucionista na esfera teológica foi empreendida pelo jesuíta geólogo e paleontólogo francês *Pierre Teilhard de Chardin* († 1955), que via justamente na dimensão dinâmica da cosmovisão evolutiva uma possibilidade para expressar em linguagem nova, mais adequada à sua atualidade, a ligação bíblica e patriarcal entre a cristologia e a cosmologia. Teilhard escreveu, em 1934: "Creio que o universo é uma evolução. Creio que a evolução vai em direção ao espírito. Creio que o espírito se aperfeiçoa no pessoal – no ser humano. Creio que o pessoal supremo é o *Christus-Universalis*" (CHARDIN, P. Teilhard de. *Glaube*, 116). Teilhard entende a história do universo como um evento teleológico, que leva a formas da organização da matéria sempre mais complexas e diferenciadas.

C. DOUTRINA DA CRIAÇÃO

Segundo Teilhard, pode-se reconhecer, nesse sentido, focos característicos no desenvolvimento em geral: é o agir criador de Deus "no princípio" que possibilita a existência de algo (criação); a formação de estruturas moleculares cria as condições para a vitalização do real (molecularização, vitalização); o desenvolvimento do cérebro possibilita o surgimento de vida humana (cefalização, hominização); a evolução codeterminada livremente desde a aparição do homem atinge seu auge na humanação do Logos, sendo que, por ocasião de seu esperado retorno, estará atingido o alvo de toda a evolução (encarnação, consumação).

Justamente em face da dissecação da realidade, procedida pelas ciências naturais, em uma infinidade de elementos, Teilhard considera necessário recordar a origem, o meio e o fim de todo desenvolvimento: para Ele, Cristo é "o princípio da consistência universal", nele o universo subsiste, para Ele, o ponto ômega, converge o movimento do mundo, Ele é o *Christus Evolutor*. O pensamento de Teilhard estava muito na dianteira de seu tempo e foi visto, muitas vezes, com desconfiança da parte oficial da Igreja. Seu esforço no sentido de associar a nova cosmovisão evolutiva de modo positivo à herança teológica e sua redescoberta da dimensão cristológica da cosmologia merecem elevada consideração. Sua especulação cosmológica, considerada, em grande parte, como a-histórica, no entanto, parecia menos apropriada para expressar, de modo adequado, o resistente da realidade, de modo que se pergunta, com frequência, se o pecado, e portanto a ideia da redenção, encontra uma posição adequada em sua concepção.

O Vaticano II não se posicionou frente às questões teológicas objetivas surgidas com a teoria da evolução. No entanto, sua avaliação, em princípio benevolente e de reconhecimento da "transição de um entendimento mais estático da ordem da realidade em seu todo para um entendimento mais dinâmico e evolutivo" (GS 5), ocorrida num passado recente, pode ser tomada por uma conclamação a enfrentar as novas questões sem preconceitos. Um diálogo interdisciplinar também está facilitado hoje por parte das ciências naturais, pois parecem renunciar a seu *pathos* cosmológico na medida em que tomaram consciência da complexidade dos problemas e do grande número de perguntas não resolvidas na área da cosmogênese e da hominização.

3.3.6. Ênfases do Concílio Vaticano II

Embora nos documentos aprovados pelo Vaticano II não se encontre uma teologia sistemática da criação, pode-se reconhecer, em diversas passagens, referências às questões às quais uma doutrina cristã da criação hoje tem que dar respostas. A confiança nas forças criadoras do homem, presente em muitos textos, associa-se, nos documentos conciliares, a uma análise sóbria dos espaços de vida do homem, nos quais deveria ser possível experimentar o evento redentor concretamente. Essa perspectiva histórico-salvífica concentra-se nos enunciados cristológico-criacionais do Concílio: atendo-se estritamente ao testemunho bíblico, Jesus Cristo é recordado como a "Palavra de Deus, pela qual tudo se fez" (GS 38), como o homem perfeito, que devolveu aos filhos e às filhas de Adão a imagem de Deus (cf. GS 22), e como "o alvo da história humana" (GS 45). No "plano de Deus para a salvação do gênero humano" (AG 3), o evento crístico é de importância decisiva, pois "a Ele [...], por meio do qual também criou o mundo, constituiu herdeiro de todas as coisas, para nele restaurar tudo" (AG 3).

O Concílio vê o valor e a dignidade do homem fundamentados no fato de ser imagem de Deus, que o capacitaria "a reconhecer e a amar seu Criador", e que se concretizaria no domínio sobre todas as criaturas terrenas (cf. GS 12). Ainda sem grande sensibilidade para as consequências ameaçadoras da vida advindas da destruição da natureza pelo homem, os enunciados conciliares sobre a relação do homem com o mundo documentam uma fé no progresso, naquele tempo em grande parte ainda irrestrita. Reconhece-se que "a figura desse mundo [...] está deformada pelo pecado" (GS 39) e que na consumação surgirá uma "nova terra". Isso, porém, não deveria "diminuir a preocupação com os aspectos ecológicos, ambientais, de uso e preservação desta terra" (GS 39). Essa preocupação se realiza, segundo o pensamento dos padres conciliares, sobretudo no "progresso terreno", no aumento da produção dos bens naturais e culturais (cf. GS 39). O trabalho do homem, sua atuação criadora no mundo, recebe, consequentemente, uma apreciação condigna (cf. esp. GS 34). Rejeita-se expressamente a ideia de que "a criatura dotada de razão se opõe ao Criador como rival" (GS 34). Depois, se concede às realidades criadas certa autonomia, na medida em que estas possuem "fundamento próprio, verdade, bondade, leis e ordens específicas" (GS 36). Com referência expressa ao "caso Galilei", o Concílio manifesta seu pesar pelo fato de que cristãos, que não consideraram condignamente a autonomia legítima das ciências, deram a lamentável impressão de que existiria uma contradição entre fé e saber (cf. GS 36).

A grande atenção que os bispos dedicaram às condições humanas de vida também os motivou a emitir um juízo muito positivo do convívio social, sobretudo, porém, na forma da vida conjugal e matrimonial (cf. esp. GS 47-52). A corporalidade e a espiritualidade do homem são descritas igualmente como boas dádivas de Deus (cf. GS 14).

O Vaticano II ocupou-se com algumas questões da doutrina cristã da criação no espírito de confiança nas boas dádivas de Deus, em amplitude aberta para o mundo e com grande otimismo. Em face da preocupação angustiante com a preservação das possibilidades de vida de todas as criaturas, coloca-se hoje, com urgência crescente, a tarefa de cobrar das pessoas sua responsabilidade pela preservação da criação.

4. Reflexão sistemática

4.1. Preliminares hermenêuticos

Uma apresentação da fé cristã na criação com os recursos metódicos da dogmática hodierna visa, essencialmente, dois objetivos: ela quer manter viva a *lembrança* dos conteúdos proclamatórios da doutrina da criação, preservados no testemunho bíblico e da tradição. Ao mesmo tempo, quer ser uma *ajuda de orientação* nas questões fundamentais e atuais que surgem com relação à existência e ao ser-assim da realidade

C. DOUTRINA DA CRIAÇÃO

empírica. Identidade (relação com o passado) e relevância (relação com o presente) de enunciados teológicos condicionam-se reciprocamente: somente se for possível elaborar a mensagem que os enunciados bíblicos sobre a criação querem transmitir e o conhecimento da história da tradição como respostas às perguntas dos homens hoje, está assegurado que a mensagem salvífica a respeito da realidade do mundo, fundamentada na plenitude de vida de Deus e que perdura em seu amor, permanece a mesma.

O tratamento atual da temática da criação na teologia sistemática (católica) revela-se, numa análise mais profunda, como uma concretização da nova reflexão geral de conteúdos e métodos da dogmática como ela ocorreu antes e em torno do Vaticano II (→ Prolegômenos 2.2). Por correr o risco de um possível entendimento errôneo, como acontece também, de modo estruturalmente semelhante, com a escatologia cristã, também a protologia cristã acentua com mais ênfase, em tempos recentes, sua relação com o presente: assim como estamos diante de um entendimento errôneo da escatologia quando esperamos dela mera "informação" sobre acontecimentos esperados para o futuro, vale analogamente a mesma coisa para a protologia em relação aos acontecimentos "no princípio" do tempo. *Nem escatologia, nem protologia entendem as "verdades", reveladas racionalmente por elas à fé humana, como separadas da situação salvífica atual de seus endereçados. Ambas querem encorajar a uma existência crente, na confiança de que ela está envolvida e é sustentada, desde sua origem, em sua realidade histórica e em seu fim, pela ação salvífica de Deus.*

Um segundo fator comum com a recente história da reflexão escatológica, que deve ser mencionado, é o enfoque cristológico da doutrina da criação dado especialmente na primeira metade de nosso século, tanto pela ala evangélica quanto pela católica.

A compreensão do evento crístico como fonte de conhecimentos, auge e centro da ação salvífica de Deus, levou, na "teologia dialética", que remonta essencialmente ao sistemático evangélico Karl Barth († 1968), a uma rejeição consequente de qualquer tentativa de uma "teologia natural" e a um discurso sobre a criação de forte cunho cristológico. Também do lado católico multiplicaram-se as vozes que (não por último sob a impressão causada pela cristologia cosmológica de Pierre Teilhard de Chardin [† 1955]) pleiteavam um reavivamento da cristologia bíblica da criação. Karl Rahner († 1984) já discutiu, no início da década de 1960, a questão de como deveria ser entendido teologicamente o evento crístico sob a pressuposição de uma visão evolutiva do mundo (cf. RAHNER, K. *Christologie*).

Com seus enunciados cristológico-criacionais, o Vaticano II atacou temas essenciais da discussão teológica daquele tempo (cf. LG 22.62; GS 22.38.45; AG 3). Em decorrência do Concílio, foi elaborado o *Grundriss einer heilsgeschichtlichen Dogmatik* (Compêndio de dogmática histórico-salvífica), à disposição inicialmente na obra de cinco volumes sob o título *Mysterium Salutis* (1965-1976); esta obra trata a criação como "início da salvação", que culmina no evento crístico. A doutrina da criação, que consta no volume 2, compreende-se como apresentação da "história salvífica antes de Cristo". O evento crístico se torna, portanto, centro e ponto de partida de todo labor teológico.

O Sínodo Conjunto dos Bispados da RFA, de Würzburgo (1971-1975), tematizou a fé na criação em sua confissão da esperança somente depois de ter recordado Jesus Cristo, a "verda-

4. Reflexão sistemática

deira esperança" num mundo que se tornou tão insalubre em consequência do pecado humano (cf. *Würzburger Synode, Unsere Hoffnung,* I 7). O enfoque cristológico de grandes partes da reflexão teológico-criacional até os anos 1970 do século XX se reflete, p. ex., também na sugestão de Giuseppe Colombo no sentido de modificar a sequência clássica dos tratados de dogmática católica, e tratar futuramente a doutrina da criação somente depois da cristologia (cf. COLOMBO, G. *Theologie,* 61s.).

O desenvolvimento de uma doutrina da criação mais orientada histórico-salvificamente, que atingiu seu auge nos anos 1960/1970 do século XX, também é resultado de uma nova compreensão ("forçada" pelo questionamento da posição, até então transmitida acriticamente, por parte das ciências naturais) dos enunciados bíblicos sobre a criação, possibilitada pelo emprego de métodos histórico-críticos na exegese. Pois justamente neste contexto se evidenciou que a doutrina bíblica da criação não tem motivações e interesses cosmológicos, e, sim, teológicos e soteriológicos: os escritos bíblicos querem dar testemunho da fé do povo na ação de Deus no mundo e dentro do mundo, e querem louvar a esse Deus por seu cuidado de todas as suas criaturas.

Sobre a base desse importante esclarecimento, aconteceu, já desde os anos de 1980, uma mudança significativa na reflexão teológico-criacional: a "crise ecológica de sobrevivência", cada vez mais aflitiva, também confrontou a reflexão com novas tarefas e conferiu à doutrina da criação, em curto espaço de tempo, grande atualidade. Juntamente com uma sensível concentração em aspectos *éticos* da criação na literatura de data mais recente, modificou-se também o "clima" no diálogo interdisciplinar: os teólogos se tornaram, mais e mais, parceiros requeridos na luta conjunta pela consolidação de uma consciência ecológica dos problemas. Cabe sobretudo à ética cristã a tarefa de fundamentar a exigência de uma mudança radical de comportamento, sem a qual a superação da crise é inconcebível.

A consciência das condições ecológicas da terra, que ameaçam toda a vida, também influencia o *método* e o *conteúdo* da teologia criacional: nessa situação se faz necessário um esforço que trabalha na base do diálogo interdisciplinar e de orientação ecumênico-universal, para preservação da possibilidade de sobrevivência. Em face da concomitância de causas econômicas, políticas e religiosas da situação de crise, somente um esforço comum dos diversos grupos sociais tem perspectivas de provocar uma mudança de consciência. Todas as religiões mundiais e também as religiões naturais em suas respectivas circunscrições locais têm uma "interpretação do mundo", tematizam a relação entre o divino e o mundo. Uma concentração nesse questionamento no diálogo ecumênico inter-religioso poderia contribuir para uma ampliação intercultural da crescente ocupação com questões teológico-criacionais na área ecumênica mundial cristã. Uma primeira tentativa de abrangência mundial nesse sentido aconteceu no processo conciliar de comprometimento mútuo com justiça, paz e preservação da criação (→ 1.1.).

Quanto aos conteúdos da doutrina da criação, cabe-nos, no pano de fundo da situação atual, a tarefa de repensar a ação de Deus que gera (cria) existência e proporciona

C. DOUTRINA DA CRIAÇÃO

(preserva) continuidade. Sobretudo os enunciados bíblicos e histórico-teológicos sobre a responsabilidade do homem na preocupação com a preservação da criação devem receber novo enfoque. A noção da dependência fundamental recíproca de todas as formas criaturais de existência mostra o ser humano como enfeixado no mundo de suas cocriaturas, sem as quais não pode existir e por cuja sobrevivência (também) é responsável.

4.2. A ação criadora de Deus

Uma reflexão teológica da ação criadora de Deus tem, essencialmente, duas tarefas: por um lado, propõe-se a responder a pergunta *por que* não existe o nada, e, sim, a realidade empírica e reconhecida na fé como criação de Deus. Por outro lado, confronta-se com a pergunta *como* Deus é ativo criadoramente. Uma resposta crente tanto à pergunta pela razão da existência do não divino quanto à pergunta pelos modos da ação criadora de Deus é possível porque Deus se revelou como Criador de tudo que é e capacitou os seres humanos para o conhecimento e reconhecimento dele mesmo. O Vaticano I descreve esses nexos do seguinte modo: os bens da criação revelam a bondade do Criador. Deus não age criadoramente a fim de aumentar sua bem-aventurança, nem para adquirir perfeição, e, sim, para revelar sua perfeição às criaturas (cf. DH 3002). Portanto, é a vontade de Deus de relacionar-se, seu desejo motivado por amor de conceder ao outro de si mesmo, ao não divino, parte em sua plenitude de vida, que fundamenta sua ação criadora. *Deus não tem que estar ativo criadoramente a fim de vir a si mesmo, Ele o quer para que o mundo tenha parte em sua vida.* Somente na base da suposição da não necessidade, da contingência da coisa criada, pode-se entender os testemunhos da Escritura que atestam o "interesse" de Deus no mundo criado, seu cuidado para com as criaturas, sua "compaixão" com os enlutados, sua procura de caminhos da salvação. O Novo Testamento confessa a Jesus Cristo, o Logos divino humanado, como origem, subsistência e alvo da criação (cf. Cl 1,12-20). Segundo a convicção cristã, o olhar para Jesus Cristo possibilita o conhecimento último da vontade de Deus com o mundo criado: o Deus triúno, que é para si mesmo origem, parceiro e comunhão, permite, por amor, que o outro de si mesmo tenha parte em sua vida. Expressão máxima da vontade de Deus de relacionar-se é sua autorrevelação em Cristo Jesus, no qual renova sua criação e em cuja vida e destino se fundamenta a esperança cristã de que Deus irá consumar sua criação.

4.2.1. Imanência e transcendência

O testemunho da Escritura e da tradição confessa a Deus, o Criador, como aquele que é, ao mesmo tempo, transcendente à sua criação (essencialmente diferente dela, não apenas em grau, oposto a ela) e imanente a ela (ligado a ela no íntimo, "um" com ela). Esse enunciado somente é realizável no plano racional, se a imanência e a transcendência de Deus não forem entendidas como duas determinações que se encontram

4. Reflexão sistemática

lado a lado (e, neste caso, justamente excludentes entre si), e, sim, como dois enunciados que se condicionam reciprocamente, que somente se revelam nessa bilateralidade: *porque Deus, como transcendente, não é um ente como qualquer outro, e, sim, radicalmente distinto de tudo que é, é possível conceber que Ele fundamenta todo ente de modo causal, o libera para sua realidade própria justamente ao sustentar, vivificar e consumá-lo de modo permanente no seu íntimo.*

A tradição teológico-filosófica considera o discurso da *analogia entis* como ajuda no plano do raciocínio para entender a simultaneidade de imanência e transcendência de Deus: tudo que é é, tem caráter de ser. Deus é, e o mundo criado é. Comum a ambos é o fato de "serem", porém, diferente, é o modo de seu ser. O ser de Deus é radicalmente distinto do ser não divino, conquanto somente Ele é o ente "necessariamente", cujo ser se fundamenta nele próprio, enquanto o ser criado é um ser permanentemente contingente, chamado à existência por Deus e que tem que ser preservado na existência. A relativa autonomia da realidade criada é possibilitada pela vontade de Deus de relacionar-se, a liberdade das criaturas é uma liberdade possibilitada por Deus, e por isso dependente dele, concedida por Ele. Existência e transformação do ser não divino são possibilitadas por Deus. Do lado das criaturas somente se pode falar de liberdade e autonomia de modo adequado, quando também se considera que a liberdade da criatura é uma liberdade que procede da liberdade de Deus e permanentemente ligada a ela.

Deus concede a sua criação existência e subsistência. O discurso da imanência de Deus quer expressar que Deus "habita" em tudo que é, conquanto a existência do não divino não é possível de outro modo. Em sua imanência, Deus permanece o transcendente, distinto do ente individual, aquele que fundamenta o ser do ente inicialmente e permanentemente.

Cabe-nos, no que segue, desenvolver esse enunciado básico com vistas aos diferentes aspectos da ação criadora de Deus, sua atuação criadora, preservadora e diretora.

4.2.2. Criação "do nada" – da plenitude do ser de Deus

A tradição teológico-doutrinária descreve a ação criadora de Deus com vistas à origem, ao surgimento de todo o não divino, como uma *creatio ex nihilo*, uma "criação do nada" (cf. decreto do IV Concílio de Latrão [DH 800]) e do Vaticano I [DH 3025]). Com essa terminologia ela faz afirmações tanto em intenção negativa (eliminando mal-entendidos da ação criadora) quanto positiva (descrevendo a ação criadora de Deus): *O próprio Deus, e nada mais, era e é a fonte original de tudo que é. De sua fonte de vida nasce o ser não divino. Deus não formou uma matéria (equioriginária como Ele).*

O discurso teológico da *creatio ex nihilo* tem sua história própria (→ 3.1.2.), cujo conhecimento revela a complexidade e também a problemática dessa conceituação. No louvor bíblico do Criador, que chama à existência o que não existe (cf. 2Mc 7,28), está expresso o reconhecimento crente da grandeza e do poder de Deus. Desse conhecimento nasce a esperança dos crentes de que Deus também irá mudar a situação de desgraça ora experimentada. Os testemu-

C. DOUTRINA DA CRIAÇÃO

nhos protocristãos permanecem, inicialmente, nesse horizonte de compreensão, que foi ultrapassado somente a partir do momento em que pensamentos dualistas passaram a questionar a concepção bíblica da "mono-originariedade" do mundo criado. Nessa situação de diálogo, o discurso da *creatio ex nihilo* sofre um estreitamento delimitador-polêmico: o mundo criado é bom, pois Deus não está limitado em sua obra criadora por uma matéria (concebida como imperfeita). A resistência da realidade experimentada não pode ser interpretada como consequência de possibilidades restritas existentes na ação criadora de Deus.

O discurso da *creatio ex nihilo* é inusitado porque, ao usar a partícula *ex* (de), sugere inicialmente a ideia de um "material já existente", negando-a em seguida justamente pela palavra *nihil* (nada). Desse modo esse discurso profere um enunciado para o qual falta qualquer analogia na área criacional.

Isso corresponde ao uso linguístico da Bíblia, que expressa uma ação do Criador sem analogia, pois o verbo *bara* (criar, em hebraico) é empregado somente quando se quer denominar a atuação criadora de Deus (→ 2.3.1.1.).

O discurso da *creatio ex nihilo* quer expressar, em especial, a transcendência de Deus, sua soberana diversidade de tudo que é criado. Incluindo-se aí o pensamento de que *ex nihilo* (do nada) quer excluir toda cocausalidade não divina na atuação criadora de Deus, apontando, porém, com isso, para o ser de Deus como a única origem, a única fonte do ser não divino, torna-se evidente que nessa formulação está coexpressa também a relacionalidade espontânea do Criador com sua criação; a criação nasce da transbordante plenitude do ser de Deus.

No entanto, também em relação a esse enunciado é preciso cautela em vários sentidos: em primeiro lugar, a obra da criação de Deus deve ser entendida como uma obra que não se realiza por necessidade, cujo "resultado" não pode aumentar a plenitude de ser do Criador, visto que, do contrário, a liberdade e a perfeição de Deus não estariam preservadas. Deus se torna criador de pura bondade, doando desinteressadamente e concedendo à sua criação autonomia (permanentemente dependente dele). O conhecimento da natureza trinitária de Deus, possibilitado por sua autorrevelação, entende sua "autossuficiência" como fundamentada em sua relacionalidade interior, essencial, que sempre abrange o não divino.

Em segundo lugar, a "prioridade" de Deus antes da criação também não deve ser entendida em termos cronológicos, visto que o evento da criação abrange o surgimento de espaço e tempo, de modo que sequer faz sentido perguntar o que havia "antes" da criação. Como não houve um tempo em que Deus ainda não era criador, como Deus é criador "em eternidade", a prioridade de Deus antes de sua criação pode ser concebida sensatamente somente como ôntica, não cronológica. Também neste ponto o raciocínio humano não se depara com limites, visto que em nossa concepção o surgimento de algo sempre parece possível somente como uma transição (cronológica) de um antes (ainda-não) para um depois (agora).

Como forma concreta de um discurso apofático (de negação) de Deus, a doutrina da *creatio ex nihilo* chama a atenção para os limites do que se quer expressar com o

4. Reflexão sistemática

termo "criação": um evento atemporal não é concebível para a consciência humana condicionada a categorias de espaço e tempo. No sentido de uma confissão de fé, porém, o discurso da *creatio ex nihilo* quer transcender essa negação e apontar para as possibilidades maiores do Deus eterno, atemporal, cuja plenitude do ser abrange tudo e na realidade criada, empírica e conhecível revela sua natureza desejosa de relacionar-se.

Uma tentativa de relacionar essas reflexões em torno da intenção do discurso da *creatio ex nihilo* com as descobertas das ciências naturais sobre os acontecimentos no "começo do mundo" pode contribuir para o esclarecimento da intenção e do alcance do enunciado teológico. Na cosmologia moderna há amplo consenso de que os conhecimentos possíveis hoje sobre acontecimentos no universo empiricamente comprováveis e matematicamente descritíveis levam a concluir que, há cerca de 20 bilhões de anos, houve um acontecimento que deve ser entendido como começo, como "faísca inicial" do desenvolvimento posterior. Base para esse enunciado das ciências é, sobretudo, a suposição de que o universo se expande a uma velocidade não mais concebível à capacidade imaginativa do homem, e que isso acontece "isotropicamente", isto é, de modo igual para qualquer observador, não importando a posição em que se encontra no universo.

Os indícios mais importantes até hoje para fundamentar essa tese são o "efeito de Hubble" (desvio para o vermelho) e a "radiação cósmica de fundo".

Em 1929 o astrônomo americano Edwin Hubble († 1953) observou que as linhas espectrais da luz de galáxias distantes estão desviadas em direção ao final vermelho do espectro, num índice proporcional à distância da referida galáxia (quanto mais distante, tanto mais vermelho), independente da posição do observador. Na cosmologia moderna, o desvio para o vermelho ainda é amplamente entendido como embasamento da hipótese de que as galáxias se distanciariam, na forma de um movimento radical de fuga de qualquer posição arbitrária.

A observação da presença de uma constante radiação de micro-ondas (ainda inacessível até agora a medições correspondentes) em todos os pontos do universo é hoje interpretada geralmente como remanescência do estágio primitivo do desenvolvimento cósmico: os fótons surgidos depois de cerca de 300 mil anos desde o início do universo (partículas energéticas mínimas de radiação eletromagnética), considerados os causadores da constante radiação cósmica de fundo, poderiam ser as "testemunhas contemporâneas" daquele estágio de transição, no qual a densidade de radiação e da matéria justamente havia alcançado um equilíbrio, enquanto, a partir de então, a densidade da matéria superou a radiação.

A constante expansão do universo observável hoje torna (retrospectivamente) provável que tudo isso começou alguma vez, que, portanto, deve-se supor um estado inicial, no qual as pré-formas da matéria estavam reunidas numa densidade máxima inconcebível. A tentativa, de responsabilidade dos cientistas, de descrever o decurso do acontecimento inicial, conhecido (em termos coloquiais) como a "grande explosão" (*big bang*, em inglês), se depara, evidentemente, com grandes dificuldades, visto que no "ponto zero" reconstruído deveria pressupor-se uma simultaneidade de densidade material máxima e de volume mínimo, o que, porém, não se pode tornar inteligível na base das leis naturais aceitas como válidas. Por isso se admite muitas vezes, da parte

C. DOUTRINA DA CRIAÇÃO

das ciências, que as primeiras frações de segundos da história do universo não podem ser descritas cientificamente, porque representam uma "singularidade cósmica".

Em perspectiva teológico-criacional, os conhecimentos científicos podem ser interpretados do seguinte modo: a cosmologia moderna conta, em grande parte, com uma evolução cósmica, que, portanto, também houve um evento inicial que, em última análise, não pode ser compreendido pelas ciências (ao menos até agora). Se já aqui possivelmente a capacidade cognitiva do homem se depara com um limite, a questão metafísica em si ainda nem foi tomada em consideração: enquanto a cosmologia sempre pressupõe a existência de "algo" em suas considerações sobre um possível transcurso do evento inicial, a teologia pergunta por que afinal existe algo e não nada, e ela responde a essa pergunta afirmando que Deus criou tudo "do nada", que Ele, de sua plenitude de ser, chamou tudo do não ser ao ser, que tempo, espaço e matéria devem sua existência a seu querer espontâneo. A tentativa de colocar essa mensagem em termos racionais permanece presa nas limitações da capacidade imaginativa do homem, para a qual o vir a ser não é concebível senão como modificação, enquanto o discurso da *creatio ex nihilo* entende o vir a ser como uma simultaneidade eterna atemporal em Deus. Em seus esforços de investigação científica do começo do mundo, sempre concebido "no tempo", as ciências não podem superar o fosso metafísico, nem alcançar o plano (teológico), no qual o mais importante não é descrever o "como" do curso do mundo, mas tomar o seu "quê" por motivo para louvar o Criador pela existência e beleza da criação e por toda a bondade experimentada.

4.2.3. A possibilitação criadora de Deus de ação criadora própria

O discurso da ação criadora de Deus fala de sua atividade que proporciona origem e duração, de sua ação tanto para possibilitar a transição do não ser para o ser quanto para preservar o ser criatural. Também a atividade de Deus para a preservação do não divino deve ser descrita como *creatio ex nihilo*, pois a coisa criada não é capaz de manter sua existência por forças próprias, mas tem que ser chamada, por assim dizer, constantemente por Deus do não ser ao ser. *Com o conceito da* creatio continua *a tradição teológica expressa que Deus está em atividade criadora permanente e constante, proporcionando, desse modo, subsistência à realidade criada.* Justamente, considerando a duração, a subsistência e o desenvolvimento das coisas criadas, a reflexão teológica tem, hoje, a tarefa de relacionar as descobertas das ciências naturais com as intenções próprias dos enunciados.

Nesse contexto parece inicialmente útil o pensamento de que as questões designadas com os termos "criação", "preservação" e "desenvolvimento" são cada qual uma questão para si, mas que também se sobrepõem: Deus coloca o contingente (não necessário) no tempo e o conserva no tempo. A própria concessão de temporalidade como condição para o poder-durar do contingente é uma ação criadora de Deus, que tem que acontecer sempre, para que o contingente não caia novamente fora do tempo.

4. Reflexão sistemática

Nesse sentido, "criação" e "preservação" são dois conceitos que descrevem realidades não realmente diferentes, mas que, para melhor compreensão do que se quer expressar, diferenciam a mesma realidade no plano do raciocínio: "preservação" quer dizer "criação" com relação à duração temporal do permanentemente contingente. O termo "desenvolvimento", por sua vez, pressupõe a existência do contingente e descreve sua modificação, sua mudança. Somente o que é é mutável. Nesse sentido o evento do desenvolvimento fica condicionado à possibilitação divina da existência do que se modifica. Com isso a constante atuação criadora de Deus já pode ser entendida como condição para a possibilidade do desenvolvimento. Além disso, porém, surge a pergunta qual seria o modelo teologicamente adequado para uma possível associação da ação própria da coisa criada e a ação criadora de Deus.

O conceito "evolução" é usado em contextos distintos. Com relação a fenômenos na esfera cultural, em política e economia, o discurso de "processos evolutivos" refere-se ao fato de que a realidade moldada por seres humanos se modifica constantemente. No sentido mais restrito, o conceito da evolução biológica resume a descoberta das ciências naturais de que as respectivas novas formas dos seres vivos se desenvolveram num processo de desenvolvimento a ser concebido como ocorrido no tempo, por meio de alteração de formas já existentes. A pesquisa da evolução também se ocupa com perguntas que surgem quanto ao surgimento do cosmo. No que diz respeito ao conjunto dos fenômenos atualmente conhecidos, pode-se falar, em termos gerais, de uma crescente diferencialidade e complexidade na esfera dos seres vivos e, visto globalmente, de um desenvolvimento constante do mais complexo a partir do mais simples, embora haja a necessidade de modificar essa característica global em relação a alguns fenômenos no processo evolutivo. Ela evidentemente também não pode determinar com rigor cada um dos processos que ocorrem nas numerosas transições no processo evolutivo a partir da perspectiva das ciências naturais, isto é, no caso de uma situação inicial descritível com precisão, não é possível prever os efeitos "necessários", nem definir as condições "necessárias" para o desenvolvimento constatado. O conceito da "auto-organização" do universo, usado pelos naturalistas nesse contexto, é uma tentativa de fazer jus a essa abertura, pois é sua característica a ideia "de que, no campo intermediário entre acaso e necessidade, de processos não determinados e que respondem a leis da natureza, o micro e o macrocosmo se estruturam por autoatuação" (BOSSHARD, St. N. *Welt*, 12).

Toda tentativa de refletir teologicamente o surgimento do ente existente haverá que perguntar, na base do avanço do conhecimento atual, se está tomando adequadamente em consideração o agir específico do já existente na produção do novo. Ao mesmo tempo é preciso manter o testemunho bíblico da revelação do agir criador de Deus também com relação ao surgimento das formas concretas dos seres vivos. Por isso deve ser rejeitado como insuficiente um modelo filosófico, segundo o qual, "no princípio", Deus teria chamado à existência apenas um algo ainda indefinido, que, depois, desenvolveu-se por forças próprias. Essa concepção contradiz, além disso, de modo fundamental, o conhecimento teológico-filosófico da contingência permanente do não

C. DOUTRINA DA CRIAÇÃO

divino, cuja existência está baseada na confirmação da parte de Deus, a ser renovada a cada momento, de manter a relação com o não divino, de lhe permitir participar no ser não contingente de Deus. Também a ideia de que Deus já poderia ter colocado um plano nos inícios, nas "causas seminais" (*rationes seminales*), que simplesmente se cumpriria no processo evolutivo (entendido como agir puramente criacional), fica presa nas amarras de um pensamento que reduz a atividade criadora de Deus a um evento inicial imaginado em termos de tempo, não podendo, porém, com isso, expressar de modo adequado a concordância de Deus, criadora de existência e livre, expressa no conceito da criação, com o que está surgindo concretamente.

Se não quisermos que a afirmação da ação própria dos seres criados seja feita às custas da convicção da permanente ação criadora de Deus, é preciso descobrir um modelo de compreensão, no qual as duas forças atuantes não entrem em concorrência, mas, pelo contrário, cada qual efetue o que lhe compete. É essa a preocupação do discurso sobre a "autotranscendência ativa da coisa criada", desenvolvido teologicamente por Karl Rahner († 1984). De acordo com ele, a atuação da coisa criada no processo evolutivo deve ser entendida como uma atuação própria possibilitada por Deus. Deus capacita a coisa criada para modificar e desenvolver-se, sendo que o resultado da modificação não poderia ter sido atingido pela coisa criada "por forças próprias", visto que toda coisa criada (em seu ser e sua mudança) permanece, a cada momento, ameaçada de cair no não ser, e não seria, se Deus não lhe desse parte em seu ser. A coisa criada que se desenvolve "transcende", supera, em virtude da ação criadora de Deus no processo evolutivo, as próprias possibilidades e é agraciada por Deus com nova qualidade de ser. Simultaneamente o ser criado deve ser concebido como ser criado por Deus de um modo tal que, potencialmente, permite um desenvolvimento no sentido por Ele desejado, visto que efetua criadoramente todo o novo por meio de uma ativação das forças criaturais próprias. Num processo criador permanente (*creatio continua*), a coisa criada é capacitada por Deus para aproveitar as possibilidades nela colocadas por Deus e nisso "superar" ativamente as próprias possibilidades.

O discurso teológico do "criar de Deus na coisa criada" (MOLTMANN, J. Gott, 216) e a pesquisa do processo evolutivo pelas ciências naturais não têm em mente fenômenos que acontecem em sequência cronológica, nem em fenômenos que, sob pressuposta simultaneidade, se excluem: Deus é criadoramente ativo em todos os tempos, capacitando o ente contingente por Ele mantido na existência, para um autodesenvolvimento, cujo resultado é algo inderivavelmente novo, não atingível por forças criaturais.

4.2.4. A ação (condutora) de Deus no mundo e a pergunta pelo sofrimento da criatura

O que se quer expressar com o discurso da ação criadora de Deus não abrange apenas sua ação doadora e criadora de origem, doadora e preservadora de duração, mas

4. Reflexão sistemática

também sua ação mantenedora e condutora: Deus concede à coisa criada origem, duração e sentido (alvo). Em analogia à necessidade de relacionar a permanente ação criadora de Deus para a preservação do não divino com a ação própria da coisa criada, surge, com relação à obra condutora de Deus no mundo, a tarefa de incluir nas reflexões a ação histórica da criação libertada por Deus com liberdade e autonomia. Com isso, porém, vêm à tona as perguntas por que Deus concedeu às suas criaturas a possibilidade de perverter a boa ordem da criação e como trata os efeitos dos atos pecaminosos.

A ação condutora de Deus do curso do mundo é tematizada, inicialmente, sob o título "previdência". A ideia que se associa inicialmente com frequência a esse conceito é a de um Deus que planeja previdentemente e determina antecipadamente o destino de cada indivíduo. Essa interpretação racionalista da ação de Deus, que afirma a "perscrutabilidade" do curso do mundo, é, antes, estranha aos escritos bíblicos. Em contrapartida, está testemunhada com clareza a conclamação de seu povo no sentido de tomar todo benefício de Deus que pode ser experimentado por sua ação na natureza e na história, visando louvá-lo. A obra salvífica de Deus também estará presente em sua criação no futuro, tomando cuidado dela. Nesse sentido a mensagem contida no nome "Javé" já é uma expressão de confiança na atuação compreensiva e provedora de Deus (→ Doutrina de Deus 2.1.1.7.). Segundo os escritos bíblicos, a benevolência de Deus abrange os indivíduos e a comunhão, sua vontade salvífica é simultaneamente individual e universal.

Tomás de Aquino († 1274) verbalizou de modo clássico, em suas reflexões sobre a causalidade final na ação criadora de Deus, a convicção de fé de que Deus conduzirá a criação a seu alvo, lhe concederá a felicidade na perfeita comunhão com seu Criador (→ 3.2.3.2.). Também Tomás não tem a visão estreitamente voltada à pergunta pelo sentido que poderia ter, p. ex., um acontecimento isolado, experimentável histórico-categorialmente, no pensamento planejador de Deus. Muito antes, em virtude de sua ambiguidade, os respectivos acontecimentos específicos fogem à possibilidade de serem compreendidos adequadamente em sua importância. *Um saber seguro a respeito do modo como Deus leva sua criação ao alvo não se pode adquirir a partir da percepção de acontecimentos concretos,* ainda que a esperança da consumação da criação seja sempre de novo alimentada por um cumprimento sinalizador, preliminar do anseio por salvação. *"Certo", porque prometido por Deus e aceito por pessoas na fé, porém, é que Deus conduz o mundo ao seu destino. Portanto, em última análise, o discurso da previdência divina é uma confirmação da vitória de sua vontade salvífica sobre os poderes do mal; uma vitória que se tornou definitiva escatologicamente em Jesus Cristo.* Na ideia da previdência converge a fé cristã na criação, na redenção e na consumação: Deus não fracassará com sua criação, embora se deva contar, no plano racional, com a possibilidade de alguns se fecharem definitivamente a seu amor, para que o discurso da liberdade cristã não fique destituído de sentido.

Com base no que foi dito, é compreensível que o discurso da previdência de Deus na verdade não quer dizer que Deus se torne atuante "antecipadamente" para deter-

C. DOUTRINA DA CRIAÇÃO

minados atos humanos, mas antes que Deus providencie *"a posteriori"* que as consequências da ação humana não ponham em risco sua vontade salvífica. Esse enunciado – que, naturalmente, introduz, no plano do raciocínio humano, o fator tempo na ação de Deus e que, por isso, só tem validade condicional – conduz à pergunta pela importância da atuação humana no evento salvífico. Acaso Deus não fracassa, em última análise, em consequência da possibilidade concedida ao homem de não querer aceitar sua previdência? Já em Agostinho está comprovada a ideia de que Deus somente pôde conceder liberdade ao homem, e, portanto, arcar com a possibilidade da "queda no pecado", porque é capaz de transformar o mal em bem: "Deus jamais admitiria a existência de qualquer mal, se Ele não fosse suficientemente poderoso e bom para transformar inclusive o mal em bem. Ele considerou melhor fazer dos males o bem do que não admitir mal nenhum" (AGOSTINHO, *Ench.* XI 3). As possibilidades de Deus efetuar a salvação para sua criação sem dúvida sofrem limitação, em determinadas situações, pela decisão humana a favor do absurdo, mas elas não lhe são tiradas. Em seus previdentes "cuidados de recuperação" do homem convalescente, Deus sempre intenta a virada para o bem, revelada no evento crístico como realidade escatológico-definitiva. À pergunta por que Deus concedeu a sua criação a possibilidade de virar-lhe as costas e de encetar por caminhos de desgraça, a tradição teológica responde apontando para o amor de Deus. Deus coloca a coisa criada numa liberdade e autonomia (permanentemente dependente dele), ao invés de efetuar a salvação de modo determinista, porque seu amor busca uma resposta espontânea, porque quer "conquistar" o homem. A bondade de Deus, que se retira, cria espaço para a ação criatural própria, no entanto, não se torna dependente dessa ação com relação ao cumprimento da vontade salvífica de Deus. Se, desse modo, pode-se tornar inteligível por que Deus não impede o sofrimento provocado pelo homem (*malum morale*), essa teodiceia fracassa em vista de fatalidades, como doenças raras, p. ex., e catástrofes da natureza (*malum physicum*) que não podem ser atribuídas sem mais nem menos à livre decisão da criatura.

Analogamente à argumentação em torno do *malum morale*, Gisbert Greshake também recorre à liberdade dada por Deus à criação no caso do *malum physicum* para tornar o sofrimento teologicamente inteligível. Conforme ele, valeria o seguinte: "Um anteprojeto de estruturas de liberdade já existe na evolução pré-humana do mundo, e isso justamente onde ele não se apresenta como definido e determinado, mas se desdobra, de modo comprobatório, no livre jogo das forças, onde o acidental sempre de novo rompe o necessário. Essas objeções oferecem uma base para entender o fenômeno do sofrimento, da desintegração, da conta que não fecha, da renitência do mundo. O fato de existir algo como câncer, doenças provocadas por vírus, crianças deformadas, acidentes, enchentes e semelhantes é uma consequência necessária do fato de a evolução se processar como anteprojeto de liberdade, não determinada, não necessária, não fixada, e, sim, no jogo, experimentando possibilidades, no acaso" (GRESHAKE, G. *Preis*, 43s.). Para os seres humanos que sofrem sob os eventos aqui mencionados, essas observações são pouco consoladoras. Elas querem chamar a atenção para o fato de o destino dos indivíduos estar unido ao evento global maior, mas são entendidas erradamente quando apresentadas para relativizar o sofrimento experimentado.

Na teologia mais recente percebe-se a crescente tendência de não se querer justificar teologicamente o indizível sofrimento da criatura, existente em todos os tempos, e, sim, em vez disso, suportar a obscura perplexidade dessa pergunta e associar-se ao lamento e à tristeza dos atingidos. Em sua solidariedade com os sofredores e com os ameaçados pela morte na vida, os cristãos sabem que se encontram em comunhão com Deus que, em Jesus Cristo, redimiu todos os absurdos, aceitando-os, e os tornou para o bem. O reconhecimento da absurdidade de todo mal nos comove ao esforço no sentido de minorar o sofrimento da criatura na medida do possível, em vez de tolerá-lo com base num proveito pedagógico (pretensamente intencionado por Deus), ou até promovê-lo: Deus não quer o sofrimento para que as pessoas aprendam com ele, e, sim, quer a salvação dos homens. Sua vontade salvífica providente *a posteriori* se opõe à desgraça do sofrimento, faz com que inclusive o sofrimento ainda possa servir para levar os homens à sua consumação escatológica (cf. Rm 8,28). *A possibilidade preparada por Deus de que, por fim, tudo ainda possa acabar bem para todos, fundamenta a esperança escatológica, sem a qual se nos afigura impossível lidar com a sofrida realidade e suas injustiças concretas, mas que, no sentido de um mero consolo para o além, não pode diminuir o esforço para amenizar o sofrimento por meio de ações salvíficas.*

4.3. O homem na criação

Cada uma à sua maneira, as narrativas bíblicas da criação expressam a convicção de fé de que a criatura homem está, por um lado, embutida de muitas maneiras na restante realidade criacional, e, por outro, também é diferente dela em virtude da responsabilidade por seus próprios atos, que lhe foi concedida (→ 2.3.2.2.). Se já a lembrança da elementar dependência do homem da criação não humana, de espaços de vida e alimento, preserva de um antropocentrismo autoconfiante na contemplação do mundo criado, também a lembrança da posição especial do homem no cosmo pode ser entendida como desafio para tomar consciência do que é próprio do homem com relação a toda a criação. Por isso uma reflexão sobre a importância do homem na criação é um serviço que se presta à criação.

4.3.1. Hominização evolutiva e criação do homem

Já desenvolvemos o enunciado básico de que o que se expressa com "evolução" se encontra em dois níveis, de modo que não existe uma relação de concorrência entre ambos (→ 4.2.3.). Esse enunciado é próprio para evitar hoje controvérsias que se haviam originado sobretudo na pergunta pela formação da vida humana num processo evolutivo (→ 3.3.5.). A ideia de que a vida humana poderia ter-se derivado de "formas prévias" animais num processo evolutivo histórico parecia pôr em risco o testemunho bíblico da criação do homem diretamente por Deus, bem como o testemunho da descendência de todos os seres humanos de um casal. Além disso, parecia, consequentemen-

C. DOUTRINA DA CRIAÇÃO

te, pôr em risco a doutrina cristã da redenção, visto que Jesus Cristo é o "novo Adão", que liberta da maldição do pecado que tem sua origem no "primeiro Adão" (cf. Rm 5,18s.). Alguns teólogos procuram hoje com maior intensidade o diálogo com biólogos e paleontólogos justamente com relação à pergunta pelo surgimento do ser humano, para poderem formular enunciados biblicamente fundados, especificamente teológicos, sobre a origem e a essência do homem, sem entrar em contradição (evitável) com descobertas insofismáveis das ciências naturais. Aliás, também nesse contexto se comprova que o enunciado teológico não se pode perfilar apenas pela delimitação em relação a teses das ciências humanas, mas também pode recorrer a elas de modo profícuo.

Assim, p. ex., o discurso de um "princípio antrópico" preestabelecido na evolução, defendido entre os pesquisadores da história do mundo e da humanidade desde os anos de 1960, presta-se para apoiar a convicção de fé de que o surgimento da vida não se deve a um acaso, mas está fundamentado na vontade criadora de Deus.

A "versão fraca" do princípio antrópico, difundido inicialmente nos Estados Unidos por Robert H. Dicke, quer entender a história do universo como uma história que tornou possível o surgimento de um "observador" com consciência humana. Enquanto essa visão se limita a descobrir as condições necessárias para a formação da existência humana, a "versão forte" do princípio antrópico afirma que o universo é de natureza tal que tiveram que surgir seres pensantes, que sob outras condições não poderiam ter surgido.

Biólogos e paleontólogos chamam a atenção de modo insistente para a enorme profusão e complexidade de acontecimentos e constelações que contribuíram para possibilitar o surgimento do homem. Modificações mínimas, não mais imagináveis em sua insignificância nos processos denominados "leis naturais", teriam determinado o curso da evolução de maneira que, certamente, teriam impossibilitado a existência das condições necessárias para o surgimento de vida. Descobertas das ciências naturais, todavia, são possíveis somente na retrospectiva do que surgiu efetivamente; uma afirmação segura sobre possíveis efeitos de outras leis observáveis que não das leis da natureza não é imaginável. Reflexões sobre o que teria acontecido se estes ou aqueles estágios do desenvolvimento não tivessem sido atingidos somente fazem sentido sob a suposição de processos conhecidos e, por isso, "previsíveis". Elas deixam espaço para o pensamento teológico de que Deus poderia ter escolhido dentre as inúmeras possibilidades nas quais eram dadas as condições para o surgimento de vida humana. Em seus limites, porém, justamente a noção da vida humana, dependente de inúmeras condições, ameaçada pela possibilidade do não-poder-tornar-se em espaços de tempo inimagináveis, pode fortalecer a consciência crente da ação maravilhosa de Deus na criação do homem.

Do ponto de vista das ciências naturais, ainda não está respondida satisfatoriamente a pergunta como pôde acontecer, no processo evolutivo, a transição da existência de uma (mera) matéria sem vida para formas vivas. Tentativas no sentido de pesquisar os processos necessários nesse evento sempre de novo esbarram em fatores inexplicáveis, de modo que justamente os começos da evolução biológica são considerados

4. Reflexão sistemática

"o maior mistério científico" (BRESCH, C. *Alpha Prinzip*, 79). A respeito do que se quer expressar com "vivente", descritível como matéria capaz de metabolismo (autopreservação), reprodução (multiplicação) e mutação (mudança hereditária), ainda se pode conseguir amplo consenso. As opiniões sobre os critérios que permitem falar de vida (não mais animal, e, sim,) humana são muito divergentes. As descobertas que estão à disposição da paleontologia são, além disso, antes "fotografias instantâneas" e não permitem traçar sem lacunas a evolução dos primatas até o *homo sapiens*. Isso vale justamente também para importantes fases evolutivas no chamado "campo de transição animal-homem", cujo início data de aproximadamente 60 milhões de anos atrás e que, no mais tardar, há 250 mil anos alcançou, com o aparecimento do grupo *homo sapiens*, um estágio que nos dá o direito de falar de vida humana. Essas afirmações feitas no plano das ciências naturais não estão em contradição com a compreensão teológico-filosófica da atuação criadora de Deus, pela qual a coisa criada é capacitada para uma "autotranscendência ativa" (→ 4.2.3.): *Na criação do homem, Deus efetua uma ação própria das criaturas, que excede e transcende as possibilidades humanas. Deus é a razão transcendente, a condição para a possibilidade de uma evolução, na qual surgiu vida humana.* Trata-se, no caso, de uma ação criadora no verdadeiro sentido, porque o novo que surgiu, que se fez, não poderia ter surgido exclusivamente por forças criaturais próprias, justamente porque e na medida em que se atingiu nele um novo "estágio de ser". A declaração de Pio XII que, em 1950, ensinou a criação da alma humana diretamente por Deus, em sua encíclica *Humani generis* (cf. DH 3896), pode ser assumida, com relação ao primeiro surgimento de vida humana (filogênese), como confissão de uma direcionalidade, não ocasionalidade do processo evolutivo, de uma intenção divina determinada no surgimento da vida humana. Entendendo-se "alma" como conceito para o ser integral, físico-espiritual do homem, pode-se evitar a impressão de uma divisão dualista em um surgimento do corpo humano explicável meramente pelas ciências naturais, e uma ação criadora direta (somente) com relação à dotação do ser humano de espírito. Também na formação de cada vida humana (ontogênese) deve-se admitir uma intenção divina, a concordância de Deus e sua vontade de relacionar-se: cada "alma", cada criança, é criada diretamente por Deus, que capacita os pais físicos para a geração e nutrição da criança, Ele efetua sua ação sem restringir a liberdade e a autonomia das criaturas. *Portanto, o discurso da "criação direta da alma por Deus" pode ser entendido como confissão da relação especial de toda criatura humana com Deus, possibilitada por Deus, baseada em sua vontade criadora de relacionar-se.*

A explicação da ação criadora de Deus como realização de sua vontade de relacionar-se é útil também em vista da compreensão do evento da encarnação: se o *proprium humanum* (o que é propriamente humano) consiste na capacidade concedida por Deus ao homem de relacionar-se livremente com Ele, é possível entender a Karl Rahner, que entende a encarnação, a humanação do Logos, como uma revelação irrevogável do direcionamento da autocomunicação de Deus "bem-sucedida" e perfeita para uma resposta criatural.

C. DOUTRINA DA CRIAÇÃO

Quanto a isso se pode afirmar "que esse momento de irreversibilidade dessa autocomunicação histórica de Deus, que aí está sendo revelada, expressa tanto a própria comunicação quanto sua aceitação. Ambas as coisas estão contidas no conceito do mensageiro da salvação. Na medida em que um movimento histórico já vive de seu fim também em seu decurso, porque sua dinâmica visa à meta final em seu verdadeiro ser, porque encerra em si a este como o desejado e somente nele se revela propriamente em sua própria essência, é perfeitamente justificado, inclusive necessário, conceber todo o movimento da autocomunicação de Deus à humanidade, também onde Ele acontece cronologicamente *antes* deste evento de sua irrevogabilidade no portador da salvação, como carregado por esse evento, portanto, pelo portador da salvação. Todo o movimento desta história vive do chegar ao seu destino, ao seu auge, no evento de sua irreversibilidade, portanto, daquele que chamamos de portador da salvação" (RAHNER, K. *Christologie*, 203).

Segundo a convicção cristã, Deus revelou em Jesus Cristo, de modo irrevogável, escatológico-definitivamente, que o alvo da criação, sua consumação na comunhão com seu Criador, é atingível e será atingido. Essa promessa, em si "atemporal", revelada por Deus à sua criatura apenas "no tempo", na vida e no destino de Jesus, não diminui a importância da história humana da liberdade, mas dá a certeza esperançosa de que para todos tudo pode acabar bem. *Cada estágio evolutivo no processo da humanação de Deus visa a esta como sua causa-meta, e adquire dela seu valor próprio.* O evento da autorrevelação de Deus no homem Jesus de Nazaré é, como evento histórico, um momento concreto do processo evolutivo, segundo a convicção cristã, porém, um momento que abrange todo o desenvolvimento precedente e subsequente.

4.3.2. O homem como ser relacional

Segundo o testemunho bíblico, o ser humano, como uma das inúmeras criaturas de Deus, está inserido de maneira multiforme no conjunto da realidade criacional, mas tem nisso uma importância e responsabilidade especial. O relato sacerdotal da criação expressa a dignidade destacada do homem através do discurso de sua criação como "imagem", "retrato" de Deus, como "semelhante" a Ele (cf. Gn 1,26s.). As interpretações da doutrina da *imago* (imagem), apresentadas em grande número na história da tradição cristã, colocam suas respectivas ênfases próprias, que nem sempre se complementam numa compreensão global conclusiva. *O contexto bíblico direto em que o homem é denominado imagem de Deus autoriza compreender o ser-homem essencialmente como um ser capacitado a uma existência relacional. A capacidade dialogal do homem aí expressa, sua orientação para comunhão, é de ordem tal que o próprio homem tem consciência dela, pode dar-lhe forma em liberdade e é responsável por ela.* Essa relação pode invocar a seu favor a revelação bíblica na medida em que a vontade relacional de Deus, que fundamenta toda a *relação* humana *com Deus*, está expressa justamente na intenção radical de Deus de formar o homem à sua imagem. A *relação* do homem *com o mundo*, sua condição de oposto à criação não humana, expressa-se na chamada ordem de domínio (Gn 1,26). O *ordenamento* do homem para as *cocriaturas humanas* existentes como homem e mulher, existente em unidade corporal-espiritual, está enunciado em Gn 1,27.

4. Reflexão sistemática

Se a diferenciação da existência relacional do ser humano nas diversas formas de sua relação com Deus, com o mundo e consigo mesmo parece, inicialmente, apropriada para compreender melhor o que se quer expressar, uma análise mais profunda revela que todas as diversas relacionalidades sempre estão envolvidas em cada nível:

Na questionabilidade de sua própria vida ameaçada pela morte, a capacidade do indivíduo de confiar no amor de Deus, que socorre em toda a necessidade, e que tem poder sobre a vida, não pressupõe apenas autoconhecimento e autoconsciência, ela também nasce de experiências inter-humanas de ser aceito, desejado e amado, e encontra seu sustentáculo nos "vestígios" da admirável grandeza de Deus, inteligíveis por meio da contemplação do mundo. A fé individual em Deus está permanentemente na dependência do testemunho de fé das cocriaturas humanas e se articula em louvor, agradecimento, prece e lamento na comunidade.

Os escritos bíblicos entendem a *relação dos homens* com o mundo, sua condição de estarem opostos à criação não humana, como ordem do Criador, que conclama os homens à corresponsabilidade pela preservação e o bem-estar de sua criação. Nesse sentido o "serviço" do homem prestado "ao mundo" também é sempre serviço a Deus, as possibilidades humanas para uma conformação do mundo em liberdade também sempre têm limites que resultam da necessidade de ter (como Deus) sempre em mente o bem-estar do todo. Dentro de limites certamente existentes, o homem pode criar seu respectivo ambiente de vida. Parcelas essenciais do trabalho humano podem ser entendidas como uma conformação do mundo nesse sentido, outras formas de trabalho, p. ex., os serviços sociais, realizam a preocupação humana com a existência das cocriaturas, outros ainda, como as ciências, estão a serviço de uma reflexão da existência humana em passado, presente e futuro. Assim como o ser humano tem consciência de sua relação com Deus e de seu ser-próprio, também a tem da relação com o mundo, ele a pode planejar prospectivamente e aprovar ou lamentá-la retrospectivamente. Muitas pessoas percebem o espaço natural de vida como menos marcante para a prática de sua existência do que a união com o mundo dos semelhantes, nas relações com pessoas próximas, experimentadas como felizes ou dolorosas.

A autopercepção do homem como ser corporal-espiritual, portanto, também sempre histórico, manifesta-se justamente na experiência da *comunhão inter-humana*. O ser-humano se realiza como ser-mulher ou ser-homem, o fato de os sexos serem criados um para o outro encontra expressão simbólica na possibilidade da união, da qual pode surgir nova vida, na qual, portanto, acontece de modo eminente a ação criadora criacional, a fecundidade criadora. Os escritos bíblicos, na verdade, enxergam uma nítida ligação entre a existência do ser humano como homem e mulher e geração e multiplicação da vida humana, possibilitadas desse modo (cf., p. ex., Gn 1,28), mas o sentido da diferença dos sexos justamente não se esgota nisso, antes a capacidade geradora bissexual se apresenta como embutida no molde maior de uma relação integral de parceria, na qual cada parceiro e parceira é para o outro e a outra a ajuda correspondente

C. DOUTRINA DA CRIAÇÃO

a ele e a ela, para viverem uma vida humana digna (cf. Gn 2,20-23). Como homem e mulher, o ser humano é imagem de Deus, retrato de sua natureza amorosa que abrange relação e comunhão. Segundo o testemunho da narrativa bíblica da criação, está excluída qualquer subordinação de um sexo à pretensão de poder e às necessidades do outro, bem como toda diminuição da dignidade concedida a um dos sexos. Com base nesse enunciado fundamental, porém, permanece legítimo reconhecer os conhecimentos, adquiridos por experiência própria e por pesquisa científica, das respectivas características específicas do ser-humano como homem e mulher, e defender um modelo de polaridade para a descrição da diferença dos sexos, que se vale dos atributos específicos de cada sexo e os reflete.

Com sua figura inconfundível e seu aspecto específico, cada pessoa existe como *indivíduo*, no entanto sua semelhança exterior com os antepassados já aponta nitidamente para o fato de que toda pessoa é fundamentalmente produto do comportamento e das decisões de outras pessoas. Somente a experiência de um oposto na forma de tu leva o ser humano à autoconsciência e conhecimento do eu, sem tu não existe eu, toda experiência do tu modifica a experiência do eu. Uma pessoa aprende a percepção autoconsciente de sua relação com o mundo através da experiência de que outros se relacionam com ela, a amam, elogiam e criticam. Ao mesmo tempo se lhe torna possível proteger-se da ação de outros, adquirir autoconsciência por meio da distinção reflexiva de outros. A autoconsciência assim constituída, porém, depende da possibilidade de uma manifestação, ela quer expressar-se de modo compreensível para outros, a fim de permanecer consciente de si mesma. Toda manifestação do ente homem físico-espiritual é comunicação e, portanto, no sentido mais amplo, linguagem: suas roupas, seu espaço de moradia, seus gestos, seu jeito de ser e suas palavras. Portanto, toda pessoa vive em relação com os outros, ao menos intencionalmente, procura compreensão e reconhecimento, e nisso descobre a fundamentação de sua existência.

Observando o todo da realidade do ser relacional do homem, não se pode entender o discurso de sua liberdade pessoal, dada por Deus, como uma afirmação da emancipação *e* independência humana de Deus e de todas as cocriaturas; pelo contrário, ela é uma concessão da autoafirmação possível (somente) ao homem em seu ordenamento, em sua ralacionalidade com o Criador e a criação. *A verdadeira liberdade do homem consiste no reconhecimento, na aceitação e consciente confirmação de sua existência relacional.* Analogamente à experiência que amantes se transmitem mutuamente, também na relação humana com Deus a mais profunda intimidade liberta para a liberdade suprema, para uma vida fantasiosa, para uma vida consolada, confiantemente esperançosa, na certeza de a existência própria e alheia ser digna de aceitação, apesar de todas as adversidades.

4.3.3. Universalidade e socialidade do pecado humano

O discurso do "pecado original" de Adão e da "pecaminosidade hereditária" da humanidade quer conceituar experiências interpretadas na fé, que – ainda que não

4. Reflexão sistemática

com essa terminologia – estão preservadas nos escritos bíblicos. *Preocupação central de toda nova tentativa de um tratamento teológico-sistemático desse complexo temático deve ser a de preservar o testemunho bíblico e enunciá-lo, qual seja: 1) que a origem do mal se encontra no comportamento humano (não na essência divina); 2) que a liberdade do ser humano para o bem não está totalmente destruída e que, não obstante, 3) de fato todos os homens sempre também sofrem derrotas na luta contra a tentação para o mal.* Na temática do pecado hereditário, tanto as descobertas da mais recente exegese histórico-crítica, bem como as da pesquisa da evolução, que se impuseram progressivamente no século XX, obrigaram a um reexame da doutrina eclesiástica e dos conteúdos que ela quer realmente expressar. O debate verificável desde os anos de 1960 levou a noções no campo exegético e hermenêutico-dogmático (→ 2.3.5.1. e 3.1.5.) que facilitaram essencialmente um diálogo com as ciências naturais: a proto-história bíblica não quer descrever acontecimentos no início histórico da história da humanidade; a narrativa do "fim" do primitivo estado salutar planejado e intencionado por Deus, provocado pelo agir do homem, quer, muito antes, expressar, na figura de um evento estruturado cronologicamente, que o sofrimento experimentado por todos os homens de todos os tempos não é a vontade de Deus para a criação. Saber isso desonera da necessidade de entrar num debate com os teóricos da evolução, porque e na medida em que a doutrina eclesiástica pode ser preservada também sob a premissa da cosmovisão evolucionista. O que se faz necessário nessa situação é um discernimento entre os meios de expressão e os conteúdos da doutrina do pecado hereditário que se fixou de modo específico em Escritura e tradição e com uma intenção (historicamente condicionada) concreta. Além disso, os teólogos tomam sobretudo a temática do pecado hereditário por motivo para exigir o questionamento necessário de todo enunciado teológico com relação à sua função existencial-pessoal, sua intenção proclamatória. Tentativas mais recentes de elaborar o testemunho da tradição da doutrina do pecado hereditário destacam sobretudo duas intenções: *no conceito do "pecado hereditário" enuncia-se, em primeiro lugar, a universalidade da necessidade de redenção da humanidade, e, em segundo lugar, o enraizamento no todo de uma realidade insalutar, preestabelecida à decisão individual pelo mal, ao ato pecaminoso pessoal.* Universalidade e socialidade do pecado humano, porém, não se encontram lado a lado sem qualquer ligação, pelo contrário, a universalidade se fundamenta na socialidade do pecado, numa dimensão da pecaminosidade precedente à livre decisão individual.

1) A *universalidade da necessidade de redenção do homem* é expressa de muitas formas nos escritos bíblicos. O gênero literário da "narrativa dos tempos primitivos" no Livro do Gênesis afirma o que nele é narrado como válido para todas as gerações. Os escritos veterotestamentários contêm um grande número de manifestações sobre a pecaminosidade de todo o gênero humano. No Evangelho segundo João esse testemunho é verificável de modo concentrado no discurso do "pecado do mundo". Especialmente nos escritos paulinos, o discurso da necessidade universal de redenção tem, sobretudo, função cristológica: Jesus Cristo, o novo Adão, é o Redentor de todos, dos ju-

C. DOUTRINA DA CRIAÇÃO

deus, bem como dos gentios. A exclusão da possibilidade de uma autorredenção humana e, consequentemente, o enunciado de uma dependência fundamental da iniciativa divina para a redenção da humanidade, revelada em Jesus Cristo, é a preocupação da doutrina do pecado hereditário de Agostinho, de Martinho Lutero e também do Concílio de Trento (→ 3.1.5. e 3.2.5.). Mais condicionada pelas circunstâncias históricas (sobretudo no caso de Agostinho) parece ser a associação da teologia do pecado hereditário à prática do batismo de crianças. Entendendo-se o discurso da pecaminosidade hereditária da criança pequena como tentativa para exemplificar no extremo que a necessidade humana de redenção não depende de uma decisão pessoal pelo bem ou pelo mal, mas que, pelo contrário, justamente o enfeixamento na inter-relação das gerações exige necessariamente a libertação de cada indivíduo da desgraça, então se pode tornar inteligível como foi possível uma ligação de ambos os temas teológicos, cuja mensagem total, porém, é mais abrangente em cada caso.

A compreensão das narrativas bíblicas da criação, amplamente aceita com naturalidade até o presente século, mal-entendendo o que ali está escrito como relato histórico, sugeria, em associação com uma exegese análoga da teologia paulina, aduzir a descendência de todos os seres humanos de um casal (monogenismo) como razão para a universalidade da necessidade humana de redenção. Se, porém, for possível mostrar que também se pode afirmar essa necessidade sob a premissa de um desenvolvimento poligenético da humanidade, deixa de existir a necessidade de se ater ao monogenismo por razões teológicas. Pois justamente estudos que pesquisam o surgimento do mal (p. ex., pela pesquisa das origens da agressão) no contexto de fundamentação da teoria evolucionista podem tornar provável a difusão universal de um nexo de vida experimentado como desgraça. Todavia, a partir da perspectiva teológica é necessário compreender a origem do mal não como um evento natural, que acontece obrigatoriamente, e, sim, igualmente como uma ação intencional, que somente tem sentido com relação à existência de vida humana. Portanto, no plano racional, o conceito do pecado hereditário permanece necessariamente condicionado a um pecado que, já no princípio, concerne o princípio da humanidade. Um princípio evolutivo para a fundamentação da universalidade do pecado, como o esboçamos aqui apenas em termos rudimentares, aliás também vai ao encontro de partes da experiência e interpretação não europeia do mundo, que penetraram sobretudo na teologia africana na forma de uma doutrina cósmica do pecado.

Entendido como ato linguístico, o discurso da universalidade do pecado e, por extensão, da necessidade humana de redenção, pode ser entendido como um chamado à conversão que, na forma de exortação, de advertência contra uma superestimação autoconfiante da vontade humana para o bem, foi vazada em forma linguística, querendo, desse modo, apontar a direção para a realização de uma vida salutar. Entendido desse modo, esse enunciado é, simultaneamente, uma promessa de que, em Jesus Cristo, realizou-se salvação para todos, uma promessa cujo efeito consolador já deve ser sentido na vida terrena e que será resgatada plenamente no fim dos tempos.

2) Com o discurso da *socialidade do pecado hereditário,* no sentido de uma realidade "pré-pessoal", precedente à decisão pecaminosa do indivíduo e que caracteriza essa decisão, se quer dizer o seguinte: o indivíduo está limitado em sua capacidade de escolher o bem, ele é gerado dentro de um contexto de vida que, de fato, exclui a possibilidade de viver sem pecado.

Sobretudo nos documentos veterotestamentários se expressa com clareza que o povo tem consciência de seu enredamento num contexto universal de desgraça, do qual não pode livrar-se por forças próprias. Especialmente o reconhecimento das consequências necessariamente dolorosas de um ato mau que, como realidade permanente, continuam tendo seus efeitos posteriores mesmo quando o ato mau está perdoado, fundamenta a convicção bíblica de que as pessoas individuais são geradas para uma realidade não salutar. O Novo Testamento descreve a ação de Deus em Jesus Cristo como ação pela qual se tornou possível uma libertação das amarras do pecado e da morte. Esse evento redentor se torna realidade para os indivíduos na participação no destino de Jesus, efetivada pelo Espírito, cuja celebração simbólico-sacramental é o Batismo.

Na tradição teológica se aduziu – na base de um monogenismo defendido, em grande parte, de modo acrítico, aparentemente legitimado pela Bíblia –, na maioria das vezes, um nexo de geração que une todo o gênero humano para ilustrar um mal preestabelecido, pré-pessoal. Em oposição a isso, fez-se, na teologia mais recente, a tentativa de entender o discurso do Concílio Tridentino de que o pecado hereditário seria transmitido *non imitatione, sed propagatione* (não por imitação, e, sim, por geração [que estabelece o nexo entre as gerações]) numa perspectiva teológico-social. Karl Rahner († 1984) chamou a atenção para o fato de que as ações humanas praticadas em liberdade se "objetivam" necessariamente, isto é, gravam-se, de modo permanente, na realidade categorial, experimentável no tempo e no espaço. Por isso todo ato mau "produz" efeitos que transcendem o ato e que, como consequências dolorosas, predeterminam a vida de outras pessoas. Foi, porém, sobretudo o teólogo holandês Piet Schoonenberg (* 1911) que contribuiu para uma explicação útil para a compreensão moderna do que se quer expressar aqui. No conceito do "estar situado", ou seja, da determinação constitutiva pela "situação", para a qual todo indivíduo é gerado e que é determinada pelas consequências de decisões pecaminosas de outros, concebidas pessoalmente de caso em caso, Schoonenberg é capaz de conceber o envolvimento de cada indivíduo na realidade de desgraça do nexo das gerações como não apenas biológico. Nesse caso, o discurso do pecado hereditário se refere à situação do ato individual em liberdade, que precede a respectiva decisão em liberdade e a "situa". Nesse modelo de compreensão, o homem é visto como ser que vive necessariamente de relações e em relações, que, no processo de tornar-se ele mesmo, depende de seus semelhantes, internalizando seus modelos de vida, mas adotando também suas estruturas de comportamento pecaminosas.

Enquanto Schoonenberg concentra suas reflexões em grande parte numa explicação do que se quer dizer com o conceito do "mal pré-pessoal" com relação a um desti-

C. DOUTRINA DA CRIAÇÃO

no humano individual, sobretudo teólogos latino-americanos, mais e mais porém igualmente teólogos europeus, referem-se à dimensão social das situações de injustiça originadas por muitos pecados pessoais, depois consolidadas nas estruturas econômicas e políticas, que denominam de "pecado estrutural", sob o qual sofrem justamente os pobres. Na teologia feminista há opiniões que seguem igualmente uma intenção sócioética, quando apontam para as consequências dolorosas (para mulheres e homens) do patriarcado institucionalizado através dos séculos.

Essas reflexões sobre a origem e forma do mal pré-pessoal tomam a sério a dimensão comunitária do ser-humano, como o envolvimento de todos numa comunhão de destino, na qual o ato de uns não fica sem efeito sobre o fazer e sofrer dos outros. Ao ensinar que no batismo acontece a libertação do pecado hereditário, a teologia cristã não afirma que as dolorosas consequências dos atos pecaminosos de outros doravante não mais atingiriam a pessoa batizada, mas a sabe inserida numa nova realidade relacional, na qual – orientada na vida de Jesus, no poder de seu espírito – é possível vida nova salutar, que – como contramovimento aos poderes da desgraça – produz consequências salutares para todos e que tem garantido um final feliz. A Igreja, a comunhão dos batizados, é o espaço em que a vida redimida deve revelar-se concretamente. Como um ato (eclesial) de linguagem, portanto, o discurso da socialidade do pecado como realidade pré-pessoal é, ao mesmo tempo, uma lembrança do envolvimento do destino humano individual no contexto das gerações, e uma advertência no sentido de compreender a seriedade da decisão própria pelo bem ou pelo mal, sabendo que as consequências do ato concreto não serão sentidas apenas pelo praticante desse ato. Por fim, a promessa de poder entrar numa comunhão de destino com Jesus Cristo concede serenidade e alegria em face da salvação que, em última análise, não depende do próprio fazer, mas já foi conquistada por Deus de modo escatológico-definitivo como possibilidade para todos: como redimidos, somos "co-herdeiros com Cristo" (cf. Rm 8,17).

4.4. O (tempo do) mundo e sua consumação

4.4.1. O mundo visível e o mundo invisível (anjos e demônios)

O estranho fato de o termo "mundo" ser empregado de diversos modos na linguagem cotidiana pode ser entendido como um indício para os vários níveis em que experimentamos nosso espaço de vida: como designação da totalidade da realidade criada, de todos os espaços e tempos, o conceito "mundo" quase não se associa mais a qualquer ideia concreta. A concepção vai mais no sentido de considerarmos lugares e tempos da terra como nosso "mundo", projetar atlas mundiais e escrever histórias do mundo. Finalmente, o discurso do pequeno mundo próprio dirige o olhar para as condições e exigências do ambiente pessoal e, desse modo, vem ao encontro da necessidade de termos uma visão geral de nossa situação de vida e de sermos capazes de enfrentá-la.

Uma reflexão teológico-criacional do mundo faz referência aos três níveis mencionados: ela sabe que todo enunciado teológico visa, em última análise, a subsistência e o sucesso na vida humana, sabendo, pela fé, que as origens e a continuidade da existência se encontram na vontade relacional criadora de Deus. Além disso, ela chama a atenção para a responsabilidade do homem pela preservação do mundo, da terra e sua natureza, da criação não humana, expostos à sua influência. Ela também chama a atenção para o conjunto dos espaços e tempos criados, que, na verdade, em última análise, foge à capacidade imaginativa humana, mas que, nessa experiência do limite, é significativo tanto para a confissão de Deus quanto para a autoconsciência humana.

Com sua ideia de que "a alma é, de certo modo, tudo" (*anima quodammodo omnia*), Tomás de Aquino expressou o ordenamento recíproco do todo do mundo (*omnia*) para o espírito inteligente. O homem possui a capacidade de entrar em relação (no mínimo no plano racional) com tudo de que tem conhecimento e que lhe acontece, para tomar uma atitude em relação a tudo, para interpretá-lo como angustiante ou então consolador. Portanto, conhecimento do mundo sempre é um evento existencial e, nisso, aberto para a experiência de Deus.

No Credo Niceno-Constantinopolitano, que une as tradições oriental e ocidental, os cristãos confessam sua fé em Deus "que tudo criou, céu e terra, o mundo visível e o invisível" (cf. DH 150). Os documentos veterotestamentários (→ 2.3.4.) aceitam – se bem que de maneira diferente nas diversas épocas históricas – a convicção, não questionada no tempo bíblico, da existência e atividade de seres "invisíveis", de anjos e demônios, e anunciam a Deus como Criador também do mundo invisível. É Deus quem envia seus anjos aos homens, para socorrê-los no perigo e garantir-lhes sua vontade salvífica, Deus, que em Jesus Cristo venceu todos os poderes do mal escatológico-definitivamente.

Enquanto a linguagem figurativa da Bíblia foi desenvolvida ricamente na tradição litúrgica (especialmente de cunho oriental), encontramos surpreendentemente poucos documentos na proclamação doutrinária da Igreja em que se fizesse referência consciente ao mundo dos anjos e demônios. O texto mais importante nesse sentido foi redigido, em 1215, pelo IV Concílio de Latrão (cf. DH 800).

No jogo linguístico de um texto confessional, os padres conciliares formularam: "Cremos [...] que Deus é a única origem de todas as coisas, o Criador das [coisas] visíveis e invisíveis, das espirituais e corporais. Em seu poder onipotente, criou, no princípio dos tempos, do nada, ambas as ordens da criação de igual modo, a espiritual e a corporal, isto é, o mundo dos anjos e o mundo terreno, e depois a humanidade que, de certo modo, abrange ambos os mundos, visto que é constituída de espírito e corpo. O diabo e os demais espíritos maus foram criados bons por Deus, segundo sua natureza, mas tornaram-se maus por si mesmos".

A motivação histórica para essa formulação conciliar foi a controvérsia eclesiástica com os cátaros, que fundamentavam sua conclamação a um modo de vida radicalmente ascético com a doutrina de que satanás teria criado o mundo (mau), Jesus, porém, apontaria o caminho para a redenção, que somente seria bem-sucedido por meio de uma renúncia total ao mundo.

Esse enunciado confessional, repetido quase literalmente pelo Vaticano I (cf. DH 3002), tem por objetivo rechaçar uma compreensão dualista das origens da realidade do mundo: "No princípio" tudo foi bom, pois tudo, o visível e o invisível, foi criado pelo Deus uno bom. Todo o mal provém do comportamento errado da liberdade criada.

C. DOUTRINA DA CRIAÇÃO

Na base do testemunho bíblico e sobre o pano de fundo da tradição doutrinária da Igreja, as seguintes observações podem constituir uma orientação básica inicial no esforço de falar de modo teologicamente responsável do "mundo invisível" no contexto da moderna experiência da realidade:

1) Os testemunhos da Escritura e da tradição sobre anjos e demônios, em seu todo muito discretos, estão inequivocamente a serviço de uma definição mais clara da situação de vida do homem inserida num molde cósmico-universal: falam do acompanhamento pela bênção de Deus, ou então da ameaça por parte de poderes do mal. Por isso todas as tentativas especulativas, que abandonam esse envolvimento e desenvolvem uma "doutrina de anjos e demônios" independente, muitas vezes curiosa e amedrontadora, devem ser rejeitadas como falsificação da revelação.

2) O discurso de anjos e demônios e do *diábolos* não fala de "deuses secundários" ou "antideuses". Segundo a convicção judeu-cristã, também o mundo das "forças e poderes" invisíveis faz parte da realidade criada. Existência, subsistência e atuação de "seres espirituais" devem, por isso, ser entendidas como contingenciais, como permanentemente dependentes da livre vontade de Deus de lhes conceder realidade.

3) Na tentativa de traduzir o testemunho da Bíblia para conceitos modernos, é útil lembrar a experiência de que a realidade é mais abrangente do que a totalidade do visível, empiricamente demonstrável. Corresponde à experiência de muitas pessoas a afirmação de que existem "poderes e potestades" do mal (uma atmosfera da resignação e da desesperança, nacionalismo, racismo, alucinação de massa, "espírito do tempo"...) que tentam e assediam os indivíduos e os prendem em seu fascínio. Por outro lado, experiências libertadoras, inesperadas, que irrompem no dia a dia, transmitem a confiança de que, em última análise, tudo seria bom e estaria sendo guiado pela mão de Deus. Não somente seres humanos e fenômenos da natureza, mas também coisas invisíveis e incompreensíveis podem, desse modo, ser experimentadas como "anjos de Deus", como mensageiros de salvação.

4) A pergunta pela "personalidade" desses poderes espirituais se depara hoje com especiais dificuldades de compreensão, na medida em que (quase) sempre também se associa ao conceito de "personalidade" a ideia de um ser de autonomia individual, que, como tal, se encontra em relação com outras pessoas. Na descrição da realidade que se quer expressar com *satan, diábolos* (negação, recusa, ruptura das relações, comunicação perturbada), porém, essa "estrutura relacional" justamente tem que ser excluída. As grandes figuras míticas do *diábolos* deveriam fortalecer sobretudo nossa vigilância em face do medonho poder do mal, do "mistério do mal" (*mysterium iniquitatis*). Um discurso leviano da "pessoa do mal" (diabo) facilmente incorre no erro de reduzir – como o confirmam assustadoramente certos fenômenos da história da piedade – o poder "supraindividual do mal" (com relação ao homem) à (horripilante ou ridícula) figura de um "adversário divino". Essa redução da questão à pergunta pela individualidade de satanás (não exigida pela intenção dos escritos bíblicos) também é

4. Reflexão sistemática

perigosa porque propicia a tentação de atribuir o mal em nosso agir à vontade de um ser não humano. Isso, porém, faz com que se perca de vista o enunciado teológico da liberdade humana para o bem. Entendendo-se, porém, o discurso da "personalidade" dos anjos e demônios como expressão da convicção de que sua atuação se manifestaria nos seres humanos no plano existencial-pessoal, pode-se evitar essas dificuldades.

5) Justamente o caráter funcional do discurso sobre anjos e demônios, como acontece no testemunho bíblico, deveria levar-nos a tomar, também hoje, esses "fenômenos marginais" de uma prática de vida em fé a serviço da proclamação da mensagem salvífica cristã central: em Cristo Jesus o poder e a fidelidade de Deus venceram todos os poderes das trevas de modo escatológico-definitivo. Deus faz uso da realidade visível e invisível, para que sua mensagem salvífica alcance todas as criaturas.

4.4.2. O tempo do mundo como grandeza criada

Segundo o testemunho da narrativa do Documento Sacerdotal da criação, Deus criou, "no princípio", sol, lua e estrelas, para separar dia e noite, luz e trevas, para garantir orientação no escuro e possibilitar um cálculo dos tempos, anos e dias (cf. Gn 1,14). A mudança dos tempos tem sua origem na ação criadora de Deus, tem a mesma origem que o surgimento dos espaços, do céu e da terra, da água e dos continentes. *A tradição judeu-cristã entende o tempo como grandeza criada, da qual se pode falar somente com relação às demais realidades criadas, a seu surgir e desaparecer. Estendido entre um princípio e um fim atemporal, o tempo do mundo é um presente de Deus, no qual a realidade não divina, portanto, temporal, pode alcançar conhecimento de Deus e participação na vida temporal-eterna de Deus.*

Enquanto na tradição teológico-agostiniana se encontram precipuamente reflexões psicologizantes sobre o fenômeno tempo (→ 3.1.6.), preservando, desse modo, na memória a compreensão qualitativa de tempo da Bíblia (*kairós*, plenitude do tempo, tempo final), o discurso do tempo como grandeza criada recebeu, no século XX, um novo contexto pelo desenvolvimento do conceito de tempo da teoria da relatividade.

Assim, p. ex., Albert Einstein († 1955) conseguiu explicar resultados de medição, até então incompreensíveis, com referência ao tempo de movimento de partículas que se movem a velocidade muito alta, como efeitos de uma real dilatação do tempo, que aumenta no mesmo sentido da velocidade do objeto que se move no tempo. A descoberta que, a princípio, não parece inteligível para a percepção humana de tempo, de que, no estado de alta velocidade, o tempo passa mais devagar, "aumentando" portanto, enquanto simultaneamente distâncias no espaço "se encolhem", o espaço fica mais apertado, é considerada por ora como convicção básica da física moderna, que parte de um contínuo de espaço-tempo e – p. ex., no cálculo de viagens espaciais – trabalha com o conceito de tempo da teoria da relatividade.

Se o tempo não pode mais ser considerado uma grandeza "absoluta", independente de todos os demais condicionamentos, devendo ser, antes, entendido como uma realidade "relativa", enunciável sempre somente como relacionada ao estado de movi-

C. DOUTRINA DA CRIAÇÃO

mento e das condições de gravitação do objeto, cujo tempo se quer calcular, então é inteligível que – já do mero ponto de vista da física – não pode existir um agora definido de igual modo para toda a realidade: o agora de um objeto em alta velocidade, distante da superfície da terra e, portanto, menos exposto às forças de gravitação, somente pode ser relacionado com o agora de um objeto que se move lentamente na terra por meio de um cálculo comparativo; não existe um critério absoluto de tempo.

Por mais inusitadas que possam ser essas reflexões, elas podem, não obstante, ajudar a definir melhor o conceito de tempo: como tudo que é criado, também o tempo é contingente, não necessariamente sempre idêntico "consigo mesmo", mas é dependente de outras realidades criadas. Ao lado de comprimento, largura e profundidade, o tempo é considerado hoje a quarta dimensão, calculável para determinada constelação. Nisso, porém, empregam-se procedimentos matemáticos que, diferentemente do que ocorre na geografia (espacial) de Euclides, fogem em grande parte à capacidade imaginativa. O conhecimento de que os efeitos descritos são constatáveis por medições apenas no caso de velocidades extremamente elevadas poderia levar-nos a ver nisso um fato em grande parte irrelevante para a vida humana, sem maior influência sobre a sensação de tempo estruturado pelo ciclo regular dos dias e horas. Não obstante, essa descoberta das ciências naturais desencadeou inseguranças salutares, que podem abrir um novo acesso à reflexão teológico-criacional sobre a confissão de Deus que, juntamente com os espaços, também criou os tempos e que é a origem não temporal de todo agora.

Mais acessível à experiência humana do que o conceito de tempo da teoria da relatividade, permanece, porém, um conceito qualitativo de tempo, a saber, a experiência do quanto o tempo é determinado pelos conteúdos de vida, pela sensação, p. ex., de que os tempos felizes passam mais depressa do que os tempos dolorosos. O tempo é percebido menos como um contínuo uniforme de momentos de igual valor, e, sim, por experiência, como determinado qualitativamente, podendo ser amedrontador ou compensador, interessante ou monótono. O desejo de que coisas salutares, gratificantes durem, faz com que os tempos em que elas acontecem sempre passam depressa demais para nossa percepção.

4.4.3. O fim do tempo do mundo e a consumação da criação

A investigação da forma e do futuro do cosmo, possível por meio de equipamentos de tecnologia moderna, torna provável que o universo que, desde seu princípio cronológico, amplia-se em espaços inimagináveis, também terá um fim em termos de tempo, sobre cujo decurso exato os estudiosos discutem. Nesse contexto sempre se pensa numa catástrofe cósmica, que acontece no tempo. A terra depende, em sua subsistência, de uma constelação cósmica que – ao menos sob a pressuposição da constância das leis naturais, observadas até agora, necessária para a validade dessa previsão – se modificará em espaços de tempo inimagináveis, no entanto, aparentemente calculáveis: em bilhões de anos, o Sol poderia ter desenvolvido uma temperatura que faria a Terra derreter, enquanto o próprio Sol esfriaria aos poucos, visto que as condições para mais produção de calor deixaram de existir. Esse prognóstico lúgubre tem pretensão de validade em relação a espaços de tempo que, simultaneamente, acalmam e inquietam. Comparando o tempo que os cientistas ainda concedem à duração de nosso sistema planetário com o brevíssimo espaço de tempo no qual, até agora, existiu vida humana e influenciou intencionalmente a forma do mundo, de qualquer maneira todas as especulações sobre o futuro do cosmo apresentam interesse apenas relativo. Esse prognóstico não elimina a esperança da fé numa consumação da criação, porque ela não é concebida como uma consumação no tempo, e, sim, como uma transformação do mundo em uma forma imperecível, sendo, portanto, que aqui (analogamente à *creatio ex nihilo*) se está falando em níveis diferentes. O espaço de vida de Deus, o "céu", a "nova criação", é, para a consciência humana, uma realidade que não passa. As descobertas da ciência, todavia, obrigam a uma autocertificação da posição da fé. Em todo caso, a tomada de conhecimento dos inimaginavelmente imensos espaços extraterrestres pode conclamar a um assombro mudo diante das possibilidades de Deus. *A reflexão teológico-criacional entende forma e duração de toda a realidade como sempre e permanentemente dependente da vontade de Deus constante, livre e por isso jamais "cobrável" de que o mundo seja. Visto que a partir de nós mesmos sequer podemos saber se também amanhã o sol nascerá para nós, a atenção vigilante para o significado de cada momento sempre único é a atitude de vida adequada à fé. De modo algum, porém, o futuro da realidade criada é incerto, pelo contrário, nosso mundo já se tornou, pela ação de Deus em Jesus Cristo, uma "nova criação", que tem da parte de Deus a promessa da consumação.*

Crer em Deus, o Criador de toda realidade, significa confiar no testemunho bíblico da automanifestação de Deus, segundo o qual tudo que é tem sua origem no Deus vivo e está chamado à eterna comunhão com Ele.

Bibliografia importante

1. Introdução

ALTNER, G. *Die Überlebenskrise in der Gegenwart*. Ansätze zum Dialog mit der Natur in Wissenschaft und Theologie. Darmstadt: [s.e.], 1987.

KASPER, W. Die Schöpfungslehre in der gegenwärtigen Diskussion. In: BITTER, G. & MILLER, G. (orgs.). *Konturen heutiger Theologie*. Munique: [s.e.], 1976, p. 92-107.

KESSLER, H. *Das Stöhnen der Natur*. Plädoyer für eine Schöpfungsspiritualität und Schöpfungsethik. Düsseldorf: [s.e.], 1990.

2. Fundamentos bíblicos

ALBERTZ, R. *Weltschöpfung und Menschenschöpfung*. Untersucht bei Deuterojesaja, Hiob und in den Psalmen. Stuttgart: [s.e.], 1974.

C. DOUTRINA DA CRIAÇÃO

DOHMEN, C. *Schöpfung und Tod.* Die Entfaltung theologischer und anthropologischer Konzeptionen in Gen 2/3. Stuttgart: [s.e.], 1988.

DOLL, P. *Menschenschöpfung und Weltschöpfung in der alttestamentlichen Weisheit.* Stuttgart: [s.e.], 1985.

HOFFMANN, P. "Zukunftserwartung und Schöpfungsglaube in der Basileia-Verkündigung Jesu. Zum Problemkreis: 'Jesus und die Apokalyptik'". *RHS* (Religionsunterricht an höheren Schulen) 31 (1988), p. 374-384.

SCHELKLE, K.H. Die Schöpfung in Christus. In: BORNKAMM, G. & RAHNER, K. (orgs.). *Die Zeit Jesu.* Friburgo: [s.e.], 1970, p. 208-217.

STECK, O.H. *Die Paradieserzählung.* Eine Auslegung von Genesis 2,4b-3,24. Neukirchen-Vluyn: [s.e.], 1970.

VÖGTLE, A. *Das Neue Testament und die Zukunft des Kosmos.* Düsseldorf: [s.e.], 1970.

WESTERMANN, C. *Schöpfung. Wie Naturwissenschaft fragt* – was die Bibel antwortet. Friburgo: [s.e.], 1989.

WOLFF, H.W. *Anthropologie des Alten Testaments.* 5. ed. Munique: [s.e.], 1990.

ZENGER, E. *Gottes Bogen in den Wolken.* Untersuchungen zur Komposition und Theologie der priesterschriftlichen Urgeschichte. Stuttgart, 1983.

3. Desenvolvimento histórico-dogmático

ALSZEGHY, Z. "O evolucionismo e o magistério eclesiástico". *Concilium* 3 (1967/6), p. 25-31.

JANSSEN, H.-G. *Gott – Freiheit –* Leid. Das Theodizeeproblem in der Philosophie der Neuzeit. Darmstadt: [s.e.], 1989.

MAY, G. *Schöpfung aus dem Nichts.* Die Entstehung der Lehre von der creatio ex nihilo. Berlin-Nova York: [s.e.], 1978.

SCHEFFCZYK, L. "Die Erbsündenlehre des Tridentinums". *Forum Katholische Theologie* 6 (1990), p. 1-21.

_____. "Schöpfung und Vorsehung". *HDG* 2/2a, Freiburg, 1963.

SCHUPP, F. *Schöpfung und Sünde.* Von der Verheissung einer wahren und gerechten Welt, vom Versagen der Menschen und vom Widerstand gegen die Zerstörung. Düsseldorf: [s.e.], 1990.

4. Reflexão sistemática

AUER, J. *Die Welt –* Gottes Schöpfung. 2. ed. Regensburg: [s.e.], 1983.

BEINERT, W. *Christus und der Kosmos.* Perspektiven zu einer Theologie der Schöpfung. Friburgo: [s.e.], 1974.

BOSSHARD, S.N. *Erschafft die Welt sich selbst? Die Selbstorganisation von Natur und Mensch aus naturwissenschaftlicher, philosophischer und theologischer Sicht.* 2. ed. Friburgo: [s.e.], 1987.

_____. "Evolution und Schöpfung". *CGG* 3 (1981), p. 88-127.

BRESCH, C.; DAECKE, S.M. & RIEDLINGER, H. (orgs.). *Kann man Gott aus der Natur erkennen? Evolution als Offenbarung.* Friburgo: [s.e.], 1990.

GANOCZY, A. *Schöpfungslehre*. 2. ed. Düsseldorf: [s.e.], 1987.

KASPER, W. & LEHMANN, K. (orgs.). *Teufel – Dämonen – Besessenheit*. Zur Wirklichkeit des Bösen. Mainz: [s.e.], 1978.

KÖHLER, U. *Sündenfall und Urknall*. Biblischer Schöpfungsbericht und moderne Kosmologie. Stuttgart: [s.e.], 1983.

KÖSTER, H.M. *Urstand, Fall und Erbsünde in der katholischen Theologie unseres Jahrhunderts*. Regensburg: [s.e.], 1983.

MOLTMANN, J. *Deus na criação* – Doutrina ecológica da criação. 2. ed. Petrópolis: Vozes, 1993 [orig. alemão: *Gott in der Schöpfung. Ökologische Schöpfungslehre*. Munique, 1985].

PANNENBERG, W. *Systematische Theologie* 2. Göttingen: [s.e.], 1991, esp. p. 15-314.

SCHEFFCZYK, L. *Einführung in die Schöpfungslehre*. 3. ed. Darmstadt: [s.e.], 1987.

SCHNEIDER, Th. (org.) *Mann und Frau* – Grundproblem theologischer Anthropologie. Friburgo, 1989.

SPARN, W. *Leiden* – Erfahrung und Denken. Materialien zum Theodizeeproblem. Munique: [s.e.], 1980.

TRIGO, P. *Criação e História*. Petrópolis: Vozes, 1988.

VORGRIMLER, H. *Wiederkehr der Engel? Ein altes Thema neu durchdacht*. Kevelaer: [s.e.], 1991.

_____. Der Begriff der Selbsttranszendenz in der Theologie Kar Rahners. In: ID. (org.). *Wagnis Theologie*. Erfahrungen mit der Theologie Karl Rahners. Friburgo: [s.e.], 1979, p. 242-258.

WEISSMAHR, B. *Philosophische Gotteslehre*. Stuttgart: [s.e.], 1983.

WIEDENHOFER, S. "Hauptformen gegenwärtiger Erbsündenlehre". *Internationale Katholische Zeitscrhift* 20 (1991), p. 315-328.

PARTE II

JESUS CRISTO – CAMINHO DA VIDA

D. CRISTOLOGIA

*Hans Kessler**

1. Introdução

1.1. Conceitos

"Cristologia" significa literalmente "doutrina ou discurso acerca de (Jesus, o) Cristo". *Christos* corresponde à tradução para o grego do termo hebraico *mashiah* (o Ungido [de Deus]). Originalmente, portanto, *Christus* (forma latinizada) não é um cognome da figura histórica de Jesus de Nazaré, mas uma confissão dela. Quem diz "Jesus Cristo" com seriedade confessa: Jesus é o Ungido de Deus, o portador da salvação. O título "Cristo" representa, de modo vicário e sucinto, todas as predicações do portador da salvação (Filho de Deus, Salvador, libertador etc.) com as quais se tentou, tanto no passado quanto no presente, expressar quem Jesus é e o que Ele significa para nós. A pergunta primordial da cristologia é: "Quem é este, afinal?" (Mc 4,41). Está em pauta aí o significado soteriológico de Jesus (soteriologia: o discurso sobre a redenção ou salvação), portanto seu significado salvífico para o mundo e nosso posicionamento e nossa relação com Ele.

1.2. O lugar da cristologia

A cristologia constitui o tema central e ponto crucial da teologia cristã. Ela é a chave para todos os outros temas da teologia.

A razão disso é: no início e no centro da fé cristã e da comunhão eclesial não se encontra um livro ou uma ideia abstrata, e sim uma pessoa viva (é para ela que o "livro" do NT quer apontar com seu testemunho). O elemento cristão não pode ser desligado da pessoa de Jesus Cristo, mas consiste essencialmente nele mesmo, naquilo que se pode ouvir de sua boca e depreender de sua vida. Pois Jesus Cristo é, segundo a fé cris-

---

* Tradução de Luís M. Sander.

D. CRISTOLOGIA

tã, o mensageiro definitivo (escatológico) de Deus e, ao mesmo tempo, o ser humano definitivo (escatológico). Ele revela a verdadeira essência de Deus e a verdadeira essência do ser humano, é interpretação (palavra e imagem) de Deus e modelo do que é ser humano. Por isso, nele o cristianismo e a Igreja têm não só sua origem, mas também seu centro e fundamento permanentes: "ninguém pode colocar outro fundamento" (1Cor 3,11; cf. Mc 12,10s.).

Pelo fato de a pessoa concreta Jesus Cristo ser o ponto de orientação da fé, ela lhe dá a chave para todo o resto: para a compreensão de Deus, de ser humano e de mundo, de revelação, graça e redenção, de comunhão eclesial e sua ação, de futuro, de ética cristã e de prática de vida cristã. Por conseguinte, pode-se, junto com Tomás de Aquino (*Comp. Theol.* c. 1), considerar a cristologia o *compendium theologiae* e *verbum abbreviatum,* como a versão abreviada e o compêndio da teologia.

A fé cristã, portanto, é de maneira central fé em Jesus, o Cristo, orientação por Ele, relação com Ele e confissão dele. É que Ele dá acesso à relação correta de confiança com Deus e à relação verdadeiramente humana e solidária com os seres humanos e as demais criaturas. Ele é o caminho para Deus e para a salvação (cf. At 4,12; Jo 14,6); é o caminho, não o alvo: *per Christum in Deum* (através de Cristo para Deus). A cristologia constitui o centro da teologia, mas não é sua totalidade.

1.3. Dificuldades e oportunidades atuais

Já os autores neotestamentários tiveram de se confrontar com o fato de que se tentava fazer passar para segundo plano ou então sublimar de modo espiritualizante e agradável o Jesus de Nazaré real com seu destino escandaloso. Paulo objetou a isso e contra isso; os evangelistas registraram a tradição sobre Jesus. Desde então, na história da fé, apogeus cristológicos se alternam com fases de esquecimento de Jesus.

Excessos e insuficiências na pregação de Cristo e na teologia também contribuíram para que ocorresse esse esquecimento de Jesus: uma divinização e glorificação unilaterais de Jesus, que fizeram desaparecer sua humanidade concreta; uma predominância da cristologia conceitual e abstrata e uma fixação em fórmulas dogmáticas abstratas; em reação a isso, um chamado Jesus histórico a que se sobrepunham as projeções dos respectivos pesquisadores de Jesus ou que acabavam desaparecendo em minuciosas análises textuais; uma cooptação eclesial de Jesus, que colocava a Igreja no lugar dele e deixava pouco espaço para o indivíduo fazer sua descoberta pessoal de Jesus; um Jesus acomodado e bagatelizado de maneira burguesa, que quase não tem mais nada a ver com aquilo por que o Galileu derramou seu sangue.

Ao desaparecimento de Jesus contrapõe-se, por outro lado, uma redescoberta dele, que teve início mais uma vez depois do Vaticano II, expressou-se num movimento de Jesus e no entusiasmo por Ele, bem como, pouco tempo depois, numa abrangente

1. Introdução

literatura sobre Jesus, da qual participaram, além de teólogos, também filósofos e literatos, e, além de cristãos, também judeus e ateus. Passou-se a enfocar, revelando uma fascinação inesperada, não "o Senhor", mas o "irmão Jesus", o "auxiliador" dos aflitos e "libertador" dos oprimidos, o precursor no caminho rumo à humanidade plena, o "amigo" que proporciona a superação do medo e a descoberta da própria identidade. Sua mensagem de não violência impressiona pessoas de consciência alerta, sua figura (sofrida) vira tema de artistas modernos. Também entre cristãos engajados na Igreja o ser humano Jesus está em primeiro plano: como caminho para a própria humanização e como lugar da experiência de Deus.

Na atual Europa ocidental (supostamente cristã), entretanto, muitas pessoas, inclusive muitos cristãos batizados, parecem quase não saber mais nada sobre Jesus. Sobretudo entre a geração mais jovem, Ele parece tornar-se cada vez mais um estranho. As mudanças sociais, a desintegração de ambientes eclesiais coesos, o pluralismo crescente, a ruptura com a tradição e a falta de inspiração por parte da Igreja atual acarretam uma crescente indefinição na autocompreensão dos indivíduos, obrigam-nos a autotematizar-se e plasmar uma orientação religiosa de caráter pessoal (que muitas vezes é composta a partir de diversas fontes). As imagens de Jesus que vêm ao encontro dessa necessidade (estruturalmente condicionada) de autotematização e descoberta da própria identidade encontram receptividade. Em contrapartida, uma imagem de Jesus com características doutrinais e, mais ainda, questões cristológicas topam com um amplo desinteresse, que se estende até o interior das comunidades eclesiais. Ao que tudo indica, nem a continuidade delas com a história e a figura de Jesus nem sua relevância para o mundo atual são ainda suficientemente perceptíveis.

Por isso, a cristologia hodierna se defronta com a tarefa de comunicar de modo construtivo o significado intrínseco da história e da pessoa de Jesus Cristo. Ela deve tornar visível a continuidade da fé em Jesus Cristo e tematizá-lo como portador da salvação no horizonte dos problemas atuais da existência humana.

A cristologia, contudo, não pode substituir o seguimento vivo de Jesus e a relação pessoal com Cristo. A descoberta de Jesus e o caminho para a fé passam pelo encontro e experiência com pessoas, grupos e comunidades crentes cuja forma de vida seja digna de crédito e torne apreensível o estilo de Jesus tratar as pessoas. Onde se abre a possibilidade de desenvolver uma relação com o ser humano, auxiliador e amigo Jesus, aí pode surgir também uma nova abertura para o mistério de Deus nele, para a irrupção da outra dimensão, para a presença especial e única de Deus nesse ser humano Jesus de Nazaré, que nós, de acordo com o credo da Igreja, confessamos como Filho de Deus e nosso Senhor.

D. CRISTOLOGIA

2. Fundamentos bíblicos

2.1. Expectativas salvíficas do Antigo Testamento como pano de fundo da cristologia e soteriologia do Novo Testamento

2.1.1. O Antigo Testamento como horizonte de compreensão de Jesus e da cristologia neotestamentária

O ser humano Jesus é uma *criatura*, fazendo parte da grande criação de Deus, cujo devir se estende por bilhões de anos; o que Ele traz e significa afeta o cosmo todo. Jesus é um *ser humano*, membro da família humana, una e ao mesmo tempo tão dilacerada, que conhece amor e sofrimento e anseia por felicidade ou salvação verdadeira; o que entra na história humana com Jesus diz respeito a todos os seres humanos, assume seus temores e esperanças.

Concretamente, Jesus de Nazaré é um *judeu*, que se criou nas tradições do povo judeu e – mesmo quando as rompe – não pode ser entendido sem elas. A fé de Israel no Deus uno e vivo é também a fé de Jesus. Também seus discípulos e os primeiros "cristãos" (gente do Messias: At 11,26) eram judeus. Eles liam a história de Jesus "segundo as Escrituras", isto é, na tradição da fé e esperança de Israel, mesmo que, ao fazê-lo, tivessem de interpretá-la de maneira nova. Sua confissão de que Jesus seria o "Cristo" (o Messias = o Ungido), bem como a maioria das outras imagens e conceitos fundamentais que utilizaram para apreender a figura e história de Jesus, provêm do AT. *O AT não é a pré-história meramente preparatória de Jesus, mas um pressuposto interno, e mais: uma dimensão permanentemente constitutiva de Jesus e da fé em Cristo.*

Para os autores do NT isso ainda era evidente. Quando perceberam, em retrospectiva, que em Jesus a *promessa* fundamental e abrangente do AT de que o próprio Javé viria até seu povo (Ex 3,14: "Existirei para vós como aquele que existirá") encontrara seu *cumprimento* de modo surpreendentemente novo e definitivo (escatológico), para eles o teor essencial da experiência e expectativa de Deus do AT justamente não estava liquidado, mas sim presente em Jesus. *Ora, se a expectativa de Israel se concentra inteiramente na vinda de Deus em juízo e em graça, com que direito o NT pode dizer então que a vinda de Jesus Cristo seria o cumprimento dessa expectativa?* Acaso Deus vem até nós na história e figura de um ser humano concreto? Acaso isso está contido na expectativa de Israel?

2.1.2. Experiências e esperanças de salvação do Antigo Testamento

Gershom Scholem afirmou certa vez: "O judaísmo [...] sempre se ateve a um conceito de redenção que a concebia como um processo que se realiza publicamente, no palco da história e no meio da comunidade, em suma: que se realiza de maneira decisiva no mundo do visível e não pode ser concebido sem essa aparição no visível" (SCHOLEM, G. *Grundbegriffe*, 121).

2. Fundamentos bíblicos

Com estas palavras Scholem acertou em cheio a compreensão veterotestamentário-judaica de redenção e salvação, ao menos em seu traço fundamental mais saliente e irrenunciável.

2.1.2.1. Salvação como vida abençoada e realizada
A ação abençoadora de Deus

Para Israel não existe salvação que passe ao largo da criação; ao contrário: o próprio êxito da criação e da vida constitui a salvação. Desta pretensão Israel jamais se distanciou. A desgraça consiste na falta das imprescindíveis condições de vida coletivas e individuais (saúde, subsistência econômica, terra, descendência, paz, liberdade, direito, acesso intacto a Deus); a salvação, por sua vez, consiste na plenitude desses bens vitais terrenos. Eles são recebidos como dádivas de Javé, que neles mostra sua própria solicitude para com os seres humanos.

Javé, o "Deus vivo" (1Sm 17,26.36; Sl 42,3 e *passim*), experimentado como vivo, era para Israel a "fonte da vida" (Sl 36,10 e *passim*) e, por isso, também a fonte da salvação. A vida "natural" é presente dele. Ela é concedida ao ser humano para que ele siga a orientação de Javé e o testemunhe neste mundo. A recompensa disso não são bens especiais da graça, mas simplesmente isto: que o ser humano permaneça vivo; a própria vida é graça (Dt 30,19s.; Ez 18,4-9 e *passim*). A pessoa que vive em comunhão com Javé é presenteada por Ele com uma vida abençoada e realizada, para a qual também a morte não é ruptura, mas desabrochamento maduro (p. ex., Jó 5,26; Gn 25,8 P; 35,29 P).

Só tardiamente, aliás, Israel começou a distinguir com mais clareza entre essa felicidade terrena da vida e o relacionamento com Deus. Agora os dois já não coincidem simplesmente: a comunhão com Deus é a verdadeira felicidade e salvação (p. ex., Sl 63,4: "Tua graça é melhor do que a vida"), e também a morte não a pode destruir (Sl 73,23-28; cf. 40,12). Portanto, agora a proximidade de Deus não significa preservação contra carência terrena e morte, mas um permanecer também na morte. Assim, a criação que se apresenta aos olhos não é mais tudo.

2.1.2.2. Redenção como libertação histórica
A ação salvífica de Deus

Bem de acordo com isso, a redenção se realiza no palco da história. Israel narra sua história como área central de experiência de Javé e de sua atuação redentora. *Neste contexto, redenção significa libertação em sentido real, corporal, social e econômico; portanto, ela diz respeito não só à interioridade ou – inicialmente ela nem tem este sentido – ao além.*

Canções e narrativas antiquíssimas falam de repetidas ações salvadoras de Javé, em geral através de mediadores humanos como Moisés, Míriam, Débora, Gedeão (cf., p. ex., Jz 5,2-31; 3,9s.; 4,3-10; 1Sm 11). A libertação da servidão no Egito é tida como a ação libertadora prototípica de Javé. Esse acontecimento ao mesmo tempo políti-

D. CRISTOLOGIA

co-econômico e religioso, que originalmente só atingiu pequenos grupos de nômades sob a liderança sobretudo de Moisés no século XIII aC, foi assumido pela confederação das tribos de Israel como sua experiência básica válida quando esses grupos foram absorvidos pela confederação. Outros grupos em Israel puderam reconhecer na experiência do êxodo do grupo de Moisés suas próprias experiências de libertação e as identificar como ação de Javé (daquele que está aí de modo auxiliador: Ex 3,14s.). Assim o acontecimento do êxodo tornou-se uma tradição fundamental de Israel: recordado em relatos (cf. Ex 3,7s.; 13,17-14,31 J e o.), em discursos proféticos (Os 11,1; 13,4 e o.), em hinos (Sl 68; 77s.; 105; 107; 114; 135s.) e no culto (o chamado pequeno credo histórico de Dt 26,5-10).

Essa experiência básica de libertação tinha caráter normativo, orientador da ação: com ela se fundamenta a instrução de Javé (o Decálogo em Ex 20,2s./Dt 5,6s.), por ela Israel está ciente de ter sido liberto para a liberdade de uma vida comum perante Deus, para ser um povo de pessoas igualmente libertas e livres. Por isso ninguém deve oprimir ou prejudicar o outro (Lv 25,17.38-46). "Lembra-te que foste escravo no Egito e que Javé, teu Deus, te libertou de lá" (Dt 24,17s.; 15,12-15 e o.). Com cada opressão Israel, que foi, ele próprio, escravo, estrangeiro, pobre e fraco no Egito, trai sua origem e identidade. Mesmo que não tenha condições de realizar (sempre) esse ideal, deve ao menos consagrar cada sétimo e cada quinquagésimo ano a Javé, seu Senhor, e por isso "proclamar libertação no país para todos" (Lv 25,10; cf. 25,12). *Não existe salvação que, como salvação de Javé para todos, não fosse, exatamente por esta razão, primeiro a salvação dos pobres.*

Não só o povo como um todo, mas também o indivíduo israelita implora e recebe de Javé livramento de várias dificuldades (doença, calúnia, acusação injusta, perseguição, opressão, cativeiro etc.), nas quais – esta era a ideia muito próxima da realidade que se tinha – o mundo da morte (*sheol*) o acossa. As chamadas lamentações individuais falam dessa maneira da salvação do indivíduo como livramento de aflição exterior e ao mesmo tempo interior (Sl 17; 18; 30 e o.). Quer sejam experimentadas pelo indivíduo ou pela coletividade, elas sempre são redenções acontecidas na história real (palpáveis e materiais e ao mesmo tempo interiores e psíquicas) aquém da fronteira da morte. Israel leva a sério a terra como criação de Deus e não salta prematuramente por cima dela.

2.1.2.3. Salvação como domínio abençoado de Javé no Sião
Templo e dinastia de Davi

No reino do sul, em Judá, desenvolve-se ainda uma experiência e uma expectativa salvíficas de caráter específico pela formação de tradições salvíficas em torno do Templo de Sião e da casa real davídica. A classificação histórica dessas tradições é controvertida até hoje. O que está claro é que só Davi (c. 1000 aC) havia conquistado a cidade-estado cananeia de Jerusalém e a transformado – mantendo amplamente sobretudo seus elementos cúlticos já existentes – em capital e centro cultual mandando trasladar

2. Fundamentos bíblicos

para lá a arca (o local simbólico da presença invisível de Deus). Mais tarde se percebe nisso a vontade de Javé e se confessa que Javé "escolheu" Sião e Davi (Sl 78,68.70; 1Rs 8,16 LXX; 2Cr 6,6). O local da presença salvífica de Javé não era mais (apenas) a arca, mas o Templo, o monte de Sião e até a cidade. Assim a teologia de Sião fala do trono eterno de Javé no Templo (1Rs 8,12s. e o.), de sua habitação no monte de Sião (Is 8,18; Sl 9,12 e o.) e do abençoado domínio que Javé (salmos de Sião: 46; 48; 76; 87; salmos do rei Javé: 47; 93; 96-99; salmos da criação: 24 e o.) e o rei davídico por Ele nomeado (salmos régios: 2; 11; cf. Sl 89 e o.) exercem a partir de lá sobre o povo e – em flagrante discrepância com a realidade histórica – sobre o mundo inteiro.

Os cânticos de Sião expressam a confiança em Deus louvando o lugar em que Ele habita. Entretanto, a vinculação (originalmente estranha à fé em Javé) da presença de Javé a um lugar determinado e fixo –, bem como à dinastia de Davi – pode acarretar equívocos perigosos: a confiança em Javé ameaça transformar-se lá em confiança num lugar e numa instituição, numa falsa sensação de segurança e proteção.

Por conseguinte, os profetas literários pré-exílicos combatem justamente aquilo que os cânticos de Sião louvam: a confiança falsa no Templo e na inexpugnabilidade da cidade de Deus. Já Isaías torna a promessa de proteção da tradição de Davi e de Sião dependente de um pressuposto imprescindível, da fé: "Se não crerdes, não permanecereis" (Is 7,9; cf. 28,16). Como, porém, essa condição não é cumprida, a promessa de salvação vira anúncio de desgraça (p. ex., Is 6,9-13; 3,8.16-24; 22,1-14). Também outros profetas não excluem Jerusalém e Sião de sua acusação de culpa e seu anúncio de juízo (Mq 1,5.9; 3,10.12; Sf 1,4.12s.; Jr 7,11s.; 15,5s.; 26,6 e o.). Sobretudo com o culto no Templo se associa o seguinte:

2.1.2.4. A possibilidade de expiação e redenção como perdão dos pecados

Para Israel, a ameaça de desgraça não vem apenas de fora (de inimigos externos, opressores, catástrofes etc.), mas se situa, ao mesmo tempo, profundamente no interior do ser humano (é o que já diz o Javista em Gn 6,5; 8,21; e depois, p. ex., Jr 13,23; 17,9). O relacionamento perturbado com Deus (o fato de não se atingir o alvo, perversão, ruptura com Deus) se expressa na perturbação da ordem vital exterior dada por Deus.

Por isso se faz necessário eliminar a fonte da perturbação. Ao mesmo tempo, as perturbações que continuam a repercutir dentro da ordem vital da comunidade precisam ser neutralizadas ou suspensas mediante expiação. É o que ocorre no arcaico rito do bode expiatório (Lv 16,10.21s.): colocando ambas as mãos sobre a cabeça do animal, o sacerdote transfere a matéria do pecado para o bode expiatório, que então a carrega para fora da comunidade levando-a ao deserto. Um pouco diferente é o procedimento usado na expiação cúltica, nos sacrifícios pelo pecado: o sacerdote põe uma mão sobre o animal a ser sacrificado, que, desta maneira, é identificado com a pessoa pecadora que oferece o sacrifício; por meio da entrega do sangue na morte vicária do animal sacrificado (cf. Lv 17,11) é realizada de modo simbólico, mas não substitutivo,

D. CRISTOLOGIA

a entrega pessoal de vida do ser humano, que, com isso, entra num novo contato vital com Deus e experimenta expiação.

A compreensão bíblica de expiação (tanto cúltica quanto extracúltica) não tem nada a ver com uma realização humana ou uma dissuasão da divindade. A expiação é uma possibilidade, presenteada por Javé, de perdão e de um novo início. É Deus mesmo que expia os pecados que "se tornam poderosos demais para nós" (Sl 65,3-5), que, portanto, não podem mais ser expiados mediante penitência e reparados.

Ora, a experiência do exílio, compreendido como juízo de Javé sobre seu povo pecador, acarretou um aprofundamento da consciência do pecado e uma compreensão de quase a totalidade do culto como expiação (cf. Ez 43,7; Lv 9,7). No Templo de Jerusalém se desenvolve uma atividade expiatória altamente dispendiosa.

Não é só neste ponto que se esboça o limite de tal expiação: o culto sacrifical, cheio de violência subconsciente, ameaça sempre transformar-se em álibi para o amor a Deus e ao próximo, os quais constituem o verdadeiro objeto da exigência; daí a crítica profética ao culto a partir de Os 6,6 ("Quero amor, e não sacrifícios"; cf. Am 5,21-25; Mq 6,6-8). Além disso, o ritmo constante de rupturas do pacto e purificações subsequentes dificilmente pode constituir a verdade última no relacionamento com Deus e, por conseguinte, a salvação.

2.1.2.5. Experiência de juízo e irrupção de esperanças de salvação novas, escatológicas

A destruição de Jerusalém, incluindo o Templo e a monarquia, por Nabucodonosor (587/586 aC), bem como a deportação de consideráveis contingentes do povo para o exílio, representaram uma catástrofe indescritível. A experiência de salvação válida até então ruiu. Toda a história de salvação do povo – êxodo, dádiva da terra, presença salvífica de Javé no Templo de Sião, a promessa de que a monarquia perduraria – foi subitamente anulada (cf. Ez 16; 20; 23). Em meio a essa crise fundamental de sua fé, o olhar retrospectivo para a pregação dos profetas pré-exílicos, que até então pouca atenção recebera, ofereceu a Israel a possibilidade de conservar a fé em Javé.

É que os profetas literários pré-exílicos haviam, desde o século VIII, contestado justamente aquilo que até então era fundamental para a autocompreensão de Israel: a comunhão assegurada entre Deus e o povo. Segundo Oseias, Javé cancelou essa mesma comunhão para o povo que renegava seu Deus e rompia o pacto: "Vós não sois meu povo, e eu não existo (mais) para vós" (Os 1,9; 5,6.12.14 e o.). Mas o mesmo Oseias já fala a respeito de quanto o próprio Deus sofre com a infidelidade de Israel: "Como poderia eu te deixar, ó Efraim? Como poderia te entregar, ó Israel? Meu coração se revolve dentro de mim, e minha compaixão se faz sentir" (Os 11,7s.). Os profetas pressentem o juízo iminente e o anunciam dolorosamente como consequência da infidelidade do povo (Am 5,2.18; 8,2; 9,4; Is 2,12-17; 6,5.9-11 e o.; Sf 1,7.14-18). Jeremias volta-se apaixonadamente contra os profetas de "salvação" comprados e contra todos os que dizem: "O Templo do Senhor é aqui! Estamos seguros!" (Jr 7,4.10) ou "que dizem salvação, salvação, quando não há salvação" (Jr 6,13s.; cf. 23,16-22; 28,15-17). Ele chega até ao ponto de interpretar a catástrofe de 587/586 como ação do próprio Javé (Jr 15,2-4).

Enquanto ainda viviam, os profetas de juízo foram rejeitados como desmancha-prazeres e perturbadores da paz (Am 7,10-15; Os 9,7; Is 5,19; 30,10; Jr 20,7s. e o.); agora, com base na experiência do exílio, obtiveram reconhecimento *a posteriori*. A catástrofe do povo não era uma prova da superioridade dos deuses dos vencedores, e sim o castigo por sua própria culpa anunciado anteriormente pelos profetas.

Ora, já que se havia sofrido o juízo ameaçado e Javé havia evidenciado sua confiabilidade de maneira inesperada, passou-se a apostar na fidelidade do mesmo Javé e na confiabilidade de suas antiquíssimas promessas. Entretanto, não é possível simplesmente retomá-las sem qualquer ruptura. *A grave culpa na qual Israel incorreu exige que a salvação seja ligada com o perdão. Nova salvação só é possível se passar pelo perdão* (cf. Is 55,6s.; Ez 33,10-20 e o.).

Assim os profetas da época do exílio veem nova salvação aproximar-se (cf. Is 43,18s.): o retorno do povo como novo êxodo (Is 43,16s. e o.), ressurreição nacional (Ez 11,16-21; 37) e um novo Templo (Ez 40–48). Contudo, o retorno e a reconstrução que de fato também ocorreram depois trazem apenas uma salvação modesta, "pequena"; as velhas e novas promessas permanecem não cumpridas em muitos aspectos.

2.1.2.6. A esperança de futura redenção universal (interior e exterior)

O excedente de promessa da fé em Javé se impõe mais acentuadamente a partir do exílio e do retorno. A futuridade torna-se a dimensão dominante da salvação e redenção. A expectativa de salvação fica cada vez mais radical e universal. Assim ela pode direcionar-se 1) a uma transformação futura-escatológica que se estende até a dimensão mais íntima e 2) a uma renovação que abrange a dimensão universal do mundo dos povos e até do cosmo todo, efetuada por uma intervenção criativa de Javé.

1) Os profetas pré-exílicos haviam constatado que Israel não se converteu (Am 4,6-12; Is 6,9-13; 30,9.15) e chegado à percepção de que o povo não tem condições de se converter por si (Os 5,4; Jr 13,23; 2,22; 6,10.27-30 e o.). Por isso *Deus* precisa criar a possibilidade de uma mudança: "Curarei sua apostasia, por livre graça os amarei (de novo)" (Os 14,5; cf. 11,8s.; Jr 3,22). Em meio ao abatimento do exílio essa promessa torna-se anúncio atual: "Varri teus delitos como a nuvem e teus pecados como a névoa; volta-te de novo para mim, porque eu te redimo" (Is 44,22). Se os seres humanos não são capazes de se converter, Deus precisa perdoá-los por sua própria iniciativa e transformá-los em seu íntimo: "Dar-vos-ei um coração novo e porei um espírito novo em vosso íntimo" (Ez 36,26), de modo que eles façam a vontade de Deus não mais com base numa exigência vinda de fora, e sim pela mais íntima motivação própria (cf. Ez

D. CRISTOLOGIA

37,26-28; 11,19s.; Jr 31,31-34; Is 54,7-10; 55,3-5). Aqui se dá a entender: *o perdão presenteado sem o pressuposto de uma penitência e o novo relacionamento com Deus introduzido no próprio coração humano são, a rigor, a salvação.*

2) Após a catástrofe do exílio, porém, também ouvimos vozes proféticas que prometem uma redenção abrangente. As esperanças se voltam para o senhorio universal de Javé. Ele trará – é o que contém a expectativa messiânica (→ 2.1.3.) – direito e justiça, libertação e erguimento para os pobres e oprimidos (Is 61,1s.; Jr 23,5s.; Sl 72). Levará ao derretimento das armas e à paz entre os povos: esta é a ideia da peregrinação pacífica dos povos ao monte Sião (Mq 4,1-4/Is 2,2-5; 25,6-12; 66,18-22; Ml 1,11). A terra, porém, segundo uma antiga expectativa, dará frutos abundantes no tempo da salvação, indo além do absolutamente necessário para a vida (Jl 2,19.24; 3,18; Is 29,17; 32,15; Ez 34,26-29; 36,30), de modo que a preocupação diária terá fim.

Na transição do profetismo tardio para o apocalipsismo incipiente, a esperança de salvação assume então – com a visão de uma terra paradisiacamente nova – dimensões até cósmicas: Javé vai "criar um novo céu e uma nova terra" (Is 65,17; 66,22), onde não haverá mais lamentação (Is 65,19s.), onde os seres humanos e os animais conviverão pacificamente (cf. Is 11,6-9; 65,17-25). *A criação inteira é incluída na redenção (cf. Is 35). A salvação e redenção continuam tendo uma dimensão terrena e histórica, mas rompem em muito o que pode ser realizado a partir dos pressupostos terrenos, de modo que o caráter de inacessibilidade e maravilha que lhes é próprio desde o início se manifesta de maneira intensificada.* Isso torna-se inteiramente claro onde a esperança de redenção começa a considerar a superação da morte: para evidenciar-se seriamente como o Senhor uno e único (Dt 6,4), Javé também precisa dar conta do poder da morte. A vitória sobre a morte (Is 25,8), o salvamento também dos mortos e sua participação na salvação definitiva (Is 26,19; Dn 12,1-4; Sl 22,28-30; cf. 49,16; 73,24.26) são, por isso, um desdobramento lógico da fé no Deus uno, em seu ilimitado poder criador e sua disposição confiável para a salvação.

2.1.3. Mediadores humanos da ação salvífica de Deus

2.1.3.1. A função dos mediadores em Israel

A redenção e salvação constituem, segundo a experiência e convicção de Israel, uma dádiva de Deus: fruto de sua solicitude (Sl 67,2s.; 88,11-15 e *passim*; Nm 6,24-26), de sua vinda Salvadora (Ex 3,8; Sl 12,6), de sua existência e seu senhorio auxiliadores. Por isso, a expectativa de Israel não se dirige primordialmente a quaisquer portadores humanos da salvação, e sim à vinda do próprio Deus a seu povo: que Ele próprio olhe para Israel (lhe volte seu "rosto": Sl 10,11s.; 13,2s.; 27,7-9 e *passim*), o auxilie e lhe presenteie sua comunhão.

Entretanto, o mediador faz parte tanto do anúncio quanto da realização do salvamento; tanto o falar de Deus quanto seu agir podem ser mediados a seu povo por um ser humano. Por isso, nas exposições sobre as experiências e esperanças de salvação de Israel (→ 2.2.2.) já foram mencionadas figuras de mediadores: Moisés e Míriam, sacerdotes, reis, profetas, um rei messiânico esperado.

No início se encontra a figura de Moisés († c. 1200 aC): ele foi o líder na saída do Egito e no salvamento no Mar Vermelho; além disso, segundo uma tradição antiga, o recebedor e mediador da revelação da Torá no monte de Deus, o integrador também de outros grupos na travessia do deserto. Nessa época antiga a liderança carismática, ações proféticas, sacerdotais e judiciais ainda se entremisturam. Na época da monarquia tardia e na época exílico-pós-exílica, Moisés pôde tornar-se a figura de integração das tradições históricas e legais (mediador da lei) determinantes de Israel, o tipo e a medida para todos os profetas: "Javé, teu Deus, suscitará do meio de teus irmãos um profeta como eu; é a Ele que deveis ouvir" (Dt 18,15.18; cf. 34,10s.). Apesar de sua falibilidade, ele pode ser compreendido como humilde servo de Deus e mediador sofrido (Dt 3,24; 9,18s.25-29; 34,5; Nm 12,1-9).

A partir da sedentarização diversas funções mediadoras se diferenciam, os mediadores do falar de Deus e os de seu agir são pessoas diferentes. Na época pré-estatal Israel é frequentemente libertado de situações agudas de aflição por líderes carismáticos (Débora, Gedeão, Jefté, Sansão, Saul), e a libertação é experimentada como ação de Javé (cf. o cântico de Débora em Jz 5); o Salvador carismático é compreendido como estando temporariamente possuído pela *ruah,* pelo Espírito de Javé (cf. Jz 3,10; 6,33s.; 11,29; 14,19; 15,14; 1Sm 11,6); depois da ação libertadora Ele volta a ser o que era. *Toda função mediadora carismática – sobretudo, então, a profética, tão significativa para Israel – baseia-se numa relação de contato direto, pessoal com Deus:* o carismático ou profeta é suscitado de modo direto e pessoal por Deus, é tomado por seu Espírito (1Sm 10) ou chamado por Deus (1Sm 3 e *passim). Neste ponto o mediador carismático de ação ou de revelação se distingue da instituição da monarquia, vinculada à dinastia de Davi, bem como do sacerdócio, preso à tribo de Levi e ao santuário.*

2.1.3.2. Reis como mediadores da ação salvífica e abençoadora de Deus: a teologia pré-exílica da monarquia

A monarquia israelita não estava ancorada nas origens da fé em Javé. A experiência fundamental do êxodo continha, pelo contrário, a libertação do sistema coercivo de domínio monárquico humano. Por conseguinte, quando, por volta do ano 1000 aC, o líder carismático temporário se tornou o rei vitalício (1Sm 8–10; 16; 2Sm 2; 5), inicialmente ele só podia entrar em cogitação, no tocante à relação de Israel com seu Deus, como mediador do salvamento. Mas tão logo a função de Salvador passou para segundo plano e a monarquia se estabeleceu como poder consolidado, ela se tornou o mediador da atuação abençoadora constante de Javé, a partir de Sião, para seu povo (→ 2.1.2.3.). Ao mesmo tempo evidenciou-se que a instituição monarquia tinha uma estrutura religiosa própria, que entrava necessariamente em conflito com a fé em Javé (só

D. CRISTOLOGIA

Javé pode ser rei sobre seu povo); por conseguinte, em círculos fiéis a Javé a monarquia nunca ficou incontestada, e os profetas a avaliam de modo crítico (cf. Jz 9,8-15: o apólogo de Joatão; 1Sm 8,6-20; Os 8,4; 13,11; 1Rs 13,33s.; 14,21s.; 15,1-3 e o.). Em contrapartida, uma visão positiva se encontra nos salmos régios (Sl 2; 18; 20; 21; 45; 72; 89; 101; 110; 132).

Israel adotou elementos de ideologias e ritos régios do Antigo Oriente, mas não sem os modificar a partir da perspectiva javista. A unção com óleo (Jz 9,8.15; 1Sm 9,16; 10,1; 16,3; 1Rs 1,39 e *passim*) é ligada a uma atuação do Espírito: segundo essa concepção, com o gesto simbólico da unção a *ruah* de Javé penetra no rei assim como o óleo no corpo (1Sm 10,1.6; 16,13) e lhe confere força e sabedoria (1Sm 2,10; 2Sm 23,1-3; 1Rs 5,9s.). O rei é "o Ungido de Javé" (1Sm 2,10.35; 12,3.5 e *passim*), destinado ao serviço dele; *"Messias"* (em hebraico: *mashiah* = Ungido) *é, portanto, originalmente um título atribuído ao rei.* À unção segue-se a subida ao trono no palácio real localizado à direita do Templo de Javé: "Assenta-te à minha direita" (Sl 110,1).

A teologia pré-exílica do ofício do rei – que tem desde o início um forte colorido mítico e arquetípico – está associada à entronização. Seus traços básicos podem ser mostrados a partir do exemplo do *Sl 2,7-9*: "Proclamarei o decreto de Javé: ele me disse: 'Tu és meu filho, eu mesmo hoje (!) te gerei. Dar-te-ei os povos por herança e os confins da terra por possessão. Tu os esmagarás com cetro de ferro, os despedaçarás como vasos de oleiro'". Isto é um chamado protocolo régio, tomado do cerimonial egípcio de subida ao trono, reinterpretado por meio de acréscimos ("hoje") e do contexto, isto é, aquele decreto de legitimação entregue ao entronizado e que continha seus novos nomes reais ("meu filho" etc.) e sua incumbência divina de exercer domínio. Duas coisas são particularmente significativas:

1) *O rei não é – ao contrário do que acontece no Egito – Filho de Deus de modo natural, por meio de geração física, mas é eleito e adotado (Sl 2,7; 89,27s.) como filho por Javé "hoje" (v. 7), quando da entronização em Sião (v. 6); esse filho tem um relacionamento particularmente íntimo com Javé, e através dele Javé se evidencia como atuante.* Por conseguinte, o rei "Ungido" e entronizado é, com Javé, "pastor" (2Sm 5,2; 7,7; Jr 13,15 e o.) e guardião de seu povo, mas também o verdadeiro sacerdote de Israel (Sl 110,4: "Tu és sacerdote por causa de Melquisedec"), que organiza o culto, oferece sacrifícios e abençoa o povo, mesmo que costumeiramente transfira essas funções aos sacerdotes por ofício.

2) Além da filiação divina, o Sl 2, seguindo o ritual egípcio, promete ao rei o domínio mundial e superioridade bélica sobre todos os inimigos (Sl 2,8s.; cf. Sl 110,1s.5-7). Com isso, todavia, colocava-se sobre cada davidida um manto que era grande demais para ele. Havia uma crassa tensão entre a pretensão levantada e a real situação de poder, e aos poucos Israel teve de aprender que o poder e a violência não são os meios pelos quais Javé quer se fazer presente e reinar neste mundo. *Mas também se despertava uma grande expectativa, que apontava para além da monarquia davídica real,*

2. Fundamentos bíblicos

que fracassava constantemente: pôde surgir a esperança profético-messiânica de uma monarquia ideal não violenta e completamente nova, que se evidenciaria inteiramente como instrumento do senhorio salvífico de Javé. Portanto, a ideia messiânica surgiu como contraste crítico-utópico com a real situação de poder.

2.1.3.3. Expectativas profético-"messiânicas" de um rei Ungido

Os profetas, esses acompanhantes críticos da monarquia e atualizadores da voz de Javé, não empregam a expressão "Ungido" (Messias) de Javé (com exceção de Is 45,1 para designar o Rei persa Ciro e Hab 3,13 num acréscimo litúrgico). Contudo: *os profetas falam de uma figura de governante futuro pela qual Javé vai estabelecer um reino de justiça e paz, portanto do despontar de uma época "messiânica" em sentido lato.*

Catalisador de tais esperanças messiânicas tornou-se, além da predição de Natã (2Sm 7,11b.16), o chamado oráculo do Emanuel, a pregação visionária que o profeta Isaías dirigiu ao rei Acaz em 734/733 aC, quando Arã e Efraim quiseram eliminar a "casa de Davi" e fazer de um não davidida o rei em Jerusalém (Is 7,6.13): "O Senhor mesmo vos dará um sinal de proteção. Eis que a jovem mulher *(almah)* está grávida, e dará à luz um filho, e lhe dará o nome de Emanuel (Deus conosco)" *(Is 7,14)*. Isaías anuncia o nascimento de um herdeiro dinástico como garantia de que Javé, numa ameaça mortal, está do lado de seu povo e mantém a eleição dinástica, a despeito de todo o anúncio de desgraça devido à descrença do rei atual (Is 7,12s.16s.). *Embora o anúncio (Is 7,14) se refira inicialmente ao nascimento de um filho (Ezequias) do rei (Acaz), em seus ambíguos conceitos-chave (sobretudo no nome simbólico "Emanuel") está contido um significado que vai além da situação fortuita.* Assim, uma releitura posterior pôde depreender dele a promessa de uma nova monarquia que ainda estava por vir.

De modo semelhante, também *Is 9,1-7* deve estar aludindo inicialmente a uma ascensão ao trono já acontecida (talvez a de Ezequias ou a de Josias, de 7 anos, cem anos mais tarde) à libertação de alguns territórios israelitas setentrionais da mão dos assírios, ocorrida sem a intervenção do rei. Isaías (ou alguém depois dele) parece, num primeiro momento, ter associado grandes expectativas à subida ao trono de Ezequias ou Josias, grandes demais para não serem frustradas logo a seguir (em 609 cai Josias, 22 anos mais tarde Jerusalém se afunda em ruínas) e então serem dirigidas a um davidida ideal no futuro. Em contraposição à ideologia régia costumeira (cf. Sl 2,9; 110,6s.), essa monarquia ansiada carece de qualquer traço violento e belicoso; ela se baseia no direito e na justiça, e por isso trará paz sem fim e será abrangente – afirmações que indicam seu caráter escatológico. Os nomes reais praticamente divinos: "conselheiro admirável, Deus forte, pai da eternidade, príncipe da paz" (Is 9,6b; cf. Sl 45,7s.) correspondem à concepção de rei do Antigo Oriente, que distinguia o rei com os mesmos predicados atribuídos à divindade, mas aqui sinalizam mais a especial proximidade para com Javé e, inversamente, a presença do Deus transcendente em meio ao Israel ameaçado.

D. CRISTOLOGIA

Essa presença de Deus é associada a seu Espírito na promessa posterior de *Is 11,1-5.9* (talvez após a invasão assíria de 701, em decorrência da qual de Judá só restou um mísero cepo, ou após o exílio, em que a árvore da dinastia davídica estava cortada): do cepo de Jessé, do pai de Davi que ainda estava fora da dinastia, surgirá, numa eleição inteiramente nova por parte de Deus (cf. 1Sm 16,1-13), um rebento novo, não davídico, sobre o qual "repousa" permanentemente o Espírito de Deus com toda a plenitude de seus efeitos. Por isso ele se cingirá com justiça e fidelidade (e não com armas), julgará com justiça em favor dos pobres (e não segundo as aparências e insinuações) e vencerá a violência que surgir com a "vara de sua boca" (e não com a vara de ferro como no Sl 2,9). O fim da violência será tão total, a transformação do mundo será tão abrangente, que até os seres vivos hostis uns aos outros conviverão numa paz paradisíaco-cósmica e não se fará mais mal nenhum. Por quê? Porque esse governante de um futuro que permanece indeterminado espalhará em torno de si o Espírito e o conhecimento íntimo de Deus (Is 11,6-9).

Também na promessa messiânica comparável de *Mq 5,1-5* o rei esperado não virá da cidade régia de Jerusalém, e sim de Belém: ninguém conhece o esperado, e a eleição de Javé contraria as concepções humanas, porque Ele não atenta para aquilo a que o ser humano atenta (1Sm 16,7).

2.1.3.4. Esperanças cambiantes de um mediador da salvação na época exílico-pós-exílica: profeta, servo de Deus, sacerdote etc.

Após 587 a situação mudou radicalmente. Agora não havia mais rei, e o santuário central em Sião estava destruído. Agora tudo dependia dos mediadores da palavra, os *profetas*.

Ezequiel, o profeta dos inícios da época do exílio, promete a ressurreição do povo. Javé iria tirar dos pastores o ofício destes e Ele mesmo o assumiria, sem quaisquer mediadores humanos (Ez 34,1-22). Entretanto, também se diz que Ele suscitará para seu povo um só pastor, "meu servo Davi", que "será para eles príncipe para sempre" (Ez 34,23s.; 37,24s.). A esperança messiânica se relaciona aqui de maneira direta com o próprio Davi (o Davi redivivo), que está inteiramente ligado a Javé e a Ele pertence. A existência perpétua é transferida da dinastia para a nova aliança com o povo (Ez 34,25-31; 37,26-28): o Espírito de Javé, outrora concedido aos reis quando de sua unção, é agora associado pela primeira vez com a vocação do profeta (Ez 2,1; 3,12; 37,9s.); o profetismo é órgão do Espírito da vida, que é derramado sobre toda a casa de Israel (Ez 39,29; cf. mais tarde Jl 3,1s., por volta de 300 aC). Também a responsabilidade pelo direito e pela justiça é estendida do rei para todos os israelitas (Ez 18,5-9). E todas as funções religiosas e cúlticas são tiradas da monarquia e confiadas aos sacerdotes (Ez 40-48): de acordo com esta visão, a cidade é construída em torno do segundo, novo Templo, do qual emana uma fonte maravilhosamente doadora de vida (Ez 47,1-12).

Mais ou menos na mesma época, o grande desconhecido proveniente da escola de Isaías, o chamado *Dêutero-Isaías*, proclama sua mensagem consoladora: Javé, "o San-

2. Fundamentos bíblicos

to de Israel", é seu "redentor", e só Ele pode ajudar (Is 41,14; 49,26); "não temas, pois eu estou contigo, não te desampararei [...] eu te redimirei" (Is 41,10.17; 43,1). Surpreendentemente, o pastor e "Ungido" de Javé é agora o persa Ciro, e não um israelita (Is 44,28-45,3); o poder divino atua pela mediação desse estrangeiro. O Espírito, contudo, não repousa sobre ele, e sim sobre Israel (Is 44,3): este permanece o eleito, o "servo de Javé" (Is 41,8 e *passim*).

Nos *cânticos do servo de Deus*, todavia, inseridos em Is 42,1-9; 49,1-9c; 50,4-9 e 52,13-53,12, o servo não pode se referir primordialmente a Israel, já que ele recebe uma missão de mediação salvífica dirigida a Israel e, para além deste, universalmente aos povos (Is 42,6; 49,5s.8; 53,5-12). É difícil dizer quem é esse servo, e esta questão é controvertida na exegese. A despeito de alguns traços régios (53,2a: alusão a Is 11,1), ele certamente é uma figura profética, talvez o próprio profeta: Deus colocou seu Espírito sobre Ele (Is 42,1), lhe abriu os ouvidos, para ouvir sua palavra para os exilados cansados e alquebrados (Is 50,4s.; 42,3; 49,2). Mas, com sua mensagem, Ele encontra rejeição e hostilidade, é injuriado, ferido, desfigurado (Is 42,4a; 49,4; 50,5s.; 52,14; 53,2b.3), e por fim – embora não seja culpado, nem violento, nem enganador – é morto e enterrado como um criminoso comum (Is 53,8s.). *O juízo do povo reza: Ele é "castigado por Deus" (Is 53,4b), Deus mostrou que o caminho dele estava errado. Seus discípulos, porém, chegam a uma percepção subversivamente nova: seu sofrimento e sua morte foram vicários.* A culpa não era *dele*, e sim *nossa* (porque "cada um só seguia seu próprio caminho": Is 53,6a). "A culpa de todos nós" se descarregou sobre Ele (Is 53,6b.8b): "Ele carregou nossa enfermidade; foi traspassado por causa de nossos pecados; por suas feridas fomos curados" (Is 53,4a.5). Sua morte inocente, portanto, não foi em vão, pois dela surgiria vida: "Meu servo tornará justos a muitos" (Is 53,11b), colocará seu próprio povo e até o universo dos povos (cf. Is 52,15) no relacionamento correto com o verdadeiro Deus Ele continuará a viver (Is 52,13; 53,10-12). A ideia de que uma pessoa "carregue os pecados de muitos e intervenha em favor dos rebeldes" (Is 53,12c), "entregue sua vida à morte como sacrifício pela culpa" (Is 53,10a.12b), é uma ideia inaudita, que alhures no AT é diretamente rejeitada (cf. Dt 24,16; Jr 31,30; Ex 32,32s. e o.), permaneceu estranha a Israel e foi de novo recalcada no período subsequente (cf. LXX Is 53; Tg Is 53). Vista em retrospecto a partir da perspectiva neotestamentária, ela dá a impressão de ser uma referência antecipada a um acontecimento pressentido à distância.

O *Trito-Isaías* (por volta de 530 aC) se confronta com a situação desoladora da comunidade pós-exílica: entre os pastores do povo não há direito nem justiça (Is 56,11; 57,1; 59,9), a esperada "luz" dos povos não vem (Is 58,8; 59,10); Sião continua irredento e importuna Javé (Is 60-62). Mas Javé "não é surdo", "sua mão não é curta demais para poder ajudar" (Is 59,1): "Moro com os abatidos", criando salvação (Is 57,15.18s.; cf. 61,1-3; 66,2), cheio de misericórdia como uma mãe a tem para com seu próprio filho (Is 66,13.15), atuante como criador (Is 64,8) e redentor paternal (Is 59,20; 60,16; 63,16). O *Trito-Isaías tem consciência de ser profeta messiânico:* "O Espírito de Javé

D. CRISTOLOGIA

repousa sobre mim, porque Ele me ungiu e enviou para levar uma boa-nova aos pobres, curar os quebrantados de coração, proclamar libertação aos cativos, apregoar um ano de graça de Javé e um dia de vingança de nosso Deus" (Is 61,1s.).

Como que tomados por uma febre escatológica, os profetas *Ageu* (por volta de 520) e *Zacarias* (a partir de 519) propagam a reconstrução do Templo como condição imprescindível para a vinda próxima de Javé e o despontar do tempo da salvação. Sua expectativa messiânica iminente se direciona para uma pessoa concreta de sua época: Zorobabel, um rebento da família real davídica, que a potência persa havia enviado como governador a Jerusalém. Ele, o portador da esperança davídica, o "servo de Javé" e "o renovo" (Ag 2,23; Zc 3,8; 6,12), irá erigir novamente o Templo, para que um culto agradável a Javé possa garantir já no presente a presença benéfica de Javé. Com isso, na época pós-exílica, o *ministério sacerdotal* passa para o primeiro plano como mediador da salvação autônomo e verdadeiro. Por isso Zorobabel é mencionado paralelamente ao sumo sacerdote Josué (Ag 1,1.14; 2,2.4): eles são "os dois filhos da oliva" (Zc 4,1-5.10c.11.13s.), os dois portadores de uma nova unção messiânica (régia e sumo sacerdotal: ponto de partida da posterior espera de dois Messias em Qumran). Ambos aparecem com os mesmos direitos. E mais: em Zc 3,1-7 e sobretudo em Zc 6,11-13, um texto refundido posteriormente, Josué, agora chamado de "sumo sacerdote", cabeça da comunidade cúltica em formação, obtém a primazia sobre o davidida Zorobabel, que, afinal, jamais tornou-se rei e em breve desapareceu na escuridão da história sem deixar vestígios: Josué é coroado no lugar dele, tornando-se assim o único cabeça do povo sem rei e a verdadeira instância mediadora.

Por volta de 400, então, no *Documento Sacerdotal* a dinastia real (e a esperança messiânica escatológica) não tem mais nenhuma importância. *Para ele o ministério sacerdotal é a única instituição sacra que representa Israel diante de Javé e que medeia a salvação de Javé no presente, e o faz através do culto sacrifical restrito à ideia de expiação.* A função de mediação da tradição, outrora desempenhada pelos sacerdotes, é assumida pelo estamento dos escribas em paulatina formação. Em compensação, os sacerdotes levítico-aaronitas assumem no cargo do sumo sacerdote zadoquida o papel de liderança política outrora desempenhado pelo rei. Como antigamente o rei, agora o sumo sacerdote é, por força do rito de unção realizado por ocasião de sua investidura (Lv 21,7s.10.12; Nm 35,25), "o sacerdote Ungido" (Lv 4,3.5.16), mas sem que ainda se falasse do Espírito de Javé. Contudo, também as esperanças depositadas no culto sacerdotal são acremente frustradas na época subsequente, como o cronista o documenta por volta de 300 aC: "Os sacerdotes profanam o Templo" (2Cr 36,14; cf. Esd 10,18-44; Ne 13,7-9.28s.).

Em círculos proféticos a esperança escatológica permanece viva. O desconhecido *Dêutero-Zacarias* (após a expedição vitoriosa de Alexandre em 332) promete o esperado rei do futuro, que – em contraposição a Alexandre e à maioria dos davididas de tempos passados – se apega "humildemente" a Deus, é justo e traz a paz, de modo que por meio dele Deus pode fazer-se presente operando salvação: "Exulta, filha de Sião! Grita de alegria, filha de Jerusalém! Eis que teu rei vem a ti, Ele é justo e Salvador. É humilde e vem montado sobre um jumento (a pacífica montaria de Salomão: 1Rs 1,33.38s.) [...] Eu (Javé) destruirei os carros de guerra, os cavalos de guerra, o arco de guerra. Ele anunciará paz aos povos" (Zc 9,9s.). A tarefa desse rei parece passar inteiramente para o segundo plano em relação à ação de Deus.

Nos textos mais tardios ainda de *(Trito-)Zacarias* 12-14 encontram-se duas passagens enigmáticas, que o NT (Mc 14,27, respectivamente Jo 19,37; Ap 1,7) relaciona com Jesus: "Ferirei o pastor que me é mais próximo, de modo que as ovelhas ficarão dispersas" (Zc 13,7). "Eles (a casa de Davi e Jerusalém) olharão para aquele que traspassaram, lamentá-lo-ão como quem lamenta pelo único filho; naquele dia [...] uma fonte (a de Ez 47) fluirá para purificar o pecado e a impureza" (Zc 12,10 e 13,1). Zacarias 12 diz que Deus, junto com o livramento exterior de Jerusalém, também efetuará a cura interior (cf. Ez 36,26s.) de seus habitantes (→ 2.1.2.6.): em seu comportamento culposo para com um morto "traspassado" – provavelmente conhecido por pessoas iniciadas – sucederia uma reviravolta através do derramamento do Espírito de Deus (vergonha, arrependimento e lamentação por um morto: cf. Ez 36,31s.), e assim Deus poderia purificá-los de pecados (cf. Ez 36,25.29; 47,1-12). Embora seja extremamente improvável que o pastor traspassado e ferido se refira desde o início a um mediador messiânico da salvação, os cristãos puderam encontrar aqui, à semelhança de Is 53, uma referência antecipada estranhamente certeira a um acontecimento futuro.

2.1.3.5. Concentração de esperanças messiânicas no "Messias" ou Filho do Homem como figura escatológica individual

A esperança messiânica em sentido amplo havia se apegado a uma monarquia davídica renovada como instituição, não a uma figura individual única. Ela também pudera se aferrar a um sacerdócio renovado e a um culto no Templo que fosse agradável a Javé ou também a um profetismo messiânico. Com frequência, por causa do fracasso de uma dessas instituições, a esperança passava para outra delas. As esperanças na ação Salvadora de Javé eram grandes demais para que uma instituição mediadora terrena ou um dignitário concreto pudesse cumpri-las. Sempre permanecia um enorme excedente de promessa que nunca era cumprido. Em vista disso, no fim só restavam duas possibilidades: ou abandonar inteiramente a esperança messiânica imodesta, ou dirigi-la, mediante recurso à transcendência, a uma absoluta "reviravolta dos tempos" (3Sib 298) esperada do próprio Deus.

Tal expectativa salvífica escatológica radicalizada foi a resposta do apocalipsismo do judaísmo incipiente à brutal agressão e invasão de elementos culturais e religiosos estrangeiros levadas a efeito por governantes selêucidas helenístico-sírios (a partir de aproximadamente 220 aC). Essa agressão e invasão acarretaram em Jerusalém uma apostasia maciça, que se estendeu até a família do sumo sacerdote, à profanação do

D. CRISTOLOGIA

Templo e à abolição da Torá. A minoria fiel à Torá perguntava (Dn 8,13): "Até quando...?" *A esperança pregressa num cumprimento intra-histórico das promessas de Javé não resistiu mais.* Nenhum Messias-rei terreno podia mais ajudar na confusa história mundial. *Deus mesmo precisava efetuar o juízo e a salvação e colocar um novo início radical:* em breve e sem a intervenção humana (Dn 2,34s.44s.; 3,33; 4,31; 8,25).

Numa grande visão, *Dn 7,1-14* vê quatro bestas horríveis emergirem do mar uma depois da outra (Dn 7,1-8), que em 7,17-28 são interpretadas como os desumanos impérios mundiais dos babilônios, medos, persas e helenos que sucederam um ao outro. Então aparece, numa visão de tronos, um ancião (Deus) para o juízo: o tempo de vida das bestas é limitado, o senhorio lhes é tirado (Dn 7,9-12). Só depois de Deus as haver derrotado surge uma figura humana, imagem do reino ansiado, trazido por Deus e verdadeiramente humano (não mais bestial): "Eu olhava nas visões noturnas, e eis que, com as nuvens do céu, vinha vindo alguém como um (filho do) ser humano, e Ele dirigiu-se ao ancião e foi conduzido à sua presença. E foram-lhe dados poder, e glória, e realeza, e todos os povos o serviam. Seu poder é um poder eterno, que nunca acabará, e seu reino jamais será destruído" (Dn 7,13s.). Na interpretação (coletiva) que se segue, esse reino é dado para sempre aos "santos do Altíssimo" (Dn 7,18.22.27), isto é, aos anjos ou – mais provavelmente – aos justos.

A enigmática figura do "(filho do) ser humano" estimulou a fantasia. Do ponto de vista linguístico, tanto o termo aramaico *bar enash* quanto o hebraico *ben adam* designam (traduzidos literalmente, mas não de acordo com a acepção: filho do ser humano) um indivíduo da espécie humana (um ser humano). Mas quem é esse "como um ser humano", esse "semelhante a um ser humano"? Não ficamos sabendo nada acerca de sua origem e sua essência, e nenhuma noção específica é associada a Ele. Por isso a interpretação é incerta e extremamente controvertida. Basicamente existem duas possibilidades de interpretação: interpretações coletivo-simbólicas (p. ex., uma figura coletiva que simboliza o verdadeiro povo de Israel, como um anjo dos povos) ou individual-pessoais (um indivíduo celestial ou exaltado, cifra para uma figura de mediador ainda desconhecida). Só está claro o seguinte: trata-se de uma figura humana vista visionariamente no céu, um representante (o qual, ele próprio, não é ativo) de Javé no *eschaton*, com especial proximidade para com Ele, instituído por Ele como governante, depois de o próprio Javé ter derrotado antes os poderes inimigos e realizado o juízo. Daniel 7 liga a esfera da transcendência (a sala celestial do trono) de Deus estreitamente com os processos políticos concretos da história terrena e já vê realizar-se no céu como plano de Deus aquilo que – com infalível certeza (cf. Hab 2,3) – acontecerá em breve na terra: o juízo de Deus sobre as potências mundiais terrenas, bem como a entrega definitiva do poder à figura semelhante a um ser humano e ao povo escatológico de Deus por ela corporificado.

Aqui são evocados antigos motivos que, alhures, só se encontram na teologia real davídica. Por isso era plausível que mais tarde se fizesse uma interpretação messiânica da figura semelhante a um ser humano. Ela se torna palpável em refundições dos discursos metafóricos do século I dC (*Enoc Etíope* 46,1-6; 48,6s.): aqui aquela figura semelhante a um ser humano vista originalmente no céu é agora uma figura individual de proveniência terrena (En Et 62,14), que recebe de Deus o papel ativo decisivo no juízo sobre o mundo através do qual o reino escatológico é erigido (En Et 69,26-29 e *passim*). O "(filho do) ser humano" é identificado com o Messias escatológico de Deus ("seu Ungido": En Et 48,10; 52,4; cf. 4Esd 7,28s.).

Os *Salmos de Salomão* (depois de 63 aC), provenientes do judaísmo farisaico-sinagogal, concentram sua expectativa nesse "Ungido do Senhor" (Sl Sal 17,36; 18,6.8), o "filho de Davi" (Sl Sal 17,23), o rei salvífico dos últimos tempos, descendente da linhagem de Davi (cf. também Oração das 18 Preces 14). É dele que se esperam a libertação dos povos estrangeiros impuros, pecadores e opressores, a vitória aniquiladora e o domínio sobre eles (Sl Sal 17,26.39; cf. Sl 2,8s.; 110,5s.), a congregação de um povo de Israel santificado e puro, que ele governará de modo justo, sábio e abençoado (Sl Sal 17,23-51). Nisso consiste "a salvação do Senhor" (Sl Sal 18,7; 17,50). Essa esperança messiânica de forte colorido nacional, que então se expressa, no século I dC, também nos discursos metafóricos, em 4Esd (7,28s.; 12,32-34), no Baruc sírio (29,3 e *passim*) e nos dois Messias de Qumran (1 QS 9,11 e o.), deve ter estado amplamente disseminada entre o povo judeu na época de Jesus.

2.2. História terrena e destino de morte de Jesus de Nazaré

"Jesus" (em hebraico: *Jeshua* = Javé salva) é o nome próprio de Jesus de Nazaré. "Cristo" (o Messias = o Ungido, a saber, de Deus) é um título honorífico judeu-protocristão, que, porém, já no cristianismo helenístico não era mais entendido, de modo que "Jesus Cristo" já naquela época parecia um nome duplo. Que Jesus de Nazaré de fato existiu é algo que hoje em dia não é mais negado por nenhum historiador sério, mesmo não cristão ou ateu.

2.2.1. A atuação de Jesus no contexto de seu povo judeu

2.2.1.1. Enquadramento histórico da atuação de Jesus

A atuação de Jesus pode ser enquadrada com bastante exatidão na cronologia geral: segundo Lc 1,5 e Mt 2, o nascimento de Jesus (e de João Batista) se situa no tempo de governo do rei Herodes († 4 aC). Jesus, portanto, nasceu o mais tardar no ano de 4 aC (o monge Dionísio Exíguo, que em 525 calculou pela primeira vez os anos depois de Cristo, enganou-se um pouco na conta). Conhecemos os nomes dos pais (Míriam e José) e "irmãos" (Mc 6,1-4) de Jesus. Segundo Lc 3,1, João Batista, por quem Jesus foi batizado, começou a atuar no 15º ano do governo do imperador Tibério (1.10.27 a 30.9.28 dC). O próprio Jesus tinha "cerca de 30 anos" (Lc 3,23) quando começou a atuar. Sua atuação pública nas localidades da Galileia ocorreu mais ou menos nos anos de 28-30. Aproximadamente no ano de 30, sob o procurador romano Pôncio Pila-

D. CRISTOLOGIA

tos (26-36 dC), Jesus foi executado na cruz diante das portas de Jerusalém. É controvertido se isso aconteceu na festa da Páscoa (Mc 14,12) ou, antes, na véspera (Jo 18,28; 19,14.31; talmude bSanh 43a), portanto no dia 15 ou 14 de Nisã (mês da primavera). É certo que foi numa sexta-feira (Mc 15,42 e Jo 19,42).

A atuação pública de Jesus aconteceu, portanto, no espaço de tempo limitado de bem poucos anos. E se restringiu essencialmente às partes da Palestina povoadas pelo povo judeu, sobretudo à Galileia. Jesus evitou as cidades helenísticas, p. ex. Séforis, situada a apenas 5 km de sua terra natal, Nazaré, ou Tiberíades, ao sul de Cafarnaum. Só ocasionalmente Ele evitou seus adversários dirigindo-se a regiões não judaicas (Mc 7,24.31; 8,27); justamente nestes casos, contudo, acentua-se a limitação de sua missão a Israel (Mc 7,24-30; Mt 15,24). Entretanto, ao encontrar surpreendentemente fé em indivíduos pagãos, aprende que o povo de Deus vai além do Israel de até então (Mt 8,5-13 par.; cf. Is 2,2-5; 42,6; 49,6).

2.2.1.2. Característica exterior da atuação de Jesus

Jesus é judeu. Ele está arraigado no mundo de Israel e só pode ser entendido apropriadamente a partir do AT e do judaísmo. Ele se insere na história pregressa de Israel com Javé e torna Javé acessível de maneira nova. Jesus tem primordialmente uma missão a cumprir para com Israel.

No entanto, sua atuação não é a de um escriba ou rabino judeu: "Ele ensinava como alguém que tem autoridade, e não como os escribas" (Mc 1,22). Pessoas imparciais têm a impressão de que Ele atua como um profeta (Mc 6,15; 8,27s.), o que não é pouco numa época em que vocações proféticas tornaram-se raras. Mas Ele também parece ser diferente e ser mais do que um profeta (Mt 12,41 par.: "mais do que Jonas"): Ele não fala por incumbência de outrem, como o faz um profeta (com a fórmula profética do mensageiro: "Assim diz Javé..."), mas com autoridade própria (cf. o "amém" anteposto e "Eu, porém, vos digo"); e seu discurso é acompanhado por ações carismáticas (exorcismos, curas de doentes, perdão de pecados). Adversários escribas, todavia, o acusam de expulsar demônios em nome de Belzebu (Mc 3,22; Lc 11,15 par.); seus parentes mais próximos dizem que Ele está fora de si (Mc 3,21); Herodes Antipas, seu príncipe territorial, zomba dele chamando-o de tolo (Lc 23,6-12), seus adversários saduceus o denunciam a Pilatos como subversivo, e este manda executá-lo como pretendente zelote a Messias (Mc 15,1-3.26).

Trata-se, ao que tudo indica, de um ser humano que não se enquadra em nenhum esquema dado de antemão, a quem todas as categorias – tanto antigas quanto modernas – não abarcam. A partir de que deve Ele ser entendido?

2.2.1.3. O relacionamento de Jesus com os grupos de seu povo

Jesus não fazia parte de nenhum dos partidos – que eram numericamente reduzidos, mas determinavam a vida dos judeus – religioso-políticos (saduceus, fariseus, ze-

2. Fundamentos bíblicos

lotes, essênios de Qumran) e de nenhum círculo esotérico (apocalíptico, p. ex.). Ele optou pela vida fora dos partidos, mas dentro da sociedade judaica assolada por crises e movida por grandes esperanças, para poder abordar a todos de igual maneira. Ainda assim, certas posturas lhe eram mais próximas, ao passo que se distanciava de outras.

Jesus se distanciou dos supremos *detentores do poder* religioso e político, que não criavam um clima de confiança, liberdade e espera de Deus e que poderiam ter corrompido sua missão. Todos eles – seu príncipe territorial na Galileia, o procurador romano, os sumos sacerdotes saduceus e os saduceus de modo geral (que constituíam o partido politicamente mais influente, formado pela aristocracia fundiária e sacerdotal de tendência liberal-conservadora, orientavam-se pelo Templo e a Torá de Moisés e haviam chegado a um acordo com Roma) – só chegaram a vê-lo no final, na qualidade de réu.

Em contrapartida, Jesus estabeleceu múltiplas relações com o *povo simples,* em grande parte explorado e empobrecido. Sua solidariedade, que Ele jamais retirou, destinava-se sobretudo aos últimos e marginalizados; jamais tentou se livrar da imagem escandalosa de "amigo dos publicanos e pecadores" (Mt 11,19 par.). Uma revolução que ficou despercebida durante muito tempo reside em sua relação com as *mulheres:* Ele rompeu com o androcentrismo da Antiguidade, suspendeu as discriminações que pesavam sobre a existência das mulheres e acolheu mulheres entre seus seguidores, um fato que já desconcertou autores do cristianismo incipiente (só depois da fuga dos discípulos Mc 15,40s. se vê obrigado a indicar que também mulheres haviam seguido Jesus).

Jesus não foi um revolucionário e pretendente a Messias *zelote.* É verdade que Ele deve ter conhecido os zelotes (um movimento religioso e militante de insurreição contra o domínio dos romanos e seus colaboradores judeus, surgido em 6 dC nas proximidades de Nazaré) desde sua juventude, visto que se criou no âmbito de suas ações. De modo semelhante a eles, Jesus defendia os explorados e criticava os poderosos. E também pelo menos um de seus discípulos era um ex-zelote (Lc 6,15; At 1,13; cf. também Mc 10,35-37 par.; 14,47 par.; Lc 9,52-55). Porém divergia deles em pontos essenciais: ao fanatismo militante e à violência dos zelotes Jesus contrapôs a avaliação sóbria da situação (Lc 14,25-33; Mc 12,13-17 par.), renúncia à violência e amor ao inimigo (Mt 5,38-45 par.).

Jesus também não foi um pregador *apocalíptico.* Por certo, em sua época a Galileia e a Judeia eram agitadas por tendências básicas de caráter apocalíptico e por um entusiasmo por Daniel; textos de visionários apocalípticos exercem uma enorme influência. Como que ao natural, imagens e motivos (mas não especificamente apocalípticos) do Livro de Daniel também se introduzem na pregação de Jesus. Entretanto, já no estilo linguístico (parábolas compreensíveis para todos ao invés de obscuras alegorias esotéricas), e mais ainda no conteúdo, a pregação de Jesus se distingue do apocalipsismo: ela não contém a revelação de roteiros secretos de Deus a poucos sábios e especialistas (como em Dn 1,17; 2,21; 11,32-35; 12,3s.10), mas a autorrevelação de Deus justamente às pessoas carentes de conhecimento numa constante relação de confian-

D. CRISTOLOGIA

ça com Deus (Mt 11,25s. par.; Lc 11,1-4 par.); não a observação de presságios estranhos para calcular a data dos últimos tempos (como, p. ex., em Dn 8,13-17; 9,24-27; 12,7-12), mas o surgimento do senhorio de Deus subtraído à intervenção humana num tempo que só Deus conhece (Lc 17,20s.; Mc 13,32 par.; cf. At 1,7).

Jesus também não provinha da *comunidade* monástica *de Qumran.* Essa comunidade especial, radicalmente apartada do restante do judaísmo ("pervertido"), de caráter sacerdotal-apocalíptico (conversão mediante ingresso na seita, exclusão de pessoas aleijadas, abluções rituais, ideias de vingança, expectativa do juízo final iminente), não tem qualquer importância para a atuação de Jesus – abstraindo-se de contatos avulsos (crítica da riqueza, do juramento e da perversão do Templo) e de observações críticas de Jesus (p. ex., contra a hierarquia de 1 QS II,23; VI,8). Deve-se distinguir da comunidade de Qumran o *movimento dos essênios,* que era mais extenso e em parte mais aberto. É de se supor que Jesus também tenha mantido contato com círculos essênios do país, quando surgia a oportunidade e eles mostravam abertura. Alguns essênios – também sacerdotes essênios em posições de liderança (cf. At 6,7) – aderiram mais tarde a Jesus como o Messias por eles esperado e tornaram-se cristãos.

Os *fariseus,* por fim, eram um movimento leigo conduzido por artesãos e agricultores, animado pela séria ideia de moldar todas as esferas da vida em conformidade com a vontade de Deus; por isso cultivavam a interpretação oral da Torá de modo minucioso e casuístico e a encaravam como compromissiva; como grupo minoritário tinham uma influência limitada no Sinédrio, mas eram muito conceituados entre a massa do povo, a quem queriam conquistar para uma vida apartada do mundo impuro. Nos Evangelhos eles aparecem como os adversários de Jesus por excelência; contudo, em muitas passagens eles só foram inseridos mais tarde, porque depois do ano de 1970 as comunidades cristãs se defrontavam com o judaísmo farisaico-rabínico como adversário. Não obstante, os fariseus eram os mais importantes interlocutores críticos de Jesus. Ele tinha amigos entre eles (cf. Lc 11,37; 14,1-6; 19,31-33; Mc 15,42-47 par.). Jesus levava os fariseus a sério e eles a Jesus, porque ambos levavam a sério a vontade de Deus. Mas porque Ele divergia fundamentalmente da concepção de lei dos fariseus, entrou em conflito com eles e seus escribas (p. ex., Mc 7,11-13.15 par.; Lc 11,42 par.).

*Jesus, portanto, não provém de nenhum grupo ou tendência determinada do judaísmo. Ele as conhece, envolve-se com seus questionamentos, mas não se deixa dominar por nenhuma dela*s. *Ele não é nem um homem da ordem nem um revolucionário político; com grande liberdade passa por cima dos esquemas. O único partidarismo que Ele pratica de modo muito engajado é sua defesa das pessoas desprezadas, débeis, sem oportunidades e pecadoras. De resto, Ele se dirige ao povo todo e o chama à conversão (também os piedosos).*

2.2.1.4. O relacionamento de Jesus com as tradições de Israel

Jesus tomou conhecimento da Torá, dos profetas e do saltério sobretudo através das leituras e orações hebraicas do culto sinagogal. Entretanto, Ele não interpreta a Escritura como um rabino (em geral também não a cita), mas retoma ecleticamente imagens, expressões, frases e ideias do AT. Ele não explica a Escritura, mas a vive e cumpre.

Para Jesus a Torá de modo algum perdeu sua validade; Ele não a despreza, mas procura levá-la a sério em suas intenções originárias. No caso de perversões desumanas da lei, Ele retrocede a um ponto anterior aos mandamentos da Torá até chegar à vontade criadora originária de Deus em Gn 1-2 (cf. Mc 2,27; 7,9-15; Mc 10,1-9; Mt 5,44s. par.). O recurso à ordem criacional de Deus rompe os muros de separação erigidos por seres humanos. Jesus se recusa a jogar a letra da Torá contra a imediatez de Deus e do próximo. A boa e santa vontade de Deus sempre visa a salvação dos seres humanos.

Além de Gn 1-2, Jesus recorreu sobretudo a partes do saltério, de livros de profetas e principalmente ao livro de Isaías. Ele parece ter vivido de maneira especial com muitos textos de Isaías (Is 2,2-5; 25,6-8; 29,18s.; 35,3-6; 43,1-4.22-25; 44,22s.; 49,13.24s.; 52,7-10; 52,13-53,12; 55; 58,6-10; 59,21; 61,1-3). Aqui estão prefigurados, ainda que não com clareza transparente, os grandes temas da pregação de Jesus (senhorio de Deus, mensagem de alegria para os pobres, subtração do poder do forte, perdão dos pecados por pura graça e, antes de toda a penitência, a alegria dos últimos tempos). A maneira como Jesus lida com o Livro de Isaías é inteiramente autônoma: Ele seleciona com espírito crítico, retoma a mensagem de salvação, e só a ela (p. ex., não a ideia de vingança de Is 61,1s.: Lc 4,18s.), coloca no centro coisas que até então estavam na periferia, radicaliza certas afirmações, concentra-as em seu núcleo, as contrapõe a tradições judaicas, muitas vezes até fundamentadas a partir do AT (p. ex., Mc 2,17; 10,27; Mt 5,39; 11,25s.). Esse procedimento só está aberto para quem se entende a si mesmo como o enviado escatológico de Deus e portador da salvação (com Is 61,1s.).

Assim o judeu Jesus retoma – a partir de um centro a ser ainda esclarecido e com liberdade soberana – ecleticamente determinados conteúdos do entrançado de tradições veterotestamentárias e desenvolve – em parte apoiando-se nelas, em parte contrapondo-se a elas – sua própria mensagem do Deus de Israel com sua característica inconfundível.

2.2.1.5. O relacionamento de Jesus com João Batista

Esse eremita ascético e pregador de penitência no deserto é a única figura no judaísmo de então a que Jesus se reporta expressamente. Jesus deixou que João o arrancasse de sua família e profissão e o batizasse no Jordão (um dado escandaloso para o cristianismo primitivo), devendo, portanto, ter ficado profundamente impressionado com a pregação dele, antes de Ele mesmo começar a atuar publicamente, e a fazê-lo entre as pessoas humildes – em clara contraposição ao Batista e com uma pretensão em termos de missão que ia além daquela de João.

A pregação do Batista tem um único tema, o anúncio do iminente juízo de ira de Deus: "O machado já está posto à raiz das árvores" (Mt 3,10 par.). Não resta mais tem-

D. CRISTOLOGIA

po (para atividades cúlticas, legais, políticas), o juízo vai começar logo (expectativa extremamente iminente do fim catastrófico). Ninguém escapará dele, nem mesmo o piedoso. Pois o Israel inteiro é pecador, todo privilégio salvífico caducou (Mt 3,9s. par.). Só existe uma última oportunidade de escapar ao juízo inexorável: receber o único "batismo de conversão para a remissão dos pecados" (Mc 1,4 par.) e produzir "frutos" a ele correspondentes (Mt 3,8 par.). João não funda uma comunidade especial, como Qumran; ele chama todo o Israel – a cada um individualmente – para a conversão total em vista "daquele que vem" (de Deus? do Filho do Homem?) para o juízo e a quem ele aguarda (Mc 1,7 par.; Mt 11,3 par.).

Para Jesus o Batista é "mais do que um profeta": o maior dos seres humanos até agora (Mt 11,9.11 par.); ele representa conclusivamente o chamado à penitência do profetismo veterotestamentário. Mas Jesus (para quem igualmente todos são pecadores: Lc 13,1-5) vê com clareza o limite dele: *o chamado profético à conversão (como condição para se obter a salvação) fracassa por causa do status de perdição do ser humano* (cf. Mt 11,7s.16-18 par.). *Por isso "o menor no senhorio de Deus que agora está por chegar é maior" do que João (Mt 11,11b par.) e do que todas as pessoas até agora.* Com isso Jesus estabelece uma nítida cesura entre o Batista (juntamente com tudo o que veio antes, inclusive os profetas e a Torá: Mt 11,13 par.) e o senhorio de Deus por Ele mesmo apregoado ou todos os que se envolvem com esse senhorio (Lc 10,23s. par.). Impõe-se a pergunta: quem é (ou como quem se entende) este que compreende sua própria vinda como sinal do despontar do senhorio escatológico de Deus e que tanto distingue o novo que com Ele desponta de tudo o que veio antes?

2.2.2. O senhorio de Deus: o tema central da atuação de Jesus

Não é o juízo iminente (como no caso de João Batista), e sim o "senhorio de Deus" que está próximo salvificamente que constitui o tema central de toda a atuação de Jesus. Marcos 1,15 resume da seguinte maneira a pregação de Jesus: "O tempo está cumprido, o senhorio de Deus está próximo; convertei-vos e crede na mensagem de alegria".

2.2.2.1. O conceito e sua pré-história

Por trás da expressão grega βασιλεια του θεου, encontra-se o termo hebraico *malkut Yahweh* (ou, em aramaico: *malkuta dyhwh*), uma forma abstrata, que aparece pela primeira vez por volta de 165 aC, construída a partir da fórmula confessional veterotestamentária "Javé (se tornou) rei/ Senhor" (p. ex., Sl 93,1; Is 52,7). Trata-se de um termo dinâmico, que designa uma atividade e ação do próprio Deus: o tornar-se ou ser rei ou senhor de Deus, que (em contraposição a todos os demais senhorios) realizará o ideal régio – longamente ansiado, mas nunca cumprido – da justiça e paz. Neste sentido deve-se dar preferência à tradução "senhorio de Deus" (todavia, sem conotação autoritária e repressiva; o ser senhor de Deus é justamente crítico em relação ao senhorio, e é libertador: Lv 25,17.35-43.46b-55). A tradução igualmente usual "Reino

2. Fundamentos bíblicos

de Deus" é justificada na medida em que o tornar-se senhor escatológico de Deus cria uma esfera de justiça e paz. O Evangelho de Mateus geralmente fala de "senhorio/Reino dos Céus". Com isso ele designa – visto que "céu" é uma respeitosa circunscrição judaica do nome de Deus – a mesma coisa em termos de conteúdo (portanto, não um reino dos céus acima do firmamento, mas o senhorio daquele que está no céu ou é o céu).

A confissão do ser-Senhor de Deus já se encontra no Israel pré-exílico: 1) "Javé é rei" num sentido *duradouro*, que abarca todos os tempos (p. ex., Ex 15,18). 2) "Javé é (tornou-se) rei", a saber, no fato de que Israel o reconhece e vivencia como Senhor *no culto* (p. ex., Sl 93,1). 3) Desde a época do exílio, então, a convicção de que Deus já é o único Senhor e auxiliador de sua criação *de iure*, mas *de facto* não é reconhecido como tal em toda parte, associa-se à esperança *escatológica* de um tornar-se-Senhor de Deus de caráter definitivo, superador de toda a aflição, em toda a terra (Is 45,5s.21-24; 52,7-10). Essa expectativa, que se estende ao universo dos povos, e até do cosmo e, por fim, inclusive do mundo dos mortos, permaneceu viva no profetismo pós-exílico (Mq 2,12s.; 4,6-8; Sf 3,14s.; Is 24,23 e 25,6-8; Zc 14,6-11.16s.; Ml 1,11.14).

Na aporia da perseguição religiosa selêucida-helenística o apocalipsismo compreende a efetivação do "senhorio régio" de Deus (este termo aparece pela primeira vez por volta de 165 dC em Dn 2,44s.; 7,13s.; mais tarde ainda em Sib 3,46s.767s.; Ass Mois 10,1s.) como suspensão da história pregressa de desgraça, instituição de uma nova época e entrega do senhorio ao Israel escatológico. De modo geral, a esperança no Reino de Deus adquire traços acentuadamente nacional-políticos: libertação do domínio estrangeiro, salvação e senhorio de seu povo na terra (Sl Sal 5,18s.; Sb 3,8; Tg Zc 14,9; Tg Ab 21, oração de Musafe), juízo sobre os pecadores e vingança contra os pagãos (p. ex., Sl Sal 17,23-31; 1 QM 6,6; En Et 47,7-10). Para ajudar a fazer acontecer os dias do Messias, os *fariseus* tomam sobre si o jugo da observância rigorosa da Torá. Os *zelotes*, que surgiram da ala radical dos fariseus, entendem o primeiro mandamento (Ex 20,2s./Dt 5,6s.) como incumbência para a resistência armada contra a potência antidivina de ocupação e depositam sua esperança na intervenção de Javé. Provavelmente já naquela época a oração final do culto sinagogal começava com as preces: "Que seu grande nome seja exaltado e santificado no mundo. [...] Que ele faça surgir seu senhorio régio em vida da casa de Israel sem tardança."

No judaísmo da época de Jesus estava efetivamente disseminada a esperança de que Deus em breve se evidenciaria como único soberano. Só raramente, porém, aparece nesses nexos escatológicos o termo formal "senhorio de Deus": ele de modo algum é um conceito-chave ou um conceito fundamental.

Jesus, entretanto, coloca decididamente no centro o conceito de senhorio (escatológico) de Deus, que era compreensível para seu povo, mas um tanto negligenciado, e não era problemático (Ele não utiliza a expressão corrente "mundo vindouro"). Ao escasso emprego da expressão " senhorio de Deus" em toda a literatura do judaísmo incipiente se contrapõe sua utilização em mais de 80 passagens da tradição sobre Jesus dos sinóticos; no restante dos escritos neotestamentários ele passa novamente ao segundo plano. *O senhorio de Deus – e geralmente em sentido escatológico – constitui o centro e, a rigor, o único tema da atuação de Jesus, ao qual Ele subordina todo o resto.* O próprio Jesus "busca em primeiro lugar o senhorio de Deus" (Lc 12,31/Mt 6,33). Mas o que significa isso para Ele?

D. CRISTOLOGIA

2.2.2.2. O senhorio de Deus que está próximo e já desponta

O senhorio de Deus é, também para Jesus, uma grandeza escatológica *futura:* ele ainda não chegou (Mt 8,11 par.; Mc 14,25 par.), deve-se pedir por sua vinda (Lc 11,2 par.: "venha o teu reino"). Jesus não dissimula ilusoriamente a realidade irredenta, mas se atém ao futuro temporal do senhorio de Deus.

Ainda assim, o senhorio de Deus não vem apenas num futuro distante ou próximo. Antes, a senha de Jesus (sem qualquer paralelo no judaísmo) é: "o senhorio de Deus está próximo" (Mc 1,15; Lc 10,9/Mt 10,7s.). Este anúncio não tem apenas o sentido de uma proximidade temporal (vinda em breve), o que é evidenciado pelas afirmações de Jesus que falam da irrupção já *presente* do senhorio escatológico de Deus: "Se eu expulso os demônios pelo dedo de Deus, então o senhorio de Deus já chegou até vós" (Lc 11,20/Mt 12,28; cf. Lc 20,23 par.; Mt 11,5 par.; Mc 2,19 par.; e em sentido negativo, Lc 10,18; Mc 3,27 par.). Segundo a compreensão judaica, expulsões de demônios e curas de doentes fazem parte do início do tempo salvífico futuro (cf. Is 35,5s.; 29,18s.; 26,29; 61,1s.). Essa salvação futura penetra já agora – é isto que Jesus assevera – no presente por meio de seu agir. Isso não havia sido anunciado por nenhum dos mensageiros anteriores de Deus.

Deus está decidido a salvar e vem, Ele mesmo, não para o juízo sobre os pecadores (como em Is 66,15-17 ou na pregação de João Batista), mas para romper o poder do mal. E Jesus se entende como o instrumento dessa ação divina na terra (cf. Lc 11,20 par.; Mc 3,22-27 par.). Por isso Ele proclama que Deus começou a exercer seu senhorio e cura doentes, não para os preparar para seu fim que virá em breve (Ele não anunciou o fim do mundo que chegaria em breve), mas para sanar a criação desfigurada e oprimida. E exatamente para isso Ele também envia seus discípulos (Mc 3,14 par.; Mt 10,1.7 par.). A perspectiva escatológica não substitui a perspectiva da teologia da criação, mas a põe novamente a descoberto e a coloca em vigor: *a vinda e o tornar-se-Senhor escatológicos de Deus não significam o colapso apocalíptico-catastrófico deste mundo, e sim sua restauração e consumação como criação, isto é, como espaço do governo solícito e da proximidade de Deus* (cf. Mt 6,25-34 par.; 5,45 par.).

Jesus experimenta – na oração e no encontro com outras pessoas – a chegada atual da proximidade de Deus, por isso sua expectativa interior é consequentemente "expectativa iminente", expectativa iminente profeticamente intensificada da irrupção final, súbita e não calculável do senhorio pleno de Deus (Mc 13,32 par.; Lc 17,20s.; as palavras a respeito do prazo em Mc 9,1; 13,30; Mt 10,23 provêm de comunidades cristãs primitivas). *O senhorio de Deus é pura iniciativa divina, vinda, solicitude e proximidade do próprio Deus.* Não se pode fazê-lo chegar por meio de atividades humanas (cumprimento da Torá, emprego de violência etc.); só se pode "acolhê-lo como uma criança" enquanto puro presente gracioso (Mc 10,15 par.; Lc 15,11-32; Mt 20,1-15), para se deixar libertar e comprometer por Ele.

2.2.2.3. O senhorio de Deus que desponta como solicitude incondicional de Deus para com as pessoas perdidas

A convicção de que Javé é "um Deus de perdão" (Ne 9,17) faz parte das convicções fundamentais do judaísmo (Ex 34,6s.; Is 55,7; Sl 103,3.8-13 e o.). Deus não quer a morte do pecador, e sim que ele se converta e viva (Ez 18,23; 33,11-16). E pelo menos de acordo com a tradição de Isaías, além de Israel também os povos terão parte na salvação escatológica (Is 25,6-8; 42,6; 49,6; 2,2-5).

De acordo com a interpretação moldada pela doutrina da retribuição, entretanto, Deus vai preparar a ceia eterna da salvação de Is 25,6-8 somente para os "justos e eleitos", não para os "pecadores e injustos" em Israel (En Et 62,13-16; cf. Is 65,9-15; Dn 12,1-3; Sl Sal 13,5-10; 4Esd 9,19); e os pagãos, mais ainda, são excluídos da salvação (Sl Sal 17,23-31; 1 QM 1; Ass Moi 10,1-7).

Jesus vê Deus de outra maneira: Ele ignora completamente a noção de vingança contra os pagãos. E rejeita uma divisão das pessoas em justas e pecadoras, porque todas, sem exceção, são pecadoras e, em si, perdidas (Lc 13,1-5; cf. 10,13-15 par.; 11,29-32 par.). Mas como, então, a salvação ainda será possível? João Batista pregava a conversão como *possibilidade* de escapar da sujeição ao juízo. Jesus, pelo contrário, ousa anunciar a nova *realidade*, estatuída por Deus mesmo, da salvação sem pressupostos e limites, que, coerentemente, também está aberta para os pagãos (Mt 8,11/Lc 13,28s.). Deus faz "nascer seu sol sobre justos e injustos" (Mt 5,45 par.); e o senhorio de sua bondade que agora se aproxima (Mc 10,18 par.; Mt 7,9-11 par.) destina-se irrestritamente a todas as pessoas, em primeiro lugar às miseráveis e de fraco desempenho (p. ex., Lc 6,20s. par.; 15; Mt 20,1-15). *O perdão precede a conversão e é ele que a torna possível. A salvação é pura graça: só porque não tem pressupostos é que ela pode ser universal.*

Essa mensagem radical de salvação está ligada à experiência de Deus específica de Jesus: Jesus deve ter experimentado em si mesmo, como indicam o fato de se dirigir a Deus como *Abba* e sua mensagem a respeito dele, a proximidade dessa bondade de Deus, e como destinada não só a *Ele*, mas como a solicitude incondicionalmente misericordiosa de Deus para com *todas* as pessoas. Por isso Ele proclama e realiza essa proximidade de Deus através de sua própria existência para os outros (p. ex., Lc 6,20s. par.; Mt 11,5 par.; 25,31-45). Ele representa a solicitude perdoante de Deus para com todos os perdidos: em primeiro lugar para com os pecadores notórios, com os quais – para escândalo de muitos piedosos – celebra a comunhão de mesa como antecipação da alegria do senhorio pleno de Deus (Mc 2,15-17 par.; Mt 11,19 par.; cf. Lc 7,36-50; 15,1s.; 19,1-10); mas também para com os supostos justos, que Ele – revelando a culpa recalcada deles – chama à conversão (Lc 13,1-5; 15,11-32; 18,9-14; Mt 20,1-15). Tal generosidade de Deus tinha de ser escandalosa para muitos piedosos que faziam o perdão e a salvação dependerem do desempenho precedente (conversão, cumprimento dos mandamentos), pois ela parecia minar o objetivo da santificação do povo.

D. CRISTOLOGIA

Para todas as pessoas, porém, que se abrem à promessa de Jesus, o senhorio de Deus que está próximo evidencia-se como grandeza inequivocamente salvífica (soteriológica): como oferta de viver a partir do fato de se ser aceito de modo incondicional (independentemente de culpa e desempenho), liberto do arraigado medo em relação a si mesmo, liberto para a autoaceitação e a aceitação do outro para além de toda a separação e inimizade (Lc 11,4 par.; Mt 18,23-33; Mc 12,31 par.; Mt 5,38-48 par.).

2.2.2.4. As ações curativas de Jesus como sinal e início do senhorio de Deus

Em Jesus a palavra e a ação não se cindem, mas correspondem-se mutuamente. As ações de Jesus, porém, mostram que o senhorio da bondade de Deus que está despontando diz respeito, para além da interioridade, também à corporalidade e sociabilidade das pessoas. Isto se torna particularmente visível nas curas de doentes realizadas por Jesus, em sua escandalosa amizade com pecadores notórios, em seu círculo de discípulos, que reúne reconciliadoramente até mesmo inimigos mortais: publicano e zelote (Mc 2,14 par.; Lc 6,15 par.). Assim, em torno de Jesus as novas formas de comportamento das quais Ele fala (p. ex., Mt 5–7 par.) já se tornam possíveis e reais, uma convivência reconciliada, livre de violência e de medo é realizada de maneira incipiente. Jesus também envia seus discípulos para falar *e* agir, a saber, com a tarefa de anunciar o senhorio de Deus que se aproximou *e* para curar doentes (Mt 10,1.7s. par.; Mc 3,14s.; 6,7).

As ações curativas de Jesus são comumente chamadas de "milagres", embora os Evangelhos em parte alguma empreguem o termo "milagre" (em grego: *thauma;* em latim: *miraculum;* ou em grego: *teras;* em latim: *prodigium*) para designar as ações curativas de Jesus; eles falam, antes, sempre de "ações de poder" (em grego: *dynameis*) ou, no caso do Evangelho de João, de "sinais" (em grego: *semeia*), de ações nas quais o poder e a força de Deus atuam de modo curativo.

Nos Evangelhos as "narrativas de milagres" ocupam um amplo espaço. A análise histórico-crítica mostra, contudo, que no processo de transmissão ocorreu um incremento: através de intensificação (em Marcos a filha de Jairo está moribunda; em Mateus ela já está morta), ampliação narrativa de motivos de promessas veterotestamentárias (p. ex., Ex 16/Nm 11; 1Rs 17/2Rs 4 em Mc 6,32-44), raramente também transferindo motivos helenísticos a Jesus (Mc 5,1-20 par.; Mt 17,24-27), mas sobretudo introduzindo experiências feitas com o Cristo exaltado na vida terrena de Jesus (narrativas de epifania: a transfiguração, o andar sobre as ondas, o acalmar da tempestade, os milagres de alimentação, a pesca milagrosa). Tal ampliação querigmática expressa verdades teológicas sobre o significado salvífico da pessoa e mensagem de Jesus. Se nos voltarmos, mediante a crítica da tradição, para um ponto situado atrás delas, encontraremos uma base historicamente assegurada de ações curativas de Jesus. Também historiadores críticos não duvidam que Ele tenha pelo menos curado doentes e expulsado demônios (muitas doenças eram entendidas como possessão). Seus argumentos são, entre outros: também os adversários de Jesus não negam que Ele expulse demônios,

2. Fundamentos bíblicos

mas interpretam isso de uma maneira diferente (Mc 3,22 par.; Mt 9,34: Ele estaria aliado a belzebu) do que o próprio Jesus (Lc 11,20 par.); alguns relatos se evidenciam, por não revelarem tendenciosidade (Mc 1,29-31) e por suas importantes informações detalhadas (nomes de lugares e pessoas, termos aramaicos etc.: Mc 5,35-42; 10,46s.; Mt 11,20-22 par.), como originais. Portanto, Jesus – pelo visto diferentemente de João Batista – realizou curas que provocaram a admiração de seus contemporâneos.

Num primeiro momento, entretanto, essas ações poderosas de Jesus são ambíguas, podendo, por isso, ser interpretadas erroneamente. Seu sentido teológico só se descortina por meio do contexto da atuação de Jesus, no qual se situam, e por meio de sua palavra interpretativa. Jesus reivindica que com as curas e expulsões de demônios por Ele realizadas "o senhorio de Deus já chegou até vós" (Lc 11,20 par.). *Portanto, as ações poderosas de Jesus são mais do que "sinais preliminares" do senhorio futuro de Deus; elas próprias já fazem parte de seu acontecer dinâmico no presente.* Jesus avaliou suas ações como acontecimento escatológico de cumprimento (Mt 11,4s. par.; Lc 10,23s. par.), como resplandecência em forma de sinal e irrupção incipiente da salvação definitiva. Quando a mensagem da proximidade de Deus é apreendida com plena confiança, essa salvação já pode efetivar-se de modo precursor.

Contudo, Jesus cura pessoas individualmente, e mesmo a estas só de modo passageiro. Medidas pelo sofrimento que ainda resta e pela salvação que ainda está por vir, suas ações são apenas realizações de pouca monta. E Ele se defende das respectivas objeções críticas e dúvidas (Mt 11,6 par.) contando parábolas de contraste acerca do grão de mostarda, do fermento e do semeador (Mc 4,30-32 par.; Lc 13,18s.20 par.; Mc 4,26-29 par.): remete ao início discreto e pequeno, mas tão significativo, que pessoas creem e seguem (portanto, não em termos apocalípticos a uma reviravolta total). A discrepância entre o início humilde e o excedente de promessa não cumprida não é bagatelizada, mas caracterizada de maneira incisiva. Porém, os ouvintes são colocados ante o novo mundo de Deus já erigido em forma de sinal e de modo fragmentário através da ação e do discurso parabólico de Jesus e convidados a participar dele.

2.2.3. A pretensão de autoridade de Jesus e seu relacionamento singular com Deus

2.2.3.1. A pretensão missionária de Jesus como mensageiro definitivo e portador da salvação: sua cristologia implícita

A atuação de Jesus tem um direcionamento radicalmente teocêntrico: "Santificado seja *teu* nome, venha *teu* reino" (Lc 11,2 par.; cf. Mc 10,18 par.). Ele proclamou unicamente o senhorio já nascente da bondade irrestrita de Deus, a solicitude definitiva e proximidade salvadora de Deus para com todas as pessoas, e não a si mesmo. Ele próprio se colocou inteiramente a serviço desse senhorio de Deus, ficou – esquecido de si mesmo – de todo atrás da vinda de Deus e foi inteiramente absorvido por sua missão de tornar a bondade de Deus presente para as outras pessoas.

D. CRISTOLOGIA

Ainda assim, o comportamento e a proclamação de Jesus contêm uma enorme pretensão missionária. Alguns exemplos: Ele cura doentes "endemoninhados" "pelo dedo de Deus" (Lc 11,20); com isso coloca sua atuação no mesmo nível dos milagres da criação (Sl 8,4), do êxodo (Ex 8,19) e do Sinai, das tábuas da lei escritas com o dedo de Deus (Ex 31,18; Dt 9,10), milagres esses que recebem uma qualificação análoga. Ele diz ter vindo (de Deus) "para chamar pecadores, não justos" (Mc 2,17; cf. Lc 19,10), e celebra a comunhão de mesa com eles por incumbência de Deus; com isso promete a eles, que, afinal, ameaçam a ordem salvífica, o perdão incondicional de Deus (Mc 2,5 par.). Não só manifesta uma inaudita liberdade no trato com a interpretação da Torá (restrições relativas à pureza e ao sábado), mas também anula a própria Torá onde ela faz concessões desumanas (pelo menos em Mc 10,11 par.; cf. as antíteses: "Ouvistes que foi dito aos antigos – eu, porém, vos digo"); com isso Ele reivindica conhecer a vontade de Deus melhor do que Moisés; pretende, portanto, ser o revelador definitivo de Deus. De maneira incondicional – como Deus aos profetas – chama alguns discípulos para segui-lo pessoalmente, e, não obstante, entre seus discípulos Ele próprio é o servidor e servo de todos (Mc 10,43 par.). Afirma que a vinda Salvadora de Deus estaria se realizando já agora em sua atuação (Lc 11,20 par.; 10,23 par. e o.) e por isso as pessoas que Ele interpela deveriam se decidir concretamente, a partir dele, a favor ou contra Deus, para sua salvação ou desgraça (Lc 12,8s. par.; Mc 8,38 par.). Quem afirma algo assim está "fora de si" (Mc 3,21) ou então se encontra de fato numa ligação incomum com Deus.

Segundo o historiador judeu David Flusser, Jesus é "o único judeu da Antiguidade que conhecemos" a anunciar "que o novo tempo da salvação já começou" (FLUSSER, D. *Jesus*, 87), o único que reivindica realizar (Mt 11,5s. par.; Lc 10,23s. par.; cf. Lc 4,16-21) o cumprimento prometido para o fim dos tempos (p. ex., Is 29,18s.; 35,5s.; 61,1s.). Ele expressa a pretensão de que o senhorio salvífico futuro de Deus já acontece antecipadamente em sua atuação; portanto, liga o início do senhorio do amor de Deus à sua própria atuação. *Ele ousa agir no lugar de Deus; e faz isso como se fosse evidente que Ele tenha condições e a permissão de fazê-lo.*

Jesus deve ter estado consciente da relevância "cristológica" de seu agir. Ele deve – olhando Is 52,7-10 e 61,1s. em conjunto – ter se entendido como o enviado escatológico de Deus e portador do senhorio de Deus (cf. as palavras sobre o envio ou a missão em Mc 1,38/Lc 4,43; Mc 2,17; 10,45; Lc 12,49; 19,10; Mt 15,24). Tal autocompreensão de Jesus corresponde inteiramente ao fato, já destacado acima, de que o senhorio de Deus como acontecimento já presente é trazido por Jesus, seu proclamador e representante. A causa e a pessoa de Jesus estão inseparavelmente ligadas uma à outra: a realização do senhorio da bondade de Deus que perdoa e salva está vinculada à pessoa e atuação de Jesus. Ele próprio cabe essencialmente dentro do acontecimento da solicitude de Deus para com os perdidos. Por isso, em conexão com seu tema radicalmente teocêntrico, o senhorio de Deus, Jesus tinha de tematizar de modo indireto e implícito também a si mesmo: *de maneira não expressa, porém inconfundível, Jesus reivindicou para si a função do revelador e portador escatológico da salvação.* Por-

tanto, neste sentido não específico, porém radical, Ele levantou (segundo a opinião da maioria dos exegetas) uma pretensão "messiânica".

2.2.3.2. Cristologia explícita, expressa em títulos, na boca de Jesus?

Em comparação com essa cristologia implícita constatável no Jesus terreno, a pergunta se Jesus também indicou sua pretensão missionária utilizando um título já disponível para referir-se ao portador da salvação, como "Messias", "Filho de Deus" etc. (cristologia explícita, expressa em títulos) é de importância relativamente secundária para fundamentar uma cristologia em Jesus mesmo. Ocorre que é preciso dar-se conta de que a pretensão peculiar de Jesus não coincidia com nenhuma das concepções de mediador da salvação do judaísmo da época; antes, rompia todas elas. *Assim, Jesus era extremamente reticente em relação aos predicados messiânicos tradicionais (títulos "cristológicos"). Eles eram insuficientes e já teriam exposto sua atuação a mal-entendidos (p. ex., político-nacionais) desnecessários*. Além disso, ao invés de dirigir a atenção de seus ouvintes para a causa central do senhorio da bondade de Deus que estava chegando, teriam-na fixado excessivamente na pessoa que a representava e induzido a considerá-la de modo isolado.

Concretamente, o quadro é o seguinte: mesmo que a opinião popular tenha comparado Jesus a um "profeta" (cf. Mc 6,14-16 par.; 8,28 par.), Ele próprio não se designa como tal (para Ele, já João Batista é "mais do que um profeta": Mt 11,9 par.); remete à sua atuação, da qual se pode depreender: "Aqui tendes mais do que Jonas" (Lc 11,32 par.; cf. 10,23s. par.). Contrariando a expectativa atual, nos Evangelhos também o título "Messias" (Cristo) não aparece nunca na boca de Jesus, mas é atribuído a Ele a partir de fora: é o que ocorre na confissão messiânica de Pedro em Mc 8,27-30 (é controvertido se ela pode ser considerada histórica em seu cerne; em todo caso, poderia conter a lembrança de que já no círculo pré-pascal de discípulos surgiu a conjectura provisória, ainda prejudicada por mal-entendidos político-nacionais, de que Jesus talvez fosse o Messias); quanto à autenticidade histórica das palavras ditas perante o Sinédrio em Mc 14,61b-64 existem sérias dúvidas; é mais provável que elas já espelhem um processo mais longo de formação de confissões cristológicas e constituam um compêndio da cristologia de Marcos. Também as designações "Filho de Deus" e "servo (sofredor) de Deus" estão ausentes em palavras de Jesus. É provável que Ele nunca as tenha utilizado expressamente como autodesignação; entretanto, a causa explicitada mais tarde com elas (uma consciência filial implícita) efetivamente se encontra em Jesus.

Diferente é o caso da expressão "o Filho do Homem" (ὁ υἱος τοῦ ἀνθρωπου [*ho hyiós tou anthrópou*], uma combinação de palavras inteiramente não grega, tradução literal dos termos aramaicos *bar enash* ou *bar nasha*, que em primeiro lugar significam simplesmente "o ser humano", "um ser humano", "alguém"; → 2.1.3.5.). Nos Evangelhos sinóticos ela só aparece na boca de Jesus. Em contrapartida, essa expressão não se encontra nas epístolas neotestamentárias. Portanto, ela se restringe à tradi-

D. CRISTOLOGIA

ção sobre Jesus. Por isso, a maioria dos exegetas é de opinião que neste caso estamos diante de uma particularidade da linguagem de Jesus: Ele utilizou a expressão *bar nasha* (dialeto galileu). Mas em que sentido? As opiniões sobre isso divergem de modo desconcertante, num grau que dificilmente se verifica em qualquer outra questão.

A opinião predominante durante muito tempo é a seguinte: Jesus teria empregado essa expressão como título messiânico (o Filho do Homem) e falado do Filho do Homem "vindouro" em termos apocalípticos (segundo Dn 7,13s.), seja distinguindo-o de si mesmo (portanto, sem se identificar pessoalmente com ele, mas talvez em termos funcionais e de maneira oculta), seja falando de si mesmo como o Filho do Homem que voltaria. Outra corrente diz: a concepção original não seria a do Filho do Homem celestial, mas a do "Filho do Homem" (mais uma vez entendido como título) atuante na terra e sofredor, e Jesus teria designado a si mesmo como tal e esperado sua exaltação (as palavras apocalípticas sobre o Filho do Homem seriam secundárias e pós-pascais). Uma terceira concepção afirma que na boca de Jesus a expressão *bar nasha* nunca era um título (o Filho do Homem), e sim uma perífrase que encobre, comum na época (um ser humano, alguém), do "eu" (daí a alternância indiscriminada entre *ho hyios tou anthropou* e "eu" em paralelos sinóticos); todas as palavras *de Jesus* que contêm a expressão *bar nasha* ou "eu" se refeririam ao Jesus terreno; após a Páscoa se teria compreensivelmente identificado Jesus com o "(filho do) homem" celestial, exaltado para junto de Deus, de Dn 7,13s.; com isso a terminologia originalmente empregada por Jesus teria sido sobreposta em termos apocalípticos. Nenhuma dessas opiniões pode reivindicar certeza histórica.

A questão de uma eventual autodesignação de Jesus como *bar nasha* (no sentido indefinido de "eu" ou como título no sentido de "Filho do Homem") deve necessariamente ficar em aberto. De qualquer modo, essa expressão não ofereceria uma chave para responder a pergunta como Jesus concebeu a si mesmo e sua missão. "O fato de Jesus se ter atribuído a função de mediador escatológico da salvação em relação à sua atuação presente, contudo, tem validade independentemente de Ele ter aceito para si o título de Messias ou ter falado de si mesmo como o [...] Filho do Homem" (VÖGTLE, A. *Jesus*, 48).

2.2.3.3. O relacionamento de Jesus com Deus: fonte de sua atuação e de sua pretensão missionária

De onde Jesus tirou o direito de afirmar que o senhorio de Deus estaria despontando já agora e de encarar-se como o portador definitivo da salvação? De onde Ele tirou seu saber, sua autoridade e liberdade (autoridade: Mc 1,22.27; 2,10 par.)?

A mensagem de Jesus acerca de Deus e sua pretensão missionária pressupõem um profundo relacionamento com Deus, que o determinava em seu íntimo. Ele se espelha nas imagens e parábolas que usou para falar de Deus, o único inteiramente bom e digno de confiança (Mt 7,9-11 par.: "[...] se vós, que sois maus, sabeis dar boas dádivas a vossos filhos, quanto mais [...]"; cf. 20,1-15; Lc 15,1-6 par.11-32; Mc 10,18 par.), na confiança irrestrita que repleta e sustenta Jesus (Mt 6,26-30 par.; 10,29-31 par.; 17,20s. par.; Mc 9,19.23 par.), em sua palavra acerca da oração (Mt 6,7s.: "vosso Pai sabe do que tendes necessidade antes de lho pedirdes") e – neste contexto – no termo *abba* (pai) que usa para se dirigir a Deus.

2. Fundamentos bíblicos

Durante muito tempo se acreditou que a interpelação *abba* empregada por Jesus seria completamente nova. Entretanto, já no AT se designa a Deus como Pai (15 vezes), e com maior frequência ainda se destaca – mediante comparação com pais e mães terrenos – o amor paternal-maternal inconcebivelmente grande de Deus (p. ex., Os 11,1-11; Jr 31,20; Is 66,9-13). Também no judaísmo incipiente Deus às vezes é chamado de Pai, e aí está em primeiro plano não tanto o aspecto da autoridade que exige obediência, e sim o amor afetivo, a solicitude, a ajuda misericordiosa e fidelidade confiável de Deus. Em orações judaicas da época de Jesus, Deus é ocasionalmente invocado no plural como "nosso Pai, nosso Rei" ou (diferentemente de pais terrenos) como "Pai celeste". Mas também está documentada a interpelação de Deus no singular: "meu Pai és tu", uma vez em grego (*pater:* Eclo 51,10) e duas vezes em aramaico (*abba:* paráfrases em aramaico de Sl 89,27 e Ml 2,10). Dirigir-se em oração a Deus como "meu Pai" de modo algum era algo inconcebível no judaísmo.

Ocorre que *abba* era o termo aramaico normal para designar "pai". Originalmente uma forma infantil de balbuciar (paizinho), já antes da época de Jesus *abba* havia substituído inteiramente a forma hebraica de interpelação *abi* ("meu pai"), de modo que também filhos e filhas adultas chamavam seu pai de *"abba"* (pai). Quando, pois, na época de Jesus os judeus chamavam a Deus de Pai em aramaico (o que possivelmente não acontecia com muita frequência), podiam fazer uso desse termo. Também Jesus dizia *"abba"* quando se dirigia a Deus fora da liturgia (hebraica). O termo *"abba"* certamente fazia parte da linguagem usada por Jesus. Embora, ao fazê-lo, Ele se movesse dentro de uma possibilidade linguística (talvez até então pouco utilizada) existente no judaísmo, o tom íntimo do termo *abba* em sua linguagem de oração chama a atenção: *o fato de Jesus dirigir-se ao Deus de Israel na linguagem corrente e de modo muito singelo e direto chamando-o de "abba, Pai" atesta o quanto Ele lhe é próximo e familiar.*

O que chama a atenção, portanto, é não apenas a designação ou interpelação de Deus como *"abba"* por parte de Jesus. O que chama mais ainda a atenção é o seguinte: 1) Jesus usa a palavra "Pai" para designar a Deus com muita frequência (174 vezes nos Evangelhos), e em todas as palavras de oração que nos foram transmitidas (com exceção da citação do Sl 22 na cruz [Mc 15,34]), Ele chama Deus de "Pai" (Mc 14,36 par.; Mt 11,25s. par.; Lc 11,2 par.; cf. 23,24.46; Jo 11,41; 12,27s.; 17,1.5.11.21.24s.). No aramaico Ele usava sempre *"abba"* nessas ocasiões, uma forma de dirigir-se a Deus que ainda para as comunidades helenísticas era tão característica da nova filiação divina inaugurada por Jesus, que elas a mantiveram em seu teor aramaico (Gl 4,6; Rm 8,15). 2) Marcos, que escreve em grego, mantém essa palavra estrangeira em aramaico numa única passagem de seu Evangelho (de resto ele sempre faz constar apenas sua tradução para o grego): na situação extremamente intensa de confronto com a morte no Monte das Oliveiras; para ele é importante que também e justamente aí Jesus diga *"abba"* (Mc 14,36 par.). 3) O relacionamento especial de Jesus com Deus não pode ser depreendido da interpelação *"abba"* em si. O fato de que essa forma de invocação, no caso de Jesus, atinge outra dimensão, mais profunda, depreende-se de sua confiança

D. CRISTOLOGIA

vivenciada em Deus como Pai de todas as pessoas (p. ex., Mc 11,17s.; Mt 5,43-48 par.) e da comprovação dessa confiança em meio ao sofrimento (Mt 11,25s. par.; Mc 14,36; 15,34). Sua consciência filial implícita na interpelação *abba* é originária e prototípica, porém não é exclusiva, e sim inclusiva: todas as pessoas devem chegar a um relacionamento filial análogo com Deus.

Jesus vivia numa imediatez, familiaridade e aconchego para com Deus que só podem emanar da experiência da solicitude amorosa e proximidade confiável de Deus e de uma relação confiante e cotidiana com Ele. A comunidade primitiva palestinense descreveu acertadamente esse relacionamento singular com Deus como um revelar-se (conhecer) recíproco entre "Pai" (Deus) e "Filho" (Jesus) (Mt 11,27 par. Q) e, correspondentemente, empregou a distinção – que, em termos de conteúdo, remonta a Jesus – entre "meu Pai" (Mt 11,27 par.; Lc 22,29) e "vosso Pai" (Lc 6,36 par.; 12,30 par.; Mc 11,25 par.; cf. Mt 23,9; Jo 20,17). Jesus se radica em seu *abba* com uma naturalidade inaudita. Ele falou e agiu a partir de sua profunda ligação com Deus. Sua relação imediata com Deus é, por isso, a fonte de sua certeza em relação a Deus, de sua vida e sua pretensão missionária.

2.2.3.4. A fé de Jesus e a fé provocada por Ele como participação em seu relacionamento com Deus

Hebreus 11 insere Jesus na série dos grandes crentes da história de Israel: Ele deve ter crescido desde criança naquela relação pessoal e confiante de "fé" que compreende a pessoa inteira e representa o único relacionamento adequado com Deus (Is 7,9; Gn 15,6). Mas Ele integra essa fé a partir de sua raiz e a leva à plenitude. Por isso Ele é, de acordo com Hb 12,2, o "autor e consumador da fé". Portanto, Jesus realmente creu.

Pelo menos indiretamente o próprio Jesus também fala de sua fé. Embora vise a fé do pai do jovem epiléptico, Mc 9,23 implica a fé de Jesus: a força com a qual Ele cura o jovem é a força que Deus presenteia à fé que tudo espera de Deus, aposta inteiramente nele e deixa por conta dele o êxito da ação (cf. também a palavra acerca da fé que remove montanhas em Mt 17,20 par.). *Nessa confiança irrestrita e incondicional que dá espaço inteiramente a Deus, que o deixa "vir" e, com isso, deixa a força de Deus produzir efeito em si, está fundamentada a força de irradiação curativa e libertadora de Jesus* (Mc 5,30; 6,2.15 e *passim*). A partir daí também podem ser entendidas suas ações curativas.

Jesus é aquele que crê autenticamente. Ele se envolveu inteiramente na aventura da confiança em Deus, vive a fé sem falar dela o tempo todo e está absorvido em despertar fé nos outros. Dá aos que o seguem parte em sua relação íntima com Deus (Lc 11,2; cf. Gl 4,6; Rm 8,15), os inclui em sua fé e seu relacionamento filial com o Pai. Diferentemente dele, entretanto, eles precisam primeiro – numa conversão escatológica – "tornar-se como as crianças" (Mt 18,3 par.).

2. Fundamentos bíblicos

A confiança da fé *surge* incipientemente quando Jesus, no encontro atual individual, volta-se para determinadas pessoas que o procuram numa situação de aperto. Seu jeito humano de ser e sua convincente força de irradiação, toda a maneira como Ele "olha para elas" (Mc 3,5.34; 8,33; 10,21.23.27), fala e lida com elas desperta nelas uma confiança que cria uma ligação e abre para a atuação de Deus. Por isso narrativas de curas terminam muitas vezes com a palavra de Jesus que diz: "Tua fé te salvou" (Mc 5,34 par.; 10,52 par.; Lc 17,19; cf. 7,50; Mt 8,13; 9,29; 15,28).

Tal fé possibilitada por Jesus liberta de bloqueios paralisantes. Liberta do esforço convulsivo – nascido do profundo medo em relação a si mesmo – de dar à própria vida uma confirmação, conteúdo, sentido e segurança fundamentais por meio da ambição egoísta de posse e valor (Lc 12,15.16-21; Mt 6,19-21.25.26-34 par.; Mc 10,17-22.23-25 par.) ou também por meio de uma religiosidade legalista voltada para si mesma (Lc 18,10-14; Mt 6,2.5.16; 23,5-7; Mc 12,38-40 par.). Jesus liberta a pessoa da tendência convulsiva a essa autojustificação ao confrontá-la com o Deus que a acolhe e aceita sem condições prévias, de modo que a pessoa pode saber-se sustentada incondicionalmente por esse Deus, aconteça o que acontecer, e, por isso, pode desenvolver um relacionamento aberto consigo mesmo e com os outros.

2.2.4. A morte de Jesus na cruz

2.2.4.1. A mensagem acerca de Deus e a pretensão de autoridade de Jesus como causa do conflito mortífero

Com sua mensagem acerca de Deus e com seu comportamento a ela correspondente Jesus entrou em conflito com os grupos dominantes de seu povo. Sua comunhão com pessoas dignas de desprezo e sua transgressão de prescrições vigentes relativas à pureza e ao sábado tiveram efeitos escandalosos. *O escândalo decisivo provocado por Jesus, entretanto, nem residia nessa ação em si* (também outros não se atinham às prescrições e se tornavam impuros), *e sim na pretensão, a ela ligada, de agir assim em nome e no lugar de Deus.* Mais ainda: Jesus não só se voltou em nome de Deus às pessoas excluídas por causa de seu fracasso, mas também negou às pessoas comprovadas no cumprimento fiel da Torá o direito de pretender que o limite entre justos e pecadores por eles estabelecido fosse vontade de Deus. Ele queria que a lei fosse entendida e cumprida em seu sentido originário, sem que qualquer pessoa fosse abandonada. O fato de Ele – para além de todos os limites estabelecidos contra a impureza – anunciar o incondicional amor paterno e a disposição ao perdão de Deus a todos podia ser entendido pelos guardiães mesquinhos da doutrina oficial como ataque aos fundamentos da fé e como traição da causa sagrada de Israel. "Certamente muitos críticos de Jesus eram de opinião que tinham de, por assim dizer, defender a Deus contra Jesus" (FIEDLER, P. *Jesus*, 273).

O conflito se agravou quando Jesus foi da Galileia para Jerusalém e passou a lidar diretamente com os saduceus e sacerdotes superiores que lá dominavam (a partir de

D. CRISTOLOGIA

Mc 14,1 eles é que são os adversários de Jesus, ao passo que os fariseus não são colocados num nexo causal com a condenação de Jesus). Eles encaravam Jesus – provavelmente também por causa da impressão que causava entre o povo (cf. Mc 11,18; 12,12; 14,1s.) – como perigo para a ordem cúltico-política mantida a duras penas e para seu próprio poder. O ensejo imediato para seu procedimento contra Jesus, motivado por razões (religioso-)políticas, deve ter sido uma ação simbólica – que questionava o culto expiatório como possibilidade de salvação de Jesus no Templo (cf. Mc 11,15-18 par.; Jo 2,13-17), ligada a uma palavra profética sobre a destruição do Templo (Mc 13,2; 14,56-61a; 15,29). Isso era uma provocação. Ela podia ser interpretada como falso profetismo e blasfêmia contra Deus, e para isso estava prevista a pena de morte mediante apedrejamento (Lv 24,15s.; Nm 15,30s.; Dt 13,1-9). A palavra sobre o Templo de Mc 14,56-61a faz parte do material básico da história da paixão, enquanto que a questão a respeito do Messias só deve ter se tornado o verdadeiro ponto crucial da condenação de Jesus numa exposição posterior: afinal, pretensões messiânicas, também do ponto de vista judaico, não eram uma falta que merecesse a morte, ao contrário de "blasfêmias" contra o Templo e a Torá.

Entretanto, visto que uma acusação religiosa dificilmente tinha perspectivas de êxito junto ao governador romano, Jesus deve ter sido entregue a Pilatos com a acusação, usada como pretexto, de que Ele seria um daqueles pretendentes a Messias que apareciam repetidamente na época. Aos dignitários saduceus Ele parecia ser um perigoso sedutor do povo, por isso Ele também tinha de parecer aos romanos, que eram o verdadeiro poder político, suspeito de ser um perturbador da ordem pública. Numa situação de repetidos levantes de revoltosos zelotes (cf. Mc 15,7!), e sobretudo na época da Festa da Páscoa, na qual frequentemente reinavam uma atmosfera de tensão escatológica e apreensão entre as tropas de ocupação romanas, estas podiam temer que a atuação de Jesus em Jerusalém causasse uma revolta (cf. Mc 14,1s.?). A revoltosos, porém, eles despachavam rapidamente.

2.2.4.2. Expectativa, disposição e interpretação de Jesus em relação à morte

Por causa da contundente rejeição por parte das autoridades de Jerusalém, Jesus tinha de contar com a possibilidade de uma morte violenta (cf. Lc 13,34 par.; 11,49 par.; Mc 12,6-8). Essa possibilidade deve ter se transformado para Ele em certeza inevitável nos últimos dias (cf. o material básico dos anúncios de sofrimento), o mais tardar, porém, na última noite. Assim, pois, a perspectiva escatológica – incontestavelmente autêntica – por ocasião da ceia de despedida (Mc 14,25 par.) documenta a expectativa imediata de Jesus em relação à sua morte violenta, bem como sua disposição de assumi-la.

Marcos 14,25 par. mostra ainda que Jesus concebeu sua mensagem da vinda salvífica de Deus em conjunto com sua morte iminente, que (como morte do representante plenipotenciário dessa chegada de Deus) parecia liquidar essa mesma mensagem. Na expectativa da morte, Ele aferrou-se à validade de sua mensagem e expressou a certe-

2. Fundamentos bíblicos

za de que sua morte não poderia deter a vinda do senhorio de Deus, de que nele voltaria a celebrar a ceia da salvação. *Jesus, portanto, também ainda ligou seu destino de mártir à sua missão e o assumiu de modo ativo (não só passivo) na mesma atitude de serviço à vinda de Deus que caracterizara sua atuação anterior.* Terá Ele enfim entendido sua morte soteriologicamente como "morte por", com caráter vicário?

Durante algum tempo havia na pesquisa histórico-crítica quase um consenso de que o motivo da entrega pelos muitos, contido na palavra relativa ao pão e ao cálice dos textos sobre a Última Ceia, seria uma inserção pós-pascal. Contudo, alguns trabalhos mais recentes (de H. Schürmann, M. Hengel e o.) fizeram com que a discussão ficasse novamente mais aberta. Hoje praticamente não se contesta mais a possibilidade de que Jesus – a partir de sua atitude fundamental de estar aí para os outros – pudesse dar à sua morte iminente um sentido salvífico. Comprovar que isso de fato aconteceu, entretanto, é mais difícil. Uma compreensão explicitamente soteriológica da morte de Jesus só pode ser apreendida de maneira segura e incontestável após a Páscoa. As duas variantes da tradição da Última Ceia (1Cor 11,24-25 par. Lc e Mc 14,22-24 par. Mt) contêm elementos mais antigos *e* mais recentes (sendo que, de modo geral, a versão de Marcos é mais recente) e já estão – isto se aplica também à palavra sobre o resgate de Mc 10,45b – tão fortemente determinadas pela reflexão pós-pascal, que não é mais possível constatar qual foi a formulação originária e exata das *palavras* de Jesus por ocasião da Última Ceia.

Diferente é o caso de seus inusitados *gestos* por ocasião da última ceia, os quais não se enquadravam no marco habitual do rito de refeição judaico (o fato de Ele oferecer de modo destacado o pão único e fazer circular seu *próprio* cálice entre todos). No contexto de sua atitude fundamental em prol da existência, mantida até o final, eles aparecem como enfáticos e expressivos gestos de doação, com os quais Jesus indicou de maneira patente seu autoengajamento até a entrega da vida a serviço da salvação e o dedicou aos discípulos presentes como representantes de Israel (e do mundo dos povos). Esses impressionantes gestos de entrega certamente foram acompanhados por palavras interpretativas. Entretanto, dificilmente elas foram palavras inequívocas em termos conceituais, e sim mais provavelmente palavras indiretas, alusivas e de início incompreensíveis para os discípulos, com as quais Jesus deu, de maneira direta e existencial, um sentido à entrega de sua vida. Esse sentido deve ter sido conservado ao menos nos motivos básicos comuns de ambas as tradições da ceia e na palavra acerca do resgate de Mc 10,45b. *Assim, também com relação a seu sofrimento e morte pode-se falar da existência de uma soteriologia indireta em Jesus, a qual se tornou base e ponto de partida para explicações pós-pascais.*

A interpretação existencial de sua morte iminente por parte de Jesus antecedeu o curso efetivo dos acontecimentos. A este Ele não podia antecipar. Por isso, aqueles gestos de doação e palavras interpretativas indiretas devem ser encaradas como expressão de sua proposta de engajar-se pelos outros entregando-se a si mesmo (em prol da exis-

D. CRISTOLOGIA

tência) e intercedendo por eles (de maneira suplicante). (Foi através da oração que Jesus teve de conseguir dispor-se a percorrer esse caminho até o fim – esta é a impressão que os discípulos tiveram no Getsêmani, segundo Mc 14,35s.). Todo o resto Ele deve ter deixado por conta do "Pai". A forma da realização do senhorio salvífico de Deus, pelo qual Ele se engajou radicalmente, indo ao encontro da morte, estava nas mãos de Deus.

2.2.4.3. A execução na cruz como crise extrema

Jesus não sofreu a pena judaica prevista para casos de blasfêmia, a saber, o apedrejamento (cf. quanto a isso At 7,54-60). Ele foi crucificado pelas forças de ocupação romana. O papel desempenhado historicamente por Pilatos na condenação de Jesus deve ter sido maior do que se depreende dos relatos da paixão, porque estes – para não colocar em perigo as jovens comunidades cristãs no império universal romano – apresentam um Pilatos cada vez mais flexível. Em todo caso, no final Jesus foi condenado à morte por Pilatos e – como o mostram a comparação com Barrabás (Mc 15,6-15), a inscrição na cruz indicando o crime: "rei dos judeus" (Mc 15,26) e a crucificação junto com dois rebeldes (Mc 15,27) – executado pelos romanos como pretendente a Messias político. Segundo o direito judaico, a pretensão de ser Messias não era um delito que merecesse a morte.

A forma de execução romana da crucificação se destinava a escravos e sediciosos (nunca para cidadãos romanos); ela era considerada a pena de morte mais cruel e vergonhosa. O direito penal judaico conhecia o "pendurar no madeiro" (estaca) como pena adicional para idólatras ou blasfemos *após* a morte já acontecida mediante apedrejamento ou decapitação (Dt 21,22s.); com isto a pessoa executada era tachada publicamente como amaldiçoada por Deus (Dt 21,23b: "maldito quem for pendurado no madeiro"). Contrariando seu verdadeiro sentido, esta passagem também foi relacionada, já no judaísmo pré-cristão, à forma de execução da crucificação (4 QpNah 7s.; 1 QpHab 8; 11 Q Rolo do Templo 64,6-13). Assim um crucificado podia ser tido ao mesmo tempo como um amaldiçoado por Deus.

Essa forma concreta de condenação à morte na cruz não podia ser antecipada por Jesus em termos de expectativa. Por conseguinte, será que o caminho para a cruz e a crucificação – como sinais de perdição amaldiçoada por Deus – não tinham de precipitar o próprio Jesus (com sua esperançosa certeza expressa anteriormente, sua interpretação da morte e toda a sua imagem de Deus) numa última e inesperada crise? O grito de abandono – o fato de elevar um grito a Deus, aferrar-se a ele e chegar, através da oração, mais uma vez a confiar nele (Mc 15,34) – poderia apontar nessa direção. Esse último e mais aflitivo conflito de Jesus, provocado pela execução na cruz, não podia ser resolvido – exceto por Deus mesmo, a quem Jesus se apegou ao morrer e ao qual se entregou (como o verdadeiro justo e Filho de Deus: Sb 2,16-20).

A crucificação de Jesus precipitou mais ainda seus discípulos numa crise extrema. Para a opinião pública judaica Jesus estava desmascarado como falso mensageiro de

Deus. Isso tinha de refletir-se sobre os discípulos: eles fogem e voltam para sua pátria na Galileia (Mc 14,27s.50; 16,7; Jo 16,32; Mc 15,40s.: só fica um grupo de mulheres, além de alguns simpatizantes; Mc 15,43: um estranho precisa assumir o dever piedoso do sepultamento). O fim ignominioso de Jesus significou para os discípulos uma catástrofe que dificilmente se pode superestimar: sua fé despertada por Jesus e suas esperanças vieram abaixo (cf. Lc 24,20s.).

A fé dos discípulos não podia simplesmente ser mantida ou renascer. A isso se opunha um obstáculo bem fundamental (e não apenas uma compreensão da época que tinha a crucificação como maldição divina): se aquele que havia ligado o advento do Deus que salva incondicionalmente com sua própria atuação estava agora, Ele próprio, morto e aniquilado, então toda a sua mensagem não estaria refutada como equívoco, a possibilidade da fé no Deus por Ele anunciado não estaria destruída, o discipulado de Jesus (como seu mensageiro definitivo) não haveria acabado? A morte na cruz tornou o Jesus terreno, pré-pascal uma pergunta em aberto. Se havia uma resposta para ela, só o próprio Deus podia dá-la.

Pouco tempo depois da execução de Jesus na cruz, os discípulos, que haviam se escondido e retornado à Galileia, estão surpreendentemente de novo em Jerusalém (cidade que não deixava de ser perigosa para eles) e se reúnem, formando a comunidade primitiva. Essa reviravolta inesperada está associada à mensagem de que Deus teria ressuscitado da morte ao Jesus crucificado.

2.3. O testemunho neotestamentário da ressurreição de Jesus

2.3.1. Observações hermenêuticas preliminares

O Novo Testamento inteiro sustenta com total unanimidade a convicção, fundamental para ele, da ressurreição de Jesus dentre os mortos

"Ser acordado, levantar" são termos cotidianos usados para designar coisas mundanas e familiares (acordar/erguer/levantar do sono, de uma doença ou derrota), que o AT tardio havia empregado em sentido figurado como *imagens* que remetiam a uma realidade futura, ainda não chegada, que ultrapassava todas as possibilidades mundanas (a ressurreição corporal escatológica dos mortos: Is 26,19; Dn 12,2), e havia empregado como sinônimos: os mortos "se levantam" porque Deus os "ressuscita". Com essas metáforas o NT expressa algo inaudito: esse objeto de esperança já teria se tornado realidade *presente* em Jesus.

O NT, portanto, afirma não uma ressurreição de Jesus apenas esperada pelos discípulos, mas a ressurreição de Jesus já levada a cabo por Deus e revelada a determinadas testemunhas como *realidade no pretérito perfeito*. O fato de que os textos neotestamentários querem testemunhar a ressurreição de Jesus como um acontecimento novo em relação à sua vida e morte e como um acontecimento realmente ocorrido (a

D. CRISTOLOGIA

saber, como superação da morte) é algo que sensatamente não se pode mais contestar (tampouco quando não se consegue seguir a convicção deles).

Com a "ressurreição" de Jesus, porém, o NT não se refere a uma reanimação de um morto (como a de Lázaro, p. ex.), portanto, não a um retorno sob condições terrenas de existência, empiricamente verificáveis, e à vida mais uma vez mortal, mas à passagem para a forma de existência definitiva, ainda oculta para nós, junto a Deus, portanto, ao início de uma vida radicalmente nova, indestrutível (Rm 6,9s.: "Cristo, ressuscitado dentre os mortos, não morre mais"; cf. At 13,34; Hb 7,24s.; Ap 1,17s.). *A ressurreição de Jesus rompe a esfera do que se pode constatar empiricamente.* Por isso tampouco há testemunhas diretas da ocorrência da ressurreição.

A ressurreição de Jesus, portanto, não é um fato constatável de maneira neutra, historicamente demonstrável, mas sim uma realidade que só pode ser experimentada e apreendida na fé (mistério em sentido estrito). O historiador como tal não dispõe de quaisquer recursos de conhecimento que lhe dessem condições de verificar a ressurreição de Jesus afirmada pelas testemunhas neotestamentárias. Ocorre que esta se situa fundamentalmente fora do nexo dos acontecimentos historicamente constatáveis, mesmo que deixe nele, de certa maneira, uma "margem" historicamente verificável (morte de Jesus na cruz, fuga e retorno dos discípulos, proclamação da ressurreição, surgimento da comunidade primitiva) e um vestígio empírico (desenvolvimento explosivo da cristologia, missão etc.).

O fato extremo que se pode alcançar no nível da metodologia histórica é a fé pascal dos discípulos ou, mais exatamente, sua unânime *afirmação* da ressurreição de Jesus. Isto não é um relato neutro, mas uma proposição de fé, afirmação *de testemunhas* que estão profundamente afetadas e transformadas pelo conteúdo testemunhado e o atestam com sua existência transformada; um testemunho que não está a serviço da satisfação de nossa curiosidade, mas visa a transformação também de nossa existência (assentimento na fé e conversão) e, além disso, inclui a expectativa da comprovação universal, diante do mundo todo, daquilo que se testemunha.

2.3.2. As tradições pascais do Novo Testamento

A afirmação testemunhal a respeito da ressurreição já acontecida de Jesus encontra-se em duas formas no NT: como fórmula confessional e como narrativa.

2.3.2.1. As mais antigas confissões pascais expressas em fórmulas

Os mais antigos testemunhos da fé na ressurreição de Jesus são expressões que utilizam fórmulas e procedem dos primeiros anos após a morte de Jesus ("Deus ressuscitou Jesus dentre os mortos", o "exaltou", "vivificou", "o instituiu como Messias/Senhor/Filho de Deus"; *"maranatha"*).

a) *A fórmula de ressurreição com um único elemento* – A expressão "Deus ressuscitou Jesus dentre os mortos" (frase proposicional) ou – e talvez mais originária –

2. Fundamentos bíblicos

"Deus, que ressuscitou Jesus dentre os mortos" (predicação participial de Deus) remonta aos inícios da comunidade primitiva e está amplamente disseminada desde camadas antigas até tardias (p. ex., At 3,15; 1Ts 1,10; Gl 1,1; 1Cor 15,12.15.20; Rm 4,24; 8,11; 10,7.9; 2Tm 2,8; Mc 16,16 par.; Jo 21,14 – como fórmula da ressurreição: p. ex., 1Ts 4,14; Mc 8,31 par. – como afirmação acerca do ser vivificado: p. ex., Rm 6,10; 1Pd 3,18; Ap 1,18). Devemos lê-la sobre o pano de fundo das predicações judaicas de Deus, que o louvam como aquele "que fez os céus e a terra" (p. ex., Sl 115,5; Is 45,7; Dn 9,15; Sb 9,1), "que vos tirou do Egito" (p. ex., Ex 16,6; 6,7; Os 13,4) e "ressuscitarás/vivificarás os mortos" (Oração das dezoito preces 2). Então se verifica como enunciado da fórmula o seguinte: *Deus – dando continuidade à sua ação criadora em relação ao mundo e de sua ação salvadora histórica em relação a Israel – agiu escatologicamente no Jesus que havia sido morto e o vivificou.* Com isso Ele justificou o Jesus aparentemente refutado e evidenciou a si mesmo como aquele que Jesus – a crédito, por assim dizer – havia reivindicado e afirmado: que em quaisquer circunstâncias aceita, segura e salva os perdidos.

Primordial e basicamente, portanto, a antiga fórmula acerca da ressurreição faz uma afirmação sobre Deus, sua ação e sua proximidade definitiva. Só em segundo lugar e indiretamente essa fórmula também faz uma afirmação cristológica: Deus ressuscitou o Jesus crucificado, portanto, colocou-se do lado dele e o confirmou em sua pretensão (de ser o portador da proximidade de Deus); logo, nele Deus falou e agiu definitivamente. Essa experiência fundamenta a nova missão dos discípulos.

b) *O grito "maranatha" e o enunciado acerca da exaltação* – Desde o início a Páscoa foi entendida não apenas como confirmação retroativa do Jesus terreno, mas – usando outra metáfora para referir-se à mesma causa – ao mesmo tempo, apontando para a frente, como "exaltação" de Jesus para junto de Deus e instituição como mediador da salvação, de cuja manifestação futura se espera a salvação final. Isto se pode depreender do grito aramaico-protocristão *maranatha* ("Vem, nosso Senhor!": 1Cor 16,22; Did 10,6; versão em grego: Ap 22,20), igualmente bem antigo, pois este grito suplica pelo retorno Salvador e próximo de Jesus, porém já quer ser ouvido justamente agora, pressupondo, portanto, que Jesus tenha sido exaltado à condição de Senhor já presente. Com isso acontece algo inaudito do ponto de vista judaico: lá só Deus, e nunca o Messias, é invocado para trazer a salvação. Aqui, porém, Jesus colocou-se ao lado de Deus como uma grandeza de importância bem singular, quase que divina para nós: *Ele* é invocado (cf. também Rm 10,9.12s.; Ap 22,16), é em seu nome que se batiza (At 2,38; 8,16; 10,48; 19,5), e isso é feito por pessoas judaicas que sabem o que significa o *shemá* ("Ouve, ó Israel, Javé nosso Deus é um só": Dt 6,4). *Assim, no grito "maranatha" se pode apreender a transição para a cristologia direta, e até possivelmente a mais antiga cristologia direta.* Ela se encontra explicitamente em expressões que parecem fórmulas, como "Deus o exaltou" (Fl 2,9; At 2,32s.) e o "constituiu como Messias/Senhor/Filho de Deus" (At 2,36; Rm 1,4; 10,9).

D. CRISTOLOGIA

c) *Ampliação da fórmula referente à ressurreição* – Ela é ampliada em diversas direções já relativamente cedo: com relação 1) à revelação que desencadeou a fé pascal ("Ele apareceu": 1Cor 15,4s.; Lc 24,34; At 10,39s.; 13,28.30s.; cf. Gl 1,1.12.16; Jo 21,14), 2) à presente posição de poder e de mediador da salvação ocupada pelo Jesus exaltado (p. ex., Rm 1,3s.; 10,9; At 5,30s.), 3) à sua morte (p. ex., 1Ts 4,14; Rm 8,34; Mc 8,31) e seu significado salvífico revelado pela Páscoa (p. ex., 1Cor 15,3-5; Rm 4,25), 4) a conversão/batismo e novo estilo de vida (p. ex., Rm 6,3s.8.11; Cl 2,12s.), bem como à futura ressurreição dos crentes (p. ex., 1Ts 4,14-17; 1Cor 15,12-19).

A antiga fórmula confessional de *1Cor 15,3-5.6s.* transmitida por Paulo é uma composição já desenvolvida e bastante complexa, que já deve ser proveniente do antigo judeu-cristianismo de fala grega por volta do ano de 35 dC (e talvez tenha até tido um modelo aramaico). Ela testemunha a morte e ressurreição de Jesus como acontecimento salvífico: o Messias crucificado "morreu por nossos pecados" e "ressuscitou ao terceiro dia" (isto não é uma informação histórica, mas expressão simbólico-teológica da virada salvífica determinada por Deus; cf. Os 6,2); a morte real de Jesus é atestada pela referência a seu sepultamento, e sua condição de Ressureto pela referência a aparições a Cefas, aos doze e a outros, nas quais ela se revelou a eles.

Mostrou-se que os elementos básicos essenciais da cristologia e soteriologia já se encontram nos testemunhos pascais mais antigos, estando, portanto, dados com a própria fé pascal e não constituindo um ingrediente posterior. Ora, o querigma sobre a ressurreição contido nas antigas fórmulas confessionais também é exposto de modo reflexivo-argumentativo (sobretudo em 1Cor 15,12-58) ou desdobrado de modo narrativo:

2.3.2.2. As narrativas pascais posteriores

Elas não são relatos históricos de experiências que reproduzissem os eventos como uma ata, mas, antes, pregação posterior em forma de um desdobramento narrativo da confissão pascal ("Jesus foi ressuscitado") e da experiência pascal das testemunhas originais ("ele apareceu"). Entretanto, elas não servem apenas para dar plasticidade àquelas fórmulas concisas, mas têm uma expressividade toda própria.

a) *A narrativa sobre o túmulo* – A forma literária mais antiga da *narrativa acerca do anúncio pascal no túmulo aberto (vazio)* encontra-se em Mc 16,1-8 (dependentes dela são Mt 28,1-7 e Lc 24,1-11; Jo 20,1.11-13 é influenciado por ela). A narrativa toda está construída com relação à mensagem da ressurreição (Mc 16,6bc) por ela pressuposta. Ela encena essa mensagem já existente em relação com o túmulo e com recursos estilísticos de lendas helenísticas de arrebatamento (o cadáver é procurado e não encontrado), que, contudo, são rompidos incisivamente pela palavra – estranha em termos de estilo e por isso sinalizadora – do anjo da anunciação: "Ele ressuscitou" (Mc 16,6c). Só *depois* do anúncio da ressurreição ele se refere ao fato de que Jesus não se encontra no túmulo: este fato, portanto, só é um sinal que confirma *a posteriori* a realidade da ressurreição anunciada de Jesus, mas não fundamenta a fé na ressurreição.

2. Fundamentos bíblicos

O túmulo aberto (vazio) não provoca a fé pascal, mas apenas susto (Mc 16,8a). (Se com isto também se afirma a historicidade do túmulo vazio é uma questão controvertida também entre exegetas católicos. Mesmo que nos aferremos a ela, devemos levar em conta que um túmulo vazio é equívoco e, por si só, ainda não constitui uma prova da ressurreição; Mt 27,64; 28,11-15; Jo 20,15 já sabem disto.). Extremamente eloquente é a conclusão abrupta e aberta da narrativa sobre o túmulo (e, com isso, de todo o Evangelho de Marcos original): pelo fato de que – segundo a construção do narrador – as mulheres teriam silenciado (Mc 16,8b), a inquirição a respeito do túmulo é cortada e a fala do anjo (Mc 16,6s.) torna-se uma interpelação direta dos ouvintes e leitores posteriores: *quem quer reencontrar o Crucificado deve ouvir a mensagem e procurá-lo na comunhão daqueles que o seguem, "aquele que vai adiante" (Mc 16,7b).* ("Na Galileia o vereis" refere-se primeiramente às aparições pascais passadas, mas depois também é transparente em relação às experiências presentes das comunidades marquianas, que se situam na Galileia/Síria).

b) *As narrativas de aparições* – De "aparições" de Jesus a tradição mais antiga antes e ao tempo de Paulo fala apenas em expressões breves, estilizadas ("ressuscitou e apareceu a Cefas" etc.: 1Cor 15,4-7 e o.). O primeiro evangelista ainda não narra a aparição decisiva diante de Pedro e dos doze, mas só faz referência a ela (Mc 16,7c). Os grandes Evangelhos, então, encenam e desdobram o dado já existente das aparições em diversas variações; daí as divergências acentuadas (Mt 28,16-20; Lc 24,13-53; Jo 20,19-29; 21,1-23; em cada caso combinadas com a tradição sobre a sepultura, surgida independentemente, razão pela qual Lc e Jo 20 as deslocam da Galileia para Jerusalém). Em vista da situação das fontes, não é possível reconstruir historicamente o decurso dos eventos pascais.

Teologicamente significativos são os motivos fundamentais das narrativas das aparições. 1) Seu motivo principal comum é o encontro livre e indisponível do Ressurreto. Os demais motivos se dividem em dois grupos de narrativas. 2) Num dos grupos Jesus aparece numa forma reconhecível, fala palavras – sempre modeladas redacionalmente – de incumbência, que fundamentam a missão dos discípulos de darem testemunho, e lhes promete sua presença permanente (*motivo da incumbência:* Mt 28,16-20; Lc 24,36-49; Jo 20,19-23; cf. 21,15-22). 3) No outro grupo Jesus aparece numa forma incógnita e só se dá a conhecer posteriormente e de repente como o mesmo, idêntico *(motivo do reconhecimento),* e o faz através de sua ceia (Lc 24,13-31; Jo 21,4b.9.12s.) e seu chamado (Jo 20,14-16; cf. 20,24-29; Lc 24,32). Estas narrativas espelham uma situação posterior das comunidades já existentes e já respondem – nas figuras dos peregrinos de Emaús, de Tomé que duvida e de Madalena enlutada – a pergunta a respeito de como os pósteros, que não foram testemunhas originais das aparições (Jo 20,29; cf. Lc 24,33s.), podem chegar a crer no Ressurreto: através do "reconhecimento" interior (Lc 24,31.35; Jo 20,29b) com base num encontro próprio com o Senhor vivo na comunidade, em sua ceia comum e no ouvir das escrituras (Lc 24,26.32.45s.). 4) Em duas narrativas encomendadas acrescenta-se secundariamente o motivo apologético da dú-

D. CRISTOLOGIA

vida e da *prova de identidade* que a supera (Lc 24,36-43; Jo 20,19s.24-29). Ele serve para rejeitar uma compreensão helenística (puramente espiritual-docética) de ressurreição. Entretanto, o Ressurreto não é, ao contrário, entendido erroneamente de modo grosseiramente sensorial nos termos de uma possibilidade de constatação objetiva e neutra, como mostram o fato de que Ele não é tocado, bem como a tensa suspensão de dar-se e desaparecer por parte de Jesus (Lc 24,36-51; Jo 20,17.19), do toque apenas mencionado (Jo 20,20.27; Lc 24,39.41-43) e da efetiva intocabilidade (Jo 20,17: "Não me toques"; 21,5.9.12s.; Lc 24,30s.). O sentido mais profundo é: o Ressurreto ainda tem os vestígios do sofrimento, é e permanece sendo o Crucificado; e justamente este é agora contemplado na glória de Deus.

Mais antiga do que todas as narrativas pascais é a convicção cristã primitiva unânime de que o Jesus crucificado foi ressuscitado e exaltado, encontrou-se com seus discípulos, os chamou para serem testemunhas e lhes prometeu sua presença permanente. Já a comunidade primitiva foi fundada com base nessa convicção.

2.3.3. Excurso: surgimento e fundamento da fé na ressurreição de Jesus

2.3.3.1. Surgimento da fé pascal

Da surpreendente *reviravolta no comportamento dos discípulos* pode-se depreender indiretamente o que provocou essa fé. Fatos historicamente apreensíveis são, por um lado, *antes da Páscoa:* a fé incipiente (despertada por Jesus) e o seguimento dos discípulos, mas, após a prisão e crucificação de Jesus, a fuga e o retorno à Galileia; por outro lado, *após a Páscoa:* súbita volta para Jerusalém, cidade inóspita e perigosa para eles, reunião para formar a comunidade primitiva, pregação da ressurreição/exaltação de Jesus, início da missão e desenvolvimento tempestuoso de uma cristologia diferenciada. O historiador se encontra diante da questão da interpretação dessa reviravolta e opina: "Portanto, deve ter ocorrido algo que, em pouco tempo, não só provocou uma completa mudança em sua disposição, mas também os capacitou [...] para uma nova atividade. Esse 'algo' é o cerne histórico da fé pascal" (DIBELIUS, M. *Jesus*, 118).

O que, porém, foi esse "algo" postulado pelo historiador e que desencadeou a fé pascal? Ele deve ser concebido pelo menos como um novo impulso que era tão forte, evidente e centralizador de tendências divergentes, a ponto de poder explicar a unanimidade surpreendente (em vista da morte de Jesus como criminoso e amaldiçoado) e a espantosa dinâmica do novo início pós-pascal. Assim, a informação neotestamentária merece uma atenção imparcial: o NT fala de uma nova ocorrência reveladora ou de aparições.

Já uma antiga tradição *pré-paulina* (1Cor 15,3-5.6s.; cf. Lc 24,34; At 10,39s.; 13,28.30s.) se refere, em concisas alusões (ωφθη *[ophthe]* = Ele se deu a ver/experimentar, Ele apareceu), a um acontecimento revelador que sobreveio a determinadas pessoas (Ce-

2. Fundamentos bíblicos

fas, os doze, os 500 que ainda podiam ser inquiridos em 55 dC, Tiago, que antes da Páscoa estava distanciado de Jesus, todos os apóstolos) segundo o testemunho deles mesmos (cf. 1Cor 15,11; Gl 1,18s.; 2,1.9s.). E foi o que desencadeou a fé na ressurreição. Esses enunciados sobre aparições são a tentativa posterior – ainda que bastante precoce – dos discípulos de expressar em palavras sua experiência pascal originária. Por trás da expressão *ophthe* se encontra (não a concepção epifânica helenística da aparição de heróis arrebatados, nem a visão profética ou apocalíptica, que sempre é expressa de outro modo no AT, e sim) a fórmula veterotestamentária do mostrar-se salvífico de Deus, da manifestação de sua presença salvífica (em hebraico, *nifal* de *ra'ah* = Deus apareceu, mostrou-se/revelou: Gn 12,7; 17,1; 18,1s.; Ex 3,2 e o.). O conteúdo originário da experiência pascal seria, portanto: Deus manifesta sua presença salvífica definitiva quando o Jesus morto na cruz aparece vivo, vindo da dimensão de Deus, e se dá a experimentar pelos discípulos, manifestando-se (revelando-se) a eles como presente de modo pessoal e Salvador.

A aparição e presença de Jesus a partir do poder de Deus implicavam para os discípulos – em evidência imediata (e não só numa reflexão posterior) – que Ele fora ressuscitado e exaltado para dentro do poder vital e ativo de Deus. A partir desse poder Ele pode – como o próprio Javé invisível – fazer-se presente (aparecer) de maneira reconhecível e ter testemunhas. Nas revelações pascais, portanto, revelaram-se a ressurreição/exaltação e a presença de Jesus.

Paulo confirma esses testemunhos precoces: ele retoma a afirmação já existente acerca das aparições como expressão adequada de sua vivência a caminho de Damasco (1Cor 15,8), mas também designa a esta como "visão" do Senhor exaltado (1Cor 9,1; cf. Is 6,1.5; Jr 1,12), como arrebatamento pessoal por parte de Jesus, o Messias Ressurreto (Fl 3,8-14), ou diz que Deus lhe "revelou" seu Filho Ressurreto (Gl 1,1.12.15s.; cf. Is 49,1-6; Jr 1,5). Provavelmente essa terminologia relacionada à revelação (*apokalyptein*, em hebraico: *gillah* = descobrir, revelar) já foi usada pelas testemunhas originárias em Jerusalém, pois ela já se encontra na tradição antiga *pré-sinótica* como reflexo da primeira experiência pascal (Q Lc 10,22.21c; Mt 11,27.25c: revelação do Filho; cf. Mt 16,16s.: conhecido não por "carne e sangue", e sim revelado por Deus, como em Gl 1,16s.). Nas *narrativas de aparições dos Evangelhos* a afirmação já existente acerca das aparições é então desdobrada de modo narrativo.

De resto, o NT distingue perfeitamente entre as aparições pascais originárias e fundamentais e visões extáticas e experiências do Espírito posteriores (2Cor 12,1-7; At 7,55s.; Ap 1,10; 4,2 e o.). Essas experiências de fé, assim como todas as posteriores, já se movem dentro do horizonte fundamentalmente modificado pela experiência pascal originária e concretamente aberto pela pregação da ressurreição.

Portanto, segundo o que informa o NT, a fé pascal remonta a experiências que tornaram evidentes para as testemunhas originárias a efetiva presença viva e pessoal do crucificado entre elas e, com isso, uma ação escatológica de Deus a ela correspondente. *A manifestação do Ressurreto por parte de Deus ou sua livre automanifestação, que tem o caráter de um encontro não produzido por elas próprias, foi o novo im-*

D. CRISTOLOGIA

pulso. Ela superou o escândalo e a desesperança da Sexta-feira da Paixão e desencadeou a enorme dinâmica do novo início pascal.

Todas as tentativas de explicar o surgimento da afirmação acerca da ressurreição sem vivências pascais extraordinárias, exclusivamente a partir de processos de assimilação psíquicos ou reflexivos dos discípulos (fé mantida firme ou renascida e visões psicogênicas daí resultantes; paulatina conversão e amadurecimento interior; reflexão, dedução de noções existentes, debates e formação de consenso), contradizem toda a tendência das fontes neotestamentárias e não têm fundamento nelas (em lugar algum se encontram indicações relativas a isso). Todo o NT caracteriza, antes, a morte na cruz como ruptura e afirma sem exceção uma nova ação de Deus em relação ao Crucificado e o encontro surpreendente com Ele como ser vivo de maneira nova que provocou a nova fé.

Nos processos psíquicos e de comunicação (de modo algum suspensos) dos discípulos se impôs a partir de Deus a nova realidade do Crucificado Ressurreto e transformou o horizonte de experiência e a existência deles.

2.3.3.2. Em que se baseia a fé pascal?

A experiência pascal das testemunhas apostólicas originárias representa a experiência de irrupção inicial e extraordinária, que não podemos repetir da mesma forma: por meio dela os primeiros discípulos reconheceram (identificaram) como o Ressurreto o Jesus que haviam conhecido, só por meio dela Jesus enquanto Ressurreto se fez experimentar historicamente. A experiência pascal (que suscitou a fé e foi feita na fé) das testemunhas apostólicas originárias é o lugar e meio da manifestação originária do Ressurreto na história. Por isso ela é básica para todo o futuro: toda fé (pascal) posterior depende fundamentalmente do testemunho dos portadores originários da revelação e é mediada por sua transmissão (tradição).

Ainda assim, os testemunhos dessas experiências pascais há muito passadas nunca constituíram o verdadeiro e último fundamento da fé pascal dos cristãos posteriores. Estes também fizeram experiências *próprias* da vitalidade e presença contínua do Senhor Ressurreto. Não está correta a opinião de G.E. Lessing (*Beweis* [1777]) segundo a qual só os primeiros discípulos teriam experimentado em suas vivências extraordinárias as "demonstrações do Espírito e de poder", enquanto que agora estas teriam "deixado inteiramente de acontecer"; portanto, os pósteros não teriam outra coisa senão informações sobre o que outros pretendem ter vivenciado, de modo que sua fé seria mera fé baseada em autoridade, sua certeza seria apenas uma certeza emprestada das testemunhas originárias, baseando-se numa realidade apenas imaginada (não experimentada por eles próprios). Não, a fé dos pósteros se baseia em última análise em Jesus mesmo (transmitido a eles numa tradição fidedigna em termos de conteúdo e viva), que eles experimentam como convincente e vivo hoje; baseia-se, portanto, numa evidência experiencial e existencial própria (e não apenas tomada de empréstimo).

Ocorre que também para os crentes posteriores existe uma *imediatez* (ainda que mediada pelo testemunho pascal e pela tradição sobre Jesus) do encontro pessoal com o Jesus Ressurreto, uma experiência e evidência de sua presença no Espírito. Embora o Senhor não "apareça" mais como "apareceu" a Pedro e a outros, Ele, em compensação, junta-se discretamente como o fez com os discípulos de Emaús (Lc 24,15s.; Jo 21,4), caminha junto e se dá a experimentar como presente: na comunhão de fé viva (Mt 18,20), na palavra da Escritura e na ceia do Senhor

2. Fundamentos bíblicos

(Lc 24,30-32; Jo 21,12s.; compare Gl 3,2.26; 4,6 com 2Cor 3,17s.), na solicitude para com os pequeninos (Mt 25,31-45), na prática de suas palavras (Jo 8,31s.; 3,21; Mt 28,20), portanto no misticismo ordinário dos crentes; e às vezes também numa experiência mística especial. A comunhão e solidariedade vivas que sustentam as pessoas que seguem a Jesus no caminho de sua prática constituem o verdadeiro lugar da experiência pascal hoje, o sinal e meio da presença contínua do Ressurreto no mundo. Através dessa vitalidade e atuação de Jesus experimentadas no presente é confirmada a mensagem acerca da ressurreição de Jesus e surge certeza de fé para os discípulos posteriores.

O fundamento da fé é, por conseguinte, certamente o Jesus terreno, mas como o Senhor Ressurreto (testemunhado pelas testemunhas originárias e experimentado pelos próprios crentes como atuante no presente).

2.4. Surgimento e desenvolvimento da cristologia do Novo Testamento

2.4.1. Observações hermenêuticas preliminares

2.4.1.1. A percepção pascal básica como ponto de partida da cristologia explícita

Uma experiência dupla e cruzada antecede e subjaz a toda cristologia direta: a experiência pré-pascal dos discípulos com o Jesus terreno (sua atuação e morte) e sua experiência pascal como nova experiência com o mesmo Jesus. Tendo como pano de fundo a experiência pré-pascal com Jesus, a experiência pascal continha uma percepção muito rica: aquele que se mostra aqui de maneira nova não é outro senão o próprio Jesus terreno e crucificado; Ele está vivo e presente de modo salvífico; portanto (isto sucede de modo direto e não apenas como conclusão posterior), Ele foi acolhido definitivamente na vida de Deus e tem parte no poder de ação de Deus; portanto, deve-se contar com Ele como o Jesus futuro (que será revelado a todo o mundo) e como o Jesus presente; e, portanto, sua atuação terrena passada está confirmada. A pretensão singular e especial que Jesus havia levantado foi agora reconhecida como legítima (porque foi justificado pelo próprio Deus) e, com isso, como "messiânica", mas num sentido novo e imprevisto. *Assim, com base na revelação pascal, o Jesus que prega torna-se o conteúdo pregado do Evangelho.*

A vida, morte e ressurreição de Jesus constituem um nexo de determinação diferenciado, mas que nada pode espedaçar, no qual se fundamentam a fé em Cristo e a cristologia. *A cristologia surge a partir do encontro com o Jesus terreno – mas não como tal (isto é, passado), e sim como o exaltado e presente de maneira nova no Espírito.* A percepção pascal básica e rica de conteúdo constitui, portanto, o ponto de partida e a fonte da reflexão cristológica explícita. Esta se vê obrigada a refletir e explicitar o elemento imprevisto que foi revelado na Páscoa. Por isso, no fundo a cristologia neotestamentária apenas tira as consequências da fé pascal.

D. CRISTOLOGIA

2.4.1.2. Expressão linguística situacionalmente diversa da percepção cristológica básica

Era necessário articular a experiência cristológica básica dada com a Páscoa, para se certificar a respeito dela por comunicação e para transmiti-la a outros. Assim surgiram as primeiras afirmações de fé fundamentais da pregação cristã primitiva.

Parece que desde o início diversas tentativas de formulação e formas de expressão existiam lado a lado com as outras, mas que se influenciaram mutuamente e se entrelaçaram. Por conseguinte, não lidamos com concepções cristológicas independentes umas das outras ou até em concorrência mútua, mas, antes, com uma relativa *diversidade* de ideias e formulações cristológicas à qual subjaz uma *unidade* essencial.

Foram principalmente dois fatores que contribuíram para a diversidade: 1) Por um lado, o caráter distinto das situações e funções na vida das comunidades cristãs *("Sitz im Leben"):* pregação a outros e presentificação litúrgica, louvor e invocação, hino (cântico) e confissão, catequese batismal e parênese (exortação), pregação missionária frente a judeus ou gentios, defesa frente a perseguidores; aqui verificaram-se, em cada caso, formas e ênfases distintas na expressão cristológica. 2) Por outro lado, o caráter distinto de nexos da tradição já existentes dos quais provinham indivíduos ou grupos cristãos; judeu-cristãos de fala aramaica e de fala grega em e ao redor de Jerusalém, judeu-cristãos helenistas fora da Palestina, grupos de cristãos mais acentuadamente gentílicos de proveniência diversa – todos eles procuraram, em cada caso, a partir das expectativas de salvação e ideias que traziam consigo, possibilidades de expressão a fim de se aproximar, da melhor maneira possível, dos conteúdos da percepção pascal básica ou das afirmações de fé fundamentais que as comunicavam e a fim de explicitá-las de uma maneira adequada à situação em que se encontravam.

A variedade das formas de expressão não pode ser nivelada num desenvolvimento unilinear. Se, pois, no que se segue expomos primeiramente cristologias histórico-salvíficas de exaltação e eleição, e então cristologias cósmicas de preexistência e encarnação, isso não significa que estas sejam sempre secundárias em relação àquelas. Antes, como se mostrará, ambas as formas de cristologia já existiam uma ao lado da outra na época pré-paulina.

2.4.2. Cristologias histórico-salvíficas de exaltação e eleição

2.4.2.1. A expectativa do Jesus exaltado como Filho do Homem vindouro e Senhor

A exclamação suplicante aramaica *maranatha* ("Vem, Senhor nosso!"), que remonta à mais antiga comunidade primitiva, e, de modo semelhante, o sumário – muito antigo, contendo ideias da comunidade primitiva – da pregação missionária para gentios em 1Ts 1,9s. atestam: a comunidade primitiva entendeu a ressurreição de Jesus

2. Fundamentos bíblicos

como exaltação para o céu (para a dimensão de Deus) e esperava sua vinda a partir do céu como mediador da salvação final.

Essa expectativa protocomunitária da "vinda" do Senhor exaltado constitui – ao lado de uma eventual utilização do discurso acerca do Filho do Homem por parte do Jesus terreno – o pressuposto do emprego cristão primitivo da noção apocalíptica de Filho do Homem. Dependendo de como se deva decidir a respeito de um discurso de Jesus sobre o *bar nasha,* apresentam-se aqui diversas possibilidades de conceber o transcurso do desenvolvimento (→ 2.2.3.2.).

Em todo caso, na antiga comunidade primitiva se desenvolveu – eventualmente retomando, com uma interpretação cristológica, o uso do conceito *bar nasha* por parte de Jesus – uma reinterpretação fundamental de Dn 7,13s. (ou de outras noções apocalípticas de Filho do Homem, já que todas se referem a uma figura do além). *Na imagem de Dn 7,13s. viu-se uma expressão daquilo que havia acontecido na ressurreição de Jesus e, ao mesmo tempo, daquilo que aconteceria quando de sua manifestação futura: o Jesus histórico, crucificado, que, como exaltado, encontra-se junto a Deus, será revelado poderosamente no futuro.* Essa reinterpretação pode ser apreendida numa antiga camada secundária palestinense da fonte de *lógia* [ditos] (Lc 11,30; 12,8.40; 17,24.26.30 com par. Mt: Filho do Homem soberano-terreno) e na tradição pré-marquiana (Mc 8,38; 13,26s.; 14,62: Filho do Homem vindouro; 2,18.28: Filho do Homem plenipotenciário-terreno; 8,31; 9,9.12.31; 10,33s.; 14,21.41: Filho do Homem que sofre e ressuscita).

Portanto, a concepção judeu-apocalíptica acerca do Filho do Homem escatológico – concepção que ainda nem tinha contornos fixos – foi retomada nos inícios pós-pascais da pregação dos judeu-cristãos e ampliada em termos especificamente cristãos, a fim de, com sua ajuda, tornar compreensível para ouvintes judaicos de fala aramaica que o Jesus histórico e crucificado é a figura salvífica escatológica e exaltada com cuja presença oculta e atuação ou revelação futura todo o mundo deve contar. Entretanto, visto que no âmbito helenista esse título cristológico dificilmente seria compreensível sem comentários, aí ele passou para segundo plano (em Paulo, p. ex., que, ao invés, fala da parusia do *kyrios*: 1Ts 2,19; 3,13; 4,15; 5,23; Fl 3,20; 1Cor 11,26 e *passim*), foi ajustado ao título "Filho de Deus" e tornou-se intercambiável com Ele (Mc; Jo). A designação "Filho do Homem" nunca foi empregada como predicado cristológico de Jesus ou na linguagem de oração; ela tem seu lugar unicamente nos ditos de Jesus (reinterpretados e, em parte, também recriados).

2.4.2.2. A confissão do senhorio messiânico presente do Jesus crucificado: Cristo, Filho de Deus, *Kyrios*

Não foi a expressão "Filho do Homem", mas sim o título "Messias" (Cristo) que se tornou a afirmação básica da "cristologia" neotestamentária e transformou-se a tal ponto em característica de Jesus de Nazaré, que pôde virar praticamente um cog-

D. CRISTOLOGIA

nome (Jesus Cristo). Isso necessita de explicação, ainda mais que o Jesus terreno havia evitado aplicar a si mesmo o título "Messias", provavelmente por causa das esperanças político-nacionais a ele associadas. Como a protocomunidade pós-pascal de Jerusalém pôde, de modo paradoxal, utilizar exatamente esse título para referir-se a Jesus?

Por iniciativa das autoridades judaicas, Jesus havia sido crucificado pelos romanos como pretendente a Messias político. Com isso, para a opinião pública judaica Ele estava desmascarado e liquidado como falso Messias; agora não podia mais ser entendido erroneamente como Messias político-nacional. Mas, pelo inesperado novo impulso das experiências pascais, os discípulos se viram obrigados a fazer uma interpretação messiânica (inteiramente fora do marco da Antiguidade e do judaísmo) da ressurreição de Jesus: o próprio Deus revelou como Messias verdadeiro justamente aquele que recém fora executado como falso Messias, o "fez *kyrios* e Cristo" (At 2,36; cf. 5,31) ou o "estabeleceu como Filho de Deus" (Rm 1,3s.; de modo semelhante em 1Ts 1,9s.; At 13,30.33s.). Trata-se de uma assunção sumamente paradoxal de designações messiânicas na confissão cristã. Essa cristologia muito antiga surgiu na primeira comunidade primitiva de Jerusalém.

A nova interpretação messiânica da ressurreição de Jesus foi conservada sobretudo na fórmula de Rm 1,3s., que é citada por Paulo, remonta à comunidade primitiva aramaica e é composta de dois elementos: "que provém da estirpe de Davi, foi estabelecido como *Filho de Deus* (messiânico) pelo Espírito de santidade com base na ressurreição dentre os mortos". Aqui, a exaltação de Jesus é entendida – mediante recurso ao antigo modelo israelita da entronização do rei e sua declaração como Filho de Deus (→ 2.1.3.2.) – como instalação de Jesus enquanto regente messiânico dos últimos tempos. O fato de se ter escolhido para tanto o título (messiânico) "Filho de Deus" talvez também tenha sido condicionado pelo conhecimento que se tinha acerca do relacionamento "filial" do Jesus terreno com Deus, que se evidenciava em sua confiança em Deus e sua obediência à vontade dele.

Portanto, o título neotestamentário "Filho de Deus" provém da messianologia régia judaica e constitui uma predicação messiânica (por conseguinte, ainda não se refere a uma figura celestial, gerada por Deus e consubstancial a Ele). Contudo, ele rompe a concepção judaica na medida em que 1) uma pessoa executada é entronizada como Messias e 2) essa entronização não inicia no espaço terreno e político-nacional, mas acontece "com base na ressurreição dos mortos". *Assim, por um lado se expressa a inserção de Jesus no contexto promissivo veterotestamentário e judaico (o Filho de Deus é o Messias de Israel), mas, por outro lado, sublinha-se que Israel não pode mais esperar um portador da salvação diferente do Jesus crucificado e exaltado para junto de Deus (que as sagradas Escrituras de Israel não podem referir-se a um Messias diferente de Jesus, que é o Messias da humanidade inteira).*

Com a confissão de que Jesus foi estabelecido como Filho de Deus (ou Messias) em virtude da ressurreição o tom foi colocado mais fortemente na atual posição de re-

2. Fundamentos bíblicos

gente e potência de atuação do Jesus exaltado. É a elas que também se refere a aclamação helenista da pessoa do Exaltado como *kyrios*: *"Kyrios (Senhor) é Jesus"* (1Cor 12,3; Rm 10,9a; Fl 2,11). A predicação do Jesus exaltado como "Senhor" era usual já na comunidade primitiva, como indica a exclamação aramaica *maranatha*.

Entretanto, o emprego do título "Senhor" para referir-se ao Jesus exaltado não significa uma transferência direta de uma designação de Deus para Jesus. "O título *kyrios* não diz diretamente o mesmo que θεος *(theós)*" (FITZMYER, J.A. *Kyrios*, 817). Em At 2,34 ou Mc 12,36s., p. ex., a designação de Jesus como *"kyrios"* é tomada de Sl 110,1: "Assim diz o Senhor (Javé) a meu Senhor" (o rei davídico entronizado); isso não está em contradição com o monoteísmo judaico. Aliás, o próprio AT distinguia o rei entronizado com predicados divinos (Is 9,6; Deus forte ou Deus herói) e indica, assim, sua especial proximidade para com Deus e, inversamente, a representação terrena de Deus pelo rei. Portanto, quando os primeiros judeu-cristãos da Palestina invocavam o Jesus exaltado como (nosso, o) "Senhor", eles confessavam sua exaltação até uma posição de poder messiânico e sua condição de representante de Deus e se subordinavam com toda a sua existência a esse Senhor e a nenhum outro. Submetiam-se ao batismo "em nome do Senhor Jesus" (At 2,38; 8,16; 10,48; cf. 1Cor 1,13-15). Rm 10,9 (combinação de fórmula da ressurreição e aclamação como *kyrios*) diz: toda pessoa que se subordina em fé ao poder do Deus que ressuscitou Jesus dos mortos e confessa o senhorio presente do Jesus Ressurreto "será salva" (e está – como comenta Paulo no v. 10 – já agora justificada pela fé). *Na invocação do Jesus exaltado como Senhor se realiza existencialmente a entrega a Ele e, assim, seu senhorio já presente sobre outros poderes e senhores (Fl 2,10; cf. 1Cor 8,5).*

Mostrou-se, pois, que não só o título "Cristo" sofreu uma reinterpretação especificamente cristã ao ser aplicado a Jesus (o Messias crucificado e ressurreto). Antes, de modo geral todos os títulos cristológicos, ao serem aplicados a Jesus e, com isso, ao incorporarem a si sua história, incluindo a cruz e a ressurreição, mudam seu significado tradicional a partir da realidade concreta de Jesus. *Os títulos cristológicos recebem seu conteúdo e sua medida a partir de Jesus, e não vice-versa.* Todos eles são tentativas de expressar o pleno significado de Jesus recorrendo a modelos de compreensão já existentes, cujo conteúdo é reinterpretado. Nenhuma dessas tentativas é suficiente para dizer quem é Jesus de Nazaré. Também o modelo de Filho de Deus é uma tentativa entre outras, mas – por explicitar o comportamento existencial filial de Jesus, por ser passível de aprofundamento e por ser interculturalmente comunicável – haveria de se revelar como bastante adequado e impor-se em grau crescente (→ 2.4.3.).

2.4.2.3. Interpretações da morte de Jesus no cristianismo primitivo

A experiência pascal ou a mensagem da ressurreição autorizava e – mediante recurso à Escritura – obrigava a refletir sobre o escândalo da morte de Jesus na cruz e ver nele um sentido positivo. Em múltiplas tentativas de interpretação se tentou remontar

D. CRISTOLOGIA

ao que havia ocorrido na morte de Jesus: dessa maneira também se alcançou paulatinamente o sentido indicado pelo próprio Jesus em seus gestos durante a Última Ceia e nas palavras indiretas que os acompanhavam; de início, esse sentido era inconcebível.

a) *Primeiras interpretações teológico-escatológicas* – A antiga tradição querigmática que foi conservada nos discursos de Pedro nos Atos dos Apóstolos – discursos que, no mais, foram moldados por Lucas – contrapõe, num esquema de contraste, a ação humana referente a Jesus à ação ressuscitadora de Deus ("Vós o matastes – Deus, porém, o ressuscitou"), para, deste modo, mostrar o Crucificado como pessoa confirmada por Deus e motivar a conversão para obter o perdão dos pecados (At 2,23s.36; 3,13-15; 4,10; 5,30; 10,39s.). A fonte Q (Lc 11,49-51 par.; 13,34s. par.), mas também uma tradição pré-marquiana (Mc 12,1-9: parábola dos vinhateiros), compreendem a missão e o destino de Jesus nos termos do motivo deuteronomista (que aparece pela primeira vez em Ne 9,26) do destino violento dos profetas. Como mensageiro escatológico de Deus (o Filho do Homem ou o Filho amado), porém, Jesus os sobrepuja, de modo que, no final das contas, com essa interpretação sua morte não pode ser suficientemente apreendida. Para uma tradição pré-marquiana, a entrega de Jesus à morte decerto é obra humana, mas Deus faz dela um acontecimento em que se efetua sua vontade salvífica (Mc 9,31; 14,21.41); especialmente o antigo relato pré-marquiano da paixão expõe, a partir de salmos de sofrimento como Sl 22 e 69, o sofrimento e a morte de Jesus como sofrimento do justo de acordo com as Escrituras (Mc 15,23s.29.34.36), e mais ainda: como sofrimento do Filho do Homem (Mc 14,21.41) e crucificação do próprio Messias (Mc 15,9.12-15.18.26.32). Por conseguinte, tudo impele para tentativas de compreensão mais profundas.

b) *Interpretações soteriológicas antigas* – A confissão pascal implicava que Deus se identificara com a pretensão de portador da salvação que Jesus levantara em relação à sua atuação e, mediante indicações, também em relação à sua morte, confirmando, com isso, também a morte de Jesus como soteriologicamente relevante. Assim, não se pode excluir a possibilidade de que já a comunidade primitiva de língua aramaica reunida em torno de Cefas e dos doze tenha entendido a morte de Jesus, que Ele assumira numa pró-existência ativa, como acontecimento expiatório e de perdão (para Israel: → 2.1.2.2.b.). Contudo, essa concepção foi ampliada e universalizada por judeu-cristãos de fala grega congregados em torno de Estêvão e dos sete (At 6), que, após o assassinato de Estêvão, tiveram de mudar-se de Jerusalém para Antioquia (At 8,1; 11,19) e se dedicaram mais acentuadamente à missão aos gentios. Eles deram continuidade à prática de Jesus, crítica em relação à Torá e ao culto no Templo (At 6,13s.), que constituíra um dos motivos da morte dele (e de sua própria perseguição), mas que fora validada pela ressurreição de Jesus. Então a morte de Jesus – sobretudo em vista de seu comportamento na Última Ceia – não podia ser um acontecimento meramente casual. Agora, mediante recurso a Is 53 (LXX), ela foi entendida como morte do justo que, vicariamente, produz expiação, sem que a ideia de sacrifício cúltico influísse nisso. *Portanto, no mais extremo amor do Jesus moribundo havia acontecido o mais*

2. Fundamentos bíblicos

extremo (auto)investimento do amor de Deus (aos inimigos) para dentro da humanidade que se alheara dele, e, neste sentido, havia acontecido expiação escatológica a partir de Deus (→ 4.5.4.2.). Com isso a expiação efetuada no Templo fora ultrapassada de uma vez por todas.

Essa avaliação da morte de Jesus se expressa em múltiplas concepções, que podem ser reunidas em três grupos: 1) A fórmula da *entrega* – em seu início talvez proveniente da comunidade primitiva de língua aramaica – compreende a morte de Jesus como entrega (acontecida por amor) do Filho pelo Pai (Rm 8,32; 4,25; Jo 3,16) ou como autoentrega do Filho (Gl 1,4; 2,20; Ef 5,2.25; Mc 10,45; 1Tm 2,5s.; Tt 2,14; 1Jo 3,16) por nós. 2) A fórmula do *morrer* – provavelmente da comunidade primitiva de língua grega – fala originalmente da morte vicária do Messias por nossos pecados ou por nós *(pro nobis)*: 1Ts 5,9s.; Gl 2,21; 1Cor 1,13; 8,11; 15,3s.; 2Cor 5,14; Rm 5,6.8; 14,15; 1Pd 2,21-24; 3,18). 3) É provável que provenha de círculos de judeu-cristãos de língua grega em Jerusalém ou Antioquia a interpretação tipológico-cúltica que lança mão de motivos do culto de *sacrifícios expiatórios*, p. ex. o motivo do "sangue" de Cristo que anula os pecados (p. ex., Rm 5,8s.; Mc 14,24; 1Pd 1,2.18s.), o motivo do sacrifício expiatório pelos pecados (1Jo 2,2; 4,10) ou a fórmula citada por Paulo em Rm 3,25s.: Deus expôs publicamente para todos o Cristo Jesus que sangrou na cruz como novo local da presença de Deus que concede expiação (em hebraico: *kapporet;* em grego: *hilasterion*) – em contraposição antitipológica à velha *kapporet* no oculto santo dos santos do Templo em Jerusalém, cujo culto expiatório está, com isso, encerrado; na Epístola aos Hebreus esta interpretação é elevada à condição de concepção de conjunto (especialmente em Hb 9s.). Acrescenta-se a isso 4) a imagem do *cordeiro pascal* (Jo 1,29.36; 19,31-37; Ap 5,6.9.12 e *passim*).

Portanto, com notável amplitude e em camadas de tradição bem distintas a morte de Jesus é interpretada como acontecimento expiatório ou salvífico de caráter vicário. Com boas razões: visto que com sua morte Jesus havia respondido por sua mensagem do Deus que tem uma vontade salvífica incondicional e é solícito para com o pecador e provavelmente interpretou, Ele mesmo, sua morte iminente nestes termos, em virtude da ressurreição, essa morte não podia ser entendida senão como ato de Deus que perdoa os pecados e traz a salvação. Essa morte salvífica do Cristo e sua ressurreição a partir da morte foram interligadas em fórmulas confessionais já antes de Paulo (p. ex., em 1Cor 15,3-5; Rm 4,25), sendo então designadas pelo Apóstolo como os tradicionais elementos principais do Evangelho. A partir da morte vicária e da ressurreição, também os predicados cristológicos (Filho do Homem, Messias, Filho de Deus) adquirem sua determinação em termos de conteúdo e sua profundidade.

c) *A cristologia paulina da exaltação e da cruz* – Paulo pressupõe: a existência terrena de Jesus que termina na cruz, o supremo escândalo para Paulo antes de sua conversão; a expectativa judaica de um juízo final e uma vida definitiva; especialmente, porém, a fé no Deus uno. A cristologia paulina está inteiramente enquadrada em sua teo-logia *(per Christum in Deum)*. Desde o início ela se encontra no horizonte da ação de Deus que, por iniciativa própria, intervém a favor dos seres humanos sem salvação: Deus é o verdadeiro agente no acontecimento de Cristo, e este é iniciativa soberana do amor de Deus.

D. CRISTOLOGIA

Para corroborar esse aspecto fundamental, Paulo também assume a ideia de pre-existência ou de envio (Gl 4,4s.; Rm 8,3; cf. 2Cor 8,9; Fl 2,6); para ele, porém, essa ideia tem uma importância apenas secundária e funcional, estando inteiramente orientada pelo acontecimento da cruz, que é o verdadeiramente redentor (razão pela qual o pensamento de Paulo é exposto já aqui e não só depois de 2.4.3.2.).

A característica mais saliente da cristologia paulina é sua total concentração na morte e ressurreição de Jesus como o verdadeiro acontecimento salvífico (1Cor 15,3s. e *passim*). Paulo não só fala da morte de Cristo, mas acentua, como ninguém o fez antes dele, o tipo de morte, a crucificação: "anunciar o Messias/Cristo" (Fl 1,15) significa proclamar "Jesus Cristo, e a Ele como crucificado", uma impertinência para todas as pessoas que apostam em sinais poderosos e obras próprias ou Sabedoria do mundo (Gl 3,1; 1Cor 1,18.23; 2,2). É da cruz de Jesus que Paulo depreende que esses caminhos (salvíficos) da Torá e da Sabedoria são errados: esse acontecimento ignominioso e sem sentido aos olhos humanos, que aniquila todo gloriar-se humano (1Cor 1,31), sustenta sua tese básica da reconciliação e justificação graciosas do pecador. O Crucificado, todavia, nada seria sem sua ressurreição (1Cor 15,14). Só a ressurreição (revelada por Deus mesmo: Gl 1,12.15s.) evidenciou o caminho percorrido por Jesus até a cruz como o caminho que Deus trilha por iniciativa própria até o ser humano, descendo até as profundezas de sua miséria: *"Deus demonstra seu amor por nós pelo fato de Cristo ter morrido por nós quando ainda éramos pecadores"* (Rm 5,8).

É isto que constitui o amor incomparável de Deus: ele não se destina só ao bom ou ao amigo, mas ao ímpio e inimigo (Rm 5,6.10); Deus ama o ser humano mesmo que este se afaste dele e não ofereça nada digno de amor. Este é o *agape* realmente não motivado de Deus: ele tem seu fundamento só em si mesmo e transpõe, por iniciativa própria e sem nossa cooperação *(ab extra nos)*, o abismo que separa o ser humano de Deus. *Por isso a afirmação fundamental reza que "Deus é por nós"* (Rm 8,31). Contra isso não há poder que se imponha. Neste sentido Paulo interpreta o tradicional "por nós" *(pro nobis)* acontecido na cruz e ressurreição como reconciliação com Deus efetuada por Deus ou pelo amor de Cristo e como justificação (Rm 4,25; 5,5-10; 2Cor 5,18-21 e o.), que o ser humano aceita na fé confiante e deixa acontecer em si. Assim o ser humano é introduzido por Cristo na comunhão de vida com Deus (Gl 4,5-7; Rm 8,14-17) e, desse modo, libertado do encantamento dos poderes hostis a Deus (detentores terrenos de poder, destino/astros, lei, pecado, morte) para a liberdade de uma nova vida "em Cristo" (2Cor 5,17 e *passim*) ou "no Senhor": na esfera de influência de Cristo e determinado por Ele.

Em Paulo predomina o título *kyrios:* como Exaltado, o Crucificado é o "Senhor" da comunidade, que se subordina a esse *kyrios,* realiza a reconciliação presenteada como reconciliação dos antagonismos em seu meio (Gl 3,28), está ciente de estar ligada a seu Senhor e de ser conduzida por Ele, em meio aos sofrimentos do tempo presente. As experiências extremas de humilhação, sofrimento, fracasso e morte são introduzidas na própria confissão de Cristo e vinculadas com a esperança de redenção e sua experiência incipiente no Pneuma (Rm 8,18-39). Isso possibilita – entre a cruz e a ressurreição – uma vida neste mundo, o qual não é íntegro, mas ao qual, ainda assim, se destinam as promessas da fidelidade divina em termos de bênção, vida e justiça.

2.4.2.4. O caminho terreno do Filho de Deus messiânico segundo os Evangelhos sinóticos

A mais antiga utilização cristã do predicado " Filho de Deus" está vinculada, como vimos, à ressurreição: esta é a entronização messiânica e o reconhecimento de Jesus como Filho de Deus. Agora, contudo, podia ocorrer um duplo equívoco: 1) que Jesus só teria sido *feito* Messias e Filho de Deus pela ressurreição, o que, portanto, ainda não teria sido em sua atuação terrena e morte; 2) que Ele teria sido meramente aceito por Deus como Filho (adotivo). Ora, acaso Jesus não é o Filho singular de Deus, e acaso não o era já em sua existência terrena, de modo que não se tornou Filho de Deus apenas por meio da Páscoa?

Esclarecimentos fizeram-se necessários. Se a ressurreição representa a confirmação do caminho terreno de Jesus, então Ele também deve ter sido o Messias cheio do Espírito de Deus já em sua atuação terrena. Por isso, já bem cedo o título de Filho de Deus – inicialmente associado com a ressurreição de Jesus operada pelo Espírito (cf. Rm 1,3s.) – foi ampliado e utilizado também com referência ao Jesus terreno. A perícope batismal pré-marquiana (Mc 1,11-13), moldada a partir de uma perspectiva pós-pascal e mediante evocação de Is 42,1, localiza o Filho de Deus messiânico repleto do Espírito no início da atuação pública de Jesus, e Lc 1,32.35 fixará então a dotação com o Espírito e a filiação divina já na concepção e no nascimento de Jesus: *desde o início Jesus é o Filho de Deus messiânico permanentemente repleto do Espírito Santo de Deus como aquele que foi manifestado em sua ressurreição.*

Os Evangelhos sinóticos narram, à luz da Páscoa e retomando a confissão originária de "Jesus Cristo", o caminho terreno (palavras, ações, morte) de Jesus. Eles juntam a tradição sobre Jesus e conservam, assim, os fundamentos históricos concretos da fé cristã. E também inserem na história de vida terrena de Jesus – que, afinal, não se tornara passado, mas foi conservada e é atual por meio da ressurreição – de modo inteiramente adequado, o falar e agir presentes do "Senhor" exaltado (também o título *kyrios* é relacionado em grau crescente com o Jesus terreno). *Portanto, quando os Evangelhos narram quem era outrora o Jesus terreno, que pregava e era crucificado, proclamam com isso, ao mesmo tempo, quem é Ele agora – como Cristo e* kyrios *Ressurreto, que foi anunciado e se faz presente.* É Ele que assim se torna presente *para nós,* nos olha e fala a nós.

a) *O Evangelho de Marcos* – Escrito o mais tardar por volta do ano de 70 dC na Síria por um cristão judeu-helenista que deve ter sido bilíngue, este Evangelho contém uma cristologia altamente desenvolvida. Isto já se mostra no fato de que quase todos os títulos cristológicos (sobretudo Filho do Homem, Filho de Deus, Cristo; também Fi-

D. CRISTOLOGIA

lho de Davi, rei, mestre, o santo de Deus; mas não o título *kyrios*) e afirmações conhecidas (tradição sobre a atuação terrena de Jesus e querigma da morte, ressurreição e vinda para o juízo) estão colocados em relação mútua.

As diversas afirmações cristológicas têm sua função no conjunto da narrativa. *Portanto, a cristologia do Evangelho de Marcos é narrativa, razão pela qual não pode ser extraída dele e trasladada para uma forma conceitual-sistemática mais abstrata. Antes, "é a história de Jesus Cristo que diz quem Ele é"* (PESCH, R. *Markusevangelium,* vol. 2, 43).

Na abertura (Mc 1,1-13) o leitor/ouvinte fica sabendo em primeiro lugar, como que num vislumbre, quem é esse Jesus: "o Filho (amado) de Deus" (Mc 1,1.11). A descida escatológica do Espírito de Deus (vindo do céu não mais cerrado) "sobre Ele" é explicada pela subsequente voz vinda do céu como processo de eleição e instituição da relação extraordinária de Deus com Jesus, de modo que a atuação de Jesus aparece como consequência da dotação com o Espírito (Mc 1,12: "o Espírito o impelia"; cf. Is 42,1). Com isso está colocado o signo hermenêutico decisivo para todo o resto. O leitor cristão, portanto, já está ciente (a partir da Páscoa) do mistério da pessoa de Jesus, que lhe é comunicado paulatinamente desde o início, sabendo, pois, de antemão mais do que os discípulos, o povo e outros atores da história que se segue, para os quais a verdade de Jesus está oculta.

A primeira parte (Mc 1,14-10,52) narra a atuação pública de Jesus, do Filho de Deus repleto do Espírito que ainda está oculto também para os discípulos, o qual – conforme o sumário marquiano da pregação de Jesus em Mc 1,14s. – anuncia a proximidade do senhorio de Deus (isto é, de livramento e salvação: Mc 10,25s.) e convida a tirar as consequências dessa proximidade (conversão e dedicação ao novo). Em suas ações Jesus já torna presente, em forma de sinais, a salvação do senhorio de Deus, ao ensinar com autoridade e efetuar múltiplas curas; ao pôr fim ao senhorio destrutivo do mal sobre as pessoas, ao perdoar pecados na qualidade de Filho do Homem terreno (dotado de autoridade, para o leitor cristão) e ao servir a todos humilhando-se (Mc 10,45). As testemunhas dessa atuação perguntam pela fonte de sua Sabedoria e força milagrosa (Mc 6,2s.). Os próprios discípulos que perguntam: "Quem é este?" (Mc 4,41), não o compreendem (motivo da incompreensão dos discípulos), nem o percebem – de modo politicamente equívoco – como "Messias" (Mc 8,29) e, por fim, como "Filho de Deus" legitimado pelo próprio Deus (Mc 9,7). Jesus mesmo, porém, lhes proíbe mediante ordens de silenciar, cujo prazo de vigência vai até a Páscoa (Mc 8,30; 9,9), que expressem publicamente seu conhecimento acerca do mistério da pessoa de Jesus (trata-se do chamado segredo messiânico). Por quê? Indicações disso são dadas pelo motivo do "caminho" de Jesus até Jerusalém (Mc 8,27; 9,30.33s.; 10,1.17.32.52), em conexão com os anúncios de que o Filho do Homem vai sofrer, morrer e ressuscitar (Mc 2,20; 8,31; 9,9.12.31; 10,32-34.38.45), e com a observação de que é justamente isso que os discípulos não compreendem até o fim (Mc 8,32s.; 9,10.32; 10,32).

2. Fundamentos bíblicos

Assim tudo se encaminha para a segunda parte (Mc 11,1-16,8), para a paixão como fim necessário do caminho que Jesus percorre de modo consciente e voluntário (Mc 2,19s.; 10,32s.; 12,6s.; 14,21.36.41s.), e para o querigma pascal (Mc 16,6s.; cf. 14,28). Aqui se apresenta outro quadro, não se mantém mais segredo: Jesus se designa, num discurso parabólico indireto, como o mensageiro enviado por último e como "Filho amado" de Deus, que será morto e rejeitado, mas se tornará a pedra angular (Mc 12,1-11). Ele confessa – numa espécie de compêndio da cristologia marquiana, que culmina na afirmação acerca do Filho do Homem (Mc 14,61s.) – diante do Sinédrio, que o condenará, abertamente que é o " Messias – Filho de Deus" (sofrido, crucificado), e mais ainda: o "Filho do Homem que virá" (como exaltado, para o juízo e o estabelecimento do senhorio de Deus), o que, segundo a concepção de Marcos, desencadeia a acusação de blasfêmia e a sentença de morte por ser presunção em relação à autoridade julgadora de Deus sobre seus juízes. E enquanto os discípulos falham e fogem, Ele só é reconhecido pelo centurião sob a cruz: "Este homem era Filho de Deus" (Mc 15,39).

O leitor, que transcende a ação narrativa, sabe, porém, que até os adversários, que escarnecem Jesus chamando-o de "Cristo" e "rei dos judeus" (Mc 15,12.18.26.32), precisam dizer a verdade mesmo sem o querer; que o crucificado é de fato o justo que sofre sem ter culpa (Mc 15,14a.28.34), que salva a outros (Mc 15,31s.; cf. 10,45b e 14,24) e não se salva a si mesmo. Deus, porém – e o leitor também sabe disto –, ressuscitou esse Jesus dos mortos (Mc 16,6; cf. 8,31; 9,9; 9,31; 10,33s.; 14,28) e o colocou como Filho do Homem à sua direita (Mc 12,36; 14,62), de onde Ele virá para o juízo e o salvamento (Mc 8,38; 13,26s.33-37; 14,62; cf. 10,40), e com Ele virá o senhorio de Deus com poder (Mc 9,1; 14,25). Para Marcos esse fim é iminente (Mc 13,29s.; cf. 9,1).

Por que, então, o motivo da manutenção de segredo (segredo referente ao Messias e aos milagres), cujo prazo vai até a Páscoa (Mc 9,9), na primeira parte do Evangelho? Porque a messianidade e a filiação divina poderiam dar ensejo a ideias e expectativas errôneas, como se se tratasse de poder e senhorio terrenos (Mc 11,10; 9,34s.; 10,37.42s.) e como se o caminho percorrido primeiro por Jesus e depois seguido pelos discípulos passasse ao largo do sofrimento e da cruz (Mc 8,32-35; 9,32-34; 10,32-45). E porque os milagres de Jesus podem ser entendidos erroneamente como ações poderosas de um milagreiro divino (e não como sinais corporificados da proximidade do senhorio de Deus) e como a verdadeira comprovação da filiação divina (em lugar do serviço aos outros: Mc 9,35; 10,45). Além disso, a salvação não se esgota numa cura intra-histórica, mas significa infinitamente mais: "vida eterna no éon vindouro" (Mc 10,30; cf. 10,17.23-25). Esta é, portanto, a razão das ordens de Jesus aos discípulos para que silenciem até a ressurreição. Esta é a razão da interpretação da messianidade ou da filiação divina mediante referência ao sofrimento, morte e ressurreição do Filho do Homem; no contexto os discípulos sempre são conclamados a estarem dispostos a sofrer no seguimento de Jesus (Mc 8,34s.; 9,35; 10,43s.); logo, a cristologia e o discipulado estão inseparavelmente unidos.

D. CRISTOLOGIA

Só existe o caminho de Jesus mediante inclusão da cruz (e da ressurreição). Só no horizonte da cruz (Mc 14,61s.; 15,39), portanto, e no discipulado vivido pode-se confessar sem interpretações errôneas que Jesus é o Filho de Deus messiânico. O título "Filho de Deus", que não se refere à preexistência, permeia todo o Evangelho e implica, assim como o título "Cristo", a atuação messiânica, repleta do Espírito do Jesus terreno como mensageiro do senhorio próximo de Deus. O título "Filho do Homem", por sua vez, visa sublinhar que o Filho do Homem que virá no futuro realmente com poder e trará a salvação definitiva não é senão aquele que, para a salvação de muitos, estava disposto a sofrer, morreu e ressuscitou. Para Marcos, os três títulos "Messias", "Filho de Deus" e "Filho do Homem" formam uma unidade, interpretam-se mutuamente (Mc 14,61s.; 8,29.31.38; 9,7) e só juntos dizem quem Jesus é na verdade. Mas: "Só o Evangelho como um todo (cf. 9,9) pode mostrar quem Ele é" e em que sentido Ele é o Messias, Filho de Deus e Filho do Homem (LÜHRMANN, D. *Markusevangelium*, 146).

Em suma, Marcos esboça uma cristologia do "preceder" (E. Schweizer): *Jesus vai na frente – curando, servindo, sofrendo, entregando sua vida por todos, ressuscitando – e abre o caminho para que todas as pessoas que querem segui-lo encontrem, por meio dele, o caminho para a vida verdadeira.*

b) *O Evangelho de Lucas* – Segundo o "helenista" Lucas (c. 85 dC), que possui um espantoso conhecimento da Escritura (LXX) e, ao mesmo tempo, abre a mensagem de Cristo para o mundo helenista (perspectiva universal), todo o caminho de Jesus é salvificamente significativo (At 1,21s.; 10,38-43), porque Jesus é desde o início o Messias-salvador eleito e Filho de Deus (Lc 1,30-35; 2,11).

Segundo o Evangelho da infância de Lucas, Jesus é estabelecido como Filho de Deus (em sentido judaico-messiânico), e isso se dá – ao contrário de Rm 1,4 (ressurreição) e Mc 1,9-11 (batismo) – já no seu nascimento: o anjo anuncia a Maria que Ele se chamará "Filho do Altíssimo", Deus lhe dará um dia o trono de Davi para que Ele reine eternamente (Lc 1,32, de acordo com 1Sm 7,12-16). A vida humana de Jesus é o novo começo salvífico para a humanidade, estatuído por Deus: "O Espírito Santo virá sobre ti, o poder do Altíssimo te cobrirá com sua sombra. Por isso o que nascer será chamado Santo, Filho de Deus" (Lc 1,35). "Com isso não se transforma uma concepção sem a participação do pai, p. ex., num pressuposto de sua filiação divina; antes, recorrendo a uma imagem compreensível na época se expressa aquilo que também é atestado em outras partes do NT: o significado salvífico de Jesus não provém da autossuficiência humana, mas é desde o início obra de Deus no ser humano Jesus. Neste sentido Ele é tido como Filho de Deus" (WEISER, A. *Jesus*, 56). A filiação divina de Jesus, contudo, não é mantida provisoriamente em segredo, como em Marcos: Deus mesmo a proclama publicamente por ocasião do batismo de Jesus (Lc 3,21s.) e este a confirma perante o Sinédrio (Lc 22,70).

O título "Cristo", por sua vez (que pode ser interpretado erroneamente em termos político-nacionais), não é utilizado por Lucas no contexto da atuação pública de Jesus.

2. Fundamentos bíblicos

Só depois do cumprimento de todo o plano divino com o Messias por ocasião da Páscoa essa reticência pode ser abandonada e se pode apresentar em sua plenitude a prova escriturística relativa à missão e ao destino do Messias (At 3,18-26; 2,24-36 e o.). Não é a filiação divina, mas o mistério do sofrimento, ligado ao título "Messias", que permanece provisoriamente incompreendido e oculto (Lc 9,44s.; 18,34), para – depois da consumação do caminho na ressurreição – ser descerrado em seu sentido profundo a partir da Escritura (Lc 24,25-27.45-47).

Em Lucas as designações cristológicas são mais variadas e menos fixas. Ainda assim, existem linhas perceptíveis. Enquanto o título de "Filho de Deus" expressa a estreita ligação de Jesus com o Pai, a qual condiciona a entrega confiante de Jesus a Deus (Lc 23,46) e sua submissão obediente ao plano divino (Lc 2,49; 22,22a) (cf. também a acentuação da oração de Jesus: Lc 3,21; 6,12; 9,18.28; 11,1; 22,31s.; 23,34.46), a designação "Messias" (em associação com a noção de profeta escatológico: Lc 4,24; 7,16; 13,33 e o.) remete à missão particular de Jesus: Ele é "ungido" com o Espírito (isto é, "Deus está com Ele": At 10,38), para, de modo universalista, proclamar libertação e salvação a todos os carentes e, ao mesmo tempo, realizá-las neles (Lc 4,18s.31-43 e o.). Em Lucas todos os antigos títulos, tanto de proveniência judaica quanto helenista, assumem este sentido: a missão do "Filho do Homem" consiste em buscar e salvar o perdido (Lc 19,10; cf. 15,1-32); a salvação (*soteria*) trazida pelo "salvador" (*soter*) destina-se particularmente às pessoas pobres, aleijadas e perdidas (Lc 19,9; 14,13.21; 1,68s. e *passim*). *Assim, a esperança dos judeus e o anseio de redenção dos gentios encontram igualmente seu cumprimento inesperado no amor de Jesus à humanidade, sobretudo em seu amor às pessoas pecadoras e pobres ou na consideração que Ele dá às mulheres* (Lc 8,1-3; 10,38-42; 23,27-31; 1,39-56; 2,36-38; 7,36-50).

Para Lucas, a função redentora de Jesus não se limita à autoentrega ou à morte de Jesus na cruz, e até nem se concentra nela. Lucas conserva a tradição da Última Ceia (Lc 22,19s.), mas de resto omite o motivo da morte expiatória vicária. Ele acentua que já o Jesus terreno interveio especialmente a favor dos pecadores e lhes presenteou o perdão de Deus (Lc 5,32; 7,47-49; 15; 19,8-10; 23,41-43); com nenhuma palavra, porém, o perdão dos pecados é vinculado à morte de Jesus (antes à exaltação: Lc 24,46s.; At 2,36-38 e o.). O sofrimento de Jesus é a necessária passagem para a glória (Lc 9,31; 13,32s.; 17,25; 24,7.26). Mas também nesse caminho de sofrimento Jesus continua sendo aquele que cura (Lc 22,51) e intervém a favor dos pecadores com intercessão vicária (Lc 22,32; 23,34.42s.). Portanto, Lucas mostra de maneira diferente da tradição pré-paulina, de Paulo e Marcos, como o caminho de Jesus traz salvação. *Toda a história de Jesus tem significado soteriológico:* de sua solicitude para com as pessoas perdidas, passando pelo caminho do sofrimento, até a consumação em sua exaltação à direita de Deus (Lc 9,51; At 2,32-36; 3,20-26), pela qual Ele tornou-se permanentemente o "autor da vida" e "salvador" (At 3,15; 5,30s.), para conceder perdão dos pecados e a dádiva do Espírito (Lc 24,47.49; At 2,38 e *passim*), para abrir o acesso ao Reino de Deus, isto é, possibilitar a salvação definitiva (Lc 13,23.29). Jesus é agora o Cristo e *kyrios* exaltado (At 2,36),

D. CRISTOLOGIA

por isso a salvação é uma possibilidade aberta permanentemente: "Não há salvação em nenhum outro" (At 4,12). A salvação, porém, é dada às pessoas que se abrem a ela, isto é, que, de mãos vazias, esperam tudo do advento de Deus junto a elas.

O caminho terreno de Jesus através do sofrimento até a glória, entretanto, é não só o trajeto fundamental e constitutivo para a salvação de todas as pessoas, mas ao mesmo tempo também o trajeto paradigmático. Lucas depreende do caminho de Jesus qual deve ser a natureza do caminho do cristão: "É preciso que passemos por muitas tribulações para entrar no Reino de Deus" (At 14,22). Portanto, Jesus é também o exemplo do discípulo, que deve seguir seu Senhor com alegria no caminho – do proclamar, do curar, do perdoar – que passa pelo sofrimento até chegar à glória (cf. At 5,12-16; 6,8; 8,6s.12; 14,3; 19,8.13 e o.). Assim, "Jesus abre o caminho para a vida e possibilita que o trilhem todas as pessoas que, equipadas pelo Espírito Santo, aderem a Ele" (SCHNACKENBURG, R. *Christologie*, 299).

c) *O Evangelho de Mateus* – É um Evangelho judeu-cristão (c. 85 dC) e está em confrontação com o judaísmo contemporâneo, de cunho farisaico, mas ao mesmo tempo se abre universalmente para o mundo dos gentios e um cristianismo de grande Igreja. O segredo messiânico de Marcos (e a incompreensão dos discípulos) passam quase inteiramente para o segundo plano. A questão do Messias passa para o centro: Mateus tem desde o início o maior interesse em demonstrar a messianidade de Jesus em sentido judaico (mas modificado em termos cristãos). Para tanto, serve-se da prova escriturística, desenvolvida como citação que evidencia o cumprimento ("Isto aconteceu para que se cumprisse...": Mt 1,22s.; 2,5s. e *passim*). A designação propriamente messiânica "o Cristo" se destaca de modo acentuado (Mt 1,1.16-18; 2,4; 11,2 e *passim*), mas o mesmo acontece também com o título "o Filho de Davi" (no título, em histórias de curas e na entrada em Jerusalém). A história de Deus se encaminha para Jesus (é o que mostra a genealogia anteposta em Mt 1,1-17): *Jesus é o cumprimento das expectativas messiânicas de Israel; Ele, e nenhum outro, é o prometido rei messiânico da estirpe de Davi, mas o é – com as melhores tradições de Israel – como o servo de Deus de Isaías, que traz a salvação para os quebrantados e os gentios (Mt 8,16s.; 12,15-21), e como o rei pacífico e não violento de Zacarias (Mt 21,5)*. Corresponde a isso o fato de que o marco da filiação davídica é de antemão ampliado pela menção da filiação abraâmica de Jesus (Mt 1,1; cf. 3,9; 8,11), de modo que, para além do Israel predileto, todos os povos encontrarão a salvação por meio de Jesus (cf. Gn 12,3; 22,18; 26,4); por isso no final os discípulos são enviados a todos os povos (Mt 28,18-20).

Para Mateus, o Messias Jesus é, ao mesmo tempo, o intérprete plenipotenciário e terminativo da vontade de Deus (Mt 5,21-48). Mais ainda: em toda a vida, ensino e atuação de Jesus ocorre, porque nelas a vontade de Deus "é feita" (Mt 6,10; 26,39.42; 5,18), o "cumprimento" escatológico da lei (Mt 5,17). Por isso Jesus é "não só mestre da nova justiça, mas ao mesmo tempo também a encarnação dela" (SCHWEIZER, E. *Matthäus*, 54). Enquanto para a fonte Q Jesus era o último mensageiro da Sabedoria,

2. Fundamentos bíblicos

aquela figura reveladora da vontade de Deus (cf. Lc 7,31-35; 10,21s.; 11,49-51 com par. Mt), Mateus "deu um passo além e praticamente identificou Jesus com a Sabedoria" (SCHWEIZER, E. *Matthäus*, 54). Isto, contudo, ocorre apenas de modo indireto e de acordo com o conteúdo: as "obras de Cristo" (Mt 11,2) são para ele as "obras da Sabedoria" (Mt 11,19), a palavra da Sabedoria (Lc 11,49) é a palavra de Jesus (Mt 23,34). Em Jesus a própria Sabedoria de Deus (desde Eclo 24,23; Br 4,1 equiparada à lei) tornou-se presente. Por isso seu "eu, porém, vos digo" não é blasfêmia, e sim manifestação escatológica da vontade de Deus; nele a Sabedoria chama todos os "cansados e sobrecarregados" para deixarem o pesado "jugo dos mandamentos" (em termos rabínicos) e se colocarem sob o "jugo suave e leve" dele (Mt 11,28-30). Assim, Jesus é não só o último mensageiro da Sabedoria e Filho do Homem, mas, por assim dizer, "a Sabedoria de Deus em pessoa" (SCHWEIZER, E. *Matthäus*, 57) e é "o Cristo justamente como Sabedoria encarnada" (p. 55). *Portanto, com sua cristologia sapiencial (sem recorrer ainda à ideia de uma Sabedoria preexistente) Mateus afirma de maneira autônoma que em Jesus de Nazaré o próprio Deus se encontra com os seres humanos, que Jesus é o "Emanuel", isto é, "Deus conosco"* (Mt 1,23).

Todas as definições mencionadas (Messias, Filho de Davi, Sabedoria encarnada; além disso, remetendo à parusia para o juízo, Filho do Homem), porém, são sobrepujadas pelo título cristológico que, para Mateus, é o mais importante e supremo: Jesus é "o Filho de Deus" (de 23 ocorrências 10 são redacionais). O título "Filho de Deus" se estende por todas as fases do caminho de Jesus. Ele já aparece no Evangelho da infância (Mt 1,21.23.25; 2,15). No relato do batismo, ele é reforçado pelo fato de Mateus entender a voz vinda do céu como declaração pública (Mt 3,17b: "Este é meu Filho amado"). Na perícope sobre a tentação, Jesus se sai bem – ao contrário dos "Filhos rebeldes e renegados" de Is 1,4; 30,1.9; Jr 3,14; 4,22 – justamente por sua obediência como Filho de Deus, que permanece completamente voltado para Deus e nossa salvação (Mt 4,4b.10b) e não abusa da filiação em proveito próprio. Indo além de Marcos (e Lucas), Mateus faz com que os discípulos (14,33: com prostração) e Pedro (16,16s.) confessem a filiação divina de Jesus. De modo bem enfático, Mateus também liga a afirmação acerca da filiação divina com o sofrimento e a morte de Jesus na cruz (Mt 21,37s.; 27,40.43.54): Jesus não é reconhecido por seu povo como Filho de Deus, é repudiado e sofre a morte de cruz em obediência a Deus por causa dos pecados. Ele fora eleito por Deus como Filho para trazer, em termos positivos, um novo relacionamento com Deus ("Deus conosco": 1,23) ou, em termos negativos, "salvação dos pecados", isto é, da distância em relação a Deus (é o que diz a interpretação do nome "Jesus" em Mt 1,21). Isto, porém, acontece através da entrega de sua vida por muitos (Mt 20,28; 26,28): só o Filho eleito, que faz com que a vontade de Deus seja feita inteiramente, pode ser expiação (= suspensão da separação). No texto final que é o coroamento do Evangelho, Mt 28,17-20, o Ressurreto aparece finalmente como "o Filho" (empregado em termos absolutos e designando o verdadeiro mistério de Jesus, a singular relação Pai-Filho) que, mediante a promessa de sua presença permanente junto aos seus, con-

D. CRISTOLOGIA

firma seu nome "Deus conosco" (Mt 1,23) e nos possibilita – como aquele que ensina na palavra dos discípulos – ter parte em sua própria filiação (Mt 5,9.45; 13,38.43; 6,9).

2.4.3. Cristologias cósmicas de preexistência e encarnação

As comunidades judeu-cristãs na Palestina estavam determinadas principalmente pelo pensamento veterotestamentário e judaico e, a partir daí, entendiam a filiação divina de Jesus como eleição, dotação com o Espírito e instalação no ofício messiânico (desde a ressurreição, o batismo, o nascimento). Neste contexto não se enfocava a ideia de que o Filho de Deus tivesse, já "antes" de sua vida humana, uma "existência" pessoal (preexistência) na forma de existência de Deus. Afirmações sobre a preexistência e o envio do Filho de Deus não são simplesmente um prolongamento do modelo da filiação divina messiânica para além do nascimento, para trás, até um ser pré-mundano do Filho de Deus. Elas também não se situam apenas ao final de um processo de desenvolvimento mais prolongado, mas já aparecem bastante cedo, em parte simultaneamente com afirmações sobre a exaltação e associadas a elas (cf., p. ex., Fl 2,6-11). Em comparação com estas, as afirmações sobre a preexistência colocam em jogo outro modelo de pensamento, que ajudou a descobrir uma inesperada profundidade da história e da pessoa de Jesus Cristo.

2.4.3.1. Pressupostos no pensamento sapiencial do judaísmo helenista

Os judeus e judeu-cristãos que viviam em tradições palestinas e histórico-salvíficas experimentavam o mundo preponderantemente como história e pensavam sobretudo em categorias temporais-escatológicas; assim, podiam compreender Jesus como o portador escatológico da salvação e consumador da história. Já para pessoas helenistas o mundo era sobretudo o cosmo; eles pensavam mais acentuadamente em categorias e metáforas espaciais. Na Antiguidade tardia, porém, o cosmo passou a ser vivenciado cada vez mais negativamente: como dominado por poderes anônimos (destino, astros, matéria má, caos etc.); um sentimento básico pessimista de perdição e medo do mundo se espalhou. É para dentro deste mundo que a fé em Cristo tinha de ser comunicada. Para que o significado redentor de Jesus para a existência e o anseio de salvação de tais helenistas pudesse ser evidenciado, Ele precisava ser relacionado com o cosmo de modo mais decidido do que o fora até então. Para tanto o pensamento sapiencial judaico, com suas ideias de preexistência, constituía um auxílio.

Para o AT unicamente Deus é "preexistente": incriado, precedente a tudo que é criado, ao qual dá fundamento, Ele é firme "desde a eternidade" e não vacila (Sl 93,2); por isso, é fiel e digno de toda a confiança como nada mais o é (Sl 93,5). Por isso o ser humano pode ter a confiança fundamental de que a criação se baseia numa ordem sábia e boa, cuja observância o capacita para uma vida correta: "Fizeste tudo com Sabedoria" (Sl 104,24), diz a Sabedoria mais antiga de Israel.

2. Fundamentos bíblicos

Só na Sabedoria pós-exílica mais recente de Israel, que se confronta com o mundo do helenismo, encontra-se uma noção da Sabedoria de Javé na qual esta deixa de ser uma qualidade de Deus e se transforma numa grandeza preexistente (relativamente) autônoma.

Os exemplos mais importantes disso são: Pr 1-9 (c. 300 aC), Eclo 24 (c. 180 aC), Br 3,15-4,4 (c. 120 aC) e Sb 6-9 (c. 50 aC). Aqui a Sabedoria de Deus aparece – figuradamente e personificada na visualização – como um ser pré-mundano, anteposta a todas as outras obras da criação, e nisso se baseia sua autoridade incondicional para todo o mundo: criada por Deus antes de todo o mundo como primícia de seus caminhos (Pr 8,22-31), proveniente da boca de Deus (Eclo 24,3), reflexo de sua luz e imagem de sua bondade (Sb 7,25s.), sua companheira de vida e de trono (Sb 8,3; 9,4.10). Quando da criação do mundo ela estava presente como conselheira e auxiliadora de Deus (planta de construção e ferramenta: Pr 8,27-30; Sb 7,12.21; 8,4; 9,2.9), ela preenche e permeia – de modo semelhante ao Logos estoico – o universo (Sb 7,24; 8,1), e atua em tudo (Sb 8,5), também na história da humanidade e sobretudo de Israel (Sb 10,1-19). Visto que a rigor está destinada a todos os povos, ela percorre irrequietamente o cosmo e os povos (Eclo 24,6s.), até que por fim encontra um local de repouso no Templo sobre Sião e fica morando como Torá no meio de Israel (Eclo 24,8-19.23; Br 3,15-4,4); a Sabedoria criacional universal de Deus, buscada por todos para obter a vida, encontra-se, pois, na Torá. Segundo outra versão, ela não encontrou nenhum lugar entre os seres humanos e, por isso, retornou ao céu (En Et 42,1). Ela é mediadora da revelação, mestra e guia (Pr 3,17; 8,12-16.32s.), oferecendo aos seres humanos conhecimento, vida e salvação (Pr 1,32s.; 2,5.10; 3,2.16). Por isso se pede que Deus a "envie" do céu, "para que ela me acompanhe e compartilhe toda fadiga comigo e eu perceba o que te é agradável" (Sb 9,10.17). Ela entra na alma dos amigos e profetas de Deus (Sb 7,27s.14), e o justo por ela inspirado é chamado de Filho de Deus (Sb 2,12-18 – em sentido adotivo!).

O Livro da Sabedoria já havia equiparado a Sabedoria, que deve ser buscada, ao Pneuma (Sb 1,5s.; 7,7.22) e ao criador-Logos (Sb 9,1s.) de Deus. Isso também ocorre em Fílon de Alexandria († c. 45 dC). Ele designa a Sabedoria como "filha de Deus" e o Logos como "Filho unigênito" (preexistente!) de Deus, e até como um "segundo Deus". Em seu conceito de Logos se juntam conteúdo bíblico (Palavra de Deus) e conteúdo platônico-estoico (cosmo espiritual, quintessência das ideias de Deus, razão divina do mundo). Aqui o Logos se torna o ser mediador proveniente de Deus (ou a quintessência dos muitos seres mediadores espirituais), que – não sujeito ao devir como Deus nem sujeito ao devir como nós – estabelece a ligação entre o Deus localizado numa transcendência distante e o mundo visível criado.

A Sabedoria preexistente judeu-helenista (em hebraico: hokmah; em grego: sophia) é uma figura cósmica de pensamento para fins soteriológicos. Ela serve para pensar em conjunto a universalidade da atuação e revelação de Deus em toda a criação (participação dos povos na Sabedoria divina) e o significado salvífico especial de sua atuação particular na história de Israel (posição incomparável da Torá) e assim, ao mesmo tempo, destacar a validade universal da Torá (como planta secreta de construção do mundo e caminho abrangente de salvação).

D. CRISTOLOGIA

2.4.3.2. A ideia de preexistência em fórmulas e hinos neotestamentários

A especulação sapiencial judeu-helenista exerceu grande influência sobre o surgimento da cristologia de preexistência. Aquilo que lá se pensava sobre a Sabedoria-Torá já cedo estimulou os judeu-cristãos de fala grega, entre os quais a teologia sapiencial continuava viva (cf. At 6,3.9s.), a chegarem a uma compreensão mais profunda do mistério de Jesus Cristo.

Ao contrário do que ocorria entre judeu-cristãos de língua aramaica, mais leais em relação ao Templo e à Torá, entre esses judeu-cristãos helenistas desde o início também teve certa importância uma crítica ao Templo e à Torá originada em Jesus (cf. At 6,11.13s.; 7,47-53). A teologia sapiencial identificava a Sabedoria preexistente-eterna com a Torá (localizada no Templo), e o fazia de modo tão exclusivo, abrangente e definitivo que outro mediador da salvação definitivo se tornou impensável ao lado dela ou para além dela, por isso a confissão de Jesus Cristo tinha de levar forçosamente à confrontação e a uma decisão em termos de alternativa: ou a Sabedoria-Torá é a planta de construção e o caminho de salvação preexistentes e definitivos (e neste caso Jesus podia ser tido, quando muito, como um justo e Filho adotivo de Deus subordinado à [Sabedoria-]Torá e por ela inspirado), ou então Jesus Cristo tornou-se a instância definitivamente normativa em lugar da Torá; neste caso, porém, a Sabedoria eternamente preexistente de Deus (ou seu Logos ou Filho) estabeleceu-se permanentemente em Jesus, estando presente nele, e não na Torá. Nele encontramos o caminho certo para Deus e a salvação, porque Ele tem sua origem inteiramente em Deus.

A cristologia de preexistência assim surgida em seus rudimentos não representa apenas uma adaptação, condicionada pela cultura e pelo tempo, a um esquema de pensamento já existente. Para que este pudesse ser assumido, tinha de ser acolhido antes como meio de expressão de uma percepção mais profunda de Jesus Cristo. Assim, a cristologia de preexistência abre ao mesmo tempo uma nova dimensão na aproximação ao mistério e significado de Jesus, que haveria de tornar-se determinante sobretudo onde se pensava mais em termos de teologia da criação, em termos cósmicos ou também metafísicos.

a) *Ideia não expressa de preexistência na fórmula cristã primitiva do envio* – Um esquema de pensamento provavelmente já pré-paulino encontra-se em Gl 4,4s.; Rm 8,3s.; Jo 3,16s. e 1Jo 4,9: "Deus enviou seu Filho, a fim de..." – sempre com estes elementos; portanto, trata-se de uma fórmula já estilizada. Há controvérsia se nestes casos o envio do Filho (como certamente ocorre no contexto de Paulo e João) já pressupõe a preexistência ou é pensado, antes, em analogia ao envio dos profetas (como, p. ex., em Mc 12,1-9). De fato não se afirma – ao contrário do que ocorre em Sb 9,9s. em relação à Sabedoria – que o Filho enviado por Deus estava antes junto a Deus e que este o enviou do céu. Logo, não se deverá sobrecarregar teologicamente a fórmula cristã primitiva do envio. Ainda assim, parece ressoar aí uma ideia de preexistência ainda indeterminada, não expressa. Afinal, em todas as quatro passagens – de modo

2. Fundamentos bíblicos

semelhante ao que ocorre em Sb 9,10 – há uma frase introduzida com a expressão "a fim de" indicando a finalidade soteriológica do envio, p. ex. em Gl 4,5: "a fim de remir os que estavam sob a lei, a fim de que recebêssemos a filiação". Além disso, Paulo, pelo menos, fala – de maneira semelhante à paralelização do envio da Sabedoria e do Espírito em Sb 9,10.17 – na sequência do envio do Espírito (em nossos corações: Gl 4,6; analogamente em Rm 8,14s.). Entretanto, a fórmula cristã primitiva de envio vai consideravelmente além do esquema de pensamento sapiencial-judaico já existente: lá a Sabedoria preexistente de Deus não foi vista em conjunto nem assim com uma pessoa bem determinada (singularidade histórica de Jesus) nem com as outras pessoas (significado escatológico de Jesus para elas).

A fórmula do envio é teologicamente significativa: 1) *Mediante referência à preexistência do Filho de Deus enviado ao mundo, o Cristo Jesus é diferenciado de outros enviados por Deus, p. ex. dos profetas;* nele Deus agiu para a salvação dos seres humanos com uma intensidade inédita e com um caráter definitivo que não pode mais ser sobrepujado (é o que diz mais tarde em especial Hb 1,1s.). 2) O discurso acerca da preexistência e do envio do Filho significa que a história do portador escatológico da salvação baseia-se inteiramente na iniciativa de Deus, e *o libertador vindo inteiramente de Deus precisa entrar inteiramente nas condições terrenas de existência e desgraça das quais quer libertar.*

O modelo de preexistência se distingue do modelo messiânico de exaltação pelo fato de exprimir a singularidade de Jesus a partir de seu "de onde" (proveniência de Deus), ao passo que aquele modelo enfocava preponderantemente seu "para onde" (elevação até Deus ou eleição por Ele).

b) *Ideia explícita de preexistência em hinos cristológicos neotestamentários* – 1) Na Epístola aos Filipenses (c. 54/55 dC), Paulo cita um hino cristológico mais antigo, já existente antes dele e proveniente de judeu-cristãos helenistas, com duas estrofes: *Fl 2,6-11.* Ele louva o caminho de Jesus Cristo, e o faz atendo-se ao esquema bíblico-sapiencial de (auto-)humilhação e exaltação por Deus ("aquele que se humilhar será exaltado": Mt 23,12 e o.), mas sugerindo que esse caminho começa num plano meta-histórico, na preexistência divina.

O preexistente ainda sem nome, que tem sua origem e sua dignidade como ser igual a Deus na esfera divina (afirmação acerca da proveniência e do *status*), faz o que contraria toda expectativa humana: não utilizou sua condição de ser igual a Deus de modo egoísta em proveito próprio, mas abriu deliberadamente mão de toda primazia, empreendeu o caminho para baixo, optou por autoesvaziar-se e assumir a condição humana e então optou pela auto-humilhação ao invés da autoafirmação, até as últimas consequências, até a impotência da morte. O sentido soteriológico é: quem quer romper a escravidão dos seres humanos precisa vir de além de tal existência, mas precisa entrar inteiramente nela (cf. 2Cor 8,9: tornar-se "pobre" por nossa causa).

D. CRISTOLOGIA

O hino tem "visivelmente dificuldade de expressar a encarnação em sua plenitude – provavelmente porque para o mundo da Antiguidade era insólito falar da real encarnação de um ser divino", e não apenas de seu revestir-se de figura humana (MÜLLER, U.B. *Menschwerdung,* 31). Também a "Sabedoria" judaica, que certamente inspira pessoas justas, que entra em suas almas e até as acompanha na miséria (Sb 7,7.27; 10,13s.), em nenhum lugar se identifica de tal modo com *um* dos justos que chegue a tornar-se ser humano. Além disso, a desistência voluntária de *status* e ascensão social era quase inconcebível para a Antiguidade. Portanto, algo inteiramente novo precisava ser expresso aqui como uma tentativa.

A segunda estrofe contém a resposta de Deus à auto-humilhação voluntária do encarnado: Deus mesmo o exalta até a maior altitude e lhe confere seu próprio e supremo nome *kyrios* (entronização do humilhado). Por isso um dia todas as esferas do cosmo – os anjos no céu, os seres humanos na terra, os mortos no mundo subterrâneo – vão reconhecer a Ele (em Is 45,18-25: a Deus!) na homenagem escatológica (genuflexão e aclamação cósmicas); enquanto isso, no presente, a comunidade cristã já confessa com este hino vicariamente por toda a criação: "*Kyrios* é Jesus Cristo". Nesse hino há uma tensão dramática que dificilmente pode ser identificada, uma tensão de descida e exaltação, de elevação do escravo humilhado à condição de senhor do mundo.

Por causa de suas afirmações cristológicas de grande elevação, porém, "impõe-se o problema do relacionamento do *kyrios* Jesus com Deus" (GNILKA, J. *Philipperbrief,* 131). O próprio hino ainda não vê aí nenhum problema, mas sim Paulo. Corrigindo-o, ele acrescenta a fórmula "para glória de Deus Pai"; com isso subordina Cristo a Deus (cf. 1Cor 15,24.28) e tira, assim, da confissão do *kyrios* Jesus sua posição de alvo do hino (cf. também Fl 1,11; Gl 1,1.4s.; 1Cor 3,23; 15,28; Rm 15,7). O Exaltado não é um segundo ser divino ao lado de Deus, mas aquele por meio do qual acontece a obra escatológica de Deus, que provém do Pai e está direcionado para Ele e só assim é incluído na unicidade de Deus.

Para o hino de Fl 2,6-11 Jesus Cristo é sobretudo o ser humano humilhado e exaltado que veio de Deus. A afirmação acerca da figura divina de um preexistente designa a dimensão profunda do caminho de Jesus e o qualifica em seu conjunto como acontecimento de revelação e salvação.

2) O autor da Epístola aos Efésios (provavelmente um discípulo de Paulo) retoma em *Cl 1,15-20* um hino cristológico que corrige por meio de certos acréscimos e interpreta no contexto. O pano de fundo do hino e da epístola é constituído pelo sentimento geral daquela época, de estar vivendo não mais num mundo acolhedor, mas quebradiço e frágil, mundo esse no qual a destruição pode irromper a qualquer momento (c. 61 dC houve um terremoto devastador em torno de Colossos) e o qual está determinado pela luta caótica e destruidora dos poderes cósmicos elementares (destino, astros, elementos), sob os quais o ser humano está escravizado. Para enfrentar o medo do mundo e os sentimentos de ameaça oferecem-se algumas propostas de salvação: p.

2. Fundamentos bíblicos

ex., a ascensão gnóstica da alma da matéria suja para o luminoso reino celeste do espírito ou a purificação ritual-ascética pitagórica dos elementos inferiores, associada à adoração dos deuses e almas no mundo superior. Uma variante sincretista judeu-cristã de tal "filosofia" (Cl 2,8a) penetrou na comunidade de Colossos: Cristo parece estar incluído entre os "poderes elementares" do cosmo (Cl 2,8b; 1,16d); estes são adorados como seres pessoais (Cl 2,18), observam-se dias festivos cósmico-cíclicos (lua nova ou sábado) e prescrições relativas a alimentos (Cl 2,16.21), talvez também se pratique a circuncisão (Cl 2,11). Isto representa um desafio para a comunidade. O hino cristológico o aceita e reage, com ideias sapienciais, na mesma "altura" cosmológica: *em vista dos poderes cósmicos concorrentes a confissão cristológica precisava ser formulada em termos cósmico-universais, para que Cristo mantivesse inequivocamente a primazia.*

O hino entende Cristo (a quem se refere só aquela expressão "primogênito dos mortos" em Cl 1,18) tanto em sua preexistência quanto em sua pós-existência como uma grandeza igual a Deus ou repleta de Deus a partir da qual, enquanto cabeça do corpo do mundo, surge a consistência deste (pela fidelidade do Criador) e é restaurada a harmonia rompida do cosmo (reconciliação universal). *Salvação, portanto, significa livramento (menos do pecado e do juízo do que) da perdição, alienação e vazio de sentido e condução futura à intransitoriedade.* O fundamento da salvação reside no fato de que o mediador da redenção é idêntico ao mediador da criação, isto é, possui desde o início a igualdade funcional com Deus e tem a primazia sobre tudo o que é criado ("primogênito" em Cl 1,15 é um termo que designa a posição, só se tornando uma afirmação relativa à substância na disputa com o arianismo). Nenhuma criatura vive sem Cristo, e por meio do Cristo exaltado tudo está reconciliado. Mas Deus sempre mantém a iniciativa, Cristo é apenas mediador da atividade criadora e reconciliadora de Deus.

O autor da epístola interpreta: Cristo Jesus, "o Senhor (exaltado)" (Cl 2,6), é "o mistério de Deus no qual estão escondidos todos os tesouros da Sabedoria (*sophia*) e do Conhecimento (*gnosis*)" (Cl 2,2s.), no qual, portanto, Deus se revelou inteiramente. Essa função reveladora de Jesus Cristo se baseia no fato de que nele a "imagem do Deus invisível" (segundo Sb 7,25s.; cf. Hb 1,3), preexistente a toda a criação, tornou-se terrenamente visível. Visto, porém, que tudo foi criado pela palavra do Criador articulada historicamente em Jesus Cristo (Cl 3,16), tudo tem consistência em Cristo (a palavra desse Criador). A criação tem um fundamento confiável e não está à mercê de poderes cósmicos que determinariam o destino. Isto é afirmação de fé, e não uma explicação do mundo que deveria parecer evidente a todos.

Por conseguinte, Cristo não deve ser entendido como força cósmica (princípio para uma harmonia existente do mundo; dinâmica evolutiva de um mundo em devir ou coisa semelhante) ou como ser celestial mítico. Tais compreensões errôneas da preexistência e mediação na criação são vedadas pela indicação de que esse Cristo Jesus morreu na "cruz" poucas décadas antes. Assim foi que Ele realizou a paz e trouxe reconciliação para o mundo (Cl 1,20b), triunfou sobre os outros poderes (Cl 2,15) e nos libertou; assim foi que Deus, o Pai, "nos arrancou do poder das trevas e nos acolheu

D. CRISTOLOGIA

no reino do Filho de seu amor" (Cl 1,13s.). *No hino de Colossenses o peso é colocado na afirmação soteriológica: Cristo, a "imagem" protológica "do Deus invisível" (Cl 1,15), visa soteriologicamente o "novo ser humano", que "é renovado segundo a imagem de seu Criador", de modo que as diferenças de povo, classe e posição existentes entre as pessoas não contam mais (Cl 3,9-11).* Em Cristo, promessa de seu amor inviolavelmente fiel, Deus abarca todo o mundo de modo acolhedor, libertador e evocativo – tanto a partir da origem quanto da meta.

3) O Evangelho de João (concluído c. 95 dC) começa com uma grande abertura: o hino ao Logos de *Jo 1,1-18*. Sobre sua forma originária e seu pano de fundo existe uma confusão de hipóteses conflitantes na pesquisa. Se se excluem interpretações extremas, constata-se que há certo consenso básico de que o evangelista ampliou um hino já existente antes dele através de acréscimos em forma de comentários, parcialmente formulados em prosa (Jo 1,6-8.15.17s., talvez também 2.9.12d.13.14d). O hino mais antigo teria compreendido então mais ou menos Jo 1,1.3-5.10-12ab.14.16.

O hino fala do Logos (Verbo) que era "no princípio" e por meio do qual tudo foi criado. Com isso ele recorre 1) à grande abertura bíblica "no princípio" de Gn 1,1 e à "palavra" criadora veterotestamentária, que Deus fala (p. ex., Gn 1,3; Sl 33,9) e que pertence indissoluvelmente a Ele, sendo por isso divina. Além disso, o hino ao Logos retoma 2) o ensinamento sapiencial judaico, que, ao interpretar Gn 1, chegou a fazer afirmações semelhantes sobre a Sabedoria, só que esta foi "criada" como primícia das obras de Deus e não "era" no princípio. O hino lembra 3) o ouvinte daquela época do conceito-chave da interpretação helenista do mundo (no estoicismo, o Logos é a "razão do mundo" que permeia o cosmo e a lei da razão segundo a qual se deve viver), mesmo que não se refira a esse princípio inerente ao cosmo, e sim ao face a face pessoal com o cosmo (este veio a ser por meio do Logos e deve ser redimido por Ele). Trata-se, portanto, de outro campo de associações: o Logos diz respeito a todo ser humano.

Como estímulo direto deve ter servido o discurso judeu-helenista sobre a Sabedoria preexistente junto a Deus após sua criação, que estava presente na criação do mundo e percorre o cosmo em busca de um local de moradia entre os seres humanos (Eclo 24,6s.), mas, segundo En Et 42,1-3, não o encontra e retorna ao céu. Também no hino joanino ao Logos, este, antes de fazer-se carne, atua já a partir de Jo 1,5 no mundo, mas não é aceito com sua atuação salvífica pelas pessoas – como se acentua repetidas vezes (Jo 1,5.10.11). Assim, a tendência das afirmações do hino se encaminha para o clímax e a reviravolta em Jo 1,14 e, com isso, para algo totalmente novo: *em vista da rejeição dominante o Logos não desistiu, mas, "pelo contrário, fez agora o máximo, o último que ainda era possível: para ter acesso às pessoas, Ele próprio tornou-se ser humano"* (HAENCHEN, E. *Probleme*, 131). Justamente isso era algo estranho à tradição judaica da Sabedoria e do Logos.

Só com a encarnação em Jo 1,14 tem lugar algo realmente novo. Entretanto, o verdadeiro alvo do hino não é a encarnação, mas sua consequência e efeito soterioló-

2. Fundamentos bíblicos

gico: o recebimento da salvação por parte dos crentes (Jo 1,16). Porém, os crentes só podem obter participação na plenitude do *Logos* (Jo 1,16) se este, pela encarnação, não perder sua divindade, mas a conservar na encarnação. "Carne" significa aqui (diferentemente das outras passagens em que ocorre no Evangelho de João), em termos veterotestamentários e inteiramente não dualistas, o ser humano em sua condição de criatura. O *Logos* "tornou-se" carne, assumiu uma humanidade concreta. Portanto, Ele não "apareceu" apenas na carne (epifania) e tampouco se revestiu da carne como mero envoltório (docetismo gnóstico). Para os leitores helenistas a ideia de que um deus aparece em figura humana era familiar e não era nada em que não se pudesse crer; a novidade inaudita, porém, era Deus se ligar diretamente com um ser humano terreno. Uma encarnação real contradiz tanto o pensamento helenista quanto o pensamento sapiencial judaico: a Sabedoria não se encarna num ser humano determinado, mas permanece separada daqueles a quem torna sábios. Aqui, porém, sustenta-se a encarnação do *Logos* divino: Ele se identifica indissoluvelmente com um ser humano histórico concreto (cujo nome "Jesus Cristo", contudo, só é mencionado no comentário de Jo 1,17). *Preexistente não é Jesus, e sim o Logos, que também no mais atua na criação e na história humana, e Jesus não é o Logos como tal, e sim o Logos encarnado.*

Em Jo 1,18 o comentário também tira a consequência do hino: "Ninguém jamais viu a Deus; o Filho unigênito (ou: Deus?), que está no seio do Pai foi quem no-lo deu a conhecer". Como Logos-Filho encarnado em pessoa, Jesus é o revelador que pode expor a Deus realmente a partir de dentro, a partir de Deus mesmo. O que Deus tencionava com a criação, o que Ele tinha a dizer na história da humanidade e principalmente de Israel, tornou-se perceptível em Jesus de Nazaré; aqui Deus se revelou a nós e se comunicou historicamente de maneira insuperável. E voltando o olhar para o sentido inverso: preexistente e mediador da criação é *aquele Logos* que em Jesus Cristo tornou-se historicamente apreensível, "palpável" (1Jo 1,1); Deus não é senão aquele que aqui se tornou transparente, o "Pai" deste "Filho".

2.4.3.3. O caminho terreno do Filho de Deus encarnado como revelação e comunicação da salvação (Evangelho de João)

Os Evangelhos sinóticos transmitem a fé em Jesus como Filho messiânico de Deus narrando acerca de seu caminho; eles não empregam afirmações sobre a preexistência. Por outro lado, encontramos tais afirmações em distintas fórmulas e hinos cristológicos do NT, que, inversamente, desconsideram em grande parte a história concreta de Jesus. *O Evangelho de João junta as duas coisas: história narrada de Jesus e cristologia de preexistência.* Por ele começar enfaticamente com o hino ao Logos, a preexistência do Logos ou do "Filho unigênito, que está no seio do Pai" e o "deu a conhecer", constitui o ponto de partida e o marco global de todo esse Evangelho. Por isso, Jesus, em sua atuação pública, é tido desde o início como o Filho de Deus revelado: Ele manifesta seu verdadeiro ser em grandes discursos revelatórios e elevadas afirmações sobre si mesmo (palavras com "eu sou") que seriam inconcebíveis para o Jesus si-

D. CRISTOLOGIA

nótico; opera milagres que abrem os olhos da fé para os discípulos com uma clareza tal que, a rigor, só é possível depois da Páscoa; Ele tem ciência de tudo e é superior a seu destino até mesmo na paixão.

Descida do céu – vida terrena – ascensão ao Pai (ou preexistência, encarnação, exaltação, pós-existência) parece ser o esquema no qual João enquadra o caminho de Jesus. Todavia, ele justamente não "narra" de modo direto acerca da preexistência e pós-existência, mas apenas alude a elas por meio de metáforas espaciais e temporais, que coloca na boca de Jesus: "Eu sou lá de cima, não sou deste mundo" (Jo 8,23); "Antes que Abraão fosse, eu sou" (Jo 8,58) etc. Temos aqui a maior reserva: só se descreve o que ocorre depois da encarnação, a atuação de Jesus no mundo. A preexistência e a encarnação constituem o fundo dessa descrição. Elas designam a origem imperceptível da palavra reveladora que Jesus é em toda a sua humanidade, sua dimensão de profundidade. Expressam que a pessoa e o caminho de Jesus são iniciativa intramundanamente inderivável do próprio Deus para a salvação dos seres humanos, tendo por isso um caráter revelador e salvífico insuperável. *A encarnação como tal não é objeto de reflexão neste Evangelho; o que predomina é a ideia de envio:* o Pai, que "tem vida em si mesmo" (Jo 5,26) "enviou" o Filho, que – com base nessa origem divina real, não usurpada ou pretensa (Jo 1,18) – é o único que pode revelar ao mundo perdido Deus e seu amor salvador e dar comunhão com Ele, isto é, vida eterna (Jo 3,16s.36; 5,19-24.26 e *passim*).

Esse significado salvífico extremo de Jesus é sintetizado pelo Evangelho como autotestemunho de Jesus em palavras com "eu sou", nas quais a dádiva de Jesus – a qual em última análise é Ele mesmo – é identificada figuradamente àquilo do qual o ser humano vive em sentido elementar: Jesus é "o pão da vida" ou "pão vivo" (Jo 6,35.41.48.51) e "água viva" (Jo 7,38; 4,13s.), que realmente sacia a sede e a fome de vida que existe em toda a humanidade e se expressa em seus múltiplos mitos (e práticas). Ele se oferece como "a luz do mundo", isto é, como aquele que traz certeza e clareza para a ameaçadora insegurança da existência (Jo 8,12; 3,19-21; 9,5), como o bom pastor, que dá proteção e orientação para o caminho (Jo 10,11-16), como a videira verdadeira, a quintessência da alegria que vai além do cotidiano (Jo 15,1.5), como a porta de salvação (Jo 10,9). Numa só palavra: Ele é "o caminho, a verdade e a vida" (Jo 14,6; cf. 11,25). O que os seres humanos buscam, sem o conhecer, encontra-se nele. Eles, que se assemelham a cegos de nascença, vão passar a ver ao encontrar-se com Ele (Jo 9,39), vão "nascer" de novo a partir de seu Espírito (Jo 3,3-8) e ser "livres" ao praticar suas palavras (Jo 8,31s.; 3,21; 7,17). A oferta de salvação é dirigida a todos, sem restrições (Jo 8,12; 9,5).

Em João *a paixão e a morte* de Jesus são vistas no contexto da cristologia de envio. O Filho enviado ao mundo pelo Pai tem a missão de comunicar vida divina ao mundo. Concluída sua missão, Ele abandona o mundo e retorna ao Pai, para atrair todos a si. *A morte é uma estação pela qual é necessário passar no caminho rumo à exaltação (Jo 3,14; 12,28.32s.), mais ainda: é parte integrante do processo de exaltação (e não o ponto mais baixo da humilhação em consequência da encarnação) e consumação vitoriosa:* o soberano "Está consumado" substitui o grito de abandono (Jo 19,30a; cf. 8,29; 16,32). A morte de Jesus só pode abrir vida eterna como exaltação, portanto, na medida em que o enviado do Pai volta vitoriosamente até o Pai, destitui o "príncipe deste mundo" (Jo 12,31; 16,11.33) e entrega e envia seu Pneuma aos seus (Jo 19,30b; 7,39; 16,7). Nessa concepção podem então perfeitamente ser enquadrados elementos do conceito da morte salvífica de Jesus transmitido no cristianismo primitivo: o cordeiro de Deus e verdadeiro cordeiro pascal (Jo 1,29.36; 19,33.36), a entrega da vida pelos seus (Jo 10,11.15.17s.; 15,13; cf. 13,1); a ideia de expiação vicária é apenas sugerida (Jo 1,29; 11,50-52).

O Filho que vem do Pai e vai a Ele (Jo 16,28; cf. 6,62; 13,1.3) é divino (*theos:* Jo 1,1.18); no final Tomé, com a invocação do "Deus pessoal" (condutor, protetor e intercessor de seu protegido) clássica no Antigo Oriente: "meu Senhor e meu Deus" (Jo 20,28), confessa a Cristo como seu "Deus pessoal". Mas *o* Deus *(ho theos)* é, também no Evangelho de João, apenas o Pai, é Ele que tem a iniciativa, é dele que tudo parte; o Filho é seu enviado e revelador definitivo, nada pode fazer por si mesmo (Jo 5,19), mas recebe tudo do Pai e faz sua vontade (Jo 4,34; 5,30; 6,38-40): "o Pai é maior do que eu" (Jo 14,28). Não obstante, Deus Pai torna-se realmente acessível na figura de Jesus, o Logos encarnado e Filho: "Quem me vê, vê o Pai" (Jo 12,45; 14,9; 1Jo 5,20). *Pois "o Filho" (emprego absoluto) está num relacionamento singular com o Pai (Jo 1,1; 3,16): "O Pai e eu somos um" (Jo 10,30); isto não se refere ainda – como é o caso desde o Concílio de Niceia – a uma consubstancialidade intradivina (assim como Jo 14,28 não se refere a uma subordinação substancial), mas a uma unidade de vontade e atuação no tempo.* Contudo, em consequência da fusão joanina dos planos do tempo e da eternidade, de fato "se abre o olhar para a profundidade metafísica do relacionamento entre Jesus e seu Pai" (SCHNACKENBURG, R. *Johannesevangelium,* vol. 2, 387). A presença do Verbo e Filho junto a Deus, à qual só se alude no hino inicial (Jo 1,1.18) podia, assim, despertar uma profunda noção: o Deus vivo em si mesmo como "diálogo eterno" no qual todos hão de ser incluídos.

Ao que parece, em círculos das próprias comunidades joaninas surgiu uma cristologia docético-gnóstica que negava a real encarnação do Filho e sua morte (cf. 1Jo 2,19). Do contrário a crítica antidocética em 1Jo 2,18; 4,2s.; 5,6 e 2Jo 7 não teria sido necessária. *Toda cristologia de preexistência e eminência exagerada, pelo visto, corre o perigo de ofuscar a humildade da vida de Jesus e a miséria de sua morte, em vista de tanta eminência, portanto, de não mais levar a sério a existência humana concreta de Jesus e, com isso, a real encarnação do Logos de Deus.*

2.4.3.4. O sentido das afirmações neotestamentárias sobre a preexistência

A preexistência e a encarnação só são pensadas corretamente se a divindade do Verbo eterno não desvalorizar, como concorrente, o caminho terreno-humano de Je-

D. CRISTOLOGIA

sus, mas, como fundamento, o possibilitar e sustentar. *O motivo da preexistência e do envio visa expressar o "extra nos" de nossa salvação:* o que se nos depara no ser humano Jesus não tem sua origem no nexo dos acontecimentos intramundanos, mas vem do face a face por excelência de todo ser mundano. Na história de Jesus o próprio Deus agiu para nossa salvação. *A liberdade de Deus rompe o nexo cósmico do destino e nos liberta para a liberdade das filhas e filhos de Deus* Assim, o que está em pauta nas afirmações acerca da preexistência do Filho único não é especulação abstrata sobre seu *status* pré-temporal, mas sim a fundamentação de nossa filiação divina e de nossa salvação.

Mas as afirmações sobre a preexistência visam, além disso, considerar o relacionamento de Jesus com o Criador e com a criação, com o cosmo: em Jesus se nos depara não simplesmente um princípio divino num mundo alheado de Deus, e sim o criador do cosmo como seu redentor. O Deus que em Jesus abre uma nova possibilidade de viver é o mesmo com o qual lidamos enquanto criador e Senhor do cosmo. E isto significa ao mesmo tempo: *Deus não se esgota no ser humano Jesus e em sua atuação.* Em Jesus foi o Logos-Filho (o Deus que se revela e comunica escatologicamente a si mesmo) que se tornou ser humano e não simplesmente Deus como tal.

2.4.4. O significado normativo da cristologia neotestamentária

2.4.4.1. Pluralidade e unidade estrutural das cristologias neotestamentárias

Já na primeira cristandade encontra-se, portanto, uma diversidade surpreendentemente grande de predicados (títulos), formas confessionais e concepções cristológicas globais.

Nem sequer mencionamos algumas das concepções cristológicas: p. ex., *1Pd* 1,18-21; 2,21-25; 3,18-22 (todo o caminho de Cristo tem efeito salvífico universal, e o tem, como diz o motivo da pregação de Cristo no *Hades*, também para as pessoas que nesta vida não puderam ter um encontro consciente com Cristo, e Ele é modelo de vida para o discipulado nas pegadas de Jesus), ou *Ap* 5,1-14; 7,9-17 e *passim* (a Cristo, o "cordeiro" abatido, foi entregue o senhorio, em sua fraqueza Ele é forte e vai triunfar sobre os poderes que se opõem a Deus e desprezam o ser humano), ou *Hb* 2,14-18; 4,14–5,10; 10,19-21; 12,1s. (ao se confirmar na tribulação e no sofrimento, o Filho se nos tornou precursor, que nos abriu o caminho que leva da fatalidade da morte para Deus, e por seu autossacrifício pessoal efetuado de uma vez por todas se nos tornou mediador da salvação, que, como sumo sacerdote celestial, pode interceder por nós perante Deus), ou as *epístolas pastorais* (epifania da vontade salvífica universal de Deus em Cristo Jesus).

É preciso tomar conhecimento da pluralidade de cristologias neotestamentárias também na dogmática e evitar colocá-las com demasiada rapidez numa linha uniforme e transformar uma delas unilateralmente em norma. Para o desenvolvimento posterior da cristologia teve consequências sérias o fato de sobretudo a cristologia joanina ter adquirido predominância e fornecido o critério para a interpretação das outras, como dos sinóticos, p. ex.; isso acarretou algumas unilateralidades e estreitamentos. Não é por acaso que diversas concepções cristológicas se encontram juntas no cânone do NT. Isto é uma orientação: tratava-se desde o início e trata-se em todo o futuro de um *relacionamento dialógico* entre diversas tradições e concepções cristológicas.

A razão da pluralidade não reside só na pluralidade dos ouvintes e situações, mas na própria causa: Jesus Cristo tem muitos lados, e nenhuma cristologia por si só consegue apreender toda a "plenitude de Cristo" (Ef 4,13). Em toda a sua variedade elas têm, portanto, um *referencial comum,* um fundamento real anterior a elas, sobre o qual estão postadas e o qual não foram elas que criaram: Jesus de Nazaré, o crucificado e Ressurreto. É a Ele que são atribuídos os diversos predicados, é Ele que é confessado, é acerca dele que se narra. Cristologia é, a partir daí, explicação de quem Jesus de Nazaré é e do que, por isso, Ele significa para a salvação do mundo. Esse significado salvífico de maneira nenhuma pode ser dissociado dele mesmo: a cristologia como doutrina da pessoa de Jesus e – por ela fundamentada – a soteriologia como doutrina da obra de Jesus formam uma unidade inextricável. Ambas, porém, são determinadas pelo sujeito que as rege – não só em termos gramaticais. Os diversos predicados (p. ex., Filho do Homem, Filho de Deus), motivos (p. ex., sacrifício expiatório, redenção, preexistência) e concepções (p. ex., o esquema do caminho) adquirem seu significado especificamente cristão por meio dele, recebem um *novo conteúdo* e caráter modificado em comparação com suas demais ocorrências na história das religiões. Todos eles precisam deixar-se determinar por essa pessoa concreta e determinada em termos de conteúdo, e não vice-versa.

Esse referencial comum e esse fundamento criador de unidade conferem aos diversos símbolos e concepções uma unidade fundamental, de modo que, não obstante toda a diversidade dos esquemas de pensamento (quer se trate de expiação, nascimento virginal, preexistência, quer não), verifica-se uma profunda igualdade estrutural. *A estrutura básica comum consiste na indissolúvel vinculação da revelação e salvação de Deus à pessoa e obra de Jesus de Nazaré: por meio dele Deus e sua salvação tornam-se insuplantavelmente válidos (escatológicos) e são comunicados de maneira universal.* Por isso toda a cristologia neotestamentária está direcionada em termos teocêntricos *(per Christum in Deum)* e soteriológicos (para a salvação do mundo).

2.4.4.2. A passagem paradigmática de modelos de compreensão judaico-históricos para helenístico-cósmicos

Toda linguagem cristológica também é condicionada pela cultura, e esse condicionamento se estende até a narrativa sobre Jesus e a expressão da relação pessoal com Cristo. Para comunicar e apropriar-se da tradição sempre se recorre a modelos conceituais e linguísticos que são compreensíveis no respectivo espaço cultural. *Assim ocorre inevitavelmente certa adaptação de Jesus e da fé nele a esquemas de compreensão específicos de uma cultura, sem que ambos se enquadrem inteiramente nesses esquemas ou sejam suficientemente alcançados por eles em cada caso.* Essa discrepância permanente mantém sempre em aberto a busca de uma linguagem mais ade-

D. CRISTOLOGIA

quada tanto a Jesus quanto ao próprio contexto. No NT encontramos em maiores proporções dois tipos básicos distintos (também em termos de especificidade cultural):

1) Cristologias *histórico-salvíficas* de exaltação e eleição explicitaram o significado de Jesus no marco de um pensamento orientado principalmente pela história, em correspondência com a tradição judaica antiga e hebraica. Resumindo esquematicamente: o Jesus vindo historicamente é o portador escatológico da salvação (exaltado e eleito como Filho do Homem, Messias, Filho de Deus), Ele traz o cumprimento da Torá e dos profetas (da Escritura); com sua história escatologicamente válida, os últimos tempos já despontaram, mas sua implementação e verificação universais ainda ficam por vir; Ele realizará a salvação esperada (a comunhão universal com Deus e todas as criaturas em justiça e paz) no futuro, e até então é preciso viver daquilo que Ele já deu e em conformidade com Ele, numa época histórica qualitativamente nova, situados entre o "já agora" e o "ainda não". Portanto, em vista da história humana, o significado de Jesus é descrito como definitivo: Ele é o fim salvífico antecipado da história ou o centro do tempo.

2) As cristologias de preexistência e de encarnação tomaram essas cristologias de exaltação por base (cf. Fl 2,8-11; Cl 1,18b; Jo 12,16 e o.); portanto, não as abandonaram, mas, indo além delas, procuraram corresponder ao pensamento de orientação *mais cósmica* da cultura do mundo helenista e, ao fazê-lo, descobriram uma profundidade inesperada da história e pessoa de Jesus. Nesse processo, elas puderam recorrer a formas de expressão do pensamento sapiencial judeu-helenista, que já havia transformado elementos helenistas cósmicos (*Sophia, Logos*), os havia integrado ao monoteísmo judaico e, inversamente, aberto este para o pensamento helenista. Por conseguinte, judeu-cristãos helenizados também puderam estabelecer uma ligação de Jesus com a Sabedoria (ou o Logos) de Deus, atuante no cosmo inteiro e até preexistente já "antes" de sua fundação. Assim, puderam entendê-lo como o Filho encarnado enviado do céu (de cima), no qual estão dadas as estruturas fundamentais do universo (criação) e no qual tudo há de culminar e ser afirmado (Ef 1,10; cf. Cl 1,18a; redenção). De certa maneira Ele é o orientador de toda a realidade e, ao mesmo tempo, o fundamento de sua salvação (restabelecimento da paz cósmica e libertação da alienação sob o destino, a mortalidade, o vazio de sentido).

A passagem para o outro espaço experiencial, o helenista, não representa nem uma mera troca de vestimenta nem uma mera adaptação funcional. Em certo sentido, ela traz um ganho e um aprofundamento da cristologia (o mais radical retorno do evento-Cristo a Deus através de preexistência e encarnação; ampliação universal-cósmica da fé em Cristo), não sem perigos e perdas em outro sentido (valorização insuficiente da história concreta e unicidade, bem como da humanidade concreta de Jesus de Nazaré).

No século I, a comunicação de Jesus para dentro do horizonte helenista de experiência ainda foi feita predominantemente por judeu-cristãos helenizados. Eles conservaram a continuidade com os inícios do cristianismo primitivo apegando-se às tradições: mediante vinculação com o Jesus histórico (cuja memória foi preservada de

2. Fundamentos bíblicos

modo acentuadamente narrativo), mediante vinculação à antiga tradição judeu-cristã da exaltação (fórmulas referentes à pessoa e à obra de Jesus, como "*kyrios* é Jesus"; "Deus o exaltou"), mediante transmissão do AT como "a Escritura". *As expressões judeu-cristãs da fé em Cristo (tipo de exaltação e tipo de encarnação) estão guardadas no NT, e através desse documento da fé em Cristo válido para todos os tempos elas se tornaram determinantes, dando com isso continuidade e unidade;* isto ocorreu também quando, a partir do século II, cristãos helenistas não judeus (gentio-cristãos) determinaram os desdobramentos posteriores da fé em Cristo e, ao fazê-lo, utilizaram mais acentuadamente elementos de outras culturas.

Sob a forma das cristologias de preexistência e encarnação, que têm uma orientação mais cósmica, o NT já contém em si mesmo a passagem de um espaço cultural para o outro: do mundo judaico antigo e hebraico ou aramaico para o mundo helenista. Também neste sentido as cristologias neotestamentárias são modelares para todas as passagens culturais a serem realizadas no futuro. Estas nunca podem levar a tipos de cristologia e soteriologia "puros" em termos de especificidade cultural, mas – mantendo dialogicamente a continuidade e unidade – sempre só a tipos "mistos", que inter-relacionem a origem jesuânica e judeu-cristã e o respectivo contexto cultural novo (levando em consideração outras figuras "intermediárias").

2.4.4.3. Alcance dogmático dos diversos modelos de compreensão

Jesus havia anunciado – como nenhum dos demais mensageiros de Deus em Israel – que o novo tempo da salvação, o senhorio escatológico de Deus já começara e havia se entendido como agente desse senhorio: uma pretensão missionária inaudita, baseada no relacionamento singular com Deus daquele que chamava a este de *abba*. Com base na experiência-chave da Páscoa (o Jesus crucificado foi confirmado por Deus, está eternamente guardado, é presente e futuro), o judeu-cristianismo antigo correspondeu a ambos esses dados – à pretensão missionária e ao comportamento filial (implícito) de Jesus para com Deus – compreendendo a missão de Jesus em termos messiânico-escatológicos e a Ele próprio – a partir da ressurreição ou do batismo no Jordão – como o Filho de Deus singular, completamente dotado com o Espírito de Deus, messiânico. Diferente é o caso do conceito de Filho de Deus ligado à preexistência e ao envio, que é concebido por judeu-cristãos helenizados sobre um pano de fundo judeu-helenista e se expressa sobretudo no Evangelho de João: ele não se deriva mais diretamente da entronização messiânica pascal no Espírito ou da dotação messiânica do Jesus terreno com o Espírito; baseia-se, antes, na ligação "pré"-temporal do Logos-Filho com Deus, do qual o Filho provém (envio, encarnação), para ser fonte da nova vida imperecível para outros. Também esta convicção da encarnação real e permanente do Logos ou Filho de Deus preexistente procura corresponder aos dois dados mencionados que se encontram no Jesus terreno: Jesus não é meramente um revestimento passageiro ou uma manifestação passageira de (um) Deus, mas o Logos-Fi-

D. CRISTOLOGIA

lho encarnado do Deus único, Ele é a própria Palavra de Deus eterna e agora definitivamente acessível em Jesus, porque é o Filho eterno encarnado a partir do Pai.

Portanto, com os modelos conceituais de eleição-exaltação e preexistência-descida são ligados dois conceitos diferentes de Filho de Deus. Mais uma vez de modo um tanto esquemático, poder-se-ia dizer: num caso, o ser humano Jesus é aceito, eleito ou exaltado por Deus como Messias ou Filho de Deus, sendo que "Filho de Deus" expressa o relacionamento singular do ser humano Jesus com Deus, sua comunhão extrema com Deus, a quem chama de *abba* (cristologia de ascensão). No outro caso, o eterno Filho de Deus, já preexistente antes de toda a criação e que justamente não é ser humano, desce e se liga indissoluvelmente com o ser humano Jesus de Nazaré para a salvação de todos os outros seres humanos (cristologia de descida). Decerto os dois modelos conceituais e ambos os conceitos de Filho são combinados já no NT, se penetram, explicam e corrigem mutuamente. Entretanto, não se coloca a questão de como se deve ver o relacionamento mútuo de ambos e fica, por isso, em aberto. Esta questão haveria de ocupar a história da cristologia durante séculos.

A designação de Jesus como Filho de Deus visava, no NT, expressar que significado insuperável Jesus tem para os seres humanos. Uma mudança e um aprofundamento parcial dessa confissão tornaram-se necessários porque mudaram os pressupostos de raciocínio das pessoas que proferiam essa confissão ou porque ela chegou a pessoas que de antemão traziam consigo outros pressupostos. Por conseguinte, a confissão e suas expressões específicas também são condicionadas pelo tempo e pela cultura. Acaso são, com isso, intercambiáveis e substituíveis? Poder-se-ia, p. ex., desistir de designar Jesus como Filho de Deus ou de acreditar em Cristo como o Filho preexistente de Deus? Teoricamente e em princípio, sim, se o mesmo que os testemunhos neotestamentários expressam puder ser dito suficientemente de outra maneira. Em termos práticos, isso significa: *os modelos cristológicos do NT têm caráter normativo; todas as tentativas posteriores de uma confissão cristológica adequada tanto de Jesus quanto da própria situação devem ser medidas por eles.* Nem a abolição dos modelos previamente dados no NT nem um apego inflexível a fórmulas que se tornaram vazias são a solução, mas uma interpretação sempre nova do conteúdo ao qual se refere o NT para toda cultura e época: dizer a mesma coisa de modo diferente.

3. Abordagem histórico-dogmática

A história da Igreja e da teologia pode ser dividida em três períodos: um primeiro período fundamental, porém breve, do *judeu-cristianismo* (→ 2. e 3.1.1.1.), um segundo longo período que foi determinado pelo *helenismo* (→ 3.1.1.2. até 3.3.) e pela cultura *europeia* (→ 3.4.), e um terceiro período em que o mundo inteiro na *multiplicidade de suas culturas* torna-se o espaço vital da Igreja (→ 3.5.). O caminho a este período é a situação que se nos impõe; ela também determina nosso olhar para trás, para a história da cristologia e da soteriologia.

3. Abordagem histórico-dogmática

Os desdobramentos ocorridos na chamada Igreja antiga (helenismo) serão tratados mais detalhadamente porque 1) são fundamentais para a cristandade inteira e seu dogma cristológico comum, porque 2) são paradigmáticos para a passagem de um horizonte cultural e experiencial para outro e porque neles 3) se pode estudar até hoje quase toda a gama das típicas possibilidades de ideação e raciocínio.

3.1. Diversos tipos de cristologia no período pré-niceno

3.1.1. Uma tendência: redução ou contestação da divindade em Jesus Cristo

3.1.1.1. Cristologias judeu-cristãs de eleição e exaltação

Justino († c. 165) conhece cristãos de origem judaica que continuam a observar a lei judaica e "confessam que Jesus é o Cristo, mas o pregam como um ser humano proveniente dos seres humanos" e que "tornou-se o Cristo mediante eleição"; são cristãos, portanto, que esposam uma cristologia de eleição. Aparentemente Justino está disposto a reconhecê-los como cristãos, caso concedam a outros a liberdade paulina em relação à lei (JUSTINO. *Dial.*, 47s.).

A "Didaché" judeu-cristã (Síria, século II) chama Jesus de "servo de Deus", mas também de o *kyrios* que "virá" e julgará de acordo com as obras. O chamado "Pastor de Hermas" (Roma, meados do século II) contém na quinta parábola uma cristologia centrada no servo e na adoção: Deus transplantou o Espírito Santo em Jesus, recompensou Jesus por sua vida terrena pura e servidora com a exaltação e o adotou como Filho. Contudo, o próprio Hermas parece não se limitar simplesmente ao modelo de adoção e exaltação, mas também conter uma cristologia de preexistência (cristologia do Espírito) e ver no ser humano Jesus o Espírito Santo preexistente que veio para a carne.

Cerca de 30 anos após Justino a situação mudou. Agora *Ireneu* (*Adv. Haer.* 26,1s.) condena o judeu-cristianismo dos ebionitas e de grupos semelhantes, que está se tornando herético; eles consideram a observância da Torá como necessária para a salvação e rejeitam radicalmente as epístolas de Paulo, a quem consideram apóstata. Para eles, Jesus é o Filho de José e Maria, um "mero ser humano", porém extraordinariamente santo e agraciado. Por ocasião de seu batismo um ser celestial, o "Cristo eterno" ou o Espírito Santo, teria descido sobre Jesus, de modo que este seria sua morada definitiva, maior do que Moisés ou João Batista: o verdadeiro mestre e profeta e o Cristo.

Boa parte disso corresponde inteiramente ao mais antigo modelo neotestamentário de eleição e exaltação; lá "o Cristo" (e "Filho de Deus") era inequivocamente um título do ser humano Jesus. Entretanto, embora Jesus seja entendido aqui como morada definitiva do Espírito divino, a contestação fundamental da divindade de Jesus Cristo ("mero ser humano") por fim torna herética esta forma de cristologia judeu-cristã e a coloca na marginalidade.

D. CRISTOLOGIA

3.1.1.2. Adocianistas gentio-cristãos (ou monarquianistas dinâmicos)

Certa proximidade com a cristologia dos ebionitas judeu-cristãos mostra-se em adocianistas gentio-cristãos como *Teódoto* o Curtidor (excomungado c. 190 em Roma). Eles procuravam manter a fé no Deus uno, que agora era concebido mais acentuadamente em termos greco-filosóficos, rejeitando a predicação divina para Cristo e encarando o Filho da Virgem – segundo a acusação dos adversários – como "mero ser humano" ou "ser humano comum"; este, todavia, por ser extraordinariamente temente a Deus, foi adotado como Filho de Deus pela *arché* una (Deus) por ocasião de seu batismo no Jordão e equipado com a força do Espírito Santo, entendida de modo impessoal, de modo que então se tornou o Cristo, do qual emanavam forças divinas Portanto, não teríamos aqui a encarnação de um ser divino em Jesus, mas apenas a inspiração do Filho da virgem, nascido de maneira miraculosa, com a força impessoal do Espírito de Deus.

No centro de uma posterior segunda fase das confrontações estava *Paulo de Samósata* (de 260 a 268 bispo de Antioquia). Ele parece ter esposado uma teologia adocianista sírio-semítica, que partia da unicidade *(monarchia)* de Deus, atribuía unicamente a Deus toda a atuação salvífica e por isso encarava Jesus Cristo como ser humano que – agora a partir do início de sua concepção virginal (Lc 1,35) – estava inspirado pelo Logos como mera força impessoal de atuação do Deus uno. No desenvolvimento moral Ele se deixou permear interiormente por essa força, chegando assim à unidade volitiva com o Pai e adquirindo a força para realizar os milagres e a atividade redentora.

3.1.2. A tendência contrária: contestação ou redução da humanidade de Cristo

3.1.2.1. Dualismo antijudaísta e docetismo em Marcião

A rejeição marcionita do AT dá a impressão de ser quase uma inversão da rejeição de Paulo pelos judeu-cristãos ebionitas. Influenciado por motivos gnósticos, *Marcião* (meados do século II) diz "não" ao Deus criador veterotestamentário e à sua criação. Contrapõe a ele o Evangelho do Deus estranho, até agora desconhecido, que é pura "bondade" apática. Cristo é para ele a aparição ou manifestação do Deus estranho, é terrenamente mera aparição *(dokesis)*: Cristo vivia num corpo apenas aparente e sofreu aparentemente, para, através de sua aparente morte na cruz, comprar do Deus criador as almas (só elas!) dos que creem nele e, assim, libertá-las do poder deste Deus criador. O dualismo de Marcião tem como consequência a negação da verdadeira humanidade e do nascimento humano de Cristo.

3.1.2.2. Dualismo e docetismo dos gnósticos

O movimento também extrabíblico da gnose (conhecimento; saber elitista sobre mistérios divinos), palpável desde o fim do século I, culmina no chamado gnosticismo (sistemas cosmológicos desenvolvidos do século II).

3. Abordagem histórico-dogmática

As principais características dos sistemas distintos nos detalhes são: 1) um dualismo radical de Deus e mundo, espírito e matéria, em cima e embaixo, bom e mau; 2) a contraposição entre o divino originário, desconhecido e cheio de luz, e o tenebroso criador deste mundo; 3) segundo sua verdadeira natureza, o ser humano é "consubstancial" com o divino originário, uma centelha da luz divina (substância do pneuma), mas está preso num corpo material; 4) o estado atual do ser humano e seu anseio por redenção são explicados por mitos acerca de uma seqüência pré-cósmica de emanações de muitos éons divinos (entre os quais Cristo) a partir do fundamento originário divino e acerca da queda do último ser eônico (muitas vezes chamado de *sophia*) na transitoriedade: ele cai, dele provém o inferior criador do mundo e deste os mundos visíveis (eles são, portanto, produto negativo de queda e erro); 5) só existe libertação através da gnose salvífica, que leva o ser humano à percepção de sua verdadeira natureza pneumática, sua origem celestial. 6) No fim, o mundo material vai passar e a unidade originária do espírito será restaurada.

A tarefa do redentor, que não deve ser uma pessoa criatural, consiste em revelar o saber redentor (e não, p. ex., em salvar da injustiça). A compreensão de Cristo dos gnósticos se move entre os seguintes modelos: 1) O éon celestial Cristo teria descido só temporariamente sobre o Jesus terreno desde o batismo, para abandoná-lo de novo antes da crucificação e voltar para o céu; ou então, Simão de Cirene teria sido crucificado em lugar de Jesus. 2) Cristo só teria assumido um corpo eônico não terreno ou uma "carne espiritualizada". 3) De modo geral Cristo era, segundo seu aspecto, só uma *dokesis*, um "ser aparente". *No docetismo gnóstico a verdadeira humanidade de Jesus Cristo é sempre reduzida ou inteiramente negada, e a redenção só diz respeito à parte pneumática do ser humano, não à corporalidade plena, e muito menos às criaturas não humanas.*

3.1.3. Cristologia não especulativa da grande Igreja: simetria de divindade e humanidade em Jesus Cristo

Em confrontação com os dois extremos expostos até agora (uma redução da divindade e sobretudo uma redução gnóstica da humanidade de Cristo), mestres cristãos viram – de modo bastante não especulativo e em grande proximidade com a linguagem bíblica concreta – em Jesus Cristo o ser divino e o humano ligados numa unidade paradoxal.

3.1.3.1. Padres pós-apostólicos e antignósticos (gregos)

Para os chamados padres apostólicos o monoteísmo bíblico continua sendo o fundamento inconteste: "Deus é Um, que revelou a si mesmo por meio de seu Filho Jesus Cristo, seu Verbo (Logos), que proveio do silêncio" (INÁCIO, *Aos magnésios*, 8,2). Ao mesmo tempo, porém, agora se fala de Cristo como de Deus de maneira muito mais despreocupada do que o faz o NT.

Com surpreendente naturalidade já *Inácio de Antioquia* († c. 117) fala de Cristo como "seu" ou "nosso Deus" ou como "o Deus" (Inácio, *Aos efésios* e *Aos romanos*;

D. CRISTOLOGIA

Aos filadélfios, 6,3 e o.): Ele é o "Filho único" de Deus, que estava com o Pai antes das eras do mundo e no fim "manifestou-se humanamente para vida nova, eterna" (Inácio, *Aos efésios*, 19,3; *Aos magnésios*, 6,1; 7,1s.), "Deus no ser humano" (*Aos efésios*, 7,2). Voltando-se contra o docetismo: Cristo se encarnou, sofreu, foi crucificado e morreu não só aparentemente, mas real e "verdadeiramente" (Inácio, *Aos tralianos*, 9,1s.; *Aos efésios*, 19,3 e o.). Para Inácio tudo depende dessa realidade carnal-corporal do Filho de Deus, porque só assim Cristo pode ser o revelador de toda a extensão do amor de Deus e, ao mesmo tempo – contra toda depreciação dualista da dimensão terreno-carnal –, a redenção real do ser humano todo. Por isso Inácio acentua de igual maneira a divindade de Jesus Cristo e a realidade de sua vida humana: "Um é vosso médico, tanto carnal quanto espiritual (pneumático), nascido e não nascido, Deus vindo para a carne, na morte a vida verdadeira, tanto a partir de Maria quanto de Deus, primeiro sofrendo e depois sem sofrimento, Jesus Cristo nosso Senhor" (*Aos efésios*, 7,2). Ele é ambas as coisas: Filho do Homem e Filho de Deus. Ambos os conceitos tornaram-se agora designações substanciais metafísicas da origem a partir de Deus ou de um ser humano. "O novo ser humano Jesus Cristo" (Inácio, *Aos efésios*, 20,1) *é* o evento de Deus; a figura de Cristo é a "vida verdadeira" (*Aos esmirnenses*, 4,1,) e a verdadeira "gnose de Deus" (*Aos efésios*, 17,2) em pessoa.

Ireneu de Lião († c. 202), o mais importante teólogo do século II, precisa lidar com frentes inteiramente opostas: por um lado um cristianismo judaico que se tornou sectário, considerando Jesus Cristo um "mero ser humano" que não pode nos presentear a "imperecibilidade"; por outro os gnósticos dualistas e Marcião, que considera a criação carnal como perdida. Em contraposição a isso, Ireneu salienta, a partir do centro e da plenitude da tradição neotestamentária e numa visão universal, a unidade do Deus criador e redentor, a unidade de alma e corpo, a unidade de Logos de Deus e ser humano verdadeiro em Jesus Cristo, vendo fundamentada nisso para todas as pessoas a possibilidade de participação e comunhão com Deus Pai (doutrina da redenção místico-real).

A economia salvífica *una* de Deus se estende da criação até sua consumação final, e a chave para ela é o Filho eterno de Deus, o Verbo que se faz carne e, por sua encarnação, "resume" em si toda a humanidade e até o universo (IRENEU, *Adv. Haer.* III, 16,6; 18,1). Esse motivo da recapitulação, fomentado por Ef 1,10, contém a noção de que o novo Adão repete em si mesmo o processo do velho Adão sob signos invertidos (obediência em vez de desobediência); o Filho passa pela multiplicidade da experiência, tentação e paixão humanas para renovar em cada nível as possibilidades da existência humana e levar a criação à sua meta, a comunhão com Deus. *"Um e o mesmo Jesus Cristo"* (III, 16,2.8; I, 9,2), reza a fórmula prenhe de futuro, *é Deus e ser humano segundo a "substância", e por isso pode, como "mediador [...], reunir os dois e aproximar os seres humanos de Deus"* (III, 18,7). O Filho e Logos de Deus, que desde a criação comunica conhecimento de Deus numa incalculável sequência de revelações, tornou-se – ápice de toda a revelação – corporalmente ser humano em Jesus Cristo, para podermos experimentar o amor salvador de Deus e sermos despertados para a vida em liberdade, amor e imortalidade. Expresso no motivo da troca, aqui formulado pela primeira vez de maneira explícita: *o Filho de Deus "tornou-se, por amor ilimitado, o que nós somos para fazer de nós aquilo que Ele é"* (V, prefácio). A partir de agora, esse motivo da troca vai percorrer, como linha mestra, a doutrina da redenção da Igreja antiga.

Assim, no século II foram colocados os fundamentos para a cristologia posterior. Permaneceu-se substancialmente na linguagem singela da pregação bíblico-eclesial e, em termos de conteúdo, disse-se com ela o mesmo que uma teologia posterior diria numa linguagem técnico-conceitual. A imagem de Cristo ainda era mais vívida e dinâmica, justamente porque os difíceis problemas da reflexão cristológica referentes ao relacionamento do Pai e do Logos-Filho e ao "como" da unidade de Deus e ser humano em Cristo ainda não absorviam a atenção.

3.1.3.2. Os inícios da cristologia latino-ocidental

Em comparação com o Oriente grego, o Ocidente latino é outro mundo intelectual. O que está em pauta não são tanto o anseio (grego) por imperecibilidade e questões metafísicas, mas a ordem jurídico-moral e questões práticas da vida do indivíduo e da comunidade. O mundo aparece como *ordo* (ordem) estática, dada previamente por Deus; sua perturbação é percebida como desgraça e seu restabelecimento como redenção.

O norte-africano *Tertuliano* († após 220), o primeiro teólogo a escrever em latim, pressupõe a obra de Ireneu, retoma sua ideia de uma economia salvífica de Deus com todo o gênero humano, mas com acentos claramente distintos. Suas fórmulas, muitas vezes polidas, são esboçadas numa disputa apologética com duas tendências. *Em termos antignósticos* está em jogo para ele a real entrada de Deus na carne para salvá-la: um Deus que não suje as mãos com a sujeira deste mundo não salva nada. Deus amou e redimiu o ser humano corporal inteiro. Com toda a firmeza Tertuliano sustenta a fé bíblica de que Cristo, que é o Logos de Deus, era um ser humano real e carnal, que o Filho de Deus foi crucificado, morreu, foi sepultado e ressuscitou. Todas essas coisas são para nossa salvação: elas constituem o "sacramento da salvação humana" (TERTULIANO, *Adv. Marc.* II, 27). A confrontação *antimonarquianista* com Práxeas o obriga, embora ele mesmo seja defensor da unicidade ou *monarchia* de Deus (contra o politeísmo), a explicar como Deus – sem destruir sua unicidade – pode ter um Filho e como este pôde tornar-se ser humano de maneira real (não de modo docético, nos moldes das mitologias pagãs). A substância divina una teria três figuras *(personae)* que devem ser distinguidas, mas não estão divididas: dela destacam-se, com relação à sua tarefa na criação e redenção do mundo, portanto em termos econômico-dinâmicos, o Filho e o Espírito. A encarnação não deve ser entendida como se o Logos *(sermo)* houvesse sido "transformado" em carne e "modificado" segundo sua substância (divina) ou como se houvesse surgido uma espécie de "mistura" de ambos. Pois

D. CRISTOLOGIA

neste caso o Verbo não teria podido redimir a carne (TERTULIANO, *Adv. Prax.* 27,6-9). *A diferença entre ambas as realidades* (substantiae), *a divina e a humana, precisa ser mantida rigorosamente na união de ambas:* "Conhecemos duas categorias de ser, inconfusas, porém unidas numa única pessoa, o Deus e ser humano Jesus, [...] e a particularidade de cada uma das duas substâncias foi preservada a tal ponto que, por um lado, o Espírito (= o Logos) realizava nele sua obra, isto é, as demonstrações de poder, obras e sinais, e por outro, a carne (o ser humano) também o fazia, sentindo fome diante do diabo, tendo sede diante da mulher samaritana, chorando por causa de Lázaro, sentindo medo até a morte e, por fim, morrendo" (27,11). Tertuliano atribui todas as afirmações da Escritura sobre o sofrimento e a humildade à substância humana do Filho de Deus encarnado. Deus mesmo permanece "incapaz de sofrer" no sofrimento de Cristo, e Cristo "morreu não em relação à substância divina, mas em relação à substância humana" (30,2; 29,3). Logo, Deus não deixa de ser Deus na humilhação de Cristo e, por isso, não deixa de atuar de modo divino, isto é, redentor.

Em termos soteriológicos verificam-se aqui notáveis deslocamentos das perspectivas. Ireneu só raramente havia falado de pecados e perdão; para Tertuliano esses dois elementos passam para o centro. Ele gosta de compreender a obra de Cristo como restabelecimento *(restitutio)* da ordem perturbada pelo pecado, e a redenção, por conseguinte, como retorno ao estado anterior ao pecado. Em Ireneu temos o abrangente processo da elevação e consumação da humanidade com sua dinâmica que a tudo sobrepuja; em Tertuliano, principalmente o olhar para trás, para o início puro da ordem original. Em Ireneu temos a morte de Jesus como momento de sua trajetória de vida que torna a alcançar e ultrapassar tudo; em Tertuliano, a morte de Jesus como finalidade de sua vinda ao mundo, o "verdadeiro fundamento do Evangelho e de nossa salvação (TERTULIANO, *Adv. Marc.* III, 8,5). O significado da vida de Cristo reside quase só no fato de que Ele nos deu um exemplo e, como mestre da lei, orienta para a ação correta, que é devida a Deus e recompensada por Ele.

Essa concepção é transmitida de forma modificada no Ocidente latino sobretudo por *Cipriano de Cartago* († 258). Podem-se considerar como típicos o deslocamento do interesse para a redenção do pecado como fardo da dívida a ser paga, a concentração na paixão e morte de Jesus Cristo como sacrifício expiatório e a compreensão da ação redentora de Cristo como reparação. Por isso, o motivo da troca, oriundo de Ireneu, é restrito à paixão: "O Filho de Deus sofreu para fazer de nós Filhos de Deus" (CIPRIANO, *Ep.* 58).

3.1.4. A cristologia especulativa do Logos: subordinacionismo

A afluência de pessoas com educação helenista à Igreja, mas também a polêmica anticristã do entorno pagão tornaram necessária uma séria confrontação intelectual em especial com a corrente predominante do pensamento helenista: o chamado *platonismo médio*.

3. Abordagem histórico-dogmática

Fundamental para essa corrente de pensamento é a viragem da imanência do divino (panteísmo do estoicismo) para sua completa transcendência, i. é, para a diferenciação metafísica entre a divindade invisível e o efeito visível de sua força, o cosmo. Com isso surge, ao mesmo tempo, o problema central de como o divino *uno*, imutável-impessoal, concebido em termos absolutamente transcendentes, se traduz e comunica para a *multiplicidade* deste mundo. A solução é oferecida por uma compreensão graduada da realidade: o supremo "Uno" divino se desdobra, de maneira quase que escalonada em forma de cascata, em direção à multiplicidade, e o faz primeiramente, 1) ainda na imanência da divindade, ao cosmo inteligível de ideias (protótipo do cosmo celestial-terreno e elo de ligação com Ele), que em parte é compreendido como "alma do mundo", em parte como razão divina do mundo ou Logos e "segundo Deus", e então 2) à multiplicidade do universo. Este participa do Uno divino de modo graduado. Aqui, portanto, o Logos é primordialmente uma grandeza cosmológica intermediária. Ele tem a função de tornar compreensível o nexo entre Deus e o mundo no campo de tensão da transcendência divina e da imanência terreno-mundana.

3.1.4.1. Os apologistas cristãos do século II

Nessa visão de mundo graduada nos termos do platonismo médio, apologistas cristãos do século II procuraram explicar a fé cristã no Deus uno e em Jesus Cristo para defendê-la contra ataques e para tornar plausível a Cristo como quintessência da razão divina do mundo e superação da razão filosófica dominante. *Justino Mártir* († c. 165), identifica a essência de Cristo com o Logos filosófico do mundo. Esse Logos preexistente do mundo (= razão do mundo e sentido cósmicos), que Deus colocou no mundo e que sempre se manifestou em sementes do Logos *(logoi spermatikoi)*, apareceu e se revelou terrenamente em toda a sua plenitude e de modo pessoal em Jesus Cristo. Por isso, para Justino "todos os que viveram (espiritualmente) com o Logos" eram, no fundo, cristãos (JUSTINO, *Apol.* I, 46,3). O Logos, que em João e Inácio de Antioquia ainda era um predicado cristológico entre outros, torna-se o predicado de Cristo por excelência: o Logos é o redentor e Cristo sua manifestação terrena.

A assunção da especulação filosófica sobre o Logos acarretou um deslocamento do foco da cristologia para a preexistência pré-cósmica. O que estava em pauta agora era como se deveria conceber o relacionamento do Logos ou Filho de Deus pré-mundano com Deus Pai. Para Justino, o Logos foi "gerado pelo Pai por meio da vontade" antes de todas as criaturas. Ele concebe a preexistência e geração do Logos como o surgimento da palavra humana pensada e sua passagem para a palavra proferida, em duas fases: primeiramente Ele está desde a eternidade como Logos interior (razão imanente) em Deus mesmo; tão logo Deus de fato se decide pela criação, Ele é "produzido" quase que como entidade independente e só com isso adquire existência própria plena como Filho, isto é, Ele é gerado por meio da vontade criadora de Deus (JUSTINO, *Dial.*, 61,2s.).

Justino, seu discípulo *Taciano* e *Atenágoras de Atenas* (c. 177) designam o Logos do Pai, apesar de toda a distinção em relação àquilo que veio a ser, como "o primeiro gerado", despertando assim a noção de que Ele deveria ser visto no mesmo

D. CRISTOLOGIA

plano como as obras criadas. Aqui, pois, o Logos preexistente é, do início ao fim, de uma categoria inferior à do Pai (que é o único "não gerado" e sem início), é sua primeira obra e ferramenta, um "segundo Deus" *(deuteros theos:* JUSTINO, *Dial.*, 56,4; cf. 128,4) subordinado a Deus Pai *(ho theos)*. Com essa ideia (platônica média) de uma segunda hipóstase divina subordinada com início pré-cósmico se podia manter a unidade de Deus – a saber, mediante subordinação –, mas ao preço de que a real divindade do Verbo (Logos) joanino e, em consequência, a presença efetiva e redentora de Deus mesmo em Jesus Cristo corriam o risco de serem destruídas. Esse perigo tornou-se então agudo no pensamento de Ario († 336).

3.1.4.2. Os alexandrinos Clemente e Orígenes

Enquanto que os apologistas haviam se limitado a interpretar a fé eclesial em formas de pensamento filosóficas, os alexandrinos esboçam pela primeira vez uma síntese abrangente entre o cristianismo e o conhecimento do mundo da Antiguidade. *Clemente de Alexandria* († antes de 215) – como os apologistas teólogos do Logos – assume, indo além deles, a dissonância gnóstica entre Deus e o mundo (negação do mundo) numa consonância fundamental entre Deus e o mundo (afirmação do mundo), mediada pelo Logos universal, que tomou forma em Cristo. O papel da humanidade de Cristo passa inteiramente para o segundo plano, o princípio fundamental *(hegemonikon)* em Cristo é unicamente o Logos. Esse Logos-Cristo precisava tornar-se ser humano sobretudo para, como mestre, dar aos seres humanos "sua aula celestial" sobre o amor (CLEMENTE, *Protrept.* 11,114,4). Neste sentido também o motivo da troca, oriundo de Ireneu, é transformado: "O Logos tornou-se ser humano para que aprendais de um ser humano como o ser humano pode tornar-se divino" (1,8,4).

O primeiro erudito eminente do cristianismo é *Orígenes* († c. 254). Seu sistema amplo e complicado começa "em cima", na origem espiritual e transcendente, que é Deus, para chegar, num imenso movimento cosmológico descendente, até o ponto mais baixo da realidade terrena e então, "de baixo para cima", empreender o regresso soteriológico para o Espírito, até que, por fim, Deus mesmo se torna "tudo em todos". O Logos torna-se agora mediador entre Deus Pai e uma criação transcendente (não material), da qual o próprio Logos, porém, faz parte como primícia e primeira "criatura" de substância semelhante. Por outro lado, entretanto, Orígenes diz acerca do mesmo Logos que não houve nenhum instante em que Ele não fosse. O Logos precisa existir desde a eternidade porque Deus necessita desde a eternidade de um referencial com o qual se relaciona (em seu ser como criador!). Sua "geração é tão eterna e perpétua como a geração do brilho pela luz. Pois Ele não se torna Filho a partir de fora em virtude de uma adoção pelo Espírito, mas é Filho por natureza" (ORÍGENES, *De Princ.* 1,2,4). A nova ideia da geração eterna do Logos ainda permanece ambígua em Orígenes, porque ele não distingue claramente entre Criador e criação. Orígenes fala agora expressamente de três "hipóstases" eternas da divindade, sendo que "hipóstase" refere-se, em termos do médio-platonismo e do neoplatonismo, à realidade metafisicamente autônoma ou a realização concreta. Contudo, Orígenes continua vendo essas hipóstases num relacionamento escalonado e subordinado; elas são uma através da unanimidade e identidade da vontade.

3. Abordagem histórico-dogmática

3.1.5. O monarquianismo modalista (modalismo): Cristo é Deus-Pai

Como o adocianismo (→ 3.1.1.2.), o modalismo se volta contra a hipótese de uma segunda hipóstase divina, contudo com uma inversão quase igual a uma imagem no espelho: *os modalistas diziam que não é o ser humano Jesus que está dotado com uma força divina, e sim que em Cristo o próprio Deus Pai teria se tornado ser humano; assim se pretendia sustentar ao mesmo tempo a unicidade de Deus e a divindade plena de Cristo*. A teoria modalista chegou a Roma através de Noeto de Esmirna (c. 190); seu expoente mais coerente foi Sabélio (desde 215 em Roma, excomungado c. 220). Eles encontraram apoio nos círculos eclesiais para os quais toda teologia erudita era suspeita, e parece que também os bispos romanos Vítor (189-198), Zeferino (198-217) e Calisto (217-222) simpatizavam com um modalismo moderado. A doutrina de *Noeto* é a seguinte: Cristo é Deus; por isso Ele também é o Pai, pois só há um Deus, o Pai; o Pai invisível e sem sofrimento é todo-poderoso, pode transformar-se no Filho, tornar-se visível e capaz de sofrer; assim o Pai apareceu na terra como Filho, sofreu, morreu, ressuscitou a si mesmo. Tertuliano chama isso de "patripassianismo" e blasfêmia (pois Deus não pode sofrer e morrer) e pergunta como isso se coaduna com os relatos evangélicos acerca da oração de Jesus ao Pai e de sua autoentrega às mãos do Pai. No pensamento de *Sabélio* a entremistura de Pai e Filho torna-se uma sucessão histórico-salvífica. Sabélio designava a "hipóstase" divina una, que era a única que ele reconhecia, supostamente como "Pai-Filho", o qual, porém, teria se revelado sucessivamente em três manifestações *(modi)* ou "pessoas" *(prosopa)* passageiras: no *prosopon* do Pai quando da criação, do Filho em Cristo, do Espírito Santo desde a Páscoa.

3.2. A questão do relacionamento entre Logos-Filho e Deus-Pai e a decisão dogmática de Niceia

A partir de 268 os pontos de partida das confrontações cristológicas posteriores estão prontos. O docetismo está superado, o adocianismo parece ter desaparecido amplamente do pensamento eclesial. O modalismo ou sabelianismo, com seu estreitamento unitário (unidade das hipóstases divinas e tríade meramente fenomenal), foi empurrado para a oposição intraeclesial pela teologia do Logos, intelectualmente bem superior, com sua diferenciação subordinatista do conceito de Deus (unidade de Deus mediante tríade hipostática em três graus distintos), mas se prendeu como uma sombra aos calcanhares do vencedor.

3.2.1. A dupla crise da cristologia cosmológica do Logos e do adocianismo no pensamento de Ario

A teologia subordinacionista do Logos e das três hipóstases podia ser ortodoxa enquanto fosse concebida em termos histórico-salvíficos e funcionais (em Cristo e no Espírito o próprio Deus agiu e se comunicou). Ela tornava-se uma pista em declive, contudo, tão logo fosse entendida de maneira metafísico-essencial (o Filho e o Espí-

D. CRISTOLOGIA

rito não são verdadeiramente Deus mesmo, na medida em que ele se nos comunica e está conosco, mas algo derivado e inferior a Deus). Ela entrou numa crise radical quando Ario simplesmente excluiu a substância do *Logos*-Cristo do conceito monoteísta de Deus e a enquadrou inteiramente no conceito cosmológico de mundo, de modo que agora Deus Pai e Deus Filho se defrontavam contrariamente em termos de essência como Deus e mundo.

Ario († 336) foi acusado por volta de 318 junto a seu bispo Alexandre de Alexandria por causa de sua doutrina e excluído em 319 por um sínodo. Ele passou imediatamente ao contra-ataque, entrou em campanha aberta contra a doutrina de seu bispo acerca da "igual eternidade" do Logos preexistente com o Pai e procurou o apoio de outros bispos.

3.2.1.1. O marco teológico de Ario: contraposição radical de Deus rigorosamente monádico e mundo

Para Ario Deus é a "mônada" eterna e imutável, radicalmente transcendente. Deus não tem em si a menor dualidade (*dyas*) ou gradação. Pois, para Ario, dualidade significa transformação, divisão e multiplicação da substância divina e, em consequência, dois deuses. Todo segundo além e ao lado de Deus só pode ser extradivino, isto é, mundano-criatural: "sujeito ao devir", com uma origem no tempo e mutável. Assim, a mônada Deus, solitariamente afastada e distante do mundo, representa quase que um princípio originário abstrato, que – diferentemente do Deus vivo da Bíblia – não pode comunicar a si mesmo ao mundo do que se tornou, do que está sujeito ao devir. Ario não fala do amor de Deus

Por causa da estrita contraposição entre Deus e o mundo, Deus não pode atuar diretamente como criador do mundo ou como agente no mundo. Ainda assim, tudo o que não é Deus foi criado por Ele por meio de um ato da vontade. Assim, também o Logos-Filho se situa de antemão inequivocamente na esfera do criatural.

3.2.1.2. A consequência cristológica: subordinacionismo exacerbado e adocianismo moral

É inerente a Deus um Logos (ou Sabedoria) interior e "propriamente dito"; ele faz parte da essência indivisível do próprio Deus. Todavia, não é idêntico a Ele o "só chamado" Logos ou Filho, que o Deus sem início estatuiu – com a intenção de nos criar e mediante um puro ato de sua vontade – como início de tudo o que se tornou. Esse "chamado" Logos (ou Sabedoria ou Filho) subsistente fora de Deus só pode, já que para Ario fundamentalmente não pode haver algo intermediário entre Deus e o mundo, pertencer por inteiro ao mundo daquilo que se tornou temporalmente: Ele próprio é apenas uma primeira "criatura" (e para tanto Ario invoca Pr 8,22), criado a partir do nada, assim como todas as criaturas. Como diz a obra de Ario intitulada *Thaleia*, da qual só se conservaram fragmentos, em relação a Deus Pai Ele "não é igual nem da

3. Abordagem histórico-dogmática

mesma substância *(homousios)*", mas, antes, substancialmente "dessemelhante" *(anhomoios)*. Assim, Ele também não é sem início, mas tem um início temporal (cf. DH 126). Entre Deus Pai e o Logos ou Filho criado não há "comunhão" (a despeito de Jo 1,18; 10,30), mas só uma fundamental "estranheza segundo a essência" (ARIO, *Thaleia*). O Logos-Filho criado (não propriamente dito) é por natureza "mutável", dotado de "livre-arbítrio" e carente de comprovação moral como nós, só que Ele de fato opta pelo bem e permanece em concordância de vontade com o Pai. Deus teria previsto essa comprovação moral do Logos-Filho e, por isso, lhe conferido "por graça" aquela dignidade de Filho adotivo que Ele então, como base na encarnação, viria a fazer por merecer como ser humano por meio da virtude. Aqui se associam elementos de um adocianismo moral a uma exacerbada teologia subordinacionista do Logos.

A própria encarnação é concebida segundo o esquema *Logos-sarx* ("carne" em sentido helenista-dualista): o Logos-Filho celestial criado desce e assume carne, isto é, entra num "corpo desprovido de alma" e substitui nele a alma humana. Ora, se assim o próprio Logos é o sujeito das afeições da fome, do fraquejar e do sofrimento de Jesus, então o Logos nem pode ser, por natureza, incapaz de sofrer, imutável e, portanto, igual a Deus. Aqui aflora o verdadeiro motor desta cristologia: *para Ario, o Logos-Filho encarnado na figura terrena de Cristo de modo algum pode ser um ser divino por causa de sua humildade, fraqueza e paixão.*

3.2.1.3. A consequência soteriológica: impossibilidade de revelação e redenção por Deus

A "diferença infinita" (ARIO, *Thaleia*) ou a insuperável distância em termos de ser entre Deus e o Logos – enquadrado no mundo – tem como consequência a distância da incognoscibilidade. Naquilo que Deus é e na maneira como o é, Ele é "invisível" para todas as criaturas e, assim, também para o Filho criado, "de modo que o Filho não consegue enunciar nada adequadamente". Também o Logos não conhece Deus assim como este é, mas só assim como sua capacidade limitada de conhecimento consegue alcançar Deus. Por isso também o Logos, ao se encarnar em Jesus, não pode transpor o abismo infinito entre o mundo e Deus, não pode se tornar o verdadeiro revelador e portador da salvação. *Segundo Ario, em Jesus Cristo não se nos depara realmente o próprio Deus; a redenção e a comunhão com Deus tornam-se impossíveis. Com isso se abandona a base do NT.*

Em pouquíssimo tempo Ario encontrou ressonância muito além do Egito e um enérgico defensor na pessoa do bispo da corte Eusébio de Nicomédia, que conclamou, não sem êxito, a tomar abertamente o partido de Ario. Com isso se impunha à Igreja uma decisão na questão fundamental de fé: estava "Deus em Cristo" operando a reconciliação (2Cor 5,19) ou não?

D. CRISTOLOGIA

3.2.2. A decisão dogmática que orientou o Concílio de Niceia (325)

O imperador Constantino, desde fins de setembro de 324 o único monarca também no Oriente, decidiu-se por um esclarecimento abrangente mediante um sínodo imperial. Este reuniu-se em maio de 325 em Niceia, e entre seus cerca de 300 participantes só havia sete do Ocidente.

Podem-se distinguir três partidos no concílio: 1) os *arianos* e *origenistas de esquerda*, de orientação cosmológica, sob Eusébio de Nicomédia († 341), que estão na defensiva desde o início; 2) o *partido origenista de centro*, em geral com interesse mais cosmológico do que soteriológico, que constituía o grupo principal e tinha em Eusébio de Cesareia († 340) seu porta-voz; 3) os antiarianos, com *origenistas de direita*, de orientação soteriológica e congregados em torno de Alexandre de Alexandria († 328), e *não origenistas*, congregados em torno de Eustácio de Antioquia († antes de 337), Marcelo de Ancira († c. 374) ou Hósio de Córdova († 357), entre os quais se forma então a nova ortodoxia e que determinam substancialmente a decisão do concílio. Eles não se contentam em assumir o – equívoco – termo *homousios* (da mesma essência, consubstancial), sugerido pessoalmente pelo imperador, numa confissão batismal mais antiga, formulada em termos histórico-salvíficos, mas acrescentam explicações adicionais em linguagem essencialista, visando excluir a doutrina de Ario.

3.2.2.1. As definições cristológicas de Niceia

As definições do símbolo de Niceia são: cremos "num só Senhor Jesus Cristo, Filho de Deus (preexistente e eterno), gerado/nascido do Pai como unigênito, isto é, da substância (*ousia*) do Pai [contra Ario que declarava "do nada"] [...] Deus verdadeiro do Deus verdadeiro [contra a separação feita por Ario entre "único Deus verdadeiro" e meramente "chamado Deus"], gerado/nascido, não feito [distinção antiariana de processão intratrinitária e criação], de uma só substância com o Pai (*homousios* [como contraposição à doutrina de Ario]), pelo qual foram feitas todas as coisas [...]; o qual, por nós homens e por nossa salvação, desceu do céu e se encarnou, o qual se fez homem, sofreu e ressuscitou no terceiro dia" (DH 125/155).

O concílio retoma de novo o ponto de partida bíblico, o relacionamento do Pai e do Filho, porém agora não só em sua realidade histórico-salvífica, mas também em sua profundeza intradivina essencial. O Filho, que em Jesus Cristo se fez carne ou ser humano e nele se nos depara, não é a primeira criatura (não criado); Ele é, antes, o único que foi "gerado/nascido do Pai". A imagem da (eterna) geração ou nascimento visa ser um modelo contrário ao da criação (ou do devir): ela refere-se a uma *processão em Deus mesmo*, e não "(a partir) de Deus". Remete, assim, a um relacionamento cheio de vida do "Pai" sem origem e originário com o "Filho" que lhe corresponde eternamente: *Deus* – ao contrário do que pensa Ario – está *cheio de vida infinita, rica em relações*. Logo, *o Filho preexistente pertence inteiramente à essência divina indivisa*, está na mesma categoria como o Pai. Qualquer diminuição em Deus é rejeitada; o subordinacionismo está superado.

3. Abordagem histórico-dogmática

Só se o Logos (Verbo) e Filho de Deus preexistente for claramente distinto, segundo sua essência (ousia), *do mundo em que atua e só se não for outra coisa senão realmente Deus mesmo, Ele pode trazer ao mundo algo que este não pode oferecer: comunhão com Deus, redenção, vida imperecível.* Por isso Niceia sustenta: se em Jesus Cristo o Filho de Deus está conosco, então nenhum outro senão Deus mesmo está conosco. Por isso Jesus Cristo, no qual esse Filho eterno de Deus se encarna e se faz ser humano, é o Emanuel, o "Deus conosco" (Mt 1,23). Em seu Filho Deus nos "presenteou tudo" (Rm 8,32).

3.2.2.2. As intenções das definições de Niceia

1) O Concílio de Niceia não se envolveu com as especulações de Ario ou da filosofia do Logos. Ele *não queria ir além da Escritura,* mas conservar a intenção de suas afirmações em vista dos novos questionamentos. Entretanto, isso não era mais possível somente com palavras da Escritura e da confissão batismal tradicional. Assim, precisou-se recorrer a termos da filosofia helenista, "não bíblicos" e estranhos à tradição comunitária: o termo "consubstancial" é, de certa maneira, a tradução da metáfora bíblica "Filho" para o conceito de uma filosofia da essência. As afirmações acerca da essência visavam justamente – dentro do horizonte de pensamento helenista – repelir a helenização ilegítima de Ario, que dissolvia o cristianismo em cosmologia e moral, e inaugurar uma helenização legítima do cristianismo, que permitia a pessoas que pensavam em termos helenistas e metafísicos sustentarem reflexamente a fé neotestamentária em Cristo e na redenção. Isso requeria que se dissesse que o Filho é Deus mesmo segundo sua *essência* e está no mesmo plano do *ser* que o Pai, de modo que quem se encontra com Jesus Cristo encontra-se com *este* Filho e, por meio dele, com o Pai.

2) Com suas novas afirmações Niceia queria dizer *o contrário da doutrina de Ario.* Por conseguinte, o Filho preexistente deve ser enquadrado inteiramente na essência do Deus não sujeito ao devir, e não na esfera da criação. A condição de criatura não deve ser atribuída ao Filho preexistente (Ele é consubstancial com o Pai), mas unicamente à natureza humana por Ele assumida, portanto ao ser humano Jesus.

3) O *verdadeiro motivo* e a preocupação positiva do Concílio, porém, era a fé na redenção: era preciso tornar a realidade da redenção concebível no contexto que se modificara; não bastava mais apenas afirmá-la mediante a pregação, depois que Ario havia questionado toda a comunicação salvífica de Deus.

Esse motivo se evidencia com a maior clareza no pensamento de *Atanásio de Alexandria* († 373). Ligando intimamente a doutrina da encarnação com a soteriologia, ele desenvolveu uma doutrina coesa da redenção a partir de cima: se em Jesus Cristo o próprio Deus não viesse a nós (e sim apenas uma criatura, por mais elevada que seja), então Ele não poderia nos ligar com Deus e não seria – ao contrário do que afirma o NT – o verdadeiro revelador de Deus e salvador. Pois só Deus mesmo pode nos redimir do estado de queda culposa (pecado) e da decomposição (morte) ao nos fazer par-

D. CRISTOLOGIA

ticipar de sua vida em graça e consumação. Por isso, para que a fé neotestamentária na salvação tenha validade, o *Logos*-Filho precisa ser Filho verdadeiro "segundo a substância e por natureza" (e não só um Filho adotado como recompensa pela virtude), verdadeiro Deus do verdadeiro Deus (p. ex., Atanásio, Discursos contra os arianos, I, 38s.). O alvo da "descensão" [descida] e "encarnação" do Deus-*Logos* é inaugurar para os seres humanos o que eles mesmos não podem se dar: agora, vida nova em comunhão com Deus e, no futuro, ressurreição para a imortalidade. A Atanásio importava principalmente a divindade inequívoca do Redentor, sem a qual não seríamos redimidos: *"Ele* (o Deus-*Logos) se fez ser humano para que nós fôssemos divinizados" (Atanásio,* Acerca da encarnação, 54; motivo da troca). O discurso acerca de nossa divinização não deve ser entendido erroneamente nos termos de uma redenção "física" ou até de uma deificação dos seres humanos. Ele não quer dizer outra coisa senão que nós, por meio daquele que é Filho de Deus por natureza, tornamo-nos, por graça e adoção, "Filhos do Pai" ao acolhermos em nós seu Espírito e sermos, assim, ligados a Ele (ATANÁSIO, *Contr. ar.* III, 17-25).

3.2.3. Distúrbios subsequentes e o esclarecimento dado pelo Concílio de Constantinopla (381)

Ao Concílio de Niceia ainda não importava esclarecer mais acuradamente como a substância una de Deus Pai e de Deus Filho se relaciona com a diferença de ambos. Para tanto também lhe faltava ainda a diferenciação conceitual precisa – só elaborada depois de 360 – entre *ousia* (substância geral) e *hypostasis* (realização, substância avulsa concreta): no apêndice com o anátema (DH 126), Niceia ainda usa os dois termos como sinônimos. Essa falta de clareza conceitual ainda haveria de causar alguns conflitos.

3.2.3.1. De substância igual ou semelhante?

Em especial o termo *homousios* continha certas insídias: caso se o lesse como "de substância *igual* ao Pai", não estava excluída a possibilidade de um diteísmo (duas divindades no mesmo plano). Caso fosse interpretado como "de *uma só* substância *(ousia* ou *hypostasis)* com o Pai", aproximava-se tanto o Filho do Pai que podia surgir a suspeita de sabelianismo (o Pai é o Filho, ambos são distintos só segundo sua aparição ou aspecto). Os arianos levantaram exatamente essa acusação contra Niceia. Mas também a maioria conciliar origenista só havia se conformado relutantemente com a decisão. Assim, Niceia não foi uma conclusão, mas impelia para além de si. No meio século entre Niceia (325) e Constantinopla (381) ocorreram grandes turbulências, mas por fim se chegou a um esclarecimento consensual e sustentável.

Os *semiarianos* origenistas queriam assegurar a diferença hipostática entre Pai e Filho, que lhes parecia ter sido confundida de maneira modalista pelo termo niceno *homousios* (DH 126: uma única *ousia* ou *hypostasis* de Deus), acrescentando uma única letra, um "i", e expressando a unidade do Pai e do Filho por meio de um *homoiusios* (i. é, de substância semelhante à do Pai, mas não igual e sobretudo não consubstancial no sentido de uma única hipóstase).

Uma solução foi encaminhada no sínodo da paz de Alexandria, convocado por Atanásio em 362: *Atanásio*, o grande paladino do Credo Niceno, admitiu agora que as três hipóstases dos homoiousianos não deveriam ser entendidas em sentido triteísta e que elas, abstraindo da terminologia, não estariam em contradição com a única hipóstase (ou, como corrige a ata do sínodo: a única *ousia*) dos homoousianos, que, por sua vez, também não deveria ser entendida em sentido sabelianista. Com isso, sobre a base do Credo Niceno, agora reconhecido conjuntamente, estava aberta a porta para a distinção entre três hipóstases e uma substância – ao menos na doutrina da trindade (na cristologia em sentido mais estrito, porém, ainda haveria de imperar por muito tempo uma fatídica confusão conceitual).

3.2.3.2. Distinções e esclarecimentos conceituais libertadores

O esclarecimento conceitual dessa distinção foi obra dos três grandes bispos *capadócios* (originalmente homoiousianos) Basílio de Cesareia († 379), Gregório Nazianzeno († 390) e Gregório de Nissa († 394). Nos moldes da filosofia estoica, para Basílio a substância *(ousia)* é o genérico indefinido; assim, p. ex., o conceito substancial "ser humano" pode ser atribuído conjuntamente a vários seres humanos. As hipóstases *(hypostaseis)*, por sua vez, são a realização concreta, individual da substância; elas surgem mediante um complexo de peculiaridades *(idiomata)* individualizadoras. Da peculiaridade do Pai faz parte o fato de Ele não dever sua existência a nenhuma outra causa, sendo, portanto, originariedade sem origem, e da peculiaridade do Filho faz parte o fato de Ele ser gerado pelo Pai, sendo, portanto, sua autoexpressão e recepção dialógica.

No Ocidente latino teve-se dificuldades com essa distinção, pois o termo *hypostasis* era muitas vezes traduzido por *substantia* (em vez de *subsistentia*), de modo que surgia a impressão de que com as três hipóstases se estavam afirmando três substâncias divinas, portanto três deuses. Inversamente, a distinção de Tertuliano entre *natura/substantia* e *persona* era difícil para o Oriente, porque *persona* era identificado com *prosopon*, o que significa "máscara" ou "papel" (mera manifestação, portanto), tendo, com isso, uma conotação modalista. Por isso Basílio, empenhado pela paz, recomenda dizer que – na Trindade – cada pessoa *(prosopon)* existe *como* hipóstase. Isso foi aceito por todas as grandes províncias eclesiásticas no Oriente e no Ocidente, de modo que, a despeito da conceitualidade diferente, chegou-se a um acordo no conteúdo.

3.2.3.3. O resultado: o documento doutrinário do Concílio de Constantinopla

O acordo no conteúdo foi registrado no tomo perdido do Concílio de Constantinopla (381), cujo teor é reproduzido pelo sínodo subsequente lá realizado (382) em sua missiva ao Sínodo Romano (382) (→ Pneumatologia 3.2.4.). Uma única substância divina *(mia ousia)* em três realizações ou expressões concretas *(treis hypostaseis)*: esta fórmula assinala o fim oficial das contendas arianas. Sob as condições do pensamento greco-helenista, havia-se tornado inevitável a confissão de que Deus é trinitário não só em sua atuação em relação ao mundo e aos seres humanos, mas o é – já sempre – em sua *única* profundeza substancial divina. Só assim era possível enunciar a divindade de Jesus Cristo sem ameaçar a unidade de Deus (não há dois deuses!) e, ao mesmo tempo, sem obliterar a diferença em Deus (o face a face de Pai e Filho). O Deus uno podia ser concebido "em si" trinitariamente como unidade cheia de vida e comunicativa (e por isso também se comunicando livremente "para fora").

D. CRISTOLOGIA

3.3. A questão da unidade de Deus(-Filho) e ser humano em Jesus Cristo e a fórmula dogmática de Calcedônia

Agora se colocou um novo problema: se Cristo é verdadeiramente Deus, como Ele pode ainda ser humano? Afinal, podem ambos existir juntos? E em caso positivo, como se deve conceber então o relacionamento ou a unidade de ambos? Em outras palavras: como podem Deus e ser humano ser concebidos em unidade na realidade conjunta de Jesus Cristo sem redução de um dos lados ou de ambos e sem dissolução de um no outro? Afinal, só então se sustenta a redenção do *ser humano* por *Deus*.

Ainda durante as contendas arianas e trinitárias essa questão cristológica em sentido mais estrito foi sendo enfocada paulatinamente. Logos-carne e Logos-ser humano: dois modelos de pensamento mutuamente excludentes para a unidade de Deus e ser humano em Jesus Cristo se defrontam, pelo menos até o Concílio de 381, o qual rejeitou definitivamente o primeiro deles por ser imprestável.

3.3.1. Rejeição de um modelo de pensamento cristológico imprestável

3.3.1.1. O insuficiente modelo *Logos-sarx* no pensamento de Apolinário de Laodiceia

Não só em Ario e nos arianos, mas também em outros autores do início do século IV encontra-se a ideia de que em Jesus Cristo o Logos teria se unido a um corpo humano sem alma racional e assumido nele a função da alma espiritual. *Apolinário de Laodiceia* († 390) sistematizou essa cristologia do *Logos-sarx* e a desenvolveu até seus últimos princípios. Já que quer evitar uma separação em Cristo e pensar uma encarnação real de Deus (portanto, não a mera inspiração de um ser humano), ele se vê forçado a amputar o ser humano completo e entender Cristo como "composto nos moldes humanos" (APOLINÁRIO, *Ep. Dion.* 1,2), isto é, em analogia à unidade entre corpo e alma no ser humano.

O verdadeiro motivo é soteriológico: para que Cristo nos redima, Ele precisa ser sem pecado, e isto só é concebível para Apolinário de tal modo que Ele não tenha um *nous* (alma racional) mutável, capaz de cair na tentação e no pecado, portanto, que o Logos, como único princípio mental, substitua em Cristo a alma lógica ou racional (não a alma animal, carnal). Só assim ele garante, através de sua influência divina direta sobre a carne de Cristo, a não pecaminosidade deste, que é fundamental para nossa redenção.

Portanto, o Logos forma junto com a *sarx* uma unidade "física" ou de substância: "Deus e a carne produziram uma única natureza" (APOLINÁRIO, *Apodeixis*, 10); "esse Filho uno não consiste de duas naturezas [...], mas é a natureza una encarnada do Deus-Logos" (APOLINÁRIO, *Ep. Jov.* 1), como reza a fórmula com sérias consequências. A tentativa de conceber Cristo numa síntese natural como unidade de substância é feita, pois, à custa da humanidade de Jesus: ela é privada de sua alma

3. Abordagem histórico-dogmática

espiritual humana como princípio vital próprio. Contudo, no *Logos* encarnado também a divindade não fica mais intacta, também ela não tem mais natureza própria: "não inteiramente ser humano, tampouco Deus, mas uma mescla de Deus e ser humano" (APOLINÁRIO, *Apodeixis*, 113).

3.3.1.2. A rejeição do modelo *Logos-sarx*

O sistema de Apolinário levantava a pergunta acerca de como, afinal, o espírito humano (portanto, justamente aquilo pelo qual em última análise o ser humano peca) pode ser redimido se, na encarnação, de certa maneira se passa por cima dele. A principal objeção soteriológica foi formulada por Gregório Nazianzeno († c. 390) do seguinte modo: "O que não foi assumido (pelo Logos em sua encarnação) também não foi curado; o que, porém, é unido com Deus também é salvo" (GREGÓRIO, *Ep.*, 101,7). Apolinário, entretanto, não se impressionou com isso, e o Concílio de Constantinopla (381) condenou seu modelo *Logos-sarx*, expressando que o Logos e Filho eterno de Deus assumiu uma natureza humana completa com uma alma espiritual, para redimir tudo o que faz com que o ser humano seja humano.

3.3.2. A alternativa: o modelo *Logos-anthropos* e suas duas versões em Antioquia e Alexandria

Como pode a divindade estar unida com uma humanidade completa em Jesus Cristo? Acaso Cristo está dividido ou é a coexistência meramente exterior de dois seres diferentes e separados? (Esta é a tendência latente da escola antioquena, que se expressa no extremo dos nestorianos.) Ou o humano se mistura com o divino dominante, sendo até absorvido por este? (Esta é a tendência da escola alexandrina, sobretudo no extremo dos monofisitas.)

3.3.2.1. A escola de teólogos antioquenos: cristologia da distinção

A escola de teólogos antioquenos estava mais interessada em exegese gramático-"histórica" da Escritura do que em especulação metafísica; sem fazer cortes, ela insistia tanto na verdadeira divindade de Cristo (contra os arianos) quanto em sua completa humanidade (contra Apolinário) e acentuava, para tanto, a distinção (não separação) de ambas em Cristo. Essa "cristologia da distinção" ou doutrina das duas naturezas (diofisismo) dos antioquenos pode ser bem reconhecida em *Teodoro de Mopsuéstia* († 428).

Por respeito à transcendência de Deus Teodoro evita toda confusão entre a divindade e a humanidade em Cristo. Ele entende sua ligação de tal modo que o Logos consubstancial a Deus teria "assumido" ou "adotado" o ser humano Jesus consubstancial a nós (TEODORO, *De Inc.* 2) e "habitado" nele como num templo ou numa tenda (Jo 2,21; 1,14); "Cristo precisava assumir não só um corpo [...], mas também uma alma", e até "primeiro a alma", "porque a inclinação para o pecado tem seu início na vontade da alma" (TEODORO, *Hom. catech.* 5,11). Por isso *ela* é que necessita em primeiro lugar de cura, e mais: porque a

D. CRISTOLOGIA

virtude brota da vontade da alma, esta precisa ser incluída *ativamente* no processo de redenção. Para tanto o Deus-Logos atua no ser humano Jesus através da livre eleição graciosa de Deus e produz nele desde o início uma singular disposição para a abertura em relação a Deus, pressuposto da singular "inabitação do Espírito", que "é diferente do que ocorre nos demais seres humanos" porque nele "*toda* a graça do Espírito" desdobra sua força, para nossa redenção e de maneira exemplar para nós (TEODORO, *De Inc.* 7).

A unidade do Logos e do ser humano em Cristo é uma cooperação de duas forças motrizes e vontades distintas; duas "naturezas perfeitas" "se juntam" (sem "mistura") e "constituem um *prósopon* de acordo com sua unidade" (TEODORO, *De Inc.* 8). Uma conceitualidade ainda insuficiente faz com que – visto de modo abstrato – tanto o Logos quanto o ser humano tenham não só sua respectiva natureza, mas também um *prósopon* (semblante) respectivamente próprio ou uma hipóstase (existência individual) própria, de maneira que em princípio o ser humano Jesus com seu livre-arbítrio também poderia existir independentemente do Logos. De modo concreto e efetivo, porém, Jesus Cristo seria – por causa da ligação das duas naturezas descrita como unificação amorosa *(synápheia)* – uma unidade inviolável, um único *prósopon;* como objeto de adoração – e decerto também como sujeito da redenção – o Logos redentor e seu instrumento humano seriam completamente idênticos (TEODORO, *Hom. catech.* 6; In: Jo. 8,16). Teodoro repele a imputação de que estaria propondo um mero modelo profético de inspiração ou até de dois Filhos.

Nestório († 451), discípulo de Teodoro, era, como evidenciam seus escritos, ortodoxo quanto ao conteúdo, não sendo, ele próprio, "nestoriano". Ele combatia todos os que negavam a humanidade plena (com corpo *e* alma) de Jesus e consideravam o Logos como *único* sujeito das experiências humanas de Jesus. Os títulos "Cristo" e "Filho" no Credo Niceno são, para ele, designações que são *comuns* à divindade e à humanidade: Cristo seria incapaz de sofrer segundo sua divindade e capaz de sofrer segundo sua natureza corporal; as "peculiaridades de ambas as naturezas não desaparecem simplesmente" no *prósopon* uno. Por isso ele quer "atribuir o nascimento (de Maria) e sofrimento não à divindade, e sim à humanidade", e "chamar a santa Virgem de *christotókos* (a que deu à luz Cristo), e não de *theotokos* (a que deu à luz Deus)" (NESTÓRIO, *Ep. Cyr.* de 15.6.430). Nestório queria reconhecer Cristo, mas não o Logos, como sujeito de todos os atributos e ações divinos e humanos; para ele, por isso, em relação a Cristo também era concebível uma troca de afirmações (a chamada comunicação das propriedades), que mais tarde até lhe permitiu admitir o título *theotokos* "corretamente entendido". Em termos de conteúdo (embora ainda sem clareza conceitual) ele sustentou resolutamente a unidade de Cristo: não há "dois Cristos ou dois Filhos", e sim só "um e o mesmo": "Cristo é indivisível no ser-Cristo, mas duplo no ser-Deus e no ser-humano"; ambas as naturezas estão em "unidade inseparada" (Sermão sobre Mt 22,2s. de 429) ou em "ligação inconfusa" (NESTÓRIO, *Sermo* 8). A unidade não é meramente exterior, mas também não natural e, por conseguinte, obrigatória, e sim uma unidade livremente querida. Nestório vê os problemas, mas ainda não enxerga o caminho para sua solução, que Calcedônia (bem acolhido por Nestório) mais tarde indicará.

A escola antioquena perseverou, portanto, na completude e liberdade das duas naturezas de Cristo. Ela partia do que era histórica e concretamente experienciável: o verdadeiro ser humano Jesus de Nazaré percorreu – desde o início (mediante a comunicação do Pneuma) em ligação com o Logos-Filho divino e por Ele liberto para isso – de livre vontade um desenvolvimento verdadeiramente humano, de modo que na obediência livre de Jesus o Logos divino pôde realizar sua obra de redenção singular (que vai além do natural-humano). Com a morte e ressurreição de Jesus, a ligação de Logos e ser humano torna-se definitivamente a unidade imutável da atuação e da adoração (do exaltado). Jesus Cristo é, assim, por um lado inteiramente singular e, por outro, exemplar para os cristãos. Todavia, a legítima acentuação da diferença e autonomia de Deus e ser humano em Cristo acarreta dificuldades ao se pensar a unidade de ambos.

Essas dificuldades manifestam-se então, de modo exacerbado e extremo, nos chamados *nestorianos* (não no próprio Nestório), que dividem Jesus Cristo em dois atores e "dois Filhos": *a cristologia da distinção se transforma em cristologia da separação*. Com isso, porém, por um lado não é mais possível esboçar uma imagem coesa de Cristo e, por outro, nessa soteriologia o ser humano (só assumido ainda exteriormente por Deus) é privado da *salvação* realmente divina, porque ela não o atinge mais em seu mais íntimo.

3.3.2.2. A escola de teólogos alexandrinos: cristologia da unidade e interpenetração com predominância do Logos

Os alexandrinos (e com eles a maioria dos orientais de percepção mais helenista) não se satisfizeram com as informações dos antioquenos. Desde Clemente e Orígenes os alexandrinos se orientavam mais pela maneira de pensar do platonismo médio ou do neoplatonismo, preferiam a exegese alegórica, que buscava um sentido mais profundo (místico), e desde Alexandre e Atanásio insistiam na plena divindade do Filho, bem como em sua "descensão" e real "encarnação" (nos termos de uma unidade realístico-ôntica de *Logos* e *sarx*) por causa da redenção (divinização) dos seres humanos pecadores e mortais; à humanidade de Cristo (com corpo e alma), em contrapartida, quase não se atribuía significado soteriológico.

Em sua obra inicial, *Cirilo de Alexandria* († 444) dificilmente oferece, em termos cristológicos, mais do que um Atanásio abrandado. Como este, ele ainda se atinha ao esquema *Logos-sarx*. Junto com Atanásio, Cirilo vê realizadas na apropriação da *sarx* pelo *Logos* a exclusão do pecado em Jesus, a recondução à imperecibilidade e a participação na natureza divina, ficando, com isso, fundamentada a salvação dos seres humanos.

Parece que só com a entrada em cena do antioqueno Nestório, Cirilo tornou-se consciente da questão cristológica em toda a sua envergadura. Quando, em 429/430, para poder subsistir contra Nestório, empreendeu um estudo mais profundo da cristologia, procurou apegar-se de novo a Atanásio. Pelo visto, certos círculos se aproveitaram disso para passar-lhe produtos de Apolinário falsamente como "atanasianos". Entre eles se encontrava também a desconcertante locução acerca da "natureza una, tornada carne, do Deus-Logos", que Cirilo considerava atanasiana e à qual se aferrou firmemente mesmo depois que se distanciara do apolinarismo e – nos termos do modelo Logos-ser humano – declarara que o Logos divino "de maneira incompreensível uniu

D. CRISTOLOGIA

a si, segundo a hipóstase, a carne humana, que era animada por uma alma racional, e com isso se tornou ser humano" (CIRILO, *Ep.* 4,3 = Segunda carta a Nestório de fev. de 430). Essa fórmula inteiramente nova: "união hipostática" era no início inaceitável para todos os antioquenos porque Cirilo, em seu esforço de expressar a unidade em Cristo de modo realístico-ôntico, falava igualmente de uma "união segundo a natureza" ou uma "união física" (p. ex., CIRILO, *Ep.* 17,6 = Terceira carta a Nestório de nov. de 430). Aqui se mostra em Cirilo – de maneira semelhante a Nestório, só que com um interesse direcionado inversamente – uma devastadora falta de clareza conceitual: ele utiliza os termos *physis* e *hypóstasis* (na cristologia), ainda sem distinção, para designar tanto a natureza quanto a pessoa. Assim ele também chega à tese: "duas naturezas" antes da união, mas "uma natureza" *(mia physis)* após a união (*Ep.* 40).

Tudo isso tinha de lhe trazer, da parte dos antioquenos, a acusação de estar misturando o divino e o humano. Cirilo teve dificuldades com ela, embora não tenha deixado de se impressionar e tenha aprendido com essa crítica. Sem revogar ou sequer modificar suas teses anteriores, mais tarde ele utilizou expressões antioquenas, que foram assumidas depois por Calcedônia: "As duas naturezas se juntaram numa união indivisível, sem mistura e sem alteração" (CIRILO, *Ep.* 45,6), de modo que "cada uma delas permanece em sua particularidade natural" (*Ep.* 46,2).

O motivo decisivo dos alexandrinos é, desde Atanásio, o soteriológico: *a redenção só pode ser efetuada por alguém que não é menos do que Deus no mais pleno sentido e que, sem deixar de ser Deus, uniu-se de modo tão completo e indissolúvel com a humanidade, que o divino permeia inteiramente o humano e lhe dá parte na vida divina, em sua força e sua imperecibilidade.* O Logos encarnado é o mediador de Deus e do ser humano (é Deus-ser humano), os crentes são incluídos nesse processo místico e já o experimentam vivamente no mistério da celebração da eucaristia.

A ideia principal da encarnação divinizadora (= doadora de vida) é fundamentada de maneira mais profunda no fato de que o Deus-Logos doador de vida repleta a carne e, ao mesmo tempo, aí arraiga a graça do Espírito, sendo, portanto, realmente "Deus conosco", como diz Cirilo repetidas vezes, e o é até dentro do esvaziamento da morte. A partir desse interesse Cirilo força o aspecto da unidade, mesmo correndo o perigo de obliterar os limites entre Deus e o ser humano.

Se essa concepção latentemente monofisita é exacerbada, verifica-se o *monofisismo* explícito de alguém como Êutiques († 454): a humanidade de Cristo teria sido absorvida pela divindade, assim como uma gota de mel que cai no mar nele se dissolve e desaparece. Uma *cristologia da mistura* tão estrita torna inconcebível a redenção do ser humano: o *ser humano* é enganado acerca da salvação.

3.3.2.3. O choque dos interesses e os esforços de mediação

Trata-se aqui de uma disputa de escolas (à qual se sobrepõem maciços interesses de poder político). Duas correntes teológicas se defrontaram sem que um dos lados fosse capaz de preservar o legítimo interesse soteriológico do outro. Se os adversários tives-

3. Abordagem histórico-dogmática

sem podido ser obrigados a discutir suas discrepâncias com calma e a definir seus conceitos com precisão, então sem dúvida se teria constatado que, em termos teológicos, eles estavam de acordo no essencial. No decorrer da disputa, pela primeira vez concepções romano-ocidentais (sobretudo por meio do escrito doutrinal de Leão I de Roma em 449) também adquiriram influência sobre os desdobramentos cristológicos gerais.

a) *Debates em torno de Nestório e o Concílio de Éfeso (431)*

Nestório, alçado pelo imperador em 428 à condição de patriarca de Constantinopla, despertou rapidamente indignação quando – no espírito da teologia antioquena, mas sem sua discrição nobre e irênica – polemizou com excesso de zelo contra a designação de Maria como *theotokos* (a que deu à luz Deus), que pode ser documentada pela primeira vez em Alexandria por volta de 320 e que, nesse meio tempo, estava amplamente disseminada na piedade popular. Ao invés dessa designação, ele defendeu o uso do termo *christotókos* (a que deu à luz Cristo), mas rejeitou resolutamente um mero *anthropotókos* (a que deu à luz um ser humano). Maria não deu à luz nem o Filho de Deus preexistente nem um mero ser humano, e sim Jesus Cristo, que é a unidade de ambos. Mas será que era possível tornar isso compreensível em Constantinopla, ainda mais exposto de uma forma polêmica?

Cirilo, sem qualquer tentativa de uma interpretação benevolente, aproveitou a primeira oportunidade que se ofereceu, a tradicional epístola da Festa de Páscoa (429), para advertir contra a nova "heresia". Ele atribuiu a Nestório uma cisão herética de Cristo em dois Filhos (CIRILO, *Ep.* 4 = segunda carta de fev. de 430) e lhe enviou em novembro de 430 uma terceira carta muito polêmica (*Ep.* 17) com uma lista de 12 anátemas (erros a serem abjurados). Um concílio solicitado por Nestório e convocado pelo imperador para pentecostes do ano de 431 na supostamente neutra Éfeso foi aberto por Cirilo, embora algumas delegações ainda não houvessem chegado (sobretudo os orientais sob João de Antioquia) e a despeito de todos os protestos, e usado sem escrúpulos para seus interesses de poder político: mediante votação se declarou a segunda carta de Cirilo a Nestório (aceitável tanto na terminologia quanto no conteúdo) – e com isso o *theotokos* – como concordante com o Símbolo de Niceia, mas a carta de Nestório a Cirilo como divergente de Niceia; Nestório foi condenado como "novo Judas" e declarado deposto. A terceira carta de Cirilo com os anátemas foi simplesmente arquivada. Entrementes, porém, a delegação dos orientais havia chegado e, na presença do comissário do imperador, ocorreu a verdadeira abertura do concílio. Esse contrassínodo também elaborou uma fórmula que, dois anos mais tarde, serviu de fundamento para um acordo. Impelido tanto por Roma quanto pela corte imperial a buscar um acordo com João de Antioquia, interessado numa conciliação, Cirilo declarou-se em 433, após difíceis negociações preliminares, subitamente disposto a aceitar um símbolo de consenso determinado pela perspectiva antioquena, mas que contivesse o *theotokos*. Com esse acordo Cirilo conseguiu que a maioria dos antioquenos confirmasse a condenação de Nestório. Uma minoria não quis acompanhar essa renegação de Nestório e preferiu suportar a própria deposição e proscrição: começou a cisão dos "nestorianos".

b) *A disputa em torno de Êutiques e o "Tomo" de Leão I*

Alexandrinos mais radicais estavam menos dispostos a um acordo e não davam descanso. Isso também se aplica ao monofisita quase septuagenário *Êutiques* († 454). Ele combateu a fórmula de união e declarou: "Confesso que *antes* da união nosso Senhor tornou-se *a partir de* duas naturezas, mas *após* a união só confesso *uma única* natureza *(mian physin)*". Citado em

D. CRISTOLOGIA

novembro de 448 perante o chamado sínodo endêmico em Constantinopla sob o patriarca Flaviano (446-449; não era antioqueno), ele insistiu teimosamente nessa confissão, afirmando que o corpo de Cristo não seria "corpo de um ser humano", e sim "o corpo de Deus".

Após ser condenado em Constantinopla, o monofisita Êutiques buscou também a ajuda de *Leão I* de Roma (440-461), entre outros. Este, então, escreveu uma "Epístola doutrinal a Flaviano" (13.6.449) (o chamado *Tomus Leonis* = *Ep.* 28), na qual desenvolve uma cristologia tipicamente ocidental:

Trata-se de restabelecer e consumar a ordem originalmente querida por Deus, mas perturbada pela culpa humana, "através de uma ação salvífica mais misteriosa ainda" (3) e "numa nova ordem" (4). "Para pagar nossa culpa", era necessário "que o único mediador entre Deus e os seres humanos, o ser humano Jesus Cristo, por um lado pudesse morrer e, por outro, não pudesse morrer" (3). O efeito redentor da morte de Cristo depende de que "o mesmo que é verdadeiro Deus seja, ao mesmo tempo, verdadeiro ser humano" (4), "porque uma coisa sem a outra não poderia ter efetuado nossa salvação" (5). Por isso a confissão de Êutiques é "tola e errada" (6) ao afirmar que pela encarnação "a peculiaridade do gênero humano teria sido eliminada" (2). Verdade é, antes, que "as peculiaridades de ambas as naturezas permanecem intactas e se unem numa pessoa" (3), "pois cada uma das naturezas faz o que lhe é próprio em comunhão com a outra": o Verbo opera milagres, a carne sofre ignomínia e injustiça (4). A despeito de toda a insistência na permanente distinção entre o divino e o humano também após a união, o sujeito de atribuição ao qual, em última análise, devem ser atribuídas todas as definições cristológicas é a pessoa una do Redentor humano-divino. A partir daí se fundamenta, com Agostinho, o princípio da troca de afirmações (comunicação de propriedades): "Por causa dessa unidade da pessoa [...], que deve ser pensada em relação a ambas as naturezas, [...] é dito que o Filho de Deus teria sido crucificado e sepultado, enquanto que Ele [...] sofreu isso na fraqueza de sua natureza humana" (5). Deus veio para atuar e morrer de modo redentor como ser humano.

Entretanto, a expressão que designa a unidade, *persona* (máscara, papel), ainda permanece vaga e dificilmente diz mais do que isto: Jesus Cristo é *um único*. E visto que Leão parte da dualidade das naturezas, nele, assim como em Agostinho, a pessoa una do Deus-ser humano é o resultado da união; para os alexandrinos, pelo contrário, a pessoa una (hipóstase) do Verbo era o ponto de partida e fundamento da unidade. Por isso, no Oriente sobretudo os orientais (incluindo Nestório) devem ter se sentido entendidos por Leão, ao passo que os cirilianos extremos devem ter encarado seu *Tomus* como um desafio aberto para a luta.

Dióscoro († 454), sucessor monofisita de Cirilo, já havia organizado uma campanha para reabilitar Êutiques, que culminou no famigerado "sínodo de ladrões" de Éfeso (agosto de 449). Impediu-se mediante uso de violência a participação de importantes antioquenos, o *Tomus Leonis* não pôde ser lido, reabilitou-se Êutiques e, em lugar dele, condenaram-se Flaviano e os líderes dos antioquenos; além disso, a união de 433 foi anulada. No Ocidente isso provocou uma torrente de indignação. Com a participação decisiva de Leão se tratou persistentemente de anular o concílio de ladrões e de conseguir que o imperador convocasse um novo concílio "geral". Só a mudança de regente e de política (450) tornou isso possível.

3. Abordagem histórico-dogmática

3.3.3. A definição de fé do Concílio de Calcedônia (451)

Desta vez os convites foram tão amplamente espalhados, que este concílio foi a maior e mais representativa assembleia eclesiástica da Igreja antiga. Do Ocidente, contudo, além de dois africanos só os cinco legados de Leão (três bispos e dois presbíteros) estiveram presentes. A grande maioria dos participantes do concílio pensava em moldes cirilianos e resistiu à elaboração de uma declaração de fé em que o consenso entre Oriente e Ocidente (Cirilo e Leão) fosse definido conceitualmente. Os legados papais insistiram meramente na aprovação do *Tomus Leonis*, contra o qual, porém, foram expressas algumas reservas, de modo que com um assentimento sumário não se ganharia muito. Por isso a presidência insistiu que se fizesse uma exposição formal da fé.

3.3.3.1. A fórmula doutrinária em seu contexto

Depois de muito esforço para obter um consenso, chegou-se por fim a um acordo sobre um documento que contém as seguintes partes: uma introdução, que justifica a nova definição; a confissão de fé de Niceia (em sua forma do ano de 381), que, com isso, adquiriu significado normativo em termos ecumênicos; a aprovação da segunda carta de Cirilo (contra Nestório), da epístola de união de Cirilo do ano de 433 e do *Tomus* de Leão (contra Êutiques); a fórmula ou definição doutrinária propriamente dita; um anátema conclusivo de todos os que queiram ensinar outra fé. A própria fórmula doutrinária (v. a seguir) está construída de maneira magistral e é extremamente densa (DH 301s.):

(1)
"Seguindo, pois, aos santos Padres,
todos nós ensinamos unanimemente que se deve confessar
um só e mesmo
Filho
nosso Senhor
Jesus Cristo
o mesmo

perfeito quanto à divindade	e	perfeito quanto à humanidade
verdadeiramente Deus	e o mesmo	verdadeiramente humano de alma racional e corpo consubstancial a nós
consubstancial ao Pai segundo a divindade	e o mesmo	segundo a humanidade, "em tudo semelhante a nós, exceto o pecado";
antes dos séculos nascido do Pai segundo a divindade	o mesmo	nos últimos dias, porém, (nascido) da Virgem Maria, a que deu à luz Deus, segundo a humanidade por nós e para nossa salvação;

317

D. CRISTOLOGIA

(2)
um só e mesmo
Cristo
Filho
Senhor
Unigênito

> conhecido
> em duas naturezas
> inconfusas/imutáveis
> indivisas/inseparáveis
> a distinção das naturezas de modo algum é anulada pela união,
> mas a propriedade de cada natureza é conservada,
> concorrendo para formar um só *prósopon* e uma só hipóstase;
> não cindindo ou dividindo em duas pessoas *(prósopa)*, mas

um só e mesmo
Filho unigênito
Deus-Logos
Senhor
Jesus Cristo;
como outrora os profetas a seu respeito
e Ele próprio, Jesus Cristo, nos ensinaram
e o símbolo dos Padres nos transmitiu".

A confissão inteira consiste de um único período e refere-se a "um e mesmo" sujeito, o Filho, nosso Senhor Jesus Cristo. A esse *único sujeito principal* competem todas as afirmações: verdadeira divindade e humanidade, e isto como consubstancialidade com Deus e *conosco* (algo novo em relação a Niceia); também após a união ambas as naturezas permanecem distintas (um Cristo "em", não só "de" duas naturezas). A ligação das duas naturezas, porém, não é descrita, nos moldes de Apolinário e Cirilo, como unidade de natureza nem, nos moldes de Nestório, como mera unidade *in actu*, mas enfaticamente como unidade de pessoa (unidade da pessoa ou hipóstase). Numa breve fórmula: *um e mesmo Jesus Cristo em duas naturezas, que – de modo inconfuso e inseparável – se reúnem formando uma pessoa ou hipóstase*.

3.3.3.2. Proveniência e caráter das partes da fórmula

Toda a *primeira parte* representa uma reinterpretação alexandrina da fórmula de união (acentuadamente antioquena) de 433, e isto conforme a epístola de união de Cirilo; abstraindo da fórmula referente a corpo-alma e da dupla fórmula com *homousios*, ela tem um caráter muito bíblico. A *segunda parte* desenvolve, de modo mais técnico e conceitual, a doutrina das duas naturezas. Aqui repercute o *Tomus* de Leão: "a propriedade de cada natureza é conservada, concorrendo para formar uma só pessoa", mas a que se acrescentou, para vir ao encontro de interesses alexandrinos: "e uma só hipóstase". Também a referência ao sujeito uno em duas naturezas poderia ter sido desenvolvida a partir da epístola de união de Cirilo.

O relacionamento mútuo das duas naturezas é definido por meio dos quatro famosos predicativos: "inconfusa/imutável" (contra um ser misto monofisita), mas também "indivisa/inseparável" (contra uma cisão nestoriana). Com isso se preservam a divindade de Deus (distinção entre Criador e criatura) e, ao mesmo tempo, a realidade da encarnação (o envolvimento de Deus na história humana) e, por conseguinte, da redenção.

O texto todo tem caráter de acordo: ele procura colocar os interesses dos alexandrinos (Deus mesmo se fez presente na vida de Jesus para nos redimir), dos antioquenos e dos latinos (completude da natureza humana, que necessita de redenção) num relacionamento cuidadosamente equilibrado; procura, portanto, reconhecer o cerne de verdade contido em cada um dos lados. Por isso ele efetivamente não é apenas uma confissão romana ou até antioquena, mas também – talvez até de modo preponderante – alexandrino-ciriliana (e mais tarde sempre foi assim concebido na Ortodoxia oriental), porém com um "espinho na carne" leonino (que haveria de fazer com que o Oriente não sossegasse).

3.3.3.3. Importância e limites da fórmula doutrinária

A fórmula doutrinária não esboça uma "teoria metafísica de Cristo", mas se contenta em sustentar a unidade do sujeito uno Jesus Cristo na permanente distinção de Deus e ser humano, e, de resto, em traçar limites formais. A reserva em relação a qualquer definição positiva adicional talvez revele também o pressentimento de que o conjunto de Deus e ser humano em Jesus Cristo dificilmente pode ser compreendido num esboço sem rupturas. Justamente com essa prudente reserva o dogma de Calcedônia deixa um amplo espaço para testemunhar aquele que é confessado como verdadeiro Deus e verdadeiro ser humano. Ele delimita o marco regulador e oferece critérios que devem ser levados em conta em toda teoria e em todo discurso cristológicos, para que não se desfigurem traços essenciais do testemunho neotestamentário de Cristo.

O dogma esboça esse marco, mas não o preenche com vida. Isto não é tarefa de uma fórmula dogmática, mas deve acontecer – em outras formas linguísticas (narrativa, doxológica etc.) – a partir da Escritura e da experiência crente em comunhão com Jesus Cristo. Por isso a própria fórmula carece da dinâmica da Escritura e da teologia dos padres (tanto dos alexandrinos quanto dos antioquenos). Contemplada superficialmente, ela dá a impressão de conter uma adição abstrata de duas naturezas e uma simetria estática; em realidade se pensa de primeiro no Filho unigênito. Assim, a fórmula de Calcedônia abre o espaço para que, sem violação da transcendência e liberdade de Deus, sem dissolução da ideia de encarnação ou trivialização moralista, possa-se anunciar o que é empolgantemente novo: *por incompreensível misericórdia, o Filho eterno de Deus condescendeu em sofrer como ser humano indefeso a humildade e maldade deste mundo, para nos presentear comunhão com Ele e salvação. A salvação nos é transmitida pela encarnação de Deus.*

D. CRISTOLOGIA

Um ganho conceitual especial da fórmula doutrinária de Calcedônia consiste no fato de ela ter confirmado a distinção entre o plano pessoal e o natural que Nestório provavelmente apreendera de modo intuitivo, mas não pôde formular corretamente. Não é a *natureza* divina como tal que constitui a unidade e representa o princípio de toda ação; é preciso, antes, procurar na direção da *hipóstase*. Entretanto, em Calcedônia não se estava em condições de pensar com mais exatidão numa união hipostática porque ainda não se apreendiam as possibilidades contidas na distinção entre *physis* e *hypóstasis*. Por isso o concílio não diz diretamente nada sobre o problema de "como" as duas naturezas completas podem ser concebidas em unidade, mas não deixa dúvidas quanto ao "que" (ou fato) de sua unidade.

Assim, o Concílio de Calcedônia deixou algumas coisas não esclarecidas. Já por esta única razão ele não pode simplesmente ser tido como o ponto final e culminante do desenvolvimento da cristologia na Igreja antiga; ele também é começo, ponto de partida para aclaração e aprofundamento adicionais. Ainda assim, compete à sua decisão dogmática uma importância fundamental e permanente para o futuro, o que também se mostra no fato de que ela constitui até hoje o fundamento da cristologia de todas as Igrejas cristãs.

3.3.4. A recepção contraditória do símbolo de Calcedônia e a conclusão do desenvolvimento da cristologia da Igreja antiga

A decisão doutrinária de Calcedônia só encontrou aceitação parcial. Ela foi recebida no Ocidente latino (para o qual as questões cristológicas básicas estavam decididas com a fórmula de 451), no Oriente pelo patriarcado de Constantinopla, pela metade de fala grega do patriarcado de Antioquia (e Jerusalém); no patriarcado de Alexandria, porém, apenas por uma minoria favorável ao imperador, enquanto que a massa pobre do povo e os monges em grande parte percebiam a questão em termos monofisitas.

Nesse processo influíram fatores sociais, étnicos, políticos (resistência ao domínio bizantino), mas sobretudo motivos elementarmente religiosos: *por trás das tendências monofisitas estava o profundo anseio de ligação íntima com Deus; ele exigia uma expressão da unidade de Cristo que fosse tão concreta e próxima da vida quanto possível*. Por isso a imagem de Cristo de Cirilo, concebida inteiramente a partir de cima e direcionada para a unidade, era tão atraente para muitas pessoas. Para tornar as definições necessariamente esmaecidas de Calcedônia acessíveis à vivência religiosa, porém, teria sido necessário um teólogo proeminente.

3.3.4.1. A retomada do interesse alexandrino e o II Concílio de Constantinopla (553)

Nos debates em torno de Calcedônia estava em pauta inicialmente (até 553) o reconhecimento pleno dos interesses alexandrinos, uma conciliação entre "Cirilo" e "Calcedônia".

3. Abordagem histórico-dogmática

O Egito se transformou em centro da doutrina da única natureza (*mya physis*, mas agora reconhecendo a humanidade de Cristo), em centro da resistência anticalcedonense. Em breve também a Síria, Palestina e Ásia Menor foram contagiadas, de modo que no Oriente – abstraindo de minorias – por fim quase só a região em torno de Constantinopla se atinha firmemente a Calcedônia: para salvar a unidade do império, os imperadores bizantinos intervinham constantemente na disputa doutrinal com editos favoráveis aos monofisitas e hostis a Calcedônia (*encýclion* de 476 e *henóticon* de 482). Os monofisitas também possuíam o maior teólogo da época: *Severo de Antioquia* († 538), profundamente religioso, briguento e combatente intolerante dos inovadores calcedonenses.

Severo é tradicionalista: os termos *physis* e *hypóstasis*, bem como *prósopon*, continuam sendo sinônimos para ele, o que lhe veda o acesso a Calcedônia (o odiado "em duas naturezas" significa para ele "em duas pessoas", portanto nestorianismo). Ele exacerba unilateralmente o Cirilo antinestoriano de 429/430 e desenvolve uma resoluta cristologia a partir de cima (com predominância do princípio divino): inteiramente direcionada para a "unidade", ainda que valorize de maneira positiva a real humanidade de Jesus, a qual, entretanto, ele tem dificuldades de conceber plenamente. Tudo é derivado do Logos divino como princípio *de natureza*, qualquer atividade emana de cima, a voz e a mão humanas etc. não passam de veículo do fluxo da vontade divina e instrumento por meio do qual a força da divindade atua em nós e pode ser sentida de modo quase que físico. Não se fala do ato da vontade humana de Jesus; a opção de Cristo pelo bem é feita simplesmente com a união do Logos, bom por si mesmo, com a alma espiritual. Todavia, Severo rejeita expressamente uma mistura das naturezas e a comparação com a gota de mel que desaparece no mar, acentuando a plena igualdade da humanidade de Jesus com a nossa. Em termos de intenção ele está muito mais próximo da fórmula de Calcedônia do que sua polêmica contra ela permite supor.

Uma disposição para o diálogo e o acordo havia preponderantemente por parte dos calcedonenses. Entre eles houve várias tentativas de intermediação (o chamado *neocalcedonismo*). Neste sentido, contudo, deparava-se com enormes dificuldades de raciocínio, que só se consegue avaliar caso se considere o estado do problema: Calcedônia não havia esclarecido como e onde, no Cristo uno, estaria realizada a única hipóstase ou pessoa. O concílio havia apresentado o Cristo uno como totalidade complexa a partir do resultado da encarnação, portanto a partir do resultado final da junção das duas naturezas para formar uma só pessoa. "A partir desse olhar para a única hipóstase concreta no resultado final [...] os teólogos [calcedonenses] procuraram [agora] passar dificultosamente para a localização predicativa da 'hipóstase una' no Logos preexistente, para, só a partir daí, definir como a humanidade de Cristo deveria ser incluída nessa unicidade previamente dada. Onde, portanto, está realizada exatamente a hipóstase una? O que significa 'hipóstase' se ela já está dada no Logos preexistente e, mesmo assim, deve incluir em si uma segunda existência completa [...]? Por que esta também não é hipóstase?" (GRILLMEIER, A. *Jesus*, vol. 2/2, 292s.).

Um avanço para o esclarecimento dos conceitos e sua correlação só foi alcançado por *Leôncio de Jerusalém* (por volta de 540). Ele chega tateando a uma ontologia da

D. CRISTOLOGIA

fórmula fundamental de Calcedônia. Distancia claramente a união da hipóstase segundo a ou na hipóstase da síntese de natureza de caráter apolinarista e monofisita (união segundo a ou na natureza): "Dizemos que o Logos assumiu uma natureza individual na própria hipóstase" (LEÔNCIO, *Contr. Nest.* 1,20); "não a natureza (de Deus), e sim a hipóstase do (Deus-)Logos sofre uma complementação" através da encarnação (1,42). O ser humano Jesus não é sem hipóstase (an-hipostático), mas tampouco com uma hipóstase própria, isto é, separada do Logos (idio-hipostático), e sim desde o início en-hipostático (subsistindo na hipóstase do Logos, sem descer à condição de acidente). *Leôncio explica, pois, a unidade de sujeito em Cristo com a "en-hipostasia" ou in-subsistência do ser humano Jesus no Logos.* Nestes termos seria de se esperar uma imagem calcedonense aprofundada de Cristo: a verdadeira unidade ôntica da subsistência (hipóstase) dá às naturezas de Deus e do ser humano sua singularidade e cria espaço para o esvaziamento do Logos para dentro da humanidade, conforme a Escritura. De fato existem em Leôncio os primeiros passos nessa direção. Na execução concreta, todavia, ele fica aquém de seu próprio enfoque teórico e desenvolve "uma cristologia praticamente entusiástica da divinização" (GRILLMEIER, A. *Jesus*, vol. 2/2, 326), que condiz com o *Christus gloriae* da era justiniana.

A política eclesiástica do Imperador Justiniano I († 565) era inteiramente determinada pela vontade de restaurar a unidade de fé como fundamento do bem-estar do império. Seu longo período de governo foi permeado, qual fio condutor, pela busca frustrada de um entendimento com os monofisitas. Ele estava disposto a sacrificar muito por esse entendimento. Assim, condenou (em 544) os "três capítulos" dos antioquenos, que haviam se tornado um pomo de discórdia: os escritos e a pessoa de Teodoro de Mopsuéstia (por causa de textos que, em geral, lhe foram imputados), uma carta (disseminada como boato) de Ibas de Edessa (de 433), os escritos anticirilianos de Teodoreto de Ciro (que simplesmente haviam atinado bem demais com os pontos fracos de Cirilo). No Ocidente isso foi sentido como um ataque ao próprio Credo de Calcedônia. Justiniano obrigou Vigílio de Roma (537-555), um homem de caráter pouco firme que o imperador mandara vir a Constantinopla, a concordar e fez o II Concílio de Constantinopla pronunciar de maneira formal essa condenação desmesuradamente exagerada do nestorianismo. Ela representava o fim da tradição antioquena dentro das fronteiras do império.

O II Concílio de Constantinopla (553) veio amplamente ao encontro do Cirilo dos 12 anátemas (de 431) (possibilidade de interpretação ortodoxa da fórmula da única natureza; retomada da linguagem teopasquita: "nosso Senhor Jesus Cristo crucificado na carne é um da Trindade"). Sobretudo, porém, retomou a fórmula principal neocalcedonense da "unidade composta ou hipostática" em Cristo, segundo a qual a substância humana de Cristo nunca subsistiu e existiu separadamente da divina, mas sempre na hipóstase desta (DH 424). *Com isso se confirmou a doutrina de Cirilo acerca da "união hipostática" (unidade de pessoa) numa interpretação calcedonense.* No Ocidente o II Concílio de Constantinopla só foi recebido na medida em que se podia interpretá-lo em termos calcedonenses. As Igrejas monofisitas em formação (Síria) ou já formadas (Egito), porém, sequer tomaram conhecimento do concílio. A secreta esperança de Justiniano de ainda conquistá-las por meio da condenação dos "três capítulos" frustrou-se de maneira lamentável.

3. Abordagem histórico-dogmática

3.3.4.2. A disputa monotelita e a conclusão da cristologia da Igreja antiga no III Concílio de Constantinopla (680/681)

Já que agora todos os enfoques abertamente apolinaristas e monofisitas estavam vedados pelos anátemas conciliares, restava, caso se quisesse ir ao encontro do anseio helenista-monofisita de divinização e unidade, uma única área de retirada: podia-se procurar a estreita unidade de Cristo, se não numa única natureza (monofisismo), então ao menos numa única atuação e vontade. Esta é a raiz do *monenergismo* (doutrina da única atuação) e do *monotelismo* (doutrina da única vontade), que são as últimas ramificações das desafortunadas tentativas de compreender a unidade entre Deus e ser humano em Cristo como unidade de natureza.

Ensejado pelo Imperador Heráclio e pelo patriarca Sérgio de Constantinopla, teve lugar em 633 um pacto de união com os teodosianos monofisitas; seu cerne era constituído pela doutrina do uno e mesmo Cristo que operaria coisas divinas e humanas "com a atuação humano-divina una". A oposição calcedonense a essa fórmula monenergista de união não tardou a vir. Para fazer frente a ela, Sérgio recorreu a Honório I de Roma (625-638) e obteve seu apoio. Honório defendeu – remetendo a Mc 14,36 e Jo 5,30 – o discurso acerca da una vontade (*una voluntas*, em grego: *hen thélema*) em Cristo (DH 487), que Sérgio assumiu prontamente. Ele persuadiu o Imperador Heráclio a promulgar um edito monotelita (a chamada *Ékthesis*, de 638) que proibia que se falasse de uma ou duas energias e, em seu lugar, decretou a vontade una em Cristo como fórmula de fé. A fundamentação era: na carne Cristo nunca quis algo separadamente da vontade do Logos ou contra esta. O que estava mal aqui era mais uma vez não tanto a teologia tencionada, mas a terminologia não esclarecida: o substantivo *voluntas/thélema* podia ser interpretado tanto como capacidade volitiva fundamental quanto como querer concreto e atual (decisão volitiva).

Em termos de conteúdo, algo bem decisivo estava em jogo: *se a vontade (a liberdade) humana de Jesus não passasse de um instrumento passivo da vontade divina, sem movimento próprio, então o Filho encarnado não teria assumido e curado justamente aquilo que, no ser humano, é o lugar tanto da recusa quanto da obediência a Deus.* Isso havia sido percebido pelo grande teólogo grego *Máximo Confessor* († 662) (que, de resto, oferece uma brilhante síntese neocalcedonense de cristologia da Igreja antiga e do helenismo). Da dualidade das naturezas segue-se para ele ao menos a dualidade da faculdade da vontade e atuação: de cada natureza faz parte uma faculdade volitiva básica *(thélema physikon)*. O escolher e querer-assim concretos *(thélema gnomikon)*, por sua vez, competem à pessoa e formam uma unidade em Cristo, pois a atividade volitiva humana de Jesus está sob a influência orientadora da vontade divina e em plena concordância com esta.

Seguindo o exemplo do Sínodo romano do Latrão de 649 (DH 510s.), influenciado por Máximo, o III Concílio de Constantinopla, em 680/681, fala de duas faculdades físicas da vontade e atuação em Cristo, cujas aspirações não estão voltadas uma contra a outra porque a vontade humana – não destruída pela unidade hipostática, e sim justamente conservada – seguiria em tudo a divina (DH 553-559, especialmente 556). De

D. CRISTOLOGIA

maneira mais clara do que era possível perceber na simetria formal da fórmula de Calcedônia (que havia fundamentado a resistência dos monofisitas) se expressa aqui a assimetria das naturezas ou vontades em Cristo, a qual é concebida (em termos joaninos e alexandrinos) "a partir de cima". Neste sentido a intermediação neocalcedonense produziu seus frutos e se conciliou Cirilo com Calcedônia. Seus quatro predicativos negativos (inconfusa, imutável, indivisa e inseparável) são repetidos, porém interpretados agora de tal modo, que cada natureza possua uma autêntica particularidade, dispondo, portanto, também de atividade própria em termos de vontade e atuação, e que elas (sob a condução do Logos) cooperem justamente assim para constituir uma íntima concordância e unidade. Começou-se, pois, a entender a humanidade de Jesus de maneira mais concreta e a unidade da pessoa de Cristo de modo dinâmico e ativo. Com isso se retoma também cautelosamente – uma reparação tardia – a concepção de unidade de Antioquia e do Ocidente, para a qual a ação de obediência voluntária de Jesus até a morte na cruz é soteriologicamente significativa. *Da humanidade de Jesus também fazem parte uma vontade e uma atividade humanas reais: uma vontade santificada e renovada ("divinizada"), que com isso, porém, não é menos humana, e sim justamente mais e verdadeiramente humana.*

Com a elevação do diotelismo (doutrina das duas vontades) à condição de dogma voltou-se definitivamente ao ensinamento do Concílio de Calcedônia. Este entrou – numa interpretação neocalcedonense – plenamente em vigor. O que se podia dizer em termos cristológicos no marco de um esquema Deus-ser humano de caráter helenista-metafísico estava dito. A cristologia da Igreja antiga e do helenismo encontrou sua conclusão.

3.4. Alguns influentes modelos de compreensão oriundos do contexto da cultura europeia da Idade Média até o presente

A partir do século VII/VIII o foco do desenvolvimento posterior da cristologia se deslocou para o oeste e sobretudo para o norte: para os (celtas e) germanos. Estes assumiram o cristianismo em sua configuração determinada pela cultura romano-helenista superior, portanto um cristianismo culturalmente condicionado. A vinculação a essa configuração latina autoritativamente já existente da fé pouco mais permitia do que diversas variantes de apropriação dessas tradições forâneas herdadas, bem como sua sistematização erudita e escolástica e sua diferenciação conceitual. Um acesso próprio, culturalmente específico à fé em Cristo e na redenção quase não foi desenvolvido na teologia escolástica.

3.4.1. A teoria da satisfação de Anselmo de Cantuária

Desde Tertuliano, na cristologia ocidental-latina a desgraça fora localizada primordialmente no pecado e a morte de Cristo entendida como ato humano expiatório e voluntário passara para o centro do interesse soteriológico. O erudito longobardo

Anselmo de Cantuária († 1109) compartilha dessa concepção e a expressa num sistema rigoroso e coerente. Em sua obra *Cur Deus homo* ele esboça, em confrontação com todas as objeções conhecidas na época, com grande perspicácia pela primeira vez uma teoria soteriológica coesa: a teoria da satisfação. Ele determinou fortemente a cristologia e a soteriologia ocidentais ulteriores.

3.4.1.1. Intenção e método

A teoria anselmiana da satisfação não é resultado de um desdobramento escolástico da doutrina da redenção, mas foi ensejada pela controvérsia com o judaísmo e o islamismo: eles creem no Deus uno, mas rejeitam intransigentemente uma redenção por meio da encarnação ou até da morte do Filho de Deus. Como não era possível persuadi-los com as tradicionais provas escriturísticas, Anselmo procurou uma base sensata de diálogo. Todas as opiniões doutrinárias especificamente cristãs são pospostas. Só as convicções comuns das três religiões monoteístas devem servir de premissas. Sobre esta base Anselmo procura expor aos "descrentes" apenas com a razão (*sola ratione*), através de razões necessárias (*rationes necessariae*), por que Deus tinha de fazer-se ser humano (*cur Deus homo*). Ele quer provar de modo concludente a hipótese da fé de que "Deus teria se tornado humano e teria, (justamente) por sua morte, [...] dado de novo a vida ao mundo" (ANSELMO, *CDh* I, 1).

Em sua argumentação ele recorre à metafísica latino-cristã da *ordo* (*ordo rerum, rectitudo, iustitia*), a categorias jurídicas (dívida, pagamento, *satisfactio*) e a padrões de pensamento do direito feudal germânico (relacionamento de dever e fidelidade com o Senhor feudal; a violação da honra do Senhor enquanto garantia da ordem social viola a esta, razão pela qual exige restauração; um delito em relação a alguém de posição superior tem mais peso do que em relação a um inferior).

3.4.1.2. O processo de demonstração

Deus é o Senhor irrestrito de tudo o que foi criado e deu ao universo sua ordem. O não reconhecimento da posição de Deus distorce e perturba também a ordem do mundo, e vice-versa: se o ser humano perturba ou destrói a estrutura correta da ordem da criação, ele desonra Deus, não lhe dá a honra que lhe é devida. O pecado é, portanto, roubo em relação à honra exterior de Deus, que se manifesta na ordem da criação (conceito germânico de honra).

O roubo exige reparação, ou através de uma pena ou de uma satisfação (*aut poena aut satisfactio*). "Ou o pecador paga voluntariamente o que deve, ou Deus o obtém dele contra a vontade deste", pela pena retributiva da privação da bem-aventurança. Entretanto, esta possibilidade (para Anselmo, perfeitamente concebível no marco da ordem e do direito feudal) é eliminada: por causa da destinação do ser humano à bem-aventurança, à qual o Criador se atém.

D. CRISTOLOGIA

Como único caminho para a redenção resta somente a satisfação (que atribui ao ser humano o papel ativo de uma quitação positiva da dívida). Ela precisa cumprir duas condições: em primeiro lugar, precisa ser não devida, em segundo, precisa compensar o peso infinito (em vista da posição de quem teve a honra violada) da dívida, portanto ser de valor infinito. Com isso se exige demais do "pobre pequeno ser humano" (ANSELMO, op. cit., I, 24). Só Deus mesmo pode efetuar essa satisfação. Contudo, é o ser humano que a deve: é necessário que o gênero humano "se levante por si e se reerga" e assim seja "inteiramente restaurado em sua dignidade" (II, 8). A única saída desse dilema é: "Assim, é necessário que um Deus-ser humano realize a satisfação" (II, 9). A encarnação é o pressuposto indispensável de uma satisfação adequada.

Como, porém, pode ela ter lugar? Por meio da morte não devida do Deus-ser humano (que, como ser sem pecado, não merecia a morte). Sua entrega voluntária da vida, de valor infinitamente grande, paga "o que é devido pelos pecados do mundo todo, e ainda infinitamente mais" (II, 18); o excedente de satisfação (o mérito) de Cristo pode reverter em favor dos pecadores. Com isso a morte de um Deus-ser humano "está provada como adequada à razão e necessária" (I,10).

3.4.1.3. Significado, limites, recepção

O conceito-chave na teoria elaborada por Anselmo de modo rigorosamente racional é a *satisfactio*. Este termo tem sua própria lógica jurídica. Para Anselmo, entretanto, ele não se refere a outra forma de pena (ou um sofrimento vicário da pena), mas a uma real substituição da pena impossível, e até – indo além de seu teor jurídico – uma realização inteiramente "voluntária", portanto algo puramente positivo.

Segundo sua intenção mais profunda, provavelmente não se trata apenas de uma compensação equivalente por uma dívida imensurável, mas, antes, de que com a doação e autodoação livres e amorosas de Jesus Cristo a própria dinâmica pecaminosa da recusa e destruição seja rompida e substituída por sua contrapartida extremamente positiva e salutar. A autodoação livre e total de Jesus Cristo é a única coisa que pode restaurar a criação perturbada e desconjuntada (e assim a honra de Deus e o ser humano).

Contudo, essa intenção positiva (mais implícita) é encoberta pelo estilo do raciocínio, pela conceitualidade acentuadamente jurídica e pelas constatações à moda de balanço muitas vezes quase coisificante feitas por Anselmo (pela infinita violação da honra e dívida Deus precisaria exigir uma satisfação infinita etc.). Ele utiliza conceitos jurídicos e comerciais não apenas como metáforas, mas como elementos formais de sua soteriologia, porque de outra maneira o processo de demonstração não seria concludente. Este fica preso à lógica jurídica da necessidade de pagamento. Por isso a expiação vicária de Cristo aparece como assunção voluntária do compromisso do gênero humano para com Deus e como correspondente liquidação de uma dívida não quitada. Cristo não entra realmente na situação pecaminosa da humanidade para mudá-la a partir de dentro, mas efetua o pagamento exigido. Todavia, a entrega pessoal de Jesus

3. Abordagem histórico-dogmática

Cristo e uma participação redentora nela dificilmente podem ser enunciadas no esquema dívida-pagamento substitutivo, porque entrega pessoal e comunhão não podem ser cobradas. A vida, atuação e sofrimento concretos (bem como a ressurreição) de Jesus são negligenciados. O interesse reside – numa exacerbação do enfoque soteriológico do Ocidente – quase exclusivamente na morte de Cristo.

Em sua época, a teoria anselmiana da satisfação encontrou anuência e rejeição (portanto, também no contexto de então ela não era simplesmente plausível). Sobretudo o celta-romano *Pedro Abelardo* († 1142) expõe suas incongruências e pontos fracos. Novo é seu próprio enfoque cristológico: retomando motivos agostinianos, Abelardo vê em Cristo sobretudo a manifestação dinâmica e ativa do amor de Deus que toma conta dos pecadores e desperta um amor confiante que lhe corresponde; este, porém, significa ao mesmo tempo perdão e transformação interior. Tomás de Aquino haverá de integrar esse enfoque em sua concepção abrangente.

Enquanto isso, entre os discípulos mais próximos e mais afastados de Anselmo a teoria da satisfação ganha paulatinamente espaço. Decisivo é o fato de *Hugo de S. Vítor* († 1141), o principal teólogo dogmático da época, a aceitar, embora de forma corrigida: Deus não *precisava* agir assim e exigir uma satisfação suficiente (e com isso o processo anselmiano de demonstração cai por terra); entretanto, o modo efetivo da redenção foi o mais apropriado e adequado. Tomás de Aquino dirá algo semelhante mais tarde.

Nesta forma atenuada a doutrina da satisfação é integrada na soteriologia ocidental, tanto do lado católico quanto, mais tarde, do reformatório. Contudo, por trás da estrutura predominante da doutrina de Anselmo não se percebeu mais seu conceito a rigor positivo de satisfação, sendo esta interpretada em termos de pena (sofrimento vicário da pena).

3.4.2. A síntese latino-medieval de Tomás de Aquino

O proeminente *Tomás de Aquino* († 1274) acolhe a tradição bíblica, a latina e agora, de modo mais acentuado, também a tradição grega em toda a sua plenitude. Com enorme vigor sistemático e clareza conceitual ele as reestrutura numa única grande perspectiva teocêntrica e filantrópica (sobretudo em sua obra tardia *Summa theologiae*, a partir de 1266). Eis alguns de seus traços mais destacados:

3.4.2.1. Jesus Cristo: o caminho para Deus (para a salvação)

Deus, o criador, tem a primazia em tudo: todas as criaturas provêm de Deus como sua origem e retornam a Ele como seu alvo final e sua salvação. Para o ser humano isto significa: Jesus Cristo é o caminho, não mais, mas também não menos do que isso. Cristo, "enquanto ser humano, é para nós o caminho para tendermos a Deus" (TOMÁS, *Sth* I q. 2 prooem.); Ele "nos mostrou em si mesmo o caminho da verdade" (*Sth* III prol.).

Tomás modifica a cristologia ocidental em dois pontos: 1) Diferentemente de seus precursores e de seus colegas franciscanos, ela separa pela primeira vez os tratados sobre a constituição da pessoa de Jesus Cristo (cristologia em sentido mais estrito: *Sth* III q. 1-26) e sobre sua obra redentora (soteriologia: *Sth* III q. 31-59); todavia, ele ainda

D. CRISTOLOGIA

concatena ambos os tratados mutuamente. 2) Tomás interpola, rompendo o estreitamento da visão que se concentrava na encarnação e na paixão, entre esses dois pontos os acontecimentos da vida de Jesus, que, como mistérios do Filho humano de Deus, dizem respeito à vida de todos nós; aqui se pode observar a influência da piedade centrada em Jesus dos séculos XII e XIII (Bernardo de Claraval, Francisco de Assis).

Na questão relativa ao chamado motivo da encarnação Tomás emite um juízo diferenciado. Não declara como impossível a "encarnação absoluta" (o Filho de Deus também ter-se-ia tornado humano se o ser humano não houvesse pecado), defendida sobretudo por teólogos franciscanos, especialmente depois por Duns Scotus († 1308). Entretanto, a tradicional leitura ocidental da Escritura fá-lo assumir a posição contrária: a encarnação foi a resposta de Deus ao pecado; havia necessidade de um reconciliador e redentor da criação caída. Todavia, no pensamento de Tomás esta concepção é envolta por outra, mais abrangente, de que o ser de Deus é pura bondade que se derrama para as pessoas; isto é: Deus não se mantém em si, mas se une ao ser humano criado e a este consigo mesmo para a salvação humana (*Sth* III q. 1).

A própria união é concebida por Tomás – depois de um estudo criterioso dos documentos conciliares de 553 e 681 – em termos calcedonenses como *unio* de divindade e humanidade (mais exatamente: de um portador individual da natureza humana não reduzida) na pessoa e hipóstase do Logos (*Sth* III q. 2). Por causa da união de sua alma com o Verbo, Cristo estava em tal proximidade singular com Deus, que sofria a maior influência possível da graça; a plenitude da graça o repletava e se afirmou nele. Como Homem-Deus, Cristo é, por isso, a fonte de toda a graça de Deus para as pessoas, da graça cuja essência mais profunda é justamente a *unio*, união do ser humano com Deus (*Sth* III q. 7s.). (Disso resulta, aliás, tanto para Tomás quanto para a maioria dos expoentes da alta escolástica que: devem ser atribuídas a Cristo todas as perfeições e, assim, também todas as formas de conhecimento e saber.)

3.4.2.2. Jesus Cristo: o instrumento de Deus com atividade própria

Para Tomás, a humanidade (individual) não reduzida de Cristo torna-se cada vez mais importante, e isto por causa de sua importância para a obra de salvação. Isto era há muito uma preocupação latino-ocidental. Entretanto, o enfoque básico dos grandes escolásticos antes de Tomás havia excluído uma participação da humanidade de Cristo enquanto causa eficiente na obra de redenção; a ação criatural-humana tinha meramente função indicativa. Na suma de Tomás a causalidade eficiente instrumental da humanidade de Cristo converte-se em ideia cristológico-soteriológica basilar e abrangente. Tomás encontrou essa ideia e a perspectiva por ela aberta em padres gregos da Igreja, que ele estudou como nenhum escolástico antes dele o fizera. Segundo Tomás, Deus atua no mundo por meio de pessoas enquanto instrumentos (que, contudo, muitas vezes também servem a outros senhores). A redenção, porém, é operada por Deus por meio de um instrumento singular, reservado tão só a Ele porque está constante-

3. Abordagem histórico-dogmática

mente unido a Ele *(instrumentum coniunctum)*: por meio da humanidade do Filho encarnado de Deus. A cristologia de Tomás permanece, portanto, inteiramente teocêntrica: Deus é o ator principal, Cristo é "apenas" ferramenta, meio; sua humanidade é instrumento da divindade (*Sth* III q. 2 a. 6; q. 13 a. 6; q. 19 a. 1; q. 43 a. 2; q. 48 a. 6).

Isso não quer dizer que a humanidade em Cristo fosse anulada por causa disso. Cristo conserva, antes, sua particularidade, força e liberdade humanas, só que elas estão a serviço de um superior, sendo nele inteiramente a força de Deus em ação: "A natureza humana em Cristo era instrumento da divindade de tal maneira que era movida por sua própria vontade" (*Sth* III q. 18 a. 1 ad 1), identificando-se livremente com a vontade redentora de Deus, em obediência pessoal e amor vivido. A humanidade de Cristo é, pois, instrumento autoativo do amor de Deus que opera a salvação.

Em sua decisão indefectível pela redenção dos seres humanos Deus se vinculou permanentemente ao ser humano Jesus Cristo. Só nele unicamente Deus atua; nenhum outro poder adquire domínio nele. Em todo o seu ser, querer e fazer humanos Ele está livremente reservado tão só a Deus, é o órgão obediente e amoroso da atuação curativa de Deus. Assim, a humanidade de Cristo tem em sua totalidade, por causa da unidade volitiva com Deus que a perpassa, eficiência instrumental e é capaz de comunicar graça e salvação.

Por isso, "tudo" o que Cristo vive e sofre em sua humanidade "traz salvação para nós" (*Sth* III q. 50 a. 6c). "Todas as ações e sofrimentos de Cristo operam, no poder de Deus, instrumentalmente para a salvação dos seres humanos" (*Sth* III q. 48 a. 6c). Todos os "mistérios que Ele (o Filho eterno de Deus) realizou em sua humanidade" (*Sth* III q. 62 a. 5 ad 1), desde a concepção até a exaltação à direita do Pai, operam de maneira redentora.

3.4.2.3. O aspecto redentor no sofrimento e na morte de Cristo

O que é certo para Tomás é que a paixão de Cristo teve algum efeito que excedeu seus méritos anteriores por causa do tipo de acontecimento. Para enunciar um significado específico do sofrimento e da morte de Cristo ele retoma a ideia de satisfação como categoria decisiva, na qual enquadra e à qual subordina os motivos do sacrifício e do resgate ou preço do resgate, tomados da Igreja antiga (*Sth* III q. 48 a. 2-4).

Todavia, ele faz certas correções na ideia anselmiana de satisfação: 1) Admite expressamente o que Anselmo rejeitara: Deus poderia ter "libertado o ser humano do pecado sem qualquer satisfação", por pura misericórdia (*Sth* III q. 46 a. 2 ad 3). Para o caminho de redenção efetivamente escolhido por Deus, que passa pela paixão e morte na cruz, podemos, quando muito, tentar descobrir *a posteriori* escassas conveniências. 2) Tomás associa à ideia de satisfação o momento penal: Cristo assumiu em nosso lugar a pena que nos caberia. A pena, contudo, atinge apenas seu corpo (durante o sofrimento, sua alma permanece na *fruitio beata* de Deus: *Sth* III q. 48 a. 8c), pois, em virtude de sua lógica jurídica, "a satisfação consiste numa ação exterior" (*Sth* III q. 48 a. 2 ad 1). 3) Em comparação com Anselmo, porém, Tomás também empre-

D. CRISTOLOGIA

ga mais acentuadamente categorias pessoais, subjetivas e afetivas *(offendere, diligere, caritas)*. O aspecto central e verdadeiramente eficaz tanto na vida quanto na paixão de Jesus é o amor ativo, pessoal e a obediência a Deus. 4) Os dois planos, a satisfação mediante assunção da pena ou mediante o amor, são ligados por Tomás: o amor de Cristo (como cumprimento perfeito da lei de Deus) é o aspecto essencial também em seu sofrimento, sendo o aspecto que lhe dá valor satisfatório e causa o efeito salvífico. 5). A satisfação ocorre pelo pecado *(peccatum)*, efetua seu perdão e liberta, com isso, da sujeição à pena *(reatus poenae)*.

Os três motivos: satisfação, sacrifício e redenção mediante pagamento do preço são sinônimos: que o autossacrifício de Cristo por amor e obediência era sumamente agradável a Deus e apropriado para a redenção significa a mesma coisa que a ideia de que a ofensa de Deus teria sido compensada pela satisfação superabundante (porque sustentada por obediência amorosa) de Cristo, e a satisfação mediante a dádiva exterior de sua vida também pode ser chamada de preço de resgate (substituto). Sempre se visa aí a libertação da culpa do pecado (e do cumprimento da pena).

3.4.2.4. A comunicação da redenção

Para Tomás, porém, a redenção é mais do que salvação do pecado. Por isso ele fala não só das "formas de atuação" da satisfação, do sacrifício e do preço de resgate, que permanecem limitadas ao sofrimento e à morte de Cristo, mas também do mérito *(meritum)*, que reside em toda a vida e ação terrenas de Jesus. Sobretudo, porém, fala da forma de atuação abrangente do instrumento *(instrumentum)* autoativo do amor salvífico de Deus.

Por meio desse conceito mais abrangente da eficácia instrumental da humanidade terrena e exaltada de Cristo o Tomás de Aquino tardio tem a possibilidade de apresentar uma compreensão coesa do acontecimento da redenção que se estende até sua apropriação subjetiva. Pois a humanidade de Cristo é instrumento e, como tal, também sinal eficaz da atuação de Deus. Toda a vida e o sofrimento terrenos de Cristo tornam-se sinal eficaz da revelação, no qual "o ser humano percebe o quanto Deus o ama" e o qual "nos provoca para o amor (de Deus)", e neste amor acontece perdão e nele consiste a consumação da salvação humana (*Sth* III q. 46 a. 3c primo). Embora após a Sexta-feira Santa e a Páscoa não tenhamos mais "contato corporal" direto com a humanidade de Cristo, existe a possibilidade de um *spiritualis contactus*, por meio do qual uma "força espiritual" passa de Cristo para nós (*Sth* III q. 48 a. 6 ad 2). Esse contato espiritual se dá na percepção da história humana de Jesus Cristo (o sinal instrumental), que nos provoca para a fé e o amor. Assim o "efeito" salvífico de sua vida e seu sofrimento chega até nós "através da fé, do amor e dos sacramentos da fé" (*Sth* III q. 49 a. 3 ad 1).

O que se mostra constantemente é: *o elemento dominante na soteriologia de Tomás de Aquino é o amor de Deus, que determina a existência histórica de Cristo e nos conclama e move para corresponder-lhe em amor. A redenção está profundamente baseada no mistério do amor de Deus aos seres humanos e na radical e amo-*

3. Abordagem histórico-dogmática

rosa ligação de Cristo com os outros seres humanos. Jesus Cristo atua redentoramente sempre de tal modo que nos abre para a liberdade da fé e do amor. Ele trilha a via caritatis *(o caminho do amor) e a inaugura para nós.*

3.4.3. A contrapartida da cristologia escolástica: relação pessoal com Jesus

As fórmulas cristológicas tradicionais e as respostas doutrinárias da cristologia escolástica deixavam o povo crente e o sujeito individual insatisfeitos em seu anseio de redenção e certeza experienciável de salvação. Muitos procuravam acessos próprios à salvação, sumamente pessoais e subjetivamente experienciáveis, mediante recurso ao salvador Jesus e sua "história sagrada" (seu ensinamento, milagres, sofrimento, morte, ressurreição). Essa piedade afetiva, centrada na vida e na paixão de Jesus, encontrou expressões particularmente profundas no misticismo centrado em Jesus e no discipulado de Jesus.

3.4.3.1. Misticismo centrado em Jesus

Desde a redescoberta do Cristo compassivo [= que sofre junto com] na piedade do século XII o ser humano Jesus, com sua história concreta de vida e paixão, passa para o centro. Assim se formam uma nova imediatez e um novo amor a Jesus, atestados de modo impressionante em Bernardo de Claraval († 1153), Mectilde de Magdeburgo († 1282), João Tauler († 1361) ou Juliana de Norwich († 1413), p. ex. Mesmo a mais íntima imediatez a Deus é mediada pelo ser humano Jesus Cristo histórico e vivo.

3.4.3.2. Discipulado radical de Jesus

De uma força de irradiação maior ainda é o discipulado radical de Jesus, sobretudo em relação à forma de pobreza e de cruz assumida por sua vida, que foi vivido da maneira mais convincente pelo "símbolo medieval de Cristo" (NIGG, W. *Heilige*, 35), Francisco de Assis. Ele e seu movimento produziram efeitos renovadores até na piedade popular. Algo semelhante se aplica mais tarde a Gerhard Groote († 1384) e à *devotio moderna*, p. ex., da qual proveio, entre outros, a *Imitação de Cristo* de Tomás de Kempis.

3.4.3.3. Meditações da vida de Jesus

O misticismo centrado em Jesus e o seguimento radical dele se associaram com frequência. Em parte eles repercutiram na cristologia escolástica. Sobretudo, porém, repercutiram, através das muitas meditações da vida de Jesus, na piedade do povo. Assim, p. ex., a *Vita Christi* de Ludolfo da Saxônia († 1378) foi o livro mais traduzido e mais lido da Idade Média tardia.

Isso tudo se move dentro do contexto da forma latina da fé, objetivamente já existente, mas às vezes também em certa tensão com a poderosa autoridade eclesial e sua pretensão de mediar o acesso à salvação em Jesus Cristo.

D. CRISTOLOGIA

3.4.4. Na virada para a Modernidade europeia: a cristologia dos reformadores Lutero e Calvino

No século XV/XVI a ordem teônoma preexistente do mundo começa a partir-se, e a penosamente conquistada síntese e harmonia medieval se desfaz. Agora muitas pessoas se sentem cada vez menos amparadas pelas ordens até então basilares, de certo modo objetivas, e cada vez mais dependentes de seus próprios recursos. A concentração no sujeito se acentua e torna-se existencialmente aflitiva por causa do medo em relação à salvação que aumentara desde a Idade Média tardia (pestes; sentimento de estar à mercê de um Deus arbitrário e imprevisível). A consciência mais acentuada do pecado encontra sua resposta no homem das dores, o Cristo crucificado. O indivíduo e a questão de sua salvação pessoal convertem-se no ponto crucial da religiosidade: como consigo um Deus gracioso? Como Jesus Cristo se torna meu redentor e justificador? Como chego à salvação? É isso que importa aos reformadores e, logo depois, também ao catolicismo moderno. Em relação à fé em Cristo não existe entre ambos – a despeito de todas as acentuações diferentes – uma contraposição confessional, mas um consenso fundamental.

3.4.4.1. A cristologia da cruz e da justificação de Martinho Lutero

O reformador alemão *Martinho Lutero* († 1546) volta-se contra as especulações escolásticas tardias (ele não conhece o próprio Tomás de Aquino) e tem um interesse existencial-soteriológico pela cristologia. Esta, embora quase não seja explicitada sistematicamente, constitui o centro de seu pensamento: "Em meu coração reina um único artigo, a saber, a fé em Cristo" (LUTERO, M. *Galater-Kommentar* [1535], WA 40/I,33,7s.).

1) A cristologia de Lutero está acentuadamente radicada na Bíblia. Ao mesmo tempo, ele se atém claramente aos dogmas cristológicos da Igreja antiga. Situa-se inteiramente na tradição agostiniana, latina e ocidental, a radicaliza em alguns pontos e acentua seu aspecto subjetivo e existencial: "por ti, por mim" são as palavras-chave da pregação de Cristo em Lutero. Seu interesse se concentra no relacionamento entre o indivíduo crente e Cristo.

2) Para Lutero, tudo depende – por causa da redenção – da unidade pessoal (constituída por Deus) das duas naturezas de Cristo. Essa unidade da pessoa seria tão imediata em Cristo, que no mundo inteiro não existiria exemplo comparável a ela. Acerca de Cristo a fé não diz apenas que Deus está nele, mas que Cristo é Deus mesmo.

3) Sob o pressuposto de que o Deus que constitui a pessoa (Filho de Deus) é e permanece decisivo em Cristo, Lutero fala então do ser humano Jesus bem concretamente em termos dos dados relatados pela história bíblica. Não se trata, portanto, de uma busca do ser humano Jesus abstraindo de sua divindade: a humanidade de Cristo traz a salvação "posto que somente ela e nenhuma outra está colada a Deus de modo que forma uma pessoa com a divindade" (LUTERO, M. *Abendmahl* [1528], WA

26,340,38s.). Inversamente, Cristo como Deus só é significativo para nós porque se tornou um de nós e nos comunica tudo.

4) A cristologia de Lutero é decisivamente soteriologia. Tudo está direcionado para o "ministério e obra" de Cristo, para o fato de que Ele "se torna meu salvador e redentor, [...] para meu consolo e benefício" (LUTERO, M. *2 Mose 12* [1525], WA 16,218,14s.). *Lutero interpreta a obra salvífica de Cristo como reconciliação (com Deus) e redenção (de pecado, morte e diabo); como reconciliador Cristo age em direção a Deus, como redentor Ele age no ser humano.*

Premissa disso é a perdição (compreendida de maneira bem radical e profundamente interiorizada por Lutero) do ser humano: desde o nascimento ele está inteiramente enredado no pecado e na ruína. O Deus santo fica irado porque sua justiça e seu amor estão lesados. Só por meio de uma ação de amor obediente (cumprimento da lei de Deus) o relacionamento correto pode ser restabelecido e Deus, reconciliado. Cristo, sem pecado, entrou em nossa situação, esvaziando-se, apropriou-se de nossos pecados, morte e inferno e sofreu na cruz a pena que caberia a nós e a mim (sofrimento da pena), sentiu a ira divina e o tormento da separação de Deus. Cristo "sacrifica a si mesmo para reconciliar a Deus, a fim de que por Ele tenhamos confiança em Deus" (LUTERO, M. *Kirchenpostille* [1522], WA 10/I,1,718,2s.).

O outro lado do mesmo acontecimento é a redenção dos seres humanos em relação aos poderes. Lutando com eles, Cristo obtém a vitória (motivo do *Christus victor* da Igreja antiga). Porque Ele é sem pecado e imortal, o pecado, a morte e o inferno não o puderam devorar. O drama da salvação se encaminha para a ressurreição: a vida triunfa sobre a morte, Cristo ergue a cabeça e "desde então não se encontram mais nele pecado, morte e nossa máscara, mas só justiça, vida e bênção eterna" (LUTERO, M. *Galater-Kommentar* [1535], WA 40/I,443,33s.).

5) Como podemos ter parte nessa obra salvífica? Através da palavra pregada, que traz Cristo até nós, e através da fé pessoal (não só histórica), que o apreende; elas são o único acesso possível a Cristo e sua salvação; de outra maneira Cristo não existe para nós. A fé é uma união com Cristo que Lutero gosta de descrever com metáforas matrimoniais e, retomando o motivo da troca presente nos Padres da Igreja, como participação mútua. Assim, acontece uma "troca alegre" e "bem-aventurada" entre a "justiça estranha" de Cristo, que Deus me imputa e realmente presenteia, e meu pecado, que Cristo assume inteiramente e destrói. Onde Cristo é percebido como dom (*donum*) e presente de Deus e aceito com alegria, aí Ele liberta para o discipulado. Assim, torna-se ao mesmo tempo exemplo (*exemplum*). Então também eu posso e devo viver com Cristo, liberto por seu Espírito, e, por alegria, começar a cumprir a lei mediante as obras de amor e tornar-me conforme à imagem de Cristo.

Trata-se de uma forma exigente e historicamente nova de um ser-cristão sumamente pessoal, no qual o indivíduo se encontra situado numa tensão reflexiva e emocional esforçada entre a total autocondenação e a certeza redimida da salvação em Je-

D. CRISTOLOGIA

sus Cristo *(simul iustus et peccator). O sujeito é redimido de sua aflição existencial em relação à salvação mediante o reconhecimento de sua total culpabilidade e mediante aceitação da justificação presenteada inteiramente por Deus.*

3.4.4.2. A doutrina de João Calvino acerca do mediador e de seu tríplice ministério

Também o reformador franco-suíço *João Calvino* († 1564) parte do testemunho de Cristo da Sagrada Escritura, atém-se ao dogma da Igreja antiga e está ainda mais ligado à tradição latina do que Lutero (cujos escritos o influenciaram); também no caso dele a pergunta subjetiva pela certeza da salvação constitui o pano de fundo. Em sua obra principal, *Institutio Christianae Religionis* (1536, depois refundida repetidas vezes), ele procede, ao contrário de Lutero, de maneira rigorosamente sistemática e racional: com a ajuda de passagens bíblicas o raciocínio teo-lógico é conduzido como demonstração que visa evidenciar necessidades histórico-salvíficas. Por trás destas, porém, torna-se visível uma necessidade bem diferente: o eterno decreto celestial da vontade de Deus, a predestinação.

1) Deus é principalmente legislador imperativo e Senhor soberano; sua vontade determina tudo. Desde a eternidade Deus impôs à criação uma ordem (sobretudo moral). Mas desde a queda de Adão a humanidade está sujeita à culpa original. A separação radical de Deus tornou necessário um redentor como mediador entre Deus e o ser humano. Ele precisava ser verdadeiro Deus e verdadeiro ser humano.

2) Calvino sustenta a união hipostática, mas pensa (diferentemente de Lutero) mais em termos antioquenos a partir das duas naturezas estritamente separadas. Em vista da função de mediador, a integridade de ambas as naturezas não deve ser ameaçada: a transcendência e soberania do Logos divino e a verdadeira humanidade de Cristo com todas as fraquezas de nossa natureza humana.

3) *Calvino faz da ideia de mediador* (officium mediatoris), *já presente em 1Tm 2,5 e empregada sobretudo por Agostinho, o aspecto global determinante de sua cristologia.* A mediação de Cristo foi estatuída antes do tempo no "decreto eterno de Deus", que se relacionava à salvação dos seres humanos (CALVINO, J. *Inst.* II, 12,4). Ao mesmo tempo, porém, Calvino destaca a obediência voluntária e ativa em que Cristo, "no lugar de Adão", submete-se à vontade do Pai (*Inst.* II, 12,3); essa obediência pessoal é a forma, o princípio governante, de toda a atuação mediadora de Cristo.

4) *Para definir mais precisamente e estruturar a atuação mediadora de Cristo, Calvino desenvolve sua doutrina do tríplice ministério* (triplex munus) *de Cristo como profeta, rei e sumo sacerdote* (*Inst.* II, 15). Como profeta Cristo nos anuncia a vontade salvífica de Deus. Como sacerdote sem pecado Ele nos ganha o favor de Deus em sua morte sacrifical que efetua satisfação. Calvino expõe mais amplamente o ministério régio ou senhorio de Cristo (compreendido em termos estritamente espirituais):

ele consiste na comunhão com Cristo e com Deus, significando, por isso, para os participantes do Reino uma renúncia ao mundo (ascese), fortalecimento em sua miséria e santificação através de "obras", até chegarem ao triunfo da vida eterna. Calvino enfatiza, mais acentuadamente do que Lutero, o senhorio de Cristo e, por conseguinte, a ressurreição (ao lado da cruz), a santificação (ao lado do perdão), a transformação do mundo (ao lado da interioridade) através do Espírito de Cristo. Para o indivíduo, porém, obras e "santidade real da vida" (*Inst.* III, 3,1) são sinais para a própria eleição: um estímulo para um esforço ético infatigável, estendendo-se até o desempenho profissional e econômico.

5) O decreto divino da predestinação permanece o motivo dominante. O olhar de Calvino também passa logo da atuação redentora de Cristo para a vontade divina: só lá nossa eventual redenção está firmada. Pois unicamente o decreto salvífico eterno de Deus sobre os eleitos (não sobre os rejeitados) é *causa prima* (causa primeira) da salvação. A atuação salvífica de Cristo aparece aqui estranhamente destituída de poder em favor da predestinação que, em última análise, é o único elemento decisivo para o sujeito.

3.4.5. Imagens de Jesus e cristologias europeias modernas

Os mais diversos fatores (intelectuais, científico-técnicos, socioeconômicos, eclesiais) atuam em conjunto desde a Idade Média tardia e produzem paulatinamente uma mudança radical de horizonte. Ela aflora desde o século XVII inicialmente em círculos da elite, atinge desde o século XIX segmentos populacionais maiores na Europa e na América do Norte e acarreta, por volta do final do século XX, uma ampla e profunda ruptura da tradição, estendendo-se até o interior das famílias e comunidades cristãs.

Na cristologia e soteriologia podem-se perceber três tendências básicas diversas nos séculos desde a Reforma até o presente: 1) manutenção das concepções confessionais já existentes; 2) adaptação redutora aos padrões de pensamento modernos e burgueses; 3) busca de mediação crítica da fé tradicional com as situações modificadas.

3.4.5.1. Manutenção dos padrões de compreensão ocidentais já existentes

A grande maioria dos cristãos e dos teólogos permanece, não obstante todas as modificações nos pormenores, fundamentalmente nos trilhos demarcados pelos projetos medieval-tridentinos ou reformatórios. Tanto na escolástica e neoescolástica católica (desde 1830, aproximadamente) quanto na ortodoxia protestante os questionamentos cristológicos tradicionais repetem-se em variações sempre novas.

Algo, entretanto, havia se modificado fundamentalmente: o contexto de experiência e pensamento que era pressuposto nas concepções cristológicas e soteriológicas transmitidas e lhes conferia plausibilidade deixou de existir para um número cada vez maior de pessoas. Por isso as fórmulas de fé mantidas (de maneira verbalmente correta, mas não mediada com os novos horizontes) sofreram uma progressiva perda de

D. CRISTOLOGIA

contato com a realidade; a fé em Cristo e na salvação ameaçava ficar sem experiência e sem mundo. O anseio subjetivo de relação pessoal com Cristo e de experiência de redenção ficou mais insatisfeito ainda; ele buscou sua satisfação constantemente em movimentos relacionados ao sujeito e à experiência: do lado protestante, no pietismo emotivo; do lado católico, na piedade centrada no coração de Jesus etc.

Portanto, apenas aferrar-se e explicitar os padrões de compreensão ocidentais já existentes não é um caminho promissor para o futuro. Por causa da continuidade não meramente exterior e verbal, mas em termos de conteúdo e causa (traditio viva) *e da relevância da fé em Cristo, sua forma ocidental pregressa necessitava e necessita de uma transformação.* Acaso ela podia e pode consistir numa adaptação da fé em Cristo ao novo contexto, em sua entrega às obviedades desse contexto?

3.4.5.2. Adaptação racionalista ao novo contexto: o Cristo burguês

Desde o final do século XVII a burguesia moderna começa, através de uma zelosa atividade, a ascender à condição de nobreza educacional e financeira e a transformar radicalmente o mundo tanto na teoria (iluminismo, razão autônoma, ciências) quanto na prática (técnica industrializada, economia capitalista de mercado). Em breve ela começou a usar também a religião, Deus e Jesus Cristo para suas finalidades. O lugar da palavra histórica de Deus que nos interpela a partir de fora de nós foi ocupado pela razão moderna e burguesa. Uma diferença ou discrepância entre nosso pensamento racional sobre Deus e Deus mesmo não pode mais ser aceita, e tampouco uma ação de moto próprio, criadora, julgadora e redentora de Deus, que nos contrarie e traga algo absolutamente novo.

Segundo *Gotthold E. Lessing* († 1781), a revelação divina transmitida pela Igreja não dá aos seres humanos "nada que a razão humana, deixada por sua própria conta, não descobriria; antes, ela só lhes deu e dá as mais importantes dessas coisas mais cedo" (LESSING, G.E. *Erziehung*, § 4). Jesus Cristo é o mestre divino, o "pedagogo melhor", que torna a si mesmo supérfluo ao ensinar as pessoas a pensar por si mesmas. As verdades da religião por Ele comunicadas precisam, por isso, ser traduzidas para "verdades da razão", "para que com isso se ajude o gênero humano" (§ 76).

Immanuel Kant († 1804) compreende Jesus como o "filantropo" (KANT, I. *Ende*, A 520), que cria espaço para a religião que "já existe em nós" (KANT, I. *Streit*, A 93). A pura fé da religião ou razão se distinguiria da fé tradicional da Igreja pelo fato de "situar na moralidade do ser humano o essencial de toda a adoração de Deus" (A 72s.), estando, portanto, inteiramente direcionada para o cumprimento de todos os deveres humanos no Estado. A religião é moralizada, em correspondência à precedência moderna da ação e do trabalho sobre o dado e a graça. Por isso todos os aspectos escatológicos e soteriológicos em Jesus devem ser eliminados. Para Kant é certo "que simplesmente não há salvação para os seres humanos senão na íntima assunção de axiomas morais autênticos em sua atitude mental" (KANT, I. *Religion*, A 105). Ele vê em Jesus Cristo o "ideal da perfeição moral" (A 67s.), que aponta para a ideia de perfeição existente no próprio ser humano e dá, através da realização perfeita dessa ideia em seu "ensino, modo de vida e sofrimento, o exemplo de um ser humano agradável a Deus" (A 72s. e *passim*). A doutrina tradicional da reconciliação (satisfação ou sacrifício vicário) é inadequada porque induz o ser humano à ilusão de que já estaria feito para ele o que ele próprio tem de fazer. A fé numa ação redentora de Deus pelos seres humanos e nos seres humanos parece uma alternativa imoral e insensata para o esforço da ação própria a partir da razão pura e "por meros motivos do dever" (A 232). Tal ação redentora tampouco é necessária, porque o mal "radical" – aquela "propensão natural", que, não obstante, "deve ser possível superar" (A 99s.) – em princípio não pode impedir o ser humano de perceber a voz da razão prática e também segui-la.

Até o presente, uma imagem racionalista e moralizada de Jesus, que o compreende como quintessência de virtudes burguesas e da humanidade moral-religiosa (que sem dúvida existe em Jesus, mas não é tudo) determina muitas exposições da vida de Jesus: não é o espírito de Jesus, e sim "o espírito dos próprios senhores" que se expressa por elas, segundo um dito espirituoso de Albert Schweitzer. Amplos grupos de pessoas nas Igrejas europeias e norte-americanas – e mais ainda fora delas – estão determinados por tais imagens de Jesus.

Também onde não é a autorrealização burguesa que está em primeiro plano, e sim onde se vê – com *Karl Marx* († 1883), p. ex. – a miséria do ser humano fundamentada sobretudo em estruturas injustas e, em correspondência com isso, dirige-se a esperança para uma transformação enérgica da situação, permanece-se – na medida em que se compreende Jesus *primordialmente* como o libertador sociopolítico – preso ao mesmo enfoque básico moderno e burguês: ao dogma do fazedor, que recalca sua própria finitude, dependência, culpa e gratuidade, que – sem aprender da desumanidade alheia e própria – sucumbiu à superestimação de si mesmo (ou a seu reverso: à depressão) e justamente assim não atina com sua verdadeira chance.

Ambas as imagens de Jesus, a burguesa e a marxista, não percebem o fundamental: que Jesus não traz em primeiro lugar uma moral ou uma tarefa a ser realizada, mas a si mesmo, a promessa do Evangelho, a relação com Ele e com seu Deus, uma dádiva que vale a pena aceitar porque ela liberta.

3.4.5.3. Mediação crítica entre a fé tradicional em Cristo e o contexto moderno: tendências cristológicas básicas no século XX

Depois dos grandes esboços sistemáticos, de caráter preponderantemente burguês, de Hegel († 1831) e Schleiermacher († 1834), em especial o Schelling tardio e Kierkegaard, entre os filósofos, contestam de maneira decidida a cristologia racionalista e moralizante que vê em Cristo o exemplo e o mestre.

Friedrich W.J. Schelling († 1854) percebe novamente que os conteúdos da revelação não podem ser reduzidos a puras verdades da razão. A revelação e a redenção brotam da decisão livre de Deus; elas são o acontecimento indefectível de sua solicitude e trazem o novo, que não podemos "saber também sem elas e por nós mesmos" (SCHELLING, F.W.J. *Philosophie*, vol. 2, 4), que a razão, antes, só pode perceber e pensar com admiração. Não é suficiente "falar só do *ensinamento* de Cristo. O conteúdo principal do cristianismo é o próprio Cristo, [...] o que Ele é, o

D. CRISTOLOGIA

que fez": Cristo como a autorrevelação do amor divino na história (vol. I, 196s.). Esse aspecto histórico não é meramente uma forma casual, mas o essencial: "O verdadeiro conteúdo do cristianismo é uma história na qual o próprio divino está entrelaçado, uma história divina" (vol. 1, 195).

Sören Kierkegaard († 1855) reconstrói no contexto da Modernidade a situação de desgraça do ser humano, a situação originária do pecado: o ser humano que quer ser sem Deus, para si e por meio de si mesmo, precisa fugir de sua própria casualidade e vacuidade e perder-se em fantasias e distrações ("querer desesperadamente não ser a gente mesmo") ou então afirmar-se a si mesmo no finito e, assim, procurar dar-se uma importância ou significado aparentemente eterno ("querer desesperadamente ser a gente mesmo") (KIERKEGAARD, S. *Krankheit*, I, A. A). Desse modo ele se torna sempre inverdade, pecado. Por si mesmo, aprofundando-se em si mesmo, ele não pode mais chegar à verdade. Por isso um professor precisaria "recriar o aluno, antes de começar a ensiná-lo. Ora, nenhum ser humano consegue fazer isso; para que, ainda assim, isso aconteça, precisa acontecer por Deus mesmo". Deus dá ao ser humano o redentor Jesus Cristo, que, mediante a comunicação de uma nova possibilidade de existência, o leva à verdade e a si mesmo; "pois estar consigo mesmo é liberdade" (*Brosamen*, I, B. b). O cristianismo não é uma doutrina, mas a comunicação de uma existência, e ser cristão é "puramente um relacionamento com Deus", mediado por Jesus Cristo (*Einübung*, 2. Beilage).

Todos os esboços cristológicos significativos são desde então tentativas de (em termos negativos) evitar as reduções mencionadas em 3.4.5.1. e 3.4.5.2. ou de (em termos positivos) transformar, traduzir e reexpressar as grandes tradições cristológicas e soteriológicas com recursos do pensamento e ideário modernos de tal modo que elas "peguem" nos novos contextos. E isto não no sentido de uma mera adaptação a um contexto aceito acriticamente e a suas obviedades, mas numa retomada (antropológica e histórica) e contestação (criativa, sotérica e inovadora), portanto numa correlação crítica e construtiva.

Após tentativas isoladas feitas no século XIX, o século XX traz um novo apogeu da reflexão cristológica. Nunca antes foram publicadas tantas cristologias. Expô-las com brevidade é impossível por causa de sua grande multiplicidade e diversidade. Por isso vamos apenas indicar tendências básicas que aparecem de modo significativo nos teólogos mencionados (sem que com isso sua cristologia fosse descrita exaustivamente).

1) *Cristologias da autorrevelação:* Karl Barth († 1968) vê a pretensão de validade sem pressupostos da razão moderna ser questionada – pela Palavra de Deus. Jesus Cristo é a Palavra de Deus, a autorrevelação de Deus. Sua história é a história de Deus conosco: na auto-humilhação (reconciliadora) de Deus até Ele próprio assumir o juízo na cruz transparece a verdadeira essência de Deus; na realização e exaltação da humanidade de Jesus, porém, aparece o verdadeiro ser e destino do ser humano. De maneira semelhante pensa Hans Urs von Balthasar († 1988), para o qual o Filho de Deus, em obediência radical à vontade do Pai, percorre o caminho da *kénosis* até a cruz, assume vicariamente o fardo do pecado humano e o leva para dentro da relação trinitária de amor, para superá-lo e possibilitar uma nova humanidade (com a forma de Cristo).

2) *Cristologias existencialistas da fé:* segundo o luterano Rudolf Bultmann († 1976), o Jesus crucificado se encontra comigo como Ressurreto na palavra da pregação, isto

3. Abordagem histórico-dogmática

é, como pretensão imediata que me coloca diante da decisão da fé e me conclama para a autenticidade de minha existência (vida a partir da confiança na graça indisponível). Em Gerhard Ebeling (* 1912) é mais o Jesus terreno que se torna mediador e fundamento da fé.

3) *Cristologias da correlação:* Paul Tillich († 1965) quer vir ao encontro do ser humano moderno e secular. A resposta deve corresponder à pergunta desse ser humano por redenção do velho ser alienado: "Cristo" é símbolo do novo ser postulado. Esse símbolo tornou-se fato real em Jesus enquanto o Cristo. A pergunta fixa de antemão a resposta em suas estruturas (correlação unilateral). Por outro lado, Edward Schillebeeckx (* 1914) ou Hans Küng (* 1928) defendem uma correlação recíproca e crítica e a experiência da novidade com o Jesus concreto (sobretudo com sua relação com Deus e sua prática de vida).

4) *Enfoque transcendental-antropológico:* Karl Rahner († 1984) quer mostrar que o ser humano, a partir de sua estrutura de princípio (sujeito e autotranscendência), sempre procura pré-conscientemente aquilo que a mensagem cristã lhe proclama como tendo aparecido na história concreta de Jesus Cristo: a autocomunicação de Deus ou o portador absoluto da salvação. Na vida e na morte de Jesus de Nazaré a radical autotranscendência humana em amor direcionada para Deus (e para os outros) e, inversamente, a autocomunicação radical de Deus aos seres humanos reuniram-se e assim ambas tiveram êxito. Jesus Cristo é, por conseguinte, o caso singularmente supremo da realização da essência humana, e mais: símbolo real do amor de Deus, que realiza a humanidade verdadeira e a possibilita aos outros.

5) *Enfoques universal-históricos:* a pergunta pelo sentido último da história humana é a questão fundamental deste enfoque. Para Wolfhart Pannenberg (* 1928) esse sentido se revela na ressurreição de Jesus, porque esta não é apenas a confirmação da história particular de Jesus, mas também o fim de toda a história ocorrido antecipadamente. Para Walter Kasper (* 1933) a entrega confiante e amorosa de Jesus – sustentada pela autocomunicação do Pai ao Filho – o sentido de todo o ser apareceu historicamente: o amor que, em liberdade, se dá a si mesmo por causa do outro, cria comunhão e justamente assim ganha a si mesmo.

6) *Enfoques escatológico-práticos:* em vista da injustiça e violência praticadas contra os seres humanos e a natureza, Jürgen Moltmann (* 1926) esboçou uma cristologia escatológica do Deus com-passivo e crucificado (MOLTMANN, J. *Der gekreuzigte Gott*) ou do caminho messiânico, determinado pelo Espírito, de Jesus Cristo (MOLTMANN, J. *Weg*). Ela ancora intratrinitariamente a redenção prometida e em grande parte ainda não cumprida e conclama para uma prática social, ambiental e terapêutica no espírito de Cristo. Christian Duquoc (* 1926) mostra que só se usa o título "Cristo" e as interpretações da cruz de maneira correta (e não se abusa delas em benefício de interesses de poder) à luz daquilo que Jesus era concretamente: um ser humano livre a partir de Deus, que, na luta por liberdade e justiça, colidiu mortalmente

D. CRISTOLOGIA

com aqueles que viram seus interesses serem questionados: justamente assim Jesus é o Cristo (DUQUOC, C. *Christologie*).

7) *Enfoques evolutivo-cósmicos:* A visão de P. Teilhard de Chardin († 1955) – que liga de maneira nova o conhecimento da natureza e a fé – acerca do Cristo-evolutor (como meta interior da evolução) também influenciou K. Rahner e foi assumida criticamente por J. Moltmann (*Weg*: Cristo como redentor da evolução e de suas vítimas). No contexto da crise ecológica e espiritual, bem como do panteísmo pós-moderno, em 1988 o dominicano norte-americano Matthew Fox (* 1940) esboça uma cristologia místico-política e cósmica (bastante eufórica): toda a criação sofrida é transparente para Cristo, e no ponto-ômega do Cristo cósmico imagens de esperança provenientes das mais diversas tradições confluem no ansiado universo-uno, superando todas as separações dualistas (espírito – matéria, homem – mulher, coração – intelecto etc.); o Jesus histórico real começa a desaparecer (FOX, M. *Vision*).

8) *Cristologias feministas:* a teologia feminista, surgida desde o início dos anos de 1970 e que não é menos multifacetada do que a teologia dos homens, toma as experiências de opressão das mulheres como ponto de partida. Ela revela que muitas afirmações teológicas espelham experiências masculinas e limitadas, mas dificilmente experiências de mulheres, e que muitas vezes elas serviram e servem a interesses patriarcais ou à legitimação da supremacia masculina. Por isso, para a cristologia feminista inicialmente tornaram-se um problema o fato de Jesus ser homem e a interpretação errônea da cruz como conclamação ao autossacrifício das mulheres. Entrementes o interesse está se deslocando mais na direção de uma cristologia feminista da relação, na qual Jesus não é mais um indivíduo isolado, e sim amor encarnado, corporificação de uma nova humanidade e ponto de cristalização de uma nova comunhão em justiça e aceitação mútua (Rosemary Radford Ruether, Carter Heyward e outras).

3.5. Desafio para a Igreja mundial: recepção de Cristo e cristologia fora do mundo ocidental

Durante quase dois mil anos, a fé em Cristo foi moldada no espaço relativamente restrito do Oriente Próximo, do Mar Mediterrâneo e do Ocidente. Desde o início da Era Moderna missionários europeus levaram sua cristologia acadêmica europeia também para outros continentes: lá Jesus Cristo foi pregado em padrões estranhos em termos de cultura, dificilmente compreensíveis, permanecendo muitas vezes um estranho. Ora, há algumas décadas está em andamento nas Igrejas extraeuropeias um movimento contrário, que se defende contra a mera assunção de um cristianismo importado (com frequência imposto em estilo colonialista) e procura uma real indigenização (inculturação) da fé em Cristo.

Aqui estão em andamento mudanças radicais cujo alcance pleno só se poderá ver no futuro. Visto que já na atualidade – e com tendência sempre crescente – a grande maioria dos cristãos vive fora do mundo ocidental (na América Latina, África e Ásia), eles são de importância vital para a Igreja mundial em formação. O desafio é imenso. Ao mesmo tempo abrem-se aí oportunidades inteiramente novas: cristãos em outros continentes levantam hoje sua voz e falam de Jesus Cristo de uma maneira como nós nunca fizemos. Ao testemunharem o que experimentam e vivem em Jesus Cristo, eles nos ensinam a ver coisas novas no Jesus que acreditávamos conhecer tão bem.

3.5.1. Jesus Cristo libertador: o testemunho de Cristo dos teólogos da libertação latino-americanos

3.5.1.1. Contexto e enfoque

Numa situação de indizível pobreza e flagrante injustiça, a mediação ideativa da figura de Jesus Cristo passa para segundo plano, e a mensagem e prática de Jesus ligadas ao Reino de Deus tornam-se novamente centrais. O teólogo que tomou a decisão pessoal de levar o Evangelho em palavra e ação aos pobres e faz teologia a partir disso, torna-se teólogo da libertação. A análise crítica da situação social e a leitura da Bíblia com novos olhos se associam e fecundam mutuamente: Jesus joga luz sobre a própria situação e vice-versa.

Aí passa para o centro "a figura de um Jesus dos pobres, que defende sua causa e assume seu destino, que se introduz no conflito do mundo e morre nas mãos dos poderosos e que, desta forma, anuncia e é Ele mesmo a boa-nova" (SOBRINO, J. *Jesus*, 10). E inversamente: "Nos pobres e oprimidos está o rosto oculto de Cristo, e no serviço a esses pobres e oprimidos acontece na realidade [...] o encontro com Cristo" (*Jesus*, 34; cf. Puebla, n. 31-39). O centro e conteúdo da fé é o Jesus Cristo bíblico, que, no contexto de pobreza e opressão, mostra-se como o libertador em sentido abrangente: nem meramente interior e transcendente nem meramente social e político-econômico.

3.5.1.2. Crítica de imagens unilaterais de Cristo

Em contraposição a isso, algumas imagens de Cristo revelam ser reduzidas e ideológicas: o homem das dores derrotado, que aguenta pacientemente, da piedade popular latino-americana tradicional, que representa a impotência interiorizada e resignação dos atormentados, que muitas vezes só celebram uma paixão de Cristo sem Páscoa e não conseguem ver nenhum redentor; mas também a contraparte imperial do Cristo monarca celestial, do vencedor revestido com o ouro roubado, abusado pelos dominadores como legitimação de sua conquista e dominação. Ambos remontam a uma pregação unilateral, que "suprime" traços decisivos do Jesus bíblico (p. ex., Mc 10,42-45) e servem à consolidação do *status quo* ruim. Também enfoques verbalmente ortodoxos podem tornar-se ideológicos. A clássica cristologia da descida refletiria sobre por que e como Deus se faz ser humano, mas se esqueceria de que Deus tem um nome concreto (Javé = eu-estou-aí, eu existo) e se faz não um ser humano qualquer, e sim o ser humano concreto e judeu Jesus de Nazaré; o Cristo clássico-dogmático permaneceria abstrato demais, podendo, por isso, ser manipulado de acordo com determinados interesses. E o encontro com o Cristo presente no culto só estaria imune a uma falsificação e adaptação de Cristo a necessidades religiosas ou burguesas se permanecer orientado pelo Jesus concreto da história bíblica.

D. CRISTOLOGIA

3.5.1.3. Traços básicos das cristologias da libertação

Os teólogos da libertação defendem uma cristologia situacional (não abstrata), que tome o Jesus terreno concreto como ponto de partida e leve a sério o transcurso de toda a sua história conflituosa (não a-histórica e apolítica), relacional (que entenda Jesus a partir de sua relação com Deus e seu reino) e eclesial. A divindade de Jesus não deve ser abstraída de sua humanidade concreta e de sua prática determinada. Quem se envolve com o ser humano Jesus e o segue aceita-o como o Cristo, Filho de Deus e Senhor (Mt 7,21-23) e justamente assim como aquele que é mais do que nós podemos realizar ao segui-lo, ou seja, em nossa prática vivida de fé. A eclesialidade de uma cristologia, porém, não pode ser reduzida às declarações eclesiais e dogmáticas sobre Cristo; ela significa também que se veja Cristo a partir da vida concreta de uma comunidade determinada e vice-versa; por isso a história da cristologia não deve ser interrompida arbitrariamente.

Para a cristologia da libertação são fundamentais: a mensagem de Jesus acerca do abrangente Reino de Deus e de sua solicitude preferencial para com os pequenos e pobres; sua prática de amor libertadora; a exigência de conversão justamente também das pessoas de posses e dominantes; o sofrimento e a morte de Jesus como consequência do pecado e do engajamento pelos sofredores e como "preço a pagar pela libertação de Deus"; a ressurreição como "irrupção antecipada da libertação definitiva" (BOFF, L. *Jesus*, 32s.). e como estímulo para o discipulado, que também implica luta por mais justiça; a presença de Cristo no Espírito nas comunidades (principalmente dos pobres).

Essas ênfases não significam negação das demais tradições e conteúdos cristológicos. *Trata-se de uma cristologia a partir da perspectiva dos pobres: uma cristologia a partir de baixo em sentido bem radical, que compreende uma cristologia igualmente radical a partir de cima* (cf., p. ex., 2Cor 8,9). Ela se baseia na troca colocada em andamento com a vinda e a *kénosis* de Cristo e visa sua realização global. Por isso ela também é apelo e desafio aos europeus e norte-americanos, que são coparticipantes da miséria da América Latina.

3.5.2. O Cristo negro: enfoques da cristologia africana negra

3.5.2.1. A concepção de vida dos africanos negros

Nas culturas tribais da África negra uma concepção religiosa-mística e antropocêntrica da vida ocupa um lugar central. O Ser Supremo (Deus) possui a vida em plenitude, dá força vital e todas as coisas necessárias para a vida. A vida provém dele, mas é mediada pelos ancestrais (fundadores do clã, heróis, pais falecidos), secundariamente também por seus representantes terrenos (rei ou chefe, anciãos, pai de família); e mais: todos os membros do clã exercem, à semelhança de tubos que se comunicam, uma influência mútua de intensificação ou diminuição da vida. A comunidade é o elemento sustentador.

3. Abordagem histórico-dogmática

Nela os ancestrais ocupam o primeiro lugar. Pelo fato de terem passado pela morte e estarem mais próximos da fonte da vida, eles são mais poderosos do que as pessoas na terra. Só os bons ancestrais, que viveram exemplarmente, podem assumir o papel de mediação da vida: ajudar os seus a obter saúde, fecundidade, sucesso e vida realizada. Por conseguinte, em todos os acontecimentos importantes da vida se retoma de novo a ligação com os ancestrais. Estes estão presentes na vida diária. Em última análise eles são transparentes para Deus, encaminham sacrifícios e orações a Ele, mesmo que a relação pessoal com Deus mesmo não esteja no centro e uma noção de redenção (Deus torna-se atuante com vistas à salvação) esteja pouco desenvolvida.

3.5.2.2. Jesus Cristo: um estranho

Nesse mundo vital relacionado com a comunidade do clã e seus ancestrais Jesus Cristo é literalmente um estranho: Ele veio tarde e de fora da comunidade do clã, e até de fora da África negra. Em que se baseia sua pretensão de ser a verdadeira mediação entre mim e a vida ou Deus? Para que Jesus Cristo não permaneça um enigma até mesmo para as pessoas batizadas, Ele precisa criar raízes, encarnar-se nesse mundo e "tornar-se, Ele próprio, africano" (JOÃO PAULO II, 1980).

3.5.2.3. Enfoques da cristologia africana negra

O enfoque mais significativo provavelmente é o da teologia dos ancestrais: Jesus Cristo não como um ancestral ou ancestral originário entre outros, mas como o ancestral por excelência ou o "protoancestral" (Bénézet Bujo; Charles Nyamiti e o.). Isso quer dizer que Jesus Cristo, em sua vida e morte de serviço e cura, não só realiza de maneira perfeita o ideal de vida dos ancestrais tementes a Deus, mas ao mesmo tempo o transcende e consuma. Depois de ter falado muitas vezes através dos ancestrais, Deus fala por meio de seu Filho (Hb 1,1s.), o primogênito de toda a criação e primogênito dentre os mortos (Cl 1,15.18), o protoancestral universal: Ele torna-se modelo e verdadeiro mediador da vida. Porque Ele entregou sua vida por outros, Deus Pai o coroou pela ressurreição e fez dele o verdadeiro doador da vida (1Cor 15,45); por meio dele Deus presenteia a vida em plenitude (Jo 10,10; 17,2). Como os ancestrais, Cristo nutre continuamente a vida dos crentes através de sua palavra e do pão eucarístico; seu amor (que também não é limitado pelas fronteiras do clã) deve guiá-los; e todos os seus sacrifícios e orações precisam desde então passar por Ele. Por isso é preciso contar a respeito dele a outras pessoas, dar continuidade à sua solidariedade com os fracos e desprezados (também contra tradições ancestrais petrificadas), para que a vida seja possibilitada e fecundada.

Outro enfoque, mais popular, entende Jesus a partir do modelo do chefe [ou cacique] como Filho e enviado do chefe (Filho de Deus) ou como "chefe" generoso e reconciliador dos seres humanos (é o que ocorre em muitas orações). Entretanto, uma cristologia régia não diferenciada do chefe corre o perigo de atribuir a Jesus Cristo

D. CRISTOLOGIA

uma autoridade que não foi adquirida pelo caminho da humildade e do sofrimento; por isso ela necessita de uma definição mais precisa.

Outros, por sua vez, entendem Jesus Cristo, a partir dos ritos de iniciação, como "mestre da iniciação" (A. Tianma Sanon, Engelbert Mveng e outros). Através de sua vida, sofrimento e ressurreição Jesus percorreu a iniciação consumada e definitiva e nos preparou o caminho; assim, Ele nos inicia na verdadeira humanidade ao nos fazer entender os valores supremos (amor a Deus e ao próximo etc.) mediante símbolos familiares (árvore da cruz, água do batismo, pão e refeição familiar etc.).

O modelo do curador [= pessoa que cura] baseia-se nas ações curativas de Jesus e reporta-se à atuação terapêutica de curadores africanos. Contudo, só com base em experiências ao menos incipientes de erguimento e cura Jesus Cristo pode exibir o semblante de curador. Ele assume o semblante do libertador onde cristãos africanos negros – oprimidos por brancos (África do Sul), árabes (Sudão meridional) ou ditadores nacionais – lutam em conjunto por justiça e libertação.

De modo geral é certo que *Jesus torna-se para os africanos negros o ancestral doador de vida por excelência, o chefe por excelência, o verdadeiro mestre da iniciação, o curador e libertador não simplesmente porque teólogos o tenham declarado como tal, mas sim porque Ele lhes possibilita vida nova*. Cristo é descoberto através da vida auxiliadora e libertadora de suas testemunhas.

3.5.3. Recepção de Cristo e cristologias no contexto indiano

Na Ásia o cristianismo representa uma minoria que chegou tarde e até hoje é pequena. Por isso, o encontro com as grandes religiões, sobretudo com o hinduísmo e o budismo, coloca a cristologia diante da pergunta bem radical: é Jesus Cristo o único caminho para a salvação?

3.5.3.1. O contexto hinduísta

O conceito coletivo "hinduísmo" compreende muitas religiões. Comum a elas é uma orientação básica de caráter monístico-cósmico: tendencialmente toda a realidade plural não é encarada como diversidade real, e sim como concretização, peculiar em cada caso, do divino universal-uno (*brahman*). A história – e, junto com ela, aquilo que é único, individual e pessoal – só tem pouca importância ou até significado apenas negativo (estar preso na cadeia de reencarnações). O *atman* (o si-próprio mais íntimo do ser humano) é profundamente um com o *brahman*, mas sem que o ser humano saiba e realize isso, e justamente nisto reside sua desgraça. Por isso é preciso deixar toda dualidade atrás de si, não gerar mais carma (vinculação a ações e suas consequências) e, mediante conhecimento espiritual, tomar consciência da unidade última do si-próprio mais íntimo *(atman)* com o universal-uno *(brahman)*.

3. Abordagem histórico-dogmática

3.5.3.2. Recepção pregressa de Cristo no hinduísmo

Como toda uma série de pensadores hinduístas, também hoje muitos hindus apreciam a pessoa de Jesus por causa de sua vida exemplar e sua doutrina ética (Sermão do monte), e o veneram como um dos maiores mestres ou profetas da humanidade. Aí é preciso distinguir dois modos de ver Jesus Cristo:

1) No hinduísmo popular das massas, fortemente determinado pelo teísmo, existe a fé na encarnação (*avatar*). Em cada época de crise, o Deus universal aparece em forma de um ser humano para eliminar o mal e despertar a bondade no coração das pessoas. Neste sentido Buda, Jesus, Maomé e todas as outras figuras religiosas importantes são reconhecidas como *avatares*.

2) Na corrente vedântico-monística do hinduísmo o objetivo é realizar a não dualidade (*advaita*) ou identidade de *atman* e *brahman*. A maioria dos intelectuais hinduístas veem Jesus advaiticamente como um ser humano que realizou de modo exemplar sua identidade com o divino. Por isso Ele é um grande líder espiritual (guru).

Em ambos os enfoques se rejeita inequivocamente uma singularidade de Jesus Cristo. Parece absurdo supor uma encarnação real de Deus: ela significaria degeneração e recaída nos grilhões do histórico-particular. Importante é, antes, o *Cristo divino meta-histórico, universal*. Ele não deve ser identificado com o Jesus histórico, pois sua corporificação não se limita a Jesus. Esse Cristo eterno parece ser uma espécie de princípio geral de Cristo: para toda pessoa é possível tornar-se Cristo. Por isso se gosta de interpretar o nascimento, a morte e a ressurreição de Jesus alegoricamente, como estágios da vida espiritual de todo ser humano. A salvação é mediada pelo Cristo eterno, não por algo que Jesus tenha feito na história.

3.5.3.3. Enfoques da cristologia indiana

Em que medida podem padrões de compreensão e motivos hinduístas ser assumidos por uma teologia cristã sem que ocorra uma simples adaptação de Jesus Cristo às estruturas de plausibilidade já existentes, sem que, portanto, estas sejam apenas confirmadas e o cerne da fé em Cristo seja abandonado? Os atuais enfoques da cristologia indiana caminham em duas direções.

1) Elaboração de uma cristologia metafísica em diálogo com a filosofia e religiosidade indianas: por meio da noção de preexistência e de Logos é possível conceber a presença de Deus em toda a realidade mundana. Deus se revela em todas as religiões e coisas terrenas. Em sua encarnação Cristo realiza definitivamente o destino do ser humano e restabelece a unidade do cosmo – passando pela cruz e ressurreição, isto é, como presente de Deus. Todas as contradições e polaridades da existência e da história humanas encontram uma reconciliação redentora, não dualista (advaítica) em Jesus Cristo. Ele é a realização sacramental da presença de Deus junto ao ser humano. *Onde quer que a salvação de Deus esteja presente o Logos-Cristo universal está pre-*

D. CRISTOLOGIA

sente; sua singularidade histórica em Jesus (com seu amor abnegadamente sofrido) está relacionada com todos, sendo, portanto, oni-inclusiva, não exclusiva (cf. D. Simon Amalorpavadass, Mathew Vekathanam e outros).

2) Confrontação cristológica com a realidade da Índia atual (cristologia dos párias e da libertação): o ponto de partida é aqui a situação existente de discriminação e exploração dos dalit, das castas inferiores e membros da população tribal, a miséria social e a opressão política. O protesto de Jesus contra a injustiça e sua relação com Deus estão no centro: Jesus Cristo é aquele que, a partir de sua experiência de Deus, se identifica com os pobres, inaugura, como servo de Deus que sofre solidariamente, o Reino de Deus através da morte e ressurreição e possibilita uma prática de vida libertadora análoga (Felix Wilfred e outros).

3.5.4. Recepção de Jesus e enfoques cristológicos no contexto chinês

3.5.4.1. O contexto

A cultura chinesa distingue-se com clareza da indiana (acentuadamente pessimista em relação ao mundo e com interesse espiritual e místico). Embora também nela haja uma orientação cósmica, em seu traço básico (não só confucionista) a mentalidade chinesa é otimista em relação ao mundo, antropocêntrica e pragmática: seu interesse principal é o ser humano e sua vida harmoniosa na terra, na família e numa sociedade que funcione. A religião é profundamente voltada para este mundo e ética.

3.5.4.2. Recepção de Jesus

As religiões são vistas como substancialmente iguais, contanto que ajudem o ser humano a atingir seu ideal ético. Por isso diversas correntes religiosas (confucionismo, taoismo e budismo mahaiana) podem confluir para formar uma nova unidade. A multiplicidade de religiões se deve apenas ao fato de que a divindade suprema enviou Confúcio, Lao-tsé, Buda, Cristo e Maomé em situações diferentes e com mensagens diversas em cada caso, mas que contêm, todas elas, a verdade ética una e igual. *Jesus Cristo torna-se um entre outros; o que interessa nele é sobretudo sua doutrina ética* (e sua irradiação espontânea de amor).

3.5.4.3. Enfoques cristológicos

Já há mais tempo teólogos chineses tentam se opor a essa recepção niveladora de Jesus. O presbiteriano Choan-Seng Song (* 1929) está convicto de que aquilo que a China precisa de Jesus não é em primeiro lugar uma doutrina ética, mas justamente aquilo que falta ou é fraco na própria China: aquela proximidade de Deus e para com Deus que se torna visível na vida de Jesus e pode ser experimentada sem cessar no Espírito do Senhor exaltado e vivo. Daí poderia resultar uma profunda reorientação da vida (ser despertado da satisfação e autossuficiência harmonísticas, percepção das desarmonias e do pecado do mundo, engajamento em favor da justiça social etc.). Seria notável o fato de que os chineses caracterizam a forma suprema de amor humano (o de uma mãe, p. ex.) de "amor dolorido", mas que em sua experiência religiosa o "céu" ou "governante supremo" não seja capaz de um amor acompanhado de dor e que entregue a si mesmo. *Jesus Cristo é o "amor dolorido de Deus em figura humana", o amor atuante, que está disposto a redimir.* A China ainda teria pela frente o encontro decisivo com a reconciliação e redenção em Jesus Cristo.

O teólogo católico A.B. Chang Ch'un-shen retoma elementos do diagrama do mundo de um filósofo chinês moderno (não cristão) e vê fundamentada em Jesus Cristo a unidade de céu (Deus) e terra. Ele o chama o ser humano autêntico ou "celeste", que tem o céu (ou o *tao*) por origem e fonte, está ligado participativamente com todas as coisas sob o céu, apoia a produção de vida e a tudo repleta com sua influência vital. O início do bem é presenteado por Cristo, e seu crescimento depende da ação humana. A vida de Cristo no mundo impele e flui continuadamente; ela enche com sua bondade a humanidade inteira e a leva a uma comunhão cada vez maior.

4. Reflexão sistemática

4.1. Tarefa e método: orientação hermenêutica fundamental

4.1.1. Dois tipos básicos: cristologia de ascensão e de descida

Na teologia mais recente a questão do enfoque apropriado da cristologia foi frequentemente discutido sob a alternativa um tanto equívoca de cristologia "a partir de cima" ou "a partir de baixo". Cristologia *a partir de cima* (de descida) refere-se em geral ao procedimento da tradição doutrinária helenista-ocidental: o ponto de partida é o Filho eterno de Deus e a encarnação ou as duas naturezas na pessoa una do ser humano-Deus. Cristologia *a partir de baixo* (de ascensão) significa, em contraposição, que o ponto de partida é o ser humano histórico Jesus mostrado pelos Evangelhos sinóticos (ou por sua investigação histórico-crítica). Neste sentido, quase todas as cristologias mais recentes são, no tocante à sua base argumentativa e a seu processo de fundamentação, cristologias a partir de baixo.

Na atualidade não podemos mais partir da divindade de Jesus Cristo, pressuposta com certa naturalidade; precisamos, antes – relativamente à experiência dos discípulos de Jesus como também à consciência histórica moderna – tomar a humanidade histórica de Jesus como ponto de partida. Isto, porém, não significa reduzir Jesus Cristo a um mero ser humano (exemplar), que não pudesse nos trazer mais do que algo humano (portanto, nenhuma redenção do afastamento pecaminoso de Deus e da finitude mortífera).

D. CRISTOLOGIA

O enfoque metodológico de uma cristologia "a partir de baixo" não pode, se for apropriado, significar uma abstração daquilo de que os Evangelhos justamente não abstraem um instante sequer: que o ser humano Jesus de Nazaré é aquele que é a partir de Deus (portanto – em termos figurativos, não espaciais – "a partir de cima") e que é Deus que agiu através dele – e na morte também em relação a Ele – de modo incomparável para a salvação do mundo; que, portanto, Deus estava e está presente nele. A história de Jesus Cristo pretende ser a história de Deus conosco, seres humanos. Também um enfoque cristológico "a partir de baixo" não recua até um ponto anterior a essa confissão. *Assim, é preciso justamente perceber no "embaixo" da história do ser humano Jesus o próprio Deus que se volta para nós e se comunica a nós a partir de seu "em cima".* O Deus de Jesus Cristo e sua redenção não podem ser conhecidos de outra maneira senão naquilo que aconteceu aqui "embaixo", na história humana de Jesus.

Ora, justamente o enfoque metodológico que parte de baixo leva à percepção de que o próprio Jesus se entendeu inteiramente a partir de Deus e que de fato Ele só pode ser entendido de maneira adequada à luz de sua proveniência de Deus, ou seja, que a ideia de encarnação constitui um desdobramento pertinente do significado já contido na atuação de Jesus. Por isso, ambas as correntes de enfoque e argumentação, tanto aquela a partir de baixo quanto aquela a partir de cima, são, desde que entendidas de modo correto, *mutuamente transparentes*. Por conseguinte, a tensão existente entre as duas precisa sempre ser mantida. A cristologia a partir de baixo é abarcada e fundamentada em termos de conteúdo (em termos teo-lógicos) pela cristologia a partir de cima, porém é só aquela que dá a esta seu conteúdo e sua determinação concretos. A cristologia a partir de cima esboça o marco abrangente de compreensão que reluz no "embaixo" da própria história de Jesus, que é o único marco no qual essa história pode ser percebida em sua verdadeira (teo-)lógica e coerência interior como acontecimento do autoesvaziamento amoroso e da autocomunicação substancial de Deus aos seres humanos.

4.1.2. Cristologia como explicação do significado próprio da história de Jesus Cristo

A história humana de Jesus Cristo é o referencial de todas as afirmações cristológicas. Ela também constitui sua norma e seu critério em termos de conteúdo. O que pôde ser mostrado em relação às afirmações confessionais do protocristianismo (→ 2.4.) tem validade geral: em princípio, todas as afirmações cristológicas precisam evidenciar-se "em seu conteúdo essencial como explicação do significado implicitamente próprio da atuação e história de Jesus" (PANNENBERG, W. *Theologie*, vol. 2, 321). O que está em pauta é Jesus, sua mensagem, sua atuação e seu destino, sua pessoa: é por causa dele que surgiram a fé em Cristo e as cristologias. Por isso ambas precisam voltar a vincular-se a Ele, interpretá-lo, legitimar-se em relação a Ele e, desta maneira, poder ser distinguidas criticamente de descaminhos e distorções.

A base histórica da cristologia, contudo, não deve se reduzir unicamente ao Jesus terreno. O próprio Jesus terreno não existe isoladamente, sem uma relação vivida com

4. Reflexão sistemática

Ele; só assim Ele é acessível, está dado e é transmitido, razão pela qual os posicionamentos, as interpretações e mudanças soteriológico-existenciais por Ele desencadeadas fazem parte dele mesmo. Os Evangelhos, porém, e a cristologia eclesial referem-se a mais do que ao Jesus terreno: referem-se ao Jesus terreno e crucificado *como* Senhor Ressurreto e presente. Precisamente Ele é o conteúdo e a norma (critério) de toda cristologia adequada.

Por conseguinte, a cristologia nutre-se de uma raiz ao mesmo tempo dupla e una: da experiência com o Jesus terreno e da experiência pascal como nova experiência (com essa experiência). O evento pascal levou os primeiros discípulos – e, no novo horizonte de experiência por ele inaugurado, leva até hoje pessoas crentes – à convicção de que o Jesus crucificado e morto está, a partir de Deus, vivo e presente, portanto que Ele foi ressuscitado, que com isso sua atuação pré-pascal foi legitimada (mais ainda: consumada) por Deus, que Jesus, portanto, é realmente o mensageiro definitivo de Deus: o Messias de Deus, o Senhor permanente de sua Igreja, o Filho enviado por Deus etc. O desdobramento da confissão cristológica, estendendo-se até a reflexão sobre a proveniência de Cristo a partir de Deus (afirmações sobre o envio), a formação da cristologia de encarnação e, por fim, também dos dogmas cristológicos, não pretende ser outra coisa senão um processo de explicação do significado que é particular à própria história de Jesus à luz do evento pascal. À luz da Páscoa o caminho de Jesus deve ser lido também na atualidade, a cristologia (implícita e indireta) contida na própria atuação de Jesus deve ser desdobrada em forma de uma renovada confissão cristológica expressa e em sua interpretação reflexa, a cristologia.

Porque se crê no Jesus terreno e crucificado *como* Senhor exaltado é que se narra como história de um ser vivo a história passada (até a mensagem pascal) daquele que está vivamente presente. Por meio dessa história determinada o Cristo exaltado e presente é identificado justamente como o Jesus inconfundivelmente concreto e, assim, subtraído à arbitrariedade da interpretação.

Portanto, enquanto os Evangelhos falam de Jesus Cristo de modo narrativo e o NT inteiro o faz preponderantemente em *categorias de acontecimento,* na época helenista-ocidental impuseram-se uma forma de pensamento substancial e metafísica e, junto com ela, *categorias de essência* que são preponderantemente estáticas e visam essencialidades genéricas. Perguntava-se pela constituição objetiva, constante e definível (substância ou essencialidade, naturezas, hipóstase ou autossubsistência) de Jesus Cristo, e a pergunta pelo relacionamento das duas naturezas em Cristo obstruiu o enfoque neotestamentário, centrado na relação de Jesus com o Pai ou do Pai com o Filho.

Entrementes essa época da metafísica substancial com sua concepção preponderantemente estática da realidade, de Deus (axioma da imutabilidade e apatia) e de Jesus Cristo chegou ao fim: encontramo-nos na transição para um pensamento mais dinâmico, histórico-processual, relacional-articulador (e assim mais uma vez cósmico), que tem de novo mais afinidade com o discurso bíblico acerca de Jesus Cristo em categorias de evento, acontecimento e relação curativo-redentora e está perfeitamente aberto para uma correspondente ontologia da relação (o ser

D. CRISTOLOGIA

como "ser-em-relação" ao invés de constituição objetiva; a categoria fundamental de pessoa como "identidade em relacionalidade" ao invés de substância ou subjetividade). A crise representa ao mesmo tempo uma oportunidade. Ela possibilita uma reflexão renovadora sobre a origem e uma expressão mais universal da fé em Cristo.

A cristologia não deve perder de vista os acontecimentos concretos da história humana de Jesus. Visto que para a pessoa crente e aberta essa história é (inteiramente à luz da Páscoa) transparente para a presença de Deus ou do Filho de Deus encarnado nela oculta, ela constitui a base material da cristologia. Por isso, em toda cristologia é preciso primeiramente *presentificar de forma narrativa* (→ 2.) essa história e – no contexto do vivo e diversificado processo de fé e de interpretação do povo de Deus – *meditá-la de forma crente*, antes que um enfoque sistemático procure *reconstituir de forma raciocinante* e destacar de forma coerente o que se manifestou nessa história.

4.1.3. O relacionamento entre cristologia e soteriologia

As cristologias do NT e do primeiro milênio eram cristologias soteriológicas: a soteriologia era o objetivo e uma parte integrante da cristologia, e esta procurava firmar a real condição de possibilidade da atuação redentora de Cristo no mistério de sua pessoa. No Ocidente, todavia, ocorreu desde o século XIII (→ 3.4.2.1.) uma separação cada vez mais acentuada entre a cristologia (como doutrina acerca da pessoa de Cristo) e a soteriologia (como doutrina acerca da obra ou ministério redentor "objetivo" de Cristo, distinguindo-se da doutrina acerca da redenção "subjetiva", a doutrina da graça). Essa separação incisiva teve consequências negativas: a cristologia reduzida concentrou-se no problema – compreendido de modo estático – da constituição do relacionamento entre divindade e humanidade (de sua unidade na diversidade), e a soteriologia em geral restringiu a obra redentora de Cristo à morte expiatória na cruz.

A teologia mais recente voltou a perceber: *é justamente na peculiaridade da pessoa de Jesus e em sua história que se fundamenta e está dado seu significado soteriológico. O significado soteriológico é intrínseco à própria pessoa e história de Jesus.* Jesus é o redentor e a redenção "objetiva" justamente através de seu ser relacional e criador de relação (esta é a questão cristológica básica), e a redenção "subjetiva" consiste em ser incluído, em ter parte em seu ser. A cristologia, portanto, é em si mesma o lugar da soteriologia.

Entretanto, o fato de que o efeito soteriológico faz parte, desde o início, da peculiaridade da figura de Jesus não nos autoriza a projetar linearmente sobre sua pessoa as mais diversas expectativas. Embora as mais diversas esperanças de salvação possam voltar-se a Ele, elas precisam – assim como ocorreu já com a expectativa judaica do Messias – transformar-se quando relacionadas com Ele, precisam ser reinterpretadas e qualificadas de maneira nova a partir dele: *só na pessoa e história de Jesus se revela o que serve realmente à salvação dos seres humanos, em que sentido Ele é o portador universal da salvação e o redentor universal. Ele o é constantemente também contra e para além de toda expectativa humana.*

4.1.4. A diversidade de aproximações e perspectivas mutuamente complementares: modelos cristológicos e soteriológicos básicos

A história da cristologia mostrou ser desde seus inícios no NT a tentativa sempre renovada e multiforme de aprofundar-se – no horizonte da respectiva época e cultura e de acordo com suas possibilidades – de modo reflexivo e compreensivo no mistério de Jesus Cristo e da redenção. Os esboços de compreensão correspondiam sempre aos pressupostos (expectativas e possibilidades) contidos no contexto cultural e situacional, para – ao retomá-los e contestá-los – em parte assumi-los, em parte rompê-los e ultrapassá-los. Por isso encontramos desde o início tentativas plurais – e que em geral não podem ser separadas nitidamente umas das outras, mas sempre são determinadas por um aspecto dominante em cada caso – que lançam mão de diversos títulos cristológicos, metáforas soteriológicas e perspectivas globais (ou modelos). Nelas se refletem, em cada caso, aspectos do mistério de Jesus Cristo.

Foram feitas tentativas de esquematizar essa diversidade em tipologias. Em 1930 Gustav Aulén distinguiu as seguintes, de acordo com a imagem de Cristo dominante em cada caso: 1) Na Patrística, o *Logos* e *kyrios* vitorioso *(Christus victor)* estaria em primeiro plano; 2) na Idade Média ocidental seria o Crucificado sacrificado *(Christus victima)*; 3) na Era Moderna o Jesus terreno exemplar e mestre *(Christus exemplar)* (AULÉN, G. *Haupttypen*). A historiografia protestante dos dogmas do século XIX teria destacado mais a espécie de ligação existente entre o portador da salvação Jesus Cristo e a pessoa redimida: ela teria sido concebida de maneira 1) mais mística, física e natural na Patrística; 2) mais jurídica na Idade Média; 3) mais moral e subjetiva na Era Moderna. Recentemente se leva mais em consideração o horizonte de pensamento predominante em cada caso e se distingue 1) pensamento centrado no cosmo e na epifania na Antiguidade helenista; 2) pensamento medieval centrado na ordem (*ordo*), de caráter estático e jurídico (a ordem entre Deus e o ser humano precisa ser restabelecida juridicamente); 3) história da subjetividade e liberdade na Era Moderna.

Todas essas tentativas de tipificação salientam aspectos corretos e, ao mesmo tempo, permanecem questionáveis por causa da esquematização nelas contida. Ainda assim, pode ser útil, para uma primeira orientação, distinguir – modificando de certo modo as tipologias mencionadas e, mais uma vez, simplificando bastante – três perspectivas ou modelos cristológicos e soteriológicos básicos segundo seus aspectos dominantes. Estes, todavia, não podem ser limitados às três épocas citadas, mas se encontram em contextos diversos desde o NT até o presente.

4.1.4.1. Enfoque histórico: Jesus Cristo como precursor e condutor, salvador e libertador

Esta já é a perspectiva dos Evangelhos sinóticos, que, à luz da fé pascal, percebem a história humana da atuação e do destino (paixão e ressurreição) de Jesus como caminho do Messias, isto é, como ação de Deus e promessa redentora de sua proximidade. Enfoca-se todo o caminho (esquema do caminho) de Jesus Cristo. Através desse caminho Jesus Cristo é o "condutor para a vida" (At 3,15; cf. 5,30s.; Hb 2,10), que nos precedeu, nos abre o caminho para Deus e uns para os outros e nos conduz – passando

D. CRISTOLOGIA

por toda a fadiga e sofrimento – para a vida da ressurreição. *Como presente Ele permanece atuante de modo curativo quando sua história passada é narrada e ouvida:* Ele nos olha e nos dirige a palavra, e de repente nós mesmos também aparecemos nas histórias dos Evangelhos como pobres a serem curados ou já curados ou então como pessoas que se voltam para os pobres. Os motivos soteriológicos dominantes aqui são: proximidade de Deus, relação, perdão, cura, livramento (libertação) e futura entrada na vida plena do senhorio de Deus.

Também o Credo Apostólico está determinado por essa perspectiva histórica. Ela permanece atuante ao longo do tempo na pregação catequética e homilética e na piedade centrada em Jesus, mas também em tentativas mais recentes de esboçar uma cristologia narrativa e uma cristologia da libertação.

4.1.4.2. Enfoque centrado na paixão: o Crucificado Ressurreto como paradigma da fé

A interpretação da morte de Jesus como morte "por nós" forneceu o elemento básico para o tipo de cristologia que Paulo desenvolveu, impelido pelas doutrinas de seus diversos adversários, que recalcavam a humildade e a morte ignominiosa de Cristo. Neste modelo, a vida terrena de Jesus é pressuposta, mas seu significado não é objeto de maiores reflexões. Tudo se concentra na cruz (*theologia crucis*); entretanto, ela forma uma unidade com a ressurreição e só revela seu significado a partir desta. A cruz torna-se o elemento distintivo por excelência da história terrena de Jesus, o Messias crucificado; ela significa a *kénosis* extrema do Filho de Deus para dentro de nossa situação miserável: o próprio Deus nos reconcilia consigo e nos liberta dos poderes escravizantes (pecado, lei, morte) para a liberdade de uma nova vida. Os motivos soteriológicos dominantes aqui são: reconciliação, justificação (perdão) e esperança de salvação futura.

Na Patrística latina a perspectiva se desloca: Deus Pai, ofendido por causa do pecado de Adão, precisava ser reconciliado de novo por meio do sacrifício expiatório e vicário obedientemente oferecido a Ele pelo Filho. Sob a influência da doutrina da satisfação de Anselmo de Cantuária, por fim a reflexão soteriológica do Ocidente concentra-se quase inteiramente na paixão e morte de Cristo. Na teologia da cruz de Lutero, que toma Paulo como critério, o Cristo crucificado passa para o centro. No século XX, cristologias ocidentais renovadas, centradas na paixão e cruz (K. Barth, H.U. von Balthasar, E. Jüngel, J. Moltmann), ou cristologias do amor-dor de Deus no leste da Ásia (Choan-Seng Song, Kazoh Kitamori) procuram comunicar os elementos irrenunciáveis desta perspectiva. *A posição frente à mensagem da cruz permanece de fato uma pedra de toque para verificar se cremos em Jesus Cristo ou se arranjamos um portador de salvação de acordo com nossos próprios desejos e modismos.*

4.1.4.3. Enfoque encarnatório: a encarnação do Filho de Deus como revelação e comunicação da vida divina.

Já em Paulo o crucificado é o Filho (preexistente) enviado por Deus; mas esta é uma ideia secundária no pensamento do Apóstolo. Essa perspectiva torna-se dominante no Evangelho de João. Sob o signo da encarnação do Verbo (Logos) eterno de Deus, que sustenta toda a criação, esse Evangelho compreende Jesus como o revelador e portador de vida divina que veio do Pai (envio) e retorna ao Pai ("exaltação"). *Aqui a história humana de Jesus é vista como meio e forma de realização do Filho eterno de Deus nela atuante. Jesus é a epifania e o sinal eficaz (sacramento pessoal) do amor de Deus que perdoa os pecados e presenteia a vida.* Os motivos soteriológicos dominantes são: revelação de sua glória, participação nela e, por conseguinte, na vida imperecível (superação da morte), a experiência de imanência ("Permanecei em mim, e eu permanecerei em vós").

Esta perspectiva (descida e manifestação do Filho de Deus, participação místico-sacramental em sua vida imperecível) determina a doutrina do Logos dos Padres da Igreja gregos: para a redenção da transitoriedade era preciso que Deus mesmo se fizesse ser humano. O enfoque dos Padres da Igreja determina a cristologia das Igrejas orientais até hoje. No Ocidente, ele é assumido de forma modificada por Tomás de Aquino (o Verbo eterno de Deus opera salvificamente através da humanidade como seu *instrumentum coniunctum*) e, a partir daí, influencia a cristologia católica mais recente (H.U. von Balthasar, W. Kasper). A cristologia joanina e deuteropaulina, com suas dimensões cósmicas, adquire uma atualidade inteiramente nova no pensamento dos cristãos indianos (Cristo cósmico) e, no passado recente, também de teólogos ocidentais (K. Rahner, J. Moltmann, M. Fox), impulsionados por Teilhard de Chardin.

Esses três enfoques ou perspectivas (modelos básicos) são legítimos na medida em que se mantenham abertos um para o outro. Nenhum modelo básico deve ser isolado ou alçado à condição de único válido. *Todos são aproximações em perspectiva e necessitam ser complementados pelas outras perspectivas.* Em cada contexto cultural e histórico, porém, reside o desafio de desenvolver um enfoque cristológico, de maneira que corresponda à situação e seja fiel à tradição, com a maior continuidade possível e eventualmente com a contestação necessária, e, assim, garantir a identidade e a relevância concreta do discurso cristão acerca da salvação sob circunstâncias diferentes.

Nenhuma cristologia consegue apreender a "plenitude de Cristo" (Ef 4,13), pois, por um lado, toda cristologia tem uma perspectiva determinada (a presente cristologia é esboçada a partir de uma perspectiva da atual Europa ocidental) e não se livra dessa limitação nem mesmo quando procura manter-se aberta para a amplitude da Igreja mundial e católica. Por outro lado, toda cristologia é resultado de uma reflexão, mas a plenitude de Cristo só pode representar-se na totalidade da prática de vida (*martyria-leiturgia-diakonia-koinonia*) do corpo de Cristo na multiplicidade de seus membros. Uma cristologia teórica só pode tentar elaborar os elementos centrais nos quais

D. CRISTOLOGIA

a interpretação do Evangelho e a prática de vida da Igreja e dos cristãos encontram sua orientação.

4.1.5. Procedimento (fórmula básica)

O conjunto da estrutura deste manual sugere o seguinte procedimento: partimos da experiência narrável feita à luz da Páscoa com o ser humano Jesus Cristo (portanto, a partir de baixo nos moldes de uma cristologia de exaltação), para descobrir a autocomunicação de Deus e a redenção dos seres humanos acessíveis nessa história humana e, por fim, perguntar pelos pressupostos meta-históricos e ontológicos da história e pessoa de Jesus Cristo (portanto, por seu ancoramento no Deus trinitário). Visto, porém, que esses pressupostos fundadores estão em jogo desde o início, a perspectiva correspondente (a partir de cima) também precisa ser enfocada a partir do primeiro passo, mesmo que só seja elaborada com maior exatidão ao final (→ 4.7.). Ambas as perspectivas vêm ao encontro uma da outra (na cristologia se juntam os movimentos a partir de Deus e a partir do ser humano).

Esse procedimento pode ser resumido numa fórmula básica, que utiliza uma linguagem tão simples e elementar quanto possível e permanece, assim, aberta para um desdobramento em situações diversas. A *fórmula básica* poderia ser a seguinte:

> Jesus Cristo:
> um ser humano real e o ser humano verdadeiro,
> porque é o ser humano inteiramente a partir de Deus
> e, assim, o ser humano inteiramente conosco e por nós
> (na vida, morte e ressurreição);
> aí Ele é verdadeiramente o próprio Deus inteiramente conosco e por nós,
> porque é a autocomunicação encarnada de Deus
> e, assim, o portador da salvação e caminho para a vida que nos foi presenteado.

4.2. Jesus Cristo – um ser humano real e o ser humano verdadeiro: iniciador de uma nova humanidade

No início da tradição cristã não se encontram uma doutrina nem um livro, mas sim uma pessoa humana e a história da experiência feita com sua vida, morte e nova vida.

4.2.1. Um ser humano real como nós

Jesus é um ser humano real, que viveu e morreu nesta terra, tinha parte na finitude, carência e limitação criaturais da existência humana, que, por conseguinte, sabia o que eram fome e sede, alegria e dor (no corpo e na alma), riso e choro (Hb 5,7; Jo 11,35s.), ira (Mc 8,33; 10,14), cansaço, tentação e extrema angústia mortal. Em tudo o que pode dizer respeito e afligir os seres humanos Ele é inteiramente um de nós, nos-

4. Reflexão sistemática

so irmão, "em tudo semelhante" a nós, "tentado em tudo" como nós, mas – e isto não revoga absolutamente nada do que foi dito acima e por isso não deve ser entendido de maneira errônea – "sem pecado", isto é, sem ruptura com Deus (Hb 2,17; 4,15). Portanto, um ser humano como nós, e ainda assim humano de um jeito diferente de nós.

A grande tradição da Igreja sempre admitiu e entendeu que Jesus é um ser humano real e sua humanidade é de importância fundamental e permanente para nós, é nosso relacionamento com Deus e nossa salvação (cf. apenas Calcedônia: DH 301), embora desde a época helenista tenha tido dificuldade de conceber a humanidade plena de Jesus Cristo até suas últimas consequências (saber humano limitado e também passível de erro, angústia psíquica mortal, livre-arbítrio real e personalidade humana de Jesus).

4.2.2. Humano de um jeito diferente de nós: o ser humano verdadeiramente humano

Quando Paulo chama Jesus de "o novo ser humano" e – como contraste daquele que supera o velho, o primeiro Adão – o "segundo" ou "último Adão" "vindo do céu (de Deus)" (1Cor 15,45-47; cf. Rm 5,12-21), ele não se refere a uma figura mitológica, mas ao ser humano Jesus de Nazaré, humilde e crucificado, "nascido de uma mulher, submetido à lei (ao poder que domina todos os seres humanos), para remir os que estavam submetidos à lei" (Gl 4,4s.). Refere-se, pois, ao autor, iniciador e condutor de uma humanidade renovada e nova, ao qual deveremos todos ser conformes, para que Ele seja o primeiro de muitos irmãos e irmãs (1Cor 15,48s.; Rm 8,29).

O ser-diferente de Jesus Cristo em relação aos demais seres humanos não deve ser simplesmente visto em sua divindade, mas se encontra dentro de sua própria humanidade. Jesus é o inteiramente diferente em sua plena humanidade, que tem em comum conosco. Contudo, Ele não é um "super-homem"; seu ser-humano diferente mostra-se justamente no fato de Ele se humilhar, estar aí para os outros de maneira libertadora e servir a todos (Mc 10,45). Portanto, uma existência inteiramente humana como representação humano-finita do Deus infinito.

Assim, no ser humano, Jesus se nos deparava e depara mais do que em outros seres humanos. Ao relacionar-se com Ele a pessoa se defronta com uma realidade diferente, última que se manifesta nele. Justamente onde o ser-humano real de Jesus e sua humanidade tão diferente são levados a sério, mostra-se neles – não ao lado, abaixo ou acima deles – algo diferente e algo mais, que vamos considerar a seguir.

4.3. O ser humano inteiramente a partir de Deus: a ligação de Jesus com Deus como centro interior e fonte de sua vida

Os Evangelhos entendem Jesus inteiramente a partir de Deus. Não é sem razão que eles colocam no início, antes do começo da atuação pública de Jesus, um *leitmotiv*: a relação eletiva de Deus com Jesus e a dotação de Jesus com o Espírito de Deus

D. CRISTOLOGIA

(Mc 1,10-12 par.; Lc 1,31-35; 4,17-21; Mt 1,18-23). Jesus é percebido desde o início como aquele que é dotado com o Espírito e é o portador do Espírito de maneira incomparável e, por isso, como aquele que está ligado a Deus de modo singular (como o Filho de Deus por excelência). Ele é o eleito, mas unicamente porque Deus elegeu *todos* para a comunhão consigo e unicamente com vistas a isto.

Também o próprio Jesus havia se entendido inteiramente a partir de Deus. Em toda a sua existência Ele estava relacionado com o Deus de Israel, a quem experimentou de maneira nova e a quem se dirigia chamando-o de *abba*, e deixava-se conduzir pelo Espírito de Deus.

4.3.1. A vinda de Deus *(extra nos):* caráter teocêntrico e pretensão missionária de Jesus

Segundo os textos bíblicos (→ 2.2.2.), para Jesus havia, no fundo, um único tema: o senhorio (da bondade) de Deus que se aproximara e já despontava. Esse senhorio não pode ser provocado por realizações piedosas ou violentas, mas é pura iniciativa divina, a vinda do próprio Deus ao encontro dos seres humanos e o cumprimento de sua vontade boa. Ele virá com certeza no futuro, mas já irrompe no presente, e o faz através da atuação de Jesus, benfazeja e aberta para todos. E, com isso, Ele é a solicitude bondosa (que perdoa, aceita e salva) de Deus destinada irrestritamente a todo ser humano. Essa solicitude só se pode aceitar como uma criança, portanto com a despretensão de quem se deixa presentear. Mas também é preciso envolver-se com ela (conversão), se se quer ganhar a vida verdadeira.

O Deus testemunhado por Jesus e que começa a exercer seu senhorio com a atuação de Jesus não é outro senão o Deus único experimentado pelos crentes de Israel (Dt 6,4s.; Mc 12,29s.), que está "aí" e estará "aí" como auxiliador de maneira livre e indisponível (Ex 3,14; Is 52,6) e que perdoa se o pecador se converte a ele (Ez 18,23; Ne 9,17 e o.). Justamente esses elementos, tomados dentre os muitos outros elementos destacados de sua tradição judaica de fé, ressoam na experiência de Deus feita por Jesus e em sua mensagem acerca dele. Ainda assim, também neste ponto encontram-se modificações sutis, porém conspícuas na mensagem de Jesus. Ele radicaliza: Deus vem àqueles que, por si, jamais podem realmente ir a Deus; Ele vem, sem condições prévias, até ao encontro dos pecadores e os aceita.

E Jesus purifica a imagem de Deus de todos os traços de violência, vingança, retribuição e castigo: Deus não é senão bom, pura bondade preveniente (Mc 10,18; Mt 7,9-11 par.; 20,1-15), ou, em linguagem joanina: inteiramente amor (1Jo 4,8.16); "Deus é luz e nele não há trevas" (1Jo 1,5). Tampouco tem uma face oculta, obscura e temível, que não se poderia harmonizar com a mensagem acerca de sua bondade e da qual o ser humano tivesse de ter medo. A vinda de Deus é a vinda da bondade, e nenhuma outra coisa. Por isso o ser humano pode confiar completamente em Deus. Jesus disse isto sem fantasias ingênuas e românticas, mas estando plenamente consciente e so-

4. Reflexão sistemática

frendo a dureza adversa do negativo (do ódio, violência, desejo de aniquilamento, infidelidade, carência vital, doença e sofrimento).

Por conseguinte, *a atuação de Jesus é teocêntrica, isto é, inteiramente direcionada para Deus e o advento de sua bondade neste mundo.* O que está em pauta é que Deus com seu amor torne-se Senhor em sua criação e por isso na vida das pessoas: "Pai, venha teu reino!" Por isso o próprio Jesus buscou "em primeiro lugar o Reino de Deus e sua justiça" (Mt 6,33 par.). Por isso colocou-se inteiramente a serviço da vontade salvífica e da vinda de Deus: se curo pessoas doentes com a força de Deus, "o senhorio (da bondade) de Deus já chegou a vós" (Lc 11,20 par.).

Toda a iniciativa, portanto, *parte de Deus.* Jesus só serve de mediador para ela. Também a existência e missão do próprio Jesus remontam inteiramente à inconcebível iniciativa e solicitude redentora para com o mundo. Tudo vem de outro lugar *(extra nos).*

O próprio Jesus se vê como instrumento eleito do senhorio de Deus que desponta: este vem com *Ele.* Em Jesus Cristo Deus vem a nosso mundo e caminha conosco. Por isso, com Jesus acontece "mais" do que em Salomão e toda a sua sabedoria, "mais" do que na pregação penitencial profética de Jonas (Lc 11,31s. par.). Com uma certeza inimaginável para os ouvidos de seus ouvintes, Jesus identifica a ação bondosa de Deus com sua própria ação, entendendo-se implicitamente como intermediador de Deus e portador escatológico da salvação (→ 2.2.3.). Essa certeza tem seu fundamento em sua experiência de Deus. *Ocorre que existe um profundo nexo interior entre o relacionamento de Jesus com Deus, sua mensagem do despontar do senhorio (da bondade) de Deus e a conexão desta com sua própria atuação, portanto com sua pretensão missionária: em sua relação orante com Deus (seu relacionamento de "Filho" com o "Pai") Jesus experimentou a solicitude radicalmente bondosa e a proximidade de Deus; Ele as experimentou em si como destinadas não apenas a Ele, mas a todas as pessoas; assim, Ele mesmo colocou-se inteiramente a serviço delas e aprendeu a compreender-se como portador e mediador dessa proximidade de Deus.*

4.3.2. A confiança e ligação de Jesus com Deus como centro de sua vida

Tudo o que partia de Jesus se resume em seu relacionamento com Deus. Jesus confiava sem reservas em Deus, que experimentava, junto com sua bondade absoluta, como próximo e vivia em constante comunicação com Ele (Mc 1,35 par.; 6,46 par. e *passim).* Este é o centro e a fonte de sua vida. Vivenciou a Deus como a presença pela qual se sentia incondicionalmente aceito e liberto, à qual, por isso, confiava-se de maneira completa. Falou e agiu a partir dessa profunda ligação com Deus. Daí proveio tudo que o destaca entre os seres humanos. *Jesus é o ser humano inteiramente voltado para Deus, que se tornou inesquecível e modelar por sua confiança em Deus.*

Essa confiança ilimitada não podia decorrer diretamente da vivência da natureza nem do transcurso do mundo ou de outras fontes de experiência humana universal-

D. CRISTOLOGIA

mente acessíveis. Jesus também não a derivou simplesmente, qual consequência evidente, das tradições de fé de Israel; não invocou instituições religiosas. Não eram tais realidades que constituíam o fundamento da confiança de Jesus em Deus, e sim sua experiência de Deus muito mais originária e específica. Ela fundamentava uma nova imediatez com esse Deus, cuja alteridade (santidade, transcendência) não é nivelada, fundamentava o novo saber imediato de que o criador e fundamento originário de toda a realidade é completamente bom e é amor (portanto, não uma lei cega e necessária nem arbitrariedade imprevisível), que Deus com sua bondade está simplesmente aí e quer tão só o bem para todos (cf. 1Tm 2,4), sendo, pois, mais paternal do que todos os pais e mais maternal do que todas as mães. Esse Deus é digno de confiança: em quaisquer circunstâncias e para todas as pessoas.

A palavra sobre a oração: "O Pai sabe do que tendes necessidade antes de lho pedirdes" (Mt 6,7s.) atesta como o próprio Jesus vive diante de um Deus que se antecipa, com sua benevolência desprendida, a toda necessidade e busca humana. Não se trata de um olhar observador insuportável que se intrometesse em toda parte e destruísse toda espontaneidade: "Todo medo de um espião cujo olhar atravessa inteiramente suas criaturas como se fossem de vidro e as priva de intimidade dá lugar a uma serenidade livre" (BACHL, G. *Vertrauen*, 85). Deus: o milagre do amor onipotente e completamente terno, que, enquanto se dá, Ele mesmo se retira de tal forma e dá à pessoa tanto espaço, que em relação a Ele a pessoa pode ser ela mesma com liberdade e independência e dizer "eu". Ciente desse amor, o ser humano experimenta que é um ser respeitado e confirmado em sua identidade e intimidade, erguendo-se num movimento desembaraçado. Por isso, em Jesus não encontramos em parte alguma o vestígio de uma supressão do si-próprio, nunca o movimento cautelosamente rastejante de quem se sente observado, e sim uma vida aberta em familiaridade incondicional. *A vinculação confiante a Deus não priva de liberdade, mas é ela que torna verdadeiramente livre.*

Nessa confiança Jesus estava aberto para Deus, a quem ouvia e obedecia (Is 50,4; Rm 5,19; Jo 3,32; 5,30; 8,26.47; 15,15), percebia a regência de Deus nas criaturas (Mt 6,25-34 par.; 5,45 par.), estava próximo dele na solicitude para com outras pessoas, sobretudo as pequeninas e marginalizadas (Mt 25,31-45). Para Ele, cada instante e cada acontecimento eram imediatos para com Deus, porque vivia na consciência da presença de Deus agora. Nessa confiança Jesus dava inteiramente espaço a Deus em si mesmo, deixava a bondade de Deus "vir" (a si e aos outros) em sua existência, deixando, com isso, que o poder e o Espírito de Deus se efetivassem em sua pessoa (Lc 11,20 par.). Ele fazia com que a boa vontade de Deus fosse feita na terra (Mt 6,10; cf. Mc 14,36). Jesus testemunhava Deus em toda a sua existência.

Só a partir da profunda ligação e imediatez de Jesus com Deus podem-se entender os traços inconfundíveis de sua pessoa: sua incompreensível certeza de conhecer a verdadeira vontade de Deus; uma soberana autoridade de ensino (*exousia*) que não se fundamentava por meio de quaisquer tradições, mas unicamente em sua familiaridade com o Pai; o amor de Deus que busca o perdido como sua mais íntima força motriz; sua imediatez libertadora para com as pes-

4. Reflexão sistemática

soas; sua consciência missionária escatológica de ser o mensageiro definitivo de Deus e o instrumento da bondade divina; sua liberdade interior autoconfiante e desprendida; sua força de irradiação (*dýnamis*) curativa e libertadora.

Justamente por ter deixado Deus vir inteiramente em sua vida e o ter testemunhado, o ser humano Jesus é diferente de todos os outros, que não deixam vir apenas Deus, mas cuja vida, antes, sempre testemunha e revela outras coisas (egoísmo medroso, ambiguidade etc.) e, por isso, também oculta e distorce Deus e seu jeito. Jesus estava – como revela a Páscoa – inteiramente repleto do Espírito de Deus e reservado tão só para Deus, era o ser humano inteiramente correspondente a Deus e, assim, "a testemunha fiel e verdadeira" (Ap 3,14) ou a exposição autêntica e pura de Deus na humanidade (cf. Jo 1,18). *Na existência humana de Jesus o enunciado essencial interior do próprio Deus (o Logos eterno e Filho) pôde – mediado por seu relacionamento íntimo com Deus (Pai) – ganhar forma histórica.*

4.3.3. O reverso da ligação de Jesus com Deus: ausência de pecado e liberdade

O NT afirma que Jesus Cristo era igual a nós em tudo, "tentado como nós, mas sem pecado" (Hb 4,15; cf. 7,26s.; 2Cor 5,21; 1Pd 2,22; 3,18; 1Jo 2,1s.; 3,5; Jo 8,46; 14,30). Desde Ireneu e Tertuliano essa ausência de pecado foi destacada repetidamente (p. ex., na fórmula de Calcedônia) como particularidade da humanidade de Jesus. Em tempos mais recentes pergunta-se às vezes se a ausência de pecado em Jesus não estaria em contradição com sua real humanidade, se não excluiria uma vontade realmente humana e a liberdade humana. Aqui é preciso desfazer três equívocos:

1) A ausência de pecado não significa que faltassem a Jesus as pulsões inerentes à humanidade e a formação de autoconfiança e senso de dignidade. Estes não devem ser identificados com o pecado. O conceito teológico de pecado refere-se ao estar separado e em contradição com Deus, o fundamento e alvo da vida, e, por conseguinte, também com a criação de Deus e consigo mesmo. Se, pois, confessa-se que Jesus foi sem pecado, isso quer dizer que Ele não se deixou separar de Deus, não vivia em contradição com Deus, com sua criação e consigo mesmo.

2) Acaso Jesus, que compartilhou de nossa humanidade com todos os seus limites e ônus, tinha de compartilhar, consequentemente, também de nossa pecaminosidade? Esta consequência pressuporia que o pecado faz parte da essência natural-criatural e da definição do ser humano; a criação e o pecado seriam idênticos. A tradição bíblico-cristã sempre combateu essa identificação e compreendeu o pecado justamente não como realidade criada, e sim como negação e destruição dessa realidade criada: como contradição do ser humano a seu destino criatural e à sua verdadeira essência. O pecado não criou raízes na natureza humana de tal modo que não houvesse possibilidade de mudança. O que faz parte da humanidade é o poder ser pecador, e não o ser pecador.

A afirmação acerca da ausência de pecado em Jesus significa: Ele não viveu em contradição destrutiva à verdadeira essência do ser humano. Nele manifestou-se,

D. CRISTOLOGIA

antes, o verdadeiro ser humano, correspondente a Deus, no qual se realizou inteiramente o destino criatural do ser humano de, enquanto imagem (Gn 1,27), retratar humanamente o jeito de ser de Deus.

3) Pergunta-se se Jesus, afinal, poderia ter se recusado a cumprir o propósito de Deus e, em consequência, ter pecado. Ora, ausência de pecado não se refere a uma incapacidade abstrata de pecar (um não poder-pecar jamais foi objeto de uma declaração dogmática), à exclusão da possibilidade formal de escolher entre o bem e o mal, pois com isso estaria excluída toda tentação real. Jesus, porém, foi pecado e atribulado em sentido verdadeiro (cf. Mc 1,12s.; Mt 4,1-11 par.; Lc 22,28; Hb 2,18; 4,15). Especialmente em face do antagonismo mortífero Ele teve de decidir, numa difícil luta interior, entre a própria vontade de viver que resistia e a fidelidade à causa do Pai divino: "*Abba*, a ti tudo é possível, afasta de mim este cálice! Porém não o que eu quero, e sim o que tu queres" (Mc 14,36). Também na pior hora Ele está interiormente tão tomado pela vontade amorosa de Deus destinada de modo incondicional a todos, que por fim nem *pode* fazer outra coisa senão, numa coerência última, colocar a si próprio em jogo por ela, mas no fundo também não *quer* outra coisa, porque acolhe de bom grado a vontade amorosa do Pai, e a dinâmica que emana desse amor lhe proporciona uma liberdade humana inteiramente nova e maior. Ele não é uma marionete sem liberdade, mas é sumamente libertado para o que lhe é próprio e age por conta própria quando aceita (Hb 10,9) e vive (Jo 4,34) da prática da vontade e da obra daquele pelo qual se sabe enviado. Em plena liberdade humana, fez de Deus e de sua vontade salvífica para os seres humanos o fundamento de sua própria existência.

A afirmação acerca da ausência de pecado em Jesus não é um postulado abstrato, mas resulta da totalidade do processo da vida de Jesus. Ela é apenas o reverso da afirmação positiva de que o ser humano Jesus vive em comunhão inquebrantada com Deus, em correspondência livre, confiante e atenta ("obediente") à boa vontade criacional e salvífica de Deus. Ele é o verdadeiro ser humano, inteiramente repleto do Espírito de Deus, e o protótipo do ser humano, o mediador para se chegar a Deus (1Tm 2,5) e condutor da nova humanidade.

4.3.4. Aprender, (não)saber e consciência de Jesus Cristo

A cristologia escolástica, pensando inteiramente a partir da divindade de Cristo, havia suposto no Jesus terreno, além de um saber divino, ao mesmo tempo a existência de um tríplice saber humano perfeito: visão perfeita de Deus, conhecimento extraordinário infundido a partir de cima e conhecimentos adquiridos por experiência terrena (→ 3.4.2.1.). Disso resultou a imagem de um Cristo onisciente, que gozava sempre da visão beatífica de Deus, que só não fazia uso de seu saber perfeito *(kénosis)* ou então, com intenções pedagógicas, às vezes fazia de conta que não sabia algo, e não precisava crer como os outros seres humanos. Aqui se obscurece o fato "de que Jesus também era alguém que cria, esperava, buscava e era atribulado, que capitulava inevitavelmente diante da incompreensibilidade de Deus" (RAHNER, K. *Christologie heute?*, 358).

4. Reflexão sistemática

O NT, todavia, apresenta um Jesus que "cresce em sabedoria, estatura e graça diante de Deus e dos seres humanos" (Lc 2,52; cf. 1,80; 2,40), que, por um lado, tem um conhecimento sutil da natureza humana (p. ex., Mc 2,6-8), uma sabedoria e autoridade surpreendentes (Lc 2,47; Mc 1,22) e, com uma percepção profética e sensível dos tempos, prevê a iminente destruição do templo (Mc 13,1s.), mas que, por outro lado, não conhece o dia do juízo (Mc 13,32; Mt 24,36), precisa informar-se também sobre circunstâncias simples da vida (p. ex., Mc 5,30-33; 6,38; 8,27.29), "aprende a obediência pelo sofrimento" (Hb 5,8), tem medo do caráter imprevisível da morte iminente (Mc 14,33s. par.), que, pendurado na cruz, sente-se abandonado por todos, inclusive por Deus, mas, ainda assim, se apega e se entrega a Ele (Mc 15,34 par.). Hebreus 12,2, após enumerar grandes crentes da história de Israel, chama Jesus de "o autor e consumador da fé", que nos precedeu nas lutas da fé e nos indica a direção, o crente autêntico no qual se consumou aquilo que a fé e confiança significam (→ 2.2.3.4.).

Portanto, *a Escritura atesta a existência de um não saber, limites do conhecimento, crises, processos de aprendizagem e progressos no conhecimento por parte de Jesus. Ela não impede que se suponha a existência de um desenvolvimento psicológico do conhecimento de Jesus.* Também no não saber Ele era solidário conosco e experimentou a escuridão. De modo semelhante a qualquer pessoa, Jesus teve de avançar paulatinamente para a luz de um conhecimento mais claro dos outros, de Deus e de sua própria missão.

Esse crescimento interior provavelmente se nutria – e aqui adentramos o âmbito das conjecturas – por um lado, de uma abertura existencial última para Deus e de uma imediatez latente, não tematizada e intuitiva para com Deus, que existia desde o início "como uma espécie de dado básico e disposição básica" (KASPER, W. *Jesus*, 295) e – em correspondência com as fases do desenvolvimento psicológico – se expunha, aclarava e desdobrava reflexamente na relação dialógica com o Pai. Por outro lado, tinham fundamental importância a relação cotidiana com as pessoas e a lembrança da rica experiência de Israel (conhecimento da Escritura). Através de sua experiência de vida bem humana Jesus teve de descobrir e avaliar o caráter incomum e até singular da experiência que lhe era própria, da qual, ao mesmo tempo, lhe advinha uma liberdade tão soberana no trato com seu ambiente. A Pontifícia Comissão Bíblica fala de uma aquisição "gradual" de uma "consciência missionária cada vez mais exata, desde sua juventude até a cruz" (MÜLLER, P.-G. [org.], *Bibel*, 125).

Em todo caso não há razão para negar que Jesus tenha tido fé em termos de confiança no Pai e – tendo em vista o caráter incerto do futuro concreto – esperança em termos de expectativa do bem e da salvação por parte de Deus (cf. Mc 14,25), mesmo que no caso dele em última análise tudo isso seja de uma profundidade que nos é quase desconhecida e impeli a uma compreensão a partir de outra perspectiva.

Já o Evangelho de João atribui o saber particular de Jesus à sua consciência missionária (Jo 5,43; 8,42; 16,28; 4,34; 5,30; 6,38), que, por sua vez, baseia-se no relaciona-

D. CRISTOLOGIA

mento singular com o Pai (10,30 e outras), sob cuja condução Jesus aprende tudo (16,30 com 5,20; 13,3; 15,15; 17,8). A teologia mais recente toma de novo essa relação de Jesus com o Pai como ponto de partida e procura interpretar as vivências humanas básicas de Jesus dentro dessa relação. Assim o saber e a consciência de Jesus tornam-se novamente concebíveis como uma unidade.

Se Jesus tem, também como ser humano, sua identidade pessoal unicamente no fato de ser o Filho do Deus paternal-maternal, então essa identidade não precisa "ter-lhe sido consciente como tal desde o início". "Basta que sua vida humana tenha sido vivida inteiramente voltada para Deus como seu Pai celestial e a partir dele. A história de Jesus o fez penetrar cada vez mais profundamente nessa identidade de sua pessoa como Filho do Pai. Assim, sua existência humana nunca tinha sua identidade pessoal nele mesmo, mas sempre unicamente na relação com o Pai e, portanto, no fato de ser o Filho desse Pai" (PANNENBERG, W. *Theologie*, vol. 2, 433). *Se a existência humana de Jesus deve ser entendida como a existência do Filho eterno de Deus enviado ao mundo, então podem-se perfeitamente atribuir ao Filho eterno de Deus em sua ação na história terrena de Jesus intenções e metas (como a redenção do mundo) das quais Jesus não estava consciente em sua realidade humana, mas para as quais estava existencialmente aberto.*

4.4. O ser humano inteiramente conosco e por nós: a pró-existência solidária de Jesus como mediação de Deus e da salvação

Jesus seguiu o caminho da confiança. Sendo Ele o ser humano inteiramente a partir de Deus, podia ser livre no seu mais íntimo, podia ser um homem inteiramente com os outros e para os outros, absorvido por sua missão de fazer com que a bondade incondicional de Deus estivesse aí para os outros e despertar neles a confiança da fé nesse Deus. A relevância soteriológica de Jesus Cristo baseia-se em sua relação específica com Deus. É importante que isso fique claro para nós e que não fixemos o significado soteriológico de Jesus Cristo só e exclusivamente na paixão e morte na cruz. Segundo o testemunho dos evangelhos e da grande Tradição cristã (→ 3.4.2.), Jesus Cristo é o redentor em tudo o que fez e sofreu. Toda a sua prática de vida terrena é testemunho e evento (sacramento) da bondade redentora de Deus.

4.4.1. Solidariedade, liberdade interior e inteireza simples de Jesus

O que chama a atenção e fascina em Jesus é seu radical amor ao próximo e ao inimigo, sua não violência, sua bondade. "Uma pessoa atuou aqui como pura e simplesmente boa, e isso não ocorrera antes" (BLOCH, E. *Prinzip*, 1487). Justamente por isso muitas pessoas o veneram e amam, muito além do espaço das Igrejas. Pelo visto, Jesus cumpre as expectativas ansiosas e de certa maneira messiânicas que nós, seres humanos, temos bem lá no fundo em relação à condição humana e que (remetendo ao endereço errado e exigindo demais) dirigimos a outros ou também a nós mesmos. Pois justamente isto é um componente central de nossa própria experiência de desgraça: por nós mesmos não conseguimos viver essa existência íntegra para os outros, e ela também não é a lei que rege a convivência humana. A experiência de nossa carência de salvação se intensifica na experiência da solidariedade quebrantada ou só realizada fragmentariamente e muitas vezes de curta duração. *Jesus mostra* que isso pode ser diferente: *que é possível o puro amor solidário que não se deixa romper por nada.*

A partir de onde esse amor será possível? A história de Jesus responde: a partir de *Deus* ele é *humanamente* possível. Ela remete à experiência específica de Deus e à ligação específica de Jesus com Deus nas quais Ele percebia a si mesmo (e aos outros) como inteira e incondicionalmente aceito pelo amor de Deus. De sua confiança sem reservas em Deus, em cujas mãos colocava a si mesmo e sua causa, surgia aquela liberdade interior de si mesmo e de motivos egoístas que fazia com que Ele não se apossasse de outras pessoas, mas as amasse desinteressadamente e servisse à vida verdadeira delas. Dessa confiança lhe vinha a liberdade daquela mania de riquezas terrenas (Mt 8,20 par. e o.) e de poder (Mc 10,42-45) que, do contrário, aprisiona o coração e o enche de preocupação em assegurar o que se alcançou.

Dessa pertença a Deus resultavam aquela simplicidade e abertura humana para todas as criaturas e a multiplicidade das pessoas humanas que faziam com que Ele as aceitasse com gratidão, as permitisse em si e integrasse partes delas em si mesmo. Assim Ele podia ter parte em todas e deixar que todas tivessem parte nele: era judeu, mas tinha abertura para não judeus onde os encontrasse; era homem, mas rompeu com o androcentrismo da Antiguidade e viveu um relacionamento solidário e libertador com mulheres e crianças, que buscavam sua proximidade não por acaso; estava relacionado com Deus e ainda assim, ou justamente por causa disso, não tinha qualquer medo de entrar em contato com pessoas impuras e pecadoras (Mc 7,15; 2,16s.; Lc 15,1s.). Ele também era autoconfiante de modo desprendido em sua relação com os grupos e partidos sociopolíticos com seus preconceitos e exclusões; com grande liberdade passa por cima dos esquemas, em cada caso toma o partido dos excluídos, discriminados e débeis, não se deixando dissuadir pelas resistências que lhe são opostas. Jesus rompe limites porque tem o Ilimitado por Pai.

4.4.2. A pró-existência de Jesus em favor dos outros como testemunho e evento da bondade redentora de Deus

Para designar essa atitude de estar aí "para" (em grego: *hyper*; em latim: *pro*) outras pessoas, que determinava a existência de Jesus, H. Schürmann cunhou o termo "pró-existência". Na teologia mais recente ele tornou-se um conceito cristológico fundamental. A pró-existência de Jesus baseia-se em sua relação com Deus: sua vida para os outros flui de sua vida com Deus. Repleto do Espírito de Deus, Jesus vive inteiramente a partir de Deus, portanto, dá espaço a Deus em si e em toda a sua vida, por isso deixa acontecer e realiza o amor de Deus que jamais se esgota, sendo assim ser humano de

D. CRISTOLOGIA

modo diferente: profundamente comovido e simpático à dor das outras pessoas, sofrendo ativamente junto com elas (cf., p. ex., Mt 9,36; 15,32) e engajando-se infatigavelmente por elas. Ele recebeu a presença de Deus e a passou adiante com todo o seu ser.

Jesus admitia Deus em sua vida, e por isso partiam dele efeitos libertadores e curativos: os pobres recebem boa-nova (Lc 4,18-21; Mt 11,4s.), os aflitos, misericórdia (Mt 25,31-45). Pessoas enfermas de corpo ou alma são curadas, experimentam a proximidade benfazeja de Jesus e, nela, a proximidade de Deus. Pessoas discriminadas e oprimidas pela religião e pela sociedade experimentam sua solidariedade e amizade inabalável, podem respirar aliviadas e desenvolver autoestima (Mt 11,19 par.; Mc 2,14-17). Pessoas desavindas voltam a se relacionar no círculo dos discípulos de Jesus – e mais tarde nas comunidades – e começam a exercitar uma convivência não violenta e reconciliada (Mc 2,15-17 e 3,18s.; Mt 5,43-48 par.). Mas também pessoas que se encontram fora do próprio grupo, mas atuam em correspondência com o senhorio de Deus, são reconhecidas e apoiadas: "Quem não é contra nós está a nosso favor" (Mc 9,40). A solidariedade humana (pró-existência) de Jesus cria relações, forma comunidade e faz as pessoas perceberem que relações solidárias em justiça e amor poderiam ser seu próprio desejo ardente e mais profundo. Por isso, em parábolas Ele tenta obter também entre seus adversários, que se escandalizam com seu comportamento (cf. Lc 15,2.28-30; Mt 20,11s.), anuência à decisão de Deus de aceitar todos e a uma convivência que não exclua ninguém.

Pois é Deus mesmo que busca o perdido e vai atrás do pecador: esta é a experiência de Deus e a certeza de Jesus. Por isso, em sua prática Ele corresponde ao amor pelo pecador e à vontade de Deus, deixa acontecer a vontade divina de criar relação e comunhão. *Jesus não é apenas testemunha, mas sim o evento do amor incondicional de Deus.* Ele aproxima Deus e sua salvação: por meio dele eles chegam aos outros. Os efeitos libertadores, curativos e reconciliadores que partem dele não são apenas indicações simbólicas da salvação futura de Deus, mas sim um início – pequeno como um grão de mostarda, porém perceptível – dessa salvação e, justamente desta maneira, promessa da salvação abrangente e plena.

4.4.3. Possibilitação de um relacionamento confiante com Deus e perdão dos pecados (motivo da reconciliação)

O cerne soteriológico da atuação de Jesus consiste em dar às pessoas que com Ele se envolvem participação em seu próprio relacionamento com Deus e, assim, comunhão com Deus, na qual consiste, no fundo, a salvação e da qual ela já resulta no presente. Ele convida as outras pessoas a confiarem no fundamento originário de toda a realidade como bom Pai (ou boa Mãe), portanto a dizerem, de sua parte, *"Abba, Pai"* a Deus (cf. o Pai-nosso) e, assim, viverem, elas mesmas, um relacionamento filial com Deus no Espírito de Jesus (Gl 4,1-7; Rm 8,14-17).

Essa fé confiante em Deus é "a dádiva decisiva de Jesus" (EBELING, G. *Jesus*, 245). A atuação de Jesus estava determinada, em todos os seus aspectos, pela media-

4. Reflexão sistemática

ção do advento da bondade de Deus e pelo convite de envolver-se com o senhorio de Deus numa confiança tão completa quanto possível. Até hoje a fé cristã quer dizer essencialmente isto: "ser admitido na atitude mais íntima de Jesus" e em seu comportamento (BALTHASAR, H.U. von. *Fides Christi*, 63). "Se sou cristão [...], isso é puramente um relacionamento com Deus" (KIERKEGAARD, S. *Einübung*, 300), aquele relacionamento com Deus que Jesus Cristo me transmite – através de seus seguidores e testemunhas.

Nas pessoas que se abrem à proposta de Jesus e se envolvem com ela Deus torna-se Senhor já no presente. Elas encontram comunhão com Deus, e isto significa inversamente: *a separação de Deus (o pecado) está superada*. Com a aceitação de Jesus e de seu Deus na fé desaparece tudo o que separa de Deus, acontecendo, portanto, perdão dos pecados. Assim torna-se compreensível por que Jesus atribuiu à sua própria atuação uma dimensão que perdoa os pecados ou por que – em linguagem joanina – o "mostrar" o Pai que acontece por meio de Jesus realmente "basta" (Jo 14,8s.) para presentear às pessoas comunhão com Deus e, assim, libertá-las das trevas, da mentira, do pecado e da morte.

Em linguagem paulina: por meio de Cristo a fé veio à história universal (Gl 3,23-25) e, assim, a justificação a partir de Deus: o ser humano pecaminoso deixa que Deus mesmo o aceite sem reservas, o acolha no relacionamento correto com Ele (Lc 15,2.7.18-24; Mc 2,5-7) ou o endireite (justifique); assim Cristo nos cria acesso a Deus e paz com Ele (Rm 5,1s.9s.; 8,9s.). Nisso consiste o início da salvação, a forma atual (proléptica) da salvação, da qual parte a cura interior e que também produz efeitos curativos na corporalidade e nas relações com as demais pessoas e com o meio ambiente.

A ação curativa de Jesus se situa não só em danos exteriores da vida e convivência dos seres humanos, mas num nível mais profundo: onde não estão em jogo apenas o comportamento errado singular e suas consequências, e sim onde os fundamentos estão destruídos. O pecado como estar-separado de Deus, o fundamento da própria vida e da vida comum, aparta o ser humano da fonte de renovação da própria vida e das condições de vida. Por isso muitas vezes apelos morais pouco resolvem. Jesus (ou o Espírito de Jesus) abre uma nova relação com Deus para a pessoa, de modo que ela se encontra num novo campo de força do qual lhe advém uma vida renovada e fortalecida; um relacionamento de confiança no qual ela, ainda que reincida em nova culpa, pode experimentar o perdão pela sua falha ou fracasso e se sentir incondicionalmente sustentada.

4.4.4. Destituição do mal: libertação do encantamento de poderes demoníacos e ídolos (motivo da vitória)

Em geral, a destituição de satanás e a vitória sobre os poderes do mal são estreitamente associadas com a cruz e exaltação de Cristo na Tradição do NT (1Cor 15,24s.; Cl 2,15; Ef 1,20-22; Hb 2,8s.; Ap 12; Jo 12,31s.; 14,30; 16,11) e da Igreja antiga (motivo da luta e vitória). A mais antiga Tradição palestinense sobre Jesus, contudo, vê ambas as coisas acontecerem já na atuação terrena de Jesus. Comprovam este fato os ditos [*ló-*

D. CRISTOLOGIA

gia] de Jesus – que estão interiormente ligados e devem remontar ao próprio Jesus – de Lc 10,18s. (visão da queda de satanás; poder de Jesus e dos crentes sobre maus espíritos) e o comentário sobre eles em Mc 3,27 par. (perícope sobre belzebu).

Satanás já caiu. É o despontar do senhorio de Deus que põe fim a todo domínio de satanás e dos demônios: os demônios são obrigados a retirar-se, são varridos como figuras sem substância (experiências coletivas de crise produziram na época uma onda de "possessão" e exorcistas); pelo "dedo de Deus" dissipa-se toda assombração. Jesus destitui os demônios não por meio de uma luta, mas soberanamente com sua palavra.

Jesus rompe o encantamento do demoníaco, e o advento real da bondade de Deus é o grande exorcismo divino que é preciso realizar concretamente. O olhar não deve mais ficar fixado no mal e em seu combate. O mundo não é um campo de batalha de poderes divinos e demoníacos, e sim criação de Deus sobre a qual cai a luz do senhorio da bondade de Deus que está vindo. *Na esfera da presença de Deus o mundo é desendemoninhado e o ser humano pode voltar a mover-se nele sem medo.* A isso corresponde o comportamento de Jesus: ao invés de se proteger de uma contaminação por elementos demoníacos e impuros, Ele procura os perdidos e pecadores. E também aos seus Ele dá poder sobre os maus espíritos: imunidade e segurança soberana frente a eles (Lc 10,19; cf. Mc 16,18).

A modernidade esclarecida se julgava superior a todas as noções de demônios e sobre o "chamado mal". Ela pensava poder explicar o ser humano em grande parte a partir de seus fundamentos biológicos e/ou a partir de sua própria autonomia e liberdade. De fato o ser humano está sujeito a muitas leis, mecanismos e coerções internas e externas, em relação às quais, porém, ele sempre pode – se posicionando e determinando a si mesmo – assumir mais uma vez uma conduta, e nisto reside o cerne inalienável de sua liberdade e responsabilidade. Entretanto, quando acha que ele é a origem autônoma e responsável de sua atuação, ele também é determinado por forças alheias, às quais, não tendo outro apoio, ele próprio se entrega e as quais, só assim, as transforma em *poderes*. A autoestilização da modernidade como mundo desendemoninhado é um equívoco a respeito dela mesma: hoje a atuação de poderes é experimentada de modo mais intensivo do que em qualquer época anterior.

Quando o NT fala de demônios hostis a Deus e à vida, de "ídolos" (1Cor 8,5) ou "poderes e potestades" (15,24), refere-se às grandezas finitas às quais os seres humanos se submetem e oferecem todas as espécies possíveis de sacrifícios, porque erroneamente esperam delas a certeza, a justificação e a realização fundamentais de sua existência e do sentido desta. Assim não só os poderes militares e econômicos podem exercer domínio, mas também os bens (!) como posses, desempenho, consumo, nação, vitalidade ou desfrute podem "governar" a vida quando são absolutizados. É onde as pessoas – em geral imperceptivelmente e, ainda assim, tomando uma decisão própria por um estilo de vida – concedem a tais grandezas uma influência determinante sobre si e seu mundo, são "possuídas" por elas e prendem seu coração a elas, é aí que elas adquirem caráter de poderes e transformam-se em ídolos demoníacos. Então elas obrigam o ser humano – em sua suposta autorrealização – a colocar-se sob suas coerções e exigências (lei), o alheiam de Deus, de si mesmo, dos outros e da natureza (pecado), o levam a concorrências causadoras de ruptura e até mortíferas com outros e o consomem (morte). O pecado (ou boa lei da vida por ele pervertida) não acarreta a morte como uma penalidade decretada a partir de fora, mas a carrega em si como sua própria consequência interior. O "chamado mal" é na realidade um mal feito por seres humanos e por eles dotado de poder real.

A confiança de fé possibilitada por Jesus, porém, liberta do demoníaco e do mal. Onde o verdadeiro Deus é reconhecido como confiável e a existência é baseada nele, onde Ele com sua bondade adquire o senhorio na pessoa, aí Ele a liberta do encantamento dos poderes causadores de ruptura e destruidores da vida, visto que elimina a causa que a obrigava a ser leal a eles. Pois Deus mesmo nos presenteia "de graça" (Mt 10,8b; cf. Ap 21,6b) aquilo pelo qual ansiamos profundamente: ser aceito e querido incondicionalmente. Assim Ele nos dá o fundamento e sustentação firme que tornam dispensáveis uma fuga para bens absolutizados e uma autoentrega a eles (que dessa maneira os tornam poderes demoníacos) e permitem uma relação não coerciva e generosa com os bens materiais e intelectuais do mundo. E Ele dá apoio e força para a resistência conjunta a toda absolutização de grandezas finitas e à concentração de poder hostil à vida daí resultante.

4.4.5. Redenção do medo ou angústia existencial e de suas consequências

O efeito redentor da confiança possibilitada por Jesus pode ser exposto de modo impressionante no contexto da análise moderna e cristã da existência.

Segundo Blaise Pascal († 1662), a felicidade não está nem fora de nós nem em nós; ela está em Deus e, por isso, tanto fora de nós quanto em nós. Se, todavia, o ser humano não busca sua felicidade em Deus, precisa buscá-la de maneira pervertida em si mesmo. Mas, visto que ele não reencontra por si mesmo sua origem perdida, passa a sentir no estar-em-si-mesmo (pervertido) "seu vazio, seu nada, seu tédio, seu desespero, melancolia, tristeza, desgosto, dissabor" (PASCAL, B. *Pensées*, fragm. 131). Assim, a única saída que lhe resta é fugir do estar-em-si-mesmo (do recolhimento no "coração": em Deus) para a distração e a atividade. Se se tira das pessoas sua distração, "elas ressecam-se de tédio, pois sentem seu nada sem o conhecer" (*Pensées*, fragm. 164). É verdade que todos aspiram à felicidade, mas isso é apenas "a cicatriz e o vestígio inteiramente vazio" do amor perdido, "que o ser humano procura em vão preencher com tudo o que o rodeia"; só a partir de Deus esse vazio pode ser preenchido (*Pensées*, fragm. 425).

Kierkegaard descobriu o medo e o desespero no fundo dessa existência que se livrou de Deus. O medo em relação a si mesmo impele o indivíduo, com todos os seus esforços, a apegar-se a si mesmo e a coisas finitas. O si-próprio fica num relacionamento errôneo consigo mesmo e no desespero do ser-para-si: ou quer desesperadamente ser ele mesmo, i. é, tenta a toda a força fazer algo de si mesmo; ou quer desesperadamente não ser ele mesmo, i. é, nega-se e reprime a si mesmo.

D. CRISTOLOGIA

Nesses termos diversos teólogos (por último principalmente Eugen Drewermann) compreenderam em tempos recentes o medo – não compensado pela confiança no fundamento originário da realidade – como a raiz de todo desencontro (em relação a si mesmo) e do mal, raiz da qual brota toda violência destrutiva contra si mesmo e contra outras pessoas. O medo relacionado à contingência determinaria radicalmente a autoexperiência humana. Nela o ser humano se daria conta da possibilidade abissal de, no fundo, não ter chão debaixo dos pés e não ser nada: não valer nada, não ser amado e, em última análise, ser indiferente.

Esse medo (em geral recalcado, congelado na estrutura do caráter, mecanizado em procedimentos) estreitaria e distorceria a vida a ponto de pessoas não quererem ou poderem mais ser quem elas são e quererem a todo o custo ser o que não são (autoalienação). O medo impeliria o ser humano – na medida em que ele não aprende a superá-lo por meio de verdadeira confiança em Deus – a rejeitar a si mesmo ou então a precisar, ele mesmo, fundamentar a própria não indiferença e importância: através de uma busca pervertida de cada vez *mais* posses, desfrute, poder, expansão econômica etc., ou através da estilização do próprio si-mesmo ou do outro em amor e ódio transformando-o num absoluto. O ser humano procura criar para si um absoluto que justifique sua existência, lhe confira importância, valor e sentido. Ao fazer isso, toda a existência humana se prende no círculo da busca de si mesma e de suas leis coercitivas. Ela se deforma, transformando-se num esforço martirizante, porém inútil e até destrutivo. Tudo o que os seres humanos venham a viver ou a estabelecer em termos de ordem e direito em sua convivência fica "sob a finalidade contrária da destruição [...] enquanto o problema do medo fundamental da existência não estiver solucionado" (DREWERMANN, E. *Angst*, 30).

Numa vida de distância em relação a Deus a dinâmica subterrânea do medo é inevitável. Esse medo básico só poderia "ser superado por uma confiança incondicional num frente a frente absoluto da existência" (DREWERMANN, E. *Angst*, 26) em cuja vontade preveniente e absolutamente livre o ser humano "pode viver a si mesmo porque essa vontade *gostaria* que ele fosse" (28). Se Deus pode ser o fundamento da confiança absoluta, mas isto depende de quem e de como Ele é. Só se Ele não é causador de medo, hostil e vingativo, só se é aquela bondade profundamente benevolente que Jesus testemunha com sua vida e sua morte, Deus – e tão só Ele – pode fundamentar a confiança incondicional na qual o ser humano é liberto de seu profundo medo em relação a si mesmo. Por meio de sua própria confiança e de sua humanidade solidária, Jesus desperta até hoje em outras pessoas a confiança de serem aceitas, e mais: de serem em seu próprio vazio o lugar do advento e da presença do próprio Deus.

Só nessa confiança em Deus o profundo medo é superado e o ser humano é curado a partir da raiz: pode "voltar a ser ele mesmo no sentimento de uma autorização e permissão de existir que em si são inteiramente imerecidas e presenteadas de maneira nova" (DREWERMANN, E. *Markusevangelium*, vol. 1, 36). Com isso Jesus possibilita algo fundamental para a existência humana: "a aceitação de si mesmo" (GUARDINI, R. *Annahme*). Só na autoconfiança assim renascida o egoísmo pode ser transformado em abnegação. As pessoas que foram devolvidas a si mesmas e sabem que são absolutamente sustentadas por meio de uma aceitação incondicional também conseguem se relacionar mutuamente de modo mais misericordioso, gracioso e não violento. Portanto, a redenção dos mecanismos coercitivos e do todo-poderoso ditame do medo liberta para uma nova liberdade da existência.

4.4.6. Libertação para a solidariedade e a comunhão

Ao libertar o ser humano do pecado para o estar-acolhido em Deus e para a comunhão com Deus, de poderes encantadores e do medo em relação a si mesmo para poder ser sujeito, Jesus Cristo o liberta ao mesmo tempo para a relação solidária com as outras pessoas e criaturas e para a comunhão com elas.

Ter comunhão com Deus significa também participar do movimento do amor de Deus. Por isso Jesus associa o amor a Deus diretamente com o amor a si mesmo e com o amor ao próximo e ao inimigo (Mc 12,29-31 par.; Mt 5,43-48 par.), o amor e perdão recebidos de Deus ao perdão (Mt 6,12 par.; 18,23-34) e ao amor (cf. 1Jo 3,15.17; 4,20) passados adiante a outras pessoas. O voltar-se confiante para Deus inclui a aceitação do próximo igualmente amado e aceito de maneira incondicional por Deus. Por isso a verdadeira condição de libertos daqueles que estão cientes de serem incondicionalmente aceitos e sustentados por Deus se evidencia não só na interioridade redimida e na autoaceitação, mas também na aceitação dos outros, em especial dos desfavorecidos, na solidariedade ativa com aqueles que não têm oportunidade. Principalmente os afortunados e dominantes não podem pretender para si Jesus, seu Deus e a redenção exceto na disposição de se colocarem do lado dos débeis e oprimidos.

Para poder se desenvolver, o discipulado de Cristo necessita do espaço da comunhão de fé (famílias, grupos, comunidades cristãs). Mas ele vai muito além destas. A salvação que Jesus Cristo traz decerto não é idêntica às pretensões e muito menos às realizações das sociedades humanas; mas quer projetar-se antecipadamente nelas e transformá-las de modo benfazejo. Salvação e cura, libertação ou reconciliação reais formam uma unidade (de maneira diferenciada). A redenção capacita e compromete com os esforços humanos por justiça social e global, por paz e conformação preservadora da criação, e confere a esses esforços outra perspectiva e força. Sem sinais concretos de solidariedade (com os pobres e inimigos), da renúncia às posses, ao consumo e à violência, de resistência contra a injustiça e desumanidades de toda espécie, de perdão e reconciliação, a nova liberdade presenteada por Cristo não pode ser testemunhada de maneira digna de crédito nem ela própria pode persistir por muito tempo.

4.5. Conflito, paixão e morte na cruz: a rejeição do mensageiro de Deus e sua resposta

A posição central e muitas vezes de certo modo exclusiva que a interpretação da morte de Jesus na cruz como obediente sacrifício expiatório pelos pecados do mundo

D. CRISTOLOGIA

(redenção por meio da cruz) ocupa no pensamento teológico da cristandade ocidental vem sendo problematizada há mais tempo. Critica-se, em especial, o fato de que a imagem de Deus, aqui sugerida, como soberano cruel e patriarcal, que exigiria um sacrifício expiatório cruento e não concederia perdão incondicionalmente, mas só com base na morte de Jesus, contradiz a mensagem de Jesus e não torna Deus digno de confiança. Criticam-se também a compreensão – unilateralmente masculina e dominadora – de pecado, aí pressuposta, como rebelião desobediente e presunçosa e, correspondentemente, a compreensão da morte de Jesus na cruz como autonegação e autossacrifício obedientes e sofridos. Acaso tais noções não foram, com demasiada frequência, objeto de abuso por parte de poderosos em seus interesses por domínio e lucro, para exigir sacrifícios dos débeis e transformá-los em vítimas ou para desacreditar seus esforços de se erguer tachando-os de desobediência?

Obviamente aqui se fazem necessárias distinções fundamentais para impedir abusos.

4.5.1. A rejeição: seu significado histórico-salvífico e paradigmático

O conflito histórico que acarretou a execução de Jesus (→ 2.2.4.) é, ao mesmo tempo, paradigmático. Segundo o Evangelho de João, os representantes decisivos dos "judeus" que rejeitam o revelador de Deus não representam o povo empírico de Israel, e sim, de modo paradigmático, *toda* a humanidade injusta que se recusa a Deus. O "cosmo", isto é, todo o gênero humano, respondeu, através de seus representantes competentes, com rejeição ao empenho e à oferta salvíficas de Deus em Jesus Cristo (Jo 1,10s.; 7,7; At 4,26s.). As "trevas" repudiaram a "luz" que as contesta simplesmente por si mesma (Jo 1,5; 3,19; Lc 22,53). Em cada época e em cada cultura, talvez até em cada ser humano, atuam mecanismos de fechamento ou de eliminação contra essa luz. Na história de Jesus os antagonismos atingiram sua culminância.

A vida e palavra de Jesus foram e são até hoje como um espelho no qual os seres humanos podem perceber seu projeto de vida errado (egocêntrico, conformado pela busca de poder) e também sua religiosidade aberrante (porque procura sua própria vantagem em relação aos outros até perante Deus). A reação dos que se veem desmascarados e resistem a uma autocorreção consiste em recalcamento, bagatelização ou eliminação do desmancha-prazeres. *O caminho de Jesus da solicitude irrestrita de amor e auxílio com os humilhados e proscritos suscita o protesto das pessoas que vivem (sua vida errada) da humilhação e proscrição de outras.* Ele provoca o protesto do ser humano que – mesmo com a ajuda de Deus – quer defender a si mesmo, sua atitude de vida e seu poder contra todo questionamento e mudança e que, por isso, encerra-se numa atitude de autodefesa e endurecimento do coração (Mc 3,5), e em todo caso o faz enquanto não puder compreender essa mensagem e esse caminho como promessa de vida verdadeira.

Todo o empenho de Jesus visava conclamar as pessoas a sair das leis e coerções de seu comportamento cotidiano e abri-las para Deus e as outras. Porém, Jesus não pregou ideias universais para as quais sempre era tempo. Ele se encontrava num acontecimento urgente, que tem seu tempo, seu *kairós:* na luta escatológica de Deus por seu povo eleito e – junto com Ele – pela humanidade eleita, sua criação. Por isso, aos ouvintes de então da mensagem de Jesus e à sua reação atual cabia um papel histórico-salvífico. Estava em pauta o advento de Deus (em Jesus) na comunidade humana, cujos representantes eram os ouvintes e os adversários de Jesus. Eles decidiram permanecer presos às leis e poderes deste mundo.

O empenho escatológico de Deus pela comunhão do povo de Israel e da humanidade topou, em última análise, com rejeição: o mensageiro último e definitivo, o "Filho", foi repudiado e morto (Mc 12,6-8). Isto tem significado *paradigmático:* em outros tempos e culturas dificilmente as reações teriam sido diferentes; na história da humanidade sempre se age novamente de modo semelhante. Mas isso também tem significado *histórico-salvífico,* porque agora tinha de tornar-se aflitiva para Jesus a pergunta como a bondade de Deus poderia, afinal, atingir os corações humanos e de como a salvação, que Ele havia anunciado como incondicional junto com o senhorio próximo de Deus, podia tornar-se realidade apesar da resistência daqueles que deveriam ter-se deixado presentear.

4.5.2. A entrega de Jesus por seres humanos e a vontade de Deus

Antes de podermos examinar esta questão em 4.5.3., é necessário esclarecer outro aspecto: é a morte de Jesus ação dos seres humanos ou ação do próprio Deus? No NT encontram-se dois grupos de textos que parecem dar uma resposta contraditória.

4.5.2.1. Expulsão e execução de Jesus por seres humanos

A partir do esquema pré-lucano de contraste: "Vós o matastes – Deus, porém, o ressuscitou" (→ 2.4.2.3.a), do antigo relato pré-marquiano da paixão e da parábola dos vinhateiros, no NT a condenação e crucificação de Jesus são atribuídas, sem exceção, à ação de seres humanos. Seres humanos rejeitaram Jesus, judeus *e* "gentios" "coligaram-se de comum acordo" através de seus representantes em meio à cidade santa "contra o Senhor e contra seu Ungido" (At 4,26s.), para expulsar de seu meio e aniquilar o mensageiro e representante da vida correta. Eles cindiram o negativo que havia em seus corações, o projetaram sobre o inocente, julgaram-no – em estranha cegueira (Lc 23,34: não sabendo o que faziam) – e condenaram-no como "criminoso" (Lc 22,37). *A cruz de Jesus é uma ação dos seres humanos que se fecham contra Deus.* Esta série de afirmações indica a causa histórica da cruz de Jesus. Deve-se distinguir dela um segundo grupo de afirmações:

4.5.2.2. Entrega por Deus: foi a morte de Jesus querida por Deus?

Para os primeiros discípulos a cruz de Jesus foi um duro escândalo. Só a partir da Páscoa eles aprenderam a vê-la paulatinamente com outros olhos: Deus não se deixou

D. CRISTOLOGIA

desconcertar pela rejeição humana na realização de sua vontade salvífica: ao elevar ou exaltar até si aquele que fora executado por seres humanos e ao fazer dele o representante de uma nova vida, Ele transformou o crime dos seres humanos em seu contrário. A partir daí, a cruz de Jesus não é mais apenas expressão do "não" dos seres humanos a Deus, mas, ao mesmo tempo, do "sim" de Deus aos seres humanos.

À luz da ressurreição (só a esta luz!) a cruz torna-se sinal da vontade salvífica inquebrantável de Deus. Daí provêm a busca de indicações da Escritura, a afirmação helenista acerca da "necessidade" do sofrimento (Mc 8,31 par.; Lc 17,25; 22,37; 24,7.26.44) e as afirmações acerca da entrega (forçada por seres humanos, permitida por Deus!) de Jesus por Deus (→ 2.4.2.3.b). Elas de modo algum significam que a morte violenta de Jesus teria sido o objetivo planejado por Deus (quiçá por amor ao mundo). Tal noção sadista estaria em contradição com a imagem de Deus de Jesus e do judaísmo: Deus não quer nem um único sacrifício humano (tais sacrifícios lhe causam horror: Lv 18,21; 20,2-5; Dt 12,31; 18,10; Jr 7,30s.; 32,35; Ez 16,20s.; 20,26), e Ele não enviou seu Filho ao mundo para que Ele fosse assassinado pelo mundo, mas para que este se deixasse salvar pelo Filho (cf. Jo 3,17).

Por isso a crucificação de Jesus não foi querida por Deus ou quiçá devida à sua iniciativa. Não se deve atribuir a Deus o que unicamente a história de injustiça humana causou a Jesus (e a Deus). Não era vontade de Deus que Jesus fosse morto de maneira cruel. Mas que Jesus ainda preenchesse também essa morte infligida por seres humanos com seu amor a Deus e às pessoas (fazendo, assim, com que Deus chegasse até elas), isto, sim, era efetivamente vontade de Deus. Consequentemente, a vontade do Pai só era de que o Filho por Ele enviado e entregue (com todos os riscos) ao mundo se ativesse à solidariedade salutar com todos os seres humanos, portanto, que ainda seguisse até o extremo também os adversários que se obstinavam para, assim, ajudá-los a sair de seu mundo de fechamento e distância em relação a Deus.

4.5.3. A resposta de Jesus: pró-existência intensificada até o extremo

A rejeição e iminente morte violenta colocaram Jesus diante de uma nova situação e da grave pergunta acerca de como Deus reagiria àqueles "inimigos" que não puderam ser conquistados nem mesmo pela oferta de perdão incondicional. Como sua bondade iria alcançá-los ainda assim?

Aqui Jesus precisava dar – em nome de Deus – uma resposta adicional e trilhar um caminho que, não obstante toda a sua solidariedade com todas as pessoas, o levou a uma solidão última entre elas.

4.5.3.1. A disposição de Jesus para o amor extremo ao inimigo

Em sua pregação Jesus havia conclamado seus ouvintes a amar até mesmo seus inimigos (como Filhos do mesmo criador e Pai) e convidá-los à conversão por meio do amor

4. Reflexão sistemática

preveniente e de um comportamento analogamente inesperado: Mt 5,38-41 menciona exemplarmente o oferecimento também da outra face ou a entrega de mais do que a túnica pedida injustamente. Aí a questão da ameaça mortal ainda não havia sido considerada.

Agora ela se tornou aguda, e Jesus foi, em seu próprio comportamento, ainda além daquilo que Ele próprio havia exigido: à intensificação do mal Ele não respondeu com os velhos mecanismos de retaliação, mas com a intensificação de seu amor até a disposição de assumir o sofrimento. Ele estava disposto a aceitar sem violência e sem resistência a morte violenta, portanto, a deixar-se atingir pelos poderes adversários. Nesta atitude, Ele foi muito mais do que um ideal ético elevado: *o que estava em pauta em termos teológicos era o destino do senhorio de Deus (expulso junto com Jesus), o advento da bondade (rejeitada) de Deus na situação de fechamento e perdição.* Seu advento só era possível ainda graças a um amor ao inimigo (por parte de Deus e de Jesus) que respondia à rejeição violenta com uma solicitude maior ainda e uma nova forma de atividade, deixando-se arrastar inteiramente para dentro das trevas do mundo fechado (angústia mortal, abandono por parte de Deus) para infiltrar-se nele por meio de um amor mais forte ainda (Lc 11,22; Mc 3,27) e abri-lo para Deus a partir de dentro.

Como mostram os gestos na Última Ceia e a oração no Monte das Oliveiras, Jesus deve ter percebido como vontade do Pai que, nessa situação histórico-salvífica dramaticamente exacerbada, Ele deveria, em coerência com sua missão, trilhar o caminho que o levaria à morte. E Ele conseguiu dispor-se a trilhar esse caminho livremente: numa última entrega confiante a Deus e sua vontade salvífica e, por isso, em extrema solidariedade com todos os seres humanos, com as vítimas sofredoras e com os causadores de sofrimento (não com a ação destes, mas visando sua renúncia a ela); portanto, também em solidariedade com seus próprios inimigos e os de Deus.

4.5.3.2. O caminho para a solidão última

O caminho a ser percorrido levou Jesus passo a passo, como a história da paixão expõe de modo até cênico, cada vez mais para dentro do esvaziamento e a uma solidão última. Todos, um após o outro, rompem as relações com Ele. Os sumos sacerdotes de seu povo o condenam e entregam à potência ocupante estrangeira; Ele será executado "do lado de fora dos portões" da cidade santa (Hb 13,12-14). Os romanos o crucificam como inimigo do império e, com isso, segundo sua opinião, como inimigo do gênero humano. Seus discípulos do sexo masculino o deixam na mão e fogem, um o trai, outro o nega; só algumas mulheres "olham de longe" (Mc 15,40). Jesus morre privado de todas as relações que constituem a vida humana, e mesmo assim se atém – agora numa solidariedade mantida de modo inteiramente unilateral – à relação com todos os seres humanos. E por fim morre com aquele grito que expressa profundo abandono por parte do Deus que Ele invocara como *abba* e aproximara dos pobres, abandonados e perdidos, e mesmo assim se atém, num último ato de confiança e autoentrega, a esse Deus (que é o único que não o deixa na mão – o que, po-

D. CRISTOLOGIA

rém, só se torna perceptível na Páscoa). Como Ele morrem milhares de pessoas, solitárias, esmagadas e abandonadas por todos; Ele se faz inteiramente solidário com elas. Só uma coisa o distingue: o fato de Ele estar inteiramente aí para Deus e para os outros. No fim Jesus – e junto com Ele a bondade impetuosa de Deus – encontra-se completamente sozinho: o advento do senhorio de Deus, que se tornara incerto, está inteiramente reduzido e concentrado nele e em seu destino.

Entretanto, *Jesus nunca desistiu da pretensão de congregar escatologicamente todo o Israel (o que deveria continuar na congregação do mundo dos povos) para o bom senhorio de Deus. Sua recusa de dar-se por satisfeito com soluções menos perigosas e sua vontade resoluta de manter aberta – mesmo que em privação e solidão vicárias – para todos a salvação da comunhão com Deus e uns com os outros fizeram com que Ele não só fosse ao encontro da iminente morte violenta de modo consciente e não violento, mas também a entendesse como serviço extremo para a vinda da bondade de Deus (também para seus inimigos), como morte por muitos* (→ 2.2.4.2.). Assim, sua entrega de vida converteu-se em testemunho firme do caráter incondicional da solidariedade de Deus com todos os seres humanos (em princípio) e no acontecimento irrevogável (escatológico) dessa solidariedade.

4.5.4. O *pro nobis* e a variedade de suas interpretações na história

A convicção de fé de que à morte de Jesus cabe um significado soteriológico especial é uma convicção cristã primitiva já ancorada nas palavras da Última Ceia (→ 2.4.2.3.b) e registrada no credo de 381 (*crucifixus etiam pro nobis* = crucificado também por nós). Segundo ela, a entrega de vida de Jesus aconteceu por nós, por amor de nós e em nosso benefício; com isso se define sua eficácia salvífica. Jamais, porém, fixou-se definitivamente *como* se deva imaginar e explicar com maior exatidão aquilo que aconteceu para nossa salvação na morte de Jesus (portanto, o modo de atuação ou a forma do acontecimento salvífico na cruz); para isso ficou um espaço em aberto.

Assim, na Tradição encontram-se diversas imagens e categorias interpretativas com as quais se expressou – nem sempre de maneira nitidamente separada, nem de maneira consentânea em todos os sentidos – o *pro nobis:* sacrifício, expiação, resgate e semelhantes (NT); troca ou permuta, vitória sobre a morte e o diabo (Padres da Igreja); satisfação meritória (Anselmo) ou sofrimento vicário da punição (Lutero), mas também sinal e instrumento do amor reconciliador de Deus (Tomás de Aquino). O que estava constantemente em pauta era a preservação de dois aspectos em novas situações e sob circunstâncias diferentes: a identidade da referência ao empenho de vida de Jesus Cristo e sua relevância para as pessoas concretas em cada caso.

As interpretações, contudo, não são arbitrárias; precisam ser perceptíveis como tentativas de aproximar-se linguisticamente do acontecimento desmedido. Algumas interpretações tradicionais (sacrifício, expiação/satisfação, pena/juízo) causam hoje em

4. Reflexão sistemática

dia dificuldades especiais a muitos crentes porque, sobretudo na Tradição ocidental, estão prejudicadas por equívocos e obscurecimentos das intenções originais do NT.

4.5.4.1. Morte sacrifical

O termo alemão *Opfer* [= "vítima" ou "sacrifício", em português] contém duas acepções distintas que, em algumas outras línguas, são designadas por dois termos diferentes: (1) o sacrifício (p. ex., de uma guerra ou de opressão) como objeto passivo e sofredor de uma ação destruidora por parte de alguém outro; (2) o sacrifício como ato de um sujeito agente, que entrega ou destrói algo; neste caso é preciso fazer uma distinção adicional entre (2a) a acepção histórico-religiosa e cúltica originária (*sacrificium* = oferecimento de uma dádiva exterior por meio de sua destruição/transformação para dispor graciosamente uma divindade irada) e (2b) uma acepção posterior mais aberta (eu sacrifico dinheiro, tempo, força ou até minha vida por alguém).

Jesus Cristo tornou-se vítima passiva e sofredora de uma ação destruidora por parte de alguém outro: foi vítima da rejeição e hostilidade de pessoas que descarregaram sobre Ele sua agressividade irredenta (1). Mas Ele não foi oferecido por essas pessoas como sacrifício cúltico para mudar a disposição de Deus (2a) e Ele também não ofereceu a si mesmo como sacrifício para aplacar um Deus-Pai irado, como muitas vezes se pensou no Ocidente. Pois o Pai de Jesus Cristo não precisava primeiro ser disposto de modo reconciliador; não somos nós, seres humanos (ou Cristo em nosso lugar), que precisamos reconciliar a Deus; antes, em Cristo o próprio Deus reconciliou consigo o mundo dos seres humanos (2Cor 5,19), porque "amou tanto o mundo" (Jo 3,16).

Por isso, um conceito cristão de sacrifício não deve se guiar pela lógica interna de noções extracristãs de sacrifício (influir sobre Deus para mudar sua disposição através do sacrifício exterior de objetos ou pessoas). Ele só pode, antes, ser determinado a partir da vida e morte de Jesus, singulares e inconfundíveis em termos de conteúdo, portanto de sua total abertura amorosa para o Pai e para nós, a qual constitui a identidade de Jesus. Essa abertura, porém, refere-se justamente à influência reconciliadora de Deus sobre nós, o que acontece pelo fato de que Jesus, também em sua morte, deixa Deus e seu amor ao inimigo virem e estarem aí inteiramente. *Em radical amor ao inimigo Jesus toma sobre si a hostilidade mortífera que o transforma em vítima passiva e faz frente a ela com esse amor, para a superar e desfazer de maneira redentora.* "Segundo a Epístola aos Hebreus, unicamente o gesto do amor que tudo dá foi a verdadeira reconciliação do mundo" (RATZINGER, J. *Einführung*, 236). Ocorre que nesse amor que tudo dá, Jesus Cristo presentificou o amor de Deus até mesmo na situação de sua extrema rejeição: o próprio Deus entrou radicalmente no mundo hostil que o repudiava, implantou-se nele e, assim, começou a superar a resistência a partir de dentro.

Na morte de Jesus Deus, respeitando a liberdade do outro, mantém, mesmo ao ser rejeitado, a oferta de seu amor que busca os pecadores como auto-oferta (autoentrega) e procura conseguir nossa aceitação: é o Deus solidário conosco até o ex-

tremo e, com isso, aliado conosco num pacto novo e eterno. Por isso o sacrifício de Jesus Cristo é o fundamento da reconciliação: Deus reconcilia consigo os pecadores (porém não se reconcilia com o pecado e suas consequências: ódio, opressão, miséria); e por essa razão subsiste ao mesmo tempo a grande esperança de que por meio da autoentrega de Jesus e de Deus todos os seres humanos sejam salvos.

O conceito "sacrifício", reinterpretado de tal maneira, designa, portanto, a pró-existência de Jesus vivida por nós até a morte no completo abandono à vontade salvífica de Deus. (E por isso o sacrifício cristão só pode consistir ainda no seguimento e na realização do abandono e da autodoação de Jesus.)

4.5.4.2. Expiação e satisfação

A expiação tem uma lógica semelhante à do sacrifício e, ainda assim, uma estrutura peculiar. Assim como o antigo conceito de castigo, ela está associada à noção da existência de um nexo – que de certa maneira tem o caráter de uma lei natural – entre as ações e as consequências das ações. Entretanto, ao passo que no caso do castigo as consequências da ação voltam para o agente (sendo assim afastadas do grupo social), no caso da expiação o próprio autor da ação seria liberto das consequências perniciosas de seu delito quando os pecados, junto com sua consequência funesta, são transferidos a um animal que morre substitutivamente. Segundo a compreensão do AT, tal expiação é uma possibilidade de perdão para Israel presenteada por Deus (contudo, limitada a determinados casos), mas não para os povos (Is 43,3s.; Pr 21,18; a ideia de uma expiação universalmente vicária, expressa em Is 53, permanece incompreendida e não usada). *Não é Deus que precisa de expiação, e sim o ser humano* (→ 2.1.2.4.).

Ora, Jesus não remeteu as pessoas aos sacrifícios expiatórios realizados no templo: sua mensagem acerca do advento da bondade de Deus como mensagem de perdão e reconciliação independentemente do templo o colocou, desde o início, em certa distância para com a expiação cúltica da instituição do templo. A ação perdoadora preveniente de Deus não depende de uma expiação substitutiva nem de uma morte expiatória, tampouco do representante de sua proximidade. *Deus, porém, converte a morte de mártir imposta a seu representante por seres humanos num acontecimento de perdão amoroso: Ele apresenta publicamente para todo o mundo o Cristo que morre na cruz como a nova* kapporet *(local da presença de Deus que concede expiação), isto é, como lugar da presença perdoadora de Deus* (Rm 3,25s.). Por isso, à luz da ressurreição a morte de Jesus já é vista pelos primeiros judeu-cristãos como o acontecimento inteiramente novo e definitivo da expiação universal (→ 2.4.2.3.b).

Com isso, todavia, o conceito de expiação sofreu uma modificação decisiva. Expiação não significa o pagamento de um preço a Deus, mas o *auto-oferecimento* – amoroso e perdoador, irrevogável, válido de uma vez por todas (Hb 10,10) e universalmente para todos – do próprio Deus à humanidade (pecadora) que dele se alheou. Nada menos do que isso foi o que ocorreu no acontecimento passado da morte de Jesus (no contexto de sua atuação e de sua ressurreição), comunicado por seu amor humano a Deus e ao pecador; com isso Deus mesmo "fez o suficiente". Esse *autoinvestimento* extremo do amor de Deus ao inimigo – acontecido na morte de Jesus – na humanidade dele separada suspende a separação. Ele nos está dado previamente em termos objetivos, fundamentando a possibilidade de reconciliação e salvação. Só Ele pode inaugurar perdão para todos e manter ainda em aberto, também para aqueles que tomaram o caminho da presunção, do autofechamento e da violência, a chance de livrar-se de suas atitudes de vida produtoras de desgraça e, com isso, manter-lhes aberto o futuro.

Portanto, de modo semelhante ao que ocorre com a ideia de sacrifício, é preciso lidar muito cautelosamente também com a ideia de expiação e, ao fazê-lo, não ficar aquém da imagem de Deus esposada por Jesus, afastando dessa ideia todos os momentos de uma compensação supostamente exigida por Deus pela culpa e pelo castigo merecido. *Deus concede o perdão incondicionalmente, tanto na atuação de Jesus quanto – mais ainda e definitivamente – em sua morte, que foi causada por seres humanos, mas que Jesus preencheu com uma entrega extrema à vontade salvífica de Deus para os pecadores e que Deus converteu num auto-oferecimento perdoador (expiação).*

4.5.4.3. Sofrimento vicário da pena?

Exacerbando uma Tradição mais antiga, Martinho Lutero entendeu a morte de Jesus na cruz como juízo de ira e punição de Deus sofrido em nosso lugar. Essa doutrina do sofrimento vicário da pena é esposada até hoje de formas variadas por muitos teólogos protestantes (K. Barth, W. Pannenberg, J. Moltmann e muitos outros) e, em parte, também por católicos (J. Daniélou, H.U. von Balthasar). Entretanto, ela encontra-se em forte tensão com a revelação de Deus como amor inequívoco em Jesus Cristo.

Como se deve entender o discurso acerca da ira e do juízo punitivo de Deus: mais em termos metafóricos e alegóricos (é o que fizeram já os Padres da Igreja) ou existenciais e antropológicos (ao ser humano fechado e enredado no pecado Deus tem de parecer como um poder estranho, que o julga e lhe é insuportável) ou literalmente (em sua ira Deus golpeou diretamente seu Filho com um castigo em lugar dos pecadores)?

Muita coisa depende de como se devem entender as afirmações paulinas segundo as quais na cruz de Jesus acontece a execução do juízo de Deus sobre o pecado de todos os seres humanos naquele que é sem pecado, mas foi feito pecado para nos libertar da vinculação à culpa e ao poder do pecado (2Cor 5,21; Gl 3,13; Rm 8,2.32; Cl 2,14). Trata-se de tentativas de aproximar-se do acontecimento não a partir do universo ideativo do culto (sacrifício, sacrifício expiatório) ou do direito de propriedade (resgate), mas do juízo e do direito penal. As afirmações figuradas de Paulo não devem ser elevadas à condição de proposições sistemáticas sem um exame mais atento. De uma análise acurada dos textos resulta o seguinte:

A metáfora da ira de Deus expressa, segundo Rm 1,18-32, que os seres humanos, por causa de seu afastamento do Criador, estão à mercê da dinâmica destrutiva de seus próprios desejos sem medida; isso é experimentado como ira de Deus. "Em sentido estrito, ira não é um predicado de Deus, e sim uma aparência enganosa e diabólica produzida pelo próprio pecado [...], a qual é intransparente para si mesma, tendo como consequência que o pecado – punindo a si

D. CRISTOLOGIA

mesmo – se prepara seu próprio tormento" (WENZ, G. *Geschichte*, vol. 2, 426). Os seres humanos estão presos sob o pecado atuante como um poder (distância para com Deus) e encontram-se sob a maldição autoinfligida de agir de modo coercitivo e legalista. Para dentro dessa situação de desgraça mortífera, dominada pelo pecado, foi que Deus enviou seu Filho com o objetivo de salvar os seres humanos. E exatamente pelo fato de que o Filho – tão diferente – entrou neste mundo realizou-se o juízo sobre o mundo de pecado, pervertido e causador de morte, e surgiu em meio a ele a verdadeira humanidade (Rm 8,2-6). A condenação não é um ato próprio de Deus ao lado do envio do Filho; o positivo é, por si mesmo, a negação do negativo. Sofreu, contudo, a negação por parte do negativo: o Filho enviado por Deus foi carregado, pelo mundo dominado pelo pecado, com toda a desgraça resultante do pecado e, assim, feito maldição ou pecado (Gl 3,13; 2Cor 5,21). Não foi Deus que agiu diretamente aqui, e sim atores humanos, que talvez *"achassem"* que Ele fora castigado por Deus" (Is 53,4); Deus, entretanto, converteu a ação deles, voltada contra Cristo, num acontecimento para sua salvação, o que Paulo expressa de maneira exacerbada no seguinte jogo de palavras: "Aquele que não conhecia pecado, Deus o fez pecado por nós, a fim de que nele fôssemos justiça de Deus" (2Cor 5,21; cf. Gl 3,13). Isso não se refere a uma ação condenatória direta de Deus em relação a seu Filho. Cristo "não sofreu vicariamente por outros o castigo pelos pecados como sanção imposta a partir de fora – por Deus –, mas foi completamente puxado para dentro daquele mundo interior da distância para com Deus, da mentira e da autodestruição que é a necessária consequência interna (= castigo) do pecado" (SCHWAGER, R. *Jesus*, 215s., nota 20). Por isso na cruz Ele precisa suportar as trevas do estado de pecado, "de modo que subjetivamente Ele de fato pode experimentar como 'castigo' o que objetivamente não o é para Ele" (BALTHASAR, H.U. von. *Theodramatik*, vol. 3, 314).

4.5.5. Tentativas atuais de interpretação: solidariedade e representação

Porque a maioria das noções da Antiguidade e da Idade Média dificilmente ainda são compreensíveis de modo espontâneo na atualidade, mas, pelo contrário, provocam muitos equívocos, na teologia mais recente duas outras categorias passaram para o primeiro plano: solidariedade (p. ex., no pensamento de K. Rahner, C. Duquoc, E. Schillebeeckx, teólogos da libertação) e representação (p. ex., na teologia de H.U. von Balthasar, J. Ratzinger, W. Kasper, W. Pannenberg).

Ocasionalmente se atribui ao modelo da solidariedade uma interpretação puramente ético-política da morte na cruz, como se nele estivesse em pauta apenas a solidariedade de Jesus com os pobres e sofredores, mantida até a cruz, mas não a representação de Jesus pelos pecadores. Inversamente, acusa-se o modelo da representação de não incluir os conflitos reais entre Jesus e seus adversários, bem como suas razões mais profundas, que levaram à cruz, na interpretação da própria morte de cruz e de bagatelizar até certo ponto a brutalidade desta. Ambos os modelos têm condições de evitar tais reduções e de desvelar o significado salvífico da entrega de vida de Jesus (no marco de sua atuação).

4.5.5.1. Entrega da vida em solidariedade com os sofredores e pecadores

O conceito "solidariedade" provém originalmente da esfera jurídica (*in solidum obligari* = ser responsável ou responder pelo todo) e significa hoje 1) a ligação constitutiva de todas as pessoas para o bem e para o mal, 2) o mútuo responsabilizar-se auxiliador de uns pelos outros e 3) em situações de desigualdade o empenho unilateral (muitas vezes associado a sacrifícios pessoais) por pessoas mais débeis.

É este último ponto que está em pauta nas tradições bíblicas acerca da solidarização de Deus "para baixo", com os mais débeis e pequenos: com o Israel pequeno e oprimido, e não com as superpotências (Ex 3,7s.; Dt 7,6-8); com os oprimidos, órfãos e viúvas, e não com os praticantes de violência (Is 1,16s.); com o servo de Deus que sofre pelos culpados e, assim, com os próprios culpados (Is 53). A testemunha e o órgão dessa solidarização de Deus com os desfavorecidos, sofredores e todos os carentes de redenção é Jesus em sua ação solidária. Jesus não é em primeiro lugar o sofredor, e sim, antes disso, aquele que age, que aproxima a bondade de Deus em palavra e ação e por isso, p. ex., com urgente impaciência não quer adiar a cura de um doente nem por um dia sequer. Ao menos também pelo fato de denunciar a injustiça e visar sua superação e o estabelecimento de relações justas em aceitação mútua, Ele causa escândalo e sofre na própria carne "o sofrimento que nasce da luta contra o sofrimento" (BOFF, L. *Sofrimento*). Não obstante, manteve, em atitude livremente amorosa, sua solidariedade radical com as pessoas também onde ela acarretava para Ele a cruz e a morte em abandono último. E estendeu essa solidariedade também a seus adversários (Lc 23,34: "Pai, perdoa-os..."). Assim, a cruz não é primeiramente – se é que o é em qualquer circunstância – símbolo de um aguentar e suportar passivos, e sim símbolo de uma ação solidária mesmo no sofrimento, que não se deixa demover nem mesmo pela contestação e violência e, por fim, empenha-se ainda, em radical amor ao inimigo, até mesmo pelos que opõem resistência e praticam violência, portanto, pelos inimigos de Deus.

Por conseguinte, *na paixão de Jesus acontece a solidarização realmente quenótica (que se autoesvazia) e não apenas docética (aparente) de Jesus e, nela, do Filho de Deus com os sofredores e pecadores.* Em sua solidariedade com todos os seres humanos o Filho de Deus adentra a miséria extrema da distância para com Deus (pecado) e experimenta em si mesmo suas consequências malignas. Sua solidarização chega ao ponto de que Ele se identifica não só com os que sofrem sem culpa, mas até com os delinquentes *na medida em que* eles próprios são vítimas, golpeados pelas consequências de seu próprio pecado e do pecado alheio, cativos do encantamento de poderes externos ou internos e que, por isso mesmo, transformam em vítima o Filho que se deixa atingir pela desordem do pecado. Portanto, o Filho de Deus se solidariza e identifica, em atitude de amor inconcebível, com todos os pecadores (não com seu pecado e sua ação pecaminosa), para possibilitar-lhes que se afastem do pecado e sigam o caminho da atitude de Jesus para com Deus e os outros. Ele preenche o abismo insondável da separação humana de Deus e dos outros com sua própria autocomunicação amorosa e, assim, faz de si mesmo a dimensão do perdão e da reconciliação mútuas dos seres humanos. Por conseguinte, com o conceito "solidariedade" é possível explicitar todo o movimento auxiliador e criador de relações empreendido por Deus em direção aos seres humanos pecadores (os que sofrem *e* os que fazem sofrer), que se estende até a autoentrega amorosa do Filho de Deus por eles.

D. CRISTOLOGIA

4.5.5.2. Representação de um por muitos

O conceito "representação" é de proveniência jurídica. Em termos jurídicos, um representante autorizado pode me defender, ou fechar para mim um contrato com o qual fico comprometido, ou, como substituto, fazer "por mim" algo que eu deveria fazer; para tanto ele próprio não precisa se inserir em minhas condições de vida, mas, pelo contrário, em regra só pode me beneficiar pelo fato de não estar, ele mesmo, sujeito à minha situação aflitiva. Mas a morte de Jesus não é uma multa paga a Deus vicariamente pelas demais pessoas, e a partir da perspectiva do próprio Jesus coloca-se a pergunta: pode uma pessoa qualquer, a sério, me representar em minha relação de amor com outra pessoa ou me substituir diante de Deus em minha atitude e ação pessoal? Também uma representação nos moldes de um sacrifício da própria vida pela salvação de outras pessoas de tal modo que sem esse sacrifício elas perderiam sua vida não se aplica à morte de Jesus "por nós", pois não dispensa as pessoas pelas quais Jesus morreu de sofrerem sua própria morte. Também não se trata, portanto, simplesmente de uma troca de lugares.

A afirmação acerca da morte de Jesus por nós é, por conseguinte, mais complexa do que pode parecer à primeira vista. Embora a morte de Jesus não livre aqueles a quem beneficia da necessidade de morrerem, os liberta, aceitam-se a atitude mais íntima do próprio Jesus para com Deus e com os outros, de poderes escravizadores (mal, pecado, morte) e lhes abre uma vida reconciliada com Deus, à qual a morte física não pode pôr fim. *Neste sentido a morte de Jesus significa uma "representação afiançadora", que não dispensa as pessoas representadas da própria entrega a Deus, p. ex., mas, pelo contrário, a possibilita*, que, portanto, "abarca perpetuamente o relacionamento da humanidade com Deus" (KÄHLER, M. *Wissenschaft*, § 428s.).

Jesus Cristo representa os demais seres humanos não apenas interinamente, mas como "primeiro dentre muitos irmãos" e irmãs (Rm 8,29), como condutor permanente de uma nova humanidade em meio à velha. *Visto que em sua vida e sua morte Jesus é o ser humano verdadeiro, que corresponde inteiramente a Deus, sendo, portanto, em seu relacionamento com Deus e os outros, o protótipo do ser humano como tal, Ele representa em si todos os demais seres humanos, não como eles sempre são, mas como ainda deverão tornar-se;* afinal, todos deverão conformar-se à sua imagem, e deverão fazê-lo através da comunhão com Ele ("por meio de", "em" e "com" Cristo). Em seu relacionamento singular com Deus Jesus abriu aos outros seres humanos a possibilidade do único relacionamento adequado e redentor com Deus (e, por conseguinte, do perdão e da libertação do medo) e, depois que essa oferta de salvação foi recusada, manteve aberto, em extrema autoentrega, até mesmo ainda para os seres humanos que se recusaram – como se mostra à luz da Páscoa – o verdadeiro futuro redimido deles a partir de Deus. Justamente em sua morte Ele representa, por isso, os muitos e os faz, através do efeito "multiplicador" da graça (2Cor 4,15), partícipes de sua própria justiça de Deus (5,21). Esse um ser humano representa o lugar de Deus junto a todos os seres humanos e o lugar destes junto a Deus; ao invés de nos substituir, Ele mantém esse lugar permanentemente aberto para nós e nos introduz em sua própria atitude interior. A representação de Jesus contém, assim, um momento exclusivo (que cabe unicamente a Jesus) e um inclusivo (que inclui e convida os outros).

4.5.5.3. Aprofundamento: a representação solidária do Filho de Deus

No momento em que se percebe, a partir da Páscoa, que nesse ser humano Jesus o próprio Deus está inteiramente conosco, sua história humana torna-se transparente para a presença, nela oculta, do Filho encarnado de Deus. As atividades terrenas de Jesus naquilo que Ele fez e sofreu aparecem em nexos diferentes do que ocorre para um enfoque meramente histórico "a partir de baixo". "E, ao passo que a redenção do mundo não pode ser identificada como um objetivo que Jesus houvesse se proposto na humanidade histórica de sua atuação", ela pode "muito bem ser atribuída ao Filho de Deus atuante na história de Jesus como objeto e finalidade de sua ação" (PANNENBERG, W. *Theologie*, vol. 2, 489).

Nessa perspectiva a redenção e a humanização do ser humano aparecem como objetivo da encarnação de Deus e de sua humilhação até a morte de cruz. Por sua encarnação, o Filho eterno de Deus está unido na mais estreita solidariedade ao restante da humanidade. Em toda a sua existência terrena como ser humano Ele realiza a nova humanidade, visto que também como ser humano Ele é inteiramente Filho de Deus: entregando-se em liberdade inteiramente ao Pai e, por isso, servindo aos seres humanos em solidariedade sem reservas. Entretanto, Ele realiza a nova humanidade ligada a Deus e solidária (o ser-Filho-de-Deus) em meio ao mundo adâmico dos seres humanos e à sua alienação em relação a Deus: deixa-se atingir pela distância em relação a Deus e pela hostilidade para com a criação exibidas pelos seres humanos, carrega e suporta o pecado do mundo (Jo 1,29), o aguenta e lhe resiste em seu amor; mais ainda: o introduz em seu relacionamento (em termos de economia salvífica) com o Pai e, inversamente, faz o amor de Deus, perdoador e criador de relações, estar presente e atuante de modo transformador justamente no lugar dos pecadores, em sua distância de Deus. E também no momento em que experimenta rejeição e esta se intensifica até transformar-se em inimizade mortífera, Ele não se retira, não se deixa desviar de seu amor a Deus e (em princípio) a todos os seres humanos. A pessoa sem pecado mantém-se fiel às pecadoras porque o Pai as ama (Jo 3,16; Rm 8,31s.); e nessa atitude Deus se mantém fiel às pecadoras.

Assim, porém, na cruz Jesus atrai sobre si todo o fardo (não em termos quantitativos, mas qualitativos e em princípio) do antagonismo contra Ele e contra o Pai. A hostilidade contra Deus (pecado) o envolve e se descarrega nele (2Cor 5,21; Gl 3,13), e Ele a carrega como o verdadeiro servo de Deus (sem pecado), em solidariedade extrema, aferrando-se a Deus e a nós. Ele, que é inteiramente ligado a Deus, sofre toda a distância em relação a Deus dos outros, a qual tomou sobre si, experi-

D. CRISTOLOGIA

menta subjetivamente as trevas do estado de pecado e o abandono de Deus, morre a morte obscurecida e qualificada pelo pecado (e não a passagem e retorno redimidos que, a rigor, lhe caberiam) e a penetra com seu amor. Assim o Filho de Deus leva toda a aflição e ruptura da distância em relação a Deus para dentro de sua própria relação íntima (trinitária) com o Pai, para ali as suportar no espírito infinito do amor, as transformar e as superar na vitória da ressurreição.

Na cruz acontece, sob o visível oposto (rejeição e eliminação do amor de Jesus e de Deus), justamente aquele amor de Deus e de um ser humano que já havia determinado a atuação terrena de Jesus, mas acontece, agora, numa forma extrema: na morte como o último ato de sair de si e ir ao encontro do outro (Rm 5,8). Ora, na medida em que na morte de Jesus Cristo o amor descendente de Deus pelo mundo e o amor erguido do mundo por Deus se realizam em grau supremo, no amor de Jesus Cristo – amor que é crucificado e, ainda assim, se dá ao mundo – a separação da humanidade em relação a Deus é suprimida de uma vez por todas e de modo objetivo: "Fomos reconciliados com Deus pela morte de seu Filho" (Rm 5,10); Deus não rescindiu a aliança, mas a firmou "de maneira nova" justamente na morte de Jesus (1Cor 11,25). Em Cristo o próprio Deus se inseriu na humanidade e, na morte de Jesus Cristo, fixou-se definitivamente nela. *A morte e a ressurreição de Jesus são redentoras porque, na mais profunda disjunção entre Deus e o mundo, Deus se implanta irrevogavelmente e se comunica ao mundo criando relação.* Por essa razão, na morte de Jesus uma situação nova e transformada no relacionamento entre Deus e os seres humanos é criada por Deus mesmo: Ele preenche o radical fosso da alienação de Deus com a presença de todo o seu amor e fundamenta, por meio desse auto-oferecimento e compromisso realizados justamente na mais profunda separação, a reconciliação e aquela aliança da qual nenhum ser humano está mais excluído (em termos objetivos a partir de Deus e em termos subjetivos se ele olhar para Cristo).

Jesus Cristo, o Filho, é – definitivamente em sua morte – o fundamento que possibilita a nova relação com Deus que Paulo designa como reconciliação. Entretanto, a ação de Deus para a reconciliação do mundo na representação solidária de Jesus Cristo visa que os seres humanos aceitem a reconciliação inaugurada por Deus (e transmitida pela pregação): "Reconciliai-vos com Deus" (2Cor 5,20). *O acontecimento da reconciliação tem sua origem e seu centro na vida e na morte de Jesus, porém, abarca todo o processo, daí proveniente, de renovação da comunhão rompida dos seres humanos com Deus e entre si.*

4.6. Ressurreição e exaltação: a consumação de Jesus Cristo em Deus e sua nova presença junto a nós

Em tudo o que foi dito até agora a ressurreição de Jesus já estava pressuposta com seu significado revelador e hermenêutico: só a Páscoa trouxe à luz a identificação de Deus com a história de Jesus, revelou o que realmente acontecera na vida e na mor-

4. Reflexão sistemática

te de Jesus e quem Ele é na verdade. Isto deve ser considerado agora com maior exatidão. Ao mesmo tempo temos de refletir sobre o significado da ressurreição de Jesus em termos de conteúdo. Pois, assim como a paixão, também a ressurreição, embora só possa ser entendida corretamente em sua unidade com a história precedente de Jesus, traz algo novo para além desta, algo que transforma a situação.

Paulo o enuncia de modo expressivo: "Se Cristo não ressuscitou, vã é nossa pregação, vã também é vossa fé", então "ainda estais em vossos pecados" e "os que faleceram estão perdidos" (1Cor 15,14.17s.). Paulo, portanto, não afirma nem mais nem menos do que o seguinte: nossa fé torna-se nula se não tem validade a proposição: "Jesus ressuscitou dos mortos". Para ele e todo o NT, a ressurreição do Crucificado é o nervo e ponto crucial da fé cristã. A Igreja não o entendeu de outra maneira em toda a sua história, como o demonstra principalmente a liturgia. O mesmo se aplica aos grandes teólogos de nosso século.

4.6.1. A ação inovadora de Deus Pai na ressurreição

Jesus, ao morrer, confiou a si mesmo e sua causa a Deus Pai. Como ser humano Ele experimentou que só pode haver salvação na morte e para além dela se Deus se volta de maneira nova para o ser humano. Assim, na cruz todo o seu ser tornara-se um grito dirigido a Deus Pai.

4.6.1.1. A ressurreição de Jesus por Deus como vitória sobre a morte

O ser humano Jesus havia vivido numa relação singular de confiança em Deus, de modo que por meio de sua abertura confiante o próprio Deus podia estar em sua vida e ir até os seres humanos. Jesus também preencheu interiormente sua morte de maneira positiva com uma entrega confiante ao Pai e um empenho solidário pelos seres humanos; Ele se lançou para dentro do Deus incompreensível, que aparentemente o abandonara, e morreu dentro dele.

O amor de Deus, porém, *não permitiu que a vida de Jesus fosse subjugada pela morte e que Jesus fosse arrancado da comunhão de Deus*. Assim, o ser humano Jesus foi amparado pela ação ressuscitadora do Pai ao morrer (e no próprio momento de estar morto), de modo que em sua morte Ele não caiu no nada, mas foi acolhido na vida eterna de Deus e conservado como pessoa (como Ele mesmo) justamente ao receber a vida nova, da ressurreição.

Por conseguinte, diferentemente da ação de Deus *por meio* do Jesus terreno, a pregação pascal cristã primitiva fala de uma nova ação de Deus *em relação ao* Jesus morto: *a ressurreição é a ação soberana do Pai pelo Espírito em relação a Jesus, o Filho* (Gl 1,1; Rm 1,4; 8,11; 1Pd 3,18; Ef 1,19s. e o.). Entretanto, a ação ressuscitadora do Pai não acontece passando ao largo da liberdade de Jesus. Se Deus o ressuscitou, então Ele retomou a dinâmica (direcionada para Deus e os seres humanos) presente na vida e na morte do próprio Jesus e a consumou.

D. CRISTOLOGIA

"A vitória sobre a morte só pode ser compreendida como o livre presente de Deus (Pai) àquele que, numa abertura extrema de si mesmo, transcende a si mesmo em direção a Deus confiando irrestritamente e a Ele se entrega. Jesus, ao abrir-se – sem qualquer outro apoio e sem reservas – à liberdade indisponível de Deus e, com isso, para os outros, vai livremente ao encontro da morte; isto é sua ação. A seu encontro vem a ação de Deus como resposta: a aceitação definitiva e a salvação de Jesus na morte. Assim acontece o encontro definitivo da liberdade de Deus e da liberdade de Jesus na efetivação extrema de sua liberdade: entrega de vida e ao mesmo tempo despontar de nova vida *na* morte de Jesus. E assim a autoentrega a Deus e a nós que ocorre na vida e morte de Jesus alcança seu alvo e sua consumação na ressurreição" (KESSLER, H. *Sucht den Lebenden*, 301).

Por isso a fé na ressurreição de Jesus contém a certeza de que, embora Deus não nos livre de sofrimentos terrenos e da morte, Ele nos promete que, neles, está junto a nós e, para além deles, nos leva para dentro de uma nova vida. Por esta razão nossa própria morte pode tornar-se entrega confiante ao Pai paternal-maternal, regresso confiado a Ele.

4.6.1.2. Autodefinição e autocomunicação definitivas de Deus em relação ao mundo

A ressurreição pelo Pai significa uma sentença *em favor* de seu Filho e, neste sentido, *contra* os seus adversários, que o haviam condenado. Visto, porém, que ela é uma decisão do Pai em favor daquele Filho que estava aí inteiramente para os outros e, por fim, assumiu a morte também em favor de seus adversários, ela é, numa visão mais profunda, uma sentença também em favor dos pecadores. Com a (revelação da) ressurreição de Jesus Deus se posicionou definitivamente em relação ao mundo perdido, definindo a si mesmo: como o Deus de proximidade amorosa, perdoadora e vivificadora que Jesus proclamara.

Deus se revelou definitivamente em relação ao mundo como essa realidade que Jesus havia afirmado em sua vida e morte, e isso só foi possível através da *ação* ressuscitadora em relação a Jesus. Pois, se em Jesus Deus podia realmente – em mediação humana – existir sem empecilhos para os seres humanos, se Jesus, portanto, era o símbolo real (sacramento pessoal) da bondade e proximidade de Deus, então o que estava em pauta com sua morte era se, afinal, Deus ainda podia continuar a estar no mundo que o rejeitava e para esse mundo *assim* como havia estado na vida e morte de Jesus. A causa mais própria de Deus (a saber, a de ser nele inteiramente o Deus conosco) estava em jogo. Se tivesse deixado Jesus na morte e no passado, então Deus teria tornado passado a si mesmo, ao menos como Deus-inteiramente-conosco, e teria abolido de novo seu próprio caminho até nós. A salvação e a conservação permanente da humanidade de Jesus são – porque esta se encontra inteiramente aberta para Deus e para nós, sendo, assim, a ponte de Deus em direção a nós (cf. 1Tm 2,5s.) – de fundamental importância para a relação (desimpedida e integral) salvífica do próprio Deus com o mundo. *A ressurreição de Jesus é a palavra inviolável da autopromessa de Deus, a*

4. Reflexão sistemática

irrupção irrevogável da solicitude redentora do próprio Deus para com o mundo que se alheou dele e de outro modo estaria perdido. Por isso também é só a partir da Páscoa que se pode dizer: "Deus estava com Jesus" (At 10,38), "Deus estava em Cristo e reconciliou consigo o mundo" (2Cor 5,18), Jesus Cristo é, Ele próprio, inteiramente "Deus-conosco" (Emanuel: Mt 1,23), toda a história de sua vida, morte e vida de ressurreição é o irrevogável autoinvestimento de Deus para dentro da humanidade que se alheou dele e sua autocomunicação a ela.

4.6.2. O Cristo Crucificado e Ressurreto: o centro pessoal da fé cristã

Jesus ressuscitou: eis um fato que ficou claro para as testemunhas originárias quando se encontraram com o Crucificado vivo e presente entre elas. No início encontram-se sinais claros, mas de modo algum poderosos e demonstrativos, e sim um tanto discretos (e por isso insatisfatórios para a razão crítica): as aparições (revelações) pascais. Nelas, aquele que se encontra com as testemunhas a partir da dimensão da vida de Deus é reconhecido e identificado *como* o Jesus terreno e crucificado. Essa experiência pascal deve ter sido extraordinariamente rica em termos de conteúdo. Afinal, ela continha não só a percepção de que Jesus foi confirmado, ou seja, que em sua vida e morte Deus realmente atuou para nossa salvação, mas, muito mais originariamente ainda, a experiência imediata da nova presença de Jesus a partir de Deus; dessa experiência da presença viva do Crucificado resultou (como evidência imediata e não só como conclusão posterior) a percepção de que Jesus fora exaltado até Deus, portanto salvo; e disto, por sua vez, resultou a percepção de que Ele fora confirmado por Deus. Esta é sequência interna da evidência da experiência pascal.

Esses aspectos da ressurreição foram, então, desdobrados numa sequência um tanto lógica em termos de conteúdo (cf. os resumos em Rm 8,34s.; Ef 1,20-23; 1Pd 3,18-22 e mais tarde no Credo).

4.6.2.1. Salvação, consumação e entrada em vigor da vida e da entrega de vida de Jesus

"Ressurreição" não é apenas uma expressão do fato de que os discípulos continuam a pregar a causa de Jesus ou de que a prática de vida e a morte de Jesus têm importância definitiva. Deus não só despertou de novo a fé dos discípulos em Jesus (e, assim, a mensagem e prática de vida dele), mas fundamentalmente ressuscitou da morte o próprio Jesus: salvou definitivamente a Ele mesmo e o "levou à consumação" (Hb 5,9). Só uma interpretação assim "pessoal" da ressurreição, que a entenda como ação de Deus nova (não necessariamente posterior em termos temporais) – diferente em relação ao acontecimento da cruz – *na* morte de Jesus faz jus ao testemunho neotestamentário. Afinal, Deus não aprova só ideais. Se Deus diz seu "sim" que confirma a vida e a pessoa de Jesus, isso não é um ato meramente declarativo (não é um mero assentimento com o olhar voltado para trás, uma mera aprovação exterior de uma pessoa do

D. CRISTOLOGIA

passado), mas sim um ato criativo (que faz a existência de Jesus entrar vivamente em vigor e a leva à consumação).

Isso significa que, justamente na medida em que o próprio Deus – salvando e consumando – "volta" à vida e morte de Jesus, Ele mostra sua importância salvífica definitiva para nós e torna, assim, compromissiva para a Igreja e para todos os crentes a "referência retrospectiva" ao Jesus terreno. Por isso, não foi apesar da Páscoa que a Igreja primitiva se aferrou de maneira tão enérgica à história terrena de Jesus, e sim justamente por causa da Páscoa. *Se a ressurreição representa a salvação e a consumação de Jesus, ela também é a confirmação divina de sua história terrena.*

Agora revelou-se definitivamente: Deus agiu de modo escatológico e definitivo em Jesus; Jesus era e é – superando tudo o que veio antes e não podendo mais ser superado pelo que virá depois – o mensageiro escatológico e portador da salvação de Deus, o Messias de Deus, Filho e Verbo. Só a partir da Páscoa pode então ser dito também que toda a humanidade de Jesus é a exaustiva autoenunciação de Deus para dentro da história, portanto, a encarnação do Verbo ou Filho de Deus (Jo 1,14) e que aqui o próprio Deus adentrou nossa história de sofrimento para nela implantar seu amor redentor. Por conseguinte, com a ressurreição do amor crucificado de Jesus também se revelou de uma vez por todas para a fé que uma vida a partir de Deus e para os outros tem um sentido indestrutível, mais ainda: que a comunhão vivida de amor com Deus e os outros seres humanos e criaturas é o sentido da criação.

4.6.2.2. Exaltação de Jesus para a unidade permanente com Deus e a mediação da salvação para nós

Aqui não se trata de aspectos que ainda se acrescentariam à ressurreição, mas de explicações de seu próprio significado e conteúdo. Ora, se Jesus, que viveu inteiramente ligado a Deus e para os outros (e não privadamente para si), ressuscitou, então sua ressurreição também só pode significar que Ele ressuscitou como tal, isto é, com sua incomparável dupla relação com Deus e conosco (e não simplesmente encontrou apenas sua consumação individual para si mesmo como recompensa de sua obediência e seu serviço). Por isso, sua ressurreição só pode ser compreendida – em completa correspondência com o que foi experimentado nos encontros pascais – em duplo sentido:

1) Exaltação para a plena imediatez com Deus e unidade permanente com Ele. O NT expressa este aspecto de múltiplas maneiras: no grito *maranatha,* nas metáforas da entronização como Filho de Deus em poder ou do estar assentado à direita de Deus, na imagem da ascensão para o céu ou acima de todos os céus, e ainda na total participação no Espírito de Deus e na onipotência divina.

Com isso tornou-se necessária uma reflexão sobre o relacionamento entre Jesus e Deus, que se mostrou como um *relacionamento de extrema unidade e simultânea diferença.* Ele podia ser resumido no conceito redefinido de Filho de Deus preexistente e "unigênito" (mais tarde: consubstancial) que se encarnou no ser humano Jesus de Nazaré e solidarizou-se com os sofredores e pecadores. Da fé pascal na exaltação da humanidade repleta de Deus de Jesus para a glória igual à de Deus passou-se, pois, para a confissão da encarnação do Filho eterno de Deus, que sempre está ao lado (à direita) do Pai (Fl 2,6-8; Jo 1,14.18) e que na Páscoa tornou-se também segundo sua humanidade aquilo que sempre é segundo sua divindade, de modo que sua humanidade não tem um significado apenas temporário, e sim permanente (Deus quer ter o ser humano eternamente junto a si).

Essa sequência da percepção cristológica está num relacionamento inverso com a sequência da questão em si. Pois a razão material da exaltação de Jesus é que de fato "Deus estava em Cristo", portanto, a encarnação do Filho eterno no ser humano Jesus. Nesta perspectiva a ressurreição e exaltação de Jesus aparecem, então, como consequência material lógica da encarnação e humilhação (do Filho) de Deus até a morte. Em sua existência humana, em seu sofrimento e morte pelos outros, Jesus foi o ser humano conforme ao autoesvaziamento de Deus, por isso Ele foi levantado do abismo da morte e elevado definitivamente para a comunhão de Deus: *a ressurreição e a exaltação são a entrada também da humanidade de Jesus Cristo na glória do Pai, que o Filho eterno já possuía antes da criação do mundo* (Jo 17,5). Nesta perspectiva, porém, pode-se falar também de uma autorressurreição de Jesus Cristo – justamente como Filho encarnado de Deus – por sua força própria, a saber, divina (Jo 10,18; 2,19.22; Inácio, *Aos esmirnenses* 2; Atanásio, *De inc.* 31; Sínodo de Toledo, em 675: DH 539).

2) Exaltação para a posição permanente de nosso Senhor e mediador da salvação. O que quer dizer que o humilhado é o Senhor: aquele que não viveu para obsequiar a si mesmo, mas para os outros (Fl 2,3-6; Rm 15,2s.), portanto, encetou o caminho que o levaria para baixo, para estar lá embaixo com os pequeninos, os sofredores e pecadores? Seu senhorio leva permanentemente a marca de seu amor autoesvaziador. Ele não enceta o caminho para cima, não se eleva triunfalmente sobre seus torturadores, mas permanece o humilde, que abre mão de toda demonstração de força e ocupa o último lugar, para servir a todos. Cristo não é o Senhor sublime, e sim o verdadeiro amigo e auxiliador.

Assim Ele assumiu definitivamente o serviço do mediador da salvação e está permanentemente ativo em termos soteriológicos. Expresso em imagens bíblicas: Ele está à direita do Pai como nosso salvador (At 5,31; cf. 1Ts 1,10; Rm 5,9s.; Tt 2,13s.) e intercessor (Rm 8,34; Hb 7,25; 9,24; 1Jo 2,1), como o autor de nossa salvação (Hb 5,9; At 4,12) e o único mediador entre Deus e os seres humanos (1Tm 2,5s.). *Ele permanece para sempre o que foi outrora: aquele que nos prepara um lugar junto a Deus (Jo 14,2s.) e a autopromessa ou autocomunicação de Deus a nós em pessoa, o sacramento pessoal em que Deus nos estende a si mesmo e convida:* "Toma-me e te redime" (Anselmo). A auto-oferta de Deus a nós tem permanentemente a figura do Crucificado Ressurreto com seus braços amplamente abertos. Assim, o *Christus praesens* exaltado continua sendo a proposta de relação que Deus nos faz, a mão estendida de Deus.

D. CRISTOLOGIA

4.6.3. Presente e futuro do Ressurreto no Pneuma

A comunhão sensorialmente verificável com Jesus foi interrompida por sua morte. Porém a exaltação inaugura uma nova presença viva do Senhor exaltado em nosso mundo e uma relação nova com Ele (não só com o olhar voltado para o passado histórico). Estando inteiramente junto ao Pai e em Deus, Ele não está numa transcendência distante do mundo, e sim no centro de toda a realidade, sendo contemporâneo a nós e sempre ainda a solicitude de Deus para conosco: "Eis que estou convosco todos os dias" (Mt 28,20). Ele o é pelo Espírito, que Ele agora recebeu totalmente do Pai e "derrama" sobre outros (At 2,32s.; Jo 14,16s.26 e o.), para dessa maneira estar próximo deles na fé e inclusive neles habitar (Jo 14,23; Gl 2,20; 2Cor 13,5; Rm 8,10; Ef 3,17). *A maneira da presença e solicitude do Cristo exaltado é o Pneuma; e a experiência de sua presença é uma experiência no Pneuma.*

4.6.3.1. Presença provisória na humildade de sinais terrenos

A atual presença de Cristo é ainda uma presença abscôndita e muito provisória, que impele para o encontro pleno e desvelado com Ele face a face, para o estar plenamente junto ao Senhor e junto a Deus. Essa presença provisória, mas real e pessoal é atestada e realizada por Cristo através de sinais sensorialmente palpáveis, que a fé percebe como lugares fidedignos de sua ativa presença no Espírito:

1) Fundamentalmente através *da palavra e do sacramento:* só porque Jesus ressuscitou e está presente a partir de Deus, Ele próprio pode nos dirigir a palavra no evangelho pregado e dar-se na ceia (Lc 24,30-32; Jo 21,12s.); do contrário toda pregação seria vã e a fé não teria sentido.

2) Por meio de sua palavra e seu sacramento operados pelo Espírito Ele cria para si *a comunidade das pessoas ligadas a Ele* (1Cor 10,16; 2Cor 13,13; Fl 2,1; Jo 15,1-8): Ele está "no meio delas" (Mt 18,20), e elas constituem seu "corpo" terreno (1Cor 12,12s.17 e o.), sua forma de existência como sinal, ainda que frágil, na terra, forma de existência que dá testemunho dele (2Cor 3,3 e o.) e é "sinal e instrumento" de sua atuação reconciliadora no mundo (LG 1.9.48).

3) Não por último, seu evangelho (Mt 25,31-45; Mc 9,37) nos desvela uma presença inesperada do Ressurreto: Ele se oculta nos *"pequeninos"* desta terra e neles espera incognitamente por nós e nossa ação de misericórdia e justiça. Por isso, nos rostos das pessoas que passam necessidades deveríamos "reconhecer as feições sofredoras de Cristo, o Senhor, que nos questiona e interpela" (Puebla, n. 31).

4.6.3.2. A luta da nova vida do amor com os poderes da morte

Cristo já derrotou a morte (1Cor 15,54-57; Jo 16,33): o encantamento aparentemente inevitável da morte foi rompido, não precisamos mais nos deixar dominar pelo

4. Reflexão sistemática

temor da morte. Não obstante, os poderes do egoísmo e da morte se levantam constantemente, opõem uma resistência contínua e, não raro, até maior à nova vida, que muitas vezes parece sucumbir a eles. *Toda a história após a cruz e a ressurreição também pode ser compreendida como uma história da luta do Exaltado contra a miséria existente na criação:* "Jesus estará em agonia até o fim do mundo" (PASCAL, B. *Pensées,* fragmento 553), em luta com a morte e com todos os que promovem as atividades da morte. Essa luta não se desenrola miticamente acima de nossas cabeças, mas em processos históricos bem reais nos quais estamos envolvidos: a "carne" (egoísmo) e o "Espírito" (amor), a morte e a vida, a desavença e a reconciliação, a destruição e a preservação travam um duelo.

Entretanto, desde a vida, morte e ressurreição de Jesus esse duelo tem uma nova qualidade e é travado sob condições diferentes: na ressurreição o amor de Deus, que atuava na vida e morte de Jesus, mostrou-se como o poder invencível que por fim vai determinar tudo. O Crucificado Ressurreto é o "sim" inviolável de Deus para o ser humano e a criação (2Cor 1,19s.). Nós, seres humanos, podemos crer nesse amor de Deus e em seu "sim" incondicional e, nessa fé, adquirir uma posição firme.

Na medida, porém, em que seres humanos, guiados pelo Espírito de Cristo, começam, eles próprios, a amar outras pessoas, a engajar-se pelas possibilidades de vida dos sofredores, eles já passaram da morte para a vida (1Jo 3,14-18). Nestes termos toda a vida cristã é uma única "Páscoa, uma passagem do pecado à graça, da morte à vida, da injustiça à justiça, do infra-humano ao humano. Cristo nos faz, com efeito, entrar, pelo dom de seu Espírito, em comunhão com Deus e com todos os seres humanos" e criaturas (GUTIÉRREZ, G. *Teologia,* 154).

4.6.3.3. A parusia de Cristo como cumprimento das esperanças messiânicas

Os cristãos não só pressupõem que Jesus Cristo esteve uma vez aqui ("em humildade") e não só contam com sua presença no Espírito ("na abscondidade" de sinais terrenos), mas creem também que Ele é aquele que virá ("em glória"), ao qual pertence o futuro. Por isso, no Credo eles dirigem seu olhar, cheios de esperança, daquele "está sentado à direita de Deus" para a frente: "Ele virá". A esperança da *parusia* ou "chegada" de Jesus (p. ex., 1Ts 3,13; 1Cor 15,23; Mt 24,3.27; 2Pd 3,4) quer dizer: o movimento do amor de Deus, que ganhou espaço na vida, morte e nova vida de Jesus, alcançará seu alvo pretendido, a criação sofrida encontrará sua redenção – que muitos já dão por perdida – em Cristo. As esperanças messiânicas de Israel não estão liquidadas: *também os cristãos esperam pelo Messias vindouro e associam essa esperança com Jesus de Nazaré.* É que por enquanto só estamos "redimidos em esperança" (Rm 8,24), e muitas vezes essa esperança precisa afirmar seu "não obstante" "contra toda a esperança" (Rm 4,18). Contudo, ela dá aos atormentados desta terra, bem como aos que os defendem, força mesmo onde tudo parece inútil ou sem esperança. E ela irrompe na inércia profundamente sem esperança de uma sociedade que em breve só conhe-

D. CRISTOLOGIA

cerá ainda atividade e entretenimento: "Eis que estou à porta e bato" (Ap 3,20). Esse bater muda toda a situação para quem o ouve.

A ressurreição de Jesus não estará consumada enquanto sua nova vida não atingir o mundo todo. Inversamente, com a humanidade ressurreta de Jesus, o mundo já chegou a Deus em suas "primícias" (1Cor 15,20; Cl 1,18; At 26,23; Ap 1,5). *Nele despontou o futuro pelo qual nós podemos esperar.* Ele é a garantia de que também nossa vida pode, passando pela morte, alcançar seu verdadeiro destino e consumação. A ressurreição dele é, pois, o penhor e a causa de nossa ressurreição. "Se o Espírito daquele que ressuscitou Jesus dentre os mortos habita em vós, ele dará vida também a vossos corpos mortais, através de seu Espírito que habita em vós"; assim o Jesus Ressurreto é "o primogênito de muitos irmãos" e irmãs (Rm 8,11.29) e o "autor da vida" (At 3,15).

Mais ainda: Ele é "o primogênito de toda a criação" (Cl 1,15). Com a ressurreição de Jesus Cristo Deus colocou o cosmo todo escatologicamente em sua proximidade, para conduzi-lo a seu destino último na vida divina. Diz o grande teólogo celta-carolíngio João Escoto Erígena († 877): "O que Ele (o Cristo Ressurreto) consuma em si de modo particular vai consumar em todos de modo geral: digo que o fará não apenas em todos os seres humanos, mas também em todas as criaturas físicas. Pois quando o Verbo de Deus assumiu a natureza humana, não deixou de fora nenhuma substância criada que Ele não tivesse assumido junto naquela natureza" (ERÍGENA, João Escoto *De divisione naturae*, V 24).

Temos aqui uma perspectiva universal: a ressurreição de Jesus, a ressurreição dos mortos (1Cor 15,20-22), a transformação redentora da criação torturada (Rm 8,19-24) e o senhorio universal de Deus (1Cor 15,28) estão inextricavelmente unidos. *A ressurreição de Cristo é o prelúdio e início da consumação da criação inteira.* E assim ela é o fundamento irrevogável de nossa esperança de que para este mundo pode haver um futuro diferente do ocaso na destruição, de uma esperança que também se engaja para que haja uma situação mais justa neste mundo.

4.7. Jesus Cristo, Deus inteiramente conosco e por nós: a autocomunicação encarnada de Deus e o caminho para a vida

Os momentos decisivos da cristologia e soteriologia já foram expostos. Só precisamos ainda, depois de resumi-los, refletir sobre eles com vista à sua fundamentação última e explicitá-los conceitualmente.

4.7.1. Jesus em sua vida, morte e ressurreição: o Emanuel (Deus-conosco)

Partir da real humanidade de Jesus e confiar-se ao que se depara *nesta* humanidade não significa reduzir Jesus a um mero ser humano. As reflexões feitas até agora mostraram que o ser humano Jesus não estava só, como um profeta, tomado temporariamente pelo Espírito de Deus, não só comunicava na palavra algo *sobre* Deus e não

4. Reflexão sistemática

só agia por incumbência dele, mas que Jesus, em toda a sua existência, dava espaço ao próprio Deus, testemunhava unicamente a Ele e o fazia estar aí para os outros; era isto que o absorvia, era nisto que Ele tinha sua identidade. O próprio Deus, porém, como manifesta o testemunho pascal, identificou-se com Jesus e seu caminho: Jesus era de fato o "ungido" (Messias-Cristo) com o santo Espírito de Deus, "Deus estava *com* Ele" (At 10,38); mais ainda: "Deus estava *nele*" e nos reconciliou consigo (2Cor 5,18). Jesus é o "sim" inequívoco do próprio Deus para nós; nele experimentamos a aceitação sem reservas por Deus (2Cor 1,19s.; Ap 3,14). *Na vida, morte e ressurreição de Jesus o próprio Deus veio a nós (de maneira humana e histórica), fixou-se definitivamente do lado dos seres humanos e transpôs por iniciativa própria o abismo que separa os seres humanos de Deus. Por isso é verdade que em Cristo ninguém menos do que "Deus é por nós" (Rm 8,31).*

O mistério que permeava a vida e morte de Jesus era, portanto, o próprio Deus. Por isso a promessa do Emanuel de Is 7,14 é relacionada com Jesus: nele Deus está conosco, e justamente no fato de que o próprio Deus está conosco consiste toda a salvação (Mt 1,21-23). Jesus de Nazaré *é* em sua vida, morte e nova vida, o lugar de Deus junto a nós, a presença curativa de Deus "entre nós" (Jo 1,14). Ele é, em sua pessoa, a presença de Deus entre nós, o sacramento originário e pessoal de Deus, no qual Deus caminha conosco, está próximo de nós e nos "presenteia tudo" (Rm 8,32): a si mesmo. Jesus não só comunica algo sobre Deus, mas é a "autorrevelação" (K. Barth) ou "autocomunicação" (K. Rahner) de Deus. Por conseguinte, com a presença do Cristo (do ungido com Espírito) Jesus são-nos dadas a presença curativa e proximidade redentora do próprio Deus. *Jesus é Deus inteiramente conosco (o Emanuel): com isto está dito tudo o que é cristologicamente decisivo.*

4.7.2. O Filho encarnado de Deus: autocomunicação de Deus à criação

4.7.2.1. A origem de Jesus em Deus: encarnação do Filho de Deus

"Jesus em meio a uma humanidade que não corresponde a Deus, o verdadeiro ser humano, 'tentado como nós, mas sem pecado', e ao mesmo tempo aquele em cuja pessoa o próprio Deus veio até os seres humanos presos na contradição à sua (boa) vontade – isto não pode ser entendido 'a partir de baixo', mas realmente só 'a partir de cima'" (JOEST, W. *Dogmatik*, vol. 1, 238). Pois nenhum ser humano pode – sob as condições naturais e sócio-históricas dadas – desenvolver-se até chegar a isso. Esse ser humano só pode ser entendido como reinício estabelecido por Deus mesmo: *ao vir, Ele próprio, até nós, Deus se cria esse ser humano novo* que lhe corresponde inteiramente em meio a uma humanidade que não podia produzir esse ser humano por si mesma, para nele – como nunca dantes em outra criatura – estar próximo de nós de maneira criatural, interpessoal. Deus prepara para si mesmo uma existência humana em nosso mundo e pode assim – permanecendo transcendente – estar imanentemente em nosso meio, mas como Ele mesmo.

D. CRISTOLOGIA

Em Jesus a autocomunicação de Deus foi aceita por um ser humano na liberdade da confiança amorosa, e assim os dois movimentos da autocomunicação de Deus aos seres humanos e da autotranscendência humana em direção a Deus se reuniram. Mas a ligação de Jesus com Deus não é simplesmente apenas um caso particular ou supremo da relação universal com Deus (ainda que muitas vezes não seja realizada ou o seja só de modo insuficiente); ela é, antes, expressão da relação particular de Deus com esse ser humano, e é esta que liberta a relação de Jesus com Deus (a qual não o distingue de nós por princípio) para a verdadeira realização no relacionamento vivido com Deus, fazendo dele assim o sacramento originário de nossa salvação e o protótipo do verdadeiro ser-humano. Nesse ser humano Deus se coloca em relação conosco (de uma maneira que não pode ser superada historicamente), e por isso Ele se coloca numa relação especial com esse ser humano, para fazer dele sua linguagem e dádiva a nós. O primeiro não é o movimento do ser humano a partir de baixo até o absoluto, e sim o movimento de cima para baixo: Jesus é a iniciativa de Deus, a descida e vinda de Deus a nós, seres humanos.

No ser humano Jesus, o próprio Deus veio a nós, e esse fato só pode ser compreendido como provindo de Jesus a partir de Deus. Duas formas de expressão distintas descrevem essa proveniência: 1) As narrativas acerca da maravilhosa concepção de Jesus pelo Espírito e seu nascimento de Maria expressam que Jesus é o Filho de Deus que não se tornou isso a partir de possibilidades humanas, mas o Filho de Deus que veio por meio da ação criadora de Deus. 2) De modo mais claro ainda, as afirmações acerca do envio ou encarnação do Filho de Deus preexistente dizem que aquilo que se nos depara no ser humano Jesus não tem sua origem no nexo dos acontecimentos mundanos, e sim em Deus: o próprio Deus eterno se dispõe para tornar-se presente a nós, de maneira inédita, em sua expressão substancial (Logos-Filho) – que, tornando-se ser humano como nós, entrou em nossas condições de existência e desgraça – e para nos possibilitar uma comunhão curativa consigo (→ 2.4.3.). No enunciado acerca da encarnação se expressa com a maior clareza que Jesus provém de Deus e que nele Deus fala e age escatologicamente.

4.7.2.2. A unidade de Jesus com Deus: encarnação do Filho de Deus na história de Jesus de Nazaré

Como se pode conceber a presença historicamente insuperável de Deus em Jesus sem degradar Jesus à condição de instrumento destituído de vontade e sem prejudicar a autonomia humana de Jesus em relação a Deus? Como é possível que no verdadeiro ser humano Jesus o verdadeiro Deus esteja inteiramente conosco? Em última análise isso permanece um *mistério*, diante de cuja incompreensibilidade precisamos por fim calar-nos em silêncio reverente. Porém, tal silêncio reverente só pode ser atingido não quando nos recostamos com preguiça de pensar, mas quando esgotamos nossas possibilidades de raciocínio dadas por Deus e quando capitulamos diante da profundidade inesgotável do mistério. Como, pois, deve-se conceber a unidade de Jesus com Deus?

4. Reflexão sistemática

A cristologia helenista da Igreja antiga a concebeu em termos substanciais como dupla constituição ôntica (duas naturezas) da pessoa una de Jesus Cristo em si mesma. A encarnação foi relacionada com o momento da concepção ou do nascimento de Jesus e imaginada de certa maneira como ato pontual da assunção da natureza humana pelo Logos de Deus. Assim, porém, a história terrena de Jesus parecia determinada de antemão pela encarnação do Logos fixada (e concluída) em seu início; uma personalidade especificamente humana e uma realização realmente criatural da liberdade de Jesus quase não eram mais concebíveis.

Na teologia mais recente procura-se interpretar as preocupações da cristologia de naturezas através de uma cristologia de relação (W. Pannenberg, D. Wiederkehr, H.U. von Balthasar, W. Kasper, P. Hünermann e outros). Essa nova interpretação da unidade pessoal de Jesus com Deus parte do relacionamento pessoal do ser humano Jesus com o Pai e vê revelar-se e (agora também) realizar-se criaturalmente nele o eterno relacionamento intradivino do Pai e do Filho no Espírito: *o relacionamento eterno do Filho com o Pai adquiriu forma humana na história de Jesus Cristo;* no ser humano Jesus o Filho eterno está voltado para o Pai. O Filho eterno de Deus assumiu uma existência criatural-humana para que finalmente se realizassem também aí o ser-Filho ou a condição de imagem de Deus (portanto, o verdadeiro relacionamento do ser humano com Deus e os outros). Por isso a história humana de Jesus é transparente para a presença, nela abscôndita, do Filho encarnado de Deus. Justamente assim Jesus Cristo torna-se concebível como verdadeiro ser humano e verdadeiro Deus ao mesmo tempo: "Na unidade de Jesus com Deus se expressa sua divindade e no frente a frente com o Pai sua humanidade; assim se leva em conta a permanente diferença entre as duas" (ULLRICH, L. *Union*, 280). Jesus Cristo é o acontecimento *uno* no qual se nos deparam o verdadeiro ser humano (verdadeiramente humano e libertador para outros a partir de uma completa relacionalidade com Deus) e, nele, inteiramente e sem distorção, o verdadeiro Deus (como aceitador, perdoador e salvador); envolver-se com Jesus significa: ir parar diante de Deus e encontrá-lo.

A própria encarnação (a unificação do Logos com a vida humana individual de Jesus), entretanto, não deve ser entendida como se já estivesse concluída com a concepção e o nascimento humanos de Jesus; ela acontece, antes, em toda a história de Jesus incluindo a morte e ressurreição. Isso não quer dizer que o divino e o humano só se tivessem unido aos poucos. O ser humano Jesus é, antes, o Filho de Deus em pessoa em toda a extensão de seu caminho. Porém, o relacionamento filial de Jesus com o Pai se desdobra em sua história de desenvolvimento humano e em sua vivência comunicativa e torna-se – como se revela a partir da Páscoa – definitiva na entrega de sua vida. Se em seu desenvolvimento humano Ele tivesse trilhado outro caminho, se, em consequência de sua missão de viver a boa vontade do Pai para todos, não tivesse tomado sobre si o sofrimento, Ele não seria o Filho de Deus. Ele só é o Filho na totalidade de seu caminho. Por conseguinte, *a afirmação acerca da encarnação refere-se à totalidade de sua história terrena, não só a seu início.* Toda a história humana de Jesus Cristo pode ser lida como a expo-

D. CRISTOLOGIA

sição e maturação históricas, como a história – não como o devir! – de sua unidade pessoal (união hipostática) e comunhão com Deus. "Justamente a autonomia criatural da história humana de Jesus deve ser concebida como meio da encarnação, porém de tal maneira que a constituição da pessoa de Jesus se realiza em todo o processo dessa história" (PANNENBERG, W. *Theologie*, vol. 1, 428s., nota 173).

Neste sentido, o Logos encarnado precisa aprender "o que significa encontrar-se diante do Pai como ser humano, ser um próximo e irmão de todas essas criaturas cuja pecaminosidade distante de Deus Ele aprende a experimentar de modo inteiramente novo, na osmose da natureza humana una e comum" (BALTHASAR, H.U. von. *Theologik*, vol. 2, 260). Por outro lado, em sua humanidade Jesus de maneira alguma carece de personalidade e autêntica liberdade de escolha; Ele sempre precisa preocupar-se com a questão de como sua vontade finita "se situará no centro da vontade ilimitada do Pai" (261); "e neste sentido não se deve esquecer que sua liberdade encontra-se numa misteriosa comunicação com as livres resoluções e hábitos de seus irmãos pecadores, já que entre seres humanos não pode haver um indivíduo completamente isolado", que Jesus, portanto, "possui um conhecimento interior do descaminho e obscurecimento das vontades humanas e [...], mesmo assim, precisa, no meio delas, abrir constantemente seu caminho para o centro da vontade do Pai" (267s.).

O ser humano Jesus tem "sua identidade pessoal unicamente em ser o Filho de seu Pai celeste. Nisto estão integrados e formam uma unidade todos os traços particulares de sua existência terrena". Ele "não tem outra identidade senão essa, embora ela não lhe precise ter estado consciente como tal desde o início". Ele existe inteiramente a partir do Pai e em direção ao Pai. "Assim, sua existência humana nunca tinha sua identidade pessoal nele mesmo, e sim sempre só na relação com o Pai e, portanto, em ser o Filho desse Pai" (PANNENBERG, W. *Theologie*, vol. 2, 433): uma reinterpretação relacional da ideia da Igreja antiga acerca da en-hipostasia da natureza humana de Jesus no Logos.

A encarnação do Filho eterno de Deus em Jesus não precisa significar que o ser humano Jesus tivesse uma consciência reflexa de sua identidade pessoal (união hipostática) com aquele. Basta supor que Jesus vivia em forma humana o receber-se do Pai e o entregar-se a Ele que o Logos vive de modo divino, e que Ele foi integrado pelo Logos na relação deste com o Pai e que era o lugar da atuação redentora do Logos.

4.7.3. O Verbo encarnado: interpretação do Pai, protótipo do verdadeiro ser humano e centro do cosmo

A afirmação cristã acerca da encarnação diz que o Deus triúno apropriou-se de maneira imediata, na pessoa do Verbo eterno (da eterna autoenunciação do Pai), de uma realidade humana individual (o judeu Jesus) – não como mero disfarce e para um avatar fugaz e apenas semirreal (→ 3.5.3.2.), e sim em unidade pessoal – para, por meio dela, chegar como Ele mesmo à criação e oferecer comunhão curativa consigo.

4. Reflexão sistemática

4.7.3.1. A autointerpretação (Verbo e imagem) de Deus Pai

Jesus só é o Verbo encarnado do "Pai" divino (ou da "Mãe" divina) na medida em que é inteiramente expressão do Pai e de seu amor. Desde o NT procura-se definir esse relacionamento de Jesus com o Pai no Espírito com muitas aproximações metafóricas: o ser humano Jesus é a "imagem" viva de Deus estabelecida pelo próprio Deus, na qual se pode conhecer a este (2Cor 4,4; Cl 1,15), "resplendor" irradiante de Deus e "expressão de seu ser" (Hb 1,3), "intérprete" autêntico de Deus como este é em si mesmo (Jo 1,18), o Logos (sentido, pensamento e palavra proferida, autoenunciado) do Pai, que remete substancialmente a este. *Ouve-se e vê-se o Deus invisível em seu intérprete* (Jo 12,45; 14,9). Na corporeidade do ser humano Jesus "devemos perceber o Logos, que como tal não é seu próprio Logos, mas o Logos do Pai divino" (BALTHASAR, H.U. von. *Theologik*, vol. 2, 285); em sua humanidade Ele não interpreta a si mesmo. Como Verbo encarnado do Pai, o ser humano Jesus é em tudo expressão e intérprete do Pai, a linguagem e palavra total do Pai dirigida a nós. "Pelo ser humano único Deus [...] fala de modo humano conosco, pois em tal linguagem Ele está à procura de nós" (AGOSTINHO, *Civitas Dei*, XXIII 6,2).

A interpretação de Deus Pai pelo Filho na carne remete "ao *proprium* hipostático intradivino do Filho": "exegesizar" [entender] o Pai é uma ação peculiar do Logos divino enquanto enunciado substancial do Pai (BALTHASAR, H.U. von. *Theologik*, vol. 2, 147s.). Como "forma expressiva arquetípica" e "protótipo de toda possível autoexpressão criativa de Deus" *unicamente* o Logos (o Verbo e o Filho) pode tornar-se carne e ser humano (155). Mas justamente aquilo que distingue o Filho do Pai e do Espírito, seu ser-expressão e ser-imagem em Deus, é o que o liga à humanidade, que Ele assume voluntariamente, de modo que esta pode ser a perfeita forma de tradução temporal-humana de seu eterno reconhecimento e doação.

4.7.3.2. O protótipo e modelo do verdadeiro ser humano

A existência humana de Jesus é, portanto, a realização criatural do ser-Filho (da verdadeira autonomia na relação de recebimento e entrega com o Pai divino) e com isso, ao mesmo tempo, revelação do verdadeiro destino do ser humano. Em Jesus Cristo o próprio Filho eterno de Deus se fez ser humano para introduzir a nós, seres humanos, na verdadeira liberdade da vida com Deus e com os outros e, com isso, nos libertar da vida errada sem Deus e da sujeição, daí decorrente, ao medo e aos poderes da morte. Justamente porque, no relacionamento com o Pai, Jesus Cristo é o Filho, Ele é o ser humano novo, escatológico; como tal Ele realiza, enfim, a condição de imagem de Deus do ser humano tencionada com a criação (Gn 1,27), razão pela qual deveremos ser transformados em sua imagem (2Cor 3,18; Cl 3,10; 1Cor 15,49; Fl 3,21) e incluídos no verdadeiro relacionamento do ser humano com Deus realizado por Ele (Gl 4,4-7; Rm 8,14-17). *A encarnação do Filho de Deus é o início da humanização do ser humano: Deus se faz o ser humano que nos torna mais humanos.*

D. CRISTOLOGIA

O peso do amor puxou Deus para a terra. A paixão do amor (disposto a sofrer) de Deus é estar junto aos seres humanos e dar-lhes a vida plena. Ora, se Deus se preocupa com o ser humano ao ponto de Ele próprio tornar-se ser humano e o permanecer em eternidade, então é vedado ao ser humano menosprezar a si e a seus semelhantes. É ao ser humano concreto que Deus se refere, é com ele que Deus quer unir-se e é a ele que deseja ter eternamente junto a si. E se o Filho de Deus se esvazia ao ponto de mergulhar nos últimos abismos da humanidade e entrar na noite da morte, então também aí o ser humano não é abandonado por Ele nem está sozinho. Ele pode estar ciente de que é aceito e sustentado por Deus em quaisquer circunstâncias, também quando outras pessoas não mais o aceitam (em caso de injustiça sofrida), quando ele não é mais aceitável para si mesmo (em caso de culpa própria) e quando mais nada o sustenta (na morte). E, inversamente, ele pode e deve participar do movimento encarnatório do amor apaixonado de Deus e se empenhar pela vida plena dos seres humanos e da criação.

"Se eu estivesse tão disposto e Deus encontrasse em mim tanto espaço como em nosso Senhor Jesus Cristo, Ele me repletaria de igual maneira com sua torrente. Pois o Espírito Santo não pode deixar de fluir para dentro de tudo em que encontra espaço e na medida em que encontra espaço" (MESTRE ECKHART, sermão 81).

4.7.3.3. O chegar-a-si-mesmo e o centro vivificante do cosmo

Visto que em Jesus Cristo Deus se envolveu inteiramente com o mundo, não há Deus sem os seres humanos e sem o mundo. O Logos (autoexpressão) de Deus, protótipo de toda possível expressão criativa de Deus e, em consequência, mediador exemplar da criação inteira, a qual de algum modo é seu corpo (cf. Cl 1,18a.20), tornou-se ser humano e entrou em sua criação. Por isso, em sua humanidade Ele se encontra numa osmose natural e comunicação intersubjetiva com *todas* as criaturas. "Pois o ser humano em sua corporalidade é elemento não realmente delimitável e separável do cosmo, e ele se comunica com o cosmo em sua totalidade *de maneira tal* que este, através da corporalidade do ser humano (que é o diverso do espírito), tende realmente a se tornar presente e dado a si mesmo no espírito" (RAHNER, K. *Grundkurs*, 191). O cosmo, porém, não chega a si mesmo simplesmente no ser humano, e sim no ser humano verdadeiro, que corresponde a Deus, que se entrega inteiramente ao mistério infinito de Deus e serve aos outros, de modo que nele a autocomunicação salvífica de Deus ao cosmo pode chegar a seu destino e Deus pode tornar-se a vida mais íntima do cosmo. *Assim, o Logos-Filho, que entra na criação desde tempos imemoriais, que atua na humanidade e sobretudo em Israel, que, de forma suprema, encarnou-se em Jesus Cristo e nele se entrega amorosamente, é a verdadeira coroa e o centro vivificante da criação, o coração do mundo.*

A partir dele é que a vida e a graça sempre fluem para o mundo dos seres humanos e para a criação inteira, as repletam de bondade e as levam a uma comunhão maior. Ele quer redimir a terra, os elementos, as plantas, os animais, os seres humanos e todo o processo cósmico de seus sofrimentos e ambiguidades e libertá-los para relações redimidas. Em seu amor que se esvazia para os outros e em sua confiança no Pai Ele é – segundo a convicção da fé cristã – definitivamente modelar e normativo: uma singularidade quenótica e diacônica que não deve ser usada para uma autoafirmação contra os outros. Ele revela a presença divina (com graduações diversas) em toda criatura e faz descobrir os vestígios da atuação divina em toda cultura e religião. Representa o centro abscôndito para o qual e no qual tudo o que foi criado quer convergir segundo seu anseio mais profundo. Redescobrir e articular o significado cósmico do Logos divino, encarnado em Jesus de Nazaré deve ser uma das mais urgentes tarefas cristológicas do futuro.

Bibliografia importante

1. Introdução

SAUER, J. (org.). *Wer ist Jesus Christus?* Friburgo: [s.e.], 1977.

WELTE, P.H. *Die Heilsbedürftigkeit des Menschen*: Anthropologische Vorfragen zur Soteriologie. Friburgo: [s.e.], 1976.

Diakonia, ano 22, 1991, n. 6 (tema principal: *Verschwindet Jesus?*).

2. Fundamentos bíblicos

BORNKAMM, G. *Jesus von Nazareth* [1956]. 13. ed. Stuttgart: [s.e.], 1983 [trad. bras. *Jesus de Nazaré*. Petrópolis: Vozes, 1976].

CAZELLES, H. *Alttestamentliche Christologie*: Zur Geschichte der Messiasidee. Einsiedeln: [s.e.], 1983.

EICHHOLZ, G. *Die Theologie des Paulus im Umriss*. Neukirchen-Vluyn: [s.e.], 1972, p. 101-214.

FRIEDRICH, G. *Die Verkündigung des Todes Jesu im Neuen Testament*. Neukirchen-Vluyn: [s.e.], 1982.

GNILKA, J. *Jesus de Nazaré*. Petrópolis: Vozes, 2000 [orig. alemão: *Jesus von Nazaret: Botschaft und Geschichte*. Friburgo: [s.e.], 1990].

GOPPELT, L. *Theologie des Neuen Testaments*. 2 vols., Göttingen: [s.e.], 1975/1976 [trad. bras. *Teologia do NT*. Petrópolis/São Leopoldo, 1976-1983].

HENGEL, M. *Der Sohn Gottes*: Die Entstehung der Christologie und die jüdisch-hellenistische Religionsgeschichte. Tübingen: [s.e.], 1975.

HOFFMANN, P. Auferweckung Jesu. In: GÖRG, M. & LANG, B. (orgs.). *Neues Bibel-Lexikon*. Vol. 1, 1991, p. 202-215.

KERTELGE, K. (org.). *Der Tod Jesu*: Deutungen im Neuen Testament. Friburgo: [s.e.], 1976.

KUSCHEL, K.-J. *Geboren vor aller Zeit*: Der Streit um Christi Ursprung. Munique: [s.e.], 1990.

MERKLEIN, H. *Jesu Botschaft von der Gottesherrschaft*. Stuttgart: [s.e.], 1983.

D. CRISTOLOGIA

SCHNACKENBURG, R. "Cristologia do Novo Testamento". *Mysterium salutis*. vol. 3/2, Petrópolis: Vozes, 1973.

SCHÜRMANN, H. *Gottes Reich* – Jesu Geschick: Jesu ureigener Tod im Licht seiner Basileia-Verkündigung. Friburgo: [s.e.], 1982.

SCHWEIZER, E. Jesus Christus (NT). In: *Theologische Realenzyklopädie*. vol. 16, 1987, cols. 671-726.

SEGUNDO, J.L. *A história perdida e recuperada de Jesus de Nazaré. Dos Sinóticos a Paulo*. São Paulo: [s.e.], 1997 (orig. espanhol: *La historia perdida y recuperada de Jesús de Nazaret. De los Sinópticos a Pablo*. Montevideo: [s.e.], 1990).

_____. *O homem de hoje diante de Jesus de Nazaré*. 3 vols. São Paulo: [s.e.], 1985 [orig. espanhol: *El hombre de hoy ante Jesús de Nazaret*. 3 vols. Madri, 1982].

STRUPPE, U. (org.). *Studien zum Messiasbild im Alten Testament*. Stuttgart: [s.e.], 1989.

THOMA, C. *Christliche Theologie des Judentums*. Aschaffenburg: [s.e.], 1978.

VÖGTLE, A. Der verkündende und verkündigte Jesus "Christus". In: SAUER, J. (org.). *Wer ist Jesus Christus?* Friburgo: [s.e.], 1977, p. 27-91.

3. Abordagem histórico-cristológica dos dogmas

BEYSCHLAG, K. *Grundriss der Dogmengeschichte*. vol. 1. 2 vols., Darmstadt: [s.e.], 1982/1991.

GRILLMEIER, A. *Jesus der Christus im Glauben der Kirche*. vol. 1 (até Calcedônia). 2. ed. Friburgo, 1982; vol. 2/1 (até 518), 1986; vol. 2/2 (Constantinopla, séc. VI), 1989.

KESSLER, H. *Die theologische Bedeutung des Todes Jesu:* Eine traditionsgeschichtliche Untersuchung. 2. ed. Düsseldorf: [s.e.], 1971.

LIENHARD, M. *Martin Luthers christologisches Zeugnis*: Entwicklung und Grundzüge seiner Christologie. Göttingen: [s.e.], 1980.

OHLIG, K.-H. (org.). *Texte zur Christologie*. 2 vols. Graz: [s.e.], 1989.

OHLIG, K.-H. *Fundamentalchristologie im Spannungsfeld von Christentum und Kultur*. Munique: [s.e.], 1986.

PELIKAN, J. *Jesus Christus*: Erscheinungsbild und Wirkung in 2000 Jahren Kulturgeschichte. Darmstadt: [s.e.], 1986.

RITTER, A.M. Dogma und Lehre in der Alten Kirche. In: ANDRESEN, C. (org.). *Handbuch der Dogmen- und Theologiegeschichte*. vol. 1, Göttingen: [s.e.], 1982, p. 99-283.

SCHWAGER, R. *Der wunderbare Tausch*: Zur Geschichte und Deutung der Erlösungslehre. Munique: [s.e.], 1986.

SMULDERS, P. "A cristologia na história dos dogmas". *Mysterium salutis*. vol. 3/3, Petrópolis: Vozes, 1973, p. 5-82.

SOBRINO, J. *Jesus na América Latina*. São Paulo: [s.e.], 1985.

STUDER, B. & DALEY, B. Soteriologie in Schrift und Patristik. In: *Handbuch der Dogmengeschichte*. vol. 3/2a, Friburgo: [s.e.], 1978.

TILLIETTE, X. *La christologie idéaliste*. Paris: [s.e.], 1986.

WENZ, G. *Geschichte der Versöhnungslehre in der evangelischen Theologie der Neuzeit*. 2 vols. Munique: [s.e.], 1984/1986.

4. Reflexão sistemática

AKLÉ, Y. et al. *Der schwarze Christus: Wege afrikanischer Christologie*. Friburgo: [s.e.], 1989.

BALTHASAR, H.U. von. *Theologik*. Vol. 2. Einsiedeln: [s.e.], 1985.

_____. *Theodramatik*. vol. 3. Einsiedeln: [s.e.], 1980, p. 189-468.

COLLET, G. (org.). *Der Christus der Armen*: Das Christuszeugnis der lateinamerikanischen Befreiungstheologen. Friburgo: [s.e.], 1988.

DEMBOWSKI, H. *Einführung in die Christologie*. Darmstadt: [s.e.], 1976.

DUQUOC, C. *Christologie: essay dogmatique*. 2 vols. Paris: [s.e.], 1971/1972.

GRESHAKE, G. *Erlöst in einer unerlösten Welt?* Mainz: [s.e.], 1987.

HÜNERMANN, P. *Offenbarung Gottes in der Zeit*: Prolegomena zur Christologie. Münster: [s.e.], 1989.

JOEST, W. *Dogmatik*. Vol. 1. Göttingen: [s.e.], 1984, p. 186-273.

KASPER, W. *Der Gott Jesu Christi*. Mainz: [s.e.], 1982, p. 199-245.

_____. *Jesus der Christus*. Mainz: [s.e], 1974.

KESSLER, H. *Sucht den Lebenden nicht bei den Toten*: Die Auferstehung Jesu Christi in biblischer, fundamentaltheologischer und systematischer Sicht. 2. ed. Düsseldorf: [s.e.], 1987.

_____. *Erlösung als Befreiung*. Mainz: [s.e.], 1972.

LAURET, B. Systematische Christologie [1982]. In: EICHER, P. (org.). *Neue Summe Theologie*. vol. 1, Friburgo: [s.e.], 1988, p. 136-284.

MacQUARRIE, J. Jesus Christus (dogmatisch). In: *Theologische Realenzyklopädie*. vol. 17, 1988, cols. 42-64.

MOLTMANN, J. *Der Weg Jesu Christi*: Christologie in messianischen Dimensionen. 2. ed. Munique: [s.e.], 1989 [trad. bras. *O caminho de Jesus Cristo*. Cristologia em dimensões messiânicas. Petrópolis, 1995].

PANNENBERG, W. *Systematische Theologie*. Vol. 2. Göttingen: [s.e.], 1981, p. 315-511.

PRÖPPER, T. *Erlösungsglaube und Freiheitsgeschichte*: Eine Skizze zur Soteriologie. 2. ed. Munique: [s.e.], 1988.

RAHNER, K. *Curso fundamental da fé*. São Paulo, 1989, p. 215-377 [orig. alemão: *Grundkurs des Glaubens*: Einführung in den Begriff des Christentums. Friburgo: [s.e.], 1976, p. 180-312].

SCHWAGER, R. *Jesus im Heilsdrama*: Entwurf einer biblischen Erlösungslehre. Innsbruck-Viena: [s.e.], 1990.

SOBRINO, J. *La fe en Jesucristo*. Ensayo desde las víctimas. Madri: [s.e.], 1999 [trad. port.: Petrópolis, Vozes].

D. CRISTOLOGIA

_____. *Jesus o Libertador*: História de Jesus de Nazaré. Petrópolis: Vozes, 1994 [orig. espanhol: *Jesucristo Liberador*. Lectura histórico-teológica de Jesús de Nazaret. 2. ed. Madri: [s.e.], 1991, 1993].

_____. *Cristologia a partir da América Latina*. Petrópolis: Vozes, 1983 [orig. espanhol: *Cristología desde América Latina*. 2. ed. Cidade do México: [s.e.], 1976].

STRAHM, D. & STROBEL, R. (orgs.). *Vom Verlangen nach Heilwerden*: Christologie in feministischer Sicht. Friburgo(Suíça)-Luzerna: [s.e.], 1991.

VEKATHANAM, M. *Christology in the Indian Anthropological Context*. Frankfurt-Berna-Nova York: [s.e.], 1986.

WERBICK, J. *Soteriologie*. Düsseldorf: [s.e.], 1990.

PARTE III

VIDA A PARTIR DO ESPÍRITO

E. PNEUMATOLOGIA

*Bernd Jochen Hilberath**

1. Introdução

A obra do Espírito Santo é a presentificação, continuação e consumação da autocomunicação de Deus em Jesus Cristo. Nos manuais de dogmática que seguem a estrutura trinitária do Credo, na terceira parte se trata, correspondentemente, de Deus o santificador e consumador. Visto que também na atualidade esse enquadramento de modo algum é óbvio e, por sua vez, ainda possibilita diversas priorizações da pneumatologia, torna-se necessário, antes de definir com maior exatidão o lugar deste tratado 1.2.), submeter a situação atual da (vida de) fé e da teologia a uma análise diferenciadora com vistas à experiência e à teologia do Espírito. Além disso, no interesse de uma hermenêutica apropriada do testemunho bíblico e da história da tradição, é mister fazer algumas observações preliminares sobre a terminologia (1.3.).

1.1. Situação: experiência e teologia do Espírito

1.1.1. Esquecimento do Espírito

Nos primeiros anos após o Concílio Vaticano II, relatos sobre a situação relativa ao tema "experiência e teologia do Espírito Santo" eram determinados, em sua parte diagnóstica, pelo termo-chave "esquecimento do Espírito". A própria teologia era, não raro, acusada de até primar pela ausência do Espírito. Já em 1951 Emil Brunner († 1966) havia afirmado que o Espírito Santo "sempre foi mais ou menos um enteado da teologia e a dinâmica do Espírito, um fantasma para os teólogos" (BRUNNER, E. *Buch*, 55). O que até então representava uma queixa expressa por poucos tornou-se um *slogan* corrente nos anos da arrancada eclesial e teológica.

---

* Tradução de Luís M. Sander.

E. PNEUMATOLOGIA

1.1.1.1. Razões

As razões para a negligência ou o esquecimento do Espírito Santo remontam a um distante passado da fé, da Igreja e da teologia.

a) *Dificuldades com movimentos centrados no Espírito* – Desde o início as comunidades cristãs, depois a grande Igreja em formação e, após o cisma de fé, as Igrejas confessionais sentiram, cada uma à sua maneira, como perturbadores e perigosos os movimentos entusiastas e carismáticos (p. ex., montanistas, adeptos de Joaquim de Fiore, movimentos batistas, quacres, Igrejas pentecostais) que invocavam o Espírito. Em face da suposta alternativa: "tumulto ou ordem", ocorreram uma ampla domesticação e institucionalização do Espírito Santo. Assim, diferentemente do âmbito da Igreja Ortodoxa, "a doutrina ocidental do Espírito [...] não se tornou em primeiro lugar uma doutrina sobre o Espírito, mas sobre sua administração pela Igreja" (HOLLENWEGER, W.J. *Geist*, 305). As consequências desse desenvolvimento foram: reserva de experiências "autênticas" do Espírito para a Igreja dos primeiros tempos, redução da atuação atual do Espírito à vida interior do indivíduo, crescente dualismo entre espírito e matéria em virtude de uma intelectualização do discurso sobre o Espírito.

b) *Deslocamento do interesse teológico* – O menosprezo da atuação do Espírito na vida de fé e na teologia prática corresponde a reduções ocorridas na teologia dogmática (sistemática). Só quando, em épocas de crise na Igreja, rebentos carismáticos e movimentos de reforma motivados por experiências do Espírito se articulavam é que a teologia do Espírito passava para o centro do interesse e era tematizada. Isto aplica-se também aos acréscimos e formulações doutrinais de caráter pneumatológico feitos no Concílio de Constantinopla em 381, que se devem substancialmente à experiência espiritual de teólogos monacais e à crítica pneumatologicamente embasada que era movida à configuração eclesiástico-imperial do cristianismo.

Sobretudo na Igreja latina, a forte acentuação da igualdade de Pai e Filho (e Espírito), bem como o ponto de partida na natureza divina única ou na substância divina única na teologia da Trindade, acarretaram uma redução das *proprietates* (peculiaridades) histórico-salvíficas a meras *appropriationes* (apropriações) e a uma excessiva distinção entre Trindade econômica e imanente. Assim, o fato de que justamente o Espírito Santo representa a mediação e ligação da vida intradivina com a atuação salvífica do Deus triúno foi perdido de vista e a soteriologia tipicamente ocidental foi em grande parte de fato formulada "sem o Espírito".

c) *"Cristomonismo" da teologia ocidental* – Os teólogos orientais procuraram conservar o perfil peculiar das pessoas trinitárias encarando o Pai como fonte da divindade e fundamento da unidade, do qual o Filho e, à sua maneira, o Espírito procedem de modo autônomo em cada caso. O minimalismo pneumatológico do Ocidente é estigmatizado por teólogos orientais com os *slogans* "subordinatismo pneumatológico" e "filioquismo" (→ 3.3.2.). Neste contexto os críticos enfocam não tanto os acentos teológico-trinitários, e sim, antes, as consequências eclesiológicas da subordinação do

1. Introdução

aspecto carismático, da acentuação excessiva do aspecto jurisdicional e hierárquico ao invés da sinodalidade e conciliaridade. Não por último, as Igrejas do Oriente deploram o cristomonismo, isto é, o cristocentrismo unilateral nas atividades litúrgicas e sacramentais da cristandade ocidental.

d) *Déficit na própria doutrina da graça* – A teologia ocidental enfocou a função econômico-salvífica do Espírito ao menos na doutrina da graça, ainda que, também neste caso, amplamente reduzida à doutrina da "inabitação do Espírito Santo" no indivíduo cristão. A distinção escolástica entre graça incriada e criada oferece basicamente a possibilidade de apreciar o Espírito Santo como graça incriada em seu caráter preveniente à ação humana. Entretanto, deve estar correta a crítica da teologia reformatória de que a tradicional doutrina católica romana da graça enquanto antropologia teológica estava mais fortemente interessada no próprio ser humano (agraciado). De resto, isso não queria dizer que do lado protestante se concedesse à pneumatologia uma importância substancialmente maior. Isso só se aplica irrestritamente a Calvino.

1.1.1.2. Diferenciação dos resultados

Os motivos e desdobramentos mencionados contribuíram para que "o discurso acerca do Espírito Santo tenha se tornado particularmente incompreensível para o presente e, por isso, seja deixado como está" (PANNENBERG, W. *Glaubensbekenntnis*, 136). Não é só com vistas à situação intraeclesial que esse resultado deve desencadear sérias ponderações. Conjectura-se inclusive que "há uma conexão entre o triunfo do ateísmo no mundo moderno e a [...] ausência de uma teologia e de uma prática do Espírito Santo" (COMBLIN, J. *Espírito*, 61).

Ora, nos debates dos últimos anos apontou-se, com razão, para o fato de que nem na vida de fé nem na reflexão sobre a fé houve um total esquecimento do Espírito. Pelo menos Pentecostes permaneceu, em geral, como festa do Espírito Santo, uma data habitualmente fixa na consciência cristã. A invocação do Espírito criador foi um exercício espiritual frequente.

Já que a história da pneumatologia ainda não foi suficientemente pesquisada, deve-se advertir contra juízos generalizantes. Além disso, o embaraço pneumatológico também parece estar fundamentado na singularidade do próprio Espírito: o Espírito Santo aponta para longe de si, aponta para Cristo, e é experimentado mais como poder e força do que como "pessoa". Assim, aquele que comunica a proximidade familiar de Deus é ao mesmo tempo particularmente inefável e abscôndito.

1.1.2. Redescoberta do Espírito Santo

1.1.2.1. Experiências

Desde meados dos anos de 1960 movimentos carismáticos estão ineludivelmente presentes nas Igrejas cristãs. O engajamento ecumênico mais acentuado da Igreja

E. PNEUMATOLOGIA

Ortodoxa produz efeito até nos textos da Comissão de Fé e Constituição do Conselho Mundial de Igrejas. Segundo a expectativa de João XXIII, com o Concílio Vaticano II iria despontar um novo Pentecostes para a Igreja Católica Romana. Na esteira do concílio ocorreram duas rodadas de diálogo entre o Secretariado para a Unidade dos Cristãos e representantes das Igrejas pentecostais e do movimento carismático; a terceira rodada de diálogo entre a Igreja Católica Romana e o Conselho Mundial de Igrejas Metodistas escolheu o tema "O estudo do Espírito Santo" (cf. MEYER, H. et al. [orgs.], *Dokumente*, 476-486; 455-475). Com a ampliação trinitária da fórmula básica originalmente cristocêntrica, a assembleia geral do Conselho Mundial de Igrejas em Uppsala (1968) colocou ao mesmo tempo um acento pneumatológico; para a 7ª assembleia geral em Canberra (1991), o tema foi formulado como oração: "Vem, Espírito Santo, renova toda a criação!"

Além da renovação carismática nas comunidades e o movimento (de juventude) oriundo de Taizé, mencionamos expressamente os movimentos de renovação na Igreja latino-americana: "A experiência de Deus vivida pelas novas comunidades cristãs da América Latina é propriamente a experiência do Espírito Santo" (COMBLIN, J. *Espírito*, 9). Os teólogos reconhecem como sinais da atuação do Espírito o novo jeito de lidar com a Bíblia, a reaquisição da capacidade para a oração espontânea e pessoal, bem como para a festa e a celebração, as experiências de uma nova condição de sujeito na ação individual e comunitária.

Essas experiências positivas lançam uma luz mais clara ainda sobre as deficiências deploradas; a Igreja e a teologia precisam encarar os desafios de ambos os lados. Em meio a todo o zelo pela renovação e pela confluência ecumênica das Igrejas não deveríamos nos esquivar do desafio fundamental representado pelas múltiplas crises da situação em que se encontra a humanidade de modo geral; em última análise, quem provoca os cristãos aqui é o Espírito que eles invocam e refletem na liturgia e teologia como Espírito criador, como vínculo de unidade e presente da paz, como pai dos pobres.

1.1.2.2. Tarefas

O novo interesse teológico pela experiência e teologia do Espírito Santo tem, pois, causas internas e externas. Entretanto, as próprias correntes novas só avançaram pouco no trabalho de reflexão teológica.

A tarefa que se nos coloca é abrangente, pois não estão em pauta apenas a elaboração de um tratado sobre o assunto e o rastreamento da dimensão pneumatológica de temas dogmáticos, mas também uma renovação pneumatológica da teologia como tal. Com frequência se lembra, neste contexto, o "sonho" de Karl Barth († 1968) de uma nova teologia do terceiro artigo (do Credo), expresso por ele em seu último ano de vida (cf. BARTH, K. *Nachwort*, especialmente 311s.). A nova reflexão já produziu frutos no empenho por uma cristologia pneumatológica e por uma renovação do *Veni, creator spiritus* na teologia da criação. No âmbito da eclesiologia os problemas

1. Introdução

se enfeixam, e se é certo que "no fundo [...] a Igreja nunca perdeu inteiramente o medo do Espírito" (SCHÜTZ, C. *Einführung*, 13), a tarefa teológica adquire uma candência específica não só no âmbito da eclesiologia.

Ao mesmo tempo, contudo, os/as próprios/as teólogos/as estão desafiados/as, porque a fala *sobre* o Espírito só pode ter êxito e ganhar credibilidade *a partir* do Espírito.

1.2. O lugar da pneumatologia

A teologia acadêmica clássica não possui um tratado próprio intitulado *De Spiritu Sancto*. Ora, se atualmente se exigem uma renovação e um aprofundamento pneumatológicos de toda a teologia, então recrudesce a pergunta: Afinal, pode e deve haver uma pneumatologia como tratado dogmático próprio? No entanto, a pneumatologia compartilha sua singularidade de ser um tópico doutrinário particular e, ao mesmo tempo, uma dimensão de toda a teologia com outros temas centrais (p. ex., criação, graça, escatologia), mas em grau especial com a cristologia. A experiência cristã de que Deus Pai cria, liberta e consuma os seres humanos em seu mundo por meio de Jesus Cristo no Espírito Santo significa para a teologia cristã que ela só fala adequadamente de Deus quando fala, ao mesmo tempo, de Cristo e do Espírito, quando, pois, está dimensionada em termos cristológicos e pneumatológicos. Uma dogmática que siga a estrutura trinitária do Credo vai, já na interpretação do primeiro artigo, tratar do Espírito de Deus, especialmente de sua atuação na criação, e vai desdobrar pneumatologicamente o segundo artigo sobre Cristo.

Essa interpenetração trinitária, entretanto, não deve ser entendida equivocadamente nos moldes do clássico axioma da unidade indivisa da atuação divina para fora → Doutrina da Trindade 4.4.3.). É preciso, antes, preservar as peculiaridades das pessoas na estruturação da história da salvação. Em nosso contexto, portanto, está em pauta não só a experiência *no* Espírito, mas também a experiência *do* Espírito, obviamente como Espírito Santo do Pai e do Filho. Como tal ele presentifica a história de amor de Deus com os seres humanos que culmina em Jesus Cristo, razão pela qual o terceiro artigo deve ser entendido como confissão do Espírito Santo e sua atuação santificadora escatológica. Em termos metodológicos isso requer um movimento duplo, em direções contrárias: por um lado, o que o Espírito Santo é será descoberto a partir dos efeitos que produz; por outro, a "reflexão sobre a essência", que vai ter lugar num tratado próprio, serve, por sua vez, ao discernimento dos espíritos nas realidades da vida na Igreja e fora dela (→ 4.3.1.).

Portanto, a pneumatologia encontra seu lugar, por um lado, no entrelaçamento do terceiro artigo com os dois primeiros do Credo e, por outro, como tratado próprio nos moldes de um sinal determinante de todos os tratados seguintes que desdobram as afirmações confessionais do terceiro artigo.

E. PNEUMATOLOGIA

1.3. A terminologia diversificada e a experiência básica: Espírito e vida

1.3.1. Indicações sobre o campo semântico "espírito"

Uma primeira reflexão hermenêutica sobre as compreensões prévias implícitas nos modos de falar correntes deve ter dois aspectos em mente: para que o discurso teológico sobre o Espírito (Santo) seja compreensível, ele não pode operar com um conceito particular intrateológico; por outro lado, com vistas ao discernimento dos espíritos, ele precisa defender-se contra todas as misturas inadmissíveis.

"Espírito" é tido como uma "palavra originária" (Kern, W. *Geist*, 62) não definível – e muito menos *a priori*. Inicialmente deve-se fazer esta observação crítica frente à associação e até identificação, ainda dominantes em nossa cultura ocidental, do espírito com a consciência (individual), que muitas vezes estão ligadas a uma dissociação de corpo (matéria) e espírito. Na esteira de correntes que devem ser classificadas preponderantemente como pseudorreligiosas, também está em alta o discurso acerca de espíritos (bons ou maus). Entretanto, o campo semântico tanto da linguagem cotidiana quanto da elevada é muito mais amplo e exibe toda sorte de associações, algumas das quais extremamente contraditórias (p. ex., Espírito: a essência de Deus – espírito: um fantasma).

Em muitas composições de palavras e expressões idiomáticas expressa-se sobretudo a relação entre espírito e (manifestações de) vida: "despertar espíritos vitais, entregar o espírito; força ou poder do espírito; vida e história do espírito; presença de espírito e espirituoso". Como complementação a isso, termos como "destituído de espírito [= sem a graça]" e "doença do espírito [= doença mental]" designam a cisão de espírito e vida. *Sem que haja necessidade de espremer o acervo de termos e expressões, podem-se perceber a "indisponibilidade" (dons do espírito, raios do espírito) e "força de comunicação criadora de vínculo" (espírito de grupo, espírito de equipe) como primeiras características de uma acepção básica de "espírito".*

1.3.2. Indícios de uma acepção religiosa originária

À impossibilidade de dispor do espírito correspondem elementos que provavelmente fazem parte da constituição etimológica originária (controvertida nos detalhes) do termo: invisível, inapreensível, dinâmico-movimentado, extasiante, desconcertante, assustador. Segundo a pesquisa mais recente, o termo alemão *Geist* designa originalmente "uma força divina sobre-humana e vivificante, que mostra sua atuação ou seus efeitos no êxtase religioso" (OEING-HANHOFF, L. verbete *Geist* I, in: HWP, vol. 3, 156).

Ao passo que a associação dominante "espírito-consciência" tem suas raízes histórico-conceituais preponderantemente no termo grego νους (nous), o termo alemão mostra, a partir de sua raiz, uma capacidade de absorção do teor semântico ligado aos termos bíblicos *ruah* e πνευμα (pneuma), que foi mediado pelo termo latino *spiritus*. A acepção originária subjacente a todos os três termos é "ar movido = vento, hálito ou sopro, respiração". Neste sentido, a passagem do uso profano para o religioso, do antropológico para o teológico é fluida. Pelo visto, o termo teológico "Espírito Santo" só foi conformado como termo fixo no protocristianismo: πνευμα αγιον (pneuma hagion) é estranho ao grego profano; na LXX esse termo composto só se encontra em Sl 51,13 e Is 63,10s. como tradução de *ruah hakkodesh* (espírito de santidade). O aspecto intrínseco ou específico da experiência cristã do Espírito compeliu, também em latim, a uma inovação linguística: distanciando-se da expressão *spiritus sacer* do estoicismo, que tendia a identificar o espírito humano e o divino, os cristãos criaram o termo composto *spiritus sanctus*.

A partir da história do conceito, colocam-se sobretudo duas tarefas para a pneumatologia bíblico-cristã: preservação da diferença entre espírito humano e divino; radicalização da pergunta pelo nexo entre Espírito e vida. A resposta e, com isso, os critérios para a definição diferenciadora da verdadeira vida, do verdadeiro entusiasmo e êxtase, do verdadeiro conhecimento, da verdadeira integralidade e comunhão ou comunidade devem ser desenvolvidos a partir da confissão do Espírito que "é Senhor e vivifica".

2. Fundamentos bíblicos

Um exame do AT abre os olhos para a riqueza da pneumatologia bíblica e revela as tradições nas quais se radica a confissão cristã.

2.1. Espírito de Deus e Povo de Deus no Antigo Testamento

2.1.1. Espírito da vida: a riqueza da experiência de Israel refletida no vocábulo *ruah*

Já a partir de sua acepção etimológica originária o vocábulo hebraico *ruah* assinala o nexo existente entre Espírito e vida. Ele designa, nos moldes de um movimento de ar surpreendente e forte, o movimento do vento e da respiração e, com isso, o ar para a respiração ou a atmosfera climática necessários para a vida (o vento refrescante que traz chuva fértil). Ambas as coisas não estão dadas como algo óbvio, e a experiência da ausência mortífera da *ruah* ou das forças destruidoras do vento (do leste) caracterizam a ambivalência da existência humana. Isso é expresso também pelo precoce nexo antropológico existente no emprego de *ruah* em que este termo designa uma vitalidade física e psíquica imprevisível, enorme e até violenta, e, além disso, não só as forças atuantes a partir de dentro, mas também as que agem sobre o ser humano a partir de fora. Só desde a época do exílio *ruah* significa a respiração tranquila e comum do ser humano. Agora sua acepção – indo além de "força vital, ânimo ou mente, vontade" – também pode ser traduzida por "espírito", e espírito entendido "não tanto como parte, mas como capacidade do ser humano" ou, em textos poéticos, também como sinônimo de "eu" (ALBERTZ, R. & WESTERMANN, C. *Ruah*, in: THAT, vol. 2, 741).

E. PNEUMATOLOGIA

A relação com o verbo "ser leve, amplo" ou com o substantivo "amplitude, espaço", formados a partir das mesmas consoantes, é controvertida. Em termos pneumatológicos uma acepção básica como "criar espaço, colocar em movimento, tirar da estreiteza e conduzir para a amplitude e, assim, tornar vivo" (SCHÜNGEL-STRAUMANN, H. *Ruah*, 61) seria altamente interessante.

É característico das experiências do espírito no AT o fato de que o emprego profano ou antropológico de *ruah* é muitas vezes (em cerca de um terço das aproximadamente 400 ocorrências) enquadrado num contexto teológico de significado. A transição fluida mostra-se onde o vento aparece como instrumento do agir curativo ou destruidor de Deus e o espírito vital do ser humano é atribuído implícita ou explicitamente a Deus ou a seu Espírito como doador de toda vida.

Para o ser humano do AT tudo provém de Deus, e o quanto isso é verdade é documentado pela observação de que se atribui certa autonomia às forças demoníacas e negativas, que também são designadas com *ruah*, e de que a proveniência delas frequentemente permanece obscura; entretanto, elas são subordinadas a Javé de tal modo que às vezes Ele próprio aparece como seu causador (cf. 1Sm 16,14-23; 18,20; 19,9).

Como teológico em sentido mais estrito pode ser tido o emprego de *ruah* onde este termo designa a força espiritual que parte de Deus *(Yahweh, elohim)*, a força profética ou, bem diretamente, o Espírito de Deus. Existem 60 a 70 ocorrências que abonam este emprego. A riqueza de acepções de *ruah* pode, pois, ser estruturada da seguinte maneira:

1) acepção etimológica originária: movimento de ar surpreendente e forte; (movimento do vento, da respiração); amplitude (?);

2) acepção básica: vento; respiração;

3) desdobramento antropológico: força vital; ânimo ou mente; vontade;

4) acepção teológica: força espiritual divina; força profética; Espírito de Deus.

Ruah é quase sempre feminino. Contudo, visto que em hebraico o gênero de um substantivo – que nas línguas semíticas tem uma importância que não deve ser subestimada – é determinado pelo contexto, esse termo também é empregado como masculino em algumas passagens (segundo SCHÜNGEL-STRAUMANN, H. *Ruah*, 70, seriam apenas "uma meia dúzia"). Mesmo que outros autores (cf. SCHARBERT, J. *Fleisch*, em especial 19, nota 29) verifiquem a existência de mais "exceções masculinas" e, sobretudo, casos indefinidos, essa constatação deveria ser registrada com atenção teológica, principalmente "por causa das tarefas, imagens e propriedades que acompanham esse 'Espírito'. [...] Deus como *ruah* revela-se de modo particular nos papéis maternos da criação, manutenção e proteção da vida. [...] O Deus *ruah* da Bíblia é um Deus que está constantemente em relação com a vida e a faz surgir como o faz uma mãe" (RAURELL, F. *Mythos*, 58).

Em contextos teologicamente significativos ruah *refere-se à força vital dinâmica (criativa).* Por isso uma elaboração sistemático-teológica dos textos do AT pode orientar-se pelo fio condutor "Espírito e vida".

2. Fundamentos bíblicos

2.1.2. Primeiras experiências do Espírito: Deus age salvando a vida de seu povo

O que unia os grupos, clãs e tribos de Israel e fazia deles um único povo, o povo de Javé, era a confissão da experiência básica dos pais (e mães) de que o próprio Deus havia tirado "Israel" da casa da servidão, o Egito, e o conduzido à terra prometida (cf. o chamado credo histórico-salvífico em Dt 26). Javé fizera isso "com mão forte e braço estendido, sob grande espanto, sob sinais e prodígios" (Dt 26,8) e, assim, fundamentara a esperança de que continuaria a livrar seu povo de toda aflição e o manteria vivo. Para tanto Ele escolhe – como o fez outrora em relação a Moisés – distintos líderes; porém, enquanto que Moisés é visto como profeta dotado do Espírito só em retrospectiva (cf. Is 63,11.14), Israel experimenta agora diretamente a atuação do Espírito.

2.1.2.1. Liderança carismática (juízes)

Nos primeiros livros históricos (Jz; 1Sm) constata-se a existência de uma primeira utilização acumulada de *ruah*. Aí este termo ainda contém muitos elementos originários: a *ruah* vem de repente, de maneira inesperada, "tempestuosamente" (como um pé de vento), também assustando e desconcertando; ela autoriza a fazer coisas enormes e até atos de violência. O Espírito de Deus "impele" a Sansão (Jz 13,25); "sobrevém" a Otniel (Jz 3,10) e a Jefté (11,29), aos mensageiros de Saul (1Sm 19,20) e por fim ao próprio Saul (19,23); ele "reveste" a Gedeão (Jz 6,34); "penetra" em Sansão (Jz 14,6.19; 15,14) e por fim mais uma vez em Saul (1Sm 10,6.10; 11,6). As ações bélicas de salvamento são, em última análise, guerras de Javé, nas quais sua *ruah* toma a iniciativa (cf. Jz 6,34; 11,29; 1Sm 11,6). Nas narrativas sobre Sansão a transição fluida da terminologia antropológica para a teológica torna-se palpável: a *ruah* que vem subitamente sobre Sansão potencia sua força física de modo gigantesco. Isto é, num primeiro momento, pura demonstração de poder (cf. Jz 14,6.19; 15,14); o poder vital de Sansão também não se deve unicamente à *ruah* de Javé (cf. 13,4s.; 16,3.28); entretanto, no contexto das guerras de Javé, Sansão se torna uma figura salvadora.

Israel vive, portanto, a partir da experiência de que Javé, como o fez outrora no Egito, compadece-se da aflição de seu povo, ouve o clamor dos oprimidos, quando deixam os deuses estranhos e se convertem a Ele (cf. Jz 10,6-16). *Em perigo extremo sua ruah afasta a aflição ao se apoderar de indivíduos e capacitar o povo a resistir de maneira coesa aos inimigos (cf. 1Sm 11,7). Embora ao mesmo tempo se ponham em evidência capacidades humanas extraordinárias, em última análise é o Espírito divino que presenteia o carisma dos líderes.*

2.1.2.2. O profetismo extático dos primórdios

Nos primórdios de Israel o discurso acerca da *ruah* encontra-se, além da tradição das guerras de Javé, também no contexto do profetismo extático. Aqui a *ruah* não vem apenas sobre indivíduos, mas sobre um grupo inteiro de profetas (1Sm 10,5-13; 19,20-24), sem – como mostra o exemplo de Saul e seus servidores – ficar restrita a

E. PNEUMATOLOGIA

esse círculo. A atuação do Espírito que coloca as pessoas em êxtase permanece uma manifestação passageira (cf. 19,24). O fato, porém, de que, pelo visto, esses fenômenos são provocados e repetidos poderia tornar compreensível a atitude acentuadamente negativa para com o êxtase profético (cf. 10,10-13a; 19,8-24).

O êxtase profético não representa um aspecto específico da experiência veterotestamentária do Espírito, o que é sublinhado pela expressão *ruah elohim* (*ruah Yahweh* só se encontra em 1Sm 10,6), que é sempre usada nestes contextos e poderia revelar uma origem cananeia. O que deve ser decisivo para a experiência do Espírito por parte de Israel é o fato de que o êxtase, embora seja produzido pelo Espírito, não está ligado às palavras e ações salvadoras de Javé.

2.1.2.3. Vinculação do Espírito à monarquia

O profetismo extático dos primórdios tem, portanto, caráter meramente episódico. Mas também no caso dos líderes carismáticos o arrebatamento pela *ruah* de Javé permanece um fenômeno único e em todo caso passageiro. A rigor isto se aplica também ainda a Saul, acerca do qual se diz, após sua unção por Samuel: "O Espírito de Deus veio sobre Saul, e Saul entrou em êxtase profético no meio deles" (1Sm 10,10; cf. 10,6). Embora neste contexto se diga que Deus mudou o coração de Saul (cf. 10,9), a *ruah* de Javé se afastou novamente de Saul (cf. 16,14). Ela havia passado para Davi, acerca de quem agora se diz: "E o Espírito do Senhor estava sobre Davi daquele dia em diante" (16,13). *Agora não se trata apenas de ser colocado em arrebatamento profético; a concessão do Espírito e a unção associam-se à pregação e instrução autoritativas operadas pelo Espírito:* as "últimas palavras de Davi [...], o ungido do Deus de Jacó", são introduzidas pela confissão: "O Espírito do Senhor falou por meu intermédio, sua palavra estava em minha língua" (2Sm 23,1s.).

Com Davi a experiência do Espírito por parte de Israel atinge um novo estágio: a ruah *não intervém mais em situações de extrema aflição quase como num ataque de surpresa, mas torna-se uma dádiva permanente para o ungido, o eleito de Javé.* Com isso, todavia, o discurso acerca do Espírito também perde em concretitude na medida em que só se fala da dotação do rei com o Espírito em termos genéricos, lançando um olhar para a frente (em conexão com a ascensão ao trono) ou para trás, mas suas distintas palavras e ações não são atribuídas a uma atuação direta do Espírito. Possivelmente se expressa aqui o que torna-se determinante para a posterior história da fé de Israel: a coalizão de Espírito de Deus e poder político é efetivamente frágil, o que foi mostrado de modo plástico, não por último, pela história do próprio Davi. Encaixa-se nesse contexto o fato de que nos textos legais e jurídicos do AT a *ruah Yahweh* não tem qualquer importância. *Na esteira da escatologização da fé de Israel a ideia da monarquia no Espírito de Javé passa para o messias como rei salvífico pelo qual se anseia* (cf. Is 11,2; 42,1; 61,1).

2.1.2.4. O Espírito de Deus e os profetas

Tanto no profetismo pré-clássico quanto no profetismo literário de Amós até Jeremias falta quase inteiramente a vocação pela ruah *de Javé ou a invocação dela.* A razão disso deve ser, além do distanciamento em relação a fenômenos extáticos, sobretudo a confrontação com falsos profetas, cujo espírito evidencia-se como espírito da mentira (cf. 1Rs 22 = 2Cr 18). Nos acréscimos a Nm 11 torna-se palpável a busca de autenticidade e legitimidade de experiências do Espírito: enquanto que em 11,26-28 se reclama a antiga concepção dinâmica, 11,25 defende uma institucionalização: o Senhor tomou algo do Espírito que repousava sobre Moisés e o colocou sobre os 70 anciãos, sobre os quais agora Ele também repousava e os quais colocava, ao mesmo tempo, em arrebatamento profético permanente. Em 11,29, por fim, expressa-se o desejo de uma universalização da posse do Espírito: "Oxalá todo o povo do Senhor se tornasse um povo de profetas, que o Senhor colocasse seu Espírito sobre todos eles!"

Na medida em que os profetas devem transmitir a Palavra de Deus, que muitas vezes parece impotente, eles justamente não podem se legitimar por meio de êxtases e demonstrações de força. Os versículos Os 9,7; Mq 3,8; Is 30,1; 31,3 e mesmo Is 11,1-5 não podem ser aduzidos como abonações originais da noção de uma inspiração profética. Em Jeremias falta inteiramente o termo *ruah* com a acepção de "Espírito".

Com Ezequiel começa a esboçar-se uma nova atitude. Ela se expressa num aprofundamento teológico da acepção básica de *ruah* = "vento": o profeta se sente levantado e levado (Ez 3,14) ou arrebatado (8,3) pela *ruah* de Deus (11,24: *ruah elohim;* 37,1: *ruah Yahweh*). Esses arrebatamentos introduzem muitas vezes uma visão reveladora, de modo que, por fim, em Ez 11,5 (uma passagem redacional) a própria *ruah* torna-se meio de revelação: "Então o Espírito de Javé veio sobre mim e me disse: Fala: Assim diz o Senhor..." *Em Ezequiel, porém, a própria pregação profética ainda não é designada como dádiva ou incumbência do Espírito de Deus. Entretanto, isso muda já durante a época do exílio nos círculos reunidos em torno de Dêutero-Isaías e Trito-Isaías.* Javé coloca seu Espírito sobre seu servo (Is 42,1), sua *ruah* repousa sobre seu ungido (61,1), o "Espírito de sua santidade" (63,10) confere – em associação com uma unção – o carisma profético. Nesta perspectiva, então, Moisés é visto, em retrospecto, como profeta dotado do Espírito (cf. 63,11.14), e mais: o derramamento do Espírito sobre todo o povo (casa) de Israel prometido em Ez 39,29 é entendido em Is 59,21 como dádiva permanente e interpretado em Jl 3,1 como carisma profético de todos. *Embora mais tarde essa linha pneumatológica universal de um carisma profético de todos os crentes não se tenha mantido, a partir de então o profetismo e a dádiva do Espírito (inspiração) formavam uma unidade.*

2.1.3. A experiência do Espírito mediada pelo exílio: Deus, o Senhor da vida, cria nova vida

A experiência do exílio assinala um momento crucial não só no que diz respeito ao relacionamento entre o Espírito e o profeta ou a palavra profética. O fato de *ruah,* ago-

E. PNEUMATOLOGIA

ra, mediante a aclaração e a superação de noções e formas de expressão tradicionais, adquirir contornos mais nítidos como "*ruah Yahweh*" – de modo que pode tornar-se um órgão central da ação salvífica divina – servia ao discernimento dos espíritos. Também neste sentido o Livro de Ezequiel documenta a inovação pneumatológica.

No exílio Israel dirige seu olhar não só para a frente, para possibilidades de salvação no futuro, mas – nos moldes de uma reflexão autocrítica talvez até inicialmente – para trás: o povo ou seus profetas e teólogos leem a própria história com olhos novos, abertos pela experiência do desterro e cativeiro. Assim, no exílio brota não só a esperança de uma nova criação → 2.1.3.2.); antes, a experiência histórica pregressa de salvação é complementada e ampliada também em termos da teologia da criação (→ 2.1.3.1.). Portanto, o enriquecimento da experiência e teologia do Espírito de Israel que foi determinado pelo exílio precisa ser explicado em duas direções (criação – nova criação).

2.1.3.1. *Ruah* como poder vital criador

A depuração e o aprofundamento da experiência de Deus de Israel durante os amargos anos do exílio também se expressaram no discurso concreto acerca de Javé, o criador do mundo. O que antigamente se experimentou em distintas situações da vida amplia-se agora, formando a experiência da dependência permanente da *ruah* doadora de vida de Javé.

a) *O criador age através de sua ruah* – Segundo o Livro de Êxodo, a "*ruah* de Javé" teve papel decisivo na travessia pelo mar: com ela o Senhor fez o mar retirar-se (Ex 14,21) ou fez as massas de água se amontoarem (Ex 15,8). Também em outras passagens antigas se atesta que Israel sentia no vento a respiração de Javé. O salmo 104, que é um salmo pós-exílico da criação, celebra de maneira impressionante o poder criador da própria *ruah:* "Se ocultas teu rosto, eles se perturbam; se lhes tiras a respiração, desvanecem e retornam ao pó da terra. Se envias teu Espírito, todos eles são criados *[bara']*, e assim renovas a face da terra" (Sl 104,29s.). Visto que o relato da criação do Escrito Sacerdotal está radicado nas mesmas tradições, em Gn 1,2 ("e a *ruah elohim* pairava sobre a água") o espectro de acepções desse termo não deve ser precipitadamente limitado a "tempestade sobre as águas do caos". Com base na experiência específica de Deus e do Espírito feita por Israel pode-se, levando em consideração o contexto teológico redacional e a história de suas repercussões, supor que tenhamos aqui também uma alusão ao poder criador de Javé sobre o caos. Em Sl 33,6 a *ruah* aparece paralelamente à palavra criadora: "Os céus foram criados pela palavra do Senhor, e todo o exército deles pelo sopro de sua boca". Neste contexto não é desprovido de interesse o paralelo, expresso em palavra profética em Is 55,10s., entre a atuação inquebrantável da palavra divina e a das forças da criação (chuva/neve).

Portanto, assim como a palavra profética e o Espírito divino que a inspira, também a palavra criadora e a ruah *criadora de Javé são interligadas desde o exílio. Na literatura sapiencial, por fim, a palavra, o Espírito e a sabedoria aparecem intercambiavelmente numa função criadora (cf. Eclo 24; Sb 7,22; 9,1).*

b) **O ser humano vive da ruah de Deus** – Nos textos pós-exílicos *ruah* desenvolve uma gama de acepções antropológicas, aproximando-se de *neshamah* ("hálito ou fôlego de vida") ou *leb* ("coração"). E aí esse termo conserva o momento de indisponibilidade contido em suas acepções básicas: não só se atribuem à *ruah* divina capacidades humanas incomuns (cf. Gn 41,38) e talentos criadores de cultura (cf. Ex 28,3; 31,3; 35,31), mas a *ruah* continua sendo um poder que pode dominar o ser humano a partir de dentro e de fora e que, como poder vital divino, nunca se torna um componente natural do ser humano. Como corroboram Gn 2,7; Sl 104,29s.; Jó 34,14s., a *ruah* dos seres vivos (cf. Gn 6,17; 7,15.22; Nm 16,22) depende permanentemente da *ruah* criadora de Javé. Assim, a experiência veterotestamentária do Espírito evidencia-se como experiência que pode inclusive acarretar a conversão do "espírito natural" (cf., p. ex., Is 40,6-8). *A ruah não é a dimensão divina das profundezas da vida, e sim potência de vida presenteada por Deus em sua solicitude para com o ser humano.*

A relação dinâmica entre a *ruah* de Deus e a do ser humano pode ser depreendida da já citada passagem de Sl 104,29s., na qual são relacionados não só o Espírito de Deus e o espírito humano, mas também o "rosto" de Deus e a "face" da terra (diferentemente de algumas traduções, a Bíblia hebraica emprega em ambos os casos o mesmo vocábulo, cuja forma verbal significa "voltar-se"):

V. 29: teu rosto   o espírito deles

V. 30: teu Espírito   a face da terra

O olhar, a solicitude de Deus em seu Espírito faz viver e renova a vida, faz com que os seres humanos e até a criação inteira "respirarem aliviados" e "levantarem os olhos". *Abrir-se, voltar-se a outrem, travar relações – estes elementos do conceito "teo-antropológico" ruah têm, do ponto de vista da teologia da criação e da aliança, consequências para a convivência humana:* "O 'Espírito do Senhor' refere-se a essa abertura mútua e veda de todas as maneiras um raciocínio que conceba Deus e o mundo/ser humano como 'grandezas' que estejam cerradas uma à outra e se defrontem incomunicavelmente. Tal 'abertura tornada acessível pelo Espírito', porém, também marca o ser humano em seu relacionamento com Deus, com o mundo e com o próximo, e não por último o relacionamento entre homem e mulher" (BLANK, J. *Geist*, 155).

2.1.3.2. Novo espírito e nova vida

Essa tese teológico-bíblica precisa ser confirmada por uma reflexão sobre o Espírito recriador, isto é, que possibilita de maneira nova a vida e as relações.

a) *O Espírito de Javé auxilia Israel a obter nova vivacidade* – A abonação mais antiga da acepção "*ruah* = hálito ou fôlego de vida" é proporcionada pelo Livro de

E. PNEUMATOLOGIA

Ezequiel, que, de qualquer modo, representa a virada decisiva na história desse termo. Assim, Ez 37 junta a palavra profética e o Espírito vivificador e, neste contexto, emprega *ruah* nada menos de oito vezes na acepção de "hálito ou fôlego de vida". Na visão de Ezequiel, o povo de Israel, que foi enterrado vivo e está sem esperança (cf. Ez 11-13), é despertado para nova vida e nova esperança pelo Espírito do Senhor com base na palavra do profeta. O que o profeta visiona é, inicialmente, não a ressurreição dos mortos ao final dos tempos, mas a recriação de Israel descrita em analogia à primeira criação (cf. os verbos "soprar", "vivificar"), e concretamente: o retorno ao país (Ez 37,14). *Do ponto de vista teológico é digno de nota o fato de que essa recriação é comparada à abertura dos túmulos e à ação de retirar deles: o Espírito de Deus atua na linha divisória entre a morte e a vida.* Como em Ez 37 a descrição da fixidez mortal do povo é intensificada, assim o texto recolhe noções tradicionais de *ruah* e as sobrepuja: arrebatamento (v. 1), ventos cósmicos e sopro de vida (v. 9), que ajuda a "pôr-se de pé" (v. 10), tira dos túmulos e conduz a uma nova comunhão com Javé (v. 14) e, nela, possibilita conhecimento de Deus (v. 6.13.14).

b) *Comunhão repleta do Espírito* – O cumprimento profetizado de antigas promessas (terra, povo) pressupõe, após a experiência do exílio, a transformação do ser humano, descrita de maneira impressionante (numa versão posterior a Ezequiel?) em Ez 36:

"Tomar-vos-ei dentre os povos, congregar-vos-ei de todos os países e vos trarei para vossa terra.

Aspergirei água pura sobre vós, e então ficareis puros. Purificar-vos-ei de toda a impureza e de todos os vossos ídolos.

Dar-vos-ei um coração novo e porei em vós *um espírito novo*. Tirarei de vosso peito o coração de pedra e dar-vos-ei um coração de carne.

Porei *meu Espírito* em vós e farei com que sigais minhas leis e observeis e cumprais meus mandamentos. Então habitareis na terra que dei a vossos pais. Vós sereis meu povo e eu serei vosso Deus" (Ez 36,24-28).

Aqui, a conexão entre *ruah* (vento) e água, conhecida a partir da criação da natureza, é ampliada em sentido antropológico. Indo além da paralelização feita em Is 44,3 (derramamento da chuva frutuosa – derramamento do Espírito), Ez 36,25 fala da força purificadora da água, que, no versículo seguinte, é conjugada com a concessão de um coração novo e vivo e de um espírito novo. Ezequiel 36,27 atesta inequivocamente que o novo espírito do ser humano é o Espírito de Deus (cf. o paralelo em Ez 11,19s.). O significado de *leb* ("coração") opõe-se a um estreitamento individualista da transformação e renovação prometidas. Trata-se, antes, de uma nova centração do ser humano – em virtude de sua orientação por Deus e em sua solicitude para com os seres humanos ("para que sigais minhas leis..."), isto é, o Espírito reordena as relações humanas. Essa é a obra intrínseca do Espírito criador, por cuja realização o piedoso roga já agora (cf. Sl 51,12s., começando com o termo sinalizador *bara'*). *O alvo da dádiva do Espírito é a nova comunhão. Ezequiel 36*

2. Fundamentos bíblicos

sobrepuja ainda a promessa da nova aliança feita em Jr 31,31-34 pelo fato de que aqui o próprio Espírito aparece como dádiva salvífica.

O suplemento de Ez 39,29 ("Não esconderei mais meu rosto deles, pois derramei meu Espírito sobre a casa de Israel") liga Ez 37,14 e 36,27 e constitui em sua terminologia um prelúdio de Jl 3,1-5, onde se promete o derramamento do Espírito sobre o Israel inteiro. ("toda a carne" = todos os povos?) O pedido de que o Espírito transforme a todos em profetas visa, neste contexto, não arrebatamentos extáticos, e sim a experiência da proximidade e inclusive da imediatez de Deus, o conhecimento de sua vontade. Ao passo que na literatura sapiencial essa função é assumida pela sabedoria, justamente Joel acentua, indo além de Jeremias e Ezequiel, o interesse profético pela solicitude salvadora de Deus, que, passando por todas as catástrofes, por fim cria salvação imperecível.

c) *Figuras individuais da história salvífica dotadas do Espírito* – Ao passo que o discurso acerca da dotação do povo inteiro com o Espírito enfoca os indivíduos como membros desse povo, encontra-se ao lado disso, relativamente dissociada, em textos exílicos e pós-exílicos a concepção de que o Espírito é concedido a indivíduos eleitos. *Além dos profetas, isto se aplica sobretudo ao rei messiânico.* Os respectivos textos causam grandes dificuldades no tocante à sua datação e à pessoa a que se referem concretamente (figura histórica ou [e?] escatológica, individual ou [e?] representante do povo); por outro lado, os cânticos do servo de Deus em Dêutero-Isaías reúnem a função carismática, o ofício régio e o profético.

Em face do desapontamento com a monarquia real, Is 11 desenha a imagem do governante ideal, que descende da estirpe de Davi e sobre o qual "repousa" o Espírito do Senhor em toda a sua plenitude, o que o texto (Is 11,2) desdobra numa terminologia sapiencial: "o Espírito de sabedoria e de entendimento, o Espírito de conselho e de fortaleza, o Espírito de conhecimento e de temor de Deus". Os versículos seguintes sublinham que essa dádiva do Espírito não é concedida como posse pessoal, mas para a edificação de um reino de justiça e paz. Isaías 42,1 sinaliza o abandono da política determinada pela busca e ampliação do poder: aí o eleito de Javé é chamado de servo dele, sobre o qual repousa o Espírito para que traga o direito aos povos – segundo o testemunho do quarto cântico do servo de Deus (Is 52,13-53,12): por meio de seu sofrimento. *Também aqui o tornar justo por parte de Deus visa a justiça entre os seres humanos, a integridade de suas relações.* Isto é sublinhado, por fim, pelo cap. 61, de Trito-Isaías, que descreve a figura salvífica em traços proféticos e começa com as conhecidas palavras: "O Espírito de Deus, o Senhor, repousa sobre mim; pois o Senhor me ungiu. Ele me enviou para levar uma boa-nova aos pobres e curar todos os quebrantados de coração, para anunciar a soltura aos cativos e a libertação aos algemados".

2.1.4. Espírito de Deus: tentativa de definição concisa

A terminologia veterotestamentária confirma, quando se toma conhecimento dela em toda a sua diversidade, que "Espírito" se opõe, "por natureza", a uma definição

E. PNEUMATOLOGIA

que o fixe. Os elementos do movimento e da atuação vigorosa estão acoplados à indisponibilidade e imprevisibilidade: o Espírito é sempre também "o estranho". Os efeitos descritíveis dessa força numinosa adquirem contornos no decorrer da história da fé de Israel e fazem com que a *ruah* apareça mais nitidamente como Espírito de Deus/Javé. Esse Espírito cria vida e anima a criação, desperta e guia figuras salvadoras carismáticas e profetas, repousa sobre os reis, particularmente sobre o rei/servo/profeta escatológico prometido, e por fim será derramado sobre toda carne.

A pneumatologia veterotestamentária abre perspectivas interessantes para as definições – a serem abordadas num nexo sistemático (também em outros tratados) – do relacionamento entre experiência de si mesmo e do(s) outro(s), entre criação e história (da aliança), entre promessa e cumprimento escatológico, entre ofício ou ministério e carisma. Com vistas ao emprego teológico do termo em sentido mais estrito coloca-se agora, entretanto, a pergunta: O que ou quem é o Espírito de Deus, qual é sua relação com Deus (Javé)?

Perguntar pela realidade desse Espírito partindo de seus efeitos ainda não significa procurar identificar a essência do Espírito nesses textos veterotestamentários nos moldes de uma posterior teologia da Trindade. Ainda assim, pode-se perguntar pelo perfil peculiar da *ruah* de Javé ou da *ruah* concedida ao ser humano por Deus.

Em três passagens (Is 63,10.11; Sl 51,13) se nos depara no AT o termo composto "Espírito santo". Aí se visa qualificar o Espírito divino como santo, distinguindo-o do espírito humano, e, assim, expressar a soberania indisponível da atuação do Espírito divino. Embora ocasionalmente a *ruah* pareça um poder que atua quase de modo autônomo, em lugar nenhum ela torna-se uma grandeza divina própria (ou até uma deusa) ao lado de Javé. Como no caso das outras figuras mediadoras que aparecem no AT (palavra, sabedoria), Javé continua sendo o sujeito que, em última análise, é o que age, e em nenhuma passagem se rompe o monoteísmo. *No que diz respeito ao relacionamento da* ruah *de Deus com os seres humanos, o discurso acerca do "Espírito santo" significa, em segundo lugar, que o Espírito sai de sua transcendência para livrar e renovar os seres humanos, que sua santidade está direcionada para a salvação, cura e santificação.*

Uma definição da essência do Espírito em termos de sua imaterialidade, substancialidade ou realidade hipostática não se encontra no AT. Entretanto, é preciso perguntar, em sentido inverso, com o que a experiência veterotestamentária do Espírito tem a contribuir para a pneumatologia. Pode-se, assim, considerar a possibilidade de como a compreensão de pessoa pode ser verificada com base nas experiências veterotestamentárias do Espírito Santo. Em conexão com Sl 104,29s. sobressaiu a correlação de Espírito de Deus e espírito humano, de face de Deus e face da terra. É interessante que a LXX traduza *ruah* por *pneuma* e *panim* ("face") por *prósopon*. Este último torna-se termo técnico na linguagem da teologia da Trindade e da cristologia, sendo traduzido por *persona* em latim. Será que não se expressa aqui a experiência "espiritual" de que

2. Fundamentos bíblicos

estar-em-relação (tanto com Deus quanto com o semelhante) faz essencialmente parte do ser-pessoa? Será que a *ruah* de Javé não é, então, a força divina vivificadora que possibilita o sair-de-si-mesmo (êx-tase) e permanecer-em-ligação? *No AT a* ruah *de Javé é a força criadora de Deus que presenteia e mantém a vida, que atua no cosmo, intervém de maneira salvadora na história e promete vida nova e definitiva para o indivíduo na comunidade.*

2.2. Experiência e teologia do Espírito no Novo Testamento

Empregando um esquema da pregação cristã primitiva, Paulo escreve aos gálatas: "Quando, porém, chegou a plenitude do tempo, Deus enviou seu Filho, nascido de uma mulher e colocado sob a lei, para remir os que estavam sob a lei e para que recebêssemos a filiação. E porque sois filhos, Deus enviou em nosso coração o Espírito de seu Filho, o Espírito que clama: *Abba*, Pai" (Gl 4,4-6). Como numa fórmula abreviada o apóstolo condensa aqui a experiência espiritual dos cristãos: as antigas promessas começam a cumprir-se no envio do Filho pelo Pai; com isso nos tornamos livres, filhos e filhas do Pai, irmãos e irmãs do Filho; essa experiência acontece *no* Espírito e é experiência *do* Espírito do Filho e da filiação. *As discípulas e discípulos de Jesus estão, portanto, animados pela experiência de que as duas grandes esperanças que articulam-se nas Escrituras desde o exílio e foram mantidas vivas em diversas correntes do antigo judaísmo se cumprem: Jesus é o messias ungido pelo Espírito e nós somos o povo presenteado com seu Espírito Santo.*

Enquanto que os sinóticos e Atos dos Apóstolos estão interessados sobretudo em Jesus como portador do Espírito, bem como em sua atuação presente, Paulo e João lembram, numa pneumatologia teologicamente ampliada, suas comunidades da nova criação e do renascimento presenteados no Espírito.

2.2.1. Primeiras experiências do Espírito

2.2.1.1. Jesus e o Espírito

É provável que Jesus inicialmente fizesse parte do movimento de João Batista, o qual batizava com água e anunciava o futuro batismo "com o Espírito Santo e com fogo" (Mt 3,11; Lc 3,16). Para a exegese histórico-crítica precisa ficar em aberto se com esse anúncio se remetia originalmente a "tempestade e fogo" de juízo ou se a versão da fonte Q, "fogo", foi ampliada mais tarde; em todo caso o acento se desloca da expectativa do juízo para a experiência do Espírito que é dado já agora.

O próprio Jesus experimentou, em seu próprio batismo, sua aceitação por parte de Deus Pai e a atuação presente do Espírito. Possivelmente a tradição profética que partia de Is 61,1 adquiriu importância crescente para sua espiritualidade. Contanto que Mc 3,28s. ("Na verdade vos digo: todas as faltas e blasfêmias dos seres humanos lhes

E. PNEUMATOLOGIA

serão perdoadas, por mais que blasfemem; mas quem blasfemar contra o Espírito Santo não terá perdão para sempre; pelo contrário, seu pecado ficará com ele eternamente") reproduza uma palavra autêntica de Jesus, a disputa em torno de sua autoridade se concentrou, já durante sua vida, na pergunta: De que espírito era Ele filho? Ao passo que Jesus, segundo a fonte Q, pretendia expulsar os demônios "pelo dedo de Deus" (Lc 11,20) ou "pelo Espírito de Deus" (Mt 12,28: εν πνευματι θεου (en pnéumati theou), seus adversários afirmavam que Ele estaria "possuído por um espírito imundo" (Mc 3,30) e expulsaria os demônios por belzebu, o príncipe destes (Mc 3,22). O *"pecado contra o Espírito Santo" consiste, portanto, na rejeição da missão de Jesus e na negação de sua autoridade espiritual; quem nega a esta blasfema contra o Espírito de Deus.*

2.2.1.2. Experiências pós-pascais do Espírito

Embora o próprio Jesus não tenha feito do Espírito um tema de sua pregação, tradições pós-pascais antigas já descrevem sua mensagem acerca do senhorio próximo de Deus e suas ações poderosas como operadas pelo Espírito; e mais: descrevem sua vida toda, desde a concepção até a ressurreição, como existência a partir do Espírito. A própria experiência pascal do Senhor exaltado presente no Espírito e atuante na comunidade deve ser caracterizada como experiência espiritual, como experiência no Espírito. As discípulas e discípulos de Jesus experimentaram e descreveram nos mais diversos fenômenos espirituais o fato de que as promessas veterotestamentárias do Espírito estão se cumprindo e a dádiva escatológica do Espírito está sendo derramada já agora.

Devem-se mencionar sobretudo os seguintes fenômenos:

Presença do Espírito na comunidade como outrora no templo (cf. 1Cor 3,16; 6,12-20);

recebimento do Espírito também para mulheres (cf. At 2,17s. em conexão com Jl 3,1-5; cf. Gl 3,26s.);

sabedoria, conhecimento, força de fé (cf. 1Cor 12,8s.);

interpretação cristológica ou tipológico-pneumática da Escritura (cf. 1Cor 10,3s.; Ap 11,8; cf. At 18,24s.);

forma pneumática de lidar com a lei (cf. 2Cor 3,3; Fl 3,3; Rm 2,28s.);

encorajamento para o testemunho de fé, especialmente em caso de perseguição (Mc 13,11 par.; Mt 10,20; Lc 12,12);

intervenção do Espírito (ao lado de Jesus) como testemunha, advogado, intercessor (cf. Rm 8,16.27; 9,1; At 5,32);

oração extática (glossolalia) e discurso profético (cf. 1Cor 12 e 14; At 10 e 19);

arrebatamento e condução pelo Espírito (cf. At 8,39s.; 20,22);

curas de doentes (cf. 1Cor 12,9.28.30).

2. Fundamentos bíblicos

Neste contexto cabe lembrar que também a comunidade de Qumran via o Espírito atuante no presente (nos membros da comunidade e especialmente no "mestre da justiça") e tirou consequências disso para sua vida espiritual. Embora as relações das antigas comunidades de Jesus com o movimento de João Batista e com os essênios ainda não estejam suficientemente aclaradas, é possível acompanhar como os autores neotestamentários retomam e elaboram teologicamente as experiências pneumáticas. *Nesse processo, as duas linhas principais da pneumatologia veterotestamentária, a expectativa da dotação escatológica e universal com o Espírito e a esperança do messias repleto do Espírito ou do profeta escatológico são desenvolvidas adicionalmente à luz das experiências pascais pneumáticas.*

2.2.2. Paulo: a existência pneumática de Cristo e dos cristãos

O encontro com o Cristo Ressurreto, cujos adeptos perseguiu até então, muda radicalmente a vida de Paulo. Agora, depois de Deus lhe ter revelado seu Filho (cf. Gl 1,15s.) e o chamado a pregar "o Evangelho de seu Filho" (Rm 1,3) como palavra da cruz (1Cor 1,17s.), ele só quer ainda servir ao Senhor, que foi ressuscitado no Espírito e, como exaltado, atua no Espírito (1), cujo Espírito chama para a fé e, no batismo, capacita para uma nova vida a partir desse mesmo Espírito (2), que une os crentes e presenteia suas dádivas para a edificação das comunidades (3) e que se revela, nisso tudo, como Espírito do Pai e do Filho (4).

2.2.2.1. Cristo e o Espírito

Embora Paulo não tenha conhecido o Jesus terreno, ele atribui muita importância (cf. Rm 1,3s.) ao fato de que "o Evangelho do Filho [de Deus]" anuncia aquele que "nasceu da estirpe de Davi segundo a carne", nasceu de uma mulher e foi colocado sob a lei (cf. Gl 4,4), mas que, desde a ressurreição, foi "estabelecido Filho de Deus com poder" – e o foi "segundo o Espírito de santidade". Ressuscitado pelo Espírito, o Cristo Jesus, como "último Adão", como ser humano do *eschaton*, torna-se, Ele próprio, "Espírito vivificador" (1Cor 15,45). Este é o centro da teologia paulina: o Crucificado Ressurreto em sua existência pneumática, que foi enviado pelo Pai em semelhança de carne para romper o poder do pecado, possibilita uma vida nova, que não está mais sob as condições da carne e da lei impotente por causa disso, mas segue a "lei do Espírito e da vida em Cristo Jesus" (cf. Rm 8,2s.). Quem se vincula a esse Senhor "constitui com Ele um só espírito" (1Cor 6,17).

O Espírito tem, por um lado, a função de remeter a Jesus Cristo como Senhor: "E ninguém pode dizer: 'Jesus é Senhor' a não ser que fale a partir do Espírito Santo" (1Cor 12,3). Assim, o Espírito é o Espírito de Cristo (cf. Fl 1,9; Rm 8,9), o Espírito "de seu Filho" (Gl 4,6). Por outro lado, Paulo caracteriza essa nova vida, sem distinção perceptível, como vida "em Cristo" ou como vida "no Espírito" (compare, p. ex., Gl 2,17 com 1Cor 6,11; 1Cor 1,2.30 com Rm 15,16; 2Cor 2,17 com 1Cor 12,3; Rm 12,5 e

E. PNEUMATOLOGIA

Gl 3,27 com 1Cor 12,13), e em Rm 8,1-11 inclusive várias vezes de um só fôlego. Que não se deva conceber isso como identidade pura e simples é mostrado pela conclusão do raciocínio mencionado por último: "Se o Espírito daquele que ressuscitou Jesus dentre os mortos habita em vós, aquele que ressuscitou Cristo Jesus dentre os mortos vivificará também vossos corpos mortais, através de seu Espírito que habita em vós" (Rm 8,11). O que dizer, todavia, do tão discutido versículo de 2Cor 3,17a: "O Senhor, porém, é o Espírito"? Será que aqui o Espírito ainda é visto como dádiva do Senhor exaltado, como aquele que remete a Cristo e possibilita a vida nova em Cristo? A suposição de que haja uma identidade total (Cristo = Senhor = Espírito) não faz justiça à pneumatologia paulina em seu conjunto, e inclusive já parece tornar-se insustentável em relação à afirmação que segue imediatamente no v. 17b ("e onde se acha do Espírito do Senhor, aí há liberdade"; cf. também v. 18). O que interessa a Paulo em 2Cor 3,4-4,6 é o contraste de letra e Espírito ou de glória oculta e revelada. Em sua interpretação livre (espiritual?) de Ex 34 ele afirma que o véu que se encontra sobre as Escrituras da antiga aliança cai "tão logo alguém se converta ao Senhor" (3,16). Esse *kyrios* é Cristo, que significa o fim das coisas velhas (3,14) e dá livre acesso à glória de Deus (3,17b.18). Isto é feito por Cristo como Senhor exaltado no Espírito ou através de seu Espírito. Assim se poderá, em conformidade com Paulo, falar de uma identidade dinâmica ou unidade de atuação entre o Senhor exaltado e o Espírito enquanto dádiva escatológica. *Em virtude de sua existência pneumática o Crucificado Ressurreto atua no Espírito em relação aos seus, e por Cristo eles experimentam no Espírito a presença viva de Deus.*

2.2.2.2. O Espírito da fé e da santificação

Que em 2Cor 3 Paulo esteja interessado na definição do relacionamento de "Senhor – Cristo – Espírito" por razões soteriológicas é documentado pelo prelúdio em 3,3, onde ele contrapõe as tábuas de pedra da lei (Ex 24,12 e 34,1) aos corações de carne prometidos em Ez 11,19 e 36,26: "Inconfundivelmente, sois uma carta de Cristo, redigida por nosso serviço, escrita não com tinta, mas com o Espírito do Deus vivo, não em tábuas de pedra, mas – como em tábuas – em corações de carne."

Com seu evangelho do Espírito vivificador o apóstolo persegue um duplo alvo nas cartas dirigidas a suas comunidades (cf., p. ex., Gl 3,1-5): ele lembra os crentes de que é pelo Espírito de Cristo que eles chegam à fé e conclama para uma vida que corresponda a esse Espírito.

a) *O Espírito como dádiva da fé – Por meio de sua morte na cruz o messias Jesus, o Cristo de Deus, remiu da escravidão do poder do pecado, libertou de todas as compulsões à autojustificação diante de Deus; quem se envolver com isso na fé receberá o Espírito prometido, a dádiva escatológica anunciada pelos profetas (cf. Gl 3,13s.).* Mortos e ressuscitados com Cristo no batismo, os crentes recebem o Espírito que os torna filhos e filhas livres do Pai (assim, no contexto da fé e do batismo, respectivamente

2. Fundamentos bíblicos

em Gl 4,6 e Rm 8,15). Neste contexto mostra-se um movimento inverso da fé e do recebimento do Espírito: assim como este pressupõe a fé, a adesão a Cristo, é só o Espírito que possibilita o verdadeiro conhecimento de Deus (cf. 1Cor 2,10-16) e a confissão autêntica de Cristo (cf. 1Cor 12,3). Ambos, a fé e o Pneuma, são dádivas de Deus ou do Senhor exaltado, e Paulo associa os dois ao falar do "espírito da fé" (2Cor 4,13; cf. 5,5.7).

O próprio Paulo compartilha da convicção veterotestamentária e cristã primitiva de que o Espírito só pode ser recebido ou dado. A exemplo de Atos dos Apóstolos, ele emprega nesse contexto – quase que como termos técnicos – as palavras λαμβανειν (*lambánein* = receber: Gl 3,2.14; 1Cor 2,12; 2Cor 11,4; Rm 8,15) e διδοναι (*didónai* = dar: 1Ts 4,8; 1Cor 12,7s.; 2Cor 1,22; 5,5; Rm 5,5; 12,6). O Espírito é presente, e ele é dádiva escatológica. Por isso vale, também neste caso, a advertência do apóstolo contra um falso entusiasmo salvífico: a dádiva presente do Espírito deve ser entendida como "primeira quota" (2Cor 1,22; 5,5), como "primícias" (Rm 8,23), assim como também Cristo é "primícias dos que adormeceram" (1Cor 15,20). Paulo desdobra da maneira mais veemente a distensão escatológica que caracteriza também a existência pneumática em Rm 8,18-30: "Mas também nós, embora tenhamos as primícias do Espírito, gememos em nossos corações e esperamos que, com a redenção de nosso corpo, sejamos revelados como filhos. Pois fomos salvos, mas em esperança" (Rm 8,23.24a). O presente do Espírito permanece uma dádiva escatológica, que, correspondendo às antigas promessas, é dada a todos, também aos pagãos (cf. Gl 3,14), e até, segundo Rm 8, à criação inteira.

b) *O Espírito como princípio de vida dos crentes* – Lembrando o chegar-à-fé e o recebimento do Espírito Paulo coloca o fundamento para o segundo alvo essencial de sua pregação: "Se vivemos a partir do Espírito, também sigamos o Espírito" (Gl 5,25). *Quem morreu e ressuscitou com Cristo no batismo, quem alcançou a liberdade dos filhos de Deus pelo Espírito, deve cuidar para não voltar a morrer e se escravizar a poderes que trazem a morte.*

1) A alternativa: existência carnal ou espiritual. Se o apóstolo reveste suas exortações de palavras drásticas e ocasionalmente (cf. Gl 5,12) até sarcásticas, isso se deve à sua própria experiência de conversão. No encontro com o Crucificado Ressurreto ficou claro para ele de uma vez por todas onde passa a linha divisória entre a morte e a vida. A alternativa é: existência carnal ou espiritual. Desafiado por pessoas que estão confundindo suas comunidades, Paulo elucida essa alternativa com a ajuda das seguintes contraposições básicas:

vida	–	morte
espiritual	–	carnal
Espírito	–	carne/lei/letra/poderes elementares
libertação	–	escravidão
perdição	–	santificação

E. PNEUMATOLOGIA

Neste contexto os conceitos "carnal – espiritual" radicalizam a contraposição veterotestamentária entre fraqueza e força, para caracterizar a existência crente sob o signo da cruz e da ressurreição: quem segue a carne aposta em suas próprias capacidades, quer justificar a si mesmo por meio de obras da lei (cf. Gl 2,11-4,7), obediência à letra (cf. 2Cor 3,6-8; Rm 2,29; 7,6), observância dos poderes elementares (cf. Gl 4,8-11), com o que a pessoa escraviza a si mesma e se entrega ao egoísmo que conduz à perdição (cf. Gl 5). Quem, pelo contrário, segue o Espírito, não se vangloria de si próprio, recebe na fé a justiça diante de Deus (cf. Gl 3,16-21), deixa-se libertar para a liberdade (cf. Gl 5,1), está, como pessoa santificada pelo Espírito (cf. 1Cor 6,11; 2Ts 2,13), livre para uma vida santificadora e curativa a serviço dos irmãos e irmãs (cf. Gl 5,13-26). Ser existência espiritual significa para Paulo: "Já não sou eu que vivo, mas é Cristo que vive em mim" (Gl 2,20).

2) *A relação com o pensamento helenístico e gnóstico.* Ao contrapor o Espírito e a carne, Paulo lança mão do pensamento helenístico para, ao mesmo tempo, refutar a posição de seus adversários.

Para um pensamento para o qual a categoria da história permanece em última análise estranha e que, ao contrário do apocalipsismo, não é determinado por uma sucessão temporal dos éons, mas por uma sobreposição espacial de esferas, a vinda do Espírito representa a irrupção do mundo celeste, da substância da força divina, que liberta a pessoa pneumática do enredamento na esfera psíquica e somática. Uma consequência desse enfoque raciocinativo que foi desenvolvida no gnosticismo é a compreensão da natureza pneumática como algo sempre já dado ao ser humano, de modo que a redenção/libertação não significa nova criação, mas apenas comunicação de conhecimento superior acerca do ser humano verdadeiro, existente desde sempre.

Paulo está familiarizado com esse pensamento; também conhece a noção da exaltação do Filho para a esfera divina (cf. Rm 1,3s.; Fl 2,5-11), da existência pneumática do *kyrios* que, em seu espírito-corpo, a todos abrange; para ele, com a morte e ressurreição está dada a possibilidade para a vida a partir do Espírito, i. é, para a existência pneumática. Mas ele retoma essas ideias para, ao mesmo tempo, contrariá-las. O que interessa ao apóstolo justamente não é uma imagem de ser humano autônomo, e sim o ser humano diante de Deus, que deve tudo a seu criador e em Cristo e no Espírito tornou-se nova criação (cf. 2Cor 5,17). Por isso, para ele o espírito ou a alma espiritual não são grandezas autônomas, e segundo ele o *soma pneumatikón* só é dado na ressurreição (cf. 1Cor 15) e a existência pneumática é uma dádiva escatológica sob o signo da cruz. Nesta perspectiva Paulo também emprega os termos contrastantes πνευματι-κος (*pneumatikós*) – ψυχικος (*psychikós*), apreciados por seus adversários de tendência gnóstica: segundo 1Cor 2,13-15, o pneumático percebe o agir salvífico de Deus no poder do Pneuma divino, ao passo que o psíquico é cego para isso. Pneumático significa, então, "vindo de Deus". Assim, em 1Cor 14,1 os dons do Espírito são chamados de *pneumatiká*, e em Rm 7,14 a lei proveniente de Deus (cf. 7,22.25), de *nómos pneumatikós*. Por fim, Paulo não fala do πνευμα ζωον (pneuma zoon), o pneuma vivo do ser humano, e sim do πνευμα ζωοποιουν (*pneuma zoopoioun*), o Espírito vivificador do Ressurreto.

Embora a linguagem de Paulo lembre formulações helenísticas e gnósticas (posteriores), examinando a questão mais de perto se percebe o quanto ele defende uma decidida posição teológica contrária já na esfera da antropologia "natural" e mais ainda no contexto da revelação: *o ser humano torna-se justo unicamente pela fé, isto é, com base na ação graciosa de Deus, a qual culmina na cruz e ressurreição de Jesus Cristo; sua existência é determinada por isso já agora e – sob o signo da cruz – permanentemente.*

3) *O fruto do Espírito.* A máxima espiritual de Paulo – quem recebeu o Espírito deve viver a partir do Espírito – implica duas coisas: quem, no Espírito Santo, recebeu de presente a liberdade dos filhos de Deus não deve voltar a escravizar-se; e a essa liberdade de poderes opressores e mortíferos corresponde a liberdade para Cristo e, no seguimento do Crucificado, para os semelhantes. Neste contexto Paulo contrapõe em Gl 5,19-26 *o fruto* do Espírito *às obras* da carne, sublinhando assim o caráter de presente que tem o Pneuma e a unidade da nova vida. Antes de "alegria, paz, longanimidade, amabilidade, bondade, fidelidade, mansidão e autodomínio" ele menciona em primeiro lugar o amor. Nele se concretiza a liberdade do Espírito, e nele se resume, também para Paulo, toda a lei (cf., além de Gl 5,14, também 15,30 e principalmente 1Cor 13). Para evitar que surja qualquer equívoco, o apóstolo não fala de uma "nova lei", mas da "lei de Cristo", que é cumprida a partir da liberdade no serviço mútuo (cf. Gl 5,13 e 6,2).

Ao passo que os paralelos de Qumran em 1 QS IV estão determinados pelo dualismo dos dois espíritos, para Paulo a nova vida segundo a lei do Espírito (de Cristo) é uma renegação da *sarx*, isto é, do egoísta estar-fixado-em-si-próprio (cf. 1Cor 6,19; 2Cor 5,14s.; Rm 14,7). *Visto que os crentes vivem numa espécie de existência espiritual intermediária (o Espírito é atualmente dádiva e penhor do que está por vir), paciência e capacidade de perseverança são elementos essenciais de sua espiritualidade.* Porque eles não sabem "o que pedir como convém", justamente a oração também é uma ação do Espírito Santo (Rm 8,26s.; cf. 8,15 e Gl 4,6).

2.2.2.3. A atuação do Espírito no corpo de Cristo

Como no AT (cf. Ez 36), o Espírito evidencia-se como o Espírito da vida, que concede aos seres humanos uma nova abertura e capacidade de relacionamento e os junta para formarem uma nova comunhão ou comunidade. *Quem morreu e ressuscitou com Cristo e recebeu a nova vida do Espírito torna-se membro do corpo de Cristo, cuja vida e unidade são operadas pelo Espírito:* "No batismo, pelo mesmo Espírito, fomos todos acolhidos num único corpo" (1Cor 12,13a). A sinonimidade de "estar em Cristo" e "estar no Espírito" vale, portanto, também no nível da comunidade: ela é corpo de Cristo e templo de Deus, no qual habita o Espírito (cf. 1Cor 3,16).

a) *Todos são espirituais* – Igreja é para Paulo essencialmente comunhão espiritual. Através de seu serviço apostólico ele comunica um dom espiritual da graça (Rm 1,11: χαρισμα πνευματικον), e as comunidades se dão mutuamente participação nos dons do Espírito (Rm 15,27: πνευματικα). *Dentro da comunidade cabe a cada um e cada uma seu dom da graça (carisma; cf. 1Cor 7,7; 12,11), cuja plenitude, descrita*

E. PNEUMATOLOGIA

por Paulo em 1Cor 12-14 e Rm 12, é presenteada pelo mesmo Espírito. Pelo visto, porém, o apóstolo também tem motivos para exortar as pessoas a se esforçarem pelos dons do Espírito, visto que nem todas vivem como espirituais (1Cor 3,1: πνευματικοι) ou se dão por satisfeitas com dons inferiores (cf. 1Cor 12,31).

b) *A plenitude dos dons do Espírito* – De modo bem geral, Paulo entende sob *pneumatika* os dons presenteados pelo Espírito para o serviço na comunidade. Desafiados por membros de comunidade que, pelo visto, interessam-se exclusivamente por experiências e efeitos extraordinários do Pneuma, ele toma posição de maneira fundamental em 1Cor 12-14: "Há diversos dons da graça, mas só o único Espírito. Há diversos serviços, mas só o único Senhor. Há diversas forças que atuam, mas só o único Deus: Ele realiza tudo em todos" (12,4-6). A expressão "forças" (ενεργηματα [*energemata*], que Paulo só emprega em 1Cor 12,6.10, foi evidentemente tomada de seus adversários; ela designa ações milagrosas ou ações extraordinárias. Já "serviços" (διακονιαι [*diakoniai*], em contrapartida, é um termo tipicamente paulino que caracteriza os dons para a edificação e a vida da comunidade. Além de apóstolos, profetas e mestres (12,28s.), devem-se mencionar superiores, guias, os que se afadigam (cf. 1Ts 5,12; 1Cor 16,15s.; Rm 12,7), bem como os dons e tarefas do consolo, da exortação, do conhecimento e da sabedoria (1Cor 2,6s.13; 12,8; 13,2.8.12; 14,6; Rm 12,8), que provavelmente muitas vezes eram realizadas no marco de uma atividade de pregação. "Dons da graça" (χαρισματα [*charismata*]; no singular ocasionalmente também designa de modo geral "graça") são chamados tanto os dons comuns do Espírito quanto os extraordinários.

Devem-se mencionar concretamente:

Falar em línguas (1Cor 13,1.8; 14,2-32) – interpretação da glossolalia (1Cor 12,20; 14,10-19.26-28.30) – profetismo (1Ts 5,20; 1Cor 12,10; 13,2.8; 14,1-40; Rm 12,6) – revelação (do Espírito) (1Cor 14,6.26) – (discurso de) conhecimento (1Cor 12,8; 13,2.8.12; 14,6) – (discurso de) sabedoria (1Cor 12,8; 14,6; cf. 2,6s.13) – discernimento dos espíritos (1Cor 12,10) – ensino, instrução (1Cor 14,7.26; Rm 12,7) – força de fé (1Cor 12,9; cf. 13,2) – consolo e admoestação (Rm 12,8) – esperança (1Cor 13,13) – amor (1Cor 13) – dons de cura (1Cor 12,9.28.30) – forças milagrosas (1Cor 12,10.28s.) – assistência (1Cor 12,28; cf. 13,3; Rm 12,8) – condução (1Cor 12,28).

O falar em línguas (glossolalia) era e continua sendo tido até hoje como um sinal particularmente saliente e inequívoco de arrebatamento carismático. Paulo não menospreza esse dom do Espírito, que foi dado a ele próprio (cf. 1Cor 14,18), mas o insere na vida da comunidade. Em 1Cor 14 ele subordina inequivocamente este carisma ao profetismo, visto que lhe cabe apenas importância menor para a edificação da comunidade, a menos que a própria pessoa que fala em línguas ou outra pessoa interprete esse balbucio desarticulado e incompreensível. A glossolalia tem seu lugar genuíno no culto de oração, e não no de pregação.

Um duplo aspecto é característico da doutrina paulina dos carismas: 1) dons do Espírito não são apenas fenômenos extraordinários, mas atitudes cristãs básicas (fé, esperança, amor; caritas/diaconia) e o esforço cotidiano de ser cristão. 2) Também funções "ministeriais" são dons do Espírito e devem servir à vida espiritual das comunidades (→ Eclesiologia 4.2.1.2.).

c) *Discernimento dos espíritos* – O que importa a Paulo é, portanto, uma ordem espiritual da vida comunitária e particularmente do culto, porém mais ainda que se percebam e se deixem desenvolver-se os dons do Espírito. Já em 1Ts 5,19-21 ele admoesta: "Não extingais o Espírito! Não desprezeis as profecias! Discerni tudo e ficai com o que é bom!" O discernimento e ordenamento dos dons do Espírito, por sua vez, requerem eles próprios um carisma, que cabe à comunidade em seu todo ou a distintos detentores de funções (serviços), em especial aos profetas e mestres, mas que também pode ser concedido em separado (cf. 1Cor 12,10). *Na avaliação de todos os carismas devem-se observar dois critérios: confissão de Jesus Cristo e edificação da comunidade (cf. 1Cor 12,3.7).* No seguimento do Crucificado Ressurreto a dotação com Espírito não se mostra primordialmente em ações poderosas extraordinárias, e sim numa fé que, em sua própria fraqueza, confia na força de Deus e não serve a si mesma, mas prioritariamente aos outros (cf. 1Cor 2,1-5). Por fim, o Espírito impele os pregadores a irem além do culto e das comunidades e passarem ao serviço missionário. Assim, Paulo designa sua evangelização entre os gentios como atuação sacerdotal, "pois os gentios devem tornar-se uma oblação agradável a Deus, santificada no Espírito Santo" (Rm 15,16), e antes de falar da multiplicidade dos dons em Rm 12, exorta os membros da comunidade a "oferecer a si mesmos como sacrifício vivo e santo, que agrade a Deus", pois isso seria o "culto verdadeiro e apropriado" (12,1).

2.2.2.4. Quem é o Espírito Santo?

Nas cartas autênticas de Paulo *pneuma* designa mais de cem vezes o Espírito de Deus; além do uso absoluto deste termo ("o Espírito"), a pertença a Deus também é expressa pela qualificação como *pneuma hagion;* só duas vezes Paulo fala do "Espírito de (Jesus) Cristo" (Rm 8,9; Fl 1,19) ou do "Espírito de seu Filho" (Gl 4,6). Embora a menção do *pneuma* ocasionalmente pareça impessoal ou ser intercambiável com a menção da σοφια (*sophia* = sabedoria) ou da δυναμις (*dynamis* = força; cf. 1Cor 2,4s.13), para Paulo o Espírito não é uma força anônima, e sim a forma de atuação do Senhor exaltado, a dádiva escatológica e o poder de Deus. Por isso ele volta sua atenção menos para a distinção do que para a unidade da atuação salvífica de Pai, Filho e Espírito Santo. Não obstante a identidade dinâmica do Cristo exaltado e do Espírito Santo, *pneuma,* por outro lado, não é simplesmente um termo diferente para designar Cristo ou Deus. O Espírito aparece, antes, como sujeito no processo de libertação (cf. Gl 4,5-7; 2Cor 3,17; Rm 8,2), de (re)vivificação (2Cor 3,6; Rm 8,10s.), de santificação (1Cor 6,11; Rm 15,16), presenteia os carismas (1Cor 12), atua como testemunha (Rm 8,16), intercessor (Rm 8,26s.), revelador (1Cor 2,10.13; 2Cor 6,4.6), inspirador dos pregadores (1Ts 1,5; 2Cor 3,6), guia (Rm 8,14).

No Espírito se realiza a concessão daquilo que Paulo promete a suas comunidades nas fórmulas de saudação (cf. 1Cor 1,3; 2Cor 1,2; Fl 1,2; Fm 3; Rm 1,7): "Graça e paz da parte de Deus, nosso Pai, e do Senhor Jesus Cristo". Em 2Cor 13,13 Paulo amplia a habitual conclusão cristológica de suas cartas (cf. 1Ts 5,28; 1Cor 16,23s.; Gl

E. PNEUMATOLOGIA

6,18; Fl 4,23; Fm 25) e a faz parecer uma fórmula trinitária: "A graça do Senhor Jesus Cristo, o amor de Deus e a comunhão do Espírito Santo sejam com todos vós!" A correlação da graça (com Cristo) e do amor (com Deus) é tipicamente paulina, assim como, no contexto da correspondência com os coríntios (cf., além disso, Fl 2,1), não é por acaso que Paulo fala da κοινονια του πνευματος (koinonia tu pneumatos), referindo-se, com isso, provavelmente à comunhão operada pelo Espírito e subsistente no Espírito. Rudimentos semelhantes de uma diferenciação trinitária na atuação salvífica comum encontram-se em 1Cor 12,4-6; Gl 4,4-6 e Rm 5,1-5. Essa concepção não é desdobrada por Paulo, mas seu enfoque teológico evidencia-se como ampliação coerente do pensamento de fé do AT na direção da posterior formulação da experiência cristã de Deus na teologia da Trindade.

O que o Espírito Santo é só pode ser definido a partir do que ele faz. É no Espírito que os crentes experimentam a solicitude de Deus em Jesus Cristo, que presenteia nova possibilidade de vida (liberdade) e capacidade de relação (amor). Por meio do Espírito como dádiva escatológica de Deus o Crucificado Ressurreto une seus irmãos e suas irmãs consigo e uns com os outros.

2.2.3. Os Sinóticos: o Servo de Deus no poder do Espírito

A partir da intenção de sua pregação e da singularidade literária a ela correspondente, é de se esperar que o interesse pneumatológico dos evangelistas se volte sobretudo para a atuação e o destino de Jesus. A tradição neotestamentária atesta unanimemente que Jesus é o portador do Espírito por excelência, e em todos os quatro evangelhos o batismo de Jesus por João constitui a cena-chave nesse sentido.

2.2.3.1. A descida do Espírito no batismo de Jesus segundo Marcos

Segundo sua forma literária, a perícope de Mc 1,9-11 enquadra-se com a maior probabilidade no âmbito das histórias de vocação cunhadas pelo pensamento sapiencial-apocalíptico. A sequência da cena – Jesus sai da água, depois o Espírito desce – assinala que a vocação já não faz parte do próprio batismo por João. O evangelista quer esclarecer de antemão às leitoras e aos leitores de seu "Evangelho de Jesus Cristo, o filho de Deus" (1,1) quem Jesus é. Que Ele seja mais do que um dentre os profetas (cf. Mc 6,14-16; 8,27-30) é atestado, além da "voz vinda do céu", pela descensão do Espírito que vem do céu "rasgado" (pela escolha do termo σχιζομενους (*schizomenous*), mais raro na literatura apocalíptica, Mc 1,10 coloca um acento próprio em comparação com Mateus e Lucas, que falam de "abrir"). Em Marcos o testemunho acontece numa visão e audição de Jesus e em forma de uma predicação ("Tu és..."). De maneira geral se supõe que na fonte utilizada por Marcos houvesse uma menção do servo de Deus, de modo que Mc 1,11 evoca Is 42,1 ("Vede, este é meu servo... pus meu Espírito sobre Ele"), enquanto que a expressão "meu Filho amado" constante em Marcos estabelece uma associação com Sl 2,7. *Numa engenhosa alusão literária a tradições veterotestamentárias Jesus é apresentado como portador do Espírito escatológico.*

2. Fundamentos bíblicos

Jesus viu o Espírito descer sobre si "como pomba" (Mc 1,10; por meio de "como que", Mt 3,16 acentua o caráter figurado, ao passo que Lc 3,21 enfatiza o caráter realista por meio de "em forma corpórea como"). Diversas referências foram mencionadas visando a compreensão desse simbolismo: a representação plástica rabínica da *ruah* que pairava sobre as águas (Gn 1,2) através da comparação com o pairar de uma pomba; a pomba de Noé em Gn 8,9; a pomba como símbolo de Israel (também se cogitou a possibilidade de haver um erro de tradução; quanto aos detalhes desta questão, cf. GREEVEN, H. verbete *Peristera*, in: ThWNT 6, 63-72).

Essa imagem pode ser relacionada com a descida do Espírito ou com o próprio Espírito. Recentemente a exegese feminista-crítica tem mostrado interesse pela segunda possibilidade. Aponta-se para o fato de que nas religiões do Oriente Antigo a pomba, como pássaro de simpatia de divindades femininas, assinalaria a presença da deusa e teria a função de mensageira de amor dessa deusa. Essa noção podia ser transferida à sabedoria personificada, e possivelmente tal concepção teológico-sapiencial encontra-se por trás da perícope do batismo. A identificação de *sophia* e *ruah/pneuma* foi possibilitada pela "ligação do teologúmeno veterotestamentário de que Deus põe seu Espírito sobre profetas e eleitos, ou, em Dêutero-Isaías, sobre seu servo de Deus, com a noção sapiencial de que Deus envia a sabedoria a pessoas eleitas e que a sabedoria chega até os seres humanos por meio de profetas e sábios" (SCHROER, S. *Geist*, 216).

A descida do Espírito, por um lado, e a aceitação e o anúncio por parte do Pai, por outro, formam uma unidade. "A complacência de Deus só pode ser anunciada a alguém que esteja em comunhão e concordância vivas com esse Deus – que, portanto, tenha parte em seu jeito de viver, e mais: de modo geral tenha parte na dinâmica vital de Deus, que o Espírito constitui e, se comunicando, passa adiante" (KIRCHSCHLÄGER, W. *Geistwirken*, 30).

Embora Mc 1,9-11 não contenha uma incumbência missionária (cf., em contrapartida, Mt 17,5: "A ele ouvi"), já o versículo subsequente (1,12) mostra que o Espírito impele Jesus para sua obra messiânica. Chama a atenção o fato de que na continuação do evangelho a cristologia pneumatológica não é mais tematizada diretamente: além de Mc 1; 3,28s.; 13,11, só se fala ainda do Espírito Santo (de Deus) em 12,36, onde pelo menos se aduz a convicção rabínica da inspiração das Escrituras no contexto da questão do messias. Em termos de uma cristologia indireta, entretanto, ela está implícita na derrota dos espíritos malignos/imundos por Jesus (cf. 1,21-28; 1,39; 5,1-20; 9,14-29). *Justamente a concepção marquiana implica que as diversas ações de Jesus, operadas no poder do Espírito escatológico, têm sua origem e fundamentação no acontecimento do batismo.*

2.2.3.2. Acentos de Mateus

Na versão da cena do batismo apresentada por Mateus (3,13-17), chama a atenção, em comparação com Marcos, sobretudo a modificação da forma de tratamento (v. 17: "Este é", ao invés de "Tu és"); o anúncio dirigido ao Filho torna-se uma proclamação dirigida aos discípulos. Através da concessão do Espírito e da voz vinda do céu o Filho é chamado para o exercício de seu ministério messiânico. Em 12,18 Mateus confirma

E. PNEUMATOLOGIA

que deseja que o Filho seja entendido como servo sobre o pano de fundo de Is 42,1: "Eis aqui meu servo, a quem escolhi, meu amado, em quem me comprazo. Porei meu Espírito sobre Ele, e Ele anunciará o direito aos povos." No mesmo capítulo o evangelista sublinha que Jesus expulsa os demônios "pelo Espírito de Deus" (12,28), elucidando a fonte Q (cf. Lc 11,20: "pelo dedo de Deus"). Com isso ele associa este *logion* com aquele que trata da blasfêmia contra o Espírito (12,21s.); é possível que essa correção também tenha sido ensejada pelas experiências pneumáticas da comunidade. Em todo caso, dois aspectos são interessantes em termos pneumatológicos: por um lado, o fato de a expulsão dos demônios pelo Espírito de Deus não ser conhecida entre os rabinos e, por outro, a associação de presença do Espírito e presença da *basileia*. Assim, pode-se concluir: "O Espírito é concebido como o critério distintivo para a classificação da ação de Jesus" (KIRCHSCHLÄGER, W. *Geistwirken*, 35).

Indo além de Marcos, Mateus retoma, em 1,18.20, a tradição da geração de Jesus εκ πνευματος αγιου (*ek pneumatos hagiou* = do Espírito Santo), o que, no marco de sua teologia, não deve ser entendido como concorrência à cena do batismo, e sim como base da proclamação pública lá ocorrida. Diferentemente da versão narrativa de Lucas, que levanta a pergunta pelo "como", Mateus se contenta em destacar duas vezes a origem ou o fundamento *(ek)* da existência humana de Jesus no contexto da sequência das gerações davídicas. *Pneuma* representa aqui o poder criador de Deus, que já no Egito e depois no helenismo era relacionada com a geração do portador da salvação pelo Deus. Já o judaísmo egípcio-helenístico interpretava Is 7,14 nesses termos, relacionando esta passagem com um nascimento sem pai. A apreciação dessas conexões, contudo, é controvertida.

Assim, J. Gnilka chega à seguinte conclusão, após examinar os paralelos da história das religiões: "Na melhor das hipóteses poder-se-á dizer que o modelo egípcio ajudou a preparar a compreensão do modelo da fé cristã. As mais importantes raízes deste último encontram-se alhures" (GNILKA, J. *Matthäusevangelium*, vol. 1, 28).

Quanto à intenção primordialmente (no caso de Mateus é provável que se deva dizer: exclusivamente) cristológica dessa tradição, pode-se registrar como relevante em termos pneumatológicos o fato de que "nem em Mateus nem em Lucas [...] o papel do Espírito Santo [pode] ser igualado ao papel do pai, o qual, nas mitologias, é desempenhado pelos deuses. O Espírito é a força poderosa de Deus, a qual produz e distingue o messias (Espírito criador de vida, Espírito nos moldes de Is 11,1s.), como coroamento da sequência de nascimentos maravilhosos da Antiga Aliança, iniciando com Isaac e estendendo-se até João Batista" (CHEVALLIER, M.-A. *Pneumatologie*, 347; cf. GNILKA, J. *Matthäusevangelium*, vol. 1, 32).

À perícope do batismo (3,13-17) corresponde, como última cena do Evangelho de Mateus, a chamada ordem de batizar (28,19), que cita uma fórmula litúrgica usual no final do século I (cf. Did 7,1.3). A invocação das três pessoas divinas também pode ser entendida como fórmula de transmissão que expressa a relação e pertença a Deus inauguradas para os seres humanos em Cristo e seu Espírito. Na concepção teológica da redação de Mateus (cf. 6,9-13) insere-se então também a mudança efetuada em 10,20

2. Fundamentos bíblicos

em comparação com Mc 13,11: o Espírito Santo (é o que também diz Lc 12,12) é "o Espírito de vosso Pai".

Em resumo: *Marcos e Mateus só contêm poucos enunciados sobre o Espírito Santo. À luz da Páscoa Jesus é percebido (de maneira nova) como o portador do Espírito por excelência. Ambos os evangelhos permanecem nas trilhas predeterminadas no AT (o* Pneuma *enquanto força divina sobre o/no servo de Deus, bem como enquanto auxílio prometido e dádiva dos últimos tempos); nova é a convicção do despontar desses tempos na atuação de Jesus.*

2.2.3.3. Jesus como portador e doador do Espírito segundo Lucas

a) *Repleto do Espírito Santo* – Em comparação com Marcos e Mateus, Lucas destaca mais acentuadamente que Jesus não é um pneumático ou carismático em sentido usual: diferentemente dos líderes carismáticos e profetas, Ele não é impelido *pelo* Espírito por causa de algum ensejo atual e de modo passageiro, mas é guiado no deserto *no* Espírito (4,1) e regressa para a Galileia "no poder do Espírito" (4,14). Segundo Lucas, desde o batismo Jesus está "repleto do Espírito Santo" (4,1); a ligação permanente entre Jesus e o Espírito é sublinhada pela escolha do adjetivo *pleres*, que expressa uma repleção contínua (cf. também 2,40 em associação com 1,80).

Por fim, também Lucas atribui a existência espiritual de Jesus ao fato de ser gerado a partir do poder de Deus, sendo que em 1,35 ele articula o poder criador de vida do Pneuma mais acentuadamente do que o faz Mt 1,18.20. O "envolver com sombra" lembra o pairar da *ruah* (Gn 1,2) e pode ser associado com a cena do batismo (3,21s.; cf. "vir sobre" – "descer sobre") e sobretudo com a nuvem sombreadora (9,34) da transfiguração.

b) *Inspirado para a pregação do evangelho* – Lucas faz com que o retorno do Jesus repleto do Espírito do deserto seja seguido, em 4,16-30, pela aparição programática dele na sinagoga de Nazaré, sua cidade natal, para salientar que a palavra de Is 61,1 ("O Espírito do Senhor repousa sobre mim; pois o Senhor me ungiu. Ele enviou-me para levar uma boa-nova aos pobres") teria se *cumprido hoje* "em vossos ouvidos" (4,21). A repleção com o Espírito Santo visa, pois, essencialmente a pregação da boa-nova. Neste sentido já Isabel (1,41s.) e Zacarias (1,67) são tidos como testemunhas proféticas repletas do Espírito. Destinatários do evangelho da libertação são principalmente os pobres e pequenos (cf. 10,21, onde Lucas, diferindo de Mt 11,25, insere um "repleto do Espírito Santo").

O evangelista não associa terminologicamente as ações poderosas de Jesus com o Espírito, embora alhures ele empregue *dynamis* e *pneuma* quase como sinônimos. O destaque da pregação profética daí resultante, todavia, não exclui a possibilidade de que Lucas esteja interessado na visibilização dos efeitos produzidos pelo Espírito.

O quanto a pregação profética ocupa o centro no pensamento de Lucas é mostrado pelo nexo de 12,4-12, onde ele não relaciona o *logion* acerca da blasfêmia contra o

E. PNEUMATOLOGIA

Espírito Santo com a expulsão de demônios por Jesus, e sim com a promessa do Espírito para a confissão destemida também em tempos de dificuldades.

c) *O Espírito como dádiva de Deus* – A dádiva escatológica do Espírito é para Lucas o bem por excelência, *a* dádiva de Deus. Segundo Mt 7,11, o Pai, a quem as discípulas e os discípulos podem pedir qualquer coisa, dará coisas boas (αγαθα [*agatha*]); Lucas afirma com mais precisão: Ele dará o Espírito Santo (Lc 11,13). A experiência da qual fala Lucas baseia-se, portanto, na certeza da dádiva escatológica, a qual, porém, não é uma posse segura, mas precisa ser pedida. É interessante que algumas versões do texto ofereçam, em 11,2, ao invés de "Venha teu reino" a variante "Venha sobre nós teu Espírito Santo e nos purifique!" O tempo do senhorio de Deus que está se realizando é o tempo do Espírito Santo; visto que a consumação ainda está por vir, ela precisa ser pedida. A isso corresponde o pedido pela purificação escatológica (cf. Ez 36). *Também para Lucas Jesus era antes da Páscoa o portador do Espírito por excelência, aquele que vem do Pai. Na condição de exaltado, Ele próprio torna-se doador do Espírito:* "E enviarei sobre vós a dádiva que meu Pai prometeu. Permanecei na cidade até que sejais repletados com o poder do alto" (Lc 24,49; cf. At 2,33). *Nessa dádiva o próprio Senhor exaltado se confronta com suas discípulas e seus discípulos* (compare Lc 12,12 com At 21,15; At 10,19 com 10,14 e cf. a expressão "Espírito de Jesus", de At 16,7, que é singular no NT).

2.2.4. Atos dos Apóstolos: a doação do Espírito às testemunhas

A expressão "Pneuma" aparece 68 vezes em Atos dos Apóstolos; destas, 37 ocorrem nos 12 primeiros capítulos, o que representa a maior concentração em todo o NT.

2.2.4.1. O acontecimento de Pentecostes

No início de Atos (1,4s.8) Lucas retoma o anúncio do batismo com o Espírito (cf. Lc 3,16) e promessa da dádiva (do Espírito Santo) como força para a pregação (cf. Lc 24,47-49) e faz com que essa predição se cumpra no "dia de Pentecostes", quando "todos estavam reunidos no mesmo lugar [Jerusalém]": "Ao cumprir-se o dia de Pentecostes, [...] todos ficaram repletos do Espírito Santo e passaram a falar em outras línguas, segundo o Espírito lhes concedia que falassem" (At 2,1.4). Os versículos subsequentes, 5-13, narram a impressão causada por esse acontecimento, que é então interpretado na prédica de Pentecostes de Pedro (v. 14-36). Que acontecimento subjaz a esse relato? De que tradições prévias dispunha Lucas? Como ele as refundiu e interpretou teologicamente? Na exegese histórico-crítica há uma série de questões que permanecem em aberto e propostas de soluções que são controvertidas.

Se se leva em consideração, no nível redacional, a composição da obra dupla de Lucas, mostra-se um claro paralelo entre a cena do batismo de Jesus no Evangelho e a narrativa de Pentecostes em Atos. Ambas as perícopes falam de uma concessão do Espírito, e em ambos os

2. Fundamentos bíblicos

casos ela serve para fundamentar a pregação profética que se segue. Além disso, pode-se supor que a narrativa pré-lucânica relatasse a respeito de uma avassaladora experiência de fé das primeiras discípulas e discípulos, a qual, como experiência inesperada ou, ao menos, presenteada em abundância, foi ligada ao Espírito Santo. É possível que só Lucas tenha revestido o fenômeno originário da glossolalia, o louvor extático das grandezas de Deus (cf. At 2,11), da forma de um milagre linguístico e auditivo.

Por fim, há indícios de que o texto pode ser interpretado como etiologia da festa cristã de Pentecostes, tendo como fundo a festa judaica das semanas e a hagadá do Sinai. Originalmente uma festa da colheita sem caráter religioso, a festa de Pentecostes adquiriu um conteúdo histórico-salvífico no Livro dos Jubileus como festa da renovação da aliança (com Noé); a relação com as leis do Sinai, entretanto, só é estabelecida em textos rabínicos de meados do século II dC. Em termos de conteúdo, tal nexo estaria dado na medida em que, segundo a hagadá do Sinai, o próprio Javé teria dirigido a palavra a todos os povos, e no Pentecostes cristão as discípulas e os discípulos, repletos do Espírito Santo, louvam as grandezas de Deus e todas as pessoas reunidas os entendem. Então, portanto, também nesta concepção teológica a lei e o Espírito estariam correlacionados tanto em termos de suspensão quanto de cumprimento.

Como resultado das investigações histórico-críticas pode-se registrar ao menos o seguinte: *em "Pentecostes" discípulas e discípulos de Jesus foram dominados por um poder que interpretaram como o Espírito Santo prometido. Este lhes deu a força de anunciar o Evangelho do Senhor Jesus Cristo a todos os povos.*

Na interpretação posterior se traça frequentemente um paralelo entre a confusão de línguas em Babel (Gn 11,9) e o milagre linguístico ou auditivo em Jerusalém. Assim como lá a comunicação humana rompeu-se na confusão das línguas, aqui a compreensão da mesma mensagem torna-se possível em meio à diversidade de línguas. Tal interpretação parece legítima nos moldes de uma interpretação espiritual da Escritura e de uma visão conjunta de tradições bíblicas particulares.

2.2.4.2. Continuação consequente da pneumatologia do Evangelho de Lucas

Através da paralelização com a cena do batismo e a pregação em Nazaré subsequente a ela, Lucas sublinha o cumprimento de promessas veterotestamentárias do Espírito e seu direcionamento para a pregação profética. Assim como em Jesus se cumpriu a palavra escriturística de Is 61,1, no dia de Pentecostes cumpriu-se a promessa do profeta Joel (3,1-5) retomada por Jesus ou pelo Senhor exaltado: todos ficaram "repletos do Espírito Santo". Essa repleção singular com o Espírito (aoristo), que em At 2,2s. é descrita com imagens empregadas em narrativas apocalípticas ou de teofanias, ocasiona como fenômeno duradouro (imperfeito) um falar em línguas estranhas, que, com base no verbo αποφθεγγεσθαι (*apophthengesthai*) usado em 2,4b (cf. 2,14; 26,25) e em associação com 2,11, deve ser entendido como pregação profética (cf. também 2,17s.; 19,6). Isso é sublinhado pela observação de que em At 2,18 a citação de Jl 3,2 é complementada por "e eles serão profetas". A autorização para isso é caracterizada, de maneira típica da obra dupla de Lucas, como dádiva do Espírito (cf. Lc 1,42.67; At 4,8.39; 6,10).

E. PNEUMATOLOGIA

O que acontece continuamente desde o dia de Pentecostes em louvor e pregação pode ser ouvido por todos (também este verbo [2,6c] está no imperfeito). *Portanto, ao acontecimento de Pentecostes cabe um caráter fundamental; ele é prototípico, singular como estímulo inicial, mas não exclusivo.* O que começou no dia de Pentecostes tem continuidade em outros "Pentecostes" – e em associação com as testemunhas originais – em Samaria (8,14-17), entre os gentios (10,44-48; 11,15-18). Que o Espírito Santo desça também sobre estes últimos não era algo evidente nos inícios; também a chamada lista dos povos (2,9-11a) não representa todos os povos e todas as línguas, mas enumera as áreas da diáspora judaica, estando, portanto, interessada "numa representação universal de judeus do mundo todo" (KREMER, J. *Pfingstbericht*, 158).

A paradigmática pregação de Pentecostes de Pedro promete, ao final, a dádiva do Espírito também aos ouvintes, porém "não como capacitação para a proclamação (para a fala profética), e sim como conseqüência da conversão e do batismo e em estreita ligação com a remissão dos pecados e o salvamento escatológico" (KREMER, J. *Pfingstbericht*, 179). Entretanto, justamente em vista da citação de Joel não está excluída a possibilidade de que as pessoas convertidas e repletas do Espírito tornem-se, elas próprias, testemunhas, assim como, por outro lado, a partir de 1,4s.8 (cf. Lc 24,47-49) o próprio acontecimento de Pentecostes deveria ser entendido como "batismo do Espírito". A partir de sua concepção global, contudo, o interesse de Lucas não está voltado para uma teologia do batismo, e sim para o nexo entre Espírito Santo e pregação profética.

Algumas particularidades da pneumatologia lucana podem ser explanadas no contexto de Atos dos Apóstolos. Assim, o interesse pelas manifestações concretas do Espírito (cf. At 2,3-6; 4,31; 10,47; 11,17; 15,8) se explica a partir do empenho de Lucas por um testemunho digno de crédito e confiável (cf. os proêmios às duas partes de sua obra dupla). Já na cena do batismo Lucas havia inserido a observação de que o Espírito Santo descendeu em forma visível (3,22). Em Atos ele menciona como fenômenos, ao lado da glossolalia (além de 2,4, ainda 10,46; 19,6), a profecia (11,28; cf. Lc 1,41.67), o atravessar uma pessoa com o olhar (13,9) e, sobretudo, a percepção da vontade de Deus (8,29; 10,19; 11,12; 13,2.4; 16,6s.; 20,22). Visto que também estas "manifestações" podem ser designadas como proféticas e que Lucas está interessado nos fatos, mas não em como eles aconteceram concretamente, fica-se com a impressão geral de que ele visa sobretudo a pregação profética.

No que diz respeito ao relacionamento entre batismo e recebimento do Espírito, já ficou claro que, para Lucas, o decisivo é a repleção com o Espírito Santo. Após "Pentecostes" isso lhe parece estar normalmente associado ao batismo, sem que se possa perceber uma correlação inequívoca nesta questão: o batismo pode preceder o recebimento do Espírito (2,38; 19,2) e inversamente (10,44-48); ambas as coisas podem ocorrer imediatamente uma após a outra ou juntas (9,17s.), ou então com certa distância temporal (8,14-17). O recebimento com o Espírito e o batismo estão direcionados para a incorporação na comunidade; portanto, o batismo do Espírito e o batismo com água não podem ser jogados um contra o outro.

A associação de imposição de mãos e recebimento do Espírito mencionada em duas passagens de Atos (8,14-18; 19,1-7) documenta o interesse lucano em vincular a concessão do

2. Fundamentos bíblicos

Espírito à Igreja (de Jerusalém?) e suas testemunhas eleitas. Isso de modo algum significa – como por vezes se atribui a Lucas – que se disponha do Espírito; segundo 8,15, a oração precede a imposição de mãos. Assim, o Espírito Santo é a força determinante na condução da Igreja (cf. 5,1-11; 15,28) e particularmente em sua atuação missionária (cf. 9,17; 13,4; 16,6s.; 20,22s.; 21,11; 28,22), e Lucas constata de maneira sumária que a Igreja "crescia pela ajuda do Espírito Santo" (9,31c).

2.2.4.3. O Espírito Santo de Deus

O Pneuma experimentado em fenômenos extraordinários, mas sobretudo na pregação das testemunhas, evidencia-se como o Espírito Santo de Deus. Assim como Paulo, Lucas não reflete sobre relações intratrinitárias, mas menciona, lado a lado, Deus (At 1,4.5; 2,17; 11,16s.; 15,8), Cristo (Lc 24,49; At 2,33) e o próprio Espírito (At 2,4; cf. 1,8; 19,6) como sujeito atuante. Só At 2,33 explicita a comunhão de ação do Pai, do Filho e do Espírito: "Depois que Ele [Jesus] fora exaltado pela direita de Deus e recebera do Pai o Espírito Santo prometido, ele o derramou, como vedes e ouvis." Também para Lucas, portanto, é importante que o Espírito provenha de Deus. Nessa associação se esboça certa autonomia do Espírito; em todo caso, em At 15,28 ("o Espírito Santo e nós resolvemos") parece haver mais do que uma personificação literária. *Dando continuidade à pneumatologia do Evangelho de Lucas, o Livro de Atos dos Apóstolos proclama que as testemunhas eleitas e, com base na pregação, todas as pessoas que chegam à fé são repletadas com o Espírito Santo. Na oração, na fé e no batismo o Espírito Santo concede sobretudo a força para a confissão destemida e conduz a Igreja em sua caminhada missionária.*

2.2.5. João: o Espírito da verdade

Ao lado de Paulo, João é tido como o segundo grande pneumatólogo do NT. Elementos já esboçados da experiência e teologia cristã primitiva do Espírito (→ 2.2.1.) são integrados de modo característico na concepção global do quarto evangelho (o Filho como revelador do Pai, o testemunho da verdade frente ao mundo, a permanência dos seus nele).

2.2.5.1. O testemunho do Espírito em favor de Jesus, aquele que batiza com o Espírito

a) *O testemunho do Espírito* – Também para João, Jesus é antes da Páscoa *o* portador do Espírito; duas vezes (Jo 1,32.33) se acentua que o Espírito permanece sobre Jesus desde o batismo. No lugar da narrativa do batismo contida nos sinóticos o quarto evangelista coloca (também duas vezes) o testemunho de João Batista sobre aquele, infinitamente mais digno, que vem depois dele (1,26s.) e batizará não só com água, mas com o Espírito Santo (1,33; o particípio presente assinala, também aqui, uma propriedade permanente). *O testemunho de João Batista tem seu* Sitz im Leben *na con-*

E. PNEUMATOLOGIA

frontação com os discípulos do Batista; mas "dar testemunho" é, ao mesmo tempo, uma palavra que serve de sinal na teologia joanina, sendo frequentemente usada em associação com o Espírito. Assim, o Espírito produz o testemunho para Jesus através de pessoas, de João Batista (1,32s.) e dos discípulos (15, 26s.) ou no contexto de atividades comunitárias (1Jo 5,6-8: "Este é o que veio pela água e pelo sangue: Jesus Cristo. Ele veio não só na água, mas na água e no sangue. E é o Espírito que testemunha; pois o Espírito é a verdade. São três os que testemunham: o Espírito, a água e o sangue; e estes três constituem uma unidade"). Na passagem citada, "água" e "sangue" no v. 6 significam primeiramente o batismo e a morte de cruz como início e consumação da atuação terrena de Jesus. Nos dois versículos seguintes deve haver uma continuação ou um aprofundamento do raciocínio: mencionados após o Espírito como testemunhas atuais, a água e o sangue representam o batismo e a eucaristia – uma interpretação de Jo 19,34 que tornou-se usual entre os padres da Igreja, sendo que também neste caso (19,35) o ato de testificar constitui o contexto.

b) *A água viva do Espírito* – Ao contrário do restante da tradição neotestamentária, João reflete expressamente sobre a experiência cristã primitiva de que o Senhor Ressurreto torna-se aquele que batiza com o Espírito: "Como diz a Escritura, de seu interior fluirão rios de água viva. Ele se referia ao Espírito, que haveriam de receber todos os que nele cressem; pois não havia ainda Espírito, porque Jesus não fora ainda glorificado" (7,38s.). Em sua exortação: "Quem tem sede venha a mim, e beba quem crê em mim" (7,37s.; cf. 4.13s.; 6,35) o Cristo joanino retoma o rito da festa das tendas, que na época de Jesus era celebrada com intensiva expectativa messiânica. *Já agora, na fé em Jesus como Filho e revelador do Pai, cumpre-se a promessa ao ser derramada a água viva do Espírito.* Enquanto que no AT, mesmo em Ez 36, a água é desejada escatologicamente sobretudo em sua força purificadora, João caracteriza a dádiva escatológica do Espírito expressamente com o símbolo da água viva. Já no AT Deus mesmo foi experimentado como "fonte de água borbulhante" (cf. Jr 2,13; Sl 36,10), a presença de Deus na palavra e na lei como fontes de vida (cf. Sl 119) podia ser apreendida simbolicamente por meio da imagem da água e da fonte (cf. a literatura sapiencial e paralelos em Qumran). Particularmente típica de João é a paralelização de palavra, Espírito e vida. A convicção de que o Espírito é dado já agora brota da experiência da revelação de Deus em Jesus Cristo e de sua presença viva e permanente nos crentes.

c) *Glorificação e envio do Espírito* – A passagem de Jo 7,39, porém, também deixa claro que mesmo para o quarto evangelho a tensão entre escatologia presente e futura não está suspensa: o Espírito só é derramado após a glorificação de Jesus. Quando, exatamente, o Jesus animado permanentemente pelo Espírito torna-se aquele que batiza com o Espírito? Segundo Jo 19,30, na cruz, que, afinal, significa execução e exaltação a um só tempo, contanto que a formulação "Ele entregou seu espírito" παρεδωκεν το πνευμα (*paredoken to pneuma*) não se refira apenas à morte de Jesus, mas também à entrega do Espírito aos seus. Em todo caso, no grego clássico essa expressão nunca é usada para designar o ato de morrer, e, ao contrário de Lc 23,46, não se fala de uma devolução do Espírito às mãos do Pai. Considerando ainda 19,34 e 1Jo 5,6-8, pode-se, em todo caso, dizer que para o quarto evangelho, caracteristicamente, "a morte, ressurreição e glorificação de Jesus, bem como a comunicação do Espírito [...] estão teologicamente interligadas de modo inseparável" (PORSCH, F. *Anwalt,* 102).

Em contrapartida, Jo 20,21-23 parece colocar outro acento: "Jesus lhes disse mais uma vez: A Paz esteja convosco! Como o Pai me enviou também eu vos envio. Tendo dito isso, soprou sobre eles e falou: Recebei o Espírito Santo! Aqueles a quem perdoardes os pecados ser-lhes-ão perdoados; aqueles aos quais lhes negardes o perdão ser-lhes-á negado". Acaso se cumpre nesta cena o anúncio do batismo com o Espírito de 1,33? Acaso se concede aqui aos discípulos o Paráclito prometido (→ 2.2.5.2.)? Todavia, as discrepâncias em relação ao relato lucano de Pentecostes são tão flagrantes quanto o fato de que não se fala do Paráclito ou Espírito da verdade. Há razões para supor que o evangelista tenha retomado uma tradição já existente acerca da doação do Espírito pelo Ressurreto e a inserido em sua concepção pneumatológica por meio do motivo do envio (v. 21: "como – também"), característico dele. Na hora de sua partida o Senhor Ressurreto equipa os seus com o Espírito, para que possam cumprir sua missão de serem testemunhas da fé frente à descrença do mundo (segundo João, esta é *o* pecado do mundo).

Por um lado, 1,33 e 20,22 constituem, assim, em termos de anúncio e cumprimento, um marco delimitador para todo o evangelho (original). Por outro lado, fica claro que a concessão do Espírito não é um acontecimento único que a tudo conclui, mas se atualiza constantemente no envio ou na missão. *A comunicação do Espírito em Jo 20,22 é, assim, iniciação do batismo com o Espírito, que o Exaltado, como aquele que batiza com o Espírito, realiza na Igreja enquanto tempo do Espírito.*

2.2.5.2. O Espírito como representante do Exaltado junto do Pai

Com isso está reconstituído o marco teológico para a classificação dos chamados ditos acerca do Paráclito: a tensão entre promessa e cumprimento não é suspensa pela exaltação e glorificação. Assim, os discursos de despedida espelham não só a situação das discípulas e discípulos que experimentaram Jesus com todos os seus sentidos e dão testemunho disso (cf. 1Jo 1,1-4), mas justamente a situação daqueles que passam a crer com base nesse testemunho e, no tempo da ausência do Senhor, vivem a partir do Espírito dele e transmitem o testemunho.

Três palavras-chave caracterizam o *Sitz im Leben* ou lugar vivencial dos discursos de despedida joaninos: partida de Jesus – abandono das discípulas e discípulos – promessa do Espírito. Por meio dos ditos acerca do Paráclito, que originalmente talvez tenham sido transmitidos em separado, o evangelista responde a pergunta pela presença e compromissividade permanente da autoridade de Jesus. O esquema a seguir mostra que funções são atribuídas ao Espírito, que "designação de sua substância" resulta disso e como é determinada sua origem (quanto a este último aspecto → 2.3.5.4.).

E. PNEUMATOLOGIA

	Função	*Designação de substância*	*Origem*
14,16s.	o outro Paráclito	Paráclito/ Espírito da verdade	dádiva do Pai a pedido do Filho
14,26	ensinar e lembrar	Paráclito/ Espírito Santo	envio pelo Pai em nome do Filho
15,26	dar testemunho	Paráclito/ Espírito da verdade	envio pelo Filho a partir do Pai
16,7-11	convencer	Paráclito	envio pelo Filho
16,13-15	conduzir à verdade plena glorificar o Filho	Espírito da verdade	receber do Filho o que este tem do Pai

a) *O outro Paráclito* – Para o tempo após sua partida Jesus promete aos seus outro Paráclito que será dado pelo Pai. Esse enunciado implica que o próprio Jesus é o primeiro Paráclito enviado pelo Pai. Em 1Jo 1,21 Cristo é de fato designado como Paráclito, porém, na função histórico-salvífica que lhe é peculiar de intercessor celestial pelos pecadores. A função do Espírito-Paráclito é outra: ela precisa ser depreendida do contexto joanino, já que não parece possível derivá-la inequivocamente de outras fontes e a LXX nunca emprega o termo παρακλητος (*parakletos*) para designar o Pneuma. Segundo os discursos de despedida, o Espírito não tem a função de intercessor; também sua tarefa como "Espírito consolador" representa preponderantemente um efeito colateral. Parece que o evangelista recorre à acepção originária do termo: "chamado para junto de", a partir da qual se desenvolveu então, no contexto jurídico, o termo "advogado", ou recorre a uma tradição já existente nesse sentido, visto que ele se refere ao advogado e testemunha da verdade no processo entre o revelador Jesus e "o mundo" que não o conhece e persiste na descrença. Isso significa ainda que com a vinda do outro Paráclito desponta o tempo posterior a Jesus, mas não nos moldes de uma nova época histórico-salvífica ("era do Espírito"): *como sucessor o Espírito tem a posição de representante que recorda as palavras de Jesus (14,26), dá testemunho dele (15,26) e recebe daquilo que o Filho ganhou do Pai (16,14s.).* Não se trata, portanto, de uma substituição, mas sim da continuidade da atuação salvífica de Deus.

Se o evangelista não designa o próprio Jesus terreno como Paráclito, deve ser porque no processo com a descrença do mundo lhe competem outros papéis, a saber, o de réu, bem como os de promotor e juiz. Não obstante, nos discursos de despedida lhe são atribuídas funções semelhantes à atuação do Espírito. Mais ainda: João

2. Fundamentos bíblicos

apresenta também alhures a correlação de Cristo e Pneuma: assim, no contexto das passagens paralelas de 3,8/8,14 aparecem os teologúmenos tipicamente joaninos "carne", "testemunho", "vida".

b) *O Espírito da verdade* – Como o outro Paráclito, o Pneuma é sobretudo o "Espírito da verdade" (14,17; 15,26; 16,13), uma caracterização que, no mais, só se encontra em 1Jo 4,6 e 5,6, sendo que as formulações contidas em 1Jo 4,1-6 lembram paralelos de textos de Qumran, mas sem esposar o dualismo espiritual típico dessa comunidade essênia. A teologia joanina é determinada, antes, pela contraposição entre fé e descrença: quem crê pode receber o Pneuma, ver e conhecer o Espírito (14,7). Assim, o Espírito permanece entre as discípulas e discípulos; mais ainda: permanece neles.

Ao Espírito da verdade competem as seguintes funções: ensinar e lembrar as palavras de Jesus; dar testemunho do Filho, o que significa, ao mesmo tempo, convencer o mundo acerca do pecado da descrença e julgar o Senhor do mundo. Por fim e quase à guisa de resumo: introduzir na verdade plena e glorificar o Filho. O que foi dito sobre a posição do outro Paráclito aplica-se também aqui: o Espírito da verdade não traz um ensinamento novo, mas presentifica o ensinamento de Jesus; ele não revela nada novo, mas testemunha o Filho como revelador do Pai. Assim, também para João o Filho continua sendo o mediador: Ele, que anuncia as palavras de vida eterna (6,68), sendo inclusive, Ele próprio, o caminho, a verdade e a vida (14,6), dá também o Espírito em sua plenitude (3,34), porque suas palavras são "Espírito e vida" (6,63). Por outro lado, é igualmente verdade que o Espírito da verdade não é um mero repetidor; antes, ele aprofunda o conhecimento (que, em termos bíblicos e especificamente joaninos, deve ser entendido de modo integral) da fé e conduz à plenitude da verdade.

Diferentemente de Jo e 1Jo, o Apocalipse de João encontra-se sob o signo do Espírito do profetismo; a função deste é, não obstante, comparável à do Espírito da verdade, pois o que Deus faz, por meio de seu Espírito, os profetas anunciarem (Ap 22,6) é "o testemunho de Jesus" (19,10). O que isso significa na situação de dificuldades maciças é proclamado pelo vidente apocalíptico, que experimenta a si mesmo como alguém tomado pelo Espírito (cf. 1,10; 4,2; 17,3; 21,10). As sete comunidades devem ouvir o que o Espírito lhes diz (2,7.11.17.29; 3,6.13.22) em relação ao plano salvífico de Deus (14,13; 22,6). Os sete espíritos mencionados em 1,4; 3,1; 4,5; 5,6 poderiam ser entendidos, sobre o pano de fundo de Is 11,2 e Zc 4,2.10b, como ilustração ou representação plástica do Espírito de Deus.

2.2.5.3. Vida a partir do Espírito e no Espírito

No centro da pneumatologia do Evangelho de João encontra-se o Paráclito como Espírito da verdade. O fato de que essa concepção absorveu a antiga experiência do nexo existente entre Espírito e vida é mostrado pelo entrelaçamento dos teologúmenos "palavra – verdade – vida – Espírito", tipicamente joaninos. O que Paulo diz em 1Cor 15,45 acerca do Cristo pneumático como ser humano escatológico torna-se em João o aspecto característico do Espírito: Ele é *pneuma zoopoion*, Espírito vivificador

E. PNEUMATOLOGIA

(6,63a). Por isso, portanto, as palavras de Jesus são "Espírito e vida" (63b), porque nelas se comunica ao mesmo tempo o Espírito criador de vida.

Ademais, também João conhece o nexo entre fé e recebimento do Espírito, ser batizado e vida nova a partir do Espírito: "Se alguém não nascer da água e do Espírito, não poderá entrar no Reino de Deus" (3,5). Esse renascer da pessoa que crê é um nascer "de novo" (3,3.7: ανωθεν (*anothen*), literalmente: a partir de cima), "a partir do Espírito" (3,6), ou seja: a partir do próprio Deus (cf. 1,13). O respectivo contexto deixa claro que esse acontecimento não é um processo que se realize automaticamente nem um processo mágico ou misterioso, e sim um acontecimento determinado pela liberdade, em que se recebe e responde. Se o versículo seguinte, 3,8 ("O vento *[to pneuma]* sopra onde quer: ouves seu ruído, mas não sabes de onde vem nem para onde vai. Assim acontece com todo aquele que nasceu do Espírito *[ek tou pneumatos]*"), refere-se a essa liberdade do Espírito e à liberdade da pessoa crente nele presenteada – isso depende de onde se quer divisar o escopo desta palavra parabólica. É incontestável que a incompreensibilidade do "de onde" e "para onde" do vento é comparada à incompreensibilidade da origem da existência espiritual do crente. O que não pode ser explicado (cf. 3,7) e precisa ser dado a partir de cima é, mesmo assim, passível de ser experienciado. Segundo 1Jo 4,13, a dádiva do Espírito é sinal de ligação com Deus, e esse ser gerado a partir de Deus mostra-se na ausência de pecado, na justiça e no amor aos irmãos e irmãs (1Jo 3,9s.; 4,7). *A atuação do Espírito, seu poder de vida, seu auxílio e seu testemunho da verdade são experienciados primeiramente no interior da pessoa, mas essa certeza experiencial busca o exterior, quer ser confirmada no testemunho de vida.* Não se fala de experiências espetaculares do Espírito. Aquilo a que Paulo já ligava importância está bem no centro do interesse nos escritos joaninos: *o recebimento da vida nova a partir do Espírito realiza-se na vida diária dos cristãos, a qual, contudo, de modo algum é evidente para o "mundo".*

Que essa vida como um todo deve ser sustentada pelo Espírito e ser conformada nele, isso se evidencia em sua realização central. Assim como, segundo Paulo (1Cor 12,3), a confissão de Jesus como o Cristo só pode ocorrer no Espírito, da mesma maneira, segundo Jo 4,23s., a verdadeira oração acontece "no Espírito e na verdade". A fundamentação "Deus é Espírito" (4,24) confirma, também neste caso, o caráter de presente que tem a existência espiritual: porque Deus se dá aos seres humanos no Espírito, assim como Ele é luz e vida para eles (cf. 1Jo 1,5; 4,8.16), estes podem ter acesso a Ele no Espírito. Assim como podemos amar os irmãos e irmãs porque Deus nos amou primeiro (cf. 1Jo 4,7-16a), também conseguimos nos aproximar dele em oração porque Ele se voltou a nós em seu Espírito, nos deu de seu Espírito e nos fez renascer a partir de seu Espírito.

O Espírito atua em todos os membros da comunidade. Também onde, em Jo, se promete às primeiras testemunhas ou, em 1Jo, aos proclamadores que as sucedem uma dotação com o Espírito expressamente para o serviço que têm de prestar, isso não representa uma concorrência ao conjunto da comunidade, como 1Jo 2,27a acentua de modo explícito: "Quanto a vós, a unção que recebestes dele permanece em vós, e não tendes necessidade de que alguém vos ensine".

2.2.5.4. O relacionamento do Espírito com o Pai e o Filho

Nas palavras referentes ao Espírito contidas nos discursos de despedida (→ esquema em 2.2.5.2.), o Espírito aparece como dádiva tanto do Pai quanto do Filho. Por um lado, o evangelista liga importância ao paralelismo dos envios ou missões do Filho e do Espírito; por outro lado, para a cristologia já desenvolvida da escola joanina o ser-enviado pelo Filho é algo evidente. Mais interessante ainda deve ser a ligação na atuação do Pai e do Filho que se expressa em quatro dos cinco textos. Chama a atenção o enunciado duplo em 15,26 ("que vos enviarei de junto do Pai"/"que vem do Pai"), que se explicaria como criação redacional da escola joanina, a qual teria complementado o "do Pai", já existente, nos moldes de sua maneira de raciocinar. Aqui não se pensa numa processão intratrinitária; tanto o fato de que o Espírito parte do Pai quanto o de que o Filho vem do Pai (8,42; 13,3; 16,27s.; 17,8) referem-se à função histórico-salvífica.

É a partir desta que se deve compreender a essência ou substância do Espírito, que, segundo João, como Espírito da verdade dá testemunho do Filho e, ao fazê-lo, dá aos crentes parte na nova vida. Mais claramente do que em Paulo, o Espírito aparece não apenas como aquele no qual o acontecimento salvífico, a partir do Pai e mediante o Filho, alcança, atinge e marca permanentemente os crentes e os liga com Cristo e com o Pai, mas também como aquele que une o Pai e o Filho em sua comunhão de ação e vida, como Espírito do Pai e do Filho.

Em suas funções o Espírito torna-se, ao mesmo tempo, mais perceptível em sua "pessoalidade". Tanto o paralelismo das missões quanto o papel específico do Paráclito tornam mais claro o caráter de sujeito que tem o Espírito; esse caráter não pode ser explicado suficientemente como mero recurso estilístico e literário (cf. em especial a formulação em 16,13: εκεινος, το πνευμα (*ekeinos, to pneuma* = aquele, o Pneuma).

Segundo João, o Espírito, como representante de Cristo, é testemunha da verdade das palavras da vida e, nesta função, auxílio para os crentes em face da descrença do mundo. Quem crê se experiencia como renascido a partir do Espírito vivificador de Deus, do Pai e do Filho, se experiencia autorizado para uma vida que corresponda ao Deus que é Espírito e vida, luz e verdade, que é amor.

2.2.6. Visão prospectiva

Existindo a partir do poder do Espírito Santo, Jesus, como profeta escatológico, servo de Deus e messias repleto do Espírito, proclama e realiza o senhorio régio de Deus. Confirmado por sua ressurreição e exaltação no Espírito, Ele próprio tor-

E. PNEUMATOLOGIA

na-se Pneuma doador de vida. O Espírito Santo testemunha a verdade dessa revelação do Pai no Filho, Ele atua nos proclamadores e realiza a fé. Por meio dele os crentes recebem um novo fundamento de vida, ao qual devem corresponder através de uma vida a partir do Espírito na comunhão dos crentes e no testemunho missionário. Nas dificuldades presentes e futuras o Espírito evidencia-se como auxiliador e primeira quota da consumação escatológica. Por ser o Espírito de Deus, o Espírito do Pai e do Filho, Ele é acesso à comunhão com Deus. Abrir-se para os outros, possibilitar comunicação e juntar as pessoas para a unidade, para a *koinonia/communio* – isso constitui a essência do Espírito.

Em última análise isso não é uma possibilidade humana, e sim força vital presenteada por Deus, a qual, desde a revelação em Jesus Cristo, recebe um nome como Espírito do Pai e do Filho.

3. Abordagem histórico-dogmática

Uma história abrangente da pneumatologia, que considere não apenas o desenvolvimento doutrinal dos dogmas e a história das ideias teológicas, mas também os múltiplos campos de experiência da prática cristã, ainda não foi escrita. No marco deste tratado só podem ser considerados os mais importantes temas, problemas e soluções da história dos dogmas e da teologia, acompanhados de indicações acerca da história das experiências do Espírito. Recomenda-se que, durante a leitura, não se percam de vista as respectivas seções históricas de outros tratados, em especial da doutrina da graça e da Trindade.

A experiência bíblica do Espírito Santo como Espírito da vida, verdade e liberdade permanece determinante também na história da Igreja. A atuação do Espírito na vida do indivíduo e da Igreja molda a experiência dos crentes particularmente nos primórdios da Igreja e depois, repetidas vezes, em épocas de crise que clamam por renovação. *Na tensão entre a necessidade de ordenações eclesiais e a liberdade e imediatez da atuação salvífica divina encontra-se também a experiência do Espírito como mediador do verdadeiro conhecimento de Deus e de si mesmo, como garante da verdade do evangelho e da tradição apostólica.*

3.1. Os primórdios da pneumatologia da Igreja antiga

3.1.1. O Espírito do conhecimento da verdade e da renovação

As experiências com o Espírito da vida, o Espírito da verdade e o Espírito da liberdade constituem ineludivelmente a base da pneumatologia da Igreja antiga. Por causa da primazia da experiência e da prática de vida, bem como da atualidade de outros temas teológicos, essa pneumatologia muitas vezes permanece implícita ou indireta.

3. Abordagem histórico-dogmática

O Espírito Santo comunica o conhecimento de Cristo, que é aceito na fé batismal e desafia para uma vida espiritual que lhe seja correspondente (cf. Hermas). Sua atuação continua sendo experimentada numa abundância de carismas. Enquanto que dotações extraordinárias como a glossolalia passam para o segundo plano, adquirem mais importância os carismas relacionados ao verdadeiro conhecimento da fé: os da pregação profética, da interpretação da Escritura e da direção de comunidades. Por isso a função inspiradora e revelatória do Espírito Santo encontra-se no centro da incipiente reflexão pneumatológica dos apologistas, sobretudo de Justino († c. 165). Assim como o Espírito já falou nos profetas veterotestamentários (esta função também é atribuída ao Logos), ele inspira os apóstolos e as testemunhas atuais (em caso de necessidade até o martírio). Seguindo 2Tm 3,16, o Espírito é tido como o verdadeiro autor dos escritos sagrados (cf. 1Clem 22; 45,1s.; Barn 9,2), e nisto se fundamenta a interpretação pneumatológica do "Antigo Testamento". O caráter inspirado dos escritos cristãos primitivos é ensinado expressamente, após 180, por Teófilo de Antioquia († c. 186) – que dá continuidade à tradicional equiparação do Espírito e da sabedoria e qualifica os evangelistas como portadores proféticos do Espírito e suas obras, juntamente com as cartas de Paulo, como "palavra sagrada, divina" (cf. TEÓFILO, *Autol.* II 22; III 13s.) – e por Ireneu († c. 202). Este, em sua obra *Adversus haereses*, escrita por volta de 180/185, denomina o Espírito não Deus, mas sabedoria de Deus e, junto com o Filho, as duas mãos pelas quais Deus criou o ser humano. Por meio dos profetas e apóstolos o Espírito desvela a economia salvífica divina, que pode ser conhecida por qualquer pessoa que leia os escritos inspirados na Igreja e de acordo com a tradição desta. Entre a Igreja e o Espírito Santo, que é dado a todos, existe um relacionamento íntimo: "Onde está a Igreja, aí está também o Espírito de Deus; e onde está o Espírito de Deus, aí estão a Igreja e toda a graça; o Espírito, porém, é a verdade" (IRENEU, *Adv. Haer.* III 24,1). Como Espírito de Cristo, o Espírito Santo tem, então, não só uma função revelatória, mas também soteriológica.

Esta função precisou ser desenvolvida pelos teólogos da Igreja antiga em confrontação com o gnosticismo, e aí se esboçam dois modelos de compreensão: a perfeição do pneumático cristão, operada pelo Espírito escatologicamente recriador, consiste ou na restauração do ser-criatura originário, pervertido ou perdido na queda no pecado, ou em sua consumação. Em especial em Alexandria o "gnosticismo cristão" desenvolveu uma gnosiologia e psicologia pneumatologicamente fundamentadas, bem como as respectivas consequências antropológicas, eclesiológicas e soteriológicas. Como parte do Espírito divino, o espírito humano oferece o ponto de conexão para a ação redentora de Deus.

A ligação de cristologia pneumatológica e teoria da recapitulação é característica de Ireneu: em Cristo como cabeça da criação é consumada a humanidade, renovada segundo a imagem de Deus na Igreja pelo Espírito.

3.1.2. Profetismo e ordem eclesial

O apreço pelo profetismo da Igreja antiga (cf. Didaché, Inácio († 117], Hermas, Justino) acaba repentinamente por causa da confrontação com o montanismo.

E. PNEUMATOLOGIA

Por volta do ano de 170, *Montano* († 179) passou a atuar na Frígia. Ele se entendia como porta-voz e profeta do Paráclito e, como suas acompanhantes Priscila e Maximila, pretendia ter recebido novas palavras de revelação por meio do Espírito em experiências extáticas. As características desse movimento, ao qual também Tertuliano acabou aderindo, eram a reanimação da expectativa da chegada iminente da parusia, uma severidade ascética e um rigorismo ético. Tertuliano, contudo, estava fascinado menos pelos fenômenos carismáticos do que pelo rigorismo montanista, e legitimava, mediante a invocação do Espírito, sua crítica à lassidão dos bispos e à sua presunção no processo penitencial da Igreja. Esse pensamento elitista tem paralelos claros entre gnósticos que, ao contrário dos cristãos comuns, os psíquicos, entendiam-se como pneumáticos, que tinham parte no Espírito divino e, por conseguinte, pretendiam possuir um conhecimento superior.

Frente à pretensão de novas revelações e conhecimento mais verdadeiro, nas Igrejas episcopais atribui-se aos próprios bispos a plenitude da posse do Espírito (cf. Hipólito [† c. 235], Didascália, Cipriano [† 258]) e se assegura a verdade da doutrina eclesial desenvolvendo a ideia da sucessão apostólica e fixando o cânone e a *regula fidei* (uma versão explicativa mais pormenorizada da confissão batismal). Entretanto, o conflito que tornou-se virulento por causa do montanismo não deve ser concebido simplesmente em termos da alternativa "carisma ou ofício/ministério", pelo menos no que diz respeito à época pré-constantiniana (mas também → 3.2.). Os ministros precisam comprovar-se como portadores do Espírito na comunidade que, como um todo, é animada pelo Espírito. Por isso a questão decisiva é onde o Espírito atua concretamente: no novo profetismo ou na comunidade carismática e apostólica, que deveria então desmascarar aquele como pseudoprofetismo.

Com a resoluta rejeição do montanismo os profetas e profetisas desaparecem da vida eclesial, enquanto que mestres carismáticos ainda desempenham um papel importante no século III. Ao contrário de Clemente de Alexandria, Orígenes liga a imagem ideal do pneumático gnóstico com o ministro. Além disso, também ascetas, viúvas e sobretudo mártires são considerados carismáticos. Após o final das grandes perseguições o monaquismo dá continuidade a esse legado e permanece, em todo caso, aberto para irrupções carismáticas.

Pode-se considerar como exemplar para a história posterior o fenômeno de que em tempos de crise surgem movimentos profético-carismático-escatológicos que se levantam contra o afrouxamento da vida de fé, contra a excessiva valorização de estruturas e contra pretensões clericais de poder. Eles se caracterizam pela preocupação com a identidade da fé, que veem ameaçada pela não contemporaneidade de sua pregação ou (provavelmente com maior frequência) por uma adaptação excessiva.

3.1.3. Definições pneumatológicas importantes

3.1.3.1. Tertuliano: o papel autônomo do Espírito

A adesão de *Tertuliano* († c. 220) aos montanistas não repercute em suas afirmações pneumatológicas em conexão com a confissão de fé trinitária. Já antes ele argumenta com convicção em termos trinitários seguindo a *regula fidei*. Embora seu interesse esteja voltado para a economia da salvação, ele vê esta própria economia salvífica predisposta em Deus. O Espírito cabe nessa disposição interior, e, em vista de seu adversário modalista, ao qual procura tornar plausível que a Trindade não desfaz a unidade da monarquia divina, ele denomina o Espírito de "proclamador da monarquia una, mas também intérprete da economia" (TERTULIANO, *Adv. Prax.* 30,5).

O mérito desse primeiro grande teólogo latino em termos de história da teologia reside, no que diz respeito à pneumatologia, no fato de empregar expressamente o procedimento exegético da prosopologia ou prosopografia, adotado dos gramáticos – ou seja, da identificação de papéis de oradores em textos escritos (→ Doutrina da Trindade 3.1.3.) – para referir-se ao Espírito, vendo nele não apenas o terceiro sobre o qual a primeira e a segunda pessoa falam, mas atribuindo-lhe um papel próprio de orador que fala "em seu papel de terceiro sobre o Pai e o Filho" (TERTULIANO, *Adv. Prax.* 11,7: *ex tertia persona de Patre et Filio*). Na unidade da monarquia (as três *personae* têm parte na *una substantia* do Pai) existe uma graduação determinada pela função histórico-salvífica; como *tertius gradus* o Espírito é "do Pai por meio do Filho" (TERTULIANO, *Adv. Prax.* 4,1: *a Patre per Filium*).

Que o Espírito Santo atue na Igreja – como "corpo dos três" (TERTULIANO, *De Bapt.* 6) – é algo óbvio para Tertuliano. De acordo com sua postura "montanista", todavia, ele diferencia: "Pois, afinal, também a própria Igreja é, em sentido verdadeiro e precípuo, espírito [ser espiritual] no qual está a Trindade da divindade una: o Pai, o Filho e o Espírito Santo. Ele congrega aquela Igreja que o Senhor faz subsistir se já há três [crentes]. [...] Por isso, entretanto, a Igreja perdoará os pecados, mas a Igreja do Espírito por meio de um ser humano pneumático, não a Igreja como certo número de bispos" (TERTULIANO, *De Pud.* 21).

3.1.3.2. Orígenes: o Espírito e o aperfeiçoamento do cristão

Orígenes († 254), o primeiro grande teólogo da Igreja antiga, não só influenciou decisivamente as confrontações subsequentes sobre a teologia da Trindade e a cristologia – elas foram muitas vezes uma luta em torno dele ou contra ele –, mas também foi o primeiro a tratar de maneira coesa do Espírito Santo em *De principiis* (I 3). De modo geral, porém, sua teologia deve ser caracterizada como mais cristológica do que pneumatológica.

Entretanto, para esse teólogo alexandrino é óbvio que a Sagrada Escritura testifica a existência do Espírito Santo e o batismo só é válido e eficaz como Batismo em nome do Deus triúno. Ele define a atuação particular do Espírito da seguinte maneira: o Pai concede às criaturas o ser, o Filho (Logos) as dota de razão e o Espírito as santifica. Contudo, isso representa uma crescente limitação de poder e eficácia na medida em que o Espírito Santo "só chega até os santos" e só atua nas pessoas "que já se con-

E. PNEUMATOLOGIA

verteram para uma vida melhor e trilham 'os caminhos de Cristo'; que vivem 'em boas obras' e 'permanecem em Deus'" (ORÍGENES, *De Princ.* I 3,5).

Por conseguinte, para Orígenes o batismo não comunica *ipso facto* a dádiva do Espírito; esta cabe, antes, àqueles que já enveredaram pelo caminho da educação divina, do aperfeiçoamento e da divinização para se conformarem à imagem do Filho. Assim, também a pneumatologia desse teólogo alexandrino revela claramente sua experiência com uma Igreja que cresce em termos numéricos, mas produz, ao mesmo tempo, fenômenos de trivialização e mundanização. Ao passo que Clemente de Alexandria († antes de 215), na confrontação com os gnósticos, ainda sustenta o recebimento do Espírito por parte de todos no batismo, segundo Orígenes é só na vida ética e ascética da pessoa pneumática que se evidencia sua dotação com o Espírito.

Assim como, em última análise, só a pessoa pneumática é capacitada pelo Espírito Santo a acolher Cristo e ver a Deus, da mesma maneira também só a ela revela-se a dimensão espiritual profunda da Escritura. Com base numa inspiração verbal concebida em termos estritos, Orígenes diferencia um triplo sentido da Escritura: o sentido somático (literal, histórico), o psíquico (moral) e o pneumático (alegórico-místico).

3.2. A formação da confissão da divindade do Espírito Santo

Atanásio († 373), paladino da ortodoxia nicena, e os três capadócios, líderes do partido teológico niceno jovem – isto é, do partido que desenvolveu as consequências teológicas do símbolo de Niceia (325) – tiveram de examinar, desde meados do século IV, as consequências do desafio ariano para a teologia do Espírito Santo. Por fim, foi Basílio († 379) que, com base em sua experiência, bem como em sua competência na política eclesial e na teologia, colocou os fundamentos para a decisão dogmática do Concílio de Constantinopla (381). *Também essa fase da história da teologia só pode ser entendida adequadamente se se leva em consideração a irrupção carismática, a ela ligada, que ocorreu sobretudo no monaquismo.*

3.2.1. Os pneumatômacos

Atanásio chama os adversários com os quais se confronta em suas quatro cartas a Serapião de Tmuis († após 362), escritas c. 358, de pessoas que "combatem o Espírito" *(pneumatomachountes)* ou de trópicos. Basílio e Epifânio († 403) falam dos *"pneumatômacos"*; depois eles também são chamados de macedonianos, numa alusão ao grupo congregado em torno de Macedônio (até 360 bispo de Constantinopla).

Dispomos de testemunhos do pensamento pneumatômaco dos anos de 358-425, que dizem respeito a diversos grupos existentes no Egito, na Ásia Menor e em Constantinopla mesmo. A designação "trópicos", empregada por Atanásio, refere-se ao método exegético usado por eles, que consistia em interpretar de modo tropológico, i. é, em sentido figurado *(tropoi* = figuras de linguagem), passagens da Escritura que se opunham à sua própria teologia. A desig-

3. Abordagem histórico-dogmática

nação "macedonianos" deve ser legítima na medida em que já se encontram tendências pneumatômacas no grupo deles; ao mesmo tempo ela aclara a classificação dos pneumatômacos na história dos dogmas: eles estão radicados na "teologia normal" do Oriente, que, após Niceia, constituía o partido intermediário entre os arianos (anomeus) e os nicenos rigorosos (homousianos) e, depois de 355, dividiu-se no partido neoariano dos homeus e no dos homoiusianos, entre outros. Enquanto que os teólogos de orientação ariana formulavam o relacionamento de Cristo (como Logos) com Deus (como criador) no esquema γεννητος – αγεννητος *gennetos-agennetos* (= criado-incriado), os homoiusianos trabalhavam com o esquema Pai-Filho e defendiam um monoteísmo binitário. Os pneumatômacos têm o mérito de terem percebido, dentro da posição homoiusiana, o caráter virulento do problema da correlação do Espírito com Deus. Como estímulo vindo de fora foi decisiva a percepção dos nicenos jovens de que a tradicional confissão batismal só podia ser fundamentada numa teologia realmente trinitária a partir da ideia da ousia (substância, natureza) una, e não a partir do esquema Pai-Filho.

Essa radicação na teologia normal explica o fato de que os pneumatômacos de modo algum constituíam uma seita obscura; c. 375, p. ex., quase todas as metrópoles do norte da Ásia Menor estavam ocupadas por eles. Além do biblicismo e do tradicionalismo teológico, o ascetismo, com suas experiências carismáticas e entusiásticas, deve ser visto como segunda raiz importante. O rigorismo e o entusiasmo se associam em Eustácio de Sebaste († depois de 377), um dos fundadores do monaquismo da Ásia Menor, de acordo com cujo axioma: "no mundo, mas não deste mundo" a posse do Espírito torna-se expressão de um estilo de vida perfeito e a vida ascética significa "vida como portador do Espírito". O Espírito medeia de maneira servidora até Deus; Ele é dádiva e deve ser venerado como tal, mas não como doador (→ 3.2.3.).

Os pneumatômacos foram condenados em diversos sínodos. Os mais importantes são o sínodo que foi realizado sob Atanásio em Alexandria, em 362 → Doutrina da Trindade 3.2.1.) contra os que designam o Espírito como mera criatura, o sínodo de Roma, em 378, que se voltou contra todos os matizes dessa posição e, por fim, o Concílio de Constantinopla em 381, que tachou os pneumatômacos definitivamente como hereges.

3.2.2. Atanásio: argumentação coerentemente cristológico-soteriológica

Já em seus discursos contra os arianos *Atanásio* havia apresentado o Espírito Santo como substancialmente pertencente à Trindade. Ele o designa, mais precisamente, como Espírito do Filho, pertencente a este e por ele enviado para nossa santificação. Com isso a teologia de Atanásio mostra ser uma reflexão sobre a experiência cristã primitiva: nós – no Espírito Santo – por meio do Filho – para o Pai.

Sobretudo em sua 1ª carta a Serapião o bispo de Alexandria, que se encontra no exílio, expõe sua posição, sem apresentar uma pneumatologia completa. A confrontação se dá inteiramente sob o signo da pergunta pela divindade do Espírito, que os trópicos, com base na interpretação de determinadas passagens da Escritura, chamam de criatura e classificam, em termos de tendência, entre os anjos como espíritos servidores. É esta a resposta deles à pergunta acerca de como o Espírito pode proceder de Deus sem ser (um segundo) Filho e, por conseguinte, prejudicar o caráter de unigênito que tem o Logos. Atanásio refuta os inovadores com base na Escritura, lida à luz da

E. PNEUMATOLOGIA

fé tradicional da Igreja. *Decisiva é, neste contexto, a distinção, feita no* homousios *de Niceia, entre criador e criatura, que esse mestre da Igreja aplica de maneira coerente à pneumatologia, sem chamar o Espírito expressamente de Deus – e também neste sentido ele argumenta de acordo com as Escrituras.* Sua tese central é constituída pela convicção da unidade indivisa da Trindade, que seria rompida pela assunção de algo criatural. Atanásio não faz especulações adicionais sobre processões intratrinitárias, mas se contenta com a constatação da processão distinta do Filho e do Espírito e com ilustrações metafóricas relativas a isso. Decisiva é para ele a unidade da atuação divina, que desenvolve, de modo característico, em termos cristológicos e soteriológicos: o Espírito Santo é o Espírito do Filho e dos crentes que por Ele são renovados e santificados.

A divindade do Espírito é demonstrada por Atanásio através da analogia entre a unidade do Pai e do Filho e a do Filho e do Espírito: "Ora, se eles, por causa da unidade do Logos com o Pai, não admitem que o próprio Filho faça parte dos seres criados, e sim, como corresponde à verdade, são de opinião que Ele é criador das coisas criadas, por que chamam de criatura o Espírito Santo, que possui com o Filho a mesma unidade que este possui com o Pai [...]?" (ATANÁSIO, *Ep. I ad Ser.* 2). Como irradiação do Filho o Espírito procede do Pai: "O Espírito não é fora do Logos, mas é no Logos e, através deste, em Deus" (ATANÁSIO, *Ep. III ad Ser.* 5). O Pai atua por meio do Filho no Espírito, na criação, na iluminação e nos dons da graça. Como imagem do Filho, o Espírito comunica a participação no Filho enquanto imagem do Pai.

O argumento em última análise decisivo contra os trópicos, com o qual Atanásio também vai além de Orígenes, é o soteriológico: "Ora, se o Espírito Santo fosse uma criatura, não receberíamos comunhão com Deus por meio dele; seríamos, antes, ligados a uma criatura e alienados da natureza divina, porque em nada participaríamos desta. Visto, porém, que é dito a nosso respeito que temos parte em Cristo e em Deus, está demonstrado que o bálsamo e o selo em nós não faz parte da natureza das coisas criadas, mas da natureza do Filho, que nos liga com o Pai através do Espírito que está nele" (ATANÁSIO, *Ep. I ad Ser.* 24).

Bem no espírito de Atanásio, o Sínodo de Alexandria de 362 condena, assim, aqueles "que chamam o Espírito Santo de criatura e o separam da essência de Cristo" (cf. ATANÁSIO, *Tom.* 3).

3.2.3. Basílio: recurso à experiência religiosa

3.2.3.1. Teologia a partir da experiência

Como Atanásio, também *Basílio* corrobora, na confrontação com teólogos de tendência ariana, o axioma da ortodoxia nicena de que não há algo intermediário entre Deus e a criação, entre a realidade que domina e santifica e a que serve e é santificada. Já em sua obra inicial *Adversus Eunomium*, contra o neoariano Eunômio († 392/395), ele tira disso a seguinte consequência pneumatológica: *o lugar do Espírito é ao lado do criador, Ele é Senhor e santificador.*

3. Abordagem histórico-dogmática

Se Basílio inicialmente limita-se a apresentar complementos negativos ao Credo Niceno (o Espírito não é criatura, não devendo ser separado da natureza divina), ele o faz não apenas por respeito à formulação sacrossanta, pela percepção dos limites da compreensão teológica face ao mistério inescrutável, mas também por um motivo que se espelha em sua peculiar concepção do relacionamento entre querigma e dogma (cf. BASÍLIO, *De Spir.* 27.28): o querigma como pregação pública da Igreja deve limitar-se às afirmações básicas da fé; o dogma como desdobramento e percepção mais profunda tem seu lugar no círculo mais restrito dos entendidos. Com isso Basílio fundamenta seu silêncio, que exercita constantemente, já que, face à situação atual da Igreja (cf. BASÍLIO, *De Spir.* 30), a discussão pública só levaria à profanização da verdade. Por trás da reserva de Basílio há, portanto, algo mais do que tática em termos de política eclesial; ela remete às fontes de sua teologia: a Escritura, a tradição apostólica oral transmitida no espaço protegido e sobretudo as experiências religiosas do monaquismo.

O que unia Basílio e pelo menos parte de seus adversários na "crise de identidade do cristianismo" daquela época era a busca de uma resposta para a pergunta: "O que significa ser cristão numa sociedade cristã?" (KRETSCHMAR, G. *Geist*, 94), eram as experiências espirituais dos carismas protoeclesiais que renascem, do desvelamento dos mistérios salvíficos e da concessão de força moral. Entretanto, Eustácio (→ 3.2.1.) e Basílio tiraram consequências teológicas distintas de suas experiências pneumáticas.

A despeito dessa radicação nas experiências específicas do monaquismo, o terceiro artigo do Credo fé formulado de modo dogmaticamente compromissivo em 381 não representa um "dogma monacal" (DÖRRIES, H. *Spiritu*,160) no sentido de basear-se apenas em experiências exclusivas e esotéricas. *Para Basílio, na confrontação sua experiência batismal transformou-se, em grau crescente, no ponto de partida decisivo da argumentação teológica.* Para ele, as experiências específicas do monaquismo estão, portanto, inseridas na experiência cristã básica, que se articula na sequência *(akoluthia)* indissolúvel de batismo, confissão de fé desenvolvida a partir da ordem de batizar e louvor cúltico (doxologia). "Cremos da maneira como fomos batizados e louvamos da maneira como cremos" (BASÍLIO, *Ep.* 159). Para a explicação da fé basta a Escritura, porém não a letra, e sim o sentido espiritual percebido no espaço da Igreja, basta o *symbolum*, o qual, todavia, tem de ser protegido contra interpretações abusivas; todo o resto é produzido pela convivência, em experiências comuns e no diálogo espiritual-teológico. De acordo com essa convicção básica, Basílio nunca chama o Espírito de "Deus", embora sua natureza divina fosse óbvia para ele (cf. BASÍLIO, *Ep.* 233; *De Spir.* 24.26), e ao invés da homousia acentua a homotimia, a igualdade na honra expressa na doxologia, que para ele implicava a igualdade na substância.

Seu amigo Gregório de Nazianzo († 390), por sua vez, não tinha escrúpulos em chamar o Espírito Santo de Deus e *homousios*, e distinguia a processão do Espírito, que Basílio não queria esclarecer adicionalmente, como εκπορευσις (*ekporeusis*) da geração do Filho. Também Gregório de Nissa († 394), o irmão mais jovem de Basílio, esposava expressamente o *homousios* e acentuava com mais vigor ainda a mediação do Filho na processão do Espírito.

E. PNEUMATOLOGIA

3.2.3.2. Esclarecimentos necessários

Só a contragosto Basílio se deixa envolver nas confrontações. Assim, tenta chegar a um entendimento com seu velho amigo Eustácio de Sebaste, que é formulado no ano de 373 no *tomus* (epístola doutrinal) de Nicópolis (cf. BASÍLIO, *Ep*. 125). Segundo ele, a seguinte confissão é considerada base suficiente para a manutenção da comunhão eclesial: o Espírito não é uma criatura nem um ser servidor; é, antes, por natureza santo como o Pai e o Filho, não devendo ser separado deles; Ele não é não gerado nem gerado, mas, como Espírito da verdade, procede do Pai, é ακτιστως (*aktistos* = incriado) a partir de Deus. Como Eustácio não se atém a esse documento de paz, acaba acontecendo a ruptura. Basílio se retira silenciosamente, ao passo que seu ex-amigo e agora adversário bandeia-se cada vez mais para a posição radical dos pneumatômacos.

Só a pedido de Anfilóquio († 394/403) o bispo de Cesareia volta a se manifestar publicamente no escrito *De Spiritu Sancto*, escrito em 374/375. Na primeira parte (caps. 2-8), Basílio defende a fundamentação bíblica e a legitimidade da doxologia "junto com o Espírito – com o Filho" (συν [*syn*] – μετα [*meta*]), que em suas Igrejas era usada ao lado da forma "no Espírito – por meio do Filho" (εν [*en*] – δια [*dia*]). Ambas as formulações seriam legítimas e se distinguiriam por sua perspectiva: com a primeira (em – por meio de) a comunidade agradece pela graça recebida do Pai por meio do Filho no Espírito; com a segunda (junto com – com; também: e – e; cf. Mt 28,19) ela exalta a mesma dignidade e honra. A segunda parte (caps. 10-29) vai muito além da questão imediata da legitimidade da doxologia e desenvolve, em confrontação com objeções dos adversários, que provavelmente foram extraídas das atas dos diálogos com Eustácio, uma teologia do Espírito Santo que, como de costume, parte da experiência do batismo: "Se reconhecemos que esse salvamento é operado por meio do Pai e do Filho e do Espírito Santo, haveremos então de abandonar a forma da doutrina que adotamos?" (BASÍLIO, *De Spir*. 10). *Da ordem de batizar resultam a comunhão* (koinonia) *inseparável de Pai, Filho e Espírito, sua equiparação e igual dignidade. Percebemos o Espírito a partir de seus efeitos, mas sua essência, assim como a de Deus de modo geral, permanece abscôndita, razão pela qual a percepção obtida assume a forma do louvor.*

3.2.4. O *symbolum* de Constantinopla (381)

Os três capadócios (→ Doutrina da Trindade 3.2.2.) influenciaram, cada um à sua maneira, a decisão do concílio de 381, que põe oficialmente fim à confrontação com os pneumatômacos: Basílio, que morreu dois anos antes do concílio, através de seu trabalho preliminar tanto em termos de método quanto de conteúdo; Gregório de Nazianzo, que, como presidente do concílio, fracassou sobretudo por questões relativas à política eclesial, através de seus "Discursos teológicos" proferidos em Constantinopla no ano de 380 e Gregório de Nissa provavelmente através de sua colaboração nas formulações.

3.2.4.1. A dupla resposta

Visto que os documentos desse concílio não foram conservados, muitas perguntas relativas à história da Igreja e dos dogmas podem ser respondidas apenas hipoteticamente. Só o Concílio de Calcedônia (451) atesta o símbolo "dos 150 padres" de 381, com cujo reconhecimento também estava associado o reconhecimento do próprio concílio como (segundo) ecumênico. No tempo subsequente essa confissão se impôs como Credo Niceno e fez o *Nicaenum* original desaparecer do culto. Só no século XI Roma inseriu esse credo, ampliado pelo *Filioque*, no *ordo missae* (→ 3.3.2.2.). A epístola doutrinária *(tomus)* também redigida em Constantinopla pode ser eruída em sua substância a partir do escrito do sínodo posterior, realizado em 382, aos bispos do Ocidente. Entrementes, o fato de que o Credo Niceno-Constantinopolitano (NC) faz parte do Concílio de 381 é tido como certo, ao passo que seu significado no transcurso do Concílio permanece controvertido: acaso ele servia de base de entendimento para as negociações com os pneumatômacos, após as quais então se podia formular com toda a clareza no *tomus*? Ou foram aprovados – após o imediato fracasso do entendimento na fase inicial do Concílio, na qual estava em pauta apenas o assentimento ao *Nicaenum* (em especial ao *homousios*) – um decreto doutrinal conceitualmente inequívoco com vistas ao labor teológico e um "credo modelar" com vistas à prática comunitária?

Interessante em termos de história dos dogmas é, em todo caso, o fato de que a resposta ao desafio dos pneumatômacos pôde ser articulada em duas formas linguísticas, que estavam mutuamente relacionadas: o discurso teológico estava direcionado para a confissão da comunidade e a protegia contra interpretações errôneas, sem acrescentar algo substancialmente novo ao discurso a partir da fé. *Também em sua forma reservada o* symbolum *era inequívoco; ele era inaceitável para os pneumatômacos – o imperador havia, de qualquer modo, convidado apenas representantes da ala radical.*

3.2.4.2. Interpolação pneumatológica e epístola doutrinal

Continua controvertido se os padres conciliares formularam um texto inteiramente novo (o que é o menos provável), se aproveitaram um símbolo já existente, supostamente originário da Palestina, sem o modificar ou se inseriram formulações complementares num símbolo que estava em uso, como já ocorrera em Niceia.

Nos debates acontecidos após Niceia, que pôde contentar-se com a afirmação "e no Espírito Santo", sentiu-se de modo cada vez mais acentuado a urgência de complementar o credo ao menos através de formulações defensivas: o Espírito não é uma criatura, não é estranho à natureza divina. A formulação lacônica do *Nicaenum*, porém, não deve fazer com que se esqueça que já na época anterior símbolos com um terceiro artigo mais extenso eram usuais. A conjugação de Espírito Santo – Igreja – batismo – perdão dos pecados – ressurreição de maneira alguma era concebida como mera adição de conteúdos particulares da fé, mas sim como desdobramento da atuação do Espírito.

O terceiro artigo do NC, com o complemento pneumatológico, reza: "(Creio) no Espírito Santo, Senhor e vivificador, o qual procede do Pai, que juntamente com o Pai

E. PNEUMATOLOGIA

e o Filho é adorado e glorificado, que falou pelos profetas" (DH 150). *Portanto, a confissão do Espírito Santo é expressa através de formulações bíblicas e mediante recurso à doxologia.* Embora o Espírito não seja chamado de "Deus" e *homousios*, essas formulações de modo algum são meios-termos, pois as afirmações bíblicas e doxológicas são inequívocas: enquanto santo o Espírito situa-se ao lado de Deus, o criador e santificador; consequentemente, é com razão denominado de Senhor (não sendo, portanto, um ser servidor), e o *to kyrion* (ao invés de *ton kyrion* [o Senhor]) pode ter sido escolhido como formulação estritamente bíblica e como diferenciação da confissão do Senhor uno Jesus Cristo no segundo artigo. Também o poder vivificador do Espírito o identifica como divino, já que só Deus pode criar vida e recriá-la na conversão e no batismo. O enunciado "o qual procede do Pai", feito seguindo a Jo 15,26 (mas com a preposição *ek* ao invés de *para*), ainda está intocado pela problemática do *Filioque* (→ 3.3.2.) e deve ser interpretado como contraste à afirmação ariana de que o Espírito seria criatura do Filho e como confissão de sua pertença à substância incriada de Deus. O cerne da cláusula pneumatológica é constituído pela justificação da fórmula doxológica; a *lex orandi* e a *lex credendi* confirmam-se reciprocamente! É provável que a frase "que falou pelos profetas", formulada no pretérito perfeito, refira-se aos profetas do AT e enfatiza, assim, a continuidade da história da salvação, mas também não está excluída (ao menos quando se a compara com outras formas de símbolos) a possibilidade de uma interpretação mais ampla que a relacione com os autores neotestamentários, os apóstolos e os profetas atuais da Igreja.

A interpolação pneumatológica do symbolum atesta claramente a divindade do Espírito sem o chamar de "Deus" e sem empregar o homousios. Ela corresponde, assim, ao interesse de Basílio de que o credo de Niceia, acrescido do estritamente necessário, baste como querigma e como confissão comum, ecumênica. Visto que o que era tido como niceno não era uma formulação sacrossanta, e sim uma confissão nos moldes da intenção básica do Concílio de 325, e visto que o símbolo é atestado desde Calcedônia como texto do Concílio de 381, é com razão que ele se chama niceno-constantinopolitano.

O caráter de ortodoxia nicena é determinado também pelo 1º cânone apenso (DH 151), que acentua que a fé dos 318 padres de Niceia não deveria ser violada, mas seria firme e seguramente válida, e, em consequência, toda e qualquer heresia deveria ser condenada. Pela menção nominal dos hereges condenados fica claro que a posição ortodoxa deve ser entendida como meio-termo entre as doutrinas arianas-subordinatistas-pneumatômacas, por um lado, e as monarquianistas-modalistas, por outro.

Essa linha intermediária também é marcada na epístola doutrinária (→ Doutrina da Trindade 3.2.2.), que, na respectiva seção (cf. COD 28), partindo da ordem de batizar, confessa a unidade da divindade, da atuação e da *ousia* (em latim: *substantia*), bem como (seguindo-se disso ou constatando reciprocamente) a mesma honra e dignidade, vendo isso realizado em três hipóstases (em latim: *subsistentiis*) ou *prosopa* (em latim: *personis*) perfeitas. *A despeito dessa clareza, porém, também não se pode deixar de reconhecer que esse texto doutrinal deixou em aberto questões que determinam a história dos dogmas subsequente:* como deve ser descrita mais precisamente a relação entre *ousia* e *hypostasis/prosopon, substantia* e *subsistentia/persona?* Em que consiste a diferença entre a saída ou processão do Filho como geração *(genesis)* e a processão *(ekporeusis)* do Espírito Santo? Esta última pergunta já aponta para a controvérsia vindoura em torno do *Filioque*.

3.3. O desenvolvimento distinto na Igreja ocidental e na oriental

O desenvolvimento teológico nos séculos que se seguiram ao segundo concílio ecumênico se caracteriza, de maneira geral, por uma crescente alheação entre a parte oriental e a ocidental do ecúmeno. Contribui substancialmente para isso, além de motivos atinentes à política (eclesial), o conhecimento insuficiente, em ambos os lados, da outra tradição junto com sua intenção e sua terminologia específicas (→ Doutrina da Trindade 3.1.4, 3.2.2, 3.2.3.). No campo da pneumatologia essas diferenças ou discrepâncias tornam-se evidentes na confrontação em torno do *Filioque,* o acréscimo, feito no Ocidente, ao *symbolum* de 381: "o qual procede do Pai *e do Filho*".

3.3.1. O legado de Agostinho

É natural que, como pai da doutrina da Trindade ocidental-latina, *Agostinho* († 430) também tenha uma importância fundamental para o desenvolvimento da pneumatologia. O modelo, associado a seu nome, da doutrina da Trindade psicológica (→ Doutrina da Trindade 3.3.) não deve – desconsiderando a etiqueta equívoca que lhe foi dada – fazer com que se deixe de perceber o *Sitz im Leben,* o lugar vivencial do pensamento trinitário agostiniano. Como pessoa que busca a Deus, bispo e mestre da Igreja, ele está profundamente determinado por um interesse soteriológico, o qual também persegue em *De trinitate*, lançando mão de um enfoque histórico-salvífico e cristocêntrico, justamente nas afirmações sobre o Espírito Santo. Agostinho encontra o fundamento bíblico disso em Rm 5,5, um versículo que cita repetidamente; a partir daí ele pergunta pela radicação da função histórico-salvífica do Espírito na Trindade imanente, bem como pela diferença (até então insuficientemente definida na tradição) de sua missão e de sua processão em relação às do Filho.

3.3.1.1. A argumentação em *De trinitate*

Na primeira parte de *De trinitate* (livros I-VIII) Agostinho expõe a fé eclesial na Trindade e discute a conceitualidade empregada para sua exposição. Ao fazê-lo, apoia-se em termos metodológicos na interpretação bíblica usual na Igreja; em termos sistemáticos ele persegue a intenção de demonstrar, em contraposição aos arianos, a igualdade e, nesta, a unidade de Pai, Filho e Espírito. Particularmente com vistas às

E. PNEUMATOLOGIA

missões *(missiones)* do Filho e do Espírito, que interpreta como aparições *(apparitiones)*, Agostinho rejeita toda e qualquer fé numa subordinação; os três – ele preferiria evitar o termo tradicional *persona* – não estão separados nem no agir nem no ser. Mas como deve ser concebida a diferença dentro dessa unidade de essência? (Agostinho emprega o termo *essentia* ao invés de *substantia*.) O problema é solucionado com a ajuda do conceito de *relatio,* que Agostinho destaca da tabela de categorias aristotélicas para evidenciar que dentro da unidade substancial-essencial pode haver uma diferença relativa que não seja acidental. Aqui está preparado o axioma – mais tarde amplamente aceito – de que na Trindade tudo é uno contanto que não se trate das relações que se defrontam mutuamente. Todavia, ao passo que isso é fácil de evidenciar para a relação Pai-Filho, demonstrá-lo em relação à singularidade do Espírito Santo é muito mais difícil.

Agostinho procura caracterizar a verdadeira proprietas *do Espírito Santo de duas maneiras: Ele é presente* (donum) *do Pai e do Filho, e é comunhão* (communio) *entre ambos.* "Portanto, para utilizar um nome que seja comum ao Pai e ao Filho e, por conseguinte, consiga evidenciar o Espírito Santo como a comunhão entre ambos, o presente de ambos se chama Espírito Santo" (AGOSTINHO, *De Trin.* V 10,11). O fato de ser dom não representa uma inferioridade do Espírito, visto que esse presentear e ser presenteado estão inseridos na unidade do amor trinitário.

Com o termo-chave "amor" (caritas) *é mencionada uma terceira característica do Espírito Santo.* No final da primeira parte de *De trinitate* (VIII 10,14) Agostinho aduz a tríade de amante, amado e amor como analogia: "O que, portanto, é o amor senão uma espécie de vida que une ou procura unir mutuamente dois, a saber, o amante e o amado?"

Agostinho não desdobra adicionalmente esse enfoque "interpessoal" quando, na segunda parte de *De trinitate* (livros VIII-XV), procura aprofundar especulativamente a doutrina dogmática da Igreja lançando mão da chamada analogia psicológica. A frente antiariana e o condicionamento filosófico (neoplatônico) fazem com que ele tenha tanto interesse na unidade da essência divina, que aduz a autorrealização do espírito humano como analogia e encontra em diversos ternários, por fim sobretudo no ternário de *memoria, intellectus, amor (voluntas),* um retrato (ainda que reconhecidamente fraco) do protótipo trinitário. O que é notável aí em termos pneumatológicos é o fato de que esse padre da Igreja recorre a essas analogias justamente porque quer explicar a processão distinta do Filho e do Espírito: ele vê a processão do Filho em paralelo com a processão da *intellegentia* a partir da *mens* ou *memoria,* e a do Espírito em paralelo com a saída da *voluntas,* que procede necessariamente da *intellegentia* (cf. AGOSTINHO, *De Trin.* IX e passim). Com isso menciona, ao mesmo tempo, o motivo para a afirmação – mais tarde vertida no *Filioque* – acerca da processão do Espírito a partir do Pai e do Filho. O último livro (*De Trin.* XV), entretanto, mostra que não são analogias psicológicas, e sim a Sagrada Escritura e o Credo da Igreja que fundamentam a processão eterna do Espírito a partir do Pai e do Filho. A doutrina da Trindade

3. Abordagem histórico-dogmática

de Agostinho não representa uma dedução a partir de dados prévios de caráter antropológico; ela mostra ser, antes, uma tentativa de, partindo das experiências histórico-salvíficas, procurar às apalpadelas as origens dessas experiências no Deus uno e triúno *(Deus-Trinitas)*.

Porque o Espírito Santo presenteia o amor e une para a comunhão, o *intellectus fidei* percebe aí também sua função intratrinitária. Em nenhum outro lugar esse nexo metodológico se mostra com mais clareza do que nas dificuldades de fundamentar também em termos da Trindade imanente a condição de dom que tem o Espírito: porque o Espírito haveria de ser presenteado, ele já procedeu eternamente como presenteável *(donabile)* (cf. AGOSTINHO, *De Trin.* V 15; 16) – um raciocínio difícil de desenvolver puramente em termos da Trindade imanente.

Agostinho deixou para a posteridade teológica um legado pneumatológico diferenciado: a ideia – não adicionalmente aprofundada de modo especulativo – do Espírito como vinculum amoris *e* communio *(vínculo de amor e comunhão) do Pai e do Filho, a noção – igualmente atestada com clareza na Bíblia – do Espírito como presente do Pai e do Filho, e as analogias psicológicas desenvolvidas para fundamentar a unidade da essência divina* (Deus-Trinitas). *O fato de que sobretudo estas últimas foram acolhidas vai contribuir para produzir as unilateralidades da doutrina ocidental da Trindade.*

3.3.1.2. O Espírito Santo na Igreja e na vida do cristão

Como documenta a frequente citação de Rm 5,5, o interesse de Agostinho pela realidade do Espírito Santo não brota primordialmente de um ímpeto especulativo referente à teologia da Trindade, e sim da experiência religiosa. A caracterização do Espírito como *communio, caritas* e *donum* deve ser vista no contexto da eclesiologia e da doutrina da graça. Para elucidar seu interesse básico, Agostinho compara a atuação do Espírito com a da alma humana: "Vedes o que a alma faz no corpo. Ela anima todos os membros. [...] A todos dá vida, e a cada um seu ofício. [...] Ora, o que a alma é para o corpo do ser humano, isso o Espírito Santo é na Igreja toda". Como em Paulo, segue-se imediatamente a parênese com emprego de termos-chave da pneumatologia: "Se, pois, quiserdes viver do Espírito Santo, mantende o amor, amai a verdade, ansiai pela unidade, para que alcanceis a eternidade!" (AGOSTINHO, *Serm.* 267,4,4).

Como defende a igualdade das pessoas frente aos arianos, assim Agostinho destaca na confrontação com os donatistas o nexo entre a Igreja e o Espírito, sendo que também neste caso a *caritas* se evidencia como o conceito fundamental. A presença do Espírito Santo é experimentada nos sacramentos, mas é preciso distinguir entre o rito exterior e a força interior *(effectus sacramenti)*; o critério para o discernimento dos espíritos é o amor (ao próximo). Disso resulta a seguinte inter-relação: quem ama a Igreja recebe e tem o Espírito Santo; este, por sua vez, determina a medida pela qual a Igreja como comunhão amorosa precisa deixar-se medir. Na medida em que o Espírito distribui seus dons da graça, a Igreja é edificada como casa da liberdade e da verdade (cf. AGOSTINHO, *De Trin*. XV 19,34).

Mais característica ainda do que essa concretização eclesiológica parece ser a doutrina da graça com sua conformação pneumatológica (cf. Rm 5,5). A graça como força divina é a força da gravidade e a força motriz do Espírito Santo e, ao mesmo tempo, a força de atração do amor deste, sendo que Agostinho também sustenta a dimensão escatológica, o caráter peregrino da existência cristã. *Quando Agostinho fala da inabitação do Deus triúno no ser humano, o habitar do Espírito significa para ele a posse do imerecido presente de seus sete dons, a presença do Espírito Santo que possibilita vida, amor, comunhão e unidade, que é, em pessoa,* donum, caritas *e* communio.

3.3.2. A questão do *Filioque*

3.3.2.1. As questões do *ab utroque* de Agostinho e o *per Filium* da teologia oriental

Agostinho não cunhou a fórmula do *Filioque*, mas, já estando situado em certa tradição, determinou seu fundamento na teologia da Trindade. Embora esteja consciente do limite da compreensão humana, ele procura, em atitude mais confiante do que os teólogos do Oriente, mostrar a radicação da Trindade histórico-salvífica na intradivina. Como Espírito de Deus e de Cristo, como dádiva do Pai e do Filho, como amor que une a ambos o Espírito Santo procede do Pai e do Filho. Agostinho explicita isso não só a partir do exemplo da autorrealização mental, mas para ele isso também resulta da definição das relações intradivinas. Neste contexto acentua efetivamente que *principaliter* (de modo originário, fundamental) o Espírito procede do Pai, mas ele também procede *communiter* (de modo comum ou conjunto) do Pai e do Filho, pois com a geração do Filho o Pai lhe entrega tudo: "Assim, pois, o Pai gerou o Filho, de sorte que também deste haveria de proceder a dádiva comum e o Espírito Santo haveria de ser o Espírito de ambos" (AGOSTINHO, *De Trin*. XV 17,29).

A concepção agostiniana da processão "a partir de ambos" (*ab utroque*) pode, em certo sentido, ser compreendida como variante da fórmula "do Pai por meio do Filho" (*a Patre per Filium*) que era comum também no Oriente, embora tenha de ficar em aberto a pergunta acerca de até que ponto Agostinho conhecia a doutrina oriental da Trindade e entendera suas intenções. O conceito global *processio* ("processão"), entretanto, que se tornou usual na teologia ocidental, encobre a diferença entre a geração do Filho e a processão específica do Espírito. Para a *teologia oriental*, porém, tudo depende disto, visto que ela define a constituição das hipóstases/pessoas unicamente a partir de sua relação de origem (ausência de origem, ser-gerado, ter-procedido). Por isso, para ela, diferentemente de Agostinho, "dom/dádiva" e "amor" não são designações da substância comum e, ao mesmo tempo, ainda nome próprio do Espírito Santo; o caráter próprio do Espírito é, antes, definido unicamente como ter-procedi-

3. Abordagem histórico-dogmática

do. O que ainda é comum às pessoas além disso situar-se-ia do lado da substância, não podendo, portanto, ter caráter constituidor de pessoa. Em consequência, o *Filioque*, possível numa perspectiva histórico-salvífica (nos moldes do *per Filium*), não poderia ser prolongado de volta para dentro da Trindade imanente. Nela o Pai é tido como fonte da divindade, da qual o Filho é gerado e o Espírito procede. Isto deve ser crido com base no testemunho da Escritura, mas não pode ser explicado adicionalmente por causa da inacessibilidade da substância divina.

3.3.2.2. A disputa histórica em torno do *Filioque*

Os enfoques da teologia da Trindade brevemente esboçados acima em termos pneumatológicos só podem ser identificados de maneira inequívoca em retrospectiva, mesmo que ao fazê-lo permaneçam perguntas em aberto. Em todo caso é só no início do segundo milênio cristão que eles levam à ruptura entre Oriente e Ocidente, e mesmo em relação a isto é preciso dizer: *embora na disputa em torno do* Filioque *se espelhem as distintas teologias, a fórmula por si só, sem as constelações políticas, dificilmente teria levado ao cisma*. A grosso modo a evolução histórica pode ser dividida em três fases:

a) *Formação não polêmica de ênfases diferentes* – Tomando o enfoque agostiniano da teologia da Trindade como base, o *Filioque* resulta dele quase forçosamente; por isso, na Espanha do século V essa fórmula era confessada como óbvia e defendida, nas confrontações dos séculos seguintes, como parte integrante da fé ou do Credo. O Oriente grego, por sua vez, desenvolve a doutrina da Trindade não a partir do *Deus-Trinitas*, e sim a partir do Pai como única fonte da divindade, de sorte que tem de rejeitar o *Filioque* como afirmação sobre a processão do Espírito também a partir do Filho. A reflexão hermenêutica, contudo, ensina que é preciso considerar o contexto da respectiva fórmula do *Filioque*: locuções de igual teor podem ter significado diverso no Oriente e no Ocidente, mas também fórmulas linguisticamente diferentes podem expressar a mesma coisa. Assim, teólogos latinos invocam locuções análogas (do Pai por meio do Filho, e até: e do Filho) presentes sobretudo na obra de Cirilo de Alexandria († 444); por outro lado, Máximo Confessor († 662) defende o *Filioque* com a fundamentação de que esta fórmula pretenderia preservar a unidade e identidade da substância afirmando a processão (*proienai*) por meio do Filho, sem fazer do Filho a causa (*aitia*) da processão (*ekporeusis*) do Espírito. Na véspera da fase polêmica da controvérsia, João de Damasco († 754) resume, em sua exposição da fé ortodoxa (cf. JOÃO, *De Fide Orth.* I 8), a fé do Oriente: *o Espírito é a partir do Pai, não do Filho; porém Ele é chamado não só de Espírito do Pai, mas também de Espírito do Filho, pelo qual, afinal, Ele foi revelado e é comunicado*.

b) *O* Filioque *no contexto do cisma* – Até hoje é controvertido até que ponto o *Filioque* foi utilizado como meio na confrontação entre Oriente e Ocidente e até que ponto se esboçam nessa fórmula discrepâncias mais profundas na teologia da Trinda-

E. PNEUMATOLOGIA

de. A irrupção da disputa, em todo caso, foi causada pelas confrontações da Igreja franca e do império franco, particularmente sob Carlos Magno, com a Igreja bizantina e o Império Romano oriental.

A confrontação direta entre Oriente e Ocidente está associada à atuação e ao destino do patriarca Fócio († 897), entretecidos em confrontações motivadas pela política eclesiástica. Após uma dupla destituição e excomunhão recíproca, legados papais confirmam a reinstalação de Fócio, que fora condenado em 869, pelo Concílio de Constantinopla (879/880), razão pela qual a Igreja oriental considera a este, e não o concílio de 869, como oitavo concílio ecumênico; nessa ocasião eles subscrevem o *symbolum* sem a fórmula do *Filioque*. A rigor não ocorre um debate dogmático-teológico, ainda mais que do lado latino não se encontra nenhum adversário adequado. Assim, Fócio tira consequências radicais de tendências presentes em sua tradição e contrapõe ao *Filioque* o "unicamente a partir do Pai" (*ek monou tou Patros*). Ao fazê-lo, passa por cima de textos dos padres que designam a monarquia do Pai como sendo mediada pelo Filho e que de alguma maneira fazem pensar numa participação ativa do Filho na processão do Espírito. O que guia essa concepção é o princípio da teologia da Trindade de que o Pai, o Filho e o Espírito se distinguem por propriedades não comunicáveis de tal modo que qualidades só podem caber ou apenas à natureza comum ou apenas às hipóstases. O que é comum a duas pessoas/hipóstases (*Filioque*) não pode fundamentar a subsistência e singularidade de uma hipóstase (do Espírito), pois neste caso o Espírito produziria também a si mesmo em virtude da substância comum. As relações intratrinitárias são entendidas exclusivamente como relações de origem e a própria origem é entendida como causa *(aitia)*. Mesmo que se possa argumentar com vistas ao *principaliter* de Agostinho e à distinção de relações que são de espécie constituidora de pessoas e outras que não são constitutivas para as pessoas, permanecem também questionamentos dirigidos à concepção ocidental-latina. *Em todo caso, colocam-se tarefas comuns que dizem respeito sobretudo ao relacionamento entre Trindade histórico-salvífica e intradivina, entre modo de falar bíblico e filosófico.* Nessas partes da história da pneumatologia mostra-se com particular clareza que também a definição da realidade e atuação do Espírito Santo é atingida por essas questões. *No pensamento de Fócio a relação de* Logos *e* Pneuma *permanece em última análise não esclarecida; a atuação do Espírito dificilmente pode ser caracterizada como atuação do Espírito de Cristo.*

O *Filioque* não se transformou em razão da ruptura definitiva entre Oriente e Ocidente no ano de 1054, apesar de o Cardeal Humberto de Silva Candida († 1061), ao recordar a antiga controvérsia, ter jogado lenha no fogo da confrontação que se tornava cada vez mais polêmica. O cisma representou, antes, o produto de uma crescente alheação. Em termos canônicos a comunhão eclesial existe pelo menos até 1009, quando o patriarca Sérgio II deixa o nome do papa fora dos dípticos oficiais. Existe pelo menos exteriormente uma conexão com o *Filioque* na medida em que no mesmo ano o Papa Sérgio IV († 1012) enviou a Constantinopla um Credo contendo o *Filioque*. Todavia, nem isso nem a inserção do *Filioque* no Credo, efetuada pelo

3. Abordagem histórico-dogmática

Papa Bento VIII († 1024) no ano de 1014 por pressão do Imperador Henrique II († 1024), parecem ter tido importância para as relações com o Oriente.

A despeito das concepções distintas da teologia da Trindade existentes na Igreja oriental e na ocidental, deve-se registrar que a pedra de tropeço para os gregos não era primordialmente o significado do Filioque, *e sim o fato de que com o acréscimo o texto original e canônico do* symbolum *foi modificado.*

c) *Esforços inúteis de união* – Só as ingerências ilegítimas dos latinos nos séculos seguintes, em especial as atrocidades cometidas em conexão com a conquista de Constantinopla em 1204, criam uma atmosfera em que também o *Filioque* transforma-se em expressão da aspiração latina papal à supremacia e o problema teológico há muito latente é funcionalizado ideologicamente. Assim, são interesses (eclesiástico-)políticos, por um lado, e estruturas distintas de pensamento e linguagem, por outro, e – unindo a ambos – concepções discrepantes sobre o caráter compromissivo da doutrina eclesial, ou da autoridade que consta esse caráter, que fazem malograr após breve tempo os esforços de união feitos pelos concílios de Lião II (1274) e Ferrara-Florença (1438-1445).

Depois que, no concílio que se reuniu em 1438 em Ferrara, os representantes orientais haviam solicitado que se riscasse o *Filioque*, fazendo referência à proibição de "outra fé" feita pelo Concílio de Éfeso (cf. DH 265) – o que, aos olhos dos latinos, equivaleria à admissão de um erro na fé – chega-se a uma discussão amplamente livre em 1439 em Florença. O avanço é possibilitado pelo princípio metodológico de, face às concepções antiteticamente contrastantes na teologia da Trindade, recorrer apenas aos padres dos primeiros séculos comuns, os quais, não obstante suas ênfases distintas, não poderiam se contradizer. A proposta de Máximo Confessor de interpretar o *Filioque* no sentido de *dia tou hyiou* ("por meio do Filho") torna-se o marco de orientação.

Para poder afirmar a equivalência das formulações de fé é preciso assegurar em cada caso o seguinte:

que o Filioque *inclua a causalidade primeira do Pai* (principaliter), *da qual o Filho recebe sua condição de também ser origem* (communiter);

que o *"unicamente a partir do Pai" se refira a essa causalidade primeira, mas não exclua uma participação do Filho na processão do Espírito desde a eternidade, isto é, uma relação de origem.*

O entendimento em Florença torna-se possível quando a maioria dos gregos adere à argumentação de Bessarion († 1472) contida em seu famoso "Discurso dogmático", segundo a qual o *dia* ("por meio de") e o *ek* ("a partir de") seriam substancialmente idênticos: o "por meio de" não significa apenas manifestação e consubstancialidade, como afirmam Fócio e seus adeptos. De modo análogo argumenta a bula de união *Laetentur caeli* de 6.7.1439.

"O Espírito Santo é desde a eternidade a partir do Pai e do Filho, e tem sua essência e subsistência simultaneamente a partir do Pai e do Filho, e procede de ambos desde a eternidade como que de um princípio e de uma única aspiração. Declaramos que aquilo que os santos dou-

E. PNEUMATOLOGIA

tores e padres dizem, a saber, que o Espírito Santo procede do Pai por meio do Filho, pretende ser entendido de tal maneira que com isso se diz que também o Filho é – assim como o Pai – o que os gregos chamam de causa e os latinos de princípio da subsistência do Espírito Santo. E porque tudo o que é do Pai é dado pelo próprio Pai a seu Filho unigênito quando da geração deste – com exceção do ser-Pai – o próprio Filho tem desde a eternidade a partir do Pai – pelo qual também é gerado desde a eternidade – o fato de o Espírito Santo proceder também do Filho. Definimos, ainda, que a explicação *Filioque* foi aposta ao símbolo de modo legítimo e com razão por causa da declaração da verdade e por uma necessidade então urgente" (DH 1300-1302).

Consegue-se que os gregos admitam não só a equivalência das fórmulas, mas também a legitimidade do acréscimo ao símbolo pelo *topos* da "necessidade então urgente" e, mais ainda, desligando a questão do primado deste problema dogmático-canônico. Com isso se assegura que a possibilidade de complementação do *symbolum* não seja simplesmente um direito resultante do primado papal. *O acréscimo do Filioque foi uma medida emergencial que a Igreja Ortodoxa pode admitir em amor de acordo com seu princípio de economia (adaptação do rigor dogmático à situação concreta tendo presente a filantropia de Deus).*

Vista em seu conjunto, entretanto, também a união de Florença parece unilateral: embora os gregos não precisem acolher o *Filioque*, devem retirar seu anátema e entender sua formulação "pelo Filho" nos moldes do *Filioque*. A união acaba fracassando por razões políticas e teológicas; foi decisivo o fato de o Oriente retirar a concessão de que o Ocidente poderia usar o *Filioque*.

Os concílios frustrados em seu esforço de união definem, ainda assim, um rumo para esforços futuros ao proporem dois princípios metodológicos: recurso à tradição comum – busca de uma diversidade legítima de fórmulas de fé. Em circunstâncias políticas e ecumênicas diferentes, pode-se valorizar o fato de que os dois concílios evitam um anátema formal e defendem a legitimidade e ortodoxia da tradição latina, ao invés de tachar o interesse oriental de heresia. Em termos de conteúdo, lega-se à teologia, até hoje, a tarefa de examinar a possibilidade de conciliar enfoques distintos na teologia da Trindade. O reavivamento da pneumatologia na Igreja ocidental criou um clima favorável para isso.

3.3.3. Acentos da pneumatologia da Igreja oriental

Para os teólogos orientais, a questão do *Filioque* sempre se coloca só em caso de confrontação. No marco da pneumatologia queremos ao menos indicar alguns aspectos da rica tradição teológica e espiritual da qual os teólogos haurem em suas tentativas de resposta.

3.3.3.1. O *Sitz im Leben:* liturgia e experiência espiritual

A gênese do terceiro artigo do *symbolum* no contexto da confrontação com os pneumatômacos (→ 3.2.) mostra o quanto o culto oficial da Igreja e as experiências espirituais dos monges determinam, qual fonte e norma, o pensamento teológico do Oriente.

3. Abordagem histórico-dogmática

Com vistas à liturgia deve-se não apenas valorizar a importância da Festa de Pentecostes como celebração conclusiva do mistério pascal-trinitário e da Festa de Todos os Santos, que se segue uma semana mais tarde, como celebração da comunhão e unidade viva no Espírito Santo, mas também a permanente dimensão pneumatológica da ação litúrgico-sacramental.

Até hoje teólogos ortodoxos remetem à importância da epiclese no conjunto do culto eucarístico e a aduzem criticamente contra uma fixação nas palavras de instituição. A convicção da força consecratória da invocação do Espírito não é estranha ao Ocidente; é provável que o fato de o cânone romano silenciar acerca da atuação do Espírito se deva a razões resultantes da história da teologia (reação tipicamente ocidental ao subordinatismo pneumatômaco).

Outra característica na teologia e vida da Igreja oriental resulta de sua acentuação do fato de que Cristo atua na vida sacramental da Igreja (em sentido amplo) por força do Espírito Santo: justamente em sua autoridade os detentores do ministério são vistos como servidores do Espírito Santo; ao lado disso há espaço para a multiplicidade dos dons do Espírito; a unidade na multiplicidade das Igrejas locais é fundamentada pneumatologicamente, assim como a possibilidade da atuação do Espírito fora da Igreja (constituída) – que eventualmente não pode ser identificada de modo tão inequívoco.

Já foi suficientemente descrito (→ 3.2.3.) quão decisiva foi a participação das experiências espirituais dos monges na formação do dogma trinitário. Justamente porque o mistério da Trindade imanente permanece cerrado para o pensamento humano, as experiências místicas e ascéticas têm tamanha importância. Desde Gregório de Nissa e Dionísio Areopagita "essa combinação de piedade prática e culto com as ideias trinitárias mais complicadas" continua sendo "a singularidade característica da ortodoxia" (RITSCHL, D. *Geschichte*, 35). As experiências de repleção com o Espírito Santo levam à formação de um misticismo pronunciadamente pneumatológico, cujos fundamentos foram colocados por Evágrio Pôntico († 399): em sua caminhada no seguimento de Cristo o místico experiencia sua verdadeira participação interior no Pneuma santificador e curativo, percebe os efeitos do Espírito no cosmo inteiro e, assim, ascende inclusive ao divino. Por intermédio do monaquismo sírio esse misticismo pneumatológico influencia o misticismo islâmico do sufismo; no ascetismo bizantino ele se mantém contra uma resistência inicial, até que sobretudo a piedade russa recebe fortes impulsos por meio de Gregório Palamas († 1359).

3.3.3.2. O Espírito Santo como Mãe na pneumatologia síria

O fato de o misticismo pneumatológico encontrar seu foco nutriente sobretudo na área da Síria está relacionado com a singularidade da teologia síria de modo geral, que – assim como a armênia, que é a única outra teologia acerca da qual se pode afirmar o mesmo – afirma sua autonomia frente à teologia greco-bizantina.

Já em Afraates († após 345), o mais antigo teólogo sírio de que temos conhecimento, mostram-se a independência para com a filosofia e conceitualidade grega ou a moldação por uma estreita relação com a Sagrada Escritura e pelo ideário judaico-rabínico. Efrém († 373), chamado, como clássico, simplesmente de "o sírio" e, significativamente, de "cítara do Espírito Santo",

E. PNEUMATOLOGIA

opta pelo hino como forma literária para expressar a simultaneidade de confissão e silêncio reverente. Ele – bem nos moldes de seu contemporâneo Basílio – não chama o Espírito Santo expressamente de Deus, mas descreve em parábolas e imagens (com preferência para as imagens do calor e do fogo) sua experiência da atuação econômica do Espírito: "Pois a partir do Pai flui por meio do Filho a verdade que dá vida a todos por meio do Espírito" (EFRÉM, *Sermo* 80,2).

Quando o primeiro sínodo da Igreja síria no império persa (em 410 em Selêucia-Ctesifonte) introduz o Credo Niceno original ao invés do *Symbolum* de Constantinopla, essa medida deve ter razões sobretudo políticas e não precisa ser entendida como continuação teológica de uma pneumatologia puramente dinamista (o Espírito Santo como força divina). De importância bem maior para a atual teologia do Espírito parece ser o emprego – originário justamente do âmbito da Síria – de símbolos femininos para ilustrar a processão do Espírito ("costela do Logos" em analogia à criação de Eva a partir da costela de Adão) ou de sua atuação unificadora ("pomba" enquanto símbolo do relacionamento do Pai e do Filho como virgens e noivos e enquanto símbolo da relação virginal-materna do Espírito com a criação). Ao menos em testemunhos sírios primitivos encontra-se expressamente a caracterização do Espírito como mãe, sendo que às vezes também se lhe atribui a posição de o/a segundo/a dentro da Trindade (abonações em FORD, J.M. *Spirit,* 10; SIMAN, E.-P. *Expérience,* 155; CRAMER, W. *Geist,* 36-39.68s.).

Assim como, por um lado, recomenda-se a maior cautela ao se tirar conclusões de afirmações histórico-salvíficas para a Trindade intradivina, da mesma maneira, por outro lado, parece ser estimulante, para uma pneumatologia concreta na doutrina da criação, da graça e na escatologia, a caracterização do Espírito como mãe da criação, como mãe das pessoas recriadas no banho de renascimento e como mãe da Igreja.

3.3.3.3. Experiência da atuação e abscondidade da substância segundo a teologia bizantina

O *Sitz im Leben* ou lugar vivencial esboçado em 3.3.3.1. caracteriza, a rigor, a particularidade da pneumatologia ortodoxa até hoje. Encontram-se acentuações distintas na definição do relacionamento entre experiência espiritual e vida sacramental, ao passo que a distinção entre as energias perceptíveis e a substância insondável transforma-se em convicção comum.

O papel que se atribui à experiência é aclarado pelo cognome do primeiro teólogo a ser mencionado aqui: Simeão, o novo teólogo († 1022), deve este seu cognome à sua nova experiência de Deus, da qual surge sua teologia (e não vice-versa). Como em outros teólogos o calor e o fogo são os símbolos principais, no caso de Simeão, além do símbolo bíblico original "fôlego", a luz torna-se o símbolo preferencial do Espírito vivificador, que ilumina e permeia toda a vida espiritual. Uma associação bem-sucedida de cristologia e pneumatologia mostra-se no discurso figurado acerca de Cristo como porta (na casa do Pai) e do Espírito Santo como chave. Já a relativização do poder das chaves e da autoridade sacramental do ministério parecem mais estranhas ao pensamento ocidental: não é a ordenação como tal, e sim o abrir-se para o Espírito na penitência e ascese, bem como a santidade pessoal nelas adquirida, que qualificam a pessoa a mediar ou comunicar o Espírito.

A distinção entre substância e energias de Deus, que até hoje é normativa na Igreja Ortodoxa, remonta a *Gregório Palamas* († 1359); com ela, o abismo entre Trindade intradivina e Trindade histórico-salvífica é aprofundado mais ainda. Segundo Palamas, não são as hipóstases que revelam e manifestam a substância de Deus na história da salvação, e sim as obras, que devem ser distinguidas da substância que se realiza nas hipóstases, mas que, ainda assim, são incriadas, ou seja, as energias. Essa distinção entre substância, hipóstases e energias, que foi ampliada em relação à tradição da teologia da Trindade, pretende preservar, tanto em termos gnosiológicos quanto em termos da teologia da graça, a distinção entre Criador e criatura: enquanto que a distinção entre *ousia* e *hypostasis* é feita no nível da substância, as energias são claramente destacadas disso. A substância de Deus é insondável para nós; não podemos participar dela, e sim apenas das energias, as quais, entretanto, precisam ser incriadas, isto é, divinas.

Interessantes para a pneumatologia são sobretudo as consequências dessa posição com vistas à processão do Espírito Santo. Gregório Palamas parece acentuar ainda mais a relativa dissociação entre Trindade histórico-salvífica e Trindade intradivina: dentro da Trindade imanente a ordem das hipóstases é constituída pela processão apenas a partir do Pai; já a Trindade econômico-salvífica, que se manifesta nas energias incriadas, segue o princípio triádico, de modo que neste caso também se pode falar da processão "a partir do Pai por meio do Filho" ou "a partir do Pai e do Filho". Também a ordem consoante as energias existe desde a eternidade.

Quando os teólogos gregos – como no Concílio de Ferrara-Florença – seguindo a Gregório Palamas, falam da processão do Espírito Santo, eles não se referem à ordem consoante as energias que se revela na história da salvação, e sim à ordem intradivina consoante as hipóstases. Por isso falam da processão do Espírito "somente a partir do Pai". Esta se subtrai à compreensão humana, não podendo, ao menos segundo Palamas, ser percebida sequer na experiência mística. Assim, resta apenas a possibilidade de apegar-se ao testemunho da Escritura e à tradição (não modificada!) da Igreja. Para o atual diálogo ecumênico entre Oriente e Ocidente coloca-se a tarefa de distinguir entre a doutrina compromissiva e as tentativas de explicação teológica como a de Gregório Palamas.

3.3.4. Temas pneumatológicos da Idade Média latina

Nem na sistemática teológica nem no misticismo do Medievo latino se atribui uma importância central à realidade e atuação do Espírito Santo. Não se elabora um tratado pneumatológico à parte, de modo que os respectivos temas encontram-se em diversos contextos. Entretanto, à parte da teologia especulativa, que se ocupa sobretudo com o exame da tradição, podem-se perceber iniciativas inovadoras que transcendem

E. PNEUMATOLOGIA

seu tempo e se situam, caracteristicamente, em ambientes reformadores e críticos em relação à Igreja.

3.3.4.1. Espírito e Trindade

Nos debates em torno do *Filioque* os teólogos do Ocidente recorrem a Agostinho, cujas premissas procuram corroborar preponderantemente num contexto metafísico com argumentos da lógica formal. Nesse processo formam-se duas tendências ou escolas: a primeira entende a processão do Espírito nos moldes de uma doutrina da Trindade psicológica em analogia ao ato volitivo, enquanto que a segunda vê no Espírito Santo preponderantemente o vínculo de amor entre o Pai e o Filho (quanto à tentativa de Tomás de Aquino de ligar ambos os enfoques, → Doutrina da Trindade 3.3.3.). A cada vez, contudo, parece apresentar-se, como consequência imperiosa, o "a partir do Pai e do Filho": o ato volitivo pressupõe o ato cognitivo, o *vinculum amoris* pressupõe o amor mútuo do Pai e do Filho, sendo que este recebe do Pai a capacidade de amar (o *principaliter* é reduzido cada vez mais a este significado).

O argumento decisivo é fornecido pelo princípio da teologia da Trindade – empregado axiomaticamente por Anselmo de Cantuária († 1109), mas que em termos de conteúdo se reporta a Agostinho – que diz que em Deus tudo é uno, contanto que não se oponha a isso uma reciprocidade de relação. Esse axioma só recebeu sua forma definitiva no Concílio de Florença, porém, não no decreto de união para os gregos, e sim no decreto para os jacobitas (cf. DH 1330). Embora provavelmente não se possa falar aqui de uma definição formal do magistério, essa proposição desempenha um papel quase normativo na teologia ocidental. Em sua aplicação concreta ela reforça a prioridade da substância divina una frente à particularidade das hipóstases e de suas relações.

Tomás de Aquino († 1274) argumenta na mesma linha de Anselmo. Ele procura mostrar que as afirmações bíblicas clássicas sobre o relacionamento do Filho e do Espírito (Gl 4,6; Rm 8,9; Jo 15,26; 16,14) não podem ser limitadas à esfera da história da salvação. Ainda assim, tira do *per Filium* e do *principaliter* mais do que Anselmo. Além disso, aprofunda a compreensão dos nomes próprios "amor" e "dádiva" aplicados ao Espírito Santo: *o Espírito é o amor de Deus em pessoa (hipóstase), que, como amor divino, sempre é criador e de uma bondade transbordante.* Característico da inclinação da concepção de Tomás de Aquino (e de Anselmo), entretanto, é o fato de ele não falar aqui da propriedade do Espírito, mas apenas de uma apropriação: "E porque se atribui todo o conceito da direção divina à bondade de Deus, a qual é apropriada ao Espírito que procede como amor, os efeitos da providência divina são ligados adequadamente com a pessoa do Espírito Santo" (TOMÁS DE AQUINO, *Comp. Theol.* I, 147).

Embora Tomás de Aquino também conheça a noção do Espírito como vínculo de amor, o que predomina em sua exposição da teologia da Trindade é a analogia do ato volitivo, da processão do amor. Em seu pensamento permanece uma reserva para com o modelo do amor interpessoal, aduzido sobretudo por *Ricardo de São Vítor* († 1173)

3. Abordagem histórico-dogmática

para explicar a triunidade (→ Doutrina da Trindade 3.4.). *Interessante em conexão com a pneumatologia é o fato de que, na realização do amor absoluto entre o Pai e o Filho que é digno* (condignus) *desse amor, o Espírito Santo aparece como o coamado* (condilectus), *como o terceiro necessário, visto que o amor mútuo precisa, por sua vez, abrir-se para um terceiro.* Ricardo de São Vítor não emprega o axioma de Anselmo e pode valorizar mais acentuadamente a particularidade das pessoas em suas relações; o Espírito não é reduzido à sua função como vínculo de amor. Por outro lado, a caracterização de sua particularidade pessoal como amor puramente receptivo (o Pai é amor puramente doador, o Filho é amor receptivo e doador) impede Ricardo de estabelecer, de modo direto e coerente, a ligação com a história da salvação como história de amor de Deus com os seres humanos.

Nessa direção vai o pensamento de *Boaventura* († 1274), que ancora intratrinitariamente a caracterização do Espírito como dádiva: *como primeiro presente o Espírito Santo é origem e modelo de todo presentear, assim como causa ou razão exemplar de todos os presentes e dádivas.* Assim, na processão do Espírito ("conforme a vontade" quer dizer em Boaventura também: conforme a generosidade) já está fundamentada igualmente sua relação com os recebedores do Espírito, o relacionamento desses recebedores com Deus no Espírito. Fica claro que tanto Boaventura quanto Ricardo de São Vítor haurem, em suas afirmações pneumatológicas, de sua respectiva experiência espiritual (da dotação com o Espírito e do amor amistoso, respectivamente).

3.3.4.2. Espírito e graça

O que une a pneumatologia ocidental e a oriental é não só a tarefa que lhes foi imposta de esclarecer a processão intratrinitária, mas também, e mais ainda, o interesse de refletir teologicamente sobre a experiência espiritual da participação no Espírito Santo. Neste sentido encontram-se acentos interessantes na teologia do Medievo ocidental. E aí pode-se registrar um elucidativo deslocamento de ênfases em relação à Igreja antiga: a referência à inabitação do Espírito serve menos à comprovação de sua divindade e mais à acentuação do agraciamento humano; consequentemente trata-se dessa questão não num tratado próprio intitulado *De Spiritu Sancto*, e sim na doutrina das virtudes.

O ponto de referência das respectivas explanações é constituído pela identificação – propugnada por *Pedro Lombardo* († 1160) mediante invocação de Rm 5,5 e 1Jo 4,7s. – da virtude da *caritas* com o Espírito Santo. Este, portanto, é não só o amor entre o Pai e o Filho, mas também o amor com o qual nós, seres humanos, amamos a Deus e o próximo. Sendo, numa unidade paradoxal, doador e dádiva ao mesmo tempo, o Espírito Santo se comunica de maneira multiforme e é, como quase hábito, sujeito da justificação e santificação. Apesar de aqui se acentuar o caráter pessoal do Espírito no acontecimento da graça, parece igualmente necessária a distinção – desenvolvida em contradição a essa tese da identidade – entre a inabitação do Espírito como *gratia increata*

E. PNEUMATOLOGIA

(graça incriada) e a *gratia creata* (graça criada) que atua no ser humano como sinal da inabitação.

A graça, portanto, não é idêntica ao Espírito Santo, mas a comunicação da graça lhe é apropriada. Preservando a diferença entre Criador e criatura e levando a sério a atuação do Espírito que, em última análise, é incompreensível e inefável, Tomás de Aquino sustenta a correspondência fundamental entre o Espírito Santo, que é em pessoa o fruto do amor procedente e transbordante, e o amor, que, como forma das virtudes e dos dons do Espírito, constitui o cerne da vida espiritual-moral. O movimento em direção a Deus, que o ser humano realiza consoante sua natureza livre, necessita de impulsos externos; entre estes, a graça na forma da graça santificadora torna-se ao mesmo tempo interior ao ser humano.

Aquilo de que Tomás de Aquino trata na doutrina da graça e das virtudes sob o título "Lei" deve ser lido como fundamentação de uma vida a partir do Espírito. O amor como nova lei da nova aliança é designado por ele ao mesmo tempo como lei do Espírito ou como lei da vida e da graça.

3.3.4.3. Espírito e liberdade

Nas afirmações eclesiológicas da teologia medieval o Espírito Santo não desempenha praticamente nenhum papel; o componente de crítica à instituição inerente à pneumatologia não ganha expressão, ao menos não nas correntes principais. Depois de Tomás de Aquino, num horizonte de pensamento teológico e metafísico cambiante, *Duns Scotus* († 1308) e *Guilherme de Ockham* († após 1347) destacam mais acentuadamente o momento da liberdade do Espírito no acontecimento da graça. Embora tendam, por sua vez, a identificar o Espírito Santo com a graça, o hábito infundido, acentuam ao mesmo tempo a soberania do Espírito como presente que permanece indisponível, sendo que particularmente Ockham entende a graça como solicitude pessoal de Deus. Nesta perspectiva, afrouxa-se consequentemente a vinculação – ainda óbvia para Tomás de Aquino – do acontecimento do Espírito e da graça com os sacramentos e a mediação eclesiástica de modo geral.

Ao lado das correntes escolásticas principais move-se uma tendência teológica monástica que mostra um interesse mais acentuado pela atuação livre e própria do Espírito na história da salvação.

Uma série desses motivos encontra-se de novo na figura de *Joaquim de Fiore* († 1202). Invocando uma iluminação pascal e a capacidade, que lhe teria sido concedida pelo Espírito, de identificar a promessa e o cumprimento, ele espera concretamente para o ano de 1260 o despontar do *tertius status* da história da salvação. Essa era do Espírito Santo substitui o Antigo Testamento, ligado ao Pai, bem como o Evangelho de Jesus Cristo, ao qual se segue agora – de modo embrionário já desde Bento – o *Evangelium regni* como evangelho eterno. Assim como o Espírito procede do Pai e do

3. Abordagem histórico-dogmática

Filho, o saber salvífico do AT e do NT desemboca agora numa *intelligentia spiritualis*, num conhecimento espiritual.

Enquanto que a era do Pai era a dos patriarcas e a do Filho a dos clérigos, o reino do Espírito é representado pelos monges e pelos *viri spirituales*, os homens (e mulheres?) espirituais das ordens carismáticas incandescidos pelo Espírito. Isso tem como consequência uma radical transformação espiritual da ordem eclesiástica e da vida eclesial, na medida em que agora o reino da servidão e também o da filiação são substituídos pelo reino da liberdade, em que a mediação pela letra da Escritura, por meio de símbolos e sacramentos torna-se, a rigor, supérflua. Ainda haverá hierarquia ministerial e administração dos sacramentos, mas espiritualizados numa Igreja de constituição mais joanina do que petrina. A religião dessa nova era será "inteiramente livre e espiritual" *(omnino libera et spiritualis)*; no interesse da liberdade a partir do Espírito, o cumprimento escatológico é situado no presente ou futuro próximo.

Não obstante, toda a simpatia e em face do fato de que determinadas profecias de Joaquim são associadas a Francisco de Assis († 1226), Boaventura acentua o primado absoluto de Cristo, que continua sendo o Senhor também na época do Espírito e da Igreja. Mais decidida ainda é a posição contrária de Tomás de Aquino, que, em termos metodológicos, tem muitas reservas em relação à exegese tipológica, acentua o caráter insuperável do Novo Testamento e, em suas afirmações pneumatológicas (→ 3.3.4.2.), vê a graça do Espírito atuando no interior do ser humano, com o que os sacramentos e leis estão correlacionados como servidores, mas de maneira necessária em termos de teologia da encarnação.

A pneumatologia da Idade Média apresenta dois focos: por um lado, as definições conceituais escolásticas, que procedem de modo mais analítico do que sintético no marco de uma teologia da Trindade imanente e essencialista ou no contexto da doutrina das virtudes e da graça, e, por outro lado, movimentos intraeclesiais, subversivos e cismáticos de caráter espiritual-carismático. O excedente de problemas legados ao labor teológico posterior consiste sobretudo na necessidade de esclarecer a definição das seguintes relações: Trindade econômica e imanente, cristologia e pneumatologia, graça e liberdade, Espírito e Igreja (Espírito e ministério, Espírito e mediação sacramental, liberdade e vinculação).

3.4. Acentuações na Reforma e na Época Moderna

3.4.1. Reformadores: comunicação da salvação no Espírito

A época da Reforma confirma a observação geral de que reavivamentos e novas acentuações na pneumatologia ocorrem principalmente em tempos de crise. Com base na confissão trinitária da Igreja antiga e na perspectiva de um cristocentrismo destacado pela teologia da palavra procura-se resolver pneumatologicamente o problema da

E. PNEUMATOLOGIA

mediação ou comunicação concreta da salvação, o qual se tornara virulento. Dando continuidade aos enfoques de Duns Scotus e Ockham, os reformadores acentuam o *frente a frente* indisponível do Espírito. Neste contexto também eles são, à semelhança dos teólogos medievais, desafiados por diversas correntes espiritualistas.

3.4.2. Martinho Lutero: outorga da salvação no Espírito Santo

Lutero († 1546) supera a teologia da graça agostiniana-medieval em termos personalistas. *Ele entende o Espírito Santo não como força sobrenatural, idêntica ao amor, presente no ser humano, mas rigorosamente como* frente a frente *pessoal que cria a fé e só pode ser aceito na fé.* A salvação operada *extra me*, operada unicamente por Deus em Jesus Cristo como único mediador, torna-se um *pro me* no Espírito Santo. O encontro comunicador da salvação com o Espírito de Deus acontece por meio da palavra da pregação, e acontece de tal maneira que na palavra externa (da letra, da lei) atua a palavra interna (do evangelho, da graça). Na pneumatologia se juntam, portanto, os axiomas básicos da Reforma: *solo Deo, solo Christo, sola fide, sola gratia, solo verbo* (somente Deus, somente Cristo, somente a fé, a graça, a palavra). Embora, por um lado, isso signifique uma relativização da mediação institucional-hierárquica, por outro lado Lutero combate com veemência e desde o início um desligamento espiritualista-entusiasta da atuação da palavra da promessa em relação à palavra externa. A pneumatologia permanece vinculada à cristologia, e a existência espiritual realiza-se no seguimento do Deus abscôndito que se revela na cruz.

Assim, o Espírito é o sujeito da justificação e santificação. Com vistas ao diálogo ecumênico sobre o relacionamento entre justificação e santificação é interessante o fato de nos catecismos de Lutero a santificação não ser definida apenas em sentido mais restrito como subsequente ao acontecimento da justificação, mas servir, em sentido abrangente, para caracterizar a atuação do Espírito que santifica e cura. Neste contexto, todavia, o acento é colocado mais fortemente na aceitação crente da palavra do que nas consequências éticas para uma vida a partir do Espírito.

3.4.3. Importância crescente da pneumatologia em outros reformadores

Nas formulações da Confissão de Augsburgo (CA) de 1530, *Filipe Melanchthon* († 1560) segue a linha luterana: na palavra o Espírito opera a fé justificadora, cujos frutos são representados pelas boas obras do ser humano renovado em sua existência pelo Espírito santificador. É o Cristo exaltado até o Pai que "santifica os que nele creem, pelo envio, aos seus corações, do Espírito Santo, que os rege, consola, vivifica e os defende contra o diabo e o poder do pecado" (CA 3). Frente aos espiritualistas CA 5 acentua a vinculação do Espírito à palavra externa (isto é, à pregação e aos sacramentos), mas ao mesmo tempo também a liberdade do Espírito nessa autovinculação, pois este "opera a fé, onde e quando agrada a Deus, naqueles que ouvem o evangelho". Ao passo que aqui ainda fica muito clara a vinculação à cristologia, nos escritos de Me-

3. Abordagem histórico-dogmática

lanchthon a pneumatologia aparece como princípio norteador. *Como reformador influenciado pelo humanismo, Melanchthon vai ao encontro do interesse, que se intensifica com a incipiente Era Moderna, pela conexão entre fé, experiência e ação ética, e faz isso por meio de uma descrição psicológica da atuação do Espírito.* O acento é colocado na santificação sob a vontade de Deus como *lex spiritualis* ou *lex viva* (lei espiritual ou viva).

Diferentemente do caso de Lutero, a contraposição (agostiniana-platonizante) entre Espírito (no sentido de interior/invisível) e carne (exterior/visível) desempenha um papel importante sobretudo entre os reformadores da alta Alemanha. Sem prejuízo da atuação exclusiva de Deus e do caráter indisponível do Espírito, o interesse se volta cada vez mais para a renovação do ser humano e a conformação da vida cristã, também no mundo (na sociedade). Segundo *Ulrico Zwínglio* († 1531), Deus, que é Espírito, só pode revelar-se no Espírito ao ser humano, que é carne, e tudo operar no Espírito Santo. O acento particular torna-se claro na afirmação exacerbada de que não é a palavra (externa), mas o Espírito (como *verbum internum*) que cria a fé. Os sacramentos convertem-se, assim, em (meros) sinais distintivos da atuação do Espírito. A teologia de Zwínglio é inequivocamente determinada pela pneumatologia, mas não pode ser etiquetada como espiritualista, e esse reformador suíço reporta-se, mais acentuadamente do que Lutero, à tradição agostiniano-escolástica.

Já Melanchthon distingue entre a justificação (entendida estreitamente como perdão dos pecados) e a renovação, a ela subsequente, do ser humano no renascimento. É isto que enfatiza *Martinho Bucer* († 1551), para quem o estilo de vida transforma-se em testemunho da dotação com o Espírito. Além disso, ele liga, retomando ideais batistas, a pneumatologia com a eclesiologia e fundamenta na dádiva do Espírito o sacerdócio geral de todos os crentes.

O pneumatólogo entre os reformadores é sem dúvida João Calvino († 1564), que tematiza a mediação universal no Espírito Santo expressamente na soteriologia e eclesiologia. Em seu pensamento o Espírito aparece não só como *cooperator* (cooperador), mas como *creator* (criador), que, enquanto *vinculum*, medeia a comunhão com Cristo (o que Calvino também esposa coerentemente na doutrina da Eucaristia). Diferentemente de Lutero e Melanchthon, a justificação e a santificação são mutuamente entretecidas: a graça de Deus opera no interior do indivíduo os frutos, e na Igreja as obras do Espírito. Por outro lado, a distinção entre a palavra externa e a iluminação interior visa assegurar o caráter indisponível do Espírito, o qual, porém, não atua passando ao largo da palavra. Calvino enfatiza, mais acentuadamente do que outros, os efeitos da dotação com o Espírito, a qual o evangelho ensina e os sacramentos confirmam, na vida sociopolítica.

3.4.4. Correntes espiritualistas

Todos os reformadores mencionados distanciam-se, cada um à sua maneira, de dois lados: do hierarquismo e sacramentalismo romanos assim por eles entendidos ou depreendidos da prática eclesial, por um lado, e do desligamento espiritualista de toda e qualquer ordem e mediação externa entre os entusiastas e (ana)batistas. Quanto ao

E. PNEUMATOLOGIA

segundo distanciamento deve-se levar em conta que os espiritualistas e entusiastas constituem, concretamente, correntes bastante distintas. Por um lado, eles dão continuidade a tendências existentes na Igreja antiga e na Idade Média (→ 3.1.2.; 3.1.3.1.; 3.3.4.3.); por outro, caracterizam-se por influências tipicamente modernas (descoberta do indivíduo e de sua autonomia). O que lhes é comum é a rejeição de toda espécie de mediação porque representaria um estorvo da atuação imediata do Espírito. Isso se aplica também à mediação teológico-doutrinária, de sorte que, para uma historiografia dos dogmas interessada meramente no desdobramento da doutrina eclesial, essas correntes constituem um fenômeno marginal. *Para uma pneumatologia que tem apreço pelas experiências do Espírito em sua multiplicidade, movimentos espiritualistas representam as necessárias correntes contrárias às correntes eclesiais e teológicas principais junto com suas petrificações e déficits pneumatológicos.*

3.4.5. Tendências posteriores e contrárias à Reforma

3.4.5.1. Ortodoxia protestante e pietismo

No período subsequente são duas as correntes que marcam o protestantismo (luterano) e colocam, cada uma à sua maneira, acentos pneumatológicos característicos. A aspiração da ortodoxia protestante de eliminar todo e qualquer sinergismo (cooperação de Deus e ser humano em pé de igualdade) no acontecimento da justificação leva à doutrina da inspiração verbal, bem como a uma descrição diferenciadora da apropriação da salvação operada pelo Espírito no ser humano *(ordo salutis)*. A vinculação verbalista-objetivista – ainda que entendida como graciosa – do testemunho interno do Espírito à letra da Escritura resulta numa fixação da atuação do Espírito que é análoga ao sacramentalismo católico romano por ela criticado.

Também a teologia da graça, com seu interesse de orientação psicológica nos distintos momentos da aplicação da salvação, é desenvolvida – na perspectiva da teologia reformatória da palavra – de modo análogo à doutrina escolástica. Em ambos os campos ameaça ocorrer um estorvo da liberdade e soberania do Espírito.

Diferente é o caso do pietismo, que, acolhendo influências espiritualistas, conta com uma atuação do Espírito experimentada de maneira imediata e pessoal. O Espírito atua não só na palavra da pregação, mas também de maneira abscôndita no interior do ser humano. Duas ênfases são particularmente dignas de nota: a orientação eclesiológica pela vida da comunidade primitiva e o interesse relacionado à teologia da graça e à ética, o qual é determinado pelas palavras-chave vocação, despertamento, iluminação, santificação e perfeição.

3.4.5.2. Posição contrária do catolicismo romano

Na era da Contrarreforma e da restauração, a teologia católica romana desenvolve ou reforça sua posição contrária em ambos os campos. Ocultando o consenso com o interesse reformatório ainda fundamentalmente dado em Trento, a teologia pós-tridentina interessa-se tanto pela graça criada, que a inabitação aparece como seu efeito meramente formal (isto é, necessariamente a ela ligado). Ao mesmo tempo, a unidade da atuação divina para fora é forçada a tal ponto, que até o discurso acerca das apropriações fica sem função. Só poucos teólogos, entre eles *Dionysius Petau* († 1652) e *Matthias Joseph Scheeben* († 1888), manifestam-se a favor de uma relação própria, e não meramente apropriada (atribuída), do Espírito Santo com a alma justificada.

No que diz respeito ao momento da experiência, a teologia católica romana opta preferencialmente pelo conhecimento racional (iluminado de modo sobrenatural) ou pela verdade proposicional garantida pelo magistério. A atuação do Espírito é reduzida a experiências extraordinárias, e as correntes místicas da tradição esgotam-se quase inteiramente.

Ambas as posições contrárias têm sua raiz comum na oposição teológico-fundamental à doutrina da *sola scriptura* ou do *solo verbo*. *A atuação do Espírito é reservada – desconsiderando sua presença na alma individual – ao magistério hierárquico; praticamente não se pode mais falar da existência de uma eclesiologia pneumatológica.*

3.4.5.3. Filosofia do Espírito

Nessa época de assegurações ortodoxas só se podem esperar inovações nos movimentos que se formam na periferia ou na clandestinidade. É claro que o protestantismo oferece bem mais exemplos disso do que o catolicismo tendente ao uniformismo. O mesmo aplica-se a iniciativas no campo filosófico-teológico, às quais se concede pouco espaço do lado católico. Pode-se considerar característico o fato de que *Johann Adam Möhler* († 1838) "supera" sua eclesiologia pneumatologicamente centrada de 1825 por uma cristocêntrica em 1832 e que só esta é então acolhida de modo geral.

É preciso abordar brevemente a esta altura a renascença do conceito de espírito na filosofia do idealismo alemão, mesmo que o resultado em termos de história dos dogmas ou da teologia ainda seja controvertido e a discussão em torno da Trindade de espírito de *Hegel* (filosofia ou teologia? Trindade ou binidade?) ainda pareça inconclusa (→ Doutrina da Trindade 4.8.3.). "Espírito" torna-se um conceito filosófico básico, que representa o absoluto e assume predicados e funções do divino. Parece importante, com vistas a uma pneumatologia teológica, o fato de que no pensamento do Hegel jovem "espírito" substitui o termo "vida", mas que o conceito mantém, assim, sua dinâmica criadora de vida. Também o momento extático do sair-de-si em direção a outros, bem como o aspecto da criação de comunhão, estão presentes de maneira impressionante na filosofia do espírito de Hegel. O espírito absoluto se desdobra em três estágios, os reinos do pai (o absoluto em si), do Filho (do espírito em sua entrega ao outro diferente dele mesmo) e do espírito que é o da comunidade (Igreja), na qual o espírito chega à sua consumação e atinge a consciência geral. Aludindo a Joaquim de Fiore,

E. PNEUMATOLOGIA

Hegel fala do reino do espírito que teria despontado com a Reforma: Deus em sua comunidade, realmente conhecido como espírito.

3.5. Pneumatologia no século XX

3.5.1. Relativo esquecimento do Espírito até meados do século XX

O panorama histórico põe a descoberto uma série de razões do relativo esquecimento do Espírito na teologia (católica) da primeira metade do século XX: um tratamento bastante formalista das processões e relações intratrinitárias, uma doutrina da graça preponderantemente presa no vocabulário tradicional, a completa ausência da dimensão pneumatológica na doutrina da criação e na escatologia. Desconsiderando o *topos* dos sete dons do Espírito, também na vida de oração e de fé o Espírito Santo não se destaca muito. A encíclica *Divinum illud munus* (cf. DH 3325-3331), publicada por ocasião da Festa de Pentecostes de 1897, espelha a situação oficial (o subtítulo reza: "Sobre a presença e atuação do Espírito Santo na alma do[s] justo[s]), mas também expressa a expectativa de uma reanimação. No labor teológico esta resulta, não por último, da discussão escolástica em torno de propriedades e apropriações, que, por fim, faz com que a singularidade do Espírito se destaque mais claramente no acontecimento da salvação. Da mesma maneira, a discussão de questões teológico-fundamentais acerca do relacionamento entre revelação, Escritura, tradição e magistério rompe a limitação da função eclesial do Espírito Santo ao aspecto da *assistentia negativa* (da assistência que preserva do erro) em decisões do magistério; isso se esboça, ao menos, nos títulos de duas encíclicas sobre a Bíblia: *Spiritus Paraclitus* (1920; cf. DH 3650-3654) e *Divino afflante Spiritu* (1943; cf. DH 3825-3831). Deve-se ver paralelamente a isto a renovação da eclesiologia que inicia após a Primeira Guerra Mundial, recebendo um acento claramente místico-pneumático (o Espírito Santo como princípio da unidade, como alma do corpo, como doador das dádivas e carismas).

3.5.2. A arrancada conciliar

O avanço logra êxito com o pontificado de *João XXIII* (1958-1963), que espera um novo Pentecostes para a Igreja. Assim, o Concílio Vaticano II por ele convocado deve ser apreciado primeiramente como evento espiritual, que desencadeou reiteradas vezes processos de conversão e renovação. *No contexto da temática eclesiológica, proposta como legado do Vaticano I, ocorre, em confrontação crítica com textos preparatórios, mediante contato com teólogos orientais e com base na inclusão da teologia renovada em termos bíblicos e patrísticos, uma tematização múltipla da dimensão pneumática da Igreja, embora não se possa falar da existência de uma sistemática abrangente.* A história do surgimento da constituição sobre a Igreja, bem como uma comparação com a constituição sobre a liturgia aprovada anteriormente, atestam esse processo espiritual-teológico. Assim, a eclesiologia acentuadamente cristocêntrica, orientada pelo modelo da encarnação, recebe um contrapeso pneumatológico no marco de uma eclesiologia de comunhão orientada pela vida do Deus triúno (compare LG 1 com LG 2-4.8 e 48). Sobretudo bispos das Igrejas unidas do Oriente recordam o nexo pneumatológico do terceiro artigo do Credo, e lembram que o tempo da Igreja é o tempo do Espírito Santo.

Sobre o pano de fundo do Vaticano I, o artigo 12 da constituição sobre a Igreja, discutido com veemência, tem importância especial: o conjunto dos crentes tem parte no ministério profético de Cristo e não pode – em virtude da "unção do Santo" Espírito (LG 12) – errar na fé. Na perspectiva de *Lumen gentium* o apostolado dos leigos (cf. AA 3) e a tarefa missionária (cf. AG 4) recebem uma fundamentação expressamente pneumatológica. Também a constituição sobre a revelação e os decretos sobre o ecumenismo, bem como sobre o serviço e a vida dos sacerdotes, exibem acentuações análogas; infelizmente, na constituição pastoral sobre "A Igreja no mundo de hoje" nem todos os respectivos estímulos são acolhidos.

A despeito da ausência de uma sistemática (que também não deveria ser esperada), a acusação de que haveria aí um déficit pneumatológico não parece justificada. Não só o fato de o Espírito Santo ser mencionado 258 vezes nos textos, mas também as afirmações feitas em pontos decisivos da articulação teológica e, não por último, o próprio processo do concílio atestam a redescoberta do Espírito Santo.

3.5.3. Época posterior ao concílio

Os impulsos dados pelo concílio produzem muitos frutos na reflexão teológica e reforma prática. Assim, p. ex., fica mais uma vez claro que a doutrina da Trindade tem efetivamente algo a ver com a vida, e a atuação do Espírito é experimentada em movimentos de renovação e encontros ecumênicos (→ 1.1.2.). A dimensão pneumático-trinitária está presente em textos do magistério eclesial (cf. especialmente o n. 75 da encíclica *Evangelii nuntiandi* de 1975, o cap. III da encíclica sobre missão *Redemptoris missio* de 1990 e a correspondente encíclica *Dominum et Vivificantem* de 1986); em documentos ecumênicos ela torna-se cada vez mais natural. Mesmo assim, seria demasiado eufórico falar de uma nova era do Espírito Santo, ainda mais que o aspecto pós-conciliar da Igreja (católica) se caracteriza por tendências parcialmente conflituosas: aos movimentos de irrupção carismática e ocasionalmente entusiástica contrapõem-se correntes regulamentadoras e retardantes; em muitos pontos espalham-se a resignação e o cansaço. Nas comunidades, a frequentemente mencionada crise na transmissão da fé mostra-se muitas vezes com a maior clareza no marco da catequese de crisma.

Uma teologia contextualizada não deverá perder essa situação de vista; da mesma maneira, aquilo que se faz necessário em termos pastorais e catequéticos para que se dê espaço à atuação do Espírito não pode abrir mão de uma sólida pneumatologia ou teologia pneumatologicamente dimensionada.

E. PNEUMATOLOGIA

4. Reflexão sistemática

4.1. Tarefas da pneumatologia hoje

4.1.1. O estado da discussão teológica

Os movimentos de renovação dos anos de 1960, em especial o Concílio Vaticano II, bem como o movimento ecumênico e o carismático, contribuíram decisivamente para superar o esquecimento (parcial) do Espírito na teologia (ocidental).

4.1.1.1. Três tipos de pensamento pneumatológico

Como precursor ou pioneiro teológico do lado evangélico deve-se mencionar primeiramente *Karl Barth* († 1968); ele representa o *tipo* de pensamento pneumatológico *orientado pela teologia da revelação*. Nesta perspectiva o Espírito Santo é definido como "possibilidade e realidade subjetivas da revelação": no Espírito é constituída a autorrevelação de Deus como acontecimento relacional que tem seu ponto de partida em Deus; por sua realidade essa autorrevelação atinge seu destinatário, o ser humano; a partir do Espírito se fundamenta a possibilidade da liberdade humana voltada para Deus. Essa ação do Espírito no acontecimento revelatório desvenda, ao mesmo tempo – de acordo com a correspondência entre Trindade histórico-salvífica e intradivina – o papel intradivino do Espírito Santo: "Deus é, portanto, e nesta medida Ele é Deus Espírito Santo, 'anteriormente em si mesmo' ato de comunhão, de comunicação, amor, dádiva. Por isso e assim e a partir daí Ele o é em sua revelação" (BARTH, K. *Dogmatik*, vol. 1/1, 494). A partir da revelação como autorrevelação de Deus é desdobrada a atuação do Espírito tanto na doutrina da criação quanto na da reconciliação, e particularmente na escatologia e na doutrina do batismo.

Depois de Barth deve-se mencionar *Paul Tillich* († 1965); ele representa o *tipo* de pensamento pneumatológico *orientado pela filosofia da religião*. No caso dele o ângulo de visão muda pelo fato de o espírito como dimensão vital tornar-se a categoria central: "A proposição de que Deus é Espírito significa que a vida como espírito é o símbolo oniabrangente da vida divina" (TILLICH, P. *Theologie*, vol. 1, 288). O conceito-chave aqui é vida, e não a revelação. Assim, para tal pneumatologia "a partir de baixo" coloca-se especialmente a pergunta pelo relacionamento entre espírito humano e Espírito divino, descrito por Tillich sobretudo a partir do acontecimento do êxtase, que se mostra particularmente na oração. Um corretivo crítico vem "a partir de cima" na medida em que a presença do Espírito divino supera a ambiguidade de todas as manifestações vitais humanas. Ao passo que Barth pensa coerentemente em termos de Trindade e teologia da revelação, Tillich pretende manter abertas as afirmações da doutrina clássica da Trindade para "expressar em símbolos abrangentes a automanifestação da vida divina para o ser humano" (TILLICH, P. *Theologie*, vol. 3, 337).

O terceiro tipo, o *tipo entusiástico* de pensamento pneumatológico é representado pelos trabalhos do teólogo dogmático católico *Heribert Mühlen* (* 1927). Em seu enfoque teológico-trinitário original, Mühlen definia, a partir da categoria ontológica central da relação, o Espírito Santo como "nós", como a pessoa una em duas pessoas (Pai e Filho) ou em muitas pessoas (na "aliança da graça", na Igreja). Em conexão com seu engajamento pelo movimento de renovação espiritual, Mühlen desenvolve sua pneumatologia em grau crescente a partir das experiências do Espírito feitas e testemunhadas nesse movimento.

4.1.1.2. Campos de trabalho da pneumatologia atual

Na exposição dos três tipos de pensamento pneumatológico evidenciou-se uma acentuação específica em termos de confissão eclesial. Ela pode ser entendida como característica, mas não como exclusiva. Esta constatação também se aplica aos campos de trabalho da pneumatologia atual.

Segundo Karl Barth, toda a dogmática deve ser submetida a uma releitura a partir de uma perspectiva pneumatológica. Quando, como em sua obra *Kirchliche Dogmatik*, se desdobra a *doutrina da Trindade* já nos prolegômenos, na "doutrina da palavra de Deus", menciona-se com isso o primeiro campo de trabalho da pneumatologia. Eberhard Jüngel (* 1934) e Jürgen Moltmann (* 1926), p. ex., desenvolvem sua teologia sistemática da Trindade seguindo a Barth ou confrontando-se com ele. Aqui se coloca a tarefa de tirar a pneumatologia de sua existência obscura como mero apêndice ou mera ampliação especulativa e integrá-la de modo sistemático.

Visto que em termos metodológicos a doutrina da Trindade deve ser desenvolvida coerentemente a partir da autocomunicação histórico-salvífica de Deus, é preciso elaborar sobretudo a dimensão pneumatológica da *cristologia*. Esse esforço caracteriza os esboços cristológicos mais recentes tanto do lado evangélico quanto do católico.

O recurso a Tillich é, como no caso de Wolfhart Pannenberg (* 1928), muitas vezes guiado pelo interesse de estabelecer uma relação mútua entre antropologia e teologia sob o título "Espírito e vida". Neste contexto o *Espírito criador* volta a tornar-se um tema importante, que adquire relevância adicional face à crise ecológica. O relacionamento de Espírito divino e espírito humano (consciência) é tematizado no contexto da experiência espiritual-mística e, de maneira diferente, onde se prossegue ou retoma o diálogo com a moderna filosofia do espírito.

Jürgen Moltmann levou em consideração a pneumatologia como fator decisivo não só na teologia da criação, mas também, já anos atrás, na *eclesiologia*. De resto, porém, deve-se dizer que o tema "Espírito e Igreja" tornou-se um campo de trabalho central principalmente na teologia católica. O próprio Concílio Vaticano II havia dado os sinais para uma reformulação pneumatológica da doutrina da Igreja dominante desde o Vaticano I: Igreja como criatura do Espírito, como sacramento do Espírito para o mundo, como comunhão espiritual na multiplicidade dos dons do Espírito.

E. PNEUMATOLOGIA

Nesse conjunto de temas insere-se a *teologia dos sacramentos:* redescobre-se a importância do Espírito Santo não só no marco da teologia da crisma (incluindo a questão do relacionamento entre batismo e crisma como sacramentos de recebimento do Espírito), mas sobretudo na doutrina da Eucaristia (acentuação da epiclese). Na medida em que se articula a questão eclesiológica em conexão com o sacramento da ordem, a dimensão pneumatológica se faz presente (p. ex., na definição do relacionamento entre carisma e ministério). Excetuando esses temas, porém, ela ainda é pouco enfocada; isto aplica-se à elaboração de uma doutrina geral dos sacramentos, à escatologia e mesmo à renovação da doutrina da graça.

Face à considerável necessidade, ainda existente, de recuperar terreno em muitos campos de trabalho da teologia do Espírito, não admira que tenhamos, na melhor das hipóteses, esboços de uma teologia pneumatológica global e que só poucos teólogos apresentem teologias do Espírito Santo sistematicamente elaboradas.

4.1.2. Tarefa e método das reflexões seguintes

4.1.2.1. Tarefa

Nossa exposição nesta quarta seção permanecerá fragmentária por duas razões: a primeira reside no estado da discussão esboçado acima. A segunda razão resulta da própria sistemática, devendo ser vista na estrutura da pneumatologia: como teologia do Espírito Santo em sentido mais restrito ela está intimamente ligada à teologia da Trindade; como pneumatologia em sentido mais amplo ela é desdobrada na doutrina da criação e na da redenção, sendo que esta última se estende desde a cristologia, passando pela doutrina da graça, pela eclesiologia e pela doutrina dos sacramentos, até a escatologia. Visto que só existem rudimentos de pneumatologias sistemáticas que associem ambas as esferas de trabalho, a reflexão sistemática que se segue tem uma dupla tarefa: primeiro é preciso definir conceitualmente, nos moldes de uma descrição da realidade do Espírito Santo, as percepções obtidas no exame da experiência histórico-salvífica (4.2.). Na perspectiva assim adquirida deve-se verificar quais são os pontos de vista, acentuações e critérios que se tem de levar em conta na exposição da atuação do Espírito (4.3.). Esse projeto exige uma breve reflexão metodológica.

4.1.2.2. Método

A reflexão sistemática deve orientar-se por conceitos pneumatológicos fundamentais. Estes visam conferir ordem à multiplicidade das imagens bíblicas e das demais imagens usadas na liturgia e piedade para referir-se à realidade do Espírito (vento, fôlego, água viva, fogo, pomba, dedo de Deus, bálsamo, selo, chave, ósculo; além disso: paz, alegria, amor, comunhão, dom). Ao se fazer isso, entretanto, mostra-se que os próprios conceitos também são imagens ou que, como metáforas, remetem à realidade sempre maior. Portanto, os conceitos fundamentais da pneumatologia são metáforas centrais que servem não à compreensão lógica, e sim à remissão metafórica (→ Doutrina da Trindade 4.2.4.).

A partir da história da experiência e teologia do Espírito *não* parece recomendável destacar *exclusivamente uma única* metáfora; recomenda-se, antes, uma correlação refletida de categorias centrais (imagens como formas de expressão). Como tais salientaram-se, na história da pneumatologia, as seguintes categorias: dom, vida, verdade, liberdade, amor. Elas podem ser remontadas às afirmações inteiramente bíblicas do *symbolum* niceno-constantinopolitano *de 381:* o Espírito é experimentado na história da salvação como o santo e santificador, que como *dom* divino é ao mesmo tempo (com o Pai e o Filho) o *doador* divino. Por isso a Igreja o confessa em seu credo (DH 150) como "Senhor", que "procede do Pai (e do Filho) e é "adorado e glorificado juntamente com o Pai e o Filho". A atuação do Espírito divino mostra-se em seu poder *criador de vida* e *vivificador:* no "único batismo para remissão dos pecados" ele presenteia a nova vida; esta se realiza na "comunhão dos santos" (DH 30), na "Igreja una, santa, católica e apostólica" reunida em torno das dádivas sagradas na comunhão eucarística; pela "ressurreição dos mortos" ela se consuma na "vida do mundo vindouro". Esse Espírito da vida é o Espírito da *verdade,* "que falou pelos profetas". Alguns símbolos da Igreja antiga ampliam esta proposição confessional mencionando os apóstolos e os evangelistas ou, seguindo o Evangelho de João, chamam o Espírito de Paráclito, a testemunha escatológica da verdade. O Espírito Santo testemunha perante o mundo inteiro que em Cristo o Pai presenteia a vida verdadeira. Nisto está fundamentada, ao mesmo tempo, a *liberdade* das pessoas dotadas com o Espírito; a verdade por ele testemunhada liberta. Assim como o próprio Espírito vivificador é vida e o próprio advogado ou defensor que testemunha a verdade é verdade, da mesma maneira o próprio Espírito que liberta é a liberdade indisponível. Possivelmente os problemas que já a Igreja antiga tinha com a invocação da liberdade do Espírito são corresponsáveis pelo fato de o predicado "Espírito da liberdade" não ter sido incluído no *symbolum.* Como Espírito criador da vida, testemunhador da verdade e fundamentador da liberdade o Espírito Santo é o presente do *amor* divino. Nesta designação eram resumidas, desde Agostinho, as características do Espírito. Pode-se ver uma legitimação sistemática dessa designação no fato de que tanto o Espírito quanto o amor se caracterizam, em sua efetivação, pela mesma estrutura de movimento: sair de si e estar no/com o outro.

A pneumatologia sistemática pode orientar-se por essa estrutura básica do Espírito e do amor: ser-a-partir-de-si e ser/estar-com-o-outro. É preciso desdobrar, então, tanto com vistas à vida intratrinitária quanto à revelação histórico-salvífica, o que significa a confissão do Espírito da vida, da verdade e da liberdade. É com razão que na história da teologia Rm 5,5 tornou-se a proposição central da pneumatologia (e da doutrina da graça): "O amor de Deus foi derramado em nossos corações pelo Espírito Santo que nos foi dado".

E. PNEUMATOLOGIA

4.2. Lugar e função do Espírito na Trindade

O Espírito Santo é experimentado como Espírito do amor de Deus que cria vida, testemunha a verdade e fundamenta a liberdade. Nessa experiência pneumático-carismática mostra-se não um poder divino anônimo e impessoal, mas sim a presença atuante do próprio Deus. O dom apresenta ao mesmo tempo o doador. Da experiência do Espírito pode-se concluir que aquele que possibilita ser-pessoa em liberdade e comunhão não pode ser, ele próprio, apessoal. Mas como se pode apreender o ser-pessoa do Espírito Santo, e em que relação ele está com o ser-pessoa do Pai e do Filho? Existe algo comum no respectivo ser-pessoa, e que sentido tem confessar um Deus pessoal em três pessoas? Vamos abordar estas questões agora com o olhar sempre voltado para a teologia da Trindade e somente na medida em que isso for necessário em termos pneumatológicos.

4.2.1. Espírito: ser/estar consigo mesmo no outro

4.2.1.1. Problemas pneumatológicos decorrentes da doutrina da Trindade

a) *Missão histórico-salvífica e processão intradivina* – Tomar a experiência histórico-salvífica como ponto de partida de modo algum acarreta um enquadramento inequívoco do Espírito ou (só) como Espírito do Pai ou (só) como Espírito do Filho; também sua posição como "terceiro" depois do Pai e do Filho não é simplesmente óbvia. Na análise dos ditos acerca do Paráclito no Evangelho de João (→ 2.3.5.2. até 2.3.5.4.) verificou-se que tanto o Pai quanto o Filho podem ser designados como doadores do dom do Espírito. Mais importante ainda, contudo, pareceu ser o fato de lá se falar de diversas formas de cooperação.

A ordem histórico-salvífica do *symbolum* orienta-se pela ideia de que o Espírito Santo dá continuidade e consuma a obra salvífica iniciada pelo Pai no Filho. Em quase todas as confissões ocidentais, todavia, o Espírito é mencionado já no segundo artigo ("concebido pelo Espírito Santo"). As versões orientais do Credo (cf. o NC) tratam mais detalhadamente do Espírito no terceiro artigo, não só com vistas à sua relação com o Pai e o Filho, mas também à sua atuação histórico-salvífica. Indo além da afirmação de que o Espírito já falou outrora nos profetas, alguns símbolos confessam que Ele "desceu ao Jordão" (é o que dizem a versão mais extensa do Credo em Epifânio: DH 44); a *Hermeneia – Introductio in symbolum:* DH 46; o *Symbolum maius* da Igreja Armênia: DH 48). Aí está conservada a convicção bíblica de que o Jesus pré-pascal é o portador do Espírito (→ 2.2.3.) e está indicado que isso precisa ser desdobrado numa cristologia pneumatológica. O *symbolum* das *Constituições Apostólicas* (c. 380) amplia a perspectiva histórico-salvífica: o Espírito Santo atua "desde a eternidade em todos os santos" (DH 60); assim, a obra santificadora do Espírito é fundada em sua santidade substancial. A continuação da obra salvífica é distinguida disso e caracterizada por uma elucidativa sequência de preposições: "Mais tarde Ele foi enviado também aos apóstolos pelo *(para)* Pai de acordo *(kata)* com a promessa de nosso redentor e Senhor Jesus Cristo, e depois *(meta)* dos apóstolos a todos os crentes na *(en)* santa Igreja Católica e apostólica" (DH 60). Por fim, a fórmula *Fides*

4. Reflexão sistemática

Damasi (século V) chama o Espírito Santo de *coaeternum et coaequalem et cooperatorem* e recorre à obra da criação, citando Sl 33,6 e 104,30, para fundamentar a "coeternidade, coigualdade e unidade de ação" (cf. DH 71).

Pelo visto, várias perspectivas são possíveis: o Espírito Santo como "terceiro" que procede do Pai e do Filho ou procede do Pai por meio do Filho; o Espírito como "segundo" em cujo poder o Pai envia o Filho ao mundo; Filho *(Logos)* e Espírito *(Pneuma)* como os dois instrumentos (Ireneu: as duas mãos) pelas quais o Pai atua. Se é verdade que as missões histórico-salvíficas estão fundamentadas nas processões intradivinas ou que estas só podem ser depreendidas daquelas (sem estarem compreendidas em sentido pleno), então devem-se buscar modelos e analogias que consigam integrar as diversas perspectivas. Por conseguinte, a fórmula "somente do Pai" mostra-se problemática por ser unilateral e exclusiva. Não será preciso ao menos expressar que o Pai do qual procede o Espírito já é sempre o Pai do Filho? Formulando-o de modo mais genérico: basta dirigir o olhar para as relações de origem para expressar a riqueza das relações intratrinitárias, ainda mais como fundamento do entrar-em-relação histórico-salvífico do Deus triúno? Ao *Filioque* do Ocidente, por sua vez, deve-se perguntar até que ponto ele pode corresponder ao *Spiritus creator* e à cristologia pneumatológica (isto é, à ideia básica de que o Pai envia o Filho no Espírito Santo para a salvação do mundo). E formulando-o de modo mais genérico ainda: acaso a excessiva acentuação da unidade de substância na doutrina ocidental da Trindade não acarretou uma excessiva retração da autonomia relacional das hipóstases/pessoas? (→ Doutrina da Trindade 3.3.).

b) *Analogias trinitárias* – Colocam-se perguntas também em relação às duas analogias/modelos mais usadas para explicar a Trindade intradivina. O modelo *intra*pessoal, geralmente chamado de analogia *psicológica,* orienta-se pela autorrealização do sujeito mental e entende a processão do Logos/Filho em analogia à realização do conhecimento, e a processão do Espírito em analogia ao amor que pressupõe o conhecimento da verdade. O Espírito Santo é, assim, o "terceiro" que procede do Pai *(principaliter)* e do Filho (em conexão com o ato de conhecimento que produz o Filho). Neste modelo a peculiaridade pessoal do Filho e a do Espírito ficam pálidas. Isto aplica-se também à caracterização do Espírito como *vinculum amoris,* como vínculo de amor entre Pai e Filho, que muitas vezes se associa a esse modelo. Para relativizar essa correlação dos três, aliás, basta perguntar se o conhecimento da verdade não pressupõe uma abertura amorosa. Pode o relacionamento do Pai e do Filho ser expresso inicialmente sem fazer referência ao Espírito? E por fim: é possível tornar compreensível que o vínculo de amor que une a ambos precisa ser concebido como pessoa ou relação subsistente?

Neste ponto o segundo modelo, o *inter*pessoal, parece ter algumas vantagens na medida em que nele o Espírito aparece de modo "pessoal" como o "coamado" *(condilectus),* ainda que, mais uma vez, como o "terceiro". O limite da analogia *social* da comunhão consiste, fundamentalmente, no fato de que a convivência de seres humanos sempre é experimentada como complementação necessária, ao passo que na Trindade

E. PNEUMATOLOGIA

ela deve ser vista como permeação (pericórese) perfeita, como simultaneidade insuperável de ser-a-si-mesmo e ser/estar-no-outro.

4.2.1.2. Esboço de um modelo integrativo

O discurso teológico tem de manter-se por princípio aberto ao fato de que a realidade de Deus sempre só pode ser nomeada fragmentariamente, podendo, por isso, ser expressa em mais de um modelo, com a ajuda de várias analogias e metáforas centrais. A reflexão sistemática, contudo, tem a tarefa de procurar um modelo que consiga integrar tantos elementos quanto possível, mesmo que ao final seus limites tornem-se claros e seja apropriado remeter – agora de modo justificado – a outros modelos complementares. Há boas razões para, neste contexto, tomar o modelo interpessoal como ponto de partida e integrar nele o interesse ou a preocupação do modelo intrapessoal. Isto exige, ao mesmo tempo – nos moldes de um movimento em direção contrária – a disposição de fazer com que conceitos obtidos a partir da experiência humana (amor, pessoa, p. ex.) sejam rompidos e corrigidos a partir da experiência histórico-salvífica de Deus ou do Espírito (e da reflexão a ele relacionada).

a) *Espírito e amor* – Procura-se, portanto, um modelo ideativo que conceba o ser/estar-consigo-mesmo espiritual-pessoal como sempre-já-ser/estar-com-o-outro e a este como pleno ser-a-si-mesmo. Na perspectiva da história da teologia isso significa que deve-se radicalizar o modelo hegeliano da autoefetivação trinitária do espírito de tal maneira que Deus como espírito absoluto e amor perfeito não chegue a si mesmo só no outro (diferente dele), mas que no outro sempre já seja/esteja consigo mesmo. O outro não pode, então, ser o mundo. Tal concepção, que ao menos tendencialmente é monista-panteísta, deve ser substituída pela ideia de uma relação entre Criador e criatura que deixe Deus ser Deus e deixe o mundo ser mundo. Isto quer dizer: Deus é relação não apenas em sua relação com o mundo, mas já – e para esta de modo verdadeiramente fundamental – é relação em si, nos moldes de uma Trindade imanente, existindo Ele mesmo em e como relação(ões). Quando, com vistas a isso, fala-se do autodesprendimento sempre maior de Deus, não obstante toda a autorrelacionalidade, indica-se ao mesmo tempo a razão pela qual essa riqueza relacional de Deus – a qual basta a si mesma – transborda, cria o outro, que é diferente dele, como não divino e, em autodesprendimento, quer que esse outro participe de sua vida. O fato de que, com vistas a essa vida intratrinitária, a realidade de Deus em seu todo (sua natureza, sua substância) possa ser caracterizada como Espírito e amor e que ambas as coisas sejam ditas, mais uma vez de maneira específica, acerca do Espírito Santo indica o caminho a ser seguido para definir a singularidade do Espírito, seu lugar e sua função no Deus trinitário e rico em relações:

Se a realidade do *Espírito* se efetiva no ser-a-partir-de-si e ser/estar-com-o-outro e se deve-se dizer acerca de Deus que Ele sempre já é/está fora de si com o outro e, aí, consigo mesmo, se o *amor* acontece no extático sair-de-si e unir-se-com-o-outro e se deve-se dizer acerca de Deus que Ele sempre já se abre para o outro, é uno com Ele no amor e é, assim, a si mesmo,

então "Espírito Santo" significa justamente essa efetivação na qual o Pai é/está, no Filho, no outro que não Ele mesmo e, ao mesmo tempo, sempre já é/está consigo mesmo e o Filho, no Pai, é/está com o outro e, ao mesmo tempo, consigo mesmo. O Espírito Santo é o "espaço", o "meio", o "acontecimento" no qual o Pai e o Filho sempre já são/estão consigo mesmos e com o outro, autorrelacionados num autodesprendimento maior ainda. Por unir em si desse modo o autodesprendimento e o autorrelacionamento, o Espírito Santo pode ser designado como, de certa maneira, "o ser/estar-no-outro-que-não-ele-mesmo de Deus em pessoa" (→ Doutrina da Trindade 4.5.4.).

Portanto, a realidade do Espírito Santo pode ser concebida a partir das experiências do espírito e do amor, mas levando constantemente em conta a dessemelhança sempre maior de todo discurso analógico. Por isso é preciso atentar agora para o movimento em direção contrária, mencionado acima, de todo discurso teológico: a partir do tornar-se-experiência do Espírito Santo também as próprias experiências humanas básicas são mais uma vez iluminadas. Nestes termos uma pneumatologia "a partir de baixo" pode tomar como ponto de partida aquilo que, em sentido formal, é tido como característica geral do *espírito*: "o poder-ser/estar de um em ou com um outro". Esse ser/estar em ou com – "relação na forma de participação" – de modo algum precisa ser limitado à esfera interpessoal, "mas pelo menos para um lado precisam estar dadas as características lógicas da personalidade" (LESSING, E. *Geist*, 218). É plausível designar esse relacionamento de participação no nível interpessoal como *amor*. Então, todavia, evidencia-se que é insuficiente entender a vida trinitária segundo o modelo da autoefetivação espiritual (intrapessoal), que, em princípio, pode ser compreendido em termos monossubjetivos. O interesse voltado para unidade e coesão deveria, antes, ser integrado no modelo da autoefetivação interpessoal, que entende unidade como comunhão aberta e tem seu protótipo perfeito na pericórese, no dar-um-ao-outro-espaço *(circum-incessio)* e estar-presente-um-no-outro *(circum-insessio)* do Pai, do Filho e do Espírito. *O Espírito Santo é o acontecimento do encontro amoroso, o espaço para dentro do qual o Pai e o Filho ultrapassam a si mesmos, e vincula para formar unidade em amor. Neste sentido o espírito e o amor são, como características da vida divina, ao mesmo tempo as características específicas do Espírito Santo.*

b) *Espírito como pessoa* – A partir daí resulta também a possibilidade de delinear o ser-pessoa trinitário, bem como o aspecto específico da "terceira pessoa". Da definição de pessoa faz substancialmente parte seu estar-em-relação. Que a vida humana deva ser caracterizada como, desde o início, vida pessoal tem seu fundamento último na convicção de que todo ser humano é chamado à existência por Deus, é interpelado por Ele, animado pelo fôlego de seu Espírito e destinado ao encontro realizador com Ele. No nível antropológico a vida pessoal aparece como fruto de encontro in-

E. PNEUMATOLOGIA

terpessoal; ela se realiza em relações essenciais (pessoas de referência!). Ser a si mesmo e ter a si mesmo são possibilitados no encontro com outro ser a si mesmo. A relação, portanto, não é mero acidente, isto é, algo que se acrescesse *a posteriori* ao ser-pessoa, de sorte que a relação seria uma manifestação de sujeitos que já estivessem constituídos autonomamente por si mesmos. Pelo contrário: *pessoa e relação são substancialmente inseparáveis*.

O que fica menos claro nessa concepção é que não se trata aí apenas de um chegar-a-si-mesmo-através-de-outros, mas que isso também implica um dar mutuamente espaço, uma abertura recíproca de espaços de encontro: "O ser humano é aquele que veio a ser por meio do encontro com outros seres humanos. É aquele ao qual outros seres humanos se ofereceram para ser espaço de seu encontro consigo mesmo. Numa palavra: se o ser humano quer encontrar-se consigo mesmo, precisa achar outro ser humano que torne-se interiormente livre para ele" (LIES, L. *Sakramententheologie*, 35). Aquilo que no processo vital o ser-pessoa humano enquanto "personalidade corpórea" sempre realiza de maneira ameaçada e incompleta, isso sempre já está realizado na "personalidade triúna", na "personalidade de Deus que se encontra consigo mesma" (LIES, L. *Sakramententheologie*, 34).

Como documentam o uso das metáforas correlativas "Pai/Filho" e a referência às relações mútuas (de origem), as pessoas trinitárias só podem ser definidas em seu ser próprio se se tematiza seu ser/estar-em-relação. No Pai como origem da divindade abre-se o espaço de encontro, concede-se ao Filho a participação completa na vida divina. Esta efetivação é, ao mesmo tempo, a efetivação do dar-se mutuamente espaço, da correspondência perfeita do Pai e do Filho. E esta efetivação, por sua vez, é ao mesmo tempo o abrir-se conjunto do Pai e do Filho ao Espírito que os une, ao qual dão participação e correspondem completamente, assim como eles tomam parte nele, o qual corresponde completamente a eles. Justamente a partir da "pessoa" do Espírito Santo pode ficar claro, assim, um traço básico do ser-pessoa: ele é não apenas o *condilectus*, o terceiro que é amado conjuntamente, no qual a dualidade do amor mútuo do Pai e do Filho se ultrapassa e abre, sendo vinculada justamente nisto *(vinculum amoris =* vínculo de amor). Ele é, antes ainda, aquele que concede espaço completo à permeação mútua, à pericórese do Pai e do Filho, e seu ser-a-si-mesmo realiza-se na desprendida possibilitação da permeação mútua. Assim, o Espírito não procede *a posteriori* como terceira pessoa a partir das primeira e segunda pessoas que se constituiriam cada uma por si ou reciprocamente; Ele evidencia-se, antes, como sendo em pessoa o espaço sempre já aberto de encontro interpessoal.

Se se entende a personalidade a partir da autoefetivação do sujeito autônomo, constituído por si mesmo, então a pessoa do Espírito Santo parece passar inteiramente para segundo plano na efetivação da vida intratrinitária. Se, pelo contrário, a personalidade é entendida a partir daquele movimento no qual o sujeito espiritual e amante vai além de si mesmo a fim de ser/estar consigo mesmo no outro, então o Es-

4. Reflexão sistemática

pírito Santo aparece de certa maneira como o protótipo do ser-pessoa que é/está consigo mesmo no ser/estar-aí para outros. O Espírito Santo é/está consigo ao fazer com que o Pai e Filho sejam/estejam consigo mesmos ao serem/estarem no outro.

c) *"Femininidade" e "maternalidade" como características do Espírito Santo?* – Pode-se ilustrar a realidade do Espírito Santo lançando mão de propriedades femininas ou maternais?

As experiências de Deus testemunhadas na Sagrada Escritura comunicam a percepção de que Deus não é um ser determinado sexualmente; Deus não é masculino nem feminino. Ao mesmo tempo, contudo, a Bíblia fala de Deus como pai e mãe, i. é, o comportamento de Deus para com os seres humanos é comparado ao comportamento de um pai ou uma mãe para com seus Filhos. Esse caráter metafórico do discurso sobre Deus pode facilmente passar despercebido. É notável, em todo caso, que só a crítica da teologia feminista a uma imagem de Deus definida de modo unilateralmente masculino e patriarcal voltou a chamar a atenção para o fato de que também o falar de pai e Filho, bem como de geração intratrinitária – algo considerado natural na tradição cristã – é um falar em imagens.

No que diz respeito às relações intratrinitárias, a posição de Agostinho exerceu uma influência decisiva neste ponto. Ele rejeitava a transferência análoga da comunhão familiar (pai – mãe – Filho/a) e da comunhão de homem e mulher a Deus. Fundamentou isso afirmando que não são o homem e a mulher juntos que são imagem de Deus, e sim cada ser humano por si. Disso Agostinho tirou a consequência de aduzir como única analogia a autoefetivação mental ou espiritual do indivíduo, mas não sem também acentuar os limites desta imagem. Ora, se homem e mulher, pai e mãe são imagem de Deus, não pode ser proibido empregar propriedades ou formas de comportamento masculinas e femininas, paternais e maternais, como imagens ao se falar de Deus e seu comportamento para com os seres humanos. Ao fazê-lo, pode-se deixar em aberto a pergunta se existe, afinal, o que seja "tipicamente feminino" e "tipicamente masculino". As respectivas caracterizações são, em todo caso, culturalmente condicionadas, necessitando, por isso, sempre de crítica.

Se se leva em conta o caráter metafórico das afirmações teológicas, é legítimo falar de propriedades e formas de comportamento masculinas e femininas, paternais e maternais de Deus porque isso corresponde à nossa possibilidade humana em termos de experiência e linguagem. Assim, o AT chama Javé de Pai e compara seu comportamento para com Israel ao comportamento de um pai e uma mãe (cf. Os 11). Assim, a Idade Média tem uma oração a "Jesus, nossa mãe" (cf. WALKER BYNUM, C. *Jesus;* FISCHER, B. *Literaturbericht*). Assim, testemunhos da teologia síria e da iconografia cristã documentam que propriedades femininas e maternais são atribuídas preferencialmente ao Espírito Santo. *A partir do modelo esboçado nas seções precedentes torna-se efetivamente plausível adjudicar (apropriar) aspectos femininos e maternais de modo especial a Deus Espírito Santo. Assim, o Espírito aparece como aquele que, de maneira desprendida, dá em si espaço ao outro; como aquele que cria confiança originária e promove o desenvolvimento da personalidade.*

A formulação aqui escolhida aponta, ao mesmo tempo, para um duplo aspecto: por um lado, o gênero gramatical do vocábulo é secundário; também se pode falar "do" (no masculino)

E. PNEUMATOLOGIA

Espírito usando imagens femininas e maternais. Por outro lado, as imagens não devem ser entendidas em sentido exclusivo; também homens e pais exibem formas de comportamento femininas e maternais.

Assim, o surgimento e desenvolvimento da relação com Deus – como relação dele conosco e vice-versa – podem ser descritos plasticamente como acontecimento no Espírito Santo. *Tal tentativa linguística seria interessante também em termos eclesiológicos na medida em que então o Espírito Santo poderia ser encarado como mãe dos crentes (cf. Jo 3,3-6) e como mãe da Igreja.* Neste sentido voltariam a brilhar certas imagens da teologia dos Padres da Igreja: a teologia ocidental está familiarizada com a imagem do surgimento da Igreja a partir do lado aberto do Crucificado Ressurreto, a partir do sangue e da água. Enquanto que aqui a origem da Igreja é definida de modo cristológico-sacramental, a pneumatologia síria (→ 3.3.3.2.) amplia essa imagem por meio da noção do Espírito Santo como "costela do Logos". Segundo ela, a Igreja não surge diretamente a partir do lado do Crucificado; antes, ela é formada pelo Espírito Santo, que é tirado como costela do lado do Logos. Neste caso a criação do ser humano serve de modelo tipológico: assim como Eva foi formada a partir da costela de Adão e tornou-se a mãe da vida, da mesma maneira o Espírito, enquanto costela do Logos, torna-se a mãe da nova vida, congregando na nova comunhão vital da Igreja as pessoas nascidas a partir do Espírito de Deus. Resultam daí, portanto, os seguintes paralelos: Adão – Logos, Eva – Espírito, vida dos seres humanos – vida dos Filhos de Deus (na Igreja). Em analogia a Eva, a mãe da vida, encontra-se – como mãe da nova vida – não a Igreja, e também não Maria (como "mãe dos crentes"), mas o Espírito Santo. A lembrança dessa imagem da teologia síria pode contribuir para a necessária correção pneumatológica da eclesiologia.

Por outro lado, ver o Espírito também na estrutura das relações intratrinitárias no "papel de mãe" ou no papel de mulher leva rapidamente aos limites da possibilidade de falar de um modo que faça sentido. Como mãe do Filho ele seria "a segunda". Se se lhe atribui, porém, a terceira posição, ele/ela precisaria ser designado/a como filha do Filho (ou ao lado do Filho). Neste sentido a estrutura familiar não pode ser imagem ou retrato das relações intratrinitárias (→ Doutrina da Trindade 4.2.5.). Esses limites, entretanto, também devem ser levados em conta no caso da relação-Pai-Filho, tão familiar à consciência cristã!

d) *Modelo integrativo e experiência cristã primordial* – O modelo aqui esboçado visa integrar as duas analogias empregadas preferencialmente na teologia da Trindade. O modelo da autoefetivação mental é assumido no modelo da autoefetivação interpessoal, que deve ser entendida como efetivação conjunta. Ao mesmo tempo resulta disso a possibilidade de uma aclaração e integração mútuas de espírito, amor e pessoa.

Além disso, podem-se definir vida, verdade e liberdade como características da atuação histórico-salvífica do Espírito (→ 4.1.2.2.) em sua correlação diferenciada a partir da unidade do agir e ser trinitários.

Levando em consideração a convicção de fé de que a atuação histórico-salvífica do Deus triúno é indivisa, mas se apresenta como unidade diferenciada de atuação, pode-se formular o seguinte:

4. Reflexão sistemática

O *Pai* dá vida às criaturas no Filho como mediador da criação, e dá vida nova e eterna nele como único mediador da salvação entre Deus e os seres humanos (cf. 1Tm 2,5). O que acontece por meio do Filho torna-se, no Espírito, realidade na criação e nova criação, de sorte que tanto a vida quanto a nova vida são vida do Espírito e a partir do Espírito do Pai e do Filho.

O *Filho* é a Palavra da vida e da verdade, que corresponde perfeitamente ao Pai, a autocomunicação do Pai. A autorrevelação do Pai ao Filho no Espírito manifesta-se ao ser humano como autocomunicação do Deus triúno por meio do Espírito na medida em que este lembra a verdade revelada no Filho e introduz mais profundamente nela.

O *Espírito Santo* concede participação no amor que inaugura vida verdadeira. O Pai e o Filho ultrapassam a si mesmos na liberdade do Espírito, que abre o espaço do encontro amoroso e vincula, formando unidade, no amor. Essa efetivação da vida e da verdade é, como acontecimento de liberdade, a autoefetivação do ser-pessoa mental-amoroso.

As funções histórico-salvíficas do Espírito Santo como Espírito da vida, da verdade e da liberdade são desdobramentos de seu peculiar ser-pessoa. Elas estão fundamentadas em sua função intratrinitária como espaço de vida, verdade e liberdade para dentro do qual as pessoas divinas se ultrapassam e no qual elas sempre já são/estão consigo no outro.

O que se aplica à teologia da Trindade de modo geral – a saber, que ela é "a indispensável expressão difícil da verdade simples de que Deus vive porque vive em amor" (JÜNGEL, E. *Verhältnis*, 265; → Doutrina da Trindade 4.2.3.) – confirma-se na pneumatologia. O modelo esboçado ousa ir – mesmo na modalidade do discurso remissivo e metafórico – até os limites do que ainda se pode enunciar (→ Doutrina da Trindade 4.8.2.). Por isso é aconselhável e apropriado lembrar conclusivamente a experiência cristã primordial que possibilita tal poder dizer. Em sentido pneumatológico a "verdade simples" é mais ou menos esta: *no Espírito da vida e da verdade, que é o amor de Deus em pessoa que nos apreende, nos dá espaço em liberdade e nos congrega para formarmos uma unidade em comunhão, nós não só recebemos um dom, mas o próprio doador está presente em nós e em nosso meio. O que o Pai fez no Filho por nós, por causa de nossa salvação, está aí no Espírito santificador e curativo; Ele é o advento de Deus entre nós, o próprio Deus como dom. A teologia da graça deve tematizar que o recebimento, a própria aceitação é possibilitada, mais uma vez, pelo Espírito.*

4.2.2. Entendimento acerca do *Filioque?*

Pode-se obter uma orientação para o debate em torno do *Filioque* a partir do modelo esboçado em 4.2.1.?

4.2.2.1. Situação

O problema canônico – inserção do *Filioque* no *symbolum* de 381 – perdeu, em virtude do movimento ecumênico, seu caráter causador de divisão eclesiástica

E. PNEUMATOLOGIA

na medida em que as comunhões eclesiais do Ocidente tendem a voltar ao teor original da confissão.

A Conferência Internacional dos Bispos Católicos Antigos confirmou em 1970 a eliminação do *Filioque* efetuada já em 1875. A Conferência de Lambeth de 1978 recomendou sua omissão às Igrejas membros da Comunhão Anglicana; ela foi praticada quando da instalação do Arcebispo de Cantuária em 1980. A Comissão de Fé e Constituição do Conselho Mundial de Igrejas recomendou em 1979 "que a forma original do terceiro artigo do Credo sem o *Filioque* seja reconhecida como normativa e restabelecida em toda parte, de modo que toda a cristandade possa confessar com essa forma sua fé comum no Espírito Santo" (VISCHER, L. [org.], *Geist*, 23). Do lado católico, já os papas Clemente VIII (1592-1605) e Bento XIV (1740-1758) propuseram a renúncia a essa fórmula; desde 1752 ela não é mais obrigatória para as Igrejas orientais unidas a Roma. Em 1973 o episcopado grego determinou sua omissão na versão grega do *symbolum*. Por ocasião da comemoração dos 1.600 anos do Concílio de Constantinopla em 1981, João Paulo II deixou fora o *Filioque*.

Bem mais complicada é a discussão em nível teológico-dogmático. A tese apresentada em 1892 pelo historiador da Igreja Bolotov († 1900), de São Petersburgo, de que o *Filioque* deveria ser tolerado como opinião teológica privada encontra até hoje defensores e adversários radicais do lado *ortodoxo*. Para uns, no *Filioque* continuam enfeixando-se as diferenças fundamentais entre o Oriente e o Ocidente, que iriam muito além da doutrina da Trindade e se expressariam sobretudo na eclesiologia cristomonista do Ocidente e nas estruturas a ela correspondentes. Outros invocam a tradição patrística comum e o fato de que no primeiro milênio o *Filioque* não constituía obstáculo para a comunhão eclesial.

Também do lado *ocidental* temos um quadro multiforme. Alguns opinam em favor da coexistência legítima de formas distintas de expressão da fé que no fundo é comum e consideram os esforços de entendimento teológico e as fórmulas conciliadoras como tentativas de criar um círculo quadrado.

Muitas vezes, porém, a proposta de abrir mão do emprego do *Filioque* na liturgia é acoplada à exigência de que as Igrejas ortodoxas não condenem o *Filioque* fundamentalmente como herético, mas admitam a possibilidade de uma interpretação legítima, p. ex. nos moldes de uma complementaridade de *per Filium* e *Filioque*. Y. Congar (*Geist*, 453) pensa que o ideal seria "que um novo concílio conjunto completasse o *symbolum*, assumindo, p. ex., o linguajar de Jo 15,16 e 16,14s. [o Espírito recebe e comunica o que o Filho recebeu do Pai], mas excluindo toda ambiguidade".

4.2.2.2. Possibilidades de entendimento

a) *Interesses distintos* – Dentre os teólogos que consideram necessário um entendimento teológico-dogmático adicional, alguns veem esses esforços como muito incipientes ainda, ao passo que outros avançam até propostas concretas de fórmulas teológicas comuns. Durante as consultas da Comissão de Fé e Constituição foram propos-

4. Reflexão sistemática

tas as seguintes formulações: o Espírito procede do Pai do Filho – o Espírito procede do Pai por meio do Filho – o Espírito procede do Pai e recebe do Filho – o Espírito procede do Pai e repousa sobre o Filho – o Espírito procede do Pai e brilha por meio do Filho (cf. VISCHER, L. [org.], *Geist,* 20).

A discussão teológica para a qual essas propostas são concebidas precisa tomar como ponto de partida os interesses e formas distintas da teologia da Trindade para situar corretamente a controvérsia em torno do *Filioque*. E aí se mostra que o *Oriente* atribui grande importância à monarquia do Pai; Ele é a origem da divindade, a partir dele constituem-se as hipóstases do Filho e do Espírito, por essa procedência – cuja diferença é firmada a partir da diferença dos verbos προιεναι (*proienai* = "surgir") e εκπορευεσ-θαι (*ekporeuesthai* = "proceder") – é garantida sua consubstancialidade. As hipóstases se caracterizariam unicamente por essas processões, de modo que a concepção de uma processão do Espírito a partir do Pai e do Filho "como que de um princípio" confundiria o caráter distinto das hipóstases; tal processão teria de brotar, em última análise, da substância comum, de modo que, ao final, o Espírito procederia de si mesmo.

O *Ocidente*, por sua vez, vê a consubstancialidade preservada justamente pelo *Filioque*. Por causa da unidade de substância o Filho também participa da processão do Espírito – *communiter*, não *principaliter* (de modo conjunto, não principal); além disso, parecia necessário distinguir o Filho e o Espírito por meio de uma relação de origem – que constitui o Espírito – também com vistas ao Filho.

b) *Problemas comuns* – Para avançar um primeiro passo nesta questão, é preciso lembrar inicialmente o resultado da história dos dogmas de que a divindade e consubstancialidade do Espírito Santo puderam ser solenemente constatadas depois de o relacionamento entre Pai e Filho ter sido esclarecido. O ponto de partida foi e continua sendo a experiência histórico-salvífica de que em Jesus de Nazaré nos defrontamos com Deus mesmo, com o Filho que está ligado ao Pai desde a eternidade. Visto, então, que – como acentuam Atanásio e Basílio – o Espírito deve ser visto da mesma maneira indivisa em relação ao Filho quanto este está ligado ao Pai, Ele deve ser "adorado e glorificado juntamente com o Pai e o Filho". O fato de o Espírito proceder do Pai garante sua divindade. No *symbolum* de 381, porém, não se refletiu primordialmente sobre a processão em termos da Trindade imanente, ainda mais que a referência à processão do Pai como evidência da divindade está inserida nas outras predicações divinas do Espírito (Senhor, doador de vida, Espírito do profetismo). Na história da salvação, em todo caso, o Espírito é experimentado como Espírito do Pai e do Filho, como vindo do Pai e repousando sobre o Filho, bem como sendo enviado pelo Filho (a partir do Pai) aos seus. De acordo com o princípio teológico-trinitário da correspondência da Trindade econômica com a imanente essa multiformidade e reciprocidade deveriam ser levadas em consideração no exame das relações da Trindade imanente.

Isso exige, como passo seguinte, um entendimento justamente sobre esse princípio. A teologia oriental é ameaçada pelo perigo de perder – por causa da postura radi-

E. PNEUMATOLOGIA

cal e apofática, levada ao extremo por Palamas (→ 3.3.3.3.) – a possibilidade de falar de uma autocomunicação de Deus em sua economia; a Trindade imanente poderia, assim, perder sua função soteriológica. Deve-se, portanto, perguntar por que a expressão "por meio de", "com" e até "e" (do Filho), que expressa a experiência histórico-salvífica, não tem validade também quando se fala das relações intratrinitárias. Por outro lado, deve-se perguntar à teologia ocidental em que medida, com o *Filioque*, só se retém ou assegura em termos da Trindade imanente um único aspecto da experiência histórico-salvífica. Ao passo que no modelo oriental a mediação pelo Filho permanece não expressa, no modelo ocidental, em especial no de cunho agostiniano, já não fica claro o fato de que o Espírito vem do Pai também para o Filho, que este também é recebedor e não apenas doador do Espírito.

Num terceiro passo deve-se perguntar a ambas as concepções se basta apreender as relações intratrinitárias exclusivamente como relações de origem. Ocorre que com isso não se pode expressar adequadamente a reciprocidade nas relações, e não se obtém uma ligação com a ideia de pericórese. Por conseguinte, parece mais apropriado definir as pessoas divinas não só a partir de sua relação hipostática de origem, mas vê-las, em cada caso, como "foco de várias relações". Neste caso também se poderia abrir mão da distinção entre nível de constituição e nível de relação na esfera da Trindade imanente. Também a monarquia do Pai apareceria "como, ela própria, mediada pelas relações trinitárias" (PANNENBERG, W. *Theologie*, vol. 1, 348, 353).

Estas reflexões concordam com o modelo desenvolvido em 4.2.1., que visava a integração da autoefetivação mental na efetivação do amor interpessoal. "Aí cada hipóstase divina mantém seu próprio mistério insolúvel: o Pai, o fato de poder ser inteiramente autoentrega *(relatio)* e, ainda assim, alguém que se entrega; o Filho, o fato de, como Palavra responsiva, em sua entrega ao Pai poder participar da força de origem deste de tal maneira que, junto com essa força, poder não só ser o amor, mas também produzi-lo; o Espírito, o fato de poder ser tanto suprema liberdade soberana e divina quanto autodesprendimento existente inteiramente só para o Pai e o Filho" (BALTHASAR, H.U. von. *Theologik*, vol. 3, 199s.).

Como amor que dá espaço e vincula formando unidade, o Espírito Santo é o êxtase do amor que ultrapassa a si mesmo e o fruto deste amor como ser/estar-consigo-mesmo-no-outro. Assim, o Espírito não só procede do Pai e do Filho como autoultrapassagem divina e vínculo divino de amor em pessoa, mas no Espírito o Pai e o Filho, cada um à sua maneira, saem de si indo em direção ao outro. O Pai do qual procede o Espírito é, assim, desde a eternidade não só o Pai do Filho, mas é isto desde a eternidade no Espírito, assim como o Filho é no Espírito, desde a eternidade, o Filho do Pai.

4.3. O Espírito da vida nova

O Espírito é a dádiva do amor divino na qual o próprio doador está presente e atuante. No Espírito Deus sai de si mesmo, dá espaço à criação, é a força santificadora e curativa que dá vida a todas as criaturas, a conserva, renova e consuma. O Espírito Santo de Deus fundamenta a vida nova em verdade e liberdade.

4.3.1. Vida nova como vida conforme o Espírito

O esquecimento do Espírito descrito na primeira seção deste tratado, em especial a petrificação ou o cerceamento do elemento espiritual-carismático da vida da Igreja, podem fazer com que o Espírito Santo seja procurado em toda parte onde se rompem fixações, se rebentam incrustações e se mostra vivacidade. Nessa situação é importante o discernimento dos espíritos: que sinais vitais são sinais do Espírito Santo vivificador? Que vida nova é vida conforme o Espírito?

Do testemunho bíblico resulta um *primeiro critério*: a vida do ser humano e de toda a criação deve-se à atuação vivificadora do Espírito divino. O *respeito pelo que tem vida* é, por conseguinte, uma postura profundamente espiritual. A vida e a vivacidade não são factíveis, e também para preservar a vida e conservar a criação os seres humanos dependem do poder vital do Espírito de Deus. Vida significa: existir no poder do Espírito criador a partir de Deus e em direção a Ele.

A criação como o não divino, como o outro em relação a Deus pode existir porque em seu Espírito Deus dá espaço à criação que provém de sua plenitude porque Ele faz com que a criação seja livre. Disso resulta um *segundo critério* da vida conforme o Espírito: viver a partir do Espírito significa dar espaço a outra vida, respeitá-la e *promover* sua *liberdade*.

A realidade do Espírito e a do amor exibem a mesma estrutura, realizam-se no ser-a-partir-de-si e ser/estar-com-o-outro. Disso pode-se depreender um *terceiro critério*: vida conforme o Espírito é *vida em relação*. Isso pressupõe a disposição para o êxtase, para sair de si a fim de encontrar a si mesmo no outro e com ele. Assim como o Espírito atua na criação sem limitar a liberdade desta e sem deixar de ser o Espírito indisponível de Deus, da mesma maneira ser/estar-com-o-outro não significa nem violentar o outro nem abandonar a si mesmo.

A experiência de vida testemunhada na Sagrada Escritura e interpretada na fé mostra que os seres humanos, as criaturas libertas, tornam-se constantemente não livres, fazem de si mesmos ou são feitos escravos de poderes não divinos ou antidivinos. Assim desenvolveu-se a percepção de se estar permanentemente dependente do Espírito libertador e reanimador de Deus. Disso resulta um *quarto critério*, que proporciona orientação em duas direções: viver a partir do Espírito Santo de Deus significa *desligar-se de toda segurança falsa*, a saber, firmada no próprio poder-ser, e tornar-se livre para o presente da vida verdadeira e verdadeiramente libertadora. Ao mesmo tempo, vida a partir do Espírito de Deus significa a *solidariedade* santificadora e curativa *com toda criatura oprimida*, explorada, escravizada.

E. PNEUMATOLOGIA

Os/as co-herdeiros/as do Reino de Deus, os/as colaboradores/as da comunhão da vida nova em verdade e liberdade estão cientes de serem servos/as inúteis, que esperam a consumação, a plenitude de vida pelo Espírito do Pai e do Filho. Pode-se, por conseguinte, formular um *quinto critério*: viver a partir do Espírito Santo de Deus significa colocar todos os esforços próprios sob a *reserva escatológica*, ao testemunhar a razão da esperança que nos repleta (cf. 1Pd 3,15), pedir no Espírito que essa esperança não malogre e confiar na revelação definitiva do fundamento sustentador da vida.

Vida a partir do Espírito Santo de Deus significa: aceitar a vida como presente, dar espaço a outra vida, viver em relações, deixar-se libertar e libertar outros, esperar a consumação de Deus não obstante todo o engajamento. Pode-se considerar uma espécie de fórmula abreviada disso a seguinte frase da quarta oração eucarística: "[...] a fim de não mais vivermos para nós, mas para Ele, que por nós morreu e ressuscitou, enviou de vós, ó Pai, o Espírito Santo, como primeiro dom aos vossos fiéis para santificar todas as coisas, levando à plenitude a sua obra".

4.3.2. Espírito e criação

4.3.2.1. A problemática

De acordo com o *symbolum*, sobretudo a nova criação (santificação) e a consumação são tidas como obra especial do Espírito Santo. Na medida em que essa atuação do Espírito é entendida como reconformar e consumar a criação, falar do Espírito criador torna-se novamente atual.

Portanto, por mais que a atuação do Espírito se encontre sob o signo da Páscoa e de Pentecostes, parece problemático, ainda assim, o fato de a dimensão pneumatológica da fé bíblica na criação às vezes ter sido gravemente negligenciada na história da teologia. Esse pensamento ainda está presente sobretudo na patrística grega e, a partir dela, até certo ponto chega até a teologia ortodoxa contemporânea. Ao Ocidente latino interessou desde o início quase exclusivamente a função soteriológica do Espírito, a qual, na teologia medieval, desvaneceu-se até na doutrina da graça.

A orientação básica pela Bíblia ajudou os reformadores a redescobrirem essa dimensão, sem que disso resultasse uma doutrina pneumatológica da criação. Com vistas à correlação de criação e nova criação, Lutero falava do "duplo Espírito que Deus dá aos seres humanos: o animador e o santificador" (LUTHER, M. *Tischrede* [Conversa à mesa] 5.817: *duplex spiritus: animans et sanctificans*). Lutero falou repetidamente do Espírito criador em sua interpretação de Gn 1, sendo que ou ele interpretava pneumatologicamente já Gn 1,2 ou então o agrado de Deus por sua criação expresso em Gn 1,4a. "Com isso a graciosa conservação do cosmo contra todos os poderes do caos torna-se uma apropriação do Espírito Santo" (BEINTKER, M. *Creator*, 19). A relação da pneumatologia com o mundo, não detalhada por Lutero, foi desenvolvida de modo singular por Calvino com base no AT. O *proprium* do Espírito Santo consiste em que ele torna atuante, realiza no presente o agir do Pai e do Filho. Disso faz parte – decerto em correlação com o agir redentor – a realização do agir criador do Pai. Calvino via o Espírito atuante sobretudo na ordem e utilidade da criação, bem como nas dádivas, inclusive nos carismas políticos.

4. Reflexão sistemática

Na época subsequente também a teologia reformatória se restringiu em grande parte ao aspecto soteriológico. O dualismo entre espírito e matéria, fixado por Descartes († 1650), fomentou a tendência subjetivista no pensamento sobre o Espírito e a equiparação idealista de espírito e consciência. A reação contrária acarretou uma separação entre Espírito divino e espírito humano que tornou o discurso acerca do Espírito Santo mais pobre ainda em termos de experiência.

Desse retrospecto histórico resulta a seguinte conclusão para o aspecto da pneumatologia que aqui nos interessa: "Só uma nova compreensão do Espírito em conexão com as afirmações bíblicas sobre seu papel na criação e com vistas à possível contribuição de uma doutrina do Espírito para uma teologia da natureza pode superar o estreitamento subjetivista da piedade cristã tradicional e do pensamento cristão em suas concepções de Espírito" (PANNENBERG, W. *Geist*, 39).

A teologia fala da natureza como criação a partir do Espírito Santo de Deus. Na tentativa de definir o relacionamento entre Espírito divino e espírito humano e de expor o Espírito Santo como princípio vital da criação, devem-se levar em conta os critérios para discernir a vida que corresponde ao Espírito Santo: *a criação, a natureza, a vida, o espírito humano existem a partir do Espírito vivificador de Deus e dependem permanentemente dele. O discurso acerca do Espírito criador não deve desconsiderar o momento de sua indisponibilidade. Além disso, a criação sempre deve ser vista a partir da perspectiva da nova criação: ela também é criação destruída, caída, oprimida, dependente de libertação e está à espera da consumação.*

4.3.2.2. Criação no Espírito Santo

Na história mais recente da teologia foram sobretudo Paul Tillich (→ 4.1.1.1.) e Pierre Teilhard de Chardin († 1955) que tematizaram de maneira nova o nexo entre Espírito e vida ou Espírito e matéria. Em conexão com isso podem ser formuladas duas ideias básicas: a) O espírito não é idêntico à consciência, mesmo que a consciência humana constitua uma intensificação especial do espírito vital. b) A capacidade de autotranscendência dos seres vivos precisa ser entendida como busca possibilitada por Deus e direcionada para a consumação no Espírito Santo de Deus. "A autotranscendência da vida se apresenta ao mesmo tempo como uma atividade do ser vivo e como efeito de uma força que eleva o ser vivo incessantemente para além de seus limites e lhe concede sua vida justamente dessa maneira" (PANNENBERG, W. *Geist*, 51). Quando, com vistas ao processo evolutivo, fala-se do espírito como lado de dentro da matéria, isso não deve ser entendido erroneamente como se o espírito da vida fosse a automovimentação arbitrária da vida. Aqui, portanto, deve-se levar em conta a distinção entre espírito humano e Espírito divino. Por outro lado, o conceito teológico de autotranscendência não significa que a vida criada e o espírito finito elevem-se paulatinamente por si mesmos e se intensifiquem até tornar-se Espírito de Deus. Pelo contrário: este sempre já está atuante neles sem os privar de liberdade e sem deixar de continuar sendo o Espírito indisponível de Deus: a autonomia (relativa porque presenteada) da criação não diminui, mas se intensifica na proximidade do Espírito divino. O Es-

E. PNEUMATOLOGIA

pírito Santo presenteia a possibilidade de viver de maneira mais integrada e mais capaz de relações.

Por causa da inconstância, da infidelidade e do estar-preso-em si-mesmo do ser humano, a criação e a vida estão constantemente ameaçadas. "Face a isso, experiências de solicitude amorosa, de confiança mútua, experiências que dão sentido e esperança à nossa vida precisam nos tocar como sendo, de certa maneira, um acontecimento sobrenatural, sobretudo quando nossa vida obtém a partir delas uma identidade e integridade duradouras, apesar de sua fragilidade e da ameaça que paira sobre ela. E justamente dessa maneira a mensagem cristã com sua promessa de uma vida nova, que não estará mais sujeita à morte, comunica uma nova e inabalável confiança, uma nova presença do Espírito" (PANNENBERG, W. *Geist*, 55).

A boa criação de Deus, obra do Espírito, é constantemente ameaçada pelo fato de os seres humanos não corresponderem à sua responsabilidade – fundamentada no Espírito – pela criação. Interesses egoístas e exploradores em rivalidade mútua ameaçam o ser-bom de toda a criação. Para sua conservação e para a promoção da vida se faz necessária, por isso, a atuação do Espírito, que socorre nossa fraqueza (Rm 8,26).

A pneumatologia também tem a tarefa de dar nome à opressão do Espírito criador de Deus e de dar expressão à esperança de nova criação. Viver em correspondência com o Espírito Santo significa, portanto, intervir a favor da conservação da criação e da promoção de liberdade e justiça.

4.3.3. Espírito e nova criação

A partir do enfoque esboçado até agora pode-se continuar desdobrando agora o discurso acerca do Espírito da vida nova, que opera a libertação, a renovação e a consumação da criação. As promessas bíblicas pertinentes referem-se ao derramamento escatológico do Espírito de Deus, a recriação do ser humano, da comunidade humana e da criação inteira.

4.3.3.1. O Espírito Santo e o novo ser humano

Só uma recriação radical – isto é, que chegue até as raízes e atinja o cerne – do ser humano pode fazer com que no âmbito da criação as coisas andem novamente em conformidade com Deus, em correspondência com o Espírito Santo. A partir desta percepção a esperança dirige-se à atuação recriadora escatológica de Deus: Ele presenteia um novo coração, um novo espírito (cf. Ez 36), a fim de que o ser humano – nascido de novo a partir do Espírito (cf. Jo 3,1-13) – possa ter parte no Reino de Deus, possa realizar a nova comunhão de vida. A dádiva do Espírito significa a promessa de que essa vida nova é possível e implica a tarefa de realizar já agora essa vida nova, viver a partir do Espírito recebido. Paulo fala neste contexto de uma oposição entre "Espírito" *(pneu-*

ma) e "carne" *(sarx)*, entre uma vida que se orienta pelo Espírito de Deus e uma vida que dá livre curso ao egoísmo humano às custas de outros (cf. especialmente Gl 5).

Olhando retrospectivamente para a visão evolutiva da criação esboçada em 4.3.2., pode-se formular agora o seguinte: a atuação recriadora do Espírito visa uma transformação do ser humano e de seu modo de vida fundamental. Embora também os animais mostrem formas de comportamento social, que podem ir até o autossacrifício (segundo uma crença popular, o pelicano alimenta seus Filhotes com o próprio sangue; na Idade Média via-se nisso um símbolo do redentor Cristo), esse comportamento parece estar restrito à conservação da própria espécie. Isso aplica-se também aos casos em que não os fortes (em sentido físico), mas os mais cooperadores se impõem e são recompensados por meio da seleção. No marco de sua evolução cultural o ser humano desenvolveu novas formas de comportamento social que vão além do âmbito do próprio grupo e podem incluir justamente os fracos, desfavorecidos e prejudicados. Essa transformação do comportamento de base biológica, entretanto, não está simplesmente dado como equipamento básico fixo, mas precisa ser adquirido, aceito e desenvolvido de novo em cada caso. Justamente em suas formas de comportamento negativas as pessoas são com frequência determinadas mais acentuadamente por elementos adquiridos do que pelo fundamento biológico. Nesse comportamento egocêntrico e associal os seres humanos muitas vezes parecem piores do que os animais, a saber, como seres que se mordem e devoram mutuamente (cf. Gl 5,15). A vida a partir do Espírito Santo de Deus encontra-se, então, em confrontação com padrões de comportamento fundados biologicamente e (talvez mais ainda) transmitidos culturalmente que, não raro, são etiquetados como "tipicamente humanos" e insuperáveis.

A fé cristã confessa que em Jesus de Nazaré, "concebido pelo Espírito Santo, nascido da virgem Maria", Deus colocou um novo início na história da criação. Com isso a boa criação de Deus não é negada ou depreciada como tal, mas renovada na medida em que as formas de comportamento pecaminosas que adquiriram a supremacia e as estruturas pecaminosas da convivência humana são rompidas a partir de dentro. A fé cristã confessa que no "um só batismo para remissão dos pecados" a partir da água e do Espírito Santo o ser humano é nascido "a partir de cima/de novo". Com isso ele obtém participação na vida nova que se nutre da comunhão das dádivas sagradas da Eucaristia. *Tendo-se tornado nova criação no Espírito Santo, o ser humano pode superar o comportamento egoísta, romper a compulsão de repetir formas herdadas de comportamento associal, subtrair-se à espiral do emprego de violência e escapar do mecanismo de atribuição de culpa que sempre necessita de um bode expiatório.* "Por isso, doravante a ninguém julgamos apenas segundo critérios humanos [...] Se alguém está em Cristo, é nova criatura: passaram-se as coisas antigas; eis que se fez uma realidade nova. Mas tudo isso vem de Deus, que nos reconciliou consigo por Cristo e nos confiou o ministério da reconciliação" (2Cor 5,16-18).

E. PNEUMATOLOGIA

4.3.3.2. O Espírito Santo e a nova comunhão de vida

O ser humano vive em relações, e a renovação do ser humano visa a renovação de sua capacidade relacional. Neste sentido, as reflexões da seção precedente já diziam respeito à nova comunhão de vida dos seres humanos renovados a partir do Espírito de Deus. Ela é enfocada agora mais uma vez expressamente na medida em que a realização da nova comunhão de vida é ameaçada não só pela recaída de seus membros num comportamento contrário ao Espírito, mas também pela ambivalência que é inerente a toda institucionalização e formação de estruturas. Dois momentos têm de ser enfocados neste sentido: a tendência a fixar limites que separam do exterior e o perigo da petrificação institucional no interior.

a) *O Espírito Santo não pode ser cooptado* – O primeiro problema pode – mais uma vez a partir da perspectiva de uma teoria da evolução – ser descrito da seguinte maneira: "Vivenciamos na história das religiões o conflito entre o espírito nada santo do comportamento religioso orientado pela seleção e o 'espírito santo' de uma resistência deliberada ao princípio da seleção" (THEISSEN, G. *Glaube*, 196). A partir da história de Israel e da Igreja pode-se depreender a tensão existente entre uma consciência de eleição que está tentada a excluir a outros e a reclamar a vida nova como posse, por um lado, e a crítica profética a essa certeza da salvação falsa porque baseada em seres humanos, por outro. Neste sentido, no Vaticano II a Igreja Católica Romana colocou sinais claros para a renovação da Igreja como sinal e instrumento da nova comunhão de vida. A imagem da Igreja como corpo de Cristo, que podia ser entendida erroneamente nos moldes de um prolongamento da encarnação, é relativizada pela visão da Igreja como sacramento do Espírito para o mundo. O Espírito Santo é o princípio vital da Igreja, que serve à atuação salvífica dele na qualidade de instrumento (cf. LG 8, 48). É o Espírito que congrega as pessoas para serem Igreja; a pertença à Igreja, portanto, deve ser "atribuída não a seus próprios méritos, mas a uma peculiar graça de Cristo"; ela não é privilégio nem garantia de salvação individual, já que não basta permanecer na Igreja "'com o corpo', mas não 'com o coração'" (LG 14).

Além disso, a Igreja está ciente de estar ligada às irmãs e aos irmãos separados nas outras Igrejas e comunhões eclesiais. O concílio vê aí não só uma comunhão em múltiplos bens espirituais, mas fala de "certa união verdadeira no Espírito Santo, que, em dons e graças, também neles opera com seu poder santificante por meio de dons e graças" (LG 15). A constituição sobre a Igreja dá mais um passo adiante ao ver todos os seres humanos direcionados de algum modo para o Povo de Deus. Quando as pessoas buscam a Deus, seguem sua consciência e agem de acordo com ela, isso é obra do Espírito ou da graça divina (cf. LG 16). Isso não diminui a tarefa missionária, pois a Igreja "é compelida pelo Espírito Santo a cooperar para que efetivamente se cumpra o plano de Deus, que constituiu Cristo como princípio de salvação para todo o mundo" (LG 17; cf. AG 3s., 24).

b) *O Espírito Santo não pode ser fixado* – Quando atualmente se acentua na Igreja que "o Espírito sopra onde quer", associa-se a isso a crítica a uma excessiva institucionalização do elemento carismático e profético na comunhão de fé. Contudo, deve-se cuidar para que essa crítica legítima não fique, por sua vez, presa à falsa alternativa "carisma ou instituição". Neste ponto é preciso entrelaçar a dimensão pneumatológica com a cristológica: o Espírito Santo é o Espírito do Pai e do Filho; Ele introduz mais profundamente na verdade, mas não proclama nada novo, e sim a vida nova revelada em Cristo a partir do Pai. Em correspondência com a estrutura encarnatória ou sacramental da ação salvífica divina, o Espírito se vincula à Sagrada Escritura, à pregação e aos sacramentos e de certa maneira também ao agir ministerial da Igreja direcionado, qual servidor, ao que foi mencionado primeiro. Isso não significa nem um automatismo salvífico (inspiração verbal, sacramentalismo) nem o poder humano ou ministerial de dispor da atuação do Espírito (clericalismo). À livre vinculação do Espírito correspondem, antes, o livre vincular-se das pessoas e da Igreja, o envolver-se com as formas de atuação do Espírito Santo. Assim, a palavra da Escritura só se torna acessível para uma leitura espiritual; assim, os sacramentos só se tornam atuantes onde os crentes abrem-se em atitude orante "em Espírito e verdade" (Jo 4,23), clamam pela descida do Espírito e se deixam atingir e enviar por ele; assim, o testemunho ministerial só se torna digno de crédito se os/as ministros/as se deixam guiar pelo Espírito, se entendem o dom do Espírito que lhes foi presenteado não como posse, mas como promessa.

O carisma e o ministério não estão em oposição mútua (também o ministério é dom do Espírito), mas sim em tensão recíproca. Ao ministério cabe a tarefa de, no Espírito Santo, fomentar a diversidade dos carismas e torná-los atuantes para a edificação da comunidade. Por sua vez, depende dos dons do Espírito, particularmente do dom da crítica profética. O Concílio Vaticano II diz que é necessário que a Igreja inteira renove-se incessantemente a si mesma "sob a ação do Espírito Santo" (LG 9; cf. LG 48; PO 22; GS 21, 33). Como Povo de Deus peregrino a Igreja está a caminho rumo à consumação da história da salvação, que é obra do próprio Espírito (cf. LG 48-50).

O Espírito Santo presenteia a vida nova revelada em Cristo a partir do Pai. Ele capacita os seres humanos a superarem as formas egoístas de comportamento herdadas e adquiridas e edificarem uma comunhão da verdadeira vida e verdadeira liberdade. A Igreja, que serve ao Espírito como instrumento de sua atuação santificadora e curativa, caracteriza-se permanentemente pela tensão entre o vincular-se do Espírito e sua atuação livre e indisponível. A Igreja não vive a partir de si mesma, mas a partir do Espírito vivificador de Deus, e ela não vive para si mesma, mas se realiza na existência em favor de outros. Como sacramento do Espírito para o mundo ela própria só está a caminho da consumação, da comunhão – operada pelo Espírito – de todas as pessoas na comunhão do Deus triúno.

Bibliografia importante

1. Introdução

MEYER, H. et al. *Wiederentdeckung des Heiligen Geistes*. Frankfurt: [s.e.], 1974.

E. PNEUMATOLOGIA

MÜHLEN, H./KOPP, O. *Ist Gott unter uns oder nicht?*: Dialog über die charismatische Erneuerung in Kirche und Gesellschaft. Paderborn: [s.e.], 1977.

RAHNER, K. *Erfahrung des Geistes*: Meditation auf Pfingsten. Friburgo: [s.e.], 1977. Também em: ID. *Schriften zur Theologie*. vol. 13, Einsiedeln: [s.e.], 1978, p. 226-251.

SULLIVAN, F.A. *Die charismatische Erneuerung*: Wirken und Ziele. Graz: [s.e.], 1984.

2. Fundamentos bíblicos

KNOCH, O. *Der Geist Gottes und der neue Mensch*: Der Heilige Geist als Grundkraft und Norm des christlichen Lebens in Kirche und Welt nach dem Zeugnis des Apostels Paulus. Stuttgart: [s.e.], 1975.

KREMER, J. *Pfingstbericht und Pfingstgeschehen*: Eine exegetische Untersuchung zu Apg 2,1-13. Stuttgart: [s.e.], 1973.

PORSCH, F. *Anwalt der Glaubenden*: Das Wirken des Geistes nach dem Zeugnis des Johannesevangeliums. Stuttgart: [s.e.], 1978.

SCHWEIZER, E. *Heiliger Geist*. Stuttgart: [s.e.], 1978.

3. Abordagem histórico-dogmática da pneumatologia

DÖRRIES, H. *De Spiritu Sancto*: Der Beitrag des Basilius zum Abschluss des trinitarischen Dogmas. Göttingen: [s.e.], 1956.

HAUSCHILD, W.-D. *Gottes Geist und der Mensch*: Studien zur frühchristlichen Pneumatologie. Munique: [s.e.], 1972.

_____. *Die Pneumatomachen*: Eine Untersuchung zur Dogmengeschichte des vierten Jahrhunderts. Hamburgo: [s.e.], 1967.

KRETSCHMAR, G. Der Heilige Geist in der Geschichte: Grundzüge frühchristlicher Pneumatologie. In: KASPER, W. (org.). *Gegenwart des Geistes*: Aspekte der Pneumatologie. Friburgo: [s.e.], 1979, p. 92-130.

LEHMANN, K. & PANNENBERG, W. (orgs.). *Glaubensbekenntnis und Kirchengemeinschaft*: Das Modell des Konzils von Konstantinopel (381). Friburgo-Göttingen: [s.e.], 1982.

RITTER, A.M. *Das Konzil von Konstantinopel und sein Symbol*. Göttingen: [s.e.], 1965.

VISCHER, L. (org.). *Geist Gottes – Geist Christi*: Ökumenische Überlegungen zur Filioque-Kontroverse. Frankfurt: [s.e.], 1981.

WENDEBOURG, D. *Geist oder Energie*: Zur Frage der innergöttlichen Verankerung des christlichen Lebens in der byzantinischen Theologie. Munique: [s.e.], 1980.

4. Reflexão sistemática

BALTHASAR, H.U. von. *Theologik*: Der Geist der Wahrheit. Vol. 3, Einsiedeln: [s.e.], 1987.

BERKHOF, H. *Theologie des Heiligen Geistes*. 2. ed. Neukirchen-Vluyn: [s.e.], 1988.

COMBLIN, J. *O Espírito Santo e a libertação*. Petrópolis: Vozes, 1987.

CONGAR, Y. *Der Heilige Geist*. Friburgo: [s.e.], 1982.

Credo in Spiritum Sanctum: Atti del congresso teologico internazionale di Pneumatologia. 2 vols., Vaticano: [s.e.], 1983.

EBELING, G. *Dogmatik des christlichen Glaubens.* Vol. 3, Tübingen: [s.e.], 1979.

GUIMARÃES, A.R. (org.). *O Espírito Santo* – Pessoa, presença, atuação. Petrópolis: Vozes, 1973.

HEITMANN, G. & MÜHLEN, H. (orgs.). *Erfahrung und Theologie des Heiligen Geistes.* Hamburgo-Munique: [s.e.], 1974.

HOLOTIK, G. et al. *Pneumatologie und Spiritualität.* Einsiedeln: [s.e.], 1987.

KASPER, W. (org.). *Gegenwart des Geistes:* Aspekte der Pneumatologie. Friburgo: [s.e.], 1979.

KERN, W. & CONGAR, Y. Geist und Heiliger Geist. In: *Christlicher Glaube in moderner Gesellschaft.* 1982, vol. 22, p. 59-116.

MOLTMANN, J. *O Espírito da vida.* Petrópolis: Vozes, 1999 [orig. alemão: *Der Geist des Lebens.* Munique: [s.e.], 1992].

_____. *Kirche in der Kraft des Geistes.* Munique: [s.e.], 1975.

MÜHLEN, H. *Der Heilige Geist als Person*: In der Trinität, bei der Inkarnation und im Gnadenbund: Ich-Du-Wir. 3. ed. Münster: [s.e.], 1969.

_____. *Una mystica persona.* 3. ed. Paderborn, 1968.

PANNENBERG, W. *Systematische Theologie.* Vol. 1, Göttingen: [s.e.], 1988.

SCHNEIDER, T. *Gott ist Gabe*: Meditationen über den Heiligen Geist. Friburgo: [s.e.], 1979.

SCHÜTZ, C. *Einführung in die Pneumatologie.* Darmstadt: [s.e.], 1985.

SOBRINO, J. *Geist, der befreit*: Anstösse zu einer neuen Spiritualität. Friburgo: [s..e], 1989.

APÊNDICE

Abreviaturas e bibliografia citada

As abreviaturas utilizadas no presente volume seguem em geral os seguintes padrões:

SCHWERTNER, S. *Internationales Abkürzungsverzeichnis für Theologie und Grenzgebiete* (IATG). Berlin-Nova Iorque, 1974.

As siglas dos livros bíblicos obedecem à convenção acordada entre os editores católicos do Brasil.

A *bibliografia importante* recomendada pelos autores para aprofundamento do assunto encontra-se no final de cada tratado.

A *bibliografia citada* nos tratados é reconhecida pelo nome do autor e um título abreviado (em geral é o primeiro substantivo mais importante). A especificação bibliográfica completa se encontra na relação existente das obras.

Nas fontes dos autores clássicos, em geral, dispensamos as *edições* críticas.

Recomendamos às leitoras e aos leitores que usem as edições mais acessíveis, mesmo traduções. Para um apanhado geral sobre o estado das edições científicas dos autores gregos e latinos da Antiguidade e Idade Média, veja o *Tusculum-Lexikon griechischer und lateinischer Autoren des Altertums und des Mittelalters*, 3. ed. (Munique, 1982) (léxico dos autores gregos e latinos da Antiguidade e Idade Média). Para as edições críticas dos autores modernos, convém que o leitor se informe para cada caso.

Os *Documentos do Magistério* são citados conforme aparecem nas seguintes coleções:

COD ALBERIGO, G. et al. (org.). *Conciliorum Oecumenicorum Decreta*. 3. ed. Bolonha, 1972.

DH DENZINGER, H. *Kompendium der Glaubensbekenntnisse und kirchlichen Lehrentscheidungen*. Verbessert, erweitert, ins Deutsche übertragen und unter Mitarbeit von H. Hoping hrsg. von P. Hünermann. Friburgo-Roma-Viena, 37ª ed. 1991.

Os documentos do Concílio Vaticano II são citados conforme edição da Editora Vozes, Petrópolis, 23ª ed. 1994: *Compêndio do Vaticano II*. Constituições, decretos, declarações. Introd. e Índ. Anal. de Fr. Boaventura Kloppenburg, OFM, e coordenação de Fr. Frederico Vier, OFM.

AGOSTINHO.
Civ. Dei = *De civitate Dei*
Conf. = *Confessiones*
De Trin. = *De trinitate*
Ench. = *Enchiridion ad Laurentium seu de fide, spe et caritate*
Serm. = *Sermones*

ALBERTZ, R. *Weltschöpfung und Menschenschöpfung. Untersucht bei Deuterojesaja, Hiob und in den Psalmen.* Stuttgart: [s.e.], 1974.

ALBERTZ, R. & WESTERMANN, C. "Art. Ruach". *THAT* 2, p. 726-753.

ANSELMO DE CANTUÁRIA.
Cdh = *Cur Deus homo*
Prosl. = *Proslogion*

APOLINÁRIO DE LAODICEIA.
Apodeixis
Ep. Dion. = *Epistola ad Dionysium*
Ep. Jov. = *Epistola ad Jovinianum*

ARIO.
Thaleia

ATANÁSIO.
Contr. Ar. = *Orationes contra Arianos*
De Inc. = *De incarnatione*
Ep. ad Ser. = *Epistolae ad Serapionem*
Tom. = *Tomus ad Antiochenos*

AULÉN, G. "Die Hauptypen des christlichen Versöhnungsgedankens". *ZSTh* 8 (1930) 501-538.

AYER, J. *Language, Truth and Logic.* Londres, 1936, 2ª ed. 1943; al.: *Sprache, Wahrheit und Logik.* Stuttgart, 1970.

BACHL, G. Das Vertrauen Jesu zum Vater. In: BOGENSBERGER, J. & KÖGERLE, R. (orgs.). *Grammatik des Glaubens.* St. Pölten-Viena: [s.e.], 1985, p. 77-89.

BALTHASAR, H.U. von. *Theologik* 2. Einsiedeln: [s.e.], 1985 (vol. 3, 1987).

_____. *Theodramatik* 3. Einsiedeln: [s.e.], 1980.

_____. Fides Christi. In: ID. *Sponsa Verbi. Skizzen zur Theologie 2.* Einsiedeln, 1961, p. 45-79.

BARTH, K. *Schleiermacher-Auswahl mit einem Nachwort von Karl Barth.* Hamburgo: [s.e.], 1968.

_____. *Die kirchliche Dogmatik.* Zurique: [s.e.], 1932s. (vol. 1/1, 9ª ed. 1975).

BASÍLIO.
De Spir. = *De Spiritu Sancto*
Ep. = *Epistolae*

BEINTKER, M. "*Creator Spiritus* – Zu einem unerledigten Problem der Pneumatologie". *EvTh* 46 (1986), p. 12-36.

BLANK, J. Art. Geist, Hl./Pneumatologie A. Bibeltheologisch. In: NHthG^2 2, p. 153-162.

BLOCH, E. *Das Prinzip Hoffnung*. Frankfurt, 1958.

BOAVENTURA.
Coll. Hex. = *Collationes in Hexaemeron*

BOFF, L. *Jesus Cristo Libertador*. 16. ed. Petrópolis: Vozes, 1999.

_____. "O sofrimento que nasce da luta contra o sofrimento". *Concilium* 119 (1976/1979), p. 982-993.

BOSSHARD, S.N. *Erschafft die Welt sich selbst? Die Selbstorganisation von Natur und Mensch aus naturwissenschaftlicher, philosophischer und theologischer Sicht.* 2. ed. Frigurgo: [s.e.], 1987.

BRESCH, C. Das Alpha-Prinzip der Natur. In: BRESCH, C.; DAECKE, S.M. & RIEDLINGER, H. (orgs.). *Kann man Gott aus der Natur erkennen? Evolution als Offenbarung*. Friburgo: [s.e.], 1990, p. 72-86.

BRUNNER, E. *Ein Buch von der Kirche*. Göttingen: [s.e.], 1951.

BUBER, M. *Die Erzählungen der Chassidim*. 10. ed. Zurique: [s.e.], 1987.

CALVINO, J.
Inst. = *Institutio Christianae Religionis*

CHEVALLIER, A.-M. Biblische Pneumatologie. In: EICHER, P. (org.). *Neue Summe Theologie* 1. Friburgo: [s.e.], 1988, p. 341-378.

CIPRIANO.
Ep. = *Epistolae*

CIRILO DE ALEXANDRIA.
Dial. Trin. = *De trinitate dialogi*
Ep. = *Epistolae*

CLEMENTE DE ALEXANDRIA.
Protrept. = *Protreptikos*
Strom. = *Stromata*

COLOMBO, G. Die Theologie der Schöpfung im 20. Jahrhundert. In: VORGRIMLER, H. & VANDER GUCHT, R. (orgs.). *Bilanz der Theologie im 20. Jahrhundert* 3. Friburgo: [s.e.], 1970, p. 36-62.

COMBLIN, J. *O Espírito Santo e a libertação.* Petrópolis: Vozes, 1987.

CONGAR, Y. *Der Geist Gottes.* Friburgo: [s.e.], 1982.

CONGREGAÇÃO PARA A DOUTRINA DA FÉ. Instrução sobre a vocação eclesial do teólogo, de 24 de maio de 1990. Petrópolis, 1990 [Col. Doc. Pont. 236].

CRAMER, W. *Der Geist Gottes und des Menschen in frühsyrischer Theologie.* Münster: [s.e.], 1979.

CREMER, H. *Die christliche Lehre von den Eigenschaften Gottes.* Gütersloh: [s.e.], 1897, reimpr. 1983.

DENEFFE, A. "Dogma. Wort und Begriff". *Scholastik* 6 (1931), p. 381-400.

DESCARTES, R.
Discours de la méthode
Regulae ad directionem ingenii

DIBELIUS, M. *Jesus.* 4. ed. Berlim: [s.e.], 1966.

DIEKAMP, F. *Katholische Dogmatik nach den Grundsätzen des heiligen Thomas* 1. 13. ed. Münster: [s.e.], 1957 [Nova ed. de K. Jüssen].

DIONÍSIO AREOPAGITA.
Div. Nom. = *De divinis nominibus*

DITFURTH, H. von. *Innenansichten eines Artgenossen. Meine Bilanz.* Düsseldorf: [s.e.], 1989.

DÖRRIES, H. *De Spiritu Sancto. Der Beitrag des Basilius zum Abschluss des trinitarischen Dogmas.* Göttingen: [s.e.], 1956.

DOLL, P. *Menschenschöpfung und Weltschöpfung in der alttestamentlichen Weisheit.* Stuttgart: [s.e.], 1985.

DREWERMANN, E. Art. Angst. In: NHthG[2] 1, p. 17-31.

_____. *Das Markusevangelium* 1. 2. ed. Olten-Friburgo: [s.e.], 1988.

DREY, J.S. *Kurze Einleitung in das Studium der Theologie mit Rücksicht auf den wissenschaftlichen Standpunkt und das katholische System* (1819), hrsg. und eingeleitet von F. Schupp. Darmstadt: [s.e.], 1971.

DUNS SCOTUS, J.
Op. Oxon. = *Opus Oxoniense*
Ord. = *Ordinatio*

DUQUOC, Ch. *Christologie. Essai dogmatique: Le Messie.* Paris: [s.e.], 1972.

EBELING, G. Jesus und Glaube. In: ID. *Wort und Glaube* 1. 3. ed. Tübingen: [s.e.], 1967, p. 203-254.

ECKHART, Mestre (Meister). Predigt 81. In: ID. *Deutsche Werke* 3. Stuttgart: [s.e.], 1976, p. 396.

EFRÉM O SÍRIO.
Sermo = *Sermo de fide*

FIEDLER, P. *Jesus und die Sünder*. Berna-Frankfurt: [s.e.], 1976.

FISCHER, B. "Literaturbericht". *GuL* 58 (1985), p. 147-156.

FITZMYER, J.A. "Art. Kyrios". *EWNT* 2, p. 811-820.

FLUSSER, D. *Jesus in Selbstzeugnissen und Bilddokumenten*. Reinbek: [s.e.], 1968.

FOHRER, G. *Geschichte Israels*. 2. ed. Heidelberg: [s.e.], 1979.

FORD, J.M. *The Spirit and the Human Person*. Dayton: [s.e.], 1969.

FOX, M. *Vision vom kosmischen Christus*. Stuttgart: [s.e.], 1991.

GEMEINSAME SYNODE der Bistümer in der Bundesrepublik Deutschland. *Beschlüsse der Vollversammlung. Offizielle Gesamtausgabe 1*. Friburgo, 1976.

GNILKA, J. *Das Matthäusevangelium* 1. Friburgo: [s.e.], 1986.

_____. *Der Philipperbrief*. Friburgo: [s.e.], 1968.

GREEVEN, H. "Art. Peristera". *ThWNT* 6, p. 63-72.

GRESHAKE, G. *Der Preis der Liebe. Besinnung über das Leid*. Friburgo: [s.e.], 1978.

GRILLMEIER, A. *Jesus der Christus im Glauben der Kirche* 2/2. Friburgo: [s.e.], 1989.

GUARDINI, R. *Die Annahme seiner selbst*. Würzburg: [s..e], 1960.

GUIMARÃES, A.R. (org.) *O Espírito Santo* – Pessoa, presença, atuação. Petrópolis: Vozes, 1973.

GUTIÉRREZ, G. *Teologia da libertação*. 5. ed. Petrópolis, 1985 [orig. *Teología de la liberación. Perspectivas*. Lima, 1971].

HAENCHEN, E. Probleme der johanneischen Prologs. In: ID. *Gott und Mensch*. Tübingen: [s.e.], 1965, p. 114-143.

HEGEL, G.W.F.
Phänomenologie des Geistes
Vorlesungen über die Philosophie der Religion

HOFFMANN, P. "Zukunftserwartung und Schöpfungsglaube in der Basileia-Verkündigung Jesu. Zum Problemkreis 'Jesus und die Apokalyptik'". *Rhs* (Religionsunterricht an höheren Schulen) 31 (1988), p. 374-384.

HOLLENWEGER, W.J. *Geist und Materie*. München: [s.e.], 1988.

INTERNATIONALE THEOLOGIEKOMMISSION. "Die Interpretation der Dogmen".
IkaZ (1990), p. 246-266.

IRENEU DE LIÃO.
Adv. Haer. = *Adversus haereses*

JACOBI, F.H. Von den göttlichen Dingen und ihrer Offenbarung. In: *Werke* 3. *Von den göttlichen Dingen*, ed. por ROTH, F. & KÖPPEN, F. Darmstadt, 1968, p. 245-460.

JANSSEN, H.-G. *Gott – Leid. Das Theodizeeproblem in der Philosophie der Neuzeit.* Darmstadt, 1989.

JOÃO DAMASCENO.
De Fide Orth. = *De fide orthodoxa*

JOÃO SCOTUS ERIÚGENA.
De Div. Nat. = *De divisione naturae*

JOEST, W. *Dogmatik* 1. Göttingen: [s.e.], 1984.

JÜNGEL, E. *Wertlose Wahrheit. Zur Identität und Relevanz des christlichen Glaubens.* München: [s.e.], 1990.

_____. *Gott als Geheimnis der Welt.* Tübingen: [s.e.], 1977.

_____. "Das Verhältnis von 'ökonomischer' und 'immanenter' Trinität. Erwägungen über eine biblische Begründung der Trinitätslehre – im Anschluss an und in Auseinandersetzung mit Karl Rahners Lehre vom dreifaltigen Gott als transzendentem Urgrund der Heilsgeschichte". *ZThK* 72 (1975), p. 353-364.

JUSTINO MÁRTIR.
Apol. = *Apologia*
Dial. = *Dialogus cum Tryphone*

KÄHLER, M. *Die Wissenschaft der christlichen Lehre von den evangelischen Grundartikel aus im Abrisse dargestellt.* 2. ed. Leipzig: [s.e.], 1893.

KANT, I.
Das Ende aller Dinge
KpV = *Kritik der praktischen Vernunft*
KrV = *Kritik der reinen Vernunft* (**A** para a primeira tiragem, **B** para a segunda tiragem da edição da Academia)
Die Religion innerhalb der Grenzen der blossen Vernunft
Der Streit der Facultäten
Über das Misslingen aller philosophischen Versuche in der Theodizee. In: *Berlinische Monatsschrift* (1794), p. 194-225.

KASPER, W. Art. Dogma/Dogmenentwicklung. In: NHthG[1] 1, p. 176-193.

_____. Offenbarung und Geheimnis. Vom Christlichen Gottesverständnis. In: ID. *Theologie und Kirche.* Mainz: [s.e.], 1987, p. 137-148.

_____. *Der Gott Jesu Christi.* Mainz: [s.e.], 1982.

_____. *Jesus der Christus.* Mainz: [s.e.], 1974.

_____. *Die Methoden der Dogmatik. Einheit und Vielfalt.* München: [s.e.], 1967.

KERN, W. "Art. Hegel". *LThK²* 5, p. 56-59.

_____. "Vom 'Geist' der Philosophen". *CGG* 22 (1982), p. 62-75.

KERTELGE, K. Teufel, Dämonen, Exorzismen in biblischer Sicht. In: KASPER, W. & LEHMANN, K. (orgs.). *Teufel, Dämonen, Besessenheit. Zur Wirklichkeit des Bösen.* Mainz: [s.e.], 1978, p. 9-39.

KESSLER, H. *Sucht den Lebenden nicht bei den Toten.* Die Auferstehung Jesu Christi in biblischer, fundamentaltheologischer und systematischer Sicht. 2. ed. Düsseldorf: [s.e.], 1987.

KIERKEGAARD, S.
Einübung im Christentum
Die Krankheit zum Tode
Philosophische Brosamen

KIRCHSCHLÄGER, W. "Das Geistwirken in der Sicht des Neuen Testaments. Dargestellt an seinen Hauptzeugen". *ThBer* 16, p. 15-52.

KOCH, K. "Schöpferischer Lockruf Gottes im Prozess der Welt. Perspektiven der Gottesfrage in der amerikanischen Prozess-Theologie". *ThBer* 12, p. 129-171.

KREMER, J. *Pfingstbericht und Pfingstgeschehen. Eine exegetische Untersuchung zu Apg 2, 1-13.* Stuttgart: [s.e.], 1973.

KRETSCHMAR, G. Der Heilige Geist in der Geschichte. Grundzüge frühchristlicher Pneumatologie. In: KASPER, W. (org.). *Gegenwart des Geistes. Aspekte der Pneumatologie.* Friburgo: [s.e.], 1979, p. 92-130.

LACTÂNCIO.
De ira Dei

LEÃO I.
Tomus ad Flavianum

LEÔNCIO DE JERUSALÉM.
Contr. Nest. = *Contra Nestorianos*

LESSING, E. Art. Geist/Heiliger Geist/Geistesgaben V. Dogmatisch und ethisch. In: TRE 12, p. 218-237.

LESSING, G.E. Die Erziehung des Menschengeschlechts. In: ID. *Werke* 8. Darmstadt: [s.e.], 1979, p. 489-510.

_____. Über den Beweis des Geistes und der Kraft. In: ID. *Werke* 8. Darmstadt: [s.e.], 1979, p. 9-14.

LIBÂNIO, J.B. *Deus e os homens*: seus caminhos. Petrópolis: Vozes, 1990.

LIES, L. *Sakramententheologie*. Eine personale Sicht. Graz: [s.e.], 1990.

LOHFINK, N. Der Schöpfergott und der Bestand von Himmel und Erde. In: ID. *Studien zum Pentateuch*. Stuttgart: [s.e.], 1988, 191-211.

LÜHRMANN, D. *Das Markusevangelium*. Tübingen: [s.e.], 1987.

LUTERO, M.
Galater-Kommentar (1535). In: WA 40/1
Kirchenpostille (1522). In: WA 10/1,1
Predigt über 2 Mose 12 (1925). In: WA 16
Tischrede 5817. In: WA 5
Vom Abendmahl Christi (1528). In: WA 26

MAAS, U. *Unveränderlichtkeit Gottes*. Zum Verhältnis von griechisch-philosophischer und christlicher Gotteslehre. München-Paderborn: [s.e.], 1974.

MESTRE (MEISTER) ECKHART → ECKHART

MEYER, H.; URBAN, H.J. & VISCHER, L. (orgs.). *Dokumente wachsender Übereinstimmung*. Sämtliche Berichte und Konsenstexte interkonfessioneller Gespräche auf Weltebene 1931-1982. Frankfurt-Paderborn: [s.e.], 1983.

MOLTMANN, J. *O caminho de Jesus Cristo* – Cristologia em dimensões messiânicas. 2. ed. Petrópolis: Vozes, 1995 [orig. alemão: Der Weg Jesus Christi. Christologie in messianischen Dimensionen. München: [s.e.], 1989].

_____. *Deus na criação* – Doutrina ecológica da criação. Petrópolis: Vozes, 1993 [orig. alemão: *Gott in der Schöpfung. Ökologische Schöpfungslehre*. München: [s.e.], 1985].

_____. *Der gekreuzigte Gott*. Das Kreuz Christi als Grund und Kritik christ- licher Theologie. München: [s.e.], 1972.

MÜLLER, P.G. (org.). *Bibel und Christologie*. Ein Dokument der päpstlichen Bibelkommission. Stuttgart: [s.e.], 1987.

MÜLLER, U.B. *Die Menschwerdung des Gottessohnes*. Frühchristliche Inkarnationsvorstellungen und die Anfänge des Doketismus. Stuttgart: [s.e.], 1990.

MUÑOZ, R. *O Deus dos cristãos*. Petrópolis: Vozes, 1986.

NESTÓRIO.
Ep. Cyr. = *Epistola ad Cyrillum* de 15. 06. 430

Sermão sobre Mt 22,2s de 429
Sermo 8

NIGG, W. *Grosse Heilige.* Zurique: [s.e.], 1946.

OEING-HANHOFF, L. "Art. Geist". *HWP* 3, p. 154-157.

ORÍGENES.
De Princ. = *De principiis*

OTT, L. *Grundriss der katholischen Dogmatik.* 10. ed. Friburgo: [s.e.], 1981.

PANNENBERG, W. Der Geist des Lebens. In: ID. *Glaube und Wirklichkeit. Kleinere Beiträge zum christlichen Denken.* München: [s.e.], 1975, p. 31-56.

_____. *Das Glaubensbekenntnis, ausgelegt und verantwortet vor den Fragen der Gegenwart.* 2. ed. Hamburgo: [s.e.], 1974.

_____. *Systematische Theologie* 1. Göttingen: [s.e.], 1988; 2, 1991.

PASCAL, B.
Pensées. Ed. Brunschvicg.

PESCH, R. *Das Markusevangelium* 2. Frankfurt: [s.e.], 1977.

PORSCH, F. *Anwalt der Glaubenden.* Das Wirken des Geistes nach dem Zeugnis des Johannesevangeliums. Stuttgart: [s.e.], 1978.

POTTMEYER, H.J. Normen, Kriterien und Strukturen der Überlieferung. In: *Handbuch der Fundamentaltheologie* 4. Friburgo: [s.e.], 1988, p. 124-152.

PUEBLA = *A evangelização no presente e no futuro da América Latina.* Documento da Terceira Conferência Geral do Episcopado Latino-Americano. Puebla 26.01. a 13.02.1979, Petrópolis, 1979.

QUEIRUGA, A.T. *A Revelação de Deus na realização humana.* São Paulo: [s.e.], 1995.

RAD, G. von. *Theologie des Alten Testaments* 1. 4. ed. München: [s.e.], 1962.

_____. Das theologische Problem des alttestamentlichen Schöpfungsglaubens. In: VOLZ, P.; STUMMER, F. & HEMPEL, J. (orgs.). *Werden und Wesen des Alten Testaments.* Berlim, 1936, p. 138-147.

RAHNER, K. Erfahrungen eines katholischen Theologen. In: LEHMANN, K. (org.). *Vor dem Geheimnis Gottes den Menschen verstehen.* Karl Rahner zum 80. Geburtstag. Friburgo-Zurique: [s.e.], 1984, p. 105-119.

_____. *Grundkurs des Glaubens.* Einführung in den Begriff des Christentums. 11. ed. Friburgo: [s.e.], 1976 [trad. bras. *Curso fundamental da fé.* São Paulo: [s.e.], 1989].

_____. "Jesu Gottgeheimnis – Grund seiner radikalen Nächstenliebe". *ThG* 20 (1977), p. 51s.

Apêndice

_____. Christologie heute? In: ID. *Schriften zur Theologie* 12. Einsiedeln: [s.e.], 1975, p. 353-369.

_____. Die Christologie innerhalb einer evolutiven Weltanschauung. In: ID. *Schriften zur Theologie* 5. Einsiedeln: [s.e.], 1968, p. 183-221.

_____. Was ist eine dogmatische Aussage? In: ID. *Schriften zur Theologie* 5. Einsiedeln: [s.e.], 1964, p. 54-81.

_____. *Über die Schriftinspiration*. Friburgo: [s.e.], 1958.

RAMSEY, I.T. *Religious Language*. An Empirical Placing of Theological Phrases. Londres: [s.e.], 1957.

RATZINGER, J. *Einführung in das Christentum*. Vorlesungen über das Apostolische Glaubensbekenntnis. München: [s.e.], 1968.

RAURELL, F. *Der Mythos vom männlichen Gott*. Friburgo: [s.e.], 1989.

RICKEN, F. "Sind Sätze über Gott sinnlos? Theologische und religiöse Sprache in der analytischen Philosophie". *StZ* 193 (1975), p. 435-452.

RITO, H. *Introdução à Teologia*. Petrópolis: Vozes, 1998.

RITSCHL, D. Zur Geschichte der Kontroverse um das Filioque und ihrer theologischen Implikationen. In: VISCHER, L. (org.). *Geist Gottes* – Geist Christi. Ökumenische Überlegungen zur Filioque-Kontroverse. Bericht und Vorträge zweier Tagungen auf Schloss Klingenthal. França, Frankfurt: [s.e.], 1981, p. 25-42.

SCHAEFFLER, R. *Das Gebet und das Argument*. Zwei Weisen des Sprechens von Gott. Eine Einführung in die Theorie der religiösen Sprache. Düsseldorf: [s.e.], 1989.

SCHARBERT, J. *Fleisch, Geist und Seele im Pentateuch*. 2. ed. Stuttgart: [s.e.], 1967.

SCHEEBEN, M.J. *Handbuch der katholischen Dogmatik* 1. Reimpr. Friburgo: [s.e.], 1933.

SCHELLING, F.W.J. *Philosophie der Offenbarung*. 2 vols. Darmstadt: [s.e.], 1974.

_____. Brief an Eschenmayer (1812). In: *Werke* 4, org. por M. Schröter, München, 1927.

SCHILLEBEECKX, E. *História humana*: Revelação de Deus. São Paulo: [s.e.], 1995.

_____. *Revelação e Teologia*. São Paulo: [s.e.], 1968.

SCHNACKENBURG, R. *Das Johannesevangelium* 2. 3. ed. Friburgo, 1980.

_____. "Cristologia do NT". *MySal* 3/2. Petrópolis: Vozes, 1973.

SCHOLEM, G. *Über einige Grundbegriffe des Judentums*. Frankfurt: [s.e.], 1970.

SCHREINER, J. "... wird der Gott des Himmels ein Reich errichten, das in Ewigkeit nicht untergeht?" (Dan 2,44). Gestalt und Botschaft des apokalyptischen Redens von

Gott am Beispiel von Dan 2. In: LOHFINK, N. et al. *"Ich will euer Gott werden". Beispiele biblischen Redens von Gott.* Stuttgart: [s.e.], 1981, p. 123-149.

SCHROER, S. "Der Geist, die Weisheit und die Taube. Feministisch-kritische Exegese eines neutestamentlichen Symbols auf dem Hintergrund seiner altorientalischen und hellenistisch-frühjüdischen Tradition". *FZPhTh* 33 (1986) p. 197-225.

SCHÜNGEL-STRAUMANN, H. Ruah (Geist-, Lebenskraft) im Alten Testament. In: KASSEL, M. (org.). *Feministische Theologie. Perspektiven zur Orientierung.* 2. ed. Stuttgart: [s.e.], 1988, p. 59-73.

SCHÜTZ, Ch. *Einführung in die Pneumatologie.* Darmstadt: [s.e.], 1985.

SCHWAGER, R. *Jesus im Heilsdrama. Entwurf einer biblischen Erlösungslehre.* Innsbruck: [s.e.], 1990.

SCHWEITZER, E. *Matthäus und seine Gemeinde.* Stuttgart: [s.e.], 1982.

SEGUNDO, J.L. *A história perdida e recuperada de Jesus de Nazaré. Dos Sinóticos a Paulo.* São Paulo: [s.e.], 1997 [orig. espanhol: *La historia perdida y recuperada de Jesús de Nazaret. De los Sinópticos a Pablo.* Montevideo: [s.e.], 1990].

_____. *O homem de hoje diante de Jesus de Nazaré.* 3 vols. São Paulo: [s.e.], 1985 [orig. espanhol: *El hombre de hoy ante Jesús de Nazaret.* 3 vols. Madri: [s.e.], 1982].

SIMAN, E.-P. *L'expérience de l'Esprit par l'Église d'après la tradition syrienne d'Antioche.* Paris: [s.e.], 1971.

SOBRINO, J. *La fe en Jesucristo.* Ensayo desde las víctimas. Madri: [s.e.], 1999 [trad. port.: Petrópolis: Vozes].

_____. *Jesus o Libertador:* História de Jesus de Nazaré. Petrópolis: Vozes, 1994 (orig. espanhol: *Jesucristo Liberador.* Lectura histórico-teológica de Jesús de Nazaret. 2. ed. Madri: [s.e.], 1991, 1993).

_____. *Cristologia a partir da América Latina.* Petrópolis: Vozes, 1983 [orig. espanhol: *Cristología desde América Latina.* 2. ed. Cidade do México: [s.e.], 1976].

SÖHNGEN, G. "A sabedoria da teologia adquirida através do caminho da ciência". *MySal* I/4, Petrópolis: Vozes, 1972, p. 111-176.

SPINOZA, B. *Kurze Abhandlung von Gott, dem Menschen und seinem Glück* [GEBHARDT, C. (org.)]. Hamburgo: [s.e.], 1959.

SPLETT, J. Gottesbeweis Mitmenschlichkeit. Zur rationalen Begründung von Religion. In: BUCH, A.J. & FRIES, H. (orgs.). *Die Frage nach Gott als Frage nach dem Menschen.* Düsseldorf: [s.e.], 1981, p. 51-62.

TEILHARD DE CHARDIN, P. *Mein Glaube.* Olten-Friburgo: [s.e.], 1972.

TEODORO DE MOPSUÉSTIA.
De Inc. = *De incarnatione*
Hom. Catech. = *Homilias catequéticas*
In Jo. = *Fragmenta in Evangelium Joannis*

TEÓFILO DE ANTIOQUIA
Autol. = *Ad Autolycum*

TERTULIANO.
Adv. Marc. = *Adversus Marcionem*
Adv. Prax. = *Adversus Praxean*
De Bapt. = *De baptismo*
De Pud. = *De pudicitia*

THEISSEN, G. *Biblischer Glaube in evolutionärer Sicht.* München: [s.e.], 1984.

TILLICH, P. *Systematische Theologie* 1. Stuttgart: [s.e.], 6ª ed. 1979; 3, 2ª ed. 1978.

_____. *Korrelationen. Die Antworten der Religion auf Fragen der Zeit* (Ergänzungs- und Nachlassbände zu den gesammelten Werken 4). Stuttgart: [s.e.], 1975.

_____. *Wesen und Wandel des Glaubens.* Berlim: [s.e.], 1966.

TOMÁS DE AQUINO.
Com. Theol. = *Compendium theologiae ad Reginaldum*
ScG = *Summa contra gentiles*
Sth = *Summa theologiae*

TRIGO, P. *Criação e História.* Petrópolis: Vozes, 1988.

TROELTSCH, E. Über die historische und dogmatische Methode in der Theologie. In: SAUTER, G. (org.). *Theologie als Wissenschaft.* München: [s.e.], 1971, p. 105-127.

ULLRICH, L. Hypostatische Union. In: BEINERT, W. (org.). *Lexikon der katholischen Dogmatik.* Friburgo: [s.e.], 1987, p. 276-282.

VISCHER, L. (org.). *Geist Gottes* – Geist Christi. Ökumenische *Überlegungen zur Filioque-Kontroverse.* Bericht und Vorträge zweier Tagungen auf Schloss Klingenthal. França, Frankfurt: [s.e.], 1981.

VÖGTLE, A. *Das Neue Testament und die Zukunft des Kosmos.* Düsseldorf: [s.e.], 1970.

_____. Der verkündigte Jesus "Christus". In: SAUER, J. (org.). *Wer ist Jesus Christus?* Friburgo: [s.e.], 1977, p. 27-91.

VORGRIMLER, H. *Theologische Gotteslehre.* 2. ed. Düsseldorf: [s.e.], 1990.

WALKER BYNUM, C. *Jesus as Mother.* Berkeley: [s.e.], 1982.

WEISER, A. *Jesus* – Gottes Sohn? Stuttgart: [s.e.], 1973.

WENZ, G. *Geschichte der Versöhnungslehre in der evangelischen Theologie der Neuzeit* 2. München: [s.e.], 1986.

WESTERMANN, C. *Schöpfung.* Wie naturwissenschaft fragt – was die Bibel antwortet. Friburgo: [s.e.], 1989.

_____. *Theologie des Alten Testaments in Grundzügen.* Göttingen: [s.e.], 1978.

WITTGENSTEIN, L. *Tractatus logico-philosophicus.* London: Routledge & Kegan Paul, 1969.

ZENGER, E. "Das Blut deines Bruders schreit zur mir" (Gen 4,10). Gestalt und Aussageabsicht der Erzählung von Kain und Abel. In: BADER, D. (org.). *Kain und Abel. Rivalität und Brudermord in der Geschichte des Menschen.* München: [s.e.], 1983, p. 9-28.

_____. *Gottes Bogen in den Wolken.* Untersuchungen zu Komposition und Theologie der priesterschriftlichen Urgeschichte. Stuttgart: [s.e.], 1983.

_____. "Die Mitte der alttestamentlichen Glaubensgeschichte". *KatBl* 101 (1976), p. 3-16.

Índice analítico

O índice geral, no final do volume, oferece ao leitor referências imediatas orientando-o a localizar os temas desejados. O presente índice não pretende ser exaustivo em seus conteúdos, apenas deseja ser um subsídio a mais na busca de conceitos e seções tematizadas.

Abba 245, 250s., 294s., 356, 373

acaso 195, 198, 200

actus purus 87, 98, 101

Adão-Cristo, paralelo 138

adocianismo 294s., 304s.

agnosticismo/agnóstico 94

aliança 64, 71, 233, 382
- disposição de Deus para a 70s.
- arca da a. 225
- nova a. 71, 133
- com Noé 127

alma/*nefesh*/*anima* 150s., 173
- criação da 185, 201

amor a Deus e amor ao próximo 75, 226, 369

amor aos inimigos 135, 240, 372, 377, 379

analogia/análogo 32-34, 37, 84, 87, 168, 170
- de atribuição 32, 84
- da fé/*analogia fidei* 24, 34
- de proporcionalidade 32, 84
- do ser/*analogia entis* 21, 84, 191

anjos 152, 208-211

antropocentrismo/antropocêntrico 117, 179, 199

antropologia/antropológico 12, 405
- transição antropológica 90, 93
- cristã 165
- grega 151
- hebraica/global 118, 150-152
- corpo/corporalidade 131, 151, 246
- unidade corpo/alma 172
- e teologia 173

antropomorfismo/antropomórfico 12, 29, 36, 73s.

aparições (do Ressuscitado) 247, 260-262, 385

apatia 82, 349

apocalíptica/apocalíptico 66, 75s., 132s., 235, 239, 243

apologetas 81-83, 159-162, 301-302, 443

apropriações → Trindade

arianismo/ariano 448, 452
- semiarianismo 308

Aristóteles, recepção de 170, 173s.

aristotélico(a) (os) (as) 86
- tábua das categorias 100

Índice analítico

- doutrina das causas 171
- doutrina da geração 173

articuli fidei 17, 38, 44, 48-50

ateísmo/ateu 54, 67, 78, 92-95, 405

ato de locução/teoria do ato de l. 108

autoaniquilamento → kenose

autocomunicação/autorrevelação de Deus 11, 14, 16-18, 23, 25, 34, 37, 40, 44, 49, 55, 89, 91, 97, 102, 105, 201, 338, 391, 403, 474

autoentrega → pró-existência

autonomia 91, 187

autotranscendência ativa 196, 200, 492

batismo 208, 242, 269, 436, 446, 474
- credo batismal 112
- e recepção do Espírito 423
- de Jesus 241, 420, 428-431, 434
- catequese batismal 266
- de crianças 166, 205

big bang (grande explosão primordial) 193

bode expiatório 226

budismo 95

Calcedônia, concílio de (451) 310, 314, 317-322, 451
- neocalcedonismo 321

Canaã/cananeu 61-62, 68, 70, 144

cânon 24, 445

carisma(s) 425s., 443, 461, 472
- e ministério 418, 444, 476, 494

carismático(s) 229, 467, 473
- e renovação da comunidade 404, 406

carne/*basar/sarx* 151, 493

castigo 122, 150, 226, 378

causa/origem 29, 31, 38, 82, 87
- primeira/*causa prima* 30s., 81, 86s., 98
- exemplar 171
- final 172, 197
- universal 171
- princípio de causalidade → princípio

Ceia 254, 270s., 373

Christotokos 312, 315

círculo dos doze 149

coincidentia oppositorum 85

comunhão/*koinonia/communio* 39, 396, 442

comunicação de idiomas (predicados) 312, 316

comunidade primitiva 257, 262, 266-268, 271

comunidade(s) 18, 20-22, 26, 36, 39s., 443

conceito/ideia de Deus → Deus (– conceito/ideia de)

conceito de espírito/filosofia do espírito 476

concepção pelo Espírito → nascimento virginal

concílios → pelo nome do respectivo lugar

concupiscência 165s., 175

confirmação 473, 476

confissão da fé/*symbolum*/credo 38s., 221, 404
- símbolo apostólico 352
- pequeno símbolo da história salvífica 67, 224
- niceno-constantinopolitano 164, 209, 477-479, 487
- pseudoatanasiano 16

conhecimento de Deus 55, 57, 79-81, 85s., 90, 92s., 102, 132, 137

Índice analítico

consensus fidelium → *sensus fidei/sensus fidelium*
conservação 164, 194-197
Constantinopla I, concílio de (381) 111, 163, 308-311, 404, 446, 450-453
Constantinopla II, concílio de (553) 320-323
Constantinopla III, concílio de (681-682) 321-325
Constantinopla IV, concílio de (869-870) 458
contingência/contingente 88, 131, 145, 156s., 168s., 174, 178, 182, 190, 195, 210
conversão 227, 241s., 245, 252, 258, 270
corpo → antropologia
corpo de Cristo → Igreja
correlação 10s., 43
cosmo/cósmico 80, 98, 133, 138-141, 147, 185, 396
   – origem do cosmo 161, 193
   – macrocosmo e microcosmo 168
cosmologia/cosmológico 82, 157, 159-161, 168, 173, 193s.
   – e cristologia 185
creatio → criação
credo → confissão da fé
criação 15, 20, 65, 75, 116-119, 172, 193s., 259 → conservação
   – *creatio continua* 164, 194, 196 → conservação 196
   – *creatio ex nihilo* 145, 160s., 171, 192-194, 236
   – do ser humano 125, 127, 142
   – dos animais 120
   – atuação própria das criaturas 172, 195-197
   – narrativas da 60, 65, 115, 141, 143, 183, 206
   – *hexaemeron*/obra dos seis dias 126, 169

   – fé na c. 119, 143-145
   – tradição da história da c. do homem 126, 131, 142
   – mitos da 148
   – nova c. 137-139, 145, 162, 213
   – ordem da 122, 128, 136, 154, 158, 168, 197, 240, 334
   – salmos da 123, 128
   – beleza da 132, 146, 165, 194
   – auto-organização do universo 195
   – vestígios de Deus/*vestigia Dei* 169
   – consumação/finalidade da 172, 191, 197, 200s., 212
   – tradição da história da 126, 142
   – e salvação 118
   – e Trindade 170
Criador 19, 30-34, 65, 75, 82, 84, 92s., 95s., 117, 119, 144, 182
criatura(s) 31s., 34, 84, 92s.
Cristo, título 222, 249, 267s., 275
cristocentrismo 169
cristologia
   – escatológica 222, 249, 339
   – evolutivo-cósmica 185, 340
   – da exaltação → exaltação de Jesus
   – existencial 338s.
   – explícita 249, 265
   – implícita 247s.
   – da correlação 339
   – da adoção 273, 295
   – da subida (da ascensão) 294, 347s.
   – da descida (da descensão) 294, 347s., 353
   – pneumatológica 407, 421s., 429, 443, 495
   – trascendental-antropológica 339
   – universal-histórica 339

- da criação 137, 139, 141, 162-164, 168, 186, 188, 285-288, 381, 396
- da escolha 266s.
- da distinção 311s.
- da Sabedoria 230, 272, 275, 278-283

cristomonismo/cristomonista 404s., 486

crítica da religião 54, 92

crucifixão de Jesus 253, 256s., 269-272, 277, 369, 372

culpa 246

culto 226, 232, 234
- crítica do 225, 272

culto divino 36, 38, 427, 461

curas/histórias de cura 153, 239, 245-247, 252, 274, 420

curas de doentes → curas

Davi/davídico 224s., 230s., 235, 278

decálogo 71, 149, 224

demônios 152, 197, 208-211, 244, 247, 365-367

depositum fidei 16, 25, 41

desenvolvimento → evolução

desgraça 206, 223, 226, 231, 248

determinismo/determinista → mundo (- concepção de)

Deus
- *essência/ser/ousia* 14-16, 31, 56, 80, 82, 84s., 93, 99-102, 105
-- caráter absoluto de 15
-- onipotência 176, 181
-- *Dasein*/existência 87s., 92s., 98, 105s.
-- *de Deo Uno* 56, 98
-- triunidade → trindade
-- personalidade 73
-- plenitude do ser 192
-- incompreensibilidade/inefabilidade de 81, 83, 89, 98, 102s.
-- razão 88
-- verdade 10s., 16s., 28, 39, 43-49
- *propriedades/qualidades* 15, 56, 82, 86, 93, 98-102
-- misericórdia/compaixão 65, 72s., 75, 89, 122, 135
-- vontade de relacionar-se 15, 191, 202, 209
-- justiça 89
-- santidade 72s.
-- amor 271
-- poder 131
-- maternidade 73, 103
-- imutabilidade/inalterabilidade 82, 162, 349
-- sabedoria 138, 146, 443
-- vontade 145, 174-176
- *agir/atuar* 180
-- atuação isolada 468s.
-- poder de atuação na história 172
-- ações redentivas (salvíficas) → salvação
-- ações abençoadoras 223
- *provas da existência de Deus* 90, 96
-- antropológica 91
-- cosmológica 81, 86, 88, 98
-- teológica 87
-- co-humanidade de Deus 96
-- argumento ontológico 85, 99
-- *quinque viae* 86s.
-- argumento transcendental-antropológico 95s., 98, 107
- conceito/ideia de Deus 56, 81-83, 86, 90, 92, 98, 101-103, 111

Índice analítico

deuteronômico/deuteronomista 64, 67-72
dez mandamentos → decálogo
diabo/Satanás/*diábolos* 152-155, 209-211, 365s.
Didaché 159, 162
diotelismo 324
discernimento dos espíritos 407, 414, 427, 489
doação → pró-existência (em favor da vida)
doação do Espírito/recepção do Espírito 274, 277, 412, 423
docetismo 290, 297
docta ignorantia 84
Documento Sacerdotal 124, 126, 128, 143, 145, 146-148
dogma(s) 27s., 38-42, 48
  – e *kerigma* 449
  – hermenêutica do 39-41
dogmática 9-14, 16-18, 28, 41-49
  – métodos de 11-13
  – positiva/especulativa 17, 46, 49
dons do Espírito → carisma(s)
doutrina das duas naturezas → união hipostática
doutrina dos três ministérios → ministérios de Cristo
doutrina teológica do conhecimento 45s
doutrina/*doctrina* 46 → dogma(s)
doxologia/doxológico 36, 111, 450
dualismo/dualista 161, 210
  – cosmológico 105, 191

eclesiologia 407, 455
  – da *communio* 472
ecologia/crise ecológica 115, 119, 147, 187, 189
  – teologia ecológica 116, 119, 187

economia da salvação/econômico-salvífico 14, 18, 22, 299
Ecumene 118, 474, 486-489
Éfeso, concílio de (431) 315-317, 459
Éfeso, sínodo de (449) 316
Egito/egípcio 147
  – e escravidão 58-60, 64, 71
emanações 160, 168
Emanuel 231, 307, 391
encarnação 18s., 36, 169, 186, 201, 326, 328, 345, 387, 393
  – cristologia da 266, 292s., 353
ens a se/ens ab alio 171
epiclese 461
epifania 287
escatologia/escatológico 132, 407, 474
  – fim dos tempos 133, 138-141, 212s., 228, 242
Escola Alexandrina 314, 319
Escola de Antioquia 311-313, 315s., 319, 322
Escola de Chartres 168
Escola de Tübingen 46
Escola Franciscana 173
escolha/eleição 72, 225
escriba 234, 241
Escritura(s) 22-24, 38, 49
  – interpretação/exegese 179, 421, 446, 450, 467
  – hermenêutica bíblica 11, 23, 150, 178
  – letra e espírito 422
  – inspiração da E. → inspiração
  – e Tradição 13, 17, 24s
espaço 178, 192, 194, 212
esperança → esperança da salvação

Índice analítico

esperança da salvação 222, 226, 235
espírito do homem → ser humano
Espírito/Espírito Santo
  - *ser/natureza* 427s., 463
  -- relação 475, 480
  -- autonomia do 456
  -- pessoa 478, 482
  -- princípio da unidade 472
  -- indisponibilidade do 415, 418, 466, 469
  - *imagens/nomes* 477
  -- aliança do amor/*vinculum amoris* 455, 464, 470, 479, 482
  -- advogado/Paráclito 437-439, 478
  -- Condilectus 465, 479, 482
  -- dom 422, 432, 454, 465, 477
  -- vida 408, 440, 475, 485, 488s.
  -- amor 454, 465, 477, 480, 485
  -- verdade 435, 439, 443, 477, 485
  - *ação*
  -- *assistentia negativa* 472
  -- inabitação do 455s., 465
  -- frutos do 469
  -- comunhão com o 408, 454
  -- santificação pelo 468
  -- como Revelador 22, 442
  -- como Criador 146, 407, 414, 430, 469, 475, 490-494
  -- como testemunha da verdade 24s.
  -- e a lei 425
  -- e a graça 465
  -- e a Igreja 454, 476, 484, 494-495
  -- e matéria 404, 491
  -- e nova criação 414, 419, 492
espiritualismo/espiritualista 470

esquecimento do Espírito 472, 474, 489
essência/*ousia* 306, 308
essênios 239s., 421
estoicismo → *Stoa*
eternidade/eterno
  - círculo e. 167
  - da matéria 159-162
  - do mundo 178s.
ethos/moralidade 71, 75, 90, 97
ética
  - grega antiga 166
  - social 129
etiologia/etiológico 66, 120, 122
Eucaristia 436, 469, 476, 493
Evangelho → Escritura → Jesus
Evangelho da Infância 276
evolução/evolutivo/desenvolvimento 183-186, 194-196, 199-201, 491-493
exaltação de Jesus/cristologia da exaltação 139, 257, 263, 266-268, 271, 277s., 292, 355, 386
exegese → Escritura
exílio (babilônico) 63-65, 68-69, 119, 124, 125, 145, 225-227, 232
êxodo/libertação do Egito 58-60, 64, 66, 144, 223s., 229, 248
  - novo 64, 228
  - tradição do 59
exorcismos de Jesus 153, 238
expectativa 240, 242, 244, 444
experiência 35 → experiência do Espírito → experiência de Deus
  - do limite 54
  - religiosa 449
  - de Deus 53, 57, 60, 62, 78, 95, 115, 221, 245, 368
  - do Espírito 406, 419

Índice analítico

expiação 225, 234, 254, 271, 300, 327, 350, 370, 375-378
êxtase/extático 413, 417, 444, 472, 474
extra nos da salvação 272, 290, 357

fariseus 238, 243, 253, 278
fé 85, 104
 - artigos de → *articuli fidei*
 - *fides qua creditur* 16
 - *fides quae creditur* 16, 28
 - certeza da 265
 - depósito da → *depositum fidei*
 - sentido da → *sensus fidei/sensus fidelium*
 - racionalidade da 85
 - verdade(s) da 9s., 14, 16s., 21, 26, 39-41, 46, 49
 - no progresso 54, 180
felicidade 131, 172, 223
feminismo/feminista
 - exegese f. 73
 - cristologias f. 340
 - teologia f. 483
fideísmo 93
Filho
 - de Davi 273, 278
 - de Deus 219, 221, 230s., 249, 267-270, 272-277, 294, 381
 - do Homem (título) 235s., 250, 267, 270, 272, 275, 276
Filioque 405, 452, 456-461, 464, 479, 485-489
filosofia
 - antiga 83, 158, 168
 - aristotélica → aristotélicos
 - filosofia do espírito → conceito de espírito
 - grega 15, 69, 103, 161
 - helenista → helenismo
 - idealismo 91, 182
 - filosofia da natureza → platonismo
 - filosofia de Plotino 168
 - da linguagem → língua/linguagem
 - estoica → *Stoa*/estoico
 - transcendental 29
fim dos tempos → escatologia
finalidade → teleologia → causa
finitude → contingência
Florença, concílio de (1439-45) 99, 459, 464
fórmulas de confissão da fé 138

glossolalia 426, 433, 442
gnose/gnóstico 22, 160, 163, 289, 296, 424, 444
graça 222
 - dons da → carisma(s)
 - *gratia creata*/graça criada 405, 466, 470
 - *gratia increata*/graça incriada 405, 466
 - teologia/doutrina da 405, 407s., 442, 456

helenismo/helenista 66, 78, 83, 151, 158, 161, 294, 349, 424
 - helenização do cristianismo 82, 307
henoteísmo 68
hexaemeron → criação
hilemorfismo 173
hinduísmo 96
hipóstase/*hypostasis* 343, 309, 453, 456, 458, 479, 487
 - en-hipostasia 322

história da salvação/história salvífica 14, 170

história/historicidade/histórico 13, 40, 44, 66, 82, 104, 167, 223s.
- teologia da 60, 64

homem → sexo(s)

hominização 187, 199

homotimia 111, 449

homousianos 446

homousios 111, 305, 308-309, 447, 449, 452

Igreja 22-27, 37-39, 41, 47, 425, 443, 445, 467, 473
- Corpo de Cristo 21, 36

Iluminismo/esclarecimento 28, 336

imagem 34s
- proibição de 72

imagem/retrato de Deus 483
- Jesus imagem de D. 19, 37 139, 186, 253, 356, 360, 393, 395s.
- ser humano como 31, 127, 148, 202, 204

imagens de Jesus 221, 337

imanência/imanente 190s., 301

imitação de Cristo 221, 248, 252, 278, 331

imperativo categórico 91, 96

inabitação do Espírito Santo → Espírito/Espírito Santo

inculturação 340

individuum/individualidade 175, 204

inerrância → infalibilidade

infalibilidade 25, 27

inspiração da S. Escritura 21-23, 429, 446, 470, 495

intellectus fidei/inteligência da fé 17

ira de Deus 377

islamismo 95

Javista/javista 119, 123, 148, 150, 154-156

Jerusalém 64, 224s., 226
- nova 140
- destruição de 226

Jesus
- e o Espírito 21, 264, 273, 276, 356, 387, 428
- pregação sobre o juízo 77, 133
- pregação sobre o Reino → senhorio de Deus
- relação em Deus 247-252, 357-359, 361s.
- questão do J. histórico 77, 220
- terrestre 74, 265, 273
- ser humano J. 135, 221s., 238s., 349-350, 355
- pregação de J. 74-78, 135, 242
- autoconsciência de J./missão de J. 248, 253, 356, 361-363
- autoridade de J. 77, 238, 247, 250, 274
- isenção de pecado de J. 311, 313, 359-361, 381
- morte de J. → morte
- tentação de J. 154, 279

judaísmo 47s., 95, 222, 237s.

judeu-cristianismo 295

juízo 63, 121, 125, 141, 222, 226, 236, 239, 242, 244, 272, 377s., 419
- pregação de Jesus sobre o j. → Jesus

justiça de Deus → Deus

justificação/teologia (doutrina) da justificação 118, 272, 332-334, 352, 365, 468-470

Índice analítico

kenose 283, 338, 379
Kyrios → Senhor

lamentação 123, 125, 129, 156, 225
Latrão IV, Concílio do (1215) 32, 84, 101
lei 240, 248, 253, 420
lex orandi – lex credendi 452
Lião II, Concílio de (1274) 459
liberdade
– e independência das criaturas 191, 199
– do ser humano 91, 95-96, 175, 197s., 204, 207, 211, 424, 477, 485
libertação 223, 337 → teologia da l.
língua/linguagem
– crítica da 106
– filosofia da 106-111, 206, 208
– jogo linguístico 110-112
literatura sapiencial 65, 75, 130, 136, 157
literatura sobre Jesus 221
liturgia → culto divino
Logos 11, 18-25, 35-41, 81, 97, 186, 294, 305, 394
– cristologia do 139, 162
– cristologia do L.-Anthropos 311
– cristologia do L.-Sarx 310
– filosofia do 301
– como Criador 21, 138-140
louvor 30, 124, 143

macedonianos 447
Mãe de Deus → *Theotokos*
magistério → múnus
mal 209
– *malum physicum* 180, 198

– *malum morale* 182, 198
– origem do mal 205
– pré-pessoal 207
mandamentos 246
maniqueísmo 165-166
maranatha 259, 266, 269
matéria 159, 162, 171
mediador → mediador da salvação
mediador da salvação 229, 232, 236, 259
medo 174, 223, 246, 252, 367-369, 380, 395
memória/recordação 60
Messias/messiânico 222, 230s., 235-237, 239, 243, 250, 254-268, 272-279, 419, 441
– expectativa do 231-235, 237
– mistério do 275, 278
mestre (Cristo) 337, 345
metáfora/metafórico 21, 34-38, 40, 483, 485
método 11-13, 42, 81, 88, 97
milagre 59, 129, 132, 136, 246, 275, 288, 431
ministério 461, 467, 476
ministérios de Cristo/doutrina dos três ministérios 227, 230-231, 233, 238, 334, 473
missão de domínio 116, 146, 148, 187, 202
missão/missionário 81, 262s., 266, 435
– entre os pagãos 78, 245, 271
mistério/*mysterium* 40, 44, 46
– Deus como m. 19, 32, 37, 44-46, 48, 98, 103-105
– do mal/*mysterium iniquitatis* 210
mística de Jesus 331
mística/místico 28, 84s., 89, 462, 471
modalismo/modalista 303, 453

Índice analítico

monarquianismo 296, 453
monenergismo 323s.
monofisitismo 314, 320
monogenismo 184-186, 206, 208
monolatria 68-70
monoteísmo/monoteísta 67-70, 78, 118, 124, 418
monotelismo 323s.
montanismo 404, 443s.
moralidade 181
mortalidade → contingência
morte 131, 133
    - de Deus 92
    - de Jesus 77s., 254, 256, 329s., 436s.
    - significado/sentido salvífico da m. de J. 255, 270s., 277
    - do ser humano 121, 156
movimento do Batista 421
mulher
    - criação da 121
    - mulheres à volta de Jesus 239, 277
    - discriminação da 121, 150
mundo 118, 194, 195, 212 → cosmo
    - invisível 208, 210
    - negação do 160
    - concepção/imagem/representação do 142, 172, 176
    -- c. determinista 181
    -- c. evolutiva 115, 186 → evolução
    -- c. geocêntrica 177
    -- c. heliocêntrica 178
    -- c. mecanicista 179, 183
múnus doutrinal/autoridade doutrinal 26, 92, 111

nascimento virginal/concepção pelo Espírito 291, 393, 493
natureza
    - contemplação da 129, 131
    - leis/ordem da 128, 131, 153, 164, 179, 200
    - filosofia da 81, 168, 176
    - religiões da n. 95
    - teologia da 117
    - ciências da natureza 54, 115, 141, 177s., 193, 200
neoescolástica 335
neoplatonismo → platonismo
Niceia I, Concílio de (325) 111, 163, 289, 306-308, 317, 446, 448, 451
niceno-constantinopolitano → confissão da fé
niilismo/niilista 92
nome de Deus 28-31, 58, 61, 63, 77, 258
nominalismo/nominalista 89, 974
norma normans/norma normata 17, 24-27

ontologismo 93
oração 38, 111, 440
ordem da salvação/*ordo salutis* 125, 155, 299, 470s.
ordem/*ordo* 300, 316, 325
ordo salutis → ordem da salvação

Pai (Deus) 251, 457, 463
paixão 272, 274, 277, 289, 369, 379
palavra (Verbo)
    - de Deus 11s., 17-26, 35-41, 44, 97, 146 → Logos
    - e Espírito 436, 458
    - e sacramento 388

Índice analítico

paleontologia 200
parábolas de Jesus 135, 240
parusia 389
pascha 60, 238, 289
Páscoa 258, 260, 262-266, 268, 270
- fé pascal 258, 260, 263-265
- Cordeiro pascal 271

patripassianismo → modalismo
pecado 154, 225, 347, 367, 378
- hereditário/original/*peccatum originale* 165, 204-208
- teologia do p. hereditário de Agostinho 165-167, 206
- teologia do p. hereditário de Lutero 176, 185, 206
- social/estrutural 206-208
- universalidade do p. 155, 166, 176
- p. contra o Espírito Santo 420, 430

pecado original/hereditário → pecado
pelagianismo 175
Pentecostes 432-435, 461
perdão 64, 66, 226, 228, 239, 242, 245-247, 274, 278, 365, 376, 379
- disposição divina para o 72, 253 → Deus

pericórese → Trindade
pessoa/*prosopon*/*persona* 309, 418, 445, 453, 548 → hipóstase → Trindade
pietismo 470
platonismo/platônico 28, 81-83, 86-88, 103, 160, 163
- doutrina p. das ideias 170
- e cosmologia 160, 162
- médio-platonismo 301, 313
- neoplatonismo 81, 169, 313
- pensamentos p. de participação 85, 171

pneumatômacos 447, 451
poligenismo/poligenético 184, 185, 206
politeísmo/politeísta 61, 67-70, 125
positivismo/positivista 91
Povo de Deus 26, 73
predestinação 89, 165, 176, 335
preexistência 139, 275, 386
- e cristologia 266, 280-290

princípio de causalidade 89s.
processo conciliar 116, 189
pró-existência (em favor da vida) 255, 270, 273, 277, 365, 372, 375
profeta/profecia/profético 66, 133, 231-236, 238, 411-414
projeção 12, 29, 35, 95, 100
promessa 66, 227, 232, 235, 247
propriedades → Trindade
propriedades de Deus → Deus
proto-história 119, 123, 126, 128, 146-156, 205
protologia 134, 188
protótipo-modelo 32
provas da existência de Deus → Deus
Providência divina 164, 171, 176, 181, 197
providentia → providência

queda (pecado)/histórias da queda 120, 122, 156
Qumran 234, 236, 240, 242, 421

razão 78, 89, 91, 94, 181
recapitulação/teoria da recapitulação 163, 298, 443
reconciliação 382
redenção/salvação 223, 228, 259

- necessidade da 137, 185, 205s.
- objetiva/subjetiva 350
- teologia/doutrina da → soteriologia

Reforma 89, 332-334, 467-470

regula fidei/regra da fé 444

rei/reinado/monarquia 63, 226, 229-232, 417

Reims, sínodo de (1148) 99

Reino/reinado de Deus → senhorio de Deus

relação/relacional 100, 171, 202-205, 349, 419, 475, 480
- capacidade de relação do ser humano → ser humano
- vontade de relação de Deus → Deus

religiões 21, 95

renovação → carismático → Espírito

representação/vicário 271, 277, 289, 326, 378-382 → expiação → morte de Jesus

resgate/dinheiro do resgate → soteriologia

responsabilidade 156

ressuscitação/ressurreição de Jesus 257-265, 268, 272, 382-387, 442

Revelação 13, 16-19, 23-25, 40s., 45-47, 57, 60, 66, 105
- historicidade da 104
- religiões da 118
- e Tradição 110

sabedoria/*Sophia*/ → Deus → cristologia

sabelianismo 303, 308

sacerdócio comum 469

sacramento 466
- Jesus Cristo como sacramento original 391
- teologia/doutrina dos s. 455, 470

sacrifício 234, 270, 330, 375
- para pagar a culpa/de expiação 233, 370 → expiação

saduceus 238, 254

Sagrada Escritura → Escritura

salvação 222-229, 236, 245-248
- oferta de s. de Deus 370s.
- certeza da 334

satisfação/teoria da s. 324-327, 329, 352, 375-378

Senhor/*Kyrios* (título) 267-269, 273, 278, 284, 292

senhorio de Deus/reinado de Deus/Reino de Deus 62, 66, 75, 102
- boa-nova do Reino de Deus/anúncio da *basileia* de Jesus 75, 241-251, 254, 256, 275-276, 341

sensus fidei/sensus fidelium/sentido da fé 26s.

sepulcro vazio 260

Ser → Deus → *Ens a se*

ser humano (homem) → antropologia
- consciência/espírito do 85, 150, 408-410, 419, 474, 490s.
- capacidade de relacionamento do 202-205
- capacidade de decisão do 136, 151
- personalidade do 148
- autoexperiência/autoconhecimento/autoconsumação do 132s,. 173, 221
- socialidade do 148, 150s.
- dignidade do 130

ser/*ousia* 306-308

servo de Deus 157, 232, 249, 278, 381, 441

sexo(s),diferença sexual/bissexualidade 126s., 148, 173, 203
- androcentrismo 239
- dominação do homem 122, 149s.

- igualdade dos sexos 148, 149s.
- parceria 149, 204
- patriarcado 207
- modelo de polaridade 231

Sião 63, 225, 230, 233, 281

Sinai 58-60, 248

sinal dos tempos 12

sincretismo 68

sinergismo 470

sínodos → pelo nome do lugar

sofrimento 129, 156, 197-198, 247
- dos justos 270
- de Jesus → paixão
- do ser humano 157

solidariedade 369, 372, 379

soteriologia 350, 404, 422, 443
- resgate/dinheiro do resgate 255, 330, 375
- motivo da permuta 299, 300, 308, 333, 374

Stoa/estoico 79, 158, 162, 164

subordinacianismo 300-303, 305, 405, 452, 461

substância 309

teísmo 92, 103

teleologia/teleológico/*telos* 29s., 99, 172, 181, 197

Templo 225-227, 233-235, 254, 271

tempo/temporalidade 65, 146, 164, 167, 192, 194, 211-213

teodiceia 73, 180-182, 198

teofania 433

teologia
- evagélica 118
- natural 188

- negativa/*theologia negativa*/discurso apofático 29, 36, 83, 86, 101, 193, 488
- feminista 483
- transcendental 43
- da cruz/*theologia crucis* 271, 332, 352
- da libertação 341-344, 346
- do processo 103
- t./doutrina da Trindade 14, 55, 442, 455, 485
-- psicológica 453, 465
-- modelos trinitários 484s.

Theotokos 312, 315

títulos de Cristo 139, 141, 219, 237, 249-251, 276, 290, 351

Torá 77s., 229, 235, 240, 243, 248, 253

Tradição → Escritura → Revelação

tradicionalismo 93

transcendência/transcendente 72, 74, 82, 84, 89, 190, 192, 301

transcendental 29, 43, 90, 107
- filosofia t. → filosofia
- teologia t. → teologia

transitoriedade → contingência

Trento, concílio de (1547-63) 176

Trindade 18, 56, 98, 99
- apropriações 404, 464, 471s.
- unidade da essência/das pessoas 453s., 464, 479
- unidade da ação divina 408, 427, 448, 471
- imanente/intradivina 404, 453, 457s., 474, 480, 487
- econômica/histórico-salvífica 404, 453, 474, 487
- processões/geração/*ekporeusis* 37, 448s., 453, 456s., 465, 478s., 487

- pericórese 37, 480
- propriedades/particularidade de cada pessoa 404, 472
- missões 454, 479

União hipostática 312, 314, 318-320, 322, 394
unidade da ação divina → Trindade

Vaticano I, Concílio (1870-1871) 25, 27, 47, 93, 101, 183, 472
Vaticano II, Concílio (1962-1965) 12, 22, 25s., 39, 45, 92-96, 220, 472-473, 476, 494s.

verdade(s)/*veritates* 16s., 42, 46-49
- de Deus → Deus
- hierarquia das v. 39
vicário → representação
vida 223
- espaço vital do homem 147
- nova 134
Viena, Concílio de (1312) 173
vontade de salvação 65, 71, 125, 136
- universal de Deus 75, 103, 245

zelote 214, 243, 254

Índice onomástico

Abelardo 169, 327
Afraates 461
Agostinho 165-167, 175, 198, 206, 316, 334, 395, 453-456, 458, 464, 477, 483
Aklé, Y. 398
Alberto Magno 86, 172
Albertz, R. 124, 142, 213, 409
Alexandre de Alexandria 304, 306, 313
Alfaro, J. 112
Alszeghy, Z. 214
Alting, J. 42
Altner, G. 213
Amalorpavadass, D.S. 346
Ambrósio 21
Amenófis III 58
Amery, C. 115
Andresen, C. 398
Anfilóquio 450
Anselmo de Cantuária 33, 85s., 90, 169, 324-327, 329, 352, 374, 387, 464
Antíoco IV Epífanes 66
Apel, K.-O. 110
Apolinário de Laodiceia 310s., 313, 318
Ario 302, 304-306, 310
Aristarco de Samos 177
Aristóteles 31, 34, 168, 170-173
Atanásio 307-309, 313s., 387, 446-448, 487

Atenágoras de Atenas 301
Auer, J. 214
Aulén, G. 351
Austin, J.L. 107
Ayer, A.J. 106

Balthasar, H.U. von 19, 23, 49, 338, 352s., 365, 377s., 393-395, 399, 488, 496
Barth, K. 18-20, 23, 33, 188, 338, 352, 377, 391, 406, 474s.
Basílides 161
Basílio de Cesareia 309, 446, 448-450, 462
Beinert, W. 214
Beintker, M. 490
Belarmino, R. 178s.
Bento de Núrsia 466
Bento VIII 459
Bento XIV 486
Berkhof, H. 496
Bernardo de Claraval 328, 331
Bessarion 459
Beyschlag, K. 398
Bitter, G. 213
Blank, J. 415
Bloch, E. 362
Boaventura 86, 169, 465, 467
Boécio 168

Índice onomástico

Boff, L. 342, 379
Bolotov 486
Bonald, L.-G.-A. de 93
Bornkamm, G. 214, 397
Bosshard, St. N. 195, 214
Braithwaite, R. 109
Bresch, C. 201, 214
Brunner, E. 403
Bruno, G. 177s.
Buber, M. 103s.
Bucer, M. 469
Buda 345s.
Bujo, B. 343
Bultmann, R. 50, 338

Calisto de Roma 303
Calixt, G. 42
Calvino, J. 89, 176, 332, 334s., 405, 469, 490
Carlos Magno 458
Carnap, R. 106
Cazelles, H. 397
Chang Ch'un-shen, A.B. 347
Chevallier, M.-A. 430
Choan-Seng Song 346, 352
Cipriano de Cartago 300, 444
Cirilo de Alexandria 313-315, 317s., 320, 322, 324, 457
Clemente de Alexandria 81, 164, 302, 313, 444, 446
Clemente VIII 486
Cobb, J.B. 103
Collet, G. 399
Colombo, G. 189
Comblin, J. 405s., 496
Confúcio 346

Congar, Y. 486, 496s.
Constantino 306
Copérnico, N. 177
Coreth, E. 95
Cramer, W. 462
Cremer, H. 101s.
Cusano v. Nicolau de Cusa

Daecke, S.M. 214
Daley, B. 398
Dalferth, J.U. 50
Daniélou, J. 377
Darwin, Ch. 183s.
Deissler, A. 112
Dembowski, H. 399
Deneffe, A. 46
Descartes, R. 53, 90, 179, 491
Dibelius, M. 262
Dicke, R.H. 200
Diekamp, F. 27
Dionísio Areopagita 28-30, 38, 83, 86, 461
Dióscoro 316
Ditfurth, H. von 117
Dohmen, C. 214
Doll, P. 142, 214
Dörries, H. 449, 496
Drewermann, E. 368
Drey, J.S. 47
Duns Scotus 20, 88, 98, 174, 328, 466, 468
Duquoc, Ch. 339s., 378, 399

Ebeling, G. 339, 364, 497
Eckhart (Mestre E.) 84, 174, 396
Efrém o Sírio 461s.

Índice onomástico

Eicher, P. 399
Eichholz, G. 397
Einstein, A. 211
Epicuro 158
Epifânio 446, 478
Eunômio 448
Eusébio de Cesareia 306
Eusébio de Nicomédia 306
Eustácio de Antioquia 306
Eustácio de Sebaste 447, 449
Êutiques 314-317
Evágrio Pôntico 461

Feuerbach, L. 29, 92
Fiedler, P. 253
Fílon de Alexandria 83, 139, 163, 281
Fischer, B. 483
Fitzmyer, J. 269
Flaviano 316
Flew, A. 106
Flusser, D. 248
Fócio 458s.
Fohrer, G. 61s.
Ford, J.M. 462
Foscarini, P.A. 178
Fox, M. 340, 353
Francisco de Assis 328, 331, 467
Friedrich, G. 397
Fries, H. 112

Galilei, G. 178, 187
Ganoczy, A. 215
Gese, H. 113
Gilberto de La Porrée 99

Gioberti, V. 93
Gnilka, J. 284, 397, 430
Goppelt, L. 397
Görg, M. 397
Greeven, H. 429
Gregório de Nazianzo 309, 311, 449s.
Gregório de Nissa 309, 449, 461
Gregório Palamas 99, 461, 463, 488
Greshake, G. 198, 399
Griffin, D.R. 103
Grillmeier, A. 321s., 398
Groote, G. 331
Guardini, R. 368
Guilherme de Ockham 89, 174, 466, 468
Gutiérrez, G. 389

Haag, E. 113
Habermas, J. 110
Haeckel, E. 184
Haenchen, E. 286
Harnack, A. von 82
Hartshorne, Ch. 103
Hauschild, W.-D. 496
Hegel, G.W.F. 42, 48, 91, 182, 337, 471, 480
Heitmann, G. 497
Hengel, M. 113, 255, 397
Henrique II 459
Heráclio 323
Herodes Antipas 238
Herodes o Grande 237
Heyward, C. 340
Hipólito 444
Hoffmann, P. 76, 214, 397
Hollenweger, W.J. 404

Holotik, G. 497
Honório I de Roma 323
Hósio de Córdova 306
Hubble, E. 193
Hugo de São Vítor 169, 327
Humberto de Silva Candida 458
Hünermann, P. 393, 399
Huxley, H. 184

Ibas de Edessa 322
Inácio de Antioquia 162, 297s., 301, 387
Ireneu de Lião 81, 161-164, 295, 298, 300, 359, 443, 479
Isidoro de Sevilha 46

Jacobi, F.H. 29, 36
Janssen, H.-G. 180, 214
João Crisóstomo 164
João de Antioquia 301, 315
João Damasceno 28, 457
João Escoto Erígena 390
João Paulo II 343, 486
João XXII 174
João XXIII 406, 472
Joaquim de Fiore 404, 466s., 471
Joest, W. 391, 399
Juliana de Norwich 331
Jüngel, E. 10, 33, 36, 49s., 352, 475, 485
Justiniano I 322
Justino 80, 161, 163, 295, 301s., 443

Kähler, M. 380
Kambartel, F. 110
Kant, I. 29, 42, 85, 90-92, 181s., 336

Kasper, W. 40, 48, 50, 56, 104s., 113, 213, 215, 339, 353, 361, 378, 393, 399, 497
Kehl, M. 112
Kern, W. 50, 182, 408, 497
Kertelge, K. 153, 397
Kessler, H. 213, 384, 398s.
Kierkegaard, S. 338, 365, 367
Kirchschläger, W. 429s.
Kitamori, K. 352
Klinger, E. 112
Knoch, O. 496
Koch, K. 103
Köhler, U. 215
Kopp, O. 495
Köster, H.M. 215
Kremer, J. 434, 496
Kretschmar, G. 449, 496
Krings, H. 95
Küng, H. 339
Kuschel, K.J. 397

Lactâncio 165
Lamarck, J.B. 183
Lamennais, H.-F.-R. de 93
Lang, B. 397
Lao-tsé 346
Lauret, B. 399
Leão I de Roma 315-318
Lehmann, K. 215, 496
Leibniz, G.W. 180s.
Leôncio de Jerusalém 321s.
Lessing, G.E. 264, 336, 481
Lienhard, M. 398
Lies, L. 482

Índice onomástico

Lohfink, G. 113
Lohfink, N. 113, 126
Lorenzen, P. 109
Lotz, J.B. 95 113
Luciano de Antioquia 81
Ludolfo da Saxônia 331
Lührmann, D. 276
Lutero, M. 89, 175s., 206, 332-335, 352, 374, 377, 468s., 490

Maas, W. 83, 113
Macedônio 446
Macquarrie, J. 399
Mani 165
Maomé 345s.
Marcelo de Ancira 306
Marcião 22, 160, 296, 298
Maréchal, J. 95
Marx, K. 337
Máximo Confessor 323, 457, 459
May, G. 214
Meadows, D.L. 115
Mectilde de Magdeburgo 331
Melanchthon, F. 42, 89, 177, 468s.
Melitão de Sardes 81
Merklein, H. 397
Mestre Eckhart v. Eckhart
Meyer, H. 406, 496
Miller, G. 213
Mirandola, G.P. della 179
Mittelstrass, J. 110
Möhler, J.A. 471
Möller, J. 113
Moltmann, J. 196, 215, 339s., 352s., 377, 399, 475, 497

Montano 444
Moore, G.E. 107
Mühlen, H. 475, 495, 497
Müller, M. 95
Müller, P.-G. 113, 361
Müller, U.B. 294
Mveng, E. 344

Nestório 312-315, 317
Nicolau de Cusa 84, 174
Niemann, F.-J. 50
Nietzsche, F. 92
Nigg, W. 331
Noeto de Esmirna 303
Nyamiti, Ch. 343

Oeing-Hanhoff, L. 408
Ohlig, K.H. 398
Orígenes de Alexandria 22, 81, 163, 302, 313, 444-446, 448
Osiander, A. 177
Ott, L. 100s.

Pannenberg, W. 14, 49s., 100, 102, 113, 215, 339, 348, 362, 377s., 381, 393s., 399, 405, 475, 488, 491s., 496s.
Pascal, B. 367, 389
Paulo de Samósata 296
Pedro Lombardo 56, 169, 465
Pelágio 165s.
Pelikan, J. 398
Pesch, R. 274
Petau, D. 471
Peukert, H. 110
Pio IX 47
Pio XII 16, 115, 185, 201

Índice onomástico

Platão 159s., 173
Porsch, F. 437, 496
Pottmeyer, H.J. 26, 50
Práxeas 299
Pröpper, Th. 399
Protágoras 28
Pseudo-Dionísio v. Dionísio Areopagita
Ptolomeu 177

Rad, G. von 57 143s.
Radford Ruether, R. 340
Rahner, K. 22, 33, 40, 43s., 50, 95, 97, 112, 188, 196, 202, 207, 214, 339, 353, 360, 378, 391, 396, 399, 496
Ramsés II 59
Ramsey, I.T. 108
Ratzinger, J. 50, 112, 375, 378
Raurell, F. 410
Reinhardt, R. 113
Rético, J. 177
Ricardo de São Vítor 464s.
Ricken, F. 107, 113
Ricoeur, P. 34, 50
Riedlinger, H. 214
Ritschl, D. 461
Ritter, A.M. 398, 496
Rosmini, A. 93
Ruperto de Deutz 169
Russell, B. 106

Sabélio 303
Sauer, J. 397
Schaeffler, R. 110-113
Scharbert, J. 410
Scheeben, M.J. 17 471

Scheffczik, L. 214s.
Schelkle, K.H. 214
Schelling, F.W.J. 337
Schillebeeckx, E. 50, 339, 378
Schleiermacher 337
Schlick, M. 106
Schnackenburg, R. 278, 289, 398
Schneider, G. 113
Schneider, Th. 215, 497
Scholem, G. 222s.
Schoonenberg, P. 207
Schreiner, J. 65
Schroer, S. 429
Schüngel-Straumann, H. 410
Schupp, F. 214
Schürmann, H. 255, 363, 398
Schütz, Ch. 407, 497
Schwager, R. 378, 398s.
Schweitzer, A. 337
Schweizer, E. 278s., 398, 496
Searle, J.R. 107
Seckler, M. 50
Serapião de Tmuis 446s.
Sérgio (Patriarca de Constantinopla) 323
Sérgio II (patriarca) 458
Sérgio IV (papa) 458
Severo de Antioquia 321
Siman, E.-P. 462
Simeão o Teólogo Novo 462
Smulders, P. 398
Sobrino, J. 341, 398s., 497
Söhngen, G. 34, 37, 50
Sparn, W. 215
Spinoza, B. de 179

Índice onomástico

Splett, J. 95s.
Steck, O.H. 214
Stenger, W. 113
Stietencron, H. von 113
Strahm, D. 399
Strobel, R. 399
Struppe, U. 398
Studer, B. 398
Stuhlmacher, P. 50
Sullivan, F.A. 496

Taciano 161, 163, 301
Tauler, J. 331
Teilhard de Chardin, P. 185s., 188, 340, 353, 491
Tempier, E. (bispo de Paris) 174
Teodoreto de Ciro 322
Teodoro de Mopsuéstia 311s, 322
Teódoto o Curtidor 296
Teófilo de Antioquia 81, 161, 163, 443
Tertuliano 163, 299s., 303, 309, 324, 359, 444s.
Theissen, G. 494
Thoma, C. 398
Tianma Sanon, A. 344
Tillich, P. 43, 50, 339, 474s., 491
Tilliette, X. 398
Tomás de Aquino 13s., 30-32, 46, 56, 86-88, 90, 98, 101, 171-173, 180, 197, 209, 219, 327-330, 332, 353, 374, 464, 466s.
Tomás de Kempis 331
Troeltsch, E. 42

Ullrich, L. 393

Vekathanam, M. 346, 399
Vigílio de Roma 322
Vischer, L. 486, 496
Vítor (bispo de Roma) 303
Vögtle, A. 140, 214, 254, 398
Voltaire 181
Vorgrimler, H. 73, 113, 215

Walker Bynum, C. 483
Weger, K.-H. 95
Weiser, A. 276
Weissmahr, B. 215
Welte, B. 95
Welte, P.H. 397
Welten, P. 113
Wendebourg, D. 496
Wenz, G. 378, 398
Werbick, J. 399
Westermann, C. 64, 122, 142, 214, 409
Whitehead, A.N. 103
Wiedenhofer, S. 215
Wiederkehr, D. 393
Wilfred, F. 346
Wittgenstein, L. 105-107, 110, 114
Wittstadt, K. 112
Wolff, Ch. 181
Wolff, H.W. 214

Zarathustra 69
Zeferino (bispo de Roma) 303
Zenger, E. 59s., 66, 113, 123, 147, 214
Zwínglio, U. 89, 469

Índice geral

Prefácio, 7

A. PROLEGÔMENOS, 9
Jürgen Werbick

1. Dogmática para quê?, 9
    1.1. A pergunta da qual parte a dogmática, 9
    1.2. Os prolegômenos: o "programa" da dogmática, 10
2. Abordagem metódica e estrutura deste manual, 11
    2.1. Diversidade de métodos e compreensão na fé, 11
    2.2. A estrutura de cada tratado e sua fundamentação metódica, 12
    2.3. A sequência dos tratados neste manual, 14
3. As premissas da dogmática, 16
    3.1. A verdade una de Deus e a multiplicidade das verdades normativas de fé, 16
    3.2. A autocomunicação de Deus como norma de todas as normas, 18
    3.3. O Filho comunica a palavra da essência de Deus, 19
    3.4. O Espírito de Deus dá expressão verbal ao Logos no testemunho da comunidade, 21
        3.4.1. O prototestemunho inspirado, 21
        3.4.2. Escritura e Tradição, 24
        3.4.3. *Consensus fidelium* (consenso dos crentes) e magistério da Igreja, 26
4. As formas de linguagem do testemunho, 28
    4.1. Falar de Deus no limite do silêncio, 28
    4.2. Discurso analógico a respeito de Deus, 30
    4.3. Metáforas como discurso correspondente a Deus, 34
    4.4. Metáfora e conceito, 37

5. Autocompreensão da dogmática, 41

    5.1. Dogmática – uma ciência?, 41

    5.2. A dogmática como prestação de contas sobre a verdade da fé cristã, 43

    5.3. Dogmática como ciência da fé, 45

    5.4. Dogmática positiva e especulativa, 46

Bibliografia importante, 49

PARTE I - O DEUS DA VIDA
B. DOUTRINA SOBRE DEUS, 53
Dorothea Sattler/Theodor Schneider

1. Introdução, 53

    1.1. As indagações das pessoas hoje e a questão referente a Deus, 53

    1.2. Questões hermenêuticas preliminares referentes a uma doutrina cristã de Deus, 55

2. Fundamentos bíblicos, 56

    2.1. "Eu vos tomarei por meu povo, e serei o vosso Deus" (Ex 6,7)
O povo da aliança veterotestamentária e seu Deus Javé, 57

        2.1.1. A diversificada experiência de Deus no povo de Israel, 57

            2.1.1.1. Javé se promete às pessoas
O testemunho da revelação do nome, 57

            2.1.1.2. Javé salva e liberta
A tradição do Êxodo, 59

            2.1.1.3. Javé promete terra e descendência
O testemunho das narrativas dos patriarcas, 60

            2.1.1.4. Javé luta ao lado dos seus
A tradição da tomada da terra, 61

            2.1.1.5. Javé reina por todos os tempos
Um legado cananeu na tradição hierosolimitana, 62

            2.1.1.6. Javé julga e perdoa
Catástrofes na história política e sua interpretação, 63

            2.1.1.7. Javé tudo cria e mantém existente
O tema da criação, 64

2.1.1.8. Javé garante um futuro ditoso
A visão apocalíptica da história, 65

2.1.1.9. Resumo, 66

2.1.2. A fé veterotestamentária em Deus em perspectiva sistemática, 67

2.1.2.1. Javé, um Deus de amor "ciumento"
Da monolatria no meio politeísta para o monoteísmo, 67

2.1.2.2. Javé, um Deus disposto à aliança
Autocompromisso de fidelidade, 70

2.1.2.3. Javé, um Deus amigo dos homens
Eleição do seu povo e universalidade da salvação, 72

2.1.2.4. Javé, um Deus santo
Transcendência na imanência histórica, 72

2.1.2.5. Javé, um Deus vivo e pessoal
Sentido e limite do discurso antropomórfico sobre Deus, 73

2.2. "Manifestei o teu nome aos homens" (Jo 17,6)
Teologia no discipulado de Jesus de Nazaré, 74

2.2.1. Tendências na fé em Deus no judaísmo contemporâneo de Jesus, 74

2.2.1.1. Apocalipsismo, 74

2.2.1.2. Religiosidade da Torá, 75

2.2.2. A radicalização da fé judaica em Deus na proclamação e atuação de Jesus, 75

2.2.2.1. Anulação da expectativa apocalíptica pela integração no hoje
A proximidade do senhorio indisponível de Deus, 75

2.2.2.2. Síntese da Torá no mandamento principal do amor a Deus e ao próximo como critério de interpretação da mesma, 76

2.2.2.3. Proclamação do amor compassivo de Deus, 76

2.2.2.4. A pretensão de autoridade para a proclamação autêntica de Deus implicada a palavra e ação de Jesus, 77

2.2.3. O entrosamento neotestamentário entre teologia e cristologia, 77

2.2.4. Deus, Criador e Redentor de todas as pessoas
Enunciados centrais das teologias neotestamentárias, 78

2.2.4.1. Deus, uno para judeus e gentios
A tradição paulina, 78

2.2.4.2. "Deus é Amor"
A tradição joanina, 79

3. Abordagem histórico-dogmática, 80

   3.1. Deus, a origem imutavelmente una do cosmo
Os teólogos do cristianismo emergente em diálogo com a filosofia da sua época, 80

   3.2. Deus, o totalmente outro
Teologia negativa, misticismo e doutrina da analogia, 83

   3.3. Deus, aquilo acima do qual nada de maior pode ser pensado
O argumento ontológico de Anselmo de Cantuária, 85

   3.4. Deus, o ser como tal, não contingente, que torna possível toda a realidade
Recepção e renovação da ideia de Deus em Tomás de Aquino, 86

   3.5. Deus, o oculto e manifesto
Intuições teológicas na era da Reforma e suas premissas medievais tardias, 88

   3.6. Deus, condição que torna possível ou impede a realização humana da libertação?
A guinada para o sujeito humano na Era Moderna e suas consequências para a questão sobre Deus, 90

   3.7. Deus, objeto da cognição da razão natural
A réplica magisterial do Concílio Vaticano I ao ateísmo, 92

   3.8. Deus, resposta à não resolvida questão do ser humano
O argumento antropológico na proclamação doutrinal e na reflexão teológica do século XX, 94

4. Reflexão sistemática, 97

   4.1. Deus, 98

      4.1.1. A doutrina de inspiração filosófica sobre a essência e as qualidades de Deus, 98

      4.1.2. Deus, o mistério manifesto, 103

   4.2. O discurso sobre Deus, e Deus, 105

      4.2.1. O discurso sobre Deus sob a suspeita de não ter sentido, 105

      4.2.2. O discurso sobre Deus enquanto ação, 107

         4.2.2.1. O discurso sobre Deus enquanto ação proclamadora, 108

4.2.2.2. O discurso sobre Deus enquanto confissão e testemunho (como expressão da convicção de uma pessoa que fala), 108

4.2.2.3. O discurso sobre Deus enquanto promessa existencial (de agir em conformidade com a confissão), 109

4.2.3. Oração, argumento, especulação: "jogos linguísticos" do discurso a Deus e sobre Deus, 110

Bibliografia importante, 112

C. DOUTRINA DA CRIAÇÃO, 114
Dorothea Sattler/Theodor Schneider

1. Introdução, 114

   1.1. Nova atualidade do tema "criação", 115

   1.2. À procura do princípio correto, 117

   1.3. Doutrina cristã da criação no conjunto da dogmática, 118

2. Fundamentos bíblicos, 118

   2.1. Figuras literárias da fé judeu-cristã na criação, 119

   2.1.1. Criação e salvação segundo os escritos do Antigo Testamento, 119

   2.1.1.1. Testemunhos do período pré-exílico, 119

   2.1.1.2. Testemunhos do período do exílio babilônico, 124

   2.1.1.3. Testemunhos do período pós-exílico, 128

   2.1.1.4. Resumo, 134

   2.1.2. Criação e redenção na pregação de Jesus e segundo os escritos do Novo Testamento, 134

   2.1.2.1. A teologia judaica da criação na pregação de Jesus, 135

   2.1.2.2. Cristologia da criação nos documentos neotestamentários, 136

   2.1.2.3. Resumo, 140

   2.2. Observações básicas sobre os enunciados bíblicos a respeito da criação, 141

   2.2.1. Multiplicidade de conceitos bíblicos da criação em parte divergentes, 141

   2.2.2. Criação do homem e criação do mundo, 142

   2.2.3. Experiência salvífica histórica e fé na criação, 143

2.3. Conteúdos centrais da teologia bíblica da criação, 144

    2.3.1. Deus Criador, 145

        2.3.1.1. Deus em contraposição à sua criação, 145

        2.3.1.2. A ação criadora de Deus por meio de sua palavra, sua sabedoria e seu Espírito, 146

    2.3.2. O mundo como criação, 146

        2.3.2.1. Variedade dos seres vivos para louvor do Criador, 146

        2.3.2.2. *Adamah* (terra) e *kosmos* (mundo), 147

    2.3.3. O ser humano como criatura, 147

        2.3.3.1. "Imagem de Deus", 147

        2.3.3.2. Homem e mulher, 148

        2.3.3.3. Termos importantes da antropologia bíblica, 150

    2.3.4. Anjos, demônios e diabo, 152

    2.3.5. Desgraça e libertação, 154

        2.3.5.1. Pecado dos homens – pecado do mundo, 154

        2.3.5.2. Sofrimento e morte, 156

3. Abordagem histórico-dogmática, 157

    3.1. Antiguidade, 158

        3.1.1. Nexo entre cosmologia e ética, 158

        3.1.2. A pergunta pela origem da matéria e a doutrina da *creatio ex nihilo*, 159

        3.1.3. Teologia da criação e especulação em torno do Logos, 162

        3.1.4. "Previdência" de Deus e a doutrina da *creatio ex nihilo*, 164

        3.1.5. Desenvolvimento da doutrina cristã do pecado original e hereditário, 165

        3.1.6. Teologia cristã da criação no final da Antiguidade, 167

    3.2. Idade Média, 167

        3.2.1. Influência permanente da cosmologia (neo)platônica, 168

        3.2.2. Unidade de criação e redenção, 169

        3.2.3. Recepção crítica da metafísica aristotélica, 170

            3.2.3.1. A pergunta sobre a eternidade do mundo, 170

3.2.3.2. Previdência e causalidade final, 171

3.2.3.3. Imagem do homem, 172

3.2.4. Dúvidas crescentes quanto a um acesso racional à temática da criação, 174

3.2.5. Recordação da doutrina da criação econômico-salvífica bíblica no tempo da Reforma, 175

3.2.6. Doutrina cristã da criação no final da Idade Média, 176

3.3. Época Moderna, 177

3.3.1. A controvérsia em torno da (nova) cosmovisão heliocêntrica, 177

3.3.2. Antropocentrismo e cosmovisão mecanicista, 179

3.3.3. Teodiceia filosófica, 180

3.3.4. Unidade dialética de Deus e do mundo, 182

3.3.5. Desafio à doutrina cristã da criação pela teoria da evolução, 183

3.3.6. Ênfases do Concílio Vaticano II, 186

4. Reflexão sistemática, 187

4.1. Preliminares hermenêuticos, 187

4.2. A ação criadora de Deus, 190

4.2.1. Imanência e transcendência, 190

4.2.2. Criação "do nada" – da plenitude do ser de Deus, 191

4.2.3. A possibilitação criadora de Deus de ação criadora própria, 194

4.2.4. A ação (condutora) de Deus no mundo e a pergunta pelo sofrimento da criatura, 196

4.3. O homem na criação, 199

4.3.1. Hominização evolutiva e criação do homem, 199

4.3.2. O homem como ser relacional, 202

4.3.3. Universalidade e socialidade do pecado humano, 204

4.4. O (tempo do) mundo e sua consumação, 208

4.4.1. O mundo visível e o mundo invisível (anjos e demônios), 208

4.4.2. O tempo do mundo como grandeza criada, 211

4.4.3. O fim do tempo do mundo e a consumação da criação, 212

Bibliografia importante, 213

PARTE II – JESUS CRISTO – CAMINHO DA VIDA

D. CRISTOLOGIA, 219
Hans Kessler

1. Introdução, 219

    1.1. Conceitos, 219

    1.2. O lugar da cristologia, 219

    1.3. Dificuldades e oportunidades atuais, 220

2. Fundamentos bíblicos, 222

    2.1. Expectativas salvíficas do Antigo Testamento como pano de fundo da cristologia e soteriologia do Novo Testamento, 222

    2.1.1. O Antigo Testamento como horizonte de compreensão de Jesus e da cristologia neotestamentária, 222

    2.1.2. Experiências e esperanças de salvação do Antigo Testamento, 222

    2.1.2.1. Salvação como vida abençoada e realizada
    A ação abençoadora de Deus, 223

    2.1.2.2. Redenção como libertação histórica
    A ação salvífica de Deus, 223

    2.1.2.3. Salvação como domínio abençoado de Javé no Sião
    Templo e dinastia de Davi, 224

    2.1.2.4. A possibilidade de expiação e redenção como perdão dos pecados, 225

    2.1.2.5. Experiência de juízo e irrupção de esperanças de salvação novas, escatológicas, 226

    2.1.2.6. A esperança de futura redenção universal (interior e exterior), 227

    2.1.3. Mediadores humanos da ação salvífica de Deus, 228

    2.1.3.1. A função dos mediadores em Israel, 228

    2.1.3.2. Reis como mediadores da ação salvífica e abençoadora de Deus: a teologia pré-exílica da monarquia, 229

    2.1.3.3. Expectativas profético-"messiânicas" de um rei Ungido, 231

    2.1.3.4. Esperanças cambiantes de um mediador da salvação na época exílico-pós-exílica: profeta, servo de Deus, sacerdote etc., 232

2.1.3.5. Concentração de esperanças messiânicas no "Messias" ou Filho do Homem como figura escatológica individual, 235

2.2. História terrena e destino de morte de Jesus de Nazaré, 237

    2.2.1. A atuação de Jesus no contexto de seu povo judeu, 237

        2.2.1.1. Enquadramento histórico da atuação de Jesus, 237

        2.2.1.2. Característica exterior da atuação de Jesus, 238

        2.2.1.3. O relacionamento de Jesus com os grupos de seu povo, 238

        2.2.1.4. O relacionamento de Jesus com as tradições de Israel, 240

        2.2.1.5. O relacionamento de Jesus com João Batista, 241

    2.2.2. O senhorio de Deus: o tema central da atuação de Jesus, 242

        2.2.2.1. O conceito e sua pré-história, 242

        2.2.2.2. O senhorio de Deus que está próximo e já desponta, 244

        2.2.2.3. O senhorio de Deus que desponta como solicitude incondicional de Deus para com as pessoas perdidas, 245

        2.2.2.4. As ações curativas de Jesus como sinal e início do senhorio de Deus, 246

    2.2.3. A pretensão de autoridade de Jesus e seu relacionamento singular com Deus, 247

        2.2.3.1. A pretensão missionária de Jesus como mensageiro definitivo e portador da salvação: sua cristologia implícita, 247

        2.2.3.2. Cristologia explícita, expressa em títulos, na boca de Jesus?, 249

        2.2.3.3. O relacionamento de Jesus com Deus: fonte de sua atuação e de sua pretensão missionária, 250

        2.2.3.4. A fé de Jesus e a fé provocada por Ele como participação em seu relacionamento com Deus, 252

    2.2.4. A morte de Jesus na cruz, 253

        2.2.4.1. A mensagem acerca de Deus e a pretensão de autoridade de Jesus como causa do conflito mortífero, 253

        2.2.4.2. Expectativa, disposição e interpretação de Jesus em relação à morte, 254

        2.2.4.3. A execução na cruz como crise extrema, 256

2.3. O testemunho neotestamentário da ressurreição de Jesus, 257

    2.3.1. Observações hermenêuticas preliminares, 257

    2.3.2. As tradições pascais do Novo Testamento, 258

        2.3.2.1. As mais antigas confissões pascais expressas em fórmulas, 258

        2.3.2.2. As narrativas pascais posteriores, 260

    2.3.3. Excurso: surgimento e fundamento da fé na ressurreição de Jesus, 262

        2.3.3.1. Surgimento da fé pascal, 262

        2.3.3.2. Em que se baseia a fé pascal?, 264

2.4. Surgimento e desenvolvimento da cristologia do Novo Testamento, 265

    2.4.1. Observações hermenêuticas preliminares, 265

        2.4.1.1. A percepção pascal básica como ponto de partida da cristologia explícita, 265

        2.4.1.2. Expressão linguística situacionalmente diversa da percepção cristológica básica, 266

    2.4.2. Cristologias histórico-salvíficas de exaltação e eleição, 266

        2.4.2.1. A expectativa do Jesus exaltado como Filho do Homem vindouro e Senhor, 266

        2.4.2.2. A confissão do senhorio messiânico presente do Jesus crucificado: Cristo, Filho de Deus, *Kyrios*, 267

        2.4.2.3. Interpretações da morte de Jesus no cristianismo primitivo, 269

        2.4.2.4. O caminho terreno do Filho de Deus messiânico segundo os Evangelhos sinóticos, 273

    2.4.3. Cristologias cósmicas de preexistência e encarnação, 280

        2.4.3.1. Pressupostos no pensamento sapiencial do judaísmo helenista, 280

        2.4.3.2. A ideia de preexistência em fórmulas e hinos neotestamentários, 282

        2.4.3.3. O caminho terreno do Filho de Deus encarnado como revelação e comunicação da salvação (Evangelho de João), 287

        2.4.3.4. O sentido das afirmações neotestamentárias sobre a preexistência, 289

2.4.4. O significado normativo da cristologia neotestamentária, 290

    2.4.4.1. Pluralidade e unidade estrutural das cristologias neotestamentárias, 290

    2.4.4.2. A passagem paradigmática de modelos de compreensão judaico-históricos para helenístico-cósmicos, 291

    2.4.4.3. Alcance dogmático dos diversos modelos de compreensão, 293

3. Abordagem histórico-dogmática, 294

    3.1. Diversos tipos de cristologia no período pré-niceno, 295

        3.1.1. Uma tendência: redução ou contestação da divindade em Jesus Cristo, 295

            3.1.1.1. Cristologias judeu-cristãs de eleição e exaltação, 295

            3.1.1.2. Adocianistas gentio-cristãos (ou monarquianistas dinâmicos), 296

        3.1.2. A tendência contrária: contestação ou redução da humanidade de Cristo, 296

            3.1.2.1. Dualismo antijudaísta e docetismo em Marcião, 296

            3.1.2.2. Dualismo e docetismo dos gnósticos, 296

        3.1.3. Cristologia não especulativa da grande Igreja: simetria de divindade e humanidade em Jesus Cristo, 297

            3.1.3.1. Padres pós-apostólicos e antignósticos (gregos), 297

            3.1.3.2. Os inícios da cristologia latino-ocidental, 299

        3.1.4. A cristologia especulativa do Logos: subordinacionismo, 300

            3.1.4.1. Os apologistas cristãos do século II, 301

            3.1.4.2. Os alexandrinos Clemente e Orígenes, 302

        3.1.5. O monarquianismo modalista (modalismo): Cristo é Deus-Pai, 303

    3.2. A questão do relacionamento entre Logos-Filho e Deus-Pai e a decisão dogmática de Niceia, 303

        3.2.1. A dupla crise da cristologia cosmológica do Logos e do adocianismo no pensamento de Ario, 303

            3.2.1.1. O marco teológico de Ario: contraposição radical de Deus rigorosamente monádico e mundo, 304

            3.2.1.2. A consequência cristológica: subordinacionismo exacerbado e adocianismo moral, 304

3.2.1.3. A consequência soteriológica: impossibilidade de revelação e redenção por Deus, 305

3.2.2. A decisão dogmática que orientou o Concílio de Niceia (325), 306

    3.2.2.1. As definições cristológicas de Niceia, 306

    3.2.2.2. As intenções das definições de Niceia, 307

3.2.3. Distúrbios subsequentes e o esclarecimento dado pelo Concílio de Constantinopla (381), 308

    3.2.3.1. De substância igual ou semelhante?, 308

    3.2.3.2. Distinções e esclarecimentos conceituais libertadores, 309

    3.2.3.3. O resultado: o documento doutrinário do Concílio de Constantinopla, 309

3.3. A questão da unidade de Deus(-Filho) e ser humano em Jesus Cristo e a fórmula dogmática de Calcedônia, 310

    3.3.1. Rejeição de um modelo de pensamento cristológico imprestável, 310

        3.3.1.1. O insuficiente modelo *Logos-sarx* no pensamento de Apolinário de Laodiceia, 310

        3.3.1.2. A rejeição do modelo *Logos-sarx*, 311

    3.3.2. A alternativa: o modelo *Logos-anthropos* e suas duas versões em Antioquia e Alexandria, 311

        3.3.2.1. A escola de teólogos antioquenos: cristologia da distinção, 311

        3.3.2.2. A escola de teólogos alexandrinos: cristologia da unidade e interpenetração com predominância do Logos, 313

        3.3.2.3. O choque dos interesses e os esforços de mediação, 314

    3.3.3. A definição de fé do Concílio de Calcedônia (451), 317

        3.3.3.1. A fórmula doutrinária em seu contexto, 317

        3.3.3.2. Proveniência e caráter das partes da fórmula, 318

        3.3.3.3. Importância e limites da fórmula doutrinária, 319

    3.3.4. A recepção contraditória do símbolo de Calcedônia e a conclusão do desenvolvimento da cristologia da Igreja antiga, 320

        3.3.4.1. A retomada do interesse alexandrino e o II Concílio de Constantinopla (553), 320

3.3.4.2. A disputa monotelita e a conclusão da cristologia da Igreja antiga no III Concílio de Constantinopla (680/681), 323

3.4. Alguns influentes modelos de compreensão oriundos do contexto da cultura europeia da Idade Média até o presente, 324

   3.4.1. A teoria da satisfação de Anselmo de Cantuária, 324

      3.4.1.1. Intenção e método, 325

      3.4.1.2. O processo de demonstração, 325

      3.4.1.3. Significado, limites, recepção, 326

   3.4.2. A síntese latino-medieval de Tomás de Aquino, 327

      3.4.2.1. Jesus Cristo: o caminho para Deus (para a salvação), 327

      3.4.2.2. Jesus Cristo: o instrumento de Deus com atividade própria, 328

      3.4.2.3. O aspecto redentor no sofrimento e na morte de Cristo, 329

      3.4.2.4. A comunicação da redenção, 330

   3.4.3. A contrapartida da cristologia escolástica: relação pessoal com Jesus, 331

      3.4.3.1. Misticismo centrado em Jesus, 331

      3.4.3.2. Discipulado radical de Jesus, 331

      3.4.3.3. Meditações da vida de Jesus, 331

   3.4.4. Na virada para a Modernidade europeia: a cristologia dos reformadores Lutero e Calvino, 332

      3.4.4.1. A cristologia da cruz e da justificação de Martinho Lutero, 332

      3.4.4.2. A doutrina de João Calvino acerca do mediador e de seu tríplice ministério, 334

   3.4.5. Imagens de Jesus e cristologias europeias modernas, 335

      3.4.5.1. Manutenção dos padrões de compreensão ocidentais já existentes, 335

      3.4.5.2. Adaptação racionalista ao novo contexto: o Cristo burguês, 336

      3.4.5.3. Mediação crítica entre a fé tradicional em Cristo e o contexto moderno: tendências cristológicas básicas no século XX, 337

3.5. Desafio para a Igreja mundial: recepção de Cristo e cristologia fora do mundo ocidental, 340

   3.5.1. Jesus Cristo libertador: o testemunho de Cristo dos teólogos da libertação latino-americanos, 341

3.5.1.1. Contexto e enfoque, 341

3.5.1.2. Crítica de imagens unilaterais de Cristo, 341

3.5.1.3. Traços básicos das cristologias da libertação, 342

3.5.2. O Cristo negro: enfoques da cristologia africana negra, 342

3.5.2.1. A concepção de vida dos africanos negros, 342

3.5.2.2. Jesus Cristo: um estranho, 343

3.5.2.3. Enfoques da cristologia africana negra, 343

3.5.3. Recepção de Cristo e cristologias no contexto indiano, 344

3.5.3.1. O contexto hinduísta, 344

3.5.3.2. Recepção pregressa de Cristo no hinduísmo, 345

3.5.3.3. Enfoques da cristologia indiana, 345

3.5.4. Recepção de Jesus e enfoques cristológicos no contexto chinês, 346

3.5.4.1. O contexto, 346

3.5.4.2. Recepção de Jesus, 346

3.5.4.3. Enfoques cristológicos, 346

4. Reflexão sistemática, 347

4.1. Tarefa e método: orientação hermenêutica fundamental, 347

4.1.1. Dois tipos básicos: cristologia de ascensão e de descida, 347

4.1.2. Cristologia como explicação do significado próprio da história de Jesus Cristo, 348

4.1.3. O relacionamento entre cristologia e soteriologia, 350

4.1.4. A diversidade de aproximações e perspectivas mutuamente complementares: modelos cristológicos e soteriológicos básicos, 351

4.1.4.1. Enfoque histórico: Jesus Cristo como precursor e condutor, salvador e libertador, 351

4.1.4.2. Enfoque centrado na paixão: o Crucificado Ressurreto como paradigma da fé, 352

4.1.4.3. Enfoque encarnatório: a encarnação do Filho de Deus como revelação e comunicação da vida divina, 353

4.1.5. Procedimento (fórmula básica), 354

4.2. Jesus Cristo – um ser humano real e o ser humano verdadeiro: iniciador de uma nova humanidade, 354

    4.2.1. Um ser humano real como nós, 354

    4.2.2. Humano de um jeito diferente de nós: o ser humano verdadeiramente humano, 355

4.3. O ser humano inteiramente a partir de Deus: a ligação de Jesus com Deus como centro interior e fonte de sua vida, 355

    4.3.1. A vinda de Deus *(extra nos)*: caráter teocêntrico e pretensão missionária de Jesus, 356

    4.3.2. A confiança e ligação de Jesus com Deus como centro de sua vida, 357

    4.3.3. O reverso da ligação de Jesus com Deus: ausência de pecado e liberdade, 359

    4.3.4. Aprender, (não)saber e consciência de Jesus Cristo, 360

4.4. O ser humano inteiramente conosco e por nós: a pró-existência solidária de Jesus como mediação de Deus e da salvação, 362

    4.4.1. Solidariedade, liberdade interior e inteireza simples de Jesus, 362

    4.4.2. A pró-existência de Jesus em favor dos outros como testemunho e evento da bondade redentora de Deus, 363

    4.4.3. Possibilitação de um relacionamento confiante com Deus e perdão dos pecados (motivo da reconciliação), 364

    4.4.4. Destituição do mal: libertação do encantamento de poderes demoníacos e ídolos (motivo da vitória), 365

    4.4.5. Redenção do medo ou angústia existencial e de suas consequências, 367

    4.4.6. Libertação para a solidariedade e a comunhão, 369

4.5. Conflito, paixão e morte na cruz: a rejeição do mensageiro de Deus e sua resposta, 369

    4.5.1. A rejeição: seu significado histórico-salvífico e paradigmático, 370

    4.5.2. A entrega de Jesus por seres humanos e a vontade de Deus, 371

        4.5.2.1. Expulsão e execução de Jesus por seres humanos, 371

        4.5.2.2. Entrega por Deus: foi a morte de Jesus querida por Deus?, 371

    4.5.3. A resposta de Jesus: pró-existência intensificada até o extremo, 372

        4.5.3.1. A disposição de Jesus para o amor extremo ao inimigo, 372

        4.5.3.2. O caminho para a solidão última, 373

Índice geral

4.5.4. O *pro nobis* e a variedade de suas interpretações na história, 374

    4.5.4.1. Morte sacrifical, 375

    4.5.4.2. Expiação e satisfação, 376

    4.5.4.3. Sofrimento vicário da pena?, 377

4.5.5. Tentativas atuais de interpretação: solidariedade e representação, 378

    4.5.5.1. Entrega da vida em solidariedade com os sofredores e pecadores, 378

    4.5.5.2. Representação de um por muitos, 380

    4.5.5.3. Aprofundamento: a representação solidária do Filho de Deus, 381

4.6. Ressurreição e exaltação: a consumação de Jesus Cristo em Deus e sua nova presença junto a nós, 382

    4.6.1. A ação inovadora de Deus Pai na ressurreição, 383

        4.6.1.1. A ressurreição de Jesus por Deus como vitória sobre a morte, 383

        4.6.1.2. Autodefinição e autocomunicação definitivas de Deus em relação ao mundo, 384

    4.6.2. O Cristo Crucificado e Ressurreto: o centro pessoal da fé cristã, 385

        4.6.2.1. Salvação, consumação e entrada em vigor da vida e da entrega de vida de Jesus, 385

        4.6.2.2. Exaltação de Jesus para a unidade permanente com Deus e a mediação da salvação para nós, 386

    4.6.3. Presente e futuro do Ressurreto no Pneuma, 388

        4.6.3.1. Presença provisória na humildade de sinais terrenos, 388

        4.6.3.2. A luta da nova vida do amor com os poderes da morte, 388

        4.6.3.3. A parusia de Cristo como cumprimento das esperanças messiânicas, 389

4.7. Jesus Cristo, Deus inteiramente conosco e por nós: a autocomunicação encarnada de Deus e o caminho para a vida, 390

    4.7.1. Jesus em sua vida, morte e ressurreição: o Emanuel (Deus-conosco), 390

    4.7.2. O Filho encarnado de Deus: autocomunicação de Deus à criação, 391

        4.7.2.1. A origem de Jesus em Deus: encarnação do Filho de Deus, 391

4.7.2.2. A unidade de Jesus com Deus: encarnação do Filho de Deus na história de Jesus de Nazaré, 392

4.7.3. O Verbo encarnado: interpretação do Pai, protótipo do verdadeiro ser humano e centro do cosmo, 394

4.7.3.1. A autointerpretação (Verbo e imagem) de Deus Pai, 395

4.7.3.2. O protótipo e modelo do verdadeiro ser humano, 395

4.7.3.3. O chegar-a-si-mesmo e o centro vivificante do cosmo, 396

Bibliografia importante, 397

PARTE III – VIDA A PARTIR DO ESPÍRITO

E. PNEUMATOLOGIA, 403
Bernd Jochen Hilberath

1. Introdução, 403

   1.1. Situação: experiência e teologia do Espírito, 403

      1.1.1. Esquecimento do Espírito, 403

         1.1.1.1. Razões, 404

         1.1.1.2. Diferenciação dos resultados, 405

      1.1.2. Redescoberta do Espírito Santo, 405

         1.1.2.1. Experiências, 405

         1.1.2.2. Tarefas, 406

   1.2. O lugar da pneumatologia, 407

   1.3. A terminologia diversificada e a experiência básica: Espírito e vida, 408

      1.3.1. Indicações sobre o campo semântico "espírito", 408

      1.3.2. Indícios de uma acepção religiosa originária, 408

2. Fundamentos bíblicos, 409

   2.1. Espírito de Deus e Povo de Deus no Antigo Testamento, 409

      2.1.1. Espírito da vida: a riqueza da experiência de Israel refletida no vocábulo *ruah*, 409

      2.1.2. Primeiras experiências do Espírito: Deus age salvando a vida de seu povo, 411

         2.1.2.1. Liderança carismática (juízes), 411

Índice geral

2.1.2.2. O profetismo extático dos primórdios, 411

2.1.2.3. Vinculação do Espírito à monarquia, 412

2.1.2.4. O Espírito de Deus e os profetas, 413

2.1.3. A experiência do Espírito mediada pelo exílio: Deus, o Senhor da vida, cria nova vida, 413

    2.1.3.1. *Ruah* como poder vital criador, 414

    2.1.3.2. Novo espírito e nova vida, 415

2.1.4. Espírito de Deus: tentativa de definição concisa, 417

2.2. Experiência e teologia do Espírito no Novo Testamento, 419

    2.2.1. Primeiras experiências do Espírito, 419

        2.2.1.1. Jesus e o Espírito, 419

        2.2.1.2. Experiências pós-pascais do Espírito, 420

    2.2.2. Paulo: a existência pneumática de Cristo e dos cristãos, 421

        2.2.2.1. Cristo e o Espírito, 421

        2.2.2.2. O Espírito da fé e da santificação, 422

        2.2.2.3. A atuação do Espírito no corpo de Cristo, 425

        2.2.2.4. Quem é o Espírito Santo?, 427

    2.2.3. Os Sinóticos: o Servo de Deus no poder do Espírito, 428

        2.2.3.1. A descida do Espírito no batismo de Jesus segundo Marcos, 428

        2.2.3.2. Acentos de Mateus, 429

        2.2.3.3. Jesus como portador e doador do Espírito segundo Lucas, 431

    2.2.4. Atos dos Apóstolos: a doação do Espírito às testemunhas, 432

        2.2.4.1. O acontecimento de Pentecostes, 432

        2.2.4.2. Continuação consequente da pneumatologia do Evangelho de Lucas, 433

        2.2.4.3. O Espírito Santo de Deus, 435

    2.2.5. João: o Espírito da verdade, 435

        2.2.5.1. O testemunho do Espírito em favor de Jesus, aquele que batiza com o Espírito, 435

        2.2.5.2. O Espírito como representante do Exaltado junto do Pai, 437

2.2.5.3. Vida a partir do Espírito e no Espírito, 439

2.2.5.4. O relacionamento do Espírito com o Pai e o Filho, 441

2.2.6. Visão prospectiva, 441

3. Abordagem histórico-dogmática, 442

   3.1. Os primórdios da pneumatologia da Igreja antiga, 442

      3.1.1. O Espírito do conhecimento da verdade e da renovação, 442

      3.1.2. Profetismo e ordem eclesial, 443

      3.1.3. Definições pneumatológicas importantes, 444

         3.1.3.1. Tertuliano: o papel autônomo do Espírito, 444

         3.1.3.2. Orígenes: o Espírito e o aperfeiçoamento do cristão, 445

   3.2. A formação da confissão da divindade do Espírito Santo, 446

      3.2.1. Os pneumatômacos, 446

      3.2.2. Atanásio: argumentação coerentemente cristológico-soteriológica, 447

      3.2.3. Basílio: recurso à experiência religiosa, 448

         3.2.3.1. Teologia a partir da experiência, 448

         3.2.3.2. Esclarecimentos necessários, 450

      3.2.4. O *symbolum* de Constantinopla (381), 450

         3.2.4.1. A dupla resposta, 451

         3.2.4.2. Interpolação pneumatológica e epístola doutrinal, 451

   3.3. O desenvolvimento distinto na Igreja ocidental e na oriental, 453

      3.3.1. O legado de Agostinho, 453

         3.3.1.1. A argumentação em *De trinitate*, 453

         3.3.1.2. O Espírito Santo na Igreja e na vida do cristão, 455

      3.3.2. A questão do *Filioque*, 456

         3.3.2.1. As questões do *ab utroque* de Agostinho e do *per Filium* da teologia oriental, 456

         3.3.2.2. A disputa histórica em torno do *Filioque*, 457

      3.3.3. Acentos da pneumatologia da Igreja oriental, 460

         3.3.3.1. O *Sitz im Leben*: liturgia e experiência espiritual, 460

3.3.3.2. O Espírito Santo como Mãe na pneumatologia síria, 461

3.3.3.3. Experiência da atuação e abscondidade da substância segundo a teologia bizantina, 462

3.3.4. Temas pneumatológicos da Idade Média latina, 463

    3.3.4.1. Espírito e Trindade, 464

    3.3.4.2. Espírito e graça, 465

    3.3.4.3. Espírito e liberdade, 466

3.4. Acentuações na Reforma e na Época Moderna, 467

    3.4.1. Reformadores: comunicação da salvação no Espírito, 467

    3.4.2. Martinho Lutero: outorga da salvação no Espírito Santo, 468

    3.4.3. Importância crescente da pneumatologia em outros reformadores, 468

    3.4.4. Correntes espiritualistas, 469

    3.4.5. Tendências posteriores e contrárias à Reforma, 470

        3.4.5.1. Ortodoxia protestante e pietismo, 470

        3.4.5.2. Posição contrária do catolicismo romano, 470

        3.4.5.3. Filosofia do Espírito, 471

3.5. Pneumatologia no século XX, 472

    3.5.1. Relativo esquecimento do Espírito até meados do século XX, 472

    3.5.2. A arrancada conciliar, 472

    3.5.3. Época posterior ao concílio, 473

4. Reflexão sistemática, 474

    4.1. Tarefas da pneumatologia hoje, 474

        4.1.1. O estado da discussão teológica, 474

            4.1.1.1. Três tipos de pensamento pneumatológico, 474

            4.1.1.2. Campos de trabalho da pneumatologia atual, 475

        4.1.2. Tarefa e método das reflexões seguintes, 476

            4.1.2.1. Tarefa, 476

            4.1.2.2. Método, 476

    4.2. Lugar e função do Espírito na Trindade, 478

4.2.1. Espírito: ser/estar consigo mesmo no outro, 478

    4.2.1.1. Problemas pneumatológicos decorrentes da doutrina da Trindade, 478

    4.2.1.2. Esboço de um modelo integrativo, 480

4.2.2. Entendimento acerca do *Filioque*?, 485

    4.2.2.1. Situação, 485

    4.2.2.2. Possibilidades de entendimento, 486

4.3. O Espírito da vida nova, 488

4.3.1. Vida nova como vida conforme o Espírito, 489

4.3.2. Espírito e criação, 490

    4.3.2.1. A problemática, 490

    4.3.2.2. Criação no Espírito Santo, 491

4.3.3. Espírito e nova criação, 492

    4.3.3.1. O Espírito Santo e o novo ser humano, 492

    4.3.3.2. O Espírito Santo e a nova comunhão de vida, 494

Bibliografia importante, 495

APÊNDICE, 499

Abreviaturas e bibliografia citada, 501

Índice analítico, 514

Índice onomástico, 528

Índice geral, 535

Autora e autores deste volume, 557

Autora e autores deste volume

Bernd Jochen Hilberath, nascido em 1948 em Bingen am Rhein, casado, quatro filhos. Estudou filosofia e teologia em München e Mainz. Doutorou-se em teologia e obteve habilitação em Mainz. Atuou como pesquisador e professor na mesma universidade. Foi professor na Universidade Católica de Mainz. Desde o verão de 1992 é professor de teologia dogmática e história dos dogmas da Universidade de Tübingen.

Publicações: *Theologie zwischen Tradition und Kritik*. Die philosophische Hermeneutik Hans-Georg Gadamers als Herausforderung des theologischen Selbstverständnisses (1978); *Der Personbegriff der Trinitätstheologie in Rückfrage von Karl Rahner zu Tertullians 'Adversus Praxean'* (1986); *Heiliger Geistheilender Geist* (1988); *Der dreieinige Gott und die Gemeinschaft der Menschen* (1990); como ex.: *Erfahrung des Absoluten – absolute Erfahrung? Beiträge zum christlichen Offenbarungsverständnis* (1990). Prêmio "Karl Rahner" de pesquisa teológica em 1986.

Hans Kessler, nascido em 1938 em Gmund na Snábia. Estudou filosofia e teologia em Tübingen e Würzburg. Doutorou-se em teologia em Münster. É professor de teologia sistemática (teologia fundamental e dogmática) na Faculdade de Teologia Católica da Universidade de Frankfurt am Main.

Destaques de seu trabalho: cristologia e doutrina da salvação; doutrina da criação no diálogo com as ciências naturais e outras religiões; teologia no diálogo intercultural.

Publicações mais importantes: *Die theologische Bedeutung des Todes Jesu* (1970, [2]1971); *Erlösung als Befreiung* (1972); *Sucht den Lebenden nicht bei den Toten. Die Auferstehung Jesu Christi in biblischer, fundamentaltheologischer und systematischer Sicht* (1985, [2]1987); *Reduzierte Erlösung? Zum Erlösungsverständnis der Befreiungstheologie* (1987); *Das Stöhnen der Natur*. Plädoyer für eine Schöpfungsspiritualität und Schöpfungsethik (1990).

Dorothea Sattler, nascida em 1961 em Koblenz. Estudou teologia e romanística em Friburgo/Br. e Mainz. Desde 1987 colaboradora na cadeira de dogmática e teologia ecumênica na Faculdade Católica de Teologia da Universidade de Mainz. Doutorou-se em teologia em 1992. Tema de dissertação: *Das menschliche Busswerk (satisfactio) im kirchlichen Versöhnungsgeschehen. Ein Beitrag zum ökumenischen Gespräch über die Busse*. Ensaios sobre teologia dos sacramentos, a Ecumene e o conceito teológico de pena.

Theodor Schneider, nascido em 1930 em Essen. Estudou filosofia e teologia em Bonn e Friburgo. Ordenou-se sacerdote em Colônia (1956). Doutorou-se em teologia em Münster (1966) e obteve habilitação em dogmática e história dos dogmas em Bochum (1970). Desde 1971 é professor de dogmática na Faculdade de Teologia Católica na Universidade de Mainz. Desde 1984 ocupa a cadeira de "Dogmática e Teologia Ecumênica"; presidente (cat.) dos pesquisadores do "Círculo de Trabalho Ecumênico dos Teólogos Evangélicos e Católicos"; representante da seção alemã da "Sociedade Européia de Teologia Católica".

Publicações importantes: *Zeit der Nähe Gottes*. Grundriss der Sakramententheologie (1979, ^{6}1992); *Deinen Tod verkünden wir*. Gesammelte Studien zum erneuerten Eucharistieverständnis (1980); *Was wir glauben*. Eine Auslegung des Apostolischen Glaubensbekenntnisses (1985, ^{4}1991); *Der verdrängte Aufbruch*. Ein Konzilslesebuch (1985, ^{2}1991); *Auf seiner Spur*. Ein Werkstattbuch (1990).

Jürgen Werbick, nascido em 1946 em Ludwigshafen. Estudou teologia em Mainz, München e Zurique. Doutorou-se em teologia com Heinrich Fries (1973). De 1973 a 1975 foi assistente de pastoral numa comunidade de München. Em seguida, até 1981, assistente pesquisador no Instituto de Teologia Prática da Universidade de München. No fim de 1981 obteve habilitação para as disciplinas de teologia fundamental e teologia ecumênica na Faculdade de Teologia Católica da Universidade de München. Desde então é professor de teologia sistemática na Universidade de Siegen. Desde 1983, membro-redator de *Prediger und Kathechet*.

Publicações mais importantes: *Schulderfahrung und Busssakrament* (1985); *Glaube im Kontext* (^{2}1987); *Glaubenlernen aus Erfahrung* (1989); *Soteriologie* (1990); *Vom entstehend und unterscheidend Christlichen* (1992); em colaboração com G. Fuchs: *Scheitern und Glauben* (1991). Além disso, inúmeras contribuições em obras coletivas, de consulta, e em revistas especializadas.

Conecte-se conosco:

f facebook.com/editoravozes

⌾ @editoravozes

𝕏 @editora_vozes

▶ youtube.com/editoravozes

☎ +55 24 2233-9033

www.vozes.com.br

Conheça nossas lojas:
www.livrariavozes.com.br

Belo Horizonte – Brasília – Campinas – Cuiabá – Curitiba
Fortaleza – Juiz de Fora – Petrópolis – Recife – São Paulo

EDITORA VOZES LTDA.
Rua Frei Luís, 100 – Centro – Cep 25689-900 – Petrópolis, RJ
Tel.: (24) 2233-9000 – E-mail: vendas@vozes.com.br